① 1980 年 9 月黄敏考入中山大学的全家福
② 1985 年黄葵考入中山大学的全家福
③ 1992 年 8 月黄伟宗同胞八姐妹在天安门合照
④ 2005 年 11 月黄伟宗 70 寿辰在中山大学中文堂与部分同学合影
⑤黄伟宗 70 寿辰与两孙路扬、海天切蛋糕

① 1980 年黄伟宗到京访作家秦兆扬在其家中合影
② 1982 年黄伟宗到京访作家刘白羽在其家中留影
③ 1991 年黄伟宗在杜埃作品研讨会上发言后同其夫妇合影
④ 1982 年黄伟宗到南京访戏剧家陈白尘在其家中合影
⑤ 1982 年黄伟宗在西安中国当代文学年会上访作家姚雪垠
⑥ 1982 年黄伟宗在西安访作家杜鹏程在其家中合影
⑦ 1987 年 8 月在武汉中国当代文学国际研讨会上与作家洁民、韩少功及日本学者合影
⑧ 1980 年黄伟宗与萧殷、陶萍夫妇作家合影
⑨ 2011 年黄伟宗与作家王蒙在中山大学重聚

珠江文化丛书

# 珠江文珠

黄伟宗◎著

廣東旅游出版社
GUANGDONG TRAVEL & TOURISM PRESS
悦读书·悦旅行·悦享人生
中国·广州

**图书在版编目（CIP）数据**

珠江文珠 / 黄伟宗著. — 广州 : 广东旅游出版社, 2015.11
ISBN 978-7-5570-0240-4

Ⅰ. ①珠… Ⅱ. ①黄… Ⅲ. ①珠江流域－文化史－文集 Ⅳ. ①K296-53

中国版本图书馆CIP数据核字(2015)第254479号

出 版 人：刘志松
策划编辑：官　顺
责任编辑：官　顺
封面设计：回归线
内文设计：冼志良
责任技编：刘振华
责任校对：李瑞苑

珠江文珠
Zhu Jiang Wen Zhu

广东旅游出版社出版发行
（广州市天河区五山路483号华南农业大学 公共管理学院14号楼3楼）
邮 编：510642
电 话：020-87348243
网 址：www.tourpress.cn
印 刷：深圳市希望印务有限公司
（深圳市坂田吉华路505号大丹工业园二楼）
开 本：889mm×1280mm　16开
字 数：480千字
印 张：33
版 次：2015年11月第1版
印 次：2015年11月第1次印刷
印 数：1-1000册
定 价：88.00元

既求文殊之境，

又务文行之实，

双文以情记沧桑，

一生用笔伐学舟。

——题记

# 目录

## 一、境记篇

## 二、考记篇



## 三、游记篇

## 四、笔记篇

## 五、札记篇



## 六、传记篇

## 七、史记篇

## 八、后 记 篇

# 一、境记篇

# 珠江文珠

在宛若金鸡报晓的中国地图上，有许多标志江河的绿线，密密麻麻地纵横交叉着，遍布整幅地图，像是雄鸡的血脉，网贯全身。在这些绿线中，又有好些标志大江大河的特大绿线，从西到东或者从北至南穿连海边，凸显了毛泽东诗词所写“茫茫九派流中国”的生动形象。

在这些特大绿线中，首先映入我眼帘的是标志黄河的绿线，这也许是由于从童年时代起，即知道黄河是中华民族文化的摇篮，又是在《黄河大合唱》的歌声中度过青年和中年的缘故，对它格外注目，联想甚多：我似乎飞到华夏族开始形成的年代，随着黄河文化的始祖轩辕黄帝在河南周口店漫游，辨认刚从结绳变为刻在甲骨片的雏形文字；我又似乎飞到了春秋战国年代，跟随黄河文化的哲圣孔子，从山东曲阜走至渤海之滨，旁听他在给72弟子讲授“四书”“五经”之余，着重讲出人类最早的文化学原理：“近山则诚，近水则灵”。我又似乎跟着秦始皇统一中国的大军，从西北黄土高原启步，一直沿着黄河东进，浩浩荡荡，所向披靡。呵，这条进军路线与地图中的黄河何等一致，这不就是一条巨龙的形象吗？也许，传说黄河是条龙，黄河的儿女是龙的传人，是由此而来的吧？

我的视线自然转移到地图的中部，发现标志万里长江的粗大绿线，从青海巴颜喀拉山发源，向东南延伸，中段呈弧形状，末段翘高，有似凤头，汇入东海，整条长江图形，宛如凤鸟形象。龙和凤均是中华民族的传统图腾，黄河似龙与长江似凤，正是这两种图腾的自然寓现，是两种文化的标志，也即是黄河文化与长江文化的标志性区别所在。其原因在于各有不同的特性与风格，李白诗所写“黄河之水天上来，奔流到海不复回”的神圣、庄严，正是龙的风格；苏轼词所写“大江东去，浪淘尽千古风流人物”的气派、风流，正如凤之神韵，显然迥然有异，各有千秋。俗称“龙凤吉祥”，其文化内涵是对黄河与长江两系发祥文化结合的歌颂与祝福，如同以炎黄子孙统称中华儿女。所以，我们也不应忽略与黄帝几乎同时创造长江文化的始祖炎帝。也许是这种心情驱使，在眼前的地图上，正是如凤展翅的地方，我似乎看到这位又被尊称为神农氏的老翁，艰苦地行走在苍茫的神农架原始森林带上，一步一口地遍尝百草，为人类寻找农耕和治病的五谷及草药；接着，我又似乎看到与孔子齐名的老子，也漫步在长江之滨，抱着他的精心之作《道德经》，踽踽沉吟他的名句："道可道，非常道；名可名，非常名""有所为，有所不为"。这位长江文化哲圣同稍后的庄子共创的老庄哲学使中华民族文化不仅有历代尊崇的儒学，还有道学等的多家文化，以多元多样的态势而显出灿烂辉煌！

我的视线自然地移到地图的下端，即祖国的南方，猛然发现作为中国第三大河的珠江水系，与黄河、长江迥然不同：它好像是蜘蛛网，覆盖了整个南中国；它在祖国西南部发源的主干流西江，从云南、贵州、广西直下广东，分别从湖南、江西发源的主干流北江，自北向南贯串粤中南；它发源于江西的东江，与发源于福建的韩江并行，流遍粤东大地；最近才发现的南江及其相邻水系，多自南向北贯流，从粤西南涌向它的心脏——珠江三角洲（含广州）。如果说，这些分别来自西、北、东、南的珠江主干流像是四条巨龙，那么，珠江三角洲则似多龙争拥的龙珠（正如粤曲曲牌"赛龙夺锦"之形态）；如果说，珠江三角洲像是光芒四射的宝珠，那么，珠江的东、南、西、北江，则是宝珠向四方喷射的巨大光芒。这些从水系态势而产生的联想，使我感到珠江文化的特质也正如其态势所寓现的那样，是多元性、竞争性、迸射性的，同时又是平等性、包容性、开放性的，并且是有自身系统和发展历史的。我发现珠江文化的始祖是在黄帝、炎帝之后的舜帝，因为在开创华夏民族的"三皇五帝"中，唯舜帝"巡狩"南方，将南方纳入中国版图并开启中国之称谓，死后又"葬于苍梧之野"（见司马迁《史记》）；并且，珠江文化也有自己的哲圣，即创造禅学的佛释六祖惠能。这位被西方思想界称为与孔子、老子并列的"东方三圣人"之一，不仅因为他是珠江水哺育成长的"中国佛教领袖"（毛泽东语），更主要是因为他在《坛经》中创立的"下下人有上上智"的思想，道出了珠江文化之精髓和特质。珠江文化的发端时间，也由于原始人类马坝人、柳江人、封开人化石的先后发现而不断提前，与北京猿人开创黄河文化的历史时期步步接近。

我从地图上发现：珠江不仅是多条江河总汇于珠江三角洲，而且有许多出海口（粤语通称之为"门"），仅珠江三角洲即有8个门，其余沿海河口更是多得难计其数。这是珠江与黄河、长江最大的地理区别之处。这个特点，使得珠江三角洲之自然环境及其所代表的文化，是江海一体的。"岭南第一诗人"张九龄诗云："海上生明月，天涯共此时"，可谓将这特点写透，将其海洋性、宽容性、共时性等特性及其风韵，写得象外有象，意境无穷。

也许是品味张九龄诗受到启发，我发现地图上有两种蓝线在广东沿海边境特长、特密，一是海岸线，二是海外交通线。这说明海港多，与外国的交往多，海上贸易多，而且交往的活动面广、历史长。参照历史地图，我果真发现早在汉武帝平定南方的时候，即派他的黄门驿长从当时岭南首府广信（今封开和梧州）出发，由雷州半岛的徐闻出海，经北部湾的合浦至越南（当时称日南）到印度洋，首开了海上丝绸之路，与张骞通西域开始的陆上丝绸之路的时间相距不远，匡正了联合国教科文组织将中国海上丝绸之路定为始于南宋之误；我还发现在南海沿岸，从东到西都遍布有自汉至清各个朝代先后开始的海上丝绸之路始发港，证实了我国的海上贸易不仅时间早，而且从未间断，历代不衰，不过是各个港口各有不同的枯荣期而已。海上丝绸之路的历史，也佐证了珠江文化的海洋性、宽容性、共时性特质的源远流长。

珠江水系的地理态势及其自身的和海洋的历史，决定并佐证了珠江文化的形态和特质，也是多龙争珠或珠光四射型的，无论是多龙所争之珠，或者是光芒四射之珠，都是珠江文化精华的结晶集萃，是珠江文化之珠，即珠江文珠。珠江文珠的光芒，我既在眼前中国地图显示的珠江水网纵横的地理态势和贯通世界的交通网络看到了，又从珠江文化的代表人物在历代发出的巨大影响看到了。西汉陈钦、陈元，东汉牟子，晋代葛洪，唐代张九龄、惠能，宋代余靖，明代陈献章，清末民初林则徐、洪秀全、康有为、梁启超、黄遵宪、容闳、孙中山等光芒四射的文珠，数不胜数，开创中国近现代文化“第一”者特多，正是珠江文化的海洋性、现代性特强，在近现代中国文化史上影响特大的体现。

由此又使我看到：改革开放在广东“先走一步”，在深圳、珠海、汕头等沿海城市办经济特区的文化根由，正在于珠江文化具有海洋性、现代性；同时，我更看到改革开放之天时、地利、人和使珠江文化更增添新的生命力，使广东和特区取得了前所未有的繁荣发展，当上了全国的排头兵，取得了举足轻重的地位，具有世界性的影响；特别是最近从被称之为“珠江之珠”的珠江三角洲合作扩展为粤港澳携手的“大珠三角”合作，又扩大为泛珠三角（9+2省区）合作，更清晰地显现了多龙争珠或珠光四射的珠江文化神态，使珠江文珠的光芒更灿烂，更辉煌！

2005年2月9日

# 情恋瑞云——寄贺州

在我的家乡，有座俊美的大山，名叫瑞云山，亦称峻山(古名甄山)。它是“逶迤腾细浪”的五岭的一条支脉，雄踞于古时南北通道要塞之一——鹰阳关西南，环抱着广西贺州贺街这睦邻湘粤的桂东重镇，使这自古著名的贺州风光，与“甲天下”的桂林山水竞妍春色，别有一派南粤风韵。

瑞云山的形状，很似一位仰卧着的美女；主峰叫二峻，有两个峰顶，前者稍平，宛若人的头额，扣接着一串连绵起伏的山峦，像曲长的头发在顺风婆娑；后峰斜上直下，猪胆型，酷肖美女之鼻子；次峰名头峻，峰尖凸于丰满的半圆山峦之上，活似美女的胸脯；次峰前后相连的高矮起伏的山峦格局，都比例适当、曲线协调地分别显出头型、身段，以至舒展自如的腿部、脚部。锦绣的贺江(亦称临江或临贺江)，蜿蜒于瑞云山麓，像是轻披飘带的美女玉臂；在下游江心浮起一个绿荫覆盖的石岛，即著名风景点浮山，像是一顶碧玉花冠在美女的掌心托着，欲戴未戴；濒临贺江而又贴于瑞云山腹的贺州中学是已有70年历史的贺州教育中心，像美女正跳动着的心脏。

也许是因为瑞云山形状酷似美女的缘故吧，我自童年直至现在年过半百的中年，无论是在家乡时的生活或是离乡后的回忆，自己所有关于父母、亲人、母校、故乡、祖国的思念和民族文化意识，都与瑞云山联系着，化合为一个意念中的瑞云母亲的形象。这个形象随着岁月增长和经历增多日渐明朗，迭增内涵，尤其是在与我的母校贺中联系的几次离回家乡过程中，更深沉、更深化了。

童年所见的天地，只是家乡的山山水水，每得一点新鲜知识和每受一次心灵震动，总是赋予所见天地去理解和想象的。姐姐讲神话故事“女娲补天”的时候，我将瑞云山看作是这位为人类造福的女神躺下休息的化身；哥哥讲人类原始是母系社会的知识，我也似懂非懂地将瑞云山看作是母系社会的遗迹，似乎家乡的人们都是这母性繁衍的后代。最直接地使我的感情与瑞云山联系起来的，是贯通贺街的河东与河西之隔的贺江浮桥，它以几十条小艇串连并铺上木板构成，从桥上走过，轻轻摇荡，有似在轻柔的摇篮中，像是瑞云山的手臂在挽着轻摇。从会走路时开始，我经常从桥上走过，每次都感到自己是在放大了的摇篮里。逢年过节，我母亲都带着我兄弟姐妹过桥到河西探望外婆，慈祥的外婆总是轮流着一个个抚抱我们，每当我在外婆温暖的怀里背受她的细手抚摸的时候，我都想到过桥的情景，似乎同时受着瑞云母亲的抚抱。初上贺中的那一天，我受过喜泪盈眶的母亲抚抱走过浮桥，瑞云山在笑脸相迎，传来的贺中读书声像是她的心在欣喜跳动，我激动地跑在桥上，像刚受母亲的抚抱那样，被瑞云母亲的手臂揽着，扑向她的胸怀。在我童年和少年的时代的意识里，瑞云母亲的形象是伟大而亲切的，是蕴藏着深厚情感和无穷知识智能的。

我告别家乡，是在20世纪50年代初的一个冬末早晨。当时我们一批同学在贺中集体报名参加，共和国刚成立的兴奋和青年的热情，激励着我们徒步走向征途。初升太阳的暖照和对锦绣前程的向往，使我们在金黄色的公路上，每走一步都充满激情。当快跨出镇境的时候，我恋恋回首望着瑞云山，艳丽的阳光给她披上了金色的彩衣，主峰呈现的脸庞在欢笑，一线起伏山峦所现的曲长秀发，似正冉冉飘起，贺中的庭院隐隐若现，刚才在那里的欢送歌声仍荡在我的耳沿。这时，两年多在贺中生活的片片情景，在我眼帘浮现；进学时学校尚无电灯，晚自修都是靠盏小煤油灯置课桌上攻读，语文课本首篇是巴金的散文《繁星》，每当晚自修后，见同学们各持小灯散开于瑞云山腹的校园的时候，我都想起这散文中“我爱月夜，但我也爱星天……看着那星天，我就会忘掉了一切，仿佛就在母亲的怀里”的语句；学校有电灯后，当我首次听到收音机传出音乐声，新奇惊讶之余，也天真想象这是瑞云母亲的声息；在学校举行灯火晚会欢庆解放的那一夜，与翩翩起舞的秧歌队、龙灯队同时出现的一队解放军，竟多是熟悉的老师和高班同学，这情景使我依稀感到瑞云母亲在鼓励着儿女们与时代同步……我正咀嚼着这些往事，不知谁领唱起贺中校歌：“瑞云巍巍，临贺泱泱；莘莘学子，国之栋梁……”往事和歌声，使我届近勿远地看到瑞云山，正是一个知识的、革命的、时代的母亲的敦厚形象，我们走着的公路，像是她伸出手臂，开怀地送她抚养的莘莘学子踏向宽广征途。

这段情景，一直萦绕着我的心怀，在离乡后的漫漫征途上，无论是顺利或是遭受挫折的时候，都时会浮现心中，或以此自责不足，或以此自勉奋起，像是瑞云母亲督促、鼓励着我，或是在抚慰、保护着我。也许是由于这种意念驱使吧，20世纪70年代初春节前夕，我偕同从未到过贺州的妻子儿女，回到我阔别20年的家乡。那时正是十年浩劫时期，国难、家难、己难交织，在凄风冷雨中我投入了瑞云山的怀抱，满山雾雨茫茫，昔日俊美的山峦看不见了，我似乎感到瑞云母亲掩面啜泣，不忍见落难归来的游子。在冷雨中我遍寻寄寓着种种深情的旧地：我视若瑞云母亲心脏的贺中，破旧不堪，冷冷清清，似在奄奄一息；被称为美女的碧玉花冠的浮山，不久前被大火烧过，一片枯槁焦黄；我看作是瑞云母亲手挽摇篮的贺江浮桥拆毁了，已被一座钢筋水泥支架的公路桥代替，这点进化刚稍慰我的心，却又被不久前在这座桥上发生的惨案震惊了——有几位德高望重的贺中教师，被“红卫兵”推下河中活活淹死！我心酸地感到这座桥像是锁着瑞云母亲的铁铐！但是，当我知道好些早年参加革命的亲人学友，蒙冤被迫返乡劳动，就靠上瑞云山砍柴维持生计的事情时，我感到了瑞云母亲不仅是在为国难、乡难、校难痛哭；而且在默默地抚慰和保护着她的儿女们。这使我想起抗日战争时候，许多著名文化人(如何香凝、张澜、沈钧儒、梁漱溟、许涤新等等)和来自广州、桂林、长沙等地的大量同胞，都因避难贺州而得安；日本帝国主义的铁蹄蹂躏四面邻县，唯未踏入贺州县境。这历史的奇迹和眼前的事情，使我进而感到瑞云山又是一位与祖国和祖国人民(包括她的子女们)共呼吸同患难，像母鸡在面临威胁时以双翅保护着小鸡那样的坚毅母亲的形象。这信念使我在乘车离乡而再经这公路桥上，感到它不再是锁在瑞云母亲手上的铁铐，而像是她挥起巨手，推着我们向前冲去。

我最近一次返乡，是在前年初夏，为我85岁高龄辞世的父亲治丧。我母亲已于早年去世，两位老人家都安息于瑞云山腹的茶叶界。这使我对父母的感念之情也融铸于瑞云山中；父亲为人正直刚毅，母亲贤慧慈祥，两老的秉性风范与我意念中的瑞云母亲形象又是何等一致，浑然一体。父亲曾是贺中开办时期的学生，生前曾迈着八十老躯为在“文革”中被改了校名的贺中复名到处奔走呼号。我兄弟姐妹都曾就读贺县中学，于是我们怀着念父思校之情重访母校。时值午后，太阳西斜，正对着瑞云主峰下移，使这座美女山像仰卧观音似的迸发万道灵光；朵朵浮云穿过山腰，慢慢飘逸，像是美女沐后整妆，冉冉若起。她的心脏——贺中，已一改浩劫时的凄凉景象，课室虽旧但整洁井然，不少学生正在埋头攻读，这是放学时候，更多学生在操场运动、游戏；室内的读书声和室外的球声、歌声，合奏着动人的交响乐，呈现一派生机。这劫后复苏的景象与此时瑞云山的美姿相辉映，我感到了改革开放的春风不仅使瑞云母亲的心脏恢复了跳动，而且使她的形象更扩大容量，增添新的内涵，这就是既要以时代的先进潮流之动而动，又要有自己的本根意识和气节。这是我为母校一派生机的兴奋中，偶见壁上一副旧楹联而顿悟的：“养天地之正气，法古今之贤人”。这楹联使我想起幼年时和在贺中读书时，我父亲和老师讲过的自古以来许多出自贺州的贤人轶事，而且从中看到一条圣洁与刚毅交融的正气血脉，贯通古今；写出千古绝唱《爱莲说》的宋代理学家周敦颐，出生和成长于贺州，他以莲寓人，是在于赞颂“出淤泥而不染”的高风亮节；同是宋代著名理学家林勋，以洋洒的政论誉世，这位贺州先哲曾以13次上书弹劾奸佞名垂青史；清末民初的贺州人士于式枚、于武棱兄弟和林世焘，都是对埋葬封建王朝、开创新时代和新教育做出卓越贡献的政治家、法学家、教育

2003年12月黄伟宗在广西贺州主持海陆丝路对接通道专家论证会

家；被郭沫若爱称为贺州“靓女”的于立群，《洪波曲》记下了她与郭沫若在长沙的抗战史迹；还有许许多多的大革命时代、抗日战争、解放战争和新中国成立后的各种斗争中浴血奋战坚贞不屈的先烈们，以及在各个领域岗位上，艰苦奋斗，坚韧拼搏的前辈、同辈和后辈们的动人事迹，不就是这条正气血脉贯通的体现吗？从眼前所见母校和家乡的蓬勃生机里，我感到这血脉在继续并会永远畅流，而这不就是抚育了千万世代儿女成长，而今又在整妆若起的瑞云母亲的血脉吗？

前些日子，为庆祝贺中创办70周年，在广州的校友聚会。几位曾任贺中校长的白发长者，由孙女扶着出席了，一些革命前辈仍是领导干部的校友徒步来到了，一些我早知名而从不知是自己校友的科学家、医学家、工程师、编辑家、作家到会了，有的全家或两三代人都是贺中校友也一齐到会了；与会者少数是贺县人，多是广东或其他省人，只是曾到贺中工作或抗战时避难贺县而曾就读贺中的。校友们的聚谈中，各自深情地讲述着当年在母校的生活情景，交流阔别多年的校友近况、信息，通报全国各地和外国、香港、台湾校友的念校思国之情，有的还讲到由于读过几间学校，最近连续参加几个校友会，都有一种难以言状的异同交织的念根情感。这些校友聚谈，一方面使我感到瑞云母亲似有一条无形的情线，将分散天下的贺中或贺县世代，以及与贺县有过缘分的人们连结着，另一方面又感到瑞云母亲不仅是贺中或贺县之象征或所属，而是中华民族文化意识的一种体现和凝聚，是每个炎黄子孙都具有的情感和意识。亲爱的读者，当你思亲、思乡、思校、思往、思友、思国的时候，在你的意念中不是也有一个称谓不同、形状有异的瑞云母亲形象吗？

瑞云山是我家乡实在的大山，然而她的形象和她的名字，却是无限地寓现和象征着种种锦绣的情感、意识，并预兆着吉祥……

1990年10月15日

# 澳门之“门”

像蜘蛛网似的珠江水系，在南海边有许多出海口。这些出海口大都依其地势形貌，取名为各种各样的门，如虎门、崖门、磨刀门等等。即将回归祖国怀抱的澳门，也是珠江的一个出海口。为何称此门为“澳”？却甚有奥秘，颇有文章。自1980年至今，我曾三临澳门之境，对其奥妙有个逐步了解过程，但充其量只能知其皮毛。

第一次是在改革开放开始的20世纪80年代第一春。当时中央决定开办深圳、珠海、汕头、厦门四个经济特区。我随一班文艺评论家到深圳、珠海观光。在珠海的日程中，特别为我们安排一项节目：乘海军快艇环岛看澳门(现在已是平常的旅游项目)，虽未能上岸，经其水域，也算是临境了。这真可谓可望而不可及，是门外看澳门，若即若离，朦朦胧胧，颇有神秘感，但也略有所得。这就是从海上看澳门半岛，很像个山凹。凹与澳同音。想来澳门之名，首先由此。当快艇穿过连接半岛与凼仔岛之间的亚洲第一长桥桥底时，我即有穿越一座巨型拱门的感觉，恐怕这是世界第一大拱门吧（澳门由半岛、凼仔岛和路环岛三地构成，凼仔岛与路环两岛间今已有公路相连，从总体风貌而言，也是拱门之状）。我们上岸之后，又参观了珠海边境检查站，显然是指这座拱门以北之意。由此思及澳门在十五世纪五十年代被葡萄牙人入侵、清政府被迫允其居留和通商的历史，也即是开始了中国被帝国主义凌辱的历史，从而感到：澳门之门，除地形风貌似门之外，尚有国门、族门的意味。

第二次是1993年，应澳门大学和澳门写作学会邀请赴澳讲学。这一次，算是正式进入澳门探其奥妙了。甚有意思的是，主人安排我住在葡京大厦。这座大厦，是当时澳门最高最辉煌的建筑，是最高级的宾馆，也是澳门主要的标志性建筑之一。这座大厦下部的几层有各种各样的赌场，是澳门最大的赌博场所。澳门是世界著名的远东最大赌埠。在这里，赌是受保护的，赌的收入是合法的。所以赌场多、赌风盛，是澳门最大奇观。除了赌钱，还有赛马、赛车、赛狗之类的赌。世界各地到此旅游的人，似乎都要去赌两下才过瘾。人们的生活除做生意外，也似乎以赌为多，博彩业是澳门的主要行业：赌，成了谋生手段，成了人生享受和消遣。这也就是说，赌，是通向富贵荣华之门，也是通向破产贫困之门；是通向欢乐享受之门，也是通向痛苦死亡之门。由此，我对澳门之门又增多了解一层含义。当我认真端详葡京大厦时，发现这是一座鸟笼式建筑：嵌在大厦顶端瓶盖式园厅，好像鸟笼的提把；整座大厦的楼柱，凸现又粗又白的线条，垂直均匀地排列着，像是放大的鸟笼竹枝网；层层楼窗，皆金黄色，均成条状，井然有序地间隔于条条银白楼柱之中，正如鸟笼的纵横网面。整座大厦，一派金碧辉煌之势，却又似人们手中玩物；其乐有似飞鸟，却又被困在笼中。不知大厦的设计者和建造者是有心还是无意，我看这正是澳门之门的含义及其博彩文化意识的活灵活现。

澳门尤为著名的标志性建筑是大三巴牌坊。这里原是澳门最早、最大的教堂和神学院。自15世纪以来，因先后遭受三次大火，现仅剩教堂的前壁，故称牌坊，其实是门，其形状也似门。它的总体是拱门形状，上下四层各有正门，每层左右也都各有其门，是个多门牌坊，可以说是澳门多元文化的一种寓现，是澳门之门的又一奥秘。澳门的宗教文化，以耶稣教为盛，弹丸之地，就有教堂数十间；其他宗教祭祀的庙宇也不少，其中尤多是祭奉女神，如观音、妈祖、天后和莲峰庙内的天妃，可见澳门特别重视女神。如果说，大三巴是西方和宗教文化在澳门的主要标志，那么，在其附近的旧炮台和澳门博物馆则可以说是中国的传统文化在澳门的凝现，是澳门地方文化的缩影，这里的几尊旧炮，记下了澳门人民抵抗帝国主义侵略的历史；馆内的展品和文物，证实了澳门自古是中国领土不可分割的部分；馆内的图像和影视及电子显示，以生动的形象和现代化的科技再现了古老的艺术(粤剧、舞狮、舞龙、划龙舟)和地方风情(船家生活、打鱼小景、沿街叫卖、节日喜庆、婚嫁习俗等)，可谓浓缩中外古今文化于一屋。使我尤感兴趣的是中山先生纪念馆留下了这位伟人当年在澳门以行医为业而从事革命活动的光辉历史以及意大利传教士利玛窦从澳门进入中国，既将天主教带进中国的国门，又将第一张世界地图和现代数学及技术引进古老的、封闭的国门的故事，使我从中感悟：澳门不仅是多种文化交汇之门，更重要的是中外文化交流之门。我这次应邀讲学，不就是为文化交流而来的吗？

第三次是最近暑假期间，有意识地在澳门回归前旧地重游，所见不仅同首次所见大异，与第二次所见也大不相同。总体上说，美观多了，繁荣多了，有格局、有气派了。也许是花了甚大功夫填海的关系，有了飞机场，海滨高楼大厦增多，成林成片，款式各别，蔚然壮观。葡京大厦已不是最高、最大建筑，昔日威风已被其他大厦取代了。特别引人注目的是新增加了两座大桥，一是友谊大桥，二是隔邻珠海的莲花大桥。两桥都比旧桥长得多，大得多，壮观得多。两桥的中央，均是拱门形，桥墩、桥边和桥面上的灯柱，均是乳白色，整条桥活似一条白龙跨过大蓝色的海面，又像是艺术化的神圣龙门，横跨天池供千万“鲤鱼”跳跃。这三座大桥，将澳门半岛打扮成三龙腾飞的美丽城市，体现了澳门以新的繁荣面貌回归祖国怀抱的精神；同时又给澳门增添了新的文化内涵和风貌，这就是：通向无限锦绣前程的龙门象征。澳门中行新版的澳元铜币以大桥为图案，可见这是澳门又一新增的标志。

1993年黄伟宗到澳门与文化界学术交流

这次旅游，我还发现澳门好些新建的庆回归建筑，都以门的造型为多。如在文化中心旁边兴建的庆回归盛典会场主席台，宛若皇冠上盖的造型，斜盖于高低台柱之上，似龙口般的圣门；矗立于大街中心的东方拱门，其两只铁铸巨臂紧握的造型，也是呈拱门之状；屹立于岛边的融和门，其造型是两块巨型黑石自海面挺拔崛起，对称地呈岸然之势，两石上方是一柱相连，是抽象的门的造型。据说，建这两门的本意是纪念和象征中葡人民友谊，表现同样主题的塑像和建筑还有许多。这对于有葡占数百年历史的澳门来说，这是一种必然的文化现象。但我又感到这些门的内涵，不仅是对中葡人民而言，而且是对中国与世界各国各族人民的友谊而言，因为它意味着：按一国两制而回归祖国的澳门，始终是中国通向世界和世界通向中国的一个重要门户，是最宽敞、最畅通、最美丽的门户之一。

1999年8月6日

# 香港之“风”

屈指算来，我到香港有五次；四次是在香港回归前，一次是在回归后；从开头一次到最后一次，时间跨度达二十年之久。的确，每次到香港印象都不同，不仅是一次比一次了解熟悉，而且是一次比一次接近而熟络了，这主要表现在对香港之“风”的步步感受上。

第一次是在1980年秋，深圳刚创办经济特区的时候。我随著名文艺理论家萧殷率领的广东文艺理论批评家参观团到深圳。当时的深圳不过是几万人口的小镇，遍地黄土高坡，不见高楼，不见工厂，不见绿荫，唯见开山机在四处开路，用铁皮盖的简易工棚随处可见，满城沙尘滚滚，荒凉中透露出正在发展的生气。在这样的背景下，我们被破例获准去了一趟香港的沙头角中英街参观。应该说这是我首次到香港地域。当我经过边防检查站，越过中英分界的“界碑”的时候，即似乎有一股“风”向我吹来，一时又分辨不出是什么样的气味的“风”，只觉得有一种从所未有的陌生感和警戒心。这也许是因为长期受到“兴无灭资”和警惕香港的“香港臭气”侵蚀的教育造成的吧？但我很快想到这不也是中国的土地吗？在这个地方生活的大多数人不也是中国人吗？由此戒心消除了，陌生感为新鲜感所取代，开始接受和感受到了香港的现代文明：款式多种多样的电子表和名贵钟表、华丽的金银手饰、鲜艳夺目的各种时装和西装、各种从未见过的外国水果、各种知名甚久的中成药、各种久违的中外古今名著的精美版本，尤其是各式各样的电视机、收录机、高级音响，正在传播各式各样的现代音乐，播放着各种生动活泼的广告和电视节目，整条小街都在播放着《何日君再来》等著名乐曲……真是琳琅满目，五光十色，目不暇接，耳不胜收，初次感受到所谓“香风臭气”，应当是“商风热气”，具有不可抗拒的震撼力量。当时我内心一直捣鼓着：为什么同是一条街，同饮一江水，生活却如此悬殊？难道别人的繁华就是“腐朽”，而自己的贫困却是“先进”吗？我是多么期望这种阿Q式的颠倒尽快颠倒过来，乃至改变这种悬殊差距。

第二次是20世纪90年代初，作为广东作家参观团的成员到香港，这一次可真是进入了香港的腹地，作为旅游的主要景点都到过了，有香港特点的饮食和娱乐场所都去领略了，如到海洋公园看海豚表演，到清水湾看海滨泳场，在维多丽亚港的海船上边尝海鲜边欣赏海港风光，乘缆车至山顶公园俯瞰香港的“百万灯火”夜景，在幽雅的音乐厅欣赏由外国人演奏的爵士音乐，游览在山上高等别墅区的贵族风光，还特地去乘了现代化的地铁，乘专车游览香港岛与九龙之间的海底隧道，在中环的高楼大厦云集区商场漫步购物，在西贡海边看海船返港……虽然是短短的十天时间，却使我感到从所未见的东西，有胜读十年书、走万里路之感受。而这些所见事物，使我感到其总体特征，是海洋文化的产物和体现，构成了像是一股海洋之风向我扑来之势。使我在深感大开眼界之余，也有些许并非过去所想象的那样“神秘莫测”或“高不可攀”。这种想法，恐怕是由于开始熟悉或初步了解的原因，由此而与香港的距离缩短了，从而对香港之“风”的接受和感受似乎顺畅多了。

1993年黄伟宗到香港讲学与饶宗颐、王安忆等学者作家合影

第三次到香港的时间是1993年春。香港作家联会会长曾敏之先生邀请北京的著名作家邓友梅、上海著名作家王安忆以及来自广州的我前往香港交流和讲学，邓友梅因参加全国政协会议未到，唯王安忆和我去了。这次去主要是作为学者交流，是高层次的文化活动，同香港文学界、新闻界、学术界、高教界有了较多的接触交流，结识了香港的著名学者饶宗颐、罗抗烈，著名作家曾敏之、犁青、彦火、陶然、壁华、夏捷、罗琅、梅子、周蜜蜜，台湾诗人郑愁予等，参观了香港大学、香港中文大学、香港科技大学等。这些讲学、交流和参观活动，使我领受了香港的现代高级文化和精神文明，受益甚丰，赞叹不已！正在庆幸之余，却有一位在香港工作的老朋友建议我去看看一些民间百姓文化活动的地方。我先是去到了著名的“黄大仙”庙，刚下公共汽车，离庙尚有百余米距离，即一股烟香之气扑鼻，进庙之时，人流如潮，进庙中烟火弥漫，几乎每寸土地都有人设供，比每年一度的广州除夕花市还拥挤，满庙人都似乎浮动在云雾之中，真可谓“人间仙境”。据说是黄大仙之“签”特灵，故善男信女特多。在香港现代高级文化发达之地，民族传统的落后文化如此盛行，是我没想到的。更令我吃惊的是，在巩俐演出的电影《大红灯笼高高

挂》中才看到和知道的“打咒”神法(即：将诅咒的对象做成布娃的模型，写上其生辰八字，用针插人心窝，然后每日用木槌边敲打、边诅咒。这是中国传统文化中最阴暗最恶毒的害人文化)，却在现代化的香港街头(是一个马路天桥底)当今现实生活中看到了，这实在是令人难以相信、难以理解的。但这却是活生生的现实。这说明了即使是最先进最现代的地方，也有落后的阴暗角落，任何事物都有正面和负面，每个地方的文化也是如此。这次赴港感受高雅文化之风的同时，见识一点“阴风”，也未尝不是一种开眼界、懂人世的事，也由此而对香港更熟悉了。

第四次是在1997年初夏，香港回归前夕，主要是参加香港著名作家梁凤仪新问世的小说《远航》和同名电影的首发式。《远航》是反映香港回归的长篇小说，同类题材的长篇小说当时在全国内也同时出版了两部，一部是广东作家朱崇山的《风中灯》，一部是北京作家霍达的《补天裂》。梁凤仪的《远航》是香港唯一的一部大型作品，出版小说又拍电影，特别隆重，在具有重大历史意义的时间出版，真可谓有历史意义，香港文坛也为此高兴。小说写出了香港百年的历史沧桑，也写出梁凤仪的特点和风度。她是香港学历史和哲学的博士，热爱文学，以写财经小说著名。由此曾在港刮起一股“梁凤仪小说”旋风，可见影响之大，她的小说所写的主人公，多是靠自身奋斗而获成功的女强人。照我看来，同梁凤仪自身的历史和性格很相似。我同梁凤仪女士早些年已熟悉了，当时她的财经小说刚传入大陆，陆续出版，引起文艺理论批评界的注意，开了多次会讨论她的作品，我是由此结识她的。这次见她虽然身体不错，精神爽利，但明显稍减了前些年的风采。我询问她何故，她说同时写作和做生意实在忙得不可开交，我问她如此高产是否用计算机写作，她说本来用计算机，因为出现几次故障使刚写的小说稿毁掉的伤心事，不敢再用了，现全用手写，写得手指都起茧了。说到这里，她伸出手指给我看，果真是这样。她这个动作，使我顿然想到香港的武侠小说大师金庸，他的武侠小说在中国大陆刮起了一股“武侠风”，同梁凤仪一样，也是个“旋风人物”。香港《大公报》文艺副刊主编马文通先生告诉我，金庸本是他的前任，是一位极其勤奋的作家，他除了每天完成副刊编稿之外，还要负责为本刊和其他几份报刊的专栏撰稿，每天写作万字以上，可见他的出名同他的勤奋是分不开的。我想梁凤仪也是这样，所接触和熟悉的香港作家，也大都是这样。由此，使我在亲身感受香港人回归之风的同时，又从梁凤仪的财经小说和金庸的武侠小说感受到香港文坛特有的文风，并且从他(她)们的事业追求和写作态度上，感受到我们内地作家所普遍欠缺的勤奋之风。这样的感受，使我对香港之“风”不仅由陌生而熟悉，而且从对物质生活的羡慕进而在文化和精神上的认同和崇敬了。

第五次赴港是1998年12月。这时香港回归已一年有余了。我是应香港中山大学校友会的邀请，去香港为参加内地高等院校自学考试的学员讲学的。参加的学员来自社会各阶层，有香港的公务员、企业的文员、中学教师，甚至有企业的经理、老板。讲课的地点在香港闹市区旺角的一所中学内。每天我从湾仔乘地铁到旺角，无论在地铁内或在市区的街道上，我都从人们的谈话声中分辨出比回归前有明显变化，即不像过去那样到处都是讲粤语的声音了，而是以讲普通话为多了，从服装和长相上看，也多是由来自内地大陆的人，几乎同我在深圳街道之所见所闻没有太大的区别。同时在讲课的学习班上，尽管只有个别学员是来自内地的北方人，绝大多数是香港本地人，但学员们不是要我讲粤语，而是主动要求我用普通话讲课。个别学员在讲课时因此听得不全，他们宁可下课后询问，也不要求我改用粤语。这种学普通话的热情，是我过去多次到港都未遇到过的。自然，香港人主动要求读内地大学举办的学习班，进修内地大学的课程，也是过去从所未有的。使我印象尤深的是有一位学员，年纪50多岁，是个企业的董事长，曾留学英国，取得工商硕士学位，身体非常肥大，几乎等于我的两倍重量，是一个不愁前途、没有任何负担牵挂的人，他说来学习的目的是因为香港回归了，要增多中国传统文化知识，他不参加考试，不要文凭，旨在学习中国文学，他每晚都同其他学员一样，认真听课，从不迟到早退。下课后我多次与他交谈，发现他甚有文学修养，唐诗宋词，背诵如流，连毛泽东诗词也熟背得一字不漏，实在使我惊讶不已。由此使我直接感受到香港人在经济富裕后的文化需求和生活方式。由此感受到香港人在回归后从语言之风、学习之风，到文化之风的明显变化。这些变化不是说明了香港在回归后，不仅主权回归，而且连人文之风也回归了吗？

这五次赴港所受的香港之“风”的感受过程，既是我对香港的认识过程，恐怕也是香港在近二十年的变化过程；从中我感悟我的意识与香港的文化距离正在逐步缩小，同时看到香港与内地的距离也正在逐步缩小。香港之“风”还在继续发展着、变化着，不是吗？

2000年10月6日

# 深圳之“窗”

20世纪90年代初期，在一次关于深圳文化的学术研讨会上，我曾提出：深圳特区的文化，可以定位为“窗口文化”（或称“缩影文化”或“袖珍文化”）。最近参加广东文艺批评家采风团到深圳采风，所得印象不仅是进一步印证了这个看法，而且感到其“窗口”特质更鲜明、更成熟了。

“窗口文化”的看法，是根据当时新开辟的旅游景点“锦绣中华”的启示提出来的。因为这个景点的地方原是几座荒山野岭，没有什么经济文化价值，但一开辟为缩影全中国许多著名古迹和风景区的游览公园，即大受欢迎，名震遐迩，既有利促进精神文明，又有甚大经济效益。这景点的成功起码有两方面的启示：

一是以小小一隅缩影了全中国著名古迹和景观，按一定的比例缩小，而又保留原景风貌。所以被广东人戏称为“小人国”。但又都使人有真实感，如亲临其景，有看头，布局错落有致，曲径通幽，景外有景，看长城，游故宫，仰望四川大佛，神游大同石窟，穿越云南石林，坐进苗家山寨，登上布达拉宫，端详乾隆的香妃墓……可谓全国美景尽收眼帘，只需一日即可走遍神州天下。这就是缩影的、袖珍的、微型的思维方式和功能，也即是以小见大、以点窥面、以少见多、以模型透视原型的“窗口”方式和文化。

二是以这种方式在特区搞旅游景点，既很适合具有“窗口”性质的特区的需要，又是特区的“窗口”意识的凝现和体现。众所周知，深圳特区开办的时候，是中国人从香港、澳门窥看西方世界的“窗口”，也是港澳和外国人探望中国改革开放是真是假或程度如何的窗口。我们一班文艺批评家在1980年夏天到深圳看改革开放，就是在这“窗口”首次看到香港电视的。香港弹丸之地，旅游点不多，香港人又有旅游习惯，而深圳毗邻香港，对香港人来说，过境只用一天时间即可游遍全国景点，很划算，到深圳做生意的香港人、台湾人、外国人，忙里偷闲，花点时间看到一般要花好几年才能逐步看完的景点，何乐不为？即使是到深圳的中国人，在内地也不是都到过全国的著名景点，在深圳能“一揽子”

游完，不仅做生意快速，连旅游也是“特区速度”。由此可见，这种“窗口”式的景点是很适合“窗口”式的深圳特区需要的；也是在这样“窗口”式的地方的人才会想到或决定以这种方式来开辟景点的，所以这也是深圳的“窗口”意识的凝现和体现。

正因为有这两方面的“窗口”性，所以自“锦绣中华”之后，又连续开辟的“民俗文化村”“世界之窗”等景观，均深受欢迎，影响甚大，游客不断，至今不衰。耐人寻味的是，在一些非特区城市试图仿此方式搞景观(如广州的“世界大观”)则不能获此效应，显然有地方不同、文化有异的缘故。

最近到深圳采风，才在《深圳特区报》报社大楼初次看到江泽民总书记1992年5月20日为该报书写的题词：“改革开放的窗口”。这题词鲜明地指出了深圳特区作为改革开放的“窗口”特质，并将这特质指引和推向更高更深更广的层次。显然，今天的深圳之窗，已经不仅是几个缩影式的旅游景点，也不仅是改革开放的试验性的窗口，而是步入了中国社会经济转型(经济体制和经济增长方式)的窗口，是在进入小康之后如何进一步发展物质文明和精神文明的窗口。当然，这个发展变化，是有一段过程的。这过程，既在近20年《深圳特区报》的历年报道中反映出来，也从这个报社的社址和工作方式的发展变化历程的“窗口”看出来：同行的评论家有的曾经到过报社刚开办时编报的铁皮屋子，有的在80年代末住过当时刚建好的5层办公楼，现在则登上了47层高的全国报业首屈一指的报社大厦，在顶层鸟瞰，只见宽敞垂直的高速公路，向四面八方延伸，纵横交错，车水马龙；高楼大厦林立，样式特别的新型建筑成群成片，鳞次栉比，跌宕多姿，绿树草荫整齐地点缀于海滨和条条马路两边，一派现代化的美丽城市风光，同20年前只有几万人口的边境贫困小镇已是天壤之别。从特区报社的发展变化历程，已可管窥深圳特区的发展变化，其“窗口”特质，也即从中自现了。

使我印象尤深的，是深圳龙岗区布吉镇的两个小村，一是南岭村，一是坂田村。这两个小村，既像是近年腾飞较快的龙岗巨龙的两只眼睛，闪闪发亮，生机勃勃；又像是体现深圳农村发展和前景的两个“窗口”，更是体现深圳“窗口文化”的“窗口”。因为这两个村现在是深圳农村正在进入城市化、工业化、现代化的代表，是进度较快、成绩比较显著的单位，南岭村曾被评为“全国模范村民委员会”，坂田村被农业部评为“全国文明乡镇企业”，都是国家级的先进单位，也即是说，是两个具有“全国水平”或“全国意义”的深圳之“窗”。

南岭村原有176户，786人，土地面积5.5平方公里，一直十分贫困落后，改革开放办特区，才使他们逐步好起来，90年代后飞速发展，1996年，全镇集体经济总收入4000万元，纯收入1900万元，村固定集体资产6.4亿元，全村每户农民积蓄起码是100万元以上。值得特别注意的是：南岭村较好地解决了物质文明和精神文明的关系问题，尤其是农民富裕起来后如何进一步克服农民意识和提高自身与整村的素质问题。现在全村没有“黄赌毒”现象，无一人有犯罪纪录，98%的家庭被评为“文明户”，育龄夫妇无一人违反计划生育；全村开展了“神台变书柜”活动，每户藏书超过200册，平时举办多学科多层次的各种学习班，学习成绩和受教育程度同年终分配挂钩，凡成绩不及格或未达初中毕业者不能参加年终分配。1992年以来已有52名村民考上大学，全村已有10%村民达到大专以上文化程度。可见在致富过程中不可忽视精神文明，在达“小康”后必须注重提高人的素质，是南岭这个“窗口”特别引人注目之处。

坂田村这“窗口”则另有一番风景。1987年以前，全村面积22平方公里，常住人口2400人，人均收入仅100元。改革开放10年时间，已基本实现了城市化、工业化、现代化。目前全村集体总资产已达12亿元。1983年6月，率先实行农村股份合作制改革，将坂田经济发展公司改制为坂田股份公司，形成全村入股，村民是股东，共担风险，共享分红的股份合作制，并正筹组坂田股票，等待上市，实现了农村组织向城市经济组织的过渡。10年来，坂田大多引进来自香港、台湾、日本、韩国的现代科技企业，引进资金41亿元；并与国内外大集团、高科技公司合作，形成大发展，尤其是高科技发展的气候，目前在坂田投资1亿元以上的公司已有4家。其中的华为生产中心，是由几位年轻的中国博士创办的高科技公司，只几年时间即在国内外享有盛誉，朱镕基总理到该中心参观时大加赞赏，以高科技发家的世界首富比尔•盖茨到香港，特访深圳几个小时，主要是冲华为来的。目前华为在坂田首期投资4亿元，1999年年产值将达200亿元。坂田的这番风景，是我们看到被邓小平称为“第一生产力”的科学技术对于经济发展的重要作用，看到农村经济体制和生产力方式发展的新模式和高科技发展的新模式及高科技发展的前景。

这些和许多我尚未看到或写到的深圳之“窗”，不仅证明了深圳是“窗口文化”，而且有力地证明了深圳是中国改革开放光辉历程和无限发展前景之“窗”。最近，在深圳“世界之窗”举办首届中国国际高新技术成果交易会产生的轰动效应，起到巨大的“窗口”作用，更有力地证实了这一点。

1999年10月11日

# 深圳之“龙”

人们都知道中国是龙的故乡，中国人是龙的传人，中国文化是龙的文化。然而，朋友，你见过龙吗？知道为何称中国人为龙的传人？什么是龙的文化吗？最近我去了一趟深圳的龙岗区，大开眼界，幸运得很，算是见到“真龙”，也算是初步领略“龙”之所传及其文化内蕴的“龙真”了。

龙岗本是地名，是因有一脉活似巨龙盘踞的山岗而得名。按古老民间传说，在香港的“九龙”，就是从这山岗起飞过去的。龙岗本是个村名，后是个镇，现已是个区名，是深圳市郊的一个区。近几年经济发展突飞猛进，科技文化事业也一日千里。特别是龙的文化建设，从物质到精神、从实体到风貌、从形象到意识都成果累累，出类拔萃的，堪称深圳龙的文化的体现或代表。如果说，深圳是中国改革开放的窗口，同时也是中国龙的文化的窗口，那龙岗则是深圳的“窗口”、文化的“窗口”、是深圳之龙，是有似龙的眼睛那样的“窗口”，是管窥龙的文化和以龙的文化意识看世界的眼睛或“窗口”。

20世纪90年代中期建成的龙园，是中国唯一以龙文化为主题的风景区，堪称中国龙的传统文化和艺术的缩影圣地。龙门是千姿百态的群龙盘绕的朱红色三口拱门，横匾是“风调雨顺”，可谓“画龙点睛”地表明了古代对龙的崇拜是出于企求国计民生的天象吉祥。特别突出的是一条白石雕成的巨龙，有数十米长，自矗立金龙牌楼的台阶上，斜下俯跃，似刚出南天门下凡；龙身蜷曲起伏，龙头翘起，龙眼突出，龙须伸张，巨大龙口，有力喷出泉水，呈伏形落于龙珠似地水池中，水花四射，哗哗有声，似龙呼啸；水雾蒙蒙，日光照射，似霞似雾，使整条白龙像在腾云驾雾之中，栩栩如生，有声有色，有威有势。数十年来，我在全国各地见过龙的雕像不少，可以说无一能与这条巨龙相比；又可以说这长巨龙集中鲜明地表现了所有中国龙的形象的优点，凝现了中国人心目中的龙的雄姿；又听说这条龙是从中国文化圣人孔子的故乡——山东曲阜运来的，是来自龙的文化发祥地的龙，是寓现传统文化“龙脉”之龙；由此恐怕可以说这条龙，从形志风姿到内涵，都够得上“真龙”的吧？

园内的巨型九龙壁，恐怕也是全国罕见的，北京颐和园和佛山的九龙壁都是琉璃瓦砌成的，而这里的却是用灰白岩石透雕的，这一点从“不透”到“透”的九龙壁造型变化，是否可以说从中透露了龙的文化从封闭到开明的发展信息，从而体现了龙的文化发展性？此外，园内尚有跨越龙岗河的回龙桥、五龙亭、龙园碑，同龙女有关系的观音阁、罗汉塔(也即意味着龙文化与佛教文化的关系)，尤其是以龙头造型的大舞台和文化广场，以白色的“东方巨龙”造型、长达五百余米的展览馆，以及正在开发的“龙眼西园”等等，既体现了龙的文化的全面性和多样性，又体现其现代性和实用性， 真可谓将中国的龙文化 “集古今于一园，观诸性于一体”，从设计思想到建设格局，都鲜明体现了深圳缩影龙文化的“点睛”特色。

距离龙园不远的客家民俗博物馆，是一座典型的客家“围龙”式的建筑，园名“鹤湖新居”，其实是清代嘉庆年间的建筑，经罗氏三代人数十年的逐步建造而成，是迄今所见的全国最大的客家“围龙”，占地近15万平方米，共有179个居住单位；每单元均有房数间，总共有房数百间。整座建筑群由内外两围相套而成，总体成梯形，前宽后窄，内围有高墙与外围相隔。平面呈方形，屋宇、厅、堂、房、井、庭院、大街犬牙交错，盘陀曲折，像座迷宫，有“九天十八井，十阁走马廊”之称。这典型体现了中国传统的家族文化，因为它既适合于同一家族的众多小家庭汇集居住，在合中有分，而总体又是分中有合；又适合于家族的自通自卫，平时相互交往方便，如遇外敌入侵则易守难攻，总体上体现了传统的封闭自守的文化意识；但奇妙的是，这样的“围龙”，却又是可以自内及外地不断扩大的，即以每单元的原有格局，依外围墙扩建，扩建多少，也即将外围墙移出多少。可见其在封闭性中也有逐步的发展性。我想这正是客家文化的特性之一。因为作为中国龙文化传统之一的客家文化，遍布全国各地以至全世界，皆因其有“客”的特性，也即是其在封闭性中有发展性、移动性。从“鹤湖新居”可见龙岗的客家文化也是同样如此的。这座民俗馆的建筑和现在其中的民俗风情展览，也鲜明体现了这特性。

1999 年黄伟宗在深圳龙岗

龙岗主要是客家地区，以客家文化为主。现在这里正密锣紧鼓地筹办1999中国文化节，举办一系列研究与弘扬客家文化活动，包括来自世界各地近百名专家学者参加的“中国当代文化暨客家文化研讨会”、客家山歌擂台赛，客家山歌歌曲创作比赛、客家民俗歌舞表演、客家民俗风情旅游、客家风情摄影、美术、书法展览、客家美食节等。举办者称这是“一台举世瞩目的客家文化盛会，一次交友洽商发展事业的机遇，一个形象塑造对外展示的窗口”。从这些注重发掘客家文化的传统和特性，使其为龙的文化和特性现代化发展服务的一系列做法和说法看来，其主导文化意识，不也是“龙睛”似的“窗口”文化吗？龙岗这条龙，不正是典型体现中国传统和现代客家文化的一条深圳“龙”吗？

看来最全面，最集中体现深圳龙的文化的实体，是位于龙岗区中心的龙城广场。这是迄今华南地区面积最大、功能最全的文化广场，由北向南分为三个部分：一是市政广场，二是中心下沉式的音乐表演广场，三是后广场绿地，鲜花、喷泉、雕塑相互辉映，为公园式广场。可谓集文化、娱乐、集会、休息于一体。广场于1997年香港回归前夕建成之后，举办过第二届全国舞龙大赛、第二届国际摄影年会暨摄影大赛等等国际性、全国性的档次较高的文艺大赛或演出，每周末都有表演或文娱活动，是龙岗人娱乐、休息和接受文化熏陶的美丽圣地。从建筑风格上说，既有以天安门广场为代表的中国式广场的气派，又有罗马广场式的风姿；平时坦荡安适，假日热闹非凡，活动多姿多彩；集会气势磅礴、人山人海、群鸽奋飞；晚上灯光灿烂、乐声四起、虫鸟齐鸣、令人陶醉，难分人间天上抑或天上人间。这个广场，寓多功能于一体，寓经济、文化、娱乐、休息于一体，寓中国和外国建筑风格于一体，寓热烈与闲逸、紧张与松弛、动与静的节奏于一体，不正是深圳龙的现代文化的“点睛”之笔吗？

如果说，龙岗的龙园、“围龙”、龙城广场使我们集中鲜明地看到传统和现代、历史和现在深圳的“真龙”和“龙真”的话，那么，当今龙岗的三个小村则可以说是深圳之龙的未来发展的“龙眼”，它们既是发展走向的“窗口”，又是发展模式的雏形。这三个小村有不同的昭示意义：近年被评为“全国模范村民委员会”的南岭村，在全村每户农民达到起码100万元积蓄的小康生活水平的同时，在精神文明和提高文化素质上也有杰出成就，“先走一步”地提出和解决了农民富裕之后怎么办的问题。被农业部评为“全国文明乡镇企业”的坂田村，以目前全村已有集体总资产12亿元的实力，证实了科学规划和发展高科技，是实现农村城市化、工业化、现代化的重要途径，同时率先实现了农村组织向城市经济组织的过渡。尤其使人感兴趣的是，最近《科学时报》报道：深圳龙岗碧岭村里有一个生态村，有一位中国科学院院士的生态学家、华南农业大学庞雄飞教授当“村长”，村民全是专家和博士生、硕士生，种植不少是国家级的珍稀濒危植物，也有人们熟悉的菜心、芥兰、菠菜、苦瓜、茄子、甜玉米和一种名叫天立香的野菜，但这些蔬菜与人们日常吃到的不一样，它的生产过程不用化学杀虫剂，主要用有机农家肥，可靠、可口，其生产目的是建立生态控制系统，为防止虫害提供一种长期方案。目前，深圳多数菜篮子工程都派人到该村学习，运用该村的先进耕作模式。龙岗区三个小村实际上在经济和科技发展上起到了“龙头”作用，也起到昭示未来发展的“龙眼”作用，由此又可见深圳之龙也是以具有这两种功能为特性的，是以持久发挥这两种作用而永葆“龙风”“龙威”的。

1999年8月18日

# 深圳之“鹏”

广东的深圳市，现已名震遐迩；深圳有个雅名——鹏城，恐怕知者不多；它又为何称为鹏城？想来更鲜为人知。自1979年深圳成为经济特区以来，迄今20年，我到深圳不下20次，平均每年一次，算是熟悉的了，然而对其何以谓之“鹏城”，却是近日在该市南山区考察之后，才真正弄清其“鹏”的寓意的。

过去我只听说鹏城的来历是深圳濒临大鹏湾。这次到南山，我才知道大鹏湾只是深圳这个滨海城市之东面，而其西面则是深圳湾，是珠江出口汇于南海的大港湾。庄子《逍遥游》云：“有鸟焉，其名大鹏，背若泰山，翼若垂天之云，抟扶摇羊角而上者九万里，绝云气，负青天，然后图南，且适南溟也。”“南溟”即南海之滨，可见威武的大鹏自古降临南海。

从南中国地图上看，从深圳市区连同伸出海面的九龙半岛的形状，像是一只大鹏鸟的身部和头部，嘴部连接着香港岛，整个深圳市的地貌像是大鹏鸟展开双翼，而紧连的大鹏湾和深圳湾，也活似大鹏的两翼，可见深圳与香港地区，从地理形势上说，本是一只完整的大鹏鸟的形象；如果说，香港岛像是一颗宝珠的话，那么，深圳与九龙及大鹏湾、深圳湾，就像是一只正腾飞着的大鹏鸟含着宝珠在太空遨游的壮丽景象，正似庄子所描绘的大鹏形象。其实，深圳与香港在历史上是一体的，同属于宝安县，英帝国主义割去了香港、九龙，也就是割去了这只大鹏鸟的头部和嘴含的宝珠，被肢解的大鹏鸟也就失去了生命。是改革开放才将两地的血管接通，又由于香港的回归而使被支解的机体复原，恢复了原有的完整形象，从而鹏城之谓，才说得上是实至名归了。

在这次南山之行中，我还发现深圳人民自古以来都是为大鹏鸟的整体和生命，而尽力发挥大鹏两翼的优势和威力，进行着不屈不挠的斗争的。为防御和抵抗外来的侵略，深圳的东部设有军事要塞——大鹏所城，它是明代的建筑；设在南山的要塞更古老，是始建于东晋的南头古城和附近的屯门军寨，构成深圳边防之两翼，从形象到性能都宛若祖国南疆的南大门。在这里的海潮声中，我似乎仍听到南宋民族英雄文天祥过零丁洋时留下的千古绝唱："辛苦遭逢起一经，干戈寥落四周星，山河破碎风飘絮，身世浮沉雨打萍。惶恐滩头说惶恐，零丁洋里叹零丁。人生自古谁无死，留取丹心照汗青。"在这里的屯门港湾，我似乎看到了中国历史上第一位倡导"师夷制夷"的明代军事家汪宏，利用仿敌军的蜈蚣船和铳而战胜葡萄牙(当时称佛朗机)侵略军的辉煌情景，在赤湾左炮台的林则徐塑像前，似乎听到当年鸦片战争的炮声隆隆，听到当时守驻大鹏所城的赖恩爵将军从东翼呼应的巨炮声。这些古战场的英雄历史和遗址，也像是大鹏展翅冲向死敌的英姿那样，令人敬仰而世代相传，昭示着这里的人文内涵永远是大鹏展翅似的英雄形象。

在这里的赤湾天后宫庙和许多宗祠，我又找到了深圳之所以称"鹏"的又一文化渊源。这就是有似大鹏遨游四方的漂泊移民文化，天后即妈祖，是我国沿海人民崇拜的女神，每逢渔民出外打鱼、商人出外做生意，苦力出外打工，凡出海者均要祭拜天后。据史家和航海家论证，自古以来，凡是有天后宫或妈祖庙的地方，即是海上"丝绸之路"经过的地方。赤湾的天后庙，据说是明代郑和下西洋时由其副将建成，是全国最大的天后寺庙。该寺寺门开阔，面向大海，两条黑黝黝的龙盘石柱挺然屹立；寺内金碧辉煌，巨大的天后像端坐堂中，端庄肃穆，威严中带慈祥之气，使人敬仰而有信任感，不愧是保漂泊者平安之神，体现了深圳自古即是海洋文化之所在。而在南头的许多姓氏宗祠，如黄氏宗祠、叶氏宗祠、陈公祠以及广府、福佬、客家和多种民族聚居，留下了自古从中原到深圳四次大移民的历史，即：秦始皇大军南下、两晋南北朝、两宋和明末清初，均是在中原战乱的情况下南移的。20世纪80年代因办经济特区，北方大量移民深圳，可谓第五次大移民，但这次与前四次性质完全不同。由此可见深圳的移民传统由来已久，是名副其实的移民城市，也即是海洋文化与中原文化和土著文化汇合的移民文化城市。漂泊的移民的文化，同大鹏展翅遨游的形象是一致的，可见这也是鹏城的一种文化内涵。

改革开放初期，这里的蛇口提出了一个响亮的口号："时间就是金钱，效率就是生命"。这两句话像是给经济特区插上了双翼，像刚放出的大鹏鸟直冲云霄，使深圳的经济迅速腾飞：从八十年代到现在，南山区又为深圳这只正在高飞的大鹏鸟新添了两个翅膀，一是公园文化，一是高科技工业园。公园文化也有双翼，一是主题公园，如"锦绣中华""世界之窗""青青世界"等，一是纪念和休闲公园，如：中山公园、荔香公园等。这些公园，不仅作为第三产业而给深圳创造了巨大的财富，更为重要的是改善了城市的环境和丰富了人们的文化生活，使深圳成为现代化的城市，同时也是花园城市、绿色的海滨城市。生产与环境，也即是一个城市腾飞的双翼。南山的高新技术工业园，也是包含着双层的双翼的，第一层的双翼是同时获得两个国家级的称号，即"全国科普工作示范城区"和"全国首批科普示范区"。另一层双翼是：包含一批国内外知名的明星企业的"科技工业园”，其中有中国的华为、长城、方大等，外国的朗讯、爱普生、康柏等公司或集团，另一翼则是“深圳大学城”，包括清华大学、北京大学、南京大学、浙江大学、中国科技大学、复旦大学等名牌大学落户于此。南山区的这些层层双翼，连同罗湖、福田、盐田、宝安、龙岗等区的诸多双翼，使整个深圳市这只大鹏鸟，真似插上千万只翅膀，在改革开放的春风劲吹的天地中，尽情地啸傲高翔！

由此，我才真正地领悟“鹏城”的寓意。

2000年11月1日

# 珠海之“珠”

自从珠海成为特区以来，在二十年时间里，我起码到过十次。开始的时候，打听过珠海名称的来历，回答的人都讲不清楚，久而久之，就不以为意了。直到最近同一班教授、作家去珠海考察，观看了一些从未看过的地方，才对珠海之名的自然地理和人文内涵，若有所悟，顿然有找到珠海之“珠”之感。

想来过去对珠海之名来历一直未予深究的原因，除了几乎每次前往都是因开会或办事匆匆而过的原因之外，主要还是在于对矗立于珠海香炉湾海水中的“珠海渔女”塑像的内涵理解不深，以为这座作为珠海标志的形象只是昭示着珠海过去一直是渔民栖生之地的历史，象征着渔民的圣洁心灵和美好追求。不是吗？每位初到珠海的人乘车进入花园似的市区时，都会在一片银波闪闪的海湾里，见到这座渔女塑像向你走来，身材窈窕，阿娜婷婷，双手高举，捧着一颗硕大的明珠，像是刚从她身后的大海采撷所得，脸上挂着胜利的微笑，又像是她托着象征渔民理想生活与幸福爱情的珍珠，正在轻歌曼舞，又像是她作为珠海的主人，捧着最高尚的祝福和最大的热情，在欢迎或欢送到珠海做客的每位贵宾……这些解读，我想都是对的，有诗意的，但却是表面的，浅层次的。正因为如此，它将我对珠海的认识停滞了。

在这次考察中我才发现，原来珠海连同斗门，同澳门半岛是一个密切连在一起的一个大港湾，同从总体地貌上看，同珠海香洲区中小小的香炉湾形态相似，像一个巨人伸开双臂，敞开胸膛，迎向大海，而在其身后，又有珠江出海的四个门(即西江出海的磨刀门、虎跳门、鸡啼门，以及壕江出口处的十字门)所源源流出的滔滔江水，像四条巨龙欢跃出海，又像是几条南海进流内地的通道，使海外文化源源而入；堪称为天下奇观的是，在这宏大海域，遍布着无数岛屿，统称为万山群岛，是全国拥有海岛最多的海滨城市。这些岛屿像一颗颗海上的珍珠那样，大小不等，多姿多彩地星罗棋布于珠海周围的海域上，熠熠生辉。想来珠海之市名，正是由这样的千万颗珍珠簇拥的壮丽自然景观而取名的吧！

其实，说珠海的环海诸岛是珠海之“珠”，是有道理但不够恰切，因为它是形象表现，尚不是性质体现。珠，即珍珠，是一种在海陆交界处，也即是在咸淡水交界处的海边生存的珠贝中，才能孕育而成的晶体物质，因其养育的时间长，是精华的结晶，既可作为药用，又是高贵的装饰品，所以极其珍贵，故称其为珍珠。显然，珠海之“珠”，同“珠”的这种性质有密切关系。珠海与合浦、湛江、海南的自然条件不同，并不生产真正的珍珠，但珠海之“珠”究竟是什么呢？我还是在其特有的自然地理条件和人文历史的景点中找到了。

2000年8月黄伟宗在珠海斗门考察水乡文化

首先就是在位于香洲区中心的“甄贤学校”旧址中找到的。这座类似庙堂的清代建筑，是青砖瓦的平房，并不显眼，面积也不大，但其意义和影响极其重大、深远。这是中国第一位留美学生、第一位取得美国博士学位的著名教育家容闳，学成归国时首先在他的家乡所办的学校，这也是中国第一所为出国留学生而办的预备学校，那是在1855年，到现在已有115年的历史了。虽然这间旧屋已被划为“文物保护单位”，看得出是修葺过。但我仍从简朴的旧屋里看到了百年的时代风雨沧桑，看到了这位写出著名的《西学东渐记》的大学者，开创中国留学生历史，并为中国历代留学生做出杰出贡献和榜样的先行者的光辉，从一列列一行行的青砖上，看到了代代留学生的前进队伍，从原有的上课铜钟上，听到了中国历代留学生为祖国的繁荣富强的呐喊声和拼搏声。我想，容闳这位中国首位洋博士诞生于珠海，中国的留学生学校首办于珠海，不是偶然的，同珠海面临海洋，毗邻澳门，较早接触西方海洋文化有密切关系。由此说珠海是中国最早的养育留学生“珍珠”的珠场，想是可以的吧？

如果说容闳是珠海近百年第一颗珍珠，那么，唐绍仪则是第二颗珍珠。他是中国第二代官费留美学生，回国后历任清政府高官，1905年为挫败英政府企图将西藏从中国分裂出去的阴谋起到了重要作用，辛亥革命时作为袁世凯的特命全权代表参加南北议和，为推翻封建皇朝开创共和历史做出重大贡献，是中华民国的首任国务总理。后来返归故里，任中山县(原珠海属中山县)县长，毛泽东曾称赞他是“能上能下、能官能民”的榜样。现在珠海市中心区的“共乐园”，是他当时返乡归里的住所。园内绿树成荫，奇花异草，亭台楼阁，均是中西合璧，传统与现代共具，艺术与科学(内有科学馆、观象台)结合，处处显出主人的学识修养和园林格局，都具有中西文化兼融之风，也显示了这位在中国政界开创共和的首要人物之一的转折性历史光辉，这就是：将西方的共和政体引进并实践于中国，实现了从封建皇朝到共和政体的转变，并且最早实践了能官能民的转变。这些转变的思想与行动，典型地体现了西方的政治文化在中国的最早输入和传播。显然，由珠海人唐绍仪进行这历史使命，也是同珠海是海洋文化与内陆文化最早交汇地的“风水”是不可分割的。

位于香洲梅溪的陈芳旧居，也是珠海特有的一颗“明珠”。陈芳是清代旅居夏威夷的华侨，经营糖庄致富，是当地第一位华人百万富翁、商界巨子，与夏威夷国公主结婚，又担任该国枢密院顾问，后又担任中国驻夏威夷外交官。晚年回乡定居。对乡人乐善好施，急公好义，获朝廷钦赐“乐善好施”牌坊。陈芳如此的光辉经历，典型地体现了华侨的奋斗史有极其深广的代表性。他体现了华侨对西方文化的熏陶，体现了华侨身上的民族传统文化的根深蒂固，也体现了海洋文化与大陆文化的结合兼融。这些精神文化特点，也典型地体现在陈芳故居的环境和格局上：届近即见两座古典的石砌牌坊，巍然屹立，庄重肃穆，而故居的外观，一路白墙，上有绿瓷成列装饰，整洁美观，一派洋气，同牌坊的传统风格，从鲜明对比而显出中西文化并蓄格局，院内屋宇厅堂，从格局到室内装饰，从风格到装饰材料，都是有中有西，均有中西兼融之韵致。我想陈芳这样的“明珠”，也只有在珠海这样的“温床”中才能养育出来的。

在中国第一条铁路——唐胥铁路的创办者唐廷框的遗照前，在中华全国总工会第一任委员长林伟民和中共早期领导人之一苏兆征的故居前，在华南第一任马克思主义传播者杨匏安的塑像前，在叶剑英于广州起义前主持的“香洲兵变”烈士陵园前，我看到了随着西方的现代工业在中国的发端，从海外传来的马克思主义工人运动和革命斗争的，也是以珠海为跳板而在中国传播的历史脚步，更见出珠海既是育“珠”之海，又是传“珠”之海。这种“育”“传”作用，特别鲜明地体现在中国首位获得世界乒乓球冠军容国团的成长和重大历史作用上。这位冠军是珠海人，在香港求学，回国在体育学院学习，1959年荣获第一个世界冠军，从此开创了中国乒乓球称雄世界的历史，也开始了中国体育运动连年荣获世界冠军的历史，并同时开始了乒乓球和体育运动在全中国大普及的历史。容国团的格言：“人生能有几回搏，此时不搏更待何时？”典型地体现了珠海人的人文精神，这就是海洋文化与大陆文化结合的拼搏精神。容国团是珠海的文化“珠场”养育出来，并体现着珠海人文精神的一颗耀眼明珠。这颗明珠又在全国带出了千千万万的体育明珠，使整个中国体育界都成为明珠之海！由此，我想到容闳、唐绍仪、陈芳、唐廷柜、苏兆征、林伟民、杨匏安等荣冠为各种各样“第一”的珠海人，他们不也是同容国团一样，是珠海明珠，又是在各种行业或领域中带出了千千万万各种各样的明珠，使整个中国都成为各种各样的明珠之海的人物吗？

当我在近年兴办的科技园和先后建成的清华大学、北京师范大学、哈尔滨工业大学、暨南大学等名牌大学的珠海分校参观时，尤其是进到刚刚落成的中山大学珠海校区时，我看到了珠海这个风景优美、经济繁荣的经济特区和滨海城市，正在插上现代科技的翅膀，展翅腾飞；看到了古老的渔家水乡已脱胎换骨，成为代表先进文化教育的科技城、大学城。我还特别看到，这里原是诞生中国最早的高等学府——清华大学创办人、首任校长唐国安的地方，诞生了在中国现代文学史和美术史上都占有史页的诗人苏曼殊和画家古元的地方，正在这些开创性的珠海明珠的引领下，千千万万的未来的明珠正在成长起来，珠海已不仅是在历史上培育出千万明珠的圣地，而且是正在培育更多更亮的未来明珠的更大“珠场”。

显然，近百年来这么多的“第一个”人物都诞生在珠海，不是偶然的，这些人物的“第一”，都带有传入海洋文化的意味，带有开创中西文化交融的意味。由此我对“珠海渔女”塑像的内涵，对珠海之名的内涵，有了更新的解读；珠海者，既是历史上，尤其是近百年历史上中国的育珠之海、传珠之海，又是当今中国现代的造就遍地珍珠之海！

2000年10月3日

# 清远飞霞

我爱清远，是因为它有飞霞；我爱飞霞，是因为它在清远之中。

清远飞霞，是一个整体，是一个理想的境界，又是一个现实的境界。

也许是少年时读王勃的《滕王阁序》，受其中名句：“落霞与孤鹜齐飞，秋水共长天一色”影响的缘故，在数十年人生历程中，我是始终追求着这两句诗所创造的清远中的飞霞、飞霞在清远之中的境界的。这个追求，我的确在现实中找到了，这就是在粤北清远市的飞霞山。

清远古名中宿，顾名思义，是中间歇宿的意思。古时从中原进入岭南，从北江乘船至广州，清远正好是中途投宿之所，中宿由此得名。而中宿何时、又为何易名清远？有待查考。看来这也是从中宿而来的。因为古时离乡背井，远游行旅的人，大都是商贾和谋生者，或者是失意的文人骚客，坎坷曲折的旅程和人生历程，使他们大都有世态沧桑、人生沉浮的游子心态，与李白的“夫天地者，万物之逆旅(即旅舍)”感慨共鸣，从而在中宿之所，忙中偷闲，苦中寻乐，动中求静，闹中得雅，此地的良辰美景，山水风光正合精神需求，真可谓陶渊明所写的“结庐在人境，而无车马喧。问君何能尔？心远地自偏”的地境和心境，真是又清又远，从而谓之清远。

这些说法，虽是主观推测，但也不是全无依据，起码在整体的自然风光和世态风情上，清远的特点，是清新淡远的，是名副其实的。这可谓著名的有悠久历史的风景区——飞霞的大环境，是“清远中的飞霞，飞霞在清远之中”的境界画屏。

飞霞风景区包括三个景点，飞来寺、藏霞洞、飞霞山。三个点既各有独立性，又相互有机联结，相映成趣，交相辉映，既可分别而又共同处于清远的画屏中。

历史最悠久的是飞来寺。寺在与飞霞山遥遥相对的飞来山上。山腰树林中有一巨石，呈狮子形，被称为狮子石，又被称为飞来石，因为它的底部小，石面大，像是一块飞来的石头迭上去的样子。相传古时有位云游和尚路过此地，用线从大石与底石交迭的石缝中横过，竟可畅通无阻，叹称这是罕见的天外来之石(即今所称陨石)，由此顿悟“佛意”，便在此定居下来，建立寺庙，取名飞来寺，数百年香火不衰。飞来寺红墙绿瓦，周围绿树成荫，同飞来石一样在林海中冒出，上下对应地连成双鹰飞临青山的态势。更妙的是飞来石和飞来寺所在的飞来山，滔滔的北江绕过山脚，江面从宽转窄，流过山后即又江开水阔，形成了一道长峡，名为飞来峡，使得整座飞来山连同其上的飞来石、飞来寺，像构成一条方舟那样，在茫茫的水面上浮动。这道风景，在秋日晴空万里的时候，更是奇妙：灰石、红寺、绿林、青山所构成的方舟，浮沉于连接天际的江面上，宛若一派“秋水共长天一色”的境界，一片彩霞在飘荡游弋，形成了既是自然美景，又是其味无穷的人生意境，它昭示着自然美景与人生世态都似乎同境同理，都是“飞来”，都在浮动；美在“飞来”中，也在浮动中；“飞来”是寄寓，浮动是变迁，但两者都是生命，是永恒。这种带哲理性的文化意蕴，不知是否当年发现飞来石、在飞来峡和飞来山上始建飞来寺的云游和尚所顿悟的“佛意”？

如果说，飞来寺的胜景有佛家的气韵，那么，藏霞洞则可说是具有道家风采的一方天地。从登上北江码头开始，行人所走的登山路都是曲折的、断断续续的石阶路，全是一番“远上寒山石径斜，白云深处有人家”的景致；尤其是沿路树木密集，浓荫覆盖，清新阴凉，漫步而上，时平时陡，时转时折，真乃曲径通幽；更妙的是沿路有条小溪，时有流水潺潺，蜿蜒而下；沿路的翠竹绿林，时密时疏，时静时动；有时阳光穿过林隙叶缝，像舞厅射灯的射光似的，闪闪耀耀；有时阵风吹过竹枝树叶，像乐池奏出的音乐旋律，切切沙沙；伴之莺莺鸟语，阵传缕缕花香，沁人心肺，心旷神怡，诚天下之第一幽径也！正是在这样一条幽径中，人们会像发现一个又一个“新大陆”似的，观赏到躲藏在绿林或白云深处的胜景！禺峡山亭、观海亭、达观亭、一洞天、梅亭、盥漱亭、知水仁山亭、桃源村、锦霞禅院、藏霞牌坊等景点，真是名副其实的“藏霞善径”！仅从这条乐道和景点的名称，人们即可品出其中的道家文化意味，但它又不仅如此，而且具有更深更广的哲理，人在霞中心境清，霞在人中意更远；藏中有露景更露，露在藏中藏更深。

穿过飞霞通津坊，即进入飞霞风景第三个景区——飞霞山。个个景点，沿山列上，经登极桥、登峰桥，穿飞霞古洞，进轩辕黄帝祠，再经宝镜亭、凤凰楼，纪公亭，进入修行精舍，直至山顶摩天的长天亭，真可谓九重风景九重天！从这些景点的名称和自下而上的游历层次，也似乎在昭引着人们努力攀登，“步步高”地登上一个比一个高的境界，登上一重又一重的天。这个景区的中心是飞霞古洞，这洞实际是座寺庙。这寺庙的建筑自成一格，是沿山而上的层层结构，每层既可独立，又是互相连接贯通的，每层有不同用途，祭奉不同的神佛，特别是所祭奉的神佛，是儒、道、佛三教之至尊。中国之寺庙，多是以教而立，这里是三教共祭于一祠，实是罕见。从上列飞霞山上的景点名称看来，也可见这种三教融和的意蕴。飞霞山以这种罕有的祭祀方式，显示了中国传统文化中兼容的文化意识，是很值得注意和深入寻味的。但在我看来，其中儒家意味稍重，因为兼容就是一种儒家意识，同时以飞霞山的景点布局，到飞霞古洞的结构态势，都呈现出一种力求上进的观念和意向，正好似《红楼梦》中薛宝钗诗句所云："好风凭借力，送我上青云"。试问：飞霞山之飞霞在何处？在山上的每个景点每重天，又在每个游人的心中和人生旅程中。因为每个人的一生都不过似一朵飞霞那样来去匆匆，每个人的一生都会有飞霞似的追求和际遇，然而，要真正无愧人生，就要以不断的飞霞似的追求去争取更多更大的飞霞似的际遇；有更多更大的飞霞似的人生，就不是过眼烟云的人生，而是永恒的人生。我想，这才是真正的理想的清远飞霞的境界。

尤其可喜的是，现实的清远飞霞境界，比过去的更优美更壮阔了。虽然在前些年因为山洪暴发的缘故，一夜之间突然冲毁了飞来寺，破坏了原有的飞来景区。但是，这景区不仅正在恢复中，而且在这里最近完成了广东最大水利工程——飞来峡工程，像一条巨龙横跨北江，又像是一条彩虹，连接着飞霞景区，这不仅使现实的飞霞境界增添一道现代风景，而且使清雅的、典型体现中国传统美景和文化意识的飞霞，增添了现代的色彩，竟成了插上现代翅膀腾飞的艳丽飞霞。

1999年10月28日

# 仁化丹霞

丹霞在仁化，仁化有丹霞——可以说是既有地理知识，又有人文意味的两句话。

因为仁化是广东北部的一个县，著名的丹霞山风景区，就在仁化境内。而仁化这个县名，又是甚有历史和人文意义的。古语云：仁者，人也。意味着人与人之间要以人性感化、教化、同化。据说，由于历史上仁化曾有民族动乱，事件平息后，特以此冠县名，即是用此之意。但我感到仁化还有另一层意思，即马克思所说的“自然人性化”，就是以人性去认识和改造自然界，包括对自然的发现、改造和美化。丹霞山的美丽风光，固然是自然界之天生，也可以说这层仁化的产物，同时又有人性感化之意。

20世纪70年代末初夏的一天，我初次到丹霞山，就从这里独特的人文景观和自然景观中，领悟到这两层仁化的含义。山上的丹霞古寺同一般常见的寺庙不同，既敬佛教，又敬道教；既有和尚，又有尼姑；既有道观，又有尼姑庵。这是全国各地少见的。丹霞山的自然景观主要是山顶观日出，特设有观日亭，每当旭日初升，霞光万道，艳丽无比。据说丹霞山之名，正是由此而来。丹霞山名震遐迩，自古至今游客不绝，主要是这两大景观所吸引。我也是由此而特在半山腰的古寺中住了一晚，一是切身体验一下晨钟暮鼓的生活，二是能就近赶在天亮前登上山顶，以观赏丹霞日出的圣景。

由于同行的诗友与古寺的长老熟悉，特许我们参加晚上举行的“坐禅”课。当我们赶到大雄宝殿时，已经天黑，仪式开始，奏起经乐，钟鼓齐鸣，木鱼声声，在寂静的山夜中特别响亮；和尚们从四面八方走来，一下就齐集了一大群，都穿黑色衣袍，像军队似的迅速动作，排列成行(这时我才发现有两个女青年，均留长发，事后才知道她们是刚来几天，尚未剃度)，接着即按经乐的节拍，整齐地做着边摆手边迈步的动作，在坐禅间里走了几个圈，然后各就各位的个个坐在床上盘腿坐禅。我们也参坐其中。我看手表，从开始到结束，整整一个小时，合手盘腿坐着，个个都是一直不动，不吭一声，偃乐息鼓，唯听山风阵阵，山虫低鸣，似处无人之境。真是有生以来首次尝到“静夜思”的情景。我想，和尚们都在默念经文吧？两个未剃度的少女可能还在想着“红尘”的事吧？也可能他们在这时什么也不想，是在心归丹田，做着静功。这难忘的做了一个小时“和尚”的经历，使我切身感受到静化是洗涤心灵的好方式，认识到感化、教化、同化，恐怕是诸教各家学说所共通的，佛家的“坐禅”同道教的“静心修道”和儒家的“吾日三省吾身”的“修身”，不是异曲同工的吗？由此使我领悟：自古人们在丹霞山设庙，诸教都在丹霞山诲人“出家”“修道”“修身”，也都有是为了使人的心灵静化、美化，化成像丹霞那样圣洁、那样美。由此可见，丹霞不正是为了仁化、体现仁化而创造出来的吗？

观赏丹霞日出的圣景，则使我品味到仁化丹霞的另一层文化底蕴。当我们登上山顶的观日亭时，东方只有一线鱼肚白，像是在尚黑的大地之间划上一条白线；这条白线，慢慢地越拉越长，渐渐扩宽，从扩成一洞，到白了半边天的一瞬间，同时出现了几朵云霞，从浅黄、金黄，过渡到浅红、艳红，接着是霞光万道，射遍晴空，一轮红日从地平在线冉冉升起，从半轮到全轮，从深红、艳红、淡红，而又转化为金黄、浅黄、淡黄。从红彤彤的红日渐变为微笑的金太阳，从染红天地又转为染黄天地，真是白在动中，黄在动中，红在动中，显出动白、动黄、动红的瞬变进程，一派清新境界，朝气勃勃，生意盎然，美不胜收。在这样的神妙时刻，我才跟着太阳以各种颜色渐染天地的视线，看清了丹霞山风景区的全貌；主峰居群山之中，整座山都是红色的石岩构成，在红日照耀下分外红艳(我想这也是丹霞名称来源的自然因素之一吧)；山峰脚下，有碧绿的锦江环绕，绿水映照红山，水更绿，山更红；周围的奇峰峻岭，都似座座欲动未动的、活灵活现的塑像，如香炉峰、茶壶峰、童子峰、观音峰，都名副其实，惟妙惟肖。尤其是长老峰，其顶呈长方形，两面三边自上斜下，宛若和尚长老的帽子；所盖的山峦轮廓，额头、鼻子、下巴的侧影依稀可见；山身黑，酷似和尚所披的道袍；而当红霞覆盖的时候，却又似长老所披的锦绣袈裟。这些山峰的形态和命名，都有着宗教的色彩，它们是丹霞风光的组成部分，同丹霞日出的圣景一样，是大自然的景象，又是具有人所赋予的人性色彩的，是“自然人性化”的一种体现，也是仁化的一种体现方式。

我第二次到丹霞山，是在20世纪80年代末的一个初春上午，十年阔别，变化甚大；山门已不是过去所见的古典牌坊，而是一座红石岩砌成的巨型山门，上书“中国红石公园”几个大字，巍然挺拔，苍劲潇洒，甚有气派；门前有白亮亮的不锈钢门闸，门内有宾馆；登山有高空缆车，游锦江有小汽艇；座座现代化的高级别墅，依山傍水，鳞次栉比……这一切新的变化，使古老的典朴的丹霞山变成了现代化的丹霞山，从宗教圣地、自然圣景，发展为现代的游乐场所和度假村了。我想，这变化也是一种仁化丹霞的体现吧？是现代之风吹进了古老的自然的丹霞，是现代化的人去按现代文化意识和生活方式去仁化了丹霞，这是时代的进化，是时代对人对自然(丹霞山)的仁化。

另一方面，当我知道丹霞山被命名为“中国红石公园”的原因时，似乎又发现了另一层意义的进化和仁化。据说在当今世界上，只是美国有大片的红石岩；在中国大陆则只有丹霞山这一片山地是这种土质。地理学家称这种红石岩是地球最早地壳变动的标本，记录着尚未有人类前的地球历史，十分罕有而珍贵。过去人们不知道其价值，只是以其岩石呈红色而称其为丹霞山，是不够的，为与美国的红石岩和“红石公园”对称，为与国际“接轨”，并昭示其珍贵的科学价值，故予易名。这种说法和易名，反映了人们对丹霞山的认识深化，从感性认识到理性化、科学化了，并且是现代的国际化了，这不是一种进化和仁化吗？然而，我认为命名为“红石公园”，固然有理，但不一定为群众所接受，因为知道红石岩知识者不多，我当即向有关负责人建议：易名为“生态公园”为好。因为红石岩举世罕有，是一种原始的地质生态；同时，也在于丹霞山被陆续发现有许多原始植物，前些年就有报刊披露在丹霞山发现有原始红树林的报道；又曾有过一位香港同胞从农民手上用十元人民币购得一株丹霞兰花，过香港则值百万港币的珍闻；更为重要的是，丹霞山风景区中许多奇峰峻岭，千姿百态，活似种种生物或实物，具有种种美学价值和美化潜质，以“自然人性化”的法则去发现和美化，有无限广阔的天地。

万没想到这种想法和看法，会在我第三次到丹霞游览时得到证实。那是1998年夏天，我参加“北江诗歌节”，同一班诗人到丹霞山时，才知道这里增加了一个新景点——阳元山，阳元者，即男性之阳具也，直白说即阴茎。据说，近年许多人游丹霞都是因慕此名，而专程到此一游，无论男女老少，都无所顾忌地去尽情欣赏，既无“女性勿近”的告示，也无“儿童不宜”的禁忌。同行一班来自全国各地的男女诗人，见到活似阳具的大山，威风凛凛，直刺云霄，莫不感叹不已！实在难以想象自然界竟有如此酷似人的器官的存在，巧夺天工到天衣无缝的地步，自然，这是放大了千万倍的形象，是经人的想象和美化才臻完整的，但其酷肖的程度已足使我思索：在“自然人性化”的同时，是否也有“人性自然化”的可能？最近报刊披露：丹霞山又新发现有阴元山，即活似女性生殖器的山，并已向游客开放。这些景点的不断发现和开放，不仅证实了丹霞山展现种种原始生态的自然与科学的潜质，具有生态公园的条件，而且说明近年对丹霞山的认识和开发，已进入较高较深的科学和文化层次。因为对生态和性的尊重和公开化，拨开神秘的面纱，就是科学的普及和深化，就是甚有文化底蕴和现代文明的认识与行为。据说，丹霞山附近的百姓称阳元山为“祖石”，即生命祖源之意，可见人们早有生命和文化意识，仁化的老百姓早就对这座山人性化了，同时，也即是将丹霞山以丹霞的美丽形象美化了。

这三次游丹霞山的经历和感想，使我不仅看到丹霞山的步步发展轨迹，而且层层深入地认识到仁化与丹霞的丰富内涵，逐步解读其科学潜质和文化底蕴，逐步认识到：仁化的象征是丹霞，丹霞的文化是仁化。

2000年5月1日

# 高州三树

早闻粤西高州之盛名，却不知其有举世无双的三株树。最近到该市考察，才知此三树之绝，而且每株树都使我品味出甚深的历史和现实的文化意蕴。

第一株是位于城郊的缅茄树。此树每年结果仅一次，果子不能吃，赤黑色，呈猪胆状，质硬如石，通常作刻图章或工艺品用，因果少而特别珍贵，甚有艺术价值。相传是明朝时候一位官员从云南边境带两颗种子来到高州，偶然发现其中一颗丢失了，误认为是一位小丫环偷去，便将这小丫环严刑拷问，小丫环直至被打死都拒绝认罪，始终保持自己的清白。小丫环死后翌年，官员院内生长出一株缅茄树的幼苗，始知小丫环的无辜。幼苗茁壮成长，很快成为参天大树，一枝独秀，亭亭玉立，颇有小丫环刚正不阿的气节丰韵。每年结的缅茄子，黑中透红，晶莹坚硬，也似小丫环的气节转化繁衍。奇怪的是此树种不能在其他地方繁殖，因此千余年来中国仅此一树。人们珍惜国宝，现已在此树周围，建起公园，树边设栏卫护，并矗立小丫环的巨型石像，忧郁的表情中显出刚毅，迎风展起的仙女服水袖欲飘未飘，似在控诉着历代妇女所受的冤屈，又像是在守护着宝树的同时呈现中国妇女的飒爽风姿。

第二株是位于观山的见血封喉树。这是一种含有剧毒元素的树。古时多用在加毒于弓箭的箭矢，如被射中，当即死亡，故有“见血封喉”之名；此外，也有作炼药之用。相传全国本有两株，现仅存此一株，堪称国宝。此树生长在观山道教寺的杂树林中，并不特别显露，树干岸然挺拔，树叶扁长尾尖，像是把利剑，阵风吹来，沙沙作响，像是有节制地显点威风，使静谧的道观，静中有动，又像是人间仙境中含点肃杀之气，似乎太极中的柔中有刚。

第三株是位于贡园的白糖罂古荔枝树。这是被《广东荔枝志》注销照片的名树，树龄比著名的增城挂绿树长，果熟最早，故可称岭南(也即可称中国)荔枝第一树。此树生长之地贡园，顾名思义，即古代进贡荔枝之园。可见其价值地位。相传唐代杨贵妃吃的荔枝，就是高力士从这株树上摘下进贡的，至今对面尚有一株当年高力士拴马的树。这传说的可靠性有待考究，但高力士是高州人却是事实，作为特别亲信的太监，回乡摘荔枝上贡，也合乎情理。乍见这株树即可看出它的树龄长久，饱经风霜：灰白的树杆，弯弯曲曲，部分主干已经干枯，造成一个个树洞，像弯腰曲背似的，更显苍老；但每一枝树丫的转折和嫁接处。都像是个个坚实有劲的拳头，使整株盘根错节、曲折起伏的老树，像是刚劲有力而又甚有艺术风姿的钢铁支架，气势非凡；尤其是在枯树干的嫁接处，长出新的枝杆和茂叶，郁郁葱葱，欣欣向荣，从中既见老枝的献身精神，又见新生代的蓬勃朝气，显出无穷的生命力和至高无上的精神境界。

1999 年 8 月黄伟宗等在高州考察三树文化

在整个考察过程中，这三株宝树的故事和形象，始终萦绕着我的心怀，参观每个代表高州古文化景点或古迹的时候，都会思及这三株树，进而感到这三株树也即是高州三种古文化的精神体现标志。

被周恩来称赞为“中国巾帼第一人”的冼夫人(冼英)，本是南北朝时岭南百越族中的一位女领袖，历经梁、陈、隋三代，因统一有功，被封为“谯国夫人”，为历代人民敬仰，设太庙，奉祭为神，这位历史人物的出现和影响，明显地体现和开创了高州三种文化源流，一是民族统一，二是武功文化，三是女性文化。其中以女性文化尤为显著，冼夫人之后，高州涌现甚多中国的文武英雄，如被称为广东历史上“第一女诗人”的冯媛(著《闺媛诗》)、清代女诗人梁纯素(著《做霜吟前后集》)、梁耀金(著《玉闺女史诗选》)；武界代表是太平天国女军师苏三娘(原是天地会首领)。在一个县里，涌现如此著名的巾帼英雄，不正是人杰地灵的一种表现吗？这些人物的成功和精神同缅茄树下小丫环的坚贞故事和精神不是相通的吗？从而说这株缅茄树是高州自古以来巾帼文化源流的一种标志恐怕是可以的吧？

不知是巧合还是必然，被称为“见血封喉”的毒树，生长于道教观院内，而且是在西晋时著名道教祖师潘茂名炼丹和坐化的地点附近。潘茂名是高州人，比到广东罗浮山的道教大师葛洪还早，堪称岭南道教第一人。因他淡泊名利，不愿应召赴京，皇帝即以他的名字赐潘州又称“茂名”，这即是“茂名”之由来。不求名反而有名，是辩证法；为炼丹、为“无为”而植毒树，造弓箭武器，也是辩证法。可惜潘茂名的道家理论未见流传(也可能是我未知未见)，但老子、庄子的辩证哲学是众所周知的，显然，潘茂名和他代表的高州(以至岭南)自古以来的道教文化，也必是“生——死”“有——无”“文——

武”“和——斗”“善——恶”“美——丑”的辩证法。这种文化精神，在观山道观里的“见血封喉”这株树的形象，不是可以说是其活灵活现吗？

也许是由于李白要高力士脱靴写诗的故事，以及杜牧写“一骑红尘妃子笑，无人知是荔枝来”诗句的关系，人们历来对高力士的印象甚差，高州人也历来不齿。高力士回故乡取荔枝进贡的故事，说明他比苏东坡还早发现岭南佳果荔枝的价值(苏东坡到岭南后才写出“日啖荔枝三百颗，不辞长作岭南人”的诗句)，不仅体现了他的故乡情(是一种本根文化意识)，更为重要的是较早地体现了美食文化和生态文化的意识和观念，懂得饮食的鲜美品味，懂得土特产的种植和价值，即本土文化。不像刘邦那样无知，做了皇帝，为使自己父亲高兴而试图将全村父老风俗搬进皇宫。由此，将高力士当年摘过荔枝的白糖罂树，称之为自古以来均被称为“中国荔枝第一乡”的高州美食文化和生态文化的传统标志，应当是恰切的。

高州应以有三株宝树为荣，应以三株宝树所体现的高州古文化及其传统为荣。但使我尤为高兴的是改革开放以来，高州更发展了三种宝树，即荔枝、龙眼、香蕉。这三种树是高州历史悠久的著名土特产，近年这三种水果的产量、面积、质量、销量和销售地域，经全国各种相关范围的权威评比，均占全国第一，从而使高州有“中国水果第一市”之美称，并且是以水果产销和旅游结合的“第一市”。

高州是以其名山高凉山而得名。大部分是山区地带，半是丘陵，山峦起伏，绿水环绕。农村所有山头，均种水果，采取科学的立体种植，高处种荔枝或龙眼，低处种香蕉或芒果。许多山顶建有“观荔亭”，登高远眺，一望无际。我们到此考察的时候，正值荔枝初红的季节，从亭上看去，一派“万山红遍、层林尽染”的风光尽收眼底，清风阵阵，有声有气地吹来缕缕果香，妙不可言；初尝几颗早熟荔枝，清新可口，鲜甜无比；大饱眼福、鼻福、耳福、口福，有似身处人间仙境。在部分山峦中，又看到正在开花的龙眼树和已结蕉梳的香蕉树，层层叠叠，林林片片，使人想到荔枝过后，又有龙眼和香蕉的夏收盛景，依次轮现，层出不穷。这种种植筹划，是科学，也是文化，是甚有科学和美学意义的生态文化、生产文化和旅游文化。由此我又感到，高州这三种树，又是这三种文化的体现与结合的标志。它同高州三株宝树及其所体现的古文化和传统，是一脉相承而又有重大突破和发展的，在精神是相通的。如果说“树”的形象和精神是“高”的话，那么，以三株宝树和三种宝树为代表的高州，不正好是“名副其实”吗？有如树一般高深的历史和现实文化内蕴，其前景也必然是像树那样，一年更比一年增高、不断地繁荣昌盛的。

1999年8月30日

# 河源四“源”

久盼到河源，最近才去成。何盼之有？出于兴趣，试图考究：为何名为河源？是哪河之源？其中又有何源？

河源本是广东东北部的一个县，20世纪80年代末改为地级市，管辖几个县。其中龙川县是其北疆，毗邻江西寻乌县。该县的九连山，正是珠江水系四条主要江河之一的东江发源地，想来这是其河名的因由之一。正是这个缘故，在我和所有饮东江水的人心目中，河源的地位特别重要，对它特别关注。人们都知道，从河源到惠州、到广州、到香港，所有的饮用水是靠东江。饮水思源。所以饮东江水者都想看看东江之源。

其实，直接的饮水之源，是河源的新丰江水库。这水库有新丰江水，又有东江水，纵横数百公里地跨河源所属数县和新丰县，是1953年建成的。行舟于水库中，胜似泛舟于浩瀚的洞庭湖，且库水水质，比湖水洁纯百倍，清澈透底。由于整个水库是筑坝拦河而成，基本保持河的形态，只是因积水而淹了许多地方，原有平地变成水底，原有大小山头变成了库中的大岛小岛，原有山头的树木在岛中更茂盛了，使个个岛屿像是颗颗翡翠，多姿多彩、错落有致，浮现在碧波万顷的水面上；库边山峦连绵，绿树成行，像是给浅绿色的水面嵌上一条深绿色的曲折起伏的绒边，使整个水库像是一幅绘有多种绿色形态、多种绿色层次、多种绿色内涵的绿色艺术长卷：当风平浪静，库水宛如平镜，绿山、绿岸、绿岛，倒映浅绿的水底，呈现出墨绿、翠绿、嫩绿的层次，岸又有各种形态，如狮、如象、如鹰，栩栩如生，欲跃却立，动在静中，幽静宜人，堪称一尘不染、没有干扰的“静绿”世界！当微风掠过水面，乍起一片粼波，泛起片片涟漪，随风飘拂而去，似朵朵云霞在碧空缥缈，轻盈多姿；当阳光照射水面，又使片片掠过的嫩波像披上金甲翅膀，在宽敞的绿色水面上展翅旋飞，似与蓝天的飞燕竞逐，真是一派水波与飞燕起飞、绿水共蓝天一色的“动绿”世界！当船过水库的曲折地带，时而两岸近在咫尺，杨柳依依；时而疑岛阻路，却又曲径通幽；时而库水转折，柳暗花明，引人进入深不可测的“曲绿”世界！尤为使人兴奋的是船至水库广阔的激流之处，有似大海航行，四面无垠，急浪翻腾，使人若置身于无穷的天际中，念浪涛于千古，受潮浪于今时，大有寓天人和古今于一体的“广绿”境界！这些绿色境界所组成的绿色艺术长卷，使人绿迷，迷人绿醉，耐人寻味：河源这一饮水之源，不仅在于有充裕的水，重要的是还有圣洁的水，而圣洁的水来自优美的环境；绿色是圣洁的代码，也是水质的标志和水之源，由此看来，新丰江水库不仅是名副其实的万绿湖，而且是水之源、绿之源。此可为河源之第一源也。

第二源是电之源、光之源。这是新丰江水电站带给河源的又一骄傲。水电站1958年建成后，直至现在40多年，始终是广东电力供应的主力，是名副其实的主要水力发电源地。它坐落在河源城郊九连山支脉的山坳里，拦河大坝像把巨锁，横跨两山之间，大有“龟蛇锁大江”“高峡出平湖”的壮观气派。站在坝上眺望，一边山水连天，与云霞共体一色；一边却似万丈深峪，俯览使人心跳。若从坝底的发电站抬首仰望，更是惊心动魄，相当于百层高楼的大坝，巍峨挺拔，岸然屹立，威风凛凛，俨如泰山盖世。想来若无如此威武，则不能锁住蛟龙。据说若是山洪到来，大坝放水，犹如万马奔腾，倒海翻江，狂涛汹涌，山摇地动，同美国与加拿大边界的世界第一瀑——尼亚加拉大瀑布相比也不逊色。若有此景观出现，许多人都不惜远道而来争看这个天下奇观。无怪乎这个发电站有如此巨大的发电量，使人看到：水是电之源、光之源，又是动之源、力之源。如果说新丰江水库是绿之美、静之美、柔之美，那么，新丰江水电站则是光之美、动之美、力之美。

水是人的生命之源，没有水就没有人类，人没有水就活不成；人类发现火和使用火是生命的飞跃，以火熟食使人区别于其他动物；而以电取代火，以水力发电取代火力发电，以电为动力和造光，又是人类的一次飞跃(现在的核电站是另一次飞跃)。河源在水和电这两种生命之源上，都具有源头和主干的意义，是得天独厚的。我想，这也是河源之名本有的含义，又是它在建国后的发展中新增添的含义之主要所在。在这次考察中，我除了发现这两种“源”之外，又发现了两种新“源”。

一是原始生命之源。今年八月，河源市正式公布了一个举世瞩目的消息：从1996年3月在河源市的南湖山庄工地上发现两枚恐龙蛋化石开始，在本市境内已发掘出118窝、共1073枚恐龙蛋化石，在一个县境内找到数量之多，仅次河南西峡县，名列全国第二；尤其是迄今全国各地所发现的恐龙蛋化石窝，往往是有蛋而无龙骨，而在河源却是首次在恐龙蛋旁发现龙骨化石，并且基本完整；更可喜的是又发现了一块巨型龟鳖类动物化石，经分析证实它是白垩纪晚期大陆相龟，距今约7000万年。我有幸在市博物馆亲见这些稀世珍宝，亲手抚摸这些在地下沉睡了亿万年的原始生命遗骸，感到如抚摸一般岩石一样坚硬冰凉，但内心温暖亲切，心潮澎湃，深为有缘与原始生命沟通而兴奋不已。在河源有如此重大发现不是偶然的，更证实河源自古以来就是原始生命之源。

在河源的桂山风景区，我还发现了保持生命本色之源。这个风景区是国家森林公园，有北回归线上广东最大也是世界少有的原始常绿阔叶林，有131种走兽和112种飞禽，有山有湖，山环水抱，风光秀丽，气象清新，虽然少数景点的设计和说明文字，有一些值得挑剔的人工斧痕，但总体上还是具有不少原汁原味的生态环境。园中吸引游人的项目不少，但是我特感兴趣的是一段“按摩沙路”，即要游人赤脚走过一段数百米长的曲折山路，路面铺有一半粗砂，一半细砂；在行走上既可走走粗砂，又可走走细砂，自由调节；去时走上坡路，回程走下坡路，轻松自如；走完之后，略感疲乏，行至泉水池边，或在自来水管旁，坐于备好的土制青竹矮椅上，以水濯足，顿觉清凉通爽全身，脚板却热暖舒畅，脚骨轻松酥软舒服，疲劳无影无踪，始知如此享受，全赖赤足走沙路而得按摩效果之功。赤脚本是人的原始形态，是人的生命和活动方式，也是人保持生命延长生命的运动，是人的生命本色，行为本色。思及过去，以赤脚为苦事、耻事；当今世界，以穿高贵鞋为荣耀、时髦。有收入，有消费，自然无可厚非；求时尚也是一种社会进化。然而，就保持生命、发展和延长生命来说，不正是以保持原生态环境、保持本色的生态活动为最宜、最佳吗？桂山风景区之生态环境和生态活动，对此作出了有趣的、科学的答案，又揭示了河源内涵的又一生命之源和文化之源，真好！

2002 年黄伟宗带队到河源龙川考察东江文化

位于市中心的音乐喷泉，可以说是凝聚并喷射河源所拥的四“源”的文化象征。这是一道在古老的东江河道上矗立起来的现代化风景，喷泉高度达百米，据称是亚洲第一高音乐喷泉，每晚华灯初上，两岸路灯整齐地闪耀于排排绿树行间，人们悠闲地停留或溜达在宽敞的河堤上，随着优美的音乐节奏，欣赏着层层升起的喷泉，一时柔和如丝雨，一时刚健如罡风，一时似鱼翔浅底，一时如鹰冲云霄……千姿百态，潇洒自如，生机勃勃地凝现并喷发出水之美、力之美、生命之美、本色之美，高度体现了现代与原始、艳丽与纯真、繁华与古朴、紧张与悠闲的对立统一。由此看来在城市的建设发展中，保持原汁原味的生态环境和发挥地方传统优势，不仅不会阻碍而且是会更有利于现代化的。

1999年10月19日

# 肇庆五“气”

位于西江中游的肇庆市，是著名的旅游风景区，又是历史文化名城，都是国家级的，无论自然景观或人文景观，不仅数量多，而且品质高，好看，耐看，老看不完，也看不厌，令人有繁花满眼、美不胜收之感。也正因为如此，尽管我曾多次到此观光或考察，也理不清其主要魅力所在。最近同一班专家和作家开会研究珠江文化，重游旧景，重思旧史，重读有关诗文，感悟到肇庆的山水风光和人文史迹，都内含并洋溢着五种“气”。

最明显的是秀气，即清秀优美之气。从整体上说，肇庆市区的整体地理态势是充满着秀气的：宽阔的西江，从南面流过，像一条浅绿色的玉带，在轻轻萦绕；三面起伏的群山，像是一列曲形画廊，嵌在万里长空；在金色太阳照耀下，绿水、青山、蓝天，相辉映而又有层次有节奏地谱出一种青绿韵律，沁发出一股清新秀气。这种气以肇庆两个代表性风景区为最，但两者又有所不同。七星岩及其所在的星湖，是水秀之气：七座蓝灰色的岩山，错落有致地分泛于浩瀚的星湖，像湖中有群少女沐浴，仅露出头上的发髻在水面浮起，欲动未动，又像是艘艘渔船在月夜中垂钓，湖底倒影着岩身和岩上的灯火，熠熠生辉，像有一股幽雅之气从水中冒出；而当旭日初升，朝霞映照，湖面活似一幅彩色油画而又胜于油画，因有阵阵淡漠之气在画面洋溢，有层朦胧诗意在缥缈；若是漫步岩洞之中，泛舟于星湖之上，更是切身领受幽气袭人。如果说，七星岩的水秀在于清幽之气，那么鼎湖山的山秀，则可说是清高之气。整座山峦，呈莲花状，古称其为莲峰，名字和态势，就有“出淤泥而不染”的清高之气。山上的补山亭有副对联：“到此已无尘半点，上来更有碧千寻”。精辟地点出了鼎湖山的景观特色是：净和绿。鼎湖山高达千尺，绿树铺盖，似披上碧绿盛装；山中的庙宇亭台，瀑布小溪，散现其中，有似朵朵红白小花，点缀于绿装之上，更显绿意；朵朵白云，缕缕山雾，或飘山顶，或款山腰，有似可以平步登云的人间天上；山中奇花异草，茂林修竹，鸟语花香，草青虫鸣，有似没有半点人烟的原始林带。鼎湖山的清高山气正在如此圣洁境界之中，正如山中庆云寺一副对联所写的那样：“面震旦而结梵宫，绿树森环，何用白云封洞口；据湖山以开波界，红尘远隔，还欣紫气满庭前”。从这诗亦可见到古人早已发现鼎湖的山秀之气。

肇庆是全国少有的宗教圣地，教类甚多、教种齐全，而且具有发源意义。这里有佛教、道教、儒教、天主教、基督教、伊斯兰教和龙母、盘古等的纪念地或发祥地，有日本和中国交流佛教、意大利向中国传播天主教的史迹和纪念地，被载于中国诸多宗教的发祥史或发展史上，称其为岭南宗教文化之都并不为过。特别值得注意的是：这里的宗教圣地，大都是具有审美和观光价值的自然景观；同时，更妙的是在肇庆的几乎所有著名自然景观中，都有着宗教的圣地。真可谓：景中有教，教在景中，是肇庆山水风光的一大特色。这特色表明肇庆的自然景观与人文景观是密切契合的。其契合点主要在景与教的统一上，从而使得肇庆的景观都有着一种灵气，即宗教之气，或虔诚神圣之气。鼎湖山中有佛教名刹庆云寺、白云寺，有“日僧荣睿纪念碑亭”，七星岩和星湖中有水月宫，龟顶山上曾有道教的玄真观、应元宫，崇禧塔旁有400年前最早到中国传天主教的利玛窦所建的仙花寺，都是景中有教的实例。而专为佛家六祖惠能年轻时插梅之地所建的梅庵，不仅是传教圣地，也是甚有研究价值的建筑，甚有欣赏观光价值的景观。寺内的大雄宝殿是宋代的木结构建筑，全部屋梁不用一颗钉子，工艺精湛，造型典雅；寺前菩提树，巍然挺拔，浓荫覆盖；寺内梅树亭亭，若尼姑修禅静坐；进庵有似进入仙境，赏心悦目，心旷神怡。这些景中之教，教中之景，无论寺庙环境，或是神像形神，都有着独特的神圣氛围，显出虔诚圣洁之灵气。正如清代诗人冯守钧诗云：“巍峨石阙五云间，时有仙人自往返。流水潺潺林外听，客心如洗倍清闲”。也正如岭南画派的开创大师高剑父在庆云寺的题联：“灯影照无睡，心清闻妙香”。诗画家尤为敏感灵气。

肇庆的山水风光有悠久历史，又是有悠久历史的古城，是历代名人常到或路经之地。古语云：江山依靠文人捧。唐代刘禹锡有名诗：“山不在高，有仙则名；水不在深，有龙则灵。”更何况肇庆的山，高而有“仙”，水深而清，有“龙”也灵。这些“仙”和“龙”，既是在肇庆出生或常住的名僧名家，又是专程或路经到此的名人雅士。如：唐代的惠能、宋之问、沈佺期、张九龄、杨衡、李群玉、李贺，宋代的余靖、紫清明道真人、李昂英、包拯、苏轼，明代的李德、栖壑和尚、伦文叙，清代的袁枚、张维屏、彭泰来、莫元柏、黎耀宗、邱云鹤、谢济经，民国的孙中山、宋庆龄、陈黑樵、蔡廷楷等。新中国成立后的名人更是不可胜数，朱德、陈毅、叶剑英、张闻天、陶铸、郭沫若、赵朴初等都在此留下足迹或题诗。所有知名或不知名的文人雅士，都不会错过观赏秀丽风光的机会，又都在观赏时有感而发，作诗绘画，题字题联，有的诗画，载入文册，有的诗字，转为石刻。这样的长年累月的文化积淀，使得肇庆的自然景观与人文景观高度契合，构成为交相辉映、互促发展的态势，并使得每个景观都洋溢着一种雅气，即古风典雅之气。这种气，特别明显地表现在每个景观的石刻上。据统计，在七星岩和鼎湖山共有石刻687则，是我国少有的庞大而密集的石刻群之一；其中石室岩藏刻最多，达343刻，可见其密集程度，故有星湖石刻之称，甚有知名度。它是我国古今石刻艺术的宝库，是在观赏山水风光的同时，接受历史和艺术熏陶的画廊。清代诗人马俊良诗云："已见青云生足底，更从山顶看云生。窗前一幅倪迂画，浓淡霏微微皴不成"，可以说是些许写出了这种雅气。奇妙的是肇庆的三种土特产：鸡旦花，莲藕，端砚，也都有这种雅气，鸡旦花清火消炎，莲藕松粉清香，可谓饮食之雅；端砚乃文房四宝之一，有用途之雅，亦有雅的形象，正如苏东坡诗云："与墨为入，玉灵之食；与墨为出，阴鉴之液；懿矣兹石，君于之侧；匪以玩物，维以观德。"由此亦可见雅气不仅是景观之气，而且是肇庆特有的一种文化底蕴，或谓之文化"底气"。

肇庆的第四气，是正气，即刚正清明之气。肇庆自古是历史文化名城，名胜古迹的内涵和态势，都有这种气。像丽樵楼，全楼都是红色(故又称红楼)，巍然屹立，呈现庄重肃穆态势，凝现了它的光辉历史：北宋徽宗皇帝赵佶做王子时受封为端，封邑端州。他做皇帝后即将端州易名肇庆，并御书匾额，建起红楼，悬挂于楼檐之内，可谓肇庆名称由来的历史见证；明末桂王南迁到肇，将此楼作"永明宫"，坚持抗清达数年之久，真可谓是楼台历劫终无恙；肇庆从明代到清乾隆期间"两广总督"所在地，即作为华南首府所在地，达三百年之久，这光辉史页也在这楼上显现出来，使其更具有传统的正气。紧靠西江的阅江楼，古为书院，结构像四合院，院内古树名花，清雅芬芳；院外江水静流，千帆竞渡，似乎尚留明清文人屈大均、朱彝尊、瞿式耜等在此吟诗作对的儒雅之风，又像是留下北伐战争时叶挺独立团在此训练的雄风和坚持革命的正气。巍峨的披云楼，屹立于壁垒森严的宋城墙之上，可谓顶天立地，道貌岸然，一派古朴雄伟正气，正如楼上古联所写："举头天外，高处不胜寒，看修雉骈罗，几叠云山开画本；倚栏风前，壮心殊未已，问元龙在否，千秋湖海共襟期。"最典型体现肇庆正气的，是西江河中的小岛砚洲和岛上的包公祠。岛的形状像副端砚，相传其来历是为纪念北宋包拯在端州任知府数年，清廉正直，克己奉公，两袖清风。他奉调赴京，乘船路过此河段时，雷雨大作，江翻巨浪。包公诧异，即命随从查找有无不当之物，结果查出有一端砚，是人所送，包公说这是进贡之物，岂可受之？即亲手将砚连同所包的黄布掷投江中，雷雨即息，风平浪静。后来投砚之处，即变为这个似砚的黄沙洲岛，故而得名。这传说虽有神话色彩，不是史实，但却绘声绘色地表现了包公的正气。这正气也在这块砚洲和端庄肃穆的包公祠的势态体现出来，正如一副对联所写："星岩朗曜光册海，砚渚清风播古今"。

第五种是骨气，即坚贞刚阿之气。这是肇庆文化内涵较深，而又是普遍体现、亘贯古今的一种人气和景气。在肇庆峡口的山顶上，有一块望夫归石，石的形状酷似一位妇女，全神贯注地望着默默流过的西江，似在盼郎归家。传说这是古时一位穷家妇女三妹，因丈夫阿成被恶霸迫走他乡，久久不归，她日夜在此盼望，竟化为一尊白石。这传说虽多想象虚构，但也体现了肇庆人对有骨气人物的歌颂。若翻开肇庆的历史，即可看到许多有骨气的名人出生或长住于此。如清道光年间的御史苏廷魁，上疏弹权贵，皇帝袒护权贵，他仍不罢休，坚持与权贵正面交锋；清光绪年间的御史吴桂丹，会同在京粤籍官员上书朝廷，反对以“白鸽票”之名开赌而筹军饷，不畏权贵之恐吓，也不受其贿赂。在抗日战争时率领十九路军英勇奋战的蔡廷楷，于保卫武汉的大空战中，先后炸沉三艘敌舰，又在敌机包围的情况下，击落敌机三架。并最后冲毁一架敌机，与其同归于尽的抗日飞将军安家驹，都是肇庆人。中国共产党的早期领袖之一，著名的马列主义理论家张闻天，因冤案受屈，在肇庆受困六年之久，始终坚持真理，一副嶙峋正骨，高风亮节。这些可查可见和许多尚未可查可见的人气和景气，似乎都凝现在肇庆人的锦绣前程和未来。被郭沫若称颂为“四塔擎天天宇稳”的景观里。四塔即崇禧塔、元魁塔、文明塔、巽峰塔。分别于西江南北两岸，对称屹立，像四条天柱，立地顶天；又像是四只铁拳，追打人间天上一切歪风邪气，不畏强暴，不畏风雨，力挽狂澜；又像是四柱旗杆，挂着日月星辉和白云彩霞共绘的锦旗，迎风招展，永挂天空，体现着肇庆人战天斗地的骨气，永远歌颂和昭示着肇庆人的锦绣前程。

前些年在市中心区新建的文化广场，是以巨型的音乐喷泉为中心的景观。这个景观每晚华灯初上时开始，当夕阳西下、皎月初升之时，悠扬的音乐即伴随着喷泉的水线，以种种姿态升起：一时呈葵花之状，向着坐在高楼屋顶上的明月，缓缓起伏，音乐和水线，都散发着秀气；一时水线绘出荷花，音乐清新出俗，似冒出圣洁灵气；一时乐似“高山流水”，水线数条腾空，清风徐来，悠悠荡荡，弥漫着典雅之气；一时水线成柱，直冲云霄，水又垂直而下，风吹不斜，一派正气凛然之气；一时水柱腾空，音乐激昂，如锤天鼓，又似充满刚骨之气；如此变换神奇、以乐喷水、扬水吐气的景观，使我顿悟：这不正是肇庆文化底蕴的五“气”的现代凝现和喷发吗？

2000年5月21日

# 岭南英都——英德

粤北英德，古名英州。何以冠“英”？有待查考。丙子隆冬，寒潮刚过，日暖风和，有幸同一班多学科的专家教授，为考察珠江文化源流，重行这个令人铭心的地方，旧貌新颜，现实历史，情境并生，象与神游，对“英”名之由来及其文化内涵，有所感悟。

位于英中的云岭狮子山，形状活似刚睡醒的狮子。冬黄的山草，错落有致地生在黑灰色的崖石上，晨露沾润，朝阳轻镀，熠熠生辉；阵阵晨风吹过，山草宛若狮头羽毛，闪闪飘拂；山洞俨如张开的狮口，似吼非吼，似乎正欲跃向对面的北江河洗漱，活现一派英姿气度。然而我们至此却不是为欣赏这山的巍巍英姿，而是考察岭南原始人的栖生处所。因为在这洞穴里，考古学家刚于月前发掘出一颗人牙化石，20世纪60年代于曲江马坝狮子岩发现人头骨化石以来，在粤北的重大发现，填补了距今12万年的马坝人之后岭南人类进化和文化发祥历程资料的空白。由此证实了从曲江到英德的北江流域，是岭南原始人的栖生地带，是珠江文化发祥的源流之一。考古学家甚有风趣地说：这样的坐北向南、“两房一厅”的洞穴，冬暖夏凉、住山近水，十分适宜居住。可见早期人类已有“风水”文化。在大家的笑声中我偶然想到：从曲江到英德的原始人，都居住在位于江畔的狮头形的山(岩)洞里，如果说中国人对龙的崇拜是水文化观念(江河蜿蜒之形似龙)体现的话，那么对狮的尊奉不也可说是对山的膜拜意识之体现吗？山与水对于人类生存具有不可分割的意义，狮与龙的观念意识同样主使着岭南人的行为。对于山区人来说，对狮的尊奉尤重，像传统的舞狮习俗，庄重建筑的柱基和正门两侧多用威武石狮子的形象，就是明证。古人将这原始栖居之地取名狮子山，恐怕也有这文化内涵；山姿又活如其名，英姿威武，兴许这正是英州之姿的缘由和体现吧？

英石是我国著名传统四大园林石之一。这是一种自然形成的岩石，产溪水中，有黑白青绿诸色，大如小山，小如拳指，峰峦耸拔，玲珑峻峭。如用于制作盆景，袖珍的峻峭英石，稳坐于无水却似有水的白玉石底盆中，微微的片点绿叶红花轻嵌石缝，山光水影，巍峨静谧，活似立体而有动感的山水画。这是英德特产的艺品，是英石的艺术再现，我看也是英德风景名胜风格的缩影凝现。我们中午所游的城郊南山风景，正是如此。南山主峰，巍峨峻峭，既像文人学士之笔锋，又似武将之刀尖戟刃，直刺蓝天，威风凛凛，一副硬骨正气！这个由粼粼迭岩构成的主峰，有古时舜帝于此奏乐的传说，其实乐声是因风吹岩孔发声之故。曲折蜿蜒的北江，静静流过山脚，将对岸的赭红古塔(文锋塔)和黑黝黝的南山峰影，并现于淡绿的江面上，汽船鸣笛而过，可谓有声有色，有文有武，有动有静，有刚有柔，真是一番蕴藏着多层次的对称美和交融美的醉人景象，洋溢着一种以岩石山峰为主骨的阳刚之气！这种感悟，在我们途经连江口真阳峡时，已开始有所感应，因为这里更是自古著名的“岭南奇峡”，是“两粤孔道，南北门户”，历来是兵家必争之地。秦始皇南征岭南，“楼船将军”杨仆在此一战，始奠胜局；赵佗称南越王，于此设匡浦关，设“万人城”，屯兵扼守。县志云：英州之名，本缘于在此重峦迭障的英山和浈山，又在于峡中有座孤峰巨石，英姿威武，被称为将军山、将军石，并有将军欲助盲仔而守候于此的传说(故又称盲仔峡)。此峡与南山胜景实是沿江一线，所以其景也缘于一脉，同有阳刚之气。由此也使我感悟：英州之名虽与英山有关，实则是缘于英德山水中以石岩石峰为主干的特有格局，以及由此而产生的柔中有刚的硬骨正气，也许这就是“英骨”“英气”之所在吧？

1996年12月黄伟宗在英德主持北江文化研讨会

据同行的文史专家说：北宋的苏轼和岳飞，曾先后被封任英州知州和英州刺史，虽均未到任，但这两位中国古代的文武泰斗均被册封于此，恐怕是偶然而又有某些并非偶然的因素。古语云：人杰地灵。英德自古以来，出过不少文武英才，然而为数更多的恐怕是曾到此地的文武精英，尤其是失意者和被放逐者。这些精英来到英德，一是因为“转”，二是因为“穷”。“转”是指旅途(包括仕途)上的中转；“穷”是指在这里自古贫困，历来被贬官员常被放逐于此。真可谓英才羁旅、龙虎沉浮之地。两者的根本原因是这里的地理条件，也即在于其山其水：古代交通主要靠江河船舟，英德地处北江中枢，峡道艰险而又风光峻奇，使客旅常不得不而又乐于在此暂住，偷闲赏景，吟诗作对，产生了古代的旅游文艺，就是明证。山区风景虽好，但土地贫瘠，物产不丰，经济滞后，人民生活贫困，挣扎生存，却也炼出铮铮硬骨，浩然正气，更炼出一派玩世旷达气度。像宋代诗人杨万里写的《出真阳峡》：“未必阳山天下穷，英州穷到骨中空；郡官见怨无供给，支与真阳数石峰。”清代学者袁枚过真阳峡也欣然作歌：“水裹山，山裹舟，真阳峡中浪不休，石如人立看人游，我若不吟被石笑，石若吟成被我偷。世间奇景岂空设？半使行人愁，半使诗人收。我老无愁好吟咏。且撤四面篷窗，掉白头。”旷达的硬骨正气，跃现于调侃的诗句中，绝大多数在此留下的名人诗文，都具有如是风格气度。由此使我感悟：英骨英气所在，主要是其山其水而磨炼历代文武精英的人文精神。

使我对此感悟尤深的是思及“文化大革命”的灾难岁月。当时我所在的《羊城晚报》被“四人帮”诬为“造谣放毒”而被封闭，后与《南方日报》《广州日报》合并，大部分人员连同广东电台和电视台、党校、出版社和社科所等新闻出版界共约“八百秀才”下放“五•七干校”，地点在英东的黄陂畜牧场；广东文艺界和中山大学的“五•七干校”则设在刚从劳改场改成的英德茶场，也有近两千人。当时几乎所有岭南第一流的名作家、名艺术家、名教授、 名学者、名编辑、名记者都被作为“走资派”或“反动学术权威”而下放干校劳动，一时使英德成为聚集岭南英才最多的地方。这也许与英德过去有甚多文人流放至此的历史有关吧？然而照我看来，这时期被下放至此的文人数量，不仅大大超出历代流放英德文人数之总和，也不知超出整个岭南自古以来流放文人总和的多少倍，而且生活环境和劳动条件也艰苦得多。在黄陂畜牧场住的是马房、牛棚、猪栏，在茶场住的是不久前关押囚犯的牢房，我曾亲见老报人黄文俞、杨奇、丁希凌在北风呼啸中挑泥锄土，延安新华社第一代女播音员田蔚在冷雨中种菜，散文大师秦牧扶着眼镜追赶着他负责养的一大群牛，名编辑家黄秋耘、岑桑像往时编稿那样严谨地做木工，名作家林遐、周敏手抱冷冰冰的泥浆打泥砖，比往时写稿(划四方格)还认真，名记者许实(微音)等人半夜抬送刚病逝的老报人陈洁的尸体，老学者陈健、孙孺带病摘花生……在茶场，我还见到名作家欧阳山、陈残云、周钢鸣、吴有恒，名演员红线女、林小群、罗品超、罗家宝，名画家关山月、余本、杨纳维、黄笃维，名电影家陶金、王为一，名音乐家周国瑾、陆仲任、施明新，中山大学的名教授蒲蛰龙、张宏达、端木正、容庚、王季思等人的劳动身影……我在深切的痛苦辛酸之余，还从这些在逆境中仍然顽强生活的名家身上，看到一股硬骨正气。迄今想来，这与眼前所见的英德山水及其内涵的人文历史精神，不正是一脉相承的英骨英气吗？这场“史无前例”的灾难已结束20年了，当年落难于此的名家，有的已经仙逝，更多的是经受灾难后取得更大成就，有的当年尚未成熟之辈现已成为著名专家或世界名人。当年在英德干校劳动的其他战线(军区、公安、工交等)干部和知识青年的情况也大致如此。由此又使我感悟：这个当年“牛鬼蛇神”的落难地，恐怕也是藏龙卧虎、甚至是生龙养虎之地吧？

当我们乘坐的汽车经过英红茶场的时候，看到熟悉而又陌生的茶山，当年稀疏矮小的茶树，已成长为又密又高的树行，像条绿色的巨龙，环山盘绕，冬中未显枯黄，而是一派苍劲的深绿，别有一番清新而又沉实的风韵，在淡淡的朦胧山气笼罩下，沁发一种特有的茶叶与泥土气息溶合的清香，使我从苦涩的历史回忆中清醒过来，转入寻味初饮著名的英德红茶时色美香醇的醉入境界：当开水冲下盛有茶叶的玻璃杯时，片片如米大小的茶叶随水位的上升而欢跳跃起，像大海的翻腾鱼群争先跃出水面，当杯满水停，片片茶叶却又像整齐的鱼群似的，层层串串地沉入杯底，黄红的茶色从淡而浓，从下而上地层染杯中，阵阵香甜之气随水气溢出杯面，慢慢饮入口中，香气入鼻，甜味入喉，醇气入心，色美入眼，真是妙不可言的立体的综合享受。英德绿茶和新出的品种：花茶、白茶、黄茶、苦丁茶、铁观音，色味各有千秋，各成一格，但却又有着相通的刚劲韵味。这种品尝英茶的风味，也似乎与眼前的茶山风韵相通，并且与英石、英岩、英山、英水、英峡相通，即既多姿多彩而又同有刚劲的风格和品格。茶者，英也。英茶自古著名，色味卓绝，今又品种多样，恐这也是“英”名之缘由并是“英色”“英味”之所在吧？

我们这班游客，既是观光，又是考察，每到一处，每个学科的专家各从自己专业和经历发表观感，边游边谈，边看边议，汇多学科学识于景点探究，寓科学研讨于旅游行程，生动活泼，妙趣横生。尤其在漫游名为宝晶宫的岩洞时，更是“百花齐放，百家争鸣”：地质学家面对遍布洞中千奇百怪的钟乳岩，考究的是它的形成年代，地理学家从洞中的地层考察其史前地貌，考古学家则津津乐道不久前在这里发现史前人类遗址，古生物学家从这里发现的动物化石看生命起源，人类学家从这个三层温度不同的岩洞看人类早期生存环境，民俗学家从洞中的地下河遗址探索古代民间传说的环境渊源，文史学家则从幅幅神奇魔幻的景观探究英德自古以来的人文景观和自然景观的关系，美学家则从洞中景观的整饰和灯光探究旅游景点的美学建设……如此多姿多彩的议论和千姿百态的地下奇观，使我感到像是进入英德的内在世界：文化悠久，物产丰富，精神与物质的宝藏都深厚而丰富多彩，整个英德的内在也即是一座“宝晶宫”！这就是英州的心脏形象吧，但当我游过紧连着的另一景点——碧落洞后，似又有更深的感悟：这个活似陶渊明在《桃花源记》中所写的柳暗花明又一村的胜景，像是凝现了被称为英德自古设治以来有史可查的第247位“县令”——当今的市委书记江惠生所描绘的英州古今形象那样：英德自古在地理、气候、交通、经济、文化都是岭南中转性、聚汇性的地方，古代和现代众多文武精英于此中转聚汇，自古著名的英石、英茶正转入新的发展台阶，丰富的旅游景点将随北江的整治焕发新的英姿，北江也将变成德国莱茵河似的美景，要在20世纪转入21世纪的中转年代，继承发扬聚“英”传统和刚劲精神，塑造出英德的新形象！这种精神和气魄使我感到：这是英州心脏跳动的主旋律，是英姿、英骨、英气、英色、英味的生长脉络，是英景、英才、英茶、英石的文化内蕴。这种感悟，使我真正理解“英”名之来龙去脉，激动不已，信笔题副对联：显古今圣境于一水，产天下佳茗于一地。横批：岭南英都。

1997年1月1日

# 岭南“龙”都——梧州

庚辰八月，立秋刚过，夏末秋初，暑尾凉头，我登上了广西梧州市的“市肺”白云山。在这海拔370米的高山之巅，极目南天四野，俯瞰古苍梧大地，顿时发现这个具有两千多年历史的古城，从自然地理到人文内蕴，竟然是岭南首屈一指的“龙”都。

到达白云山顶的云峰亭时，虽已是日出时分，但丝毫未见朝霞之影。只见满天白雾茫茫，笼罩万山遍野，若隐若现，无边无际，令人油生“天苍苍，野茫茫”之感慨。约莫半个时辰，淡淡阳光现出，群山峥嵘始露，原来座座山峦都是条条连绵起伏的山脉，像条条正在蠕动的巨龙似的，自北向南涌来；而在西江对面的群山，则是自南向北的走势，从而构成南北两面的群山，既以西江为界而有不同走向，而又聚会于西江始端之景观。有趣的是，在西江河道中，有一座小岛，是自古以来最大洪水都不能淹没的小岛，名为系龙洲，真乃名副其实。这个小岛正像逢年过节所见的舞龙时引头的龙珠那样，起着吸引群龙竞夺的作用。同行的本地人小莫告诉我：西江北面的群山是“逶迤腾细浪”的五岭延伸而来的余脉。西江南面的群山则是十万大山从南向北延续的山系。如此看来，梧州不正是岭南两条主要山脉的交汇点吗？正如《水经注》所云：“九嶷(即五岭部分山脉)盘基苍梧之野，峰秀数郡之间。”眼前所见的景象正是如此：自白云山的云峰亭眺望，所见四野青山不仅像条条青龙，都正向着位于市中心的系龙洲蜂拥，而且环绕于座座青山之腰的白云，也像条条白龙在群山之间游动，并都是向系龙洲的方向涌去；由此形成了千万条青龙与白龙交叉漫游，竞争龙珠的景观。这是岭南主要山脉汇合的景观，称之为岭南“龙”都的景观，不是很贴切吗？

更为奇妙的是，从山顶看群山之间，又有几道河流从三面涌向这座古城，这就是自北而来的桂江，自西而来的浔江，以及两江在此汇合而发端的西江，由此形成三江交会之势。而每条蜿蜒流来的碧绿江水，又似条条自地面悠悠游来的碧龙，那高空白云化成的条条白龙、青山脉脉现出的条条青龙，聚会于古城江岸，真可谓三种颜色之群龙并舞，盘身错尾，交叉纵横，像是七色彩虹，从地上舞到天上，扑朔迷离，多姿多彩，又似宽大无比的彩练在人间天上尽情挥舞，诚天下奇观也！这不正是传说中的群龙会之神奇景象吗？

当我们下山走到西江交汇处的河岸时，又发现另一天下奇观：纵向而来的桂江水呈深绿色，清澈碧透；横向而来的浔江水，浅绿带黄，略显浑浊；两水交汇，因水色不同而形成一条泾渭分明的水线，人们给这奇异景观取了一个甚有诗意的名字——鸳鸯江。这个景观同毗邻广东封开县城的贺江与西江交会处的景观是相似的。这使我想到《水经注》记载的一个被人们遗忘的地名——广信的所在地，正是这两个鸳鸯江之间的地域，即这古书所云：贺、桂两江于广信入郁(西江)。而广信，正就是汉武帝于公元前111年（元鼎六年）统一岭南时所设的交趾部(统辖苍梧、南海、合浦等九郡)的首府所在地。广信包括梧州和封开部分地区，可见这里正是当时的“龙首”所在。宋代时，又以广信为界，称广信之东为广东，广信之西为广西，可见这里又是两广分界之地。像鸳鸯江水似的，两龙交汇而又各有其道。从自然地理到人文历史，更显出这个山水会聚的古城的“龙”都内涵和气息。

梧州市的名胜古迹，简直可以说是处处都有“龙”气。位于江畔的龙母太庙，是古代百越族女首领的神化纪念地，她生五个龙子守卫江河，造福人类的传说体现了由众多江河交汇而成的西江和珠江文化的特有意识和精神；市郊的龙岩，是一个好似长龙的溶洞，洞中有一孔洞，仰头即见蓝天，故又称通天岩，颇有巨龙“破壁而飞”的韵味；白云山下的“龙船冲”，怪石嶙峋，瀑布奔腾，正是名副其实的“龙泉飞瀑”。位于市区的白鹤观和西竺园，有悠久历史，影响深远，各领导佛风骚。而作为民主革命的胜迹，也都深含着“龙”气；这里是推翻满清统治的辛亥革命中全国最早宣布“独立”的城市(1911年10月29日)，是改组后的国民党在全国最早建立的一个党支部(1924年1月)；革命先行者孙中山在1921年为筹备北伐，曾三到梧州主持军事会议；孙中山逝世后，梧州最早建立中山公园(1924年)和中山纪念堂(1928年动工，1930年建成)。早年追随孙中山革命的北伐名将李济深，是梧州人，是新中国成立后首届中央人民政府副主席，他的故居也正是在洋溢着“龙气”的“五马归槽”的山口上……这些人文历史之“龙”气，又似乎化于当今梧州的经济和文化生产之中，在各个领域起着“龙头”作用，如世界上最大的人工饲养黑叶猴种群、世界上数量最大的宝石加工基地、世界上生产规模最大的松香生产林产化工企业、中国最大的动植物酒生产企业、全国最大的蛇园……这些世界和全国之“最”，数量之多，领域和品种之广，恐怕不仅是广西之最，也是岭南之最。这种从自然地理、人文历史到名胜古迹、生产和经济都是“龙”气十足、“龙”首群集，不正是名正言顺的岭南“龙”都吗？

改革开放使梧州日益发展和增添了许多新的“龙”气，还表现在城市建设和交通状况的巨变，过去主要靠水路运输和单条公路运输的状况，已被陆海空的立体交通格局取代了。四通八达的现代公路既是从城区向外喷射，又像是条条灰色的巨龙向市中心汇集；两江两岸，新的民居鱼贯而列，层现栉比，也似条条彩色巨龙奔来聚会。过去全城只有一条过江桥，近年竟接连兴建，共有八条之多。这些桥跨越桂江、浔江和西江流经的市区，将这座本是为山水所隔的城区连成一片，这些桥也像条条卷起的巨龙似的，在市区穿越着，使古城本有的山龙、水龙、云龙交会的彩练当空飞舞的天下奇观，增添了新的“龙”种和色彩，增添了现代的“龙”气和内容，从而构成了更新更大的天下奇观，也因此而使得梧州这个自古的岭南“龙”都，变成了现代的岭南“龙”都。

2000年8月29日

# 古美之都——封开

封开是广东中西部的一个县，过去知者不多。放革开放后，逐步成为著名的旅游和考察的“热点”。开始是人们发现这里自然风光独特，奇峰怪洞，山清水秀，美不胜收，便自发地称之为“小桂林”。一位广东省领导在考察后也情有独钟，欣然命笔：“美在封开”。近年有一批多学科的专家学者多次考察论证，发现这里是一块未受到注意的最早的岭南文化发祥地之一，称其为“岭南文化古都”。另一位广东省领导获知此项发现，则高兴地题词：“古在封开”。

我有幸到封开旅游或考察，先后五次之多，逐步发现封开自然风光之美，同封开的历史与文化内涵之古，是有机结合的，是互为因果、相互体现的。简单地说，两者的契合点，就在有标志性和象征性的水、洞、地、山、峰等风景点上。

封开的县城，名叫江口镇。顾名思义，是一条江的出水口。这条江即是贺江(古名封江，又称封水)，是从广西贺州市流来的，在此与珠江的主干——西江汇合。由此在贺江与西江的交汇处形成了一处奇美无比的天下奇观——鸳鸯水。这奇观是在江口镇的东边上，南面是宽阔的西江，水色浅绿见黄，浩浩荡荡，向东奔流；从北面的青山峻岭的峡谷中，穿流而来的贺江水，则深绿碧透，悠然南流；当贺江水冲出江口，即在宽阔的西江水面上，呈现一条明显的水线，一边碧绿，一边浅绿，泾渭分明；奇妙的是这条线会随季节和水势的不同而变动，春夏洪水期则水线外移，呈一边绿色，一边黄色；秋冬时分水线正在交汇处，清楚地分出绿之深浅之界，水线则时弯时直，但始终牢固保持，真是巧夺天工，令人叹为观止。更妙的是在其邻毗岸边矗立着一座北回归线标志塔，以朱砂色大理石构成，呈尖塔形，尖角直刺蓝天。这条地球气候分带的标志线，似乎也将天和地划出了一条分界线，同江口的西江与贺江的鸳鸯水线相辉映，构成了天、地、水均在此分的气势和景观。这个景观，从另一角度上看，巍然屹立江边的江口镇，又像是一位巨人，好似中华民族最早祖先之一——治水的夏禹那样，一手高举着刺天化戟，一手锁住两条蛟龙，威风凛凛，权威盖世，具有无穷的魅力和威慑力。

如此既有分界又有镇治意味的形象和气势，真可谓封开的历史和文化内涵的恰切体现。封开县由封川与开建两县合并而成，原封川部分和广西梧州部分地区，古时为广信县。《水经注》称："贺、漓(桂)两江于广信入郁"(西江)，可见广信的地理范围。广信的名称，是公元前111年汉武帝统一岭南时所发："初开粤地，宜广布恩信"的圣旨抽出两字而来的。因为这时汉武帝将整个岭南地区，包括南海郡、桂林郡、合浦郡(秦时称象郡，即今海南、越南、雷州半岛一带)，划归一个名为"交趾部"(后易名为交州)的首府统辖，首府即设在按汉武帝圣旨命名的广信。可见封开(连同广西梧州)是当时的岭南首府，具有历史的镇治的权威性。宋代时，以广信为分界标志，广信之东为广东，广信之西为广西，当时称为"路"，后来才改为"省"，此即广东、广西名称之由来。迄今在封开境内的渔涝镇，尚有广信河，河上又残留有广信桥的残迹。可见鸳鸯水一带的景观和气势，是有深远的历史和人文内涵的。

封开的岩洞更是特有审美和科学价值的景观，在秀丽的龙山风景区，有两个著名的岩洞，一是龙山下的双龙洞，一是狮子岩下的黄岩洞，两个都是具有"源流"意义的圣地。双龙洞所在的龙山，活似一条巨龙，龙尾蜷曲，龙首翘起，呈腾跃之势；洞内的钟乳岩和岩壁，好似海底生物之画廊，花鸟鱼虫，奇龟怪兽，千姿百态，栩栩如生；尤其是两旁洞壁的岩石形状，从洞首至洞尾，构成两条对称的巨龙，龙身之鳞甲，龙尾的弋态，龙头的龙角，龙嘴的龙须，龙眼之神态，都历历可见，跃跃欲起，神采奕奕。这个山洞，既是中国传统龙的文化和审美观的活现，又是地球的原始地质石灰岩、龙岗岩和砂叶岩地貌的典型体现。附近的狮子岩的形态则似狮子，著名的黄岩洞正在狮子的眼睛，是岭南人祖先精选的栖息之所，风雨不侵，冬暖夏凉。考古学家在这里发现了原始人类的生活遗址，尤其是发现了两枚原始人牙齿，经科学鉴定为距今14万8千年，比过去发现的马坝猿人化石还早2万8千年，这也就意味着将岭南的文明史大大推前，使这里成为岭南人的发祥地。龙和狮都是中华民族的传统文化象征，这两个岩洞不仅具有龙狮的自然形态与精神，而且具有龙狮的文化价值和科学价值，举世罕见。

古人云：人杰地灵。封开自古是人才辈出的"风水宝地"。西汉时(也即是广信被定为统辖岭南的交州首府之时)，被称为"粤人文之大宗"(屈大均语)的陈钦、陈元父子，是封开人；稍后在东汉时任交州太守士燮，连同其父、其弟、其子"一门六太守"，都是著名的经学家，乃"岭南第一经学家族"，也是封开人；东汉时在中国佛教史上第一个将儒学与佛学理论结合论述的佛学理论家牟子，是在封开完成其代表作《牟子理惑论》的；南汉名将苏章，在封川以铁链沉于水中大败楚军的杰出战例，发展了《孙子兵法》；从唐代起，岭南两广总共出有14名状元，首名状元是封开的莫宣卿，他是17岁时考中的，少年得志，当时皇帝唐宣宗李忱特为其赐宴并赐诗：“南方远地产奇才，突破天荒出草莱，神鲤跳翻三尺浪，皇都惊震一声雷。”可见莫宣卿高中不同凡响。莫宣卿当时也自题《及第自咏》：“羽翼高飞到碧霄，鹏程万里岂知遥，才谷王母千年药，使夺龙头第一标，脚下云霞随地起，眼前尘土即时消。万金书寄南飞雁，三级天门已一跳。”这首诗充分显示了莫宣卿的才气和抱负，同时也体现了自古封开英才之气和威，写出了封开的山地之势和灵。从陈钦、陈元到牟子、苏章，不都是与莫宣卿那样，是“龙头第一标”的人才吗？而耐人寻味的是：在莫宣卿的家乡和墓地附近的马骡山下，有一个名为“神猴看榜”的高山景观：紧挨着的两个山峦，一个形似猴子头部的侧影，正对着酷似一册文告的山峦，聚精会神，惟妙惟肖，活灵活现；对面的麒麟山，貌若麒麟呈跃跳之势，高过云霄，缕缕云霞，掠过山腰，似款紫带，像披锦袍。另据语言学家考证：粤语也起源于封开。可见封开的人文传统源远流长，而封开之地灵山势，也活灵活现了这一优势。

1996年8月黄伟宗在封开发现广信文化研讨会上答记者问

号称为“天下第一石”的斑石，是一块完整的岩石，盘为一座山，若面包型，纵横约有数里，顶有一片树林，像是给光滑的石岩披上绿毡，四面坡都是光滑如洗，呈灰黑色，默默地沉实地席坐黄色的地平线，似在昭示这方天地有如钢铁坚硬的巨大基石，如此举世无双的天下奇观，同封开自古屡出岭南“第一”的人才的历史相对称、相辉映，也是对“人杰地灵”的一种解读。然而，此山之顶呈圆形，也是封开仅有之例。封开的山多是岩石，顶尖形长，高耸云霄，故多称为“峰”。在封开境内，随处都可见到刺破青天的奇峰峻岭，似乎都在体现着“突破天荒出草莱”的诗境那样。最迷人的山峰景观，要数莲都峰林和千层峰。这两个景观各有特色，有各自的诗意和寓意。莲都峰林宛若画廊，座座山峰排列成行，平地拔起，千姿百态，有的似剑，有的似拳，有的似笔，有的似笔架，均在碧蓝晴空的画面上，在金黄色太阳的照射下，在朦胧的山雾中，呈姿显彩，相映成趣；又像是个个音符，在静悄悄地合奏着无声的旋律和乐章。如此诗情画意的景观，同封开具有多民族繁衍生息与和睦相处的悠久历史和人文环境，是多么协调一致，简直是自然风光与文化内涵相互寓现。千层峰的称谓，名副其实地表明了这座山峰的特色，整座山都是由砂页岩重叠构成，叠痕清晰可见，层层叠上，顶摩云霄，峰间有潺潺流水，顺岩而下，叮叮咚咚，像奏“高山流水”雅乐，令人视野高阔，心旷神怡。如此美妙景观，令人感叹大自然之造化，念人世之悠悠，感悟历史，憧憬未来：想大自然的美景是像重叠的岩石那样长年积累而成、又像是潺潺流水那样相传流下的吧？人类的、民族的、地方的文化，恐怕也是一页页地叠成，而又一滴滴地流传下来的吧？将来的自然界和人类社会的美景和前景，也同样是叠成和滴成的吧？千层峰的形象，可说是既有自然和人文内涵，又有历史和未来发展内涵的形象。

在千层峰附近一个山头，挺立着五株古老的杉树，据说是原始树木，树龄有千年以上，与千层峰遥遥相对，相映生辉而又自成景观。这五株树象征着封开的自然景观与人文景观的五个契合点：水、洞、地、山、峰。这五株树密切会合与冲天态势，使我顿悟：封开不愧是岭南的古美之都。

2000年5月15日

# 南珠之都——湛江

庚辰仲夏，烈日炎炎，晴空万里，海风阵吹，天湛湛，海蓝蓝，遍地红土绿荫盖，我同一班专家和作家，畅游了雷州半岛及首府——湛江；所到之地，莫不有代表海洋文化的蓝色文化，体现本地文化的红土文化，象征着生态和生机的绿色文化，交叉地、综合地、融合地涌现眼帘，化合为蓝、红、绿三色一体的金光闪闪的珍珠形象，令我目不暇接，陶醉沉思，留连忘返。

湛江市原名广州湾。其中的“州”字，原本是“洲”字，是表明这个港湾有许多沙洲形成的岛屿之意。后来人们书写时省去三点水之文字部首，而写成“州”字，也就将这个以岛屿众多为标志的港湾特色忽视了，这是很可惜的。因为这个港湾的雷州半岛沿岸，及其西部相邻北部湾沿岸的北海、合浦，都是特别适应养殖珍珠的地域，是世界著名的南珠生产基地。显然，广州湾上星罗棋布的岛屿，既是南珠的生殖温床，又是其在地域文化上的象征或代码。

世界的珍珠以产地分为三类：日本出产的叫东珠；西欧出产的称西珠；中国出产的珍珠主要在南海，故称南珠。世界珍珠市场历来的评价是：东珠不如西珠，西珠不如南珠。明代学者屈大均在《广东新语》中说：“东珠豆青白色，其光滑不如西珠；西珠又不如南珠”。广州湾和北部湾生产珍珠有悠久历史，早在两千多年前的汉代即有文字记载。《后汉书•孟尝传》载有著名的“合浦珠还”典故；说孟尝任合浦太守时，革新了前任的鱼肉百姓之道，实行利民政策，从而使得因暴政迁移了的珍珠重新返回合浦。当时的合浦郡治，就包括北部湾的合浦和广州湾的雷州半岛一带。由此以后的南珠养殖业一直承传下来，发展到今天，更比过去万倍辉煌。珍珠养殖场遍布雷州、徐闻、遂溪，珍珠加工业也相继在产地和湛江市区蓬勃发展，孕育珍珠的母贝多种而齐全，有马氏珠母贝、企鹅珠母贝、白蝶珠母贝、解氏珠母贝、美丽珠母贝等，培植技术和方法多种而先进，成活率高，总结出“科学植核法”“夏核植法”“珠贝养殖法”“珍珠加工法”等一套科学方法；还有全国最大的贝苗孵化场，负责整个雷州半岛、海南岛和广西北部湾珍珠场的贝苗供应；特别是湛江整个市每年珍珠产量，均占全国珍珠产量总数三分之二强，真不愧是南珠之都。

给湛江这个称号，不仅是因为它在南珠生产上的历史和现实的地位，而且在于它是自然地理与人文历史的状貌和内涵的文化特质。只要打开中国地图即可看到：三面环海的雷州半岛及其首府湛江市，像是两扇母贝拥护着的一颗珍珠，晶莹耀眼，可见在总体态势上它就像是一颗正在孕育中的珍珠般的城市。如果你走到一个又一个的珍珠养殖场，走到这里占全国总产量二分之一的对虾养殖场，走到全国仅有的珊瑚养殖场，走到许许多多的海洋生物养殖场，你即可发现这些养殖场，实际上都是在港湾中以种种方式方法围出来的海水湖。这些数不胜数的大湖和小湖，又像是颗颗大大小小不同、晶莹璀璨的珍珠那样，分布在整个广州湾的岸边，同沿海众多珍珠似的岛屿相辉映，构成一个巨大的珍珠型的港湾，可谓当之无愧的珍珠湾，是珍珠之市。特别值得注意的是：这里之所以是南珠的主要产地，是由于这里的自然条件、海水的盐度和温度，港湾的风向和水流、海水和土地的质素等因素特别有利其生长繁殖；而珍珠的素质，是贝体内形成的和贝类似的物质，其成分大部分是碳酸钙。珍珠之所以名贵，在于其生殖时间长、功夫多、价值高，是“养精蓄锐”的稀有之物，是高级的装饰品，特效的药物。南珠特别细腻凝重，玉润星圆，粒大光滑；色彩多种，有白珠、黄珠、红珠、蓝珠、黑珠，加工后更是色彩斑斓，如同彩霞，霞光四射。南珠的这些生长、养殖、成分、性质、性能、形体和色彩的特点，不就是由海洋文化、本土文化、生态文化和传统文化等三色（蓝、红、绿）或四色（加黄）文化有机融合而又长期积淀的凝现吗？湛江（含雷州半岛）具有珍珠似的地形、珍珠似的地貌、珍珠似的文化性质和色彩，从而认为这个南珠之都的文化特质和文化形态，是彩霞般的珍珠文化，恐怕是可以的吧？

湛江之名甚雅，但往往使人望文生义，而误解它是因有同名之河流过而得名。其实并无这样的河流过，连河流也少，只有一条不长的南渡江，倒是湖泊稍多而著名，如在雷州市区的西湖和在湛江市区的湖光岩。这些湖泊，像颗碧绿珍珠镶嵌在红土为背托的色板上，也是彩霞般的珍珠文化的一种背景或凝现，又都在自然风光和人文历史上放射和内含着珍珠的文化特色。雷州的西湖，像雷州市中心的一颗珍珠，小巧玲珑，湖水碧碧，杨柳依依，进湖即使人有洗涤心灵之感，心旷神怡。据说这是当年被贬流放海南的苏轼同他的弟弟苏辙在患难中相遇而同游的旧地，湖中的东波亭似乎留下了苏氏兄弟当年患难中的圣洁贞操和真情；湖内的十贤祠留下了先后被贬而至雷州的北宋十位文人（寇准、苏轼、苏辙、秦观、李纲、李光、赵鼎、胡铨、王岩叟、任伯雨）在受屈中的刚毅身影，似乎圣洁的湖水映现着他们像珍珠似的人品和心灵。湛江的湖光岩更堪称为彩霞般的珍珠湖。它是中国最大的火山口而形成的玛珥湖，水深无底，长年不枯，洪水季节，水也不溢，四季常青；特别是湖水中无任何枯叶杂物，无蛇蛙杂虫，清纯至极，可以饮用；空气清新，鸟语花香，景点连接，幽幽清雅。正如董必武20世纪60年代到此游时题诗所写："湖照影亦净""领略清幽韵"。据科学勘测，湖光岩早在14万年前形成，从形成至现在的湖底沉积层，就是一部浓缩的地壳史、物理史、生物史、自然史，具有极其珍贵的科学研究价值；自古以来流传着许多湖中的奇特景象和传奇故事，流传着历代名人和今人在湖中的题字、题诗和栽树、观光的足迹，这些文化积累，使得湖光岩又是一部珍贵的风俗志、文艺志、文物志，或者说是一个丰富的诗库、文化库。这些自然科学和人文科学上的价值和意义，不也就是珍珠似的价值和意义吗？

2001年黄伟宗在湛江召开全国性的徐闻古港论证会上做主题报告

湛江之名虽与其地不符，若称其为"湛港"，则是最恰切的。因为湛江的确是中国少有的常年不冻的深水港。所以，伟大的孙中山早就在《建国方略》中称其为"南方大港"。江泽民主席1993年给湛江港题词："建设南方大港，发展湛江经济。"在湛江港码头上看到，巨大的龙门吊排列成行，立地顶天，像一列巨人伸出臂膀，伸向湛蓝的天空，拥抱着湛蓝的海洋，高瞻远瞩地看着世界，像是热烈地挥手向来自世界各地的航船表示欢迎，又像是向正在启动的航船挥手告别。靠在码头的只只海船，正在繁忙地装货卸货，有吞有吐，像流水一般。岸边的船只和一些尚在海中停泊的船只，星星点点，五光十色，像是颗颗彩霞珍珠，散落在宽广的湛蓝水晶画面上，霞光闪闪，晶莹迷离，烟波浩淼，又是一幅迷人的彩霞珍珠图。置身在如此深广而美丽的情景中，我从湛江港已与世界上百多个国家有航线通航，已是我国十大进出口港之一的现实，思及两千多年前中国"海上丝绸之路"最早从这里出海的历史，进而想到著名的南珠已在世界百多个国家开辟了市场，而这些国家又大都与湛江有通航或商务往来的关系相契合的历史和现实，这一切不就意味着湛江港既是南珠之都的一个有机组成部分和体现，同时又是南珠经济和文化之光向世界放射的迸发点吗？！

2000年7月11日

# 徐闻涛声

40年前我当记者的时候，到过粤西的徐闻县采访抗旱。当时听说徐闻县名的由来，是因古人有语云："其地迫海，涛声震荡，日安得其徐徐而闻乎。"当时对这句话不甚了了，并不着意探究徐闻的涛声所在。最近我率"海上丝绸之路"专家考察团赴雷州半岛，重访徐闻，在其海岸，在其原野，在其古迹，在其工地，都听到了扣人心弦的震荡涛声，从而对这句话的自然与人文内涵，才有所悟。

当我们来到被考古学家和文史学家证实的古徐闻港旧址——海安的讨网村(古名土旺村)时，正值烈日当空，海风阵阵，一望无垠的海面上，碧波粼粼，金光闪闪，似乎披着金银铠甲的千军万马蜂拥而来。岸边有片椰林，林中立有一块牌匾，上书"祖国大陆最南端"一行大字，令人即有登临圣地之感，正好是一个U形的港湾地势，是一个天然的避风良港；尤其醒目的是在港湾的海面上，冒出三个土墩，相传是古时出海船只停泊加添淡水食品的地方，等于现在港口的码头或船台，墩上仍有古树和古井残迹。三个土墩像是三艘远古海船，留下了汉武帝时代(公元前111年)从这里开始的中国"海上丝绸之路"的历史轨迹，惟妙惟肖地活现了人类尚未能利用风帆和指南针航海时的海船形象，即只是靠人工划桨而沿海岸航行的船只，没有旗杆帆篷，徒有船身。土墩边上的岩石，海水侵蚀的渍痕，层层斑斑，间有青苔片片，似现古船沧桑。而拍岸的海浪，一阵阵、一批批、一层层地轮番涌至，噼噼啪啪，嘀滴嗒嗒，高低起伏，抑扬顿挫。我初次听到了海浪轻拍的涛声，意会到由近及远的韵律，似乎听到了两千多年前"海上丝绸之路"的开航之声。这个韵律，我果真从这里出土的汉代瓦片的波纹图案上看到并听到了，也在附近出土的汉墓群中的已成为化石的珊瑚墓室的波浪形图案中看到和听到了。这种涛声，不正是一种开创之声吗？

同行的本地人告诉我，此时在古港岸边所听到的涛声，算是温柔的，可谓名副其实的"徐闻涛声"，即慢节奏地轻缓而来的海浪之声。如当台风季节的涛声，则完全不同了：阵阵狂风暴雨，铺天盖地而来，巨浪翻腾，卷海拍岸，全是一副凶神恶煞面孔，震荡的涛声，令人惊悸，使人窒息。这种恶性气候，同徐闻的地理形势密切相关的。只要打开中国地图即会发现，雷州半岛在祖国大陆最南端，伸出南海，形状像是一朵浪花；徐闻县则在雷州半岛的最南端，像是这朵浪花的浪尖，既在三面环海的夹击之中又像是一把尖刀似的刺向海洋。这种自然地理的位置和态势，正就是“其地迫海”，是“风口浪尖”之地。这样，注定了它自古以来即有风灾海难和旱灾(因无河流而缺淡水)；也由此之故，使徐闻人民自古即有迎风破浪、战天斗地的传统，铸就了浪尖似的勇往直前性格。这种传统和性格，凝现于徐城镇中心的登云塔的历史和形象之中。这是一座明代建筑，是座平面八角形七层楼阁式砖宝塔，古名“文笔”，是为求广出和纪念人才而建；又称“风塔”，因每层之八角均装有铁铸鹦鹉，每只鹦鹉嘴上均挂着一只铜铃，海风吹来，铜铃叮当作响，从铃声而传风声，甚有音乐的韵味和文化的意味。因为这意味着徐闻人将可怕的震荡涛声，化作了美妙的音乐旋律，体现了“安得其徐徐而闻乎”的信念和力量；同时也使人从中听到了中国最早的“海上丝绸之路”从这里出海的起航声，听到了像宋代的苏轼和李纲、明代的汤显祖等文人路经此地时发出的愤世心声；听到了新中国成立后的徐闻群众在艰苦的自然条件下，战天斗地，改天换地的脚步声。这些传统之声和现实之声所合奏的徐闻涛声，其基调不正是不畏任何艰难险阻的刚毅之声吗？

2000年6月黄伟宗在徐闻考察西汉海上丝绸之路始发港

同40年前我到此地时相比，徐闻真是有了天渊之别的变化。过去到处都是茅寮的住所，已为座座现代化的楼房所代替，城乡处处都响彻着现代的音乐，它们从每户人家中传出，从每个人的脸上传出，从每个人的眼神中传出……使我无处不感受到和谛听到现代的徐闻涛声。尤其使我陶醉的是，当我穿越“凤梨的海”和“剑麻之海”的时候，所见到和听到的绿色涛声。也许是无河缺水的缘故吧，徐闻盛产耐旱热带作物，如橡胶、椰子、水果等；特别是凤梨和剑麻，种遍了徐闻的平原和山坡地，连山遍野，无边无际。凤梨和剑麻的叶苗，都呈尖刀之状，层叠生长；株株苗树，像裁叠片片绿玉建构的小塔，稳健而锋芒毕露，向四方伸刺，阵阵海风吹过，片片绿叶摇曳，像是掀起片片海浪，连绵起伏，同

2001年黄伟宗再度考察徐闻古流

一望无际的大海和天空连成一片，天、地、海共绿一色，生意盎然，漫天碧透。更妙的是“凤梨的海”景象，株株已结出硕果的凤梨，像是个个正在海洋中游泳的孩子，颗颗小头在绿色的海面上忽隐忽现，阵阵海风吹来，叶尖沙沙作响，像是孩子们在水中逐浪嬉戏的欢快乐章；正在开花时节的“剑麻之海”也生动神奇：每株剑麻苗心，都长出一株好像雨伞的花杆，杆绿花白，亭亭玉立、列列行行；阵阵海风掠过，花杆即随风摆动，摇曳多姿，像是列列披着白绿轻纱的少女，在柔和的乐声中翩翩起舞，谱奏着轻快的旋律。“凤梨的海”和“剑麻之海”的景象和韵律，使我听到和看到了又一种徐闻的涛声，这就是生机之声、胜利之声。

徐闻全境没有高山，大都是平原和丘陵地带，土质都是红土，使得整个原野都呈现一片赤红色；只是在农作物生长的季节，原野才是绿苗铺盖，像是红色地板铺上绿色地毯似的；而其三面环海和天空，又多是呈现蓝色，使徐闻又像是蓝色刺绣中的一块红装绿裹的图案，构成由蓝、绿、红三种色彩组合的彩图。如果将蓝色称之为海洋文化或海外文化的代码，将绿色比喻为中原的和传统的文化，将红色称之为本土文化或土著文化，那么即可以说徐闻的三色彩图，正就是三种文化结合的凝视。而最集中凝现这三种文化的历史与现代、自然与人文精神之汇合的，是浪尖的形态和精神，为什么呢？徐闻的地理形势像是浪尖，徐闻人的光辉历史和传统性格像是浪尖，徐闻的特产(如凤梨、剑麻)的叶状和态势像浪尖，徐闻的传统文化标志——风塔的形状和精神像浪尖，徐闻人战天斗地、改天换地的历史和现实精神是浪尖……这一切所构成和谱出的徐闻涛声，正是涌现三色的浪尖所奏出的勇往直前、不断前进之声。这种涛声，我不仅从徐闻的“海上丝绸之路”出口港旧址中，从徐闻的历史中看到和听到了；而且，还在徐闻广大农村正以新发明的小型钻井抗旱机的钻土声中，从正在修建湛(江)海(南)铁路工地的隆隆机器声中，看到和听到了。

如此解读和欣赏“徐闻涛声”，想是可以的吧？

2001年3月3日

# 乐昌乐音

“三十年前望金鸡，今日始得登峰顶。

曲折登程寓沧桑，斜阳复现雄关影。

岩树皆藏悲喜泪，一声长笛送古今。

代代天骄今何在，新声示人觅长音。”

这是1988年夏天，我率领一班青年作家到粤北乐昌采写大型报告文学《中国乐昌纵横画卷》时，登上金鸡岭所写的一首诗，抒发的是当时对过去的三十年间(从1959年到1988年)三到乐昌的感慨，试图从中寻求某种历史和人生的哲理，也试图寻觅当时仅只朦胧感到、但尚不是很明朗的“长音”——即乐昌之乐音和人生乐音之所在。最近重读这部长达十余万字、由《当代文坛报》于1988年12月专号发表的报告文学，思及当时采访的情景和此后十多年来对乐昌的了解，才对此有较为明朗的感悟。

乐昌位于广东的最北部，是粤湘的交界县，可谓“透迤腾细浪”的五岭南麓。因境内有乐山与昌山对峙而得名，昌山其名在于山形像个“昌”字；乐山之名是因为此山下之石疏理有声，可作悬磬，山中有一平台，宽广数十丈，竹木交荫，人们在其中谈笑高呼，互有回音，与武水水声相应，古有“乐石鸣韶”之誉，故而得名。这种自然的、交响的乐音，不知现在是否存在。但不管怎样，由此而得名的乐山和乐昌至今仍存在着，仍被人称呼着，这种现象，不也就是一种长音吗？由此而言，这也不就是乐昌的一种乐音吗？显然，自然界的美景乐音，是持久的；即使消失，但曾经有过，使人难忘，永远铭记，也是永恒的。然而，这只是指那些不同凡响的美景乐音；如果是司空见惯、习以为常的现象不在此例。引申而言，人和社会的现象，也是这样；既是自然现象、又有人文意义的现象更是这样。

像我的诗所写的金鸡岭就是如此。它是以山峰顶端有座巨大的形状似雄鸡的岩石而得名。因它是太阳最早射照之地，故又称其为金鸡。山峰高高耸立，从平地登临其顶的转折石梯，有一万二千多级。它在界分岭南的五岭山脉之中，形势险要，是历代兵家必争之地，历代有重兵把守，故岭上四面均有关隘，大有“一夫当关，万夫莫开”之势；岭上有似古城，有广场平地，有林带水塘，自成格局。据说清末太平天国起义失败后期，女帅洪宣娇领兵一千在此据守较长时间，至今尚有练兵场、观武台、点将台、兵器石、舂米石等遗址。在革命战争年代，1928年宜章暴动，朱德率红军在此重歼军阀许克强；1931年邓小平、张云逸率红军七军在此强渡武江，前往江西会合……这些英雄史迹，使金鸡岭威武的自然景观具有了浓郁的传奇色彩；同时，金鸡岭又是京广铁路的咽喉，是南北交通要道，火车、汽车南来北往，络绎不绝，从而每日火车的汽笛声、汽车的喇叭声，此伏彼起，直冲云霄，同岭上的风声、鸟声、树声、林声相呼应，合奏为一曲立体的交响乐，宛若贝多芬的英雄交响乐章，甚有文化内蕴。身临其境，虽然再也看不到洪宣娇和红军当时的战斗身影，再也听不到当年战斗的鼓角铮鸣，然而在当今所听到的汽笛声和岭上风声中，不也包含着这些历史的影音吗？可见历史的英雄之音是虽逝永存的。乐昌之乐音正在于此。

在“文革”时期，我曾被下放乐昌北乡的茅坪劳动半年，当时似乎听到另一种乐音，即不是英雄之音，而是落难的希冀之音。同时被下放在一起的有：著名散文大师秦牧、编辑家杜导正(后任国家新闻出版总署署长)、作家黄每(后任南方日报总编辑)、杨家文 (后任羊城晚报副总编辑)、姚北全(后任广州日报文艺副刊部主任)、名记者施汉荣(后任广东社科院研究员)等人，那时正是寒冬腊月时候，北风呼呼，下霜冰冻，处境冰冷，心境凄凉。不知是什么原因，北乡的风特别大、特别冻，当地俗谚云：“北乡的风，南华寺的钟”，即有名特冷之意，也意味其劲吹之风声有似钟声。事实果真如此，我曾在此有过被风吹得掩耳的经历，更难忘的是我在这里初次听到了林彪在蒙古折戟沉沙的报告，敲响了“文化大革命”的丧钟，也意味着我等落难即将结束，透露了光明即将取代黑暗的一丝曙光，传出了落难即将转为胜利的讯息，可以说这是一种在落难中的希冀之音。这种乐昌之音当时不仅在我心中回旋，也在“文革”期间被困乐昌的广东省领导人赵紫阳、区梦觉、王德、金明、左洪涛、尹林平、杜埃等要人耳际徘徊。由此我又想到，唐代的大文豪韩愈被贬岭南时，就是从湖南沿武江经乐昌赴任的，他在乐昌的艰难路程，使他写下了“不觉离家已五千，仍将衰船人泷滩，潮阳未到吾能说，海气氛氛水拍天”的诗句，因此感动神灵，使武水虽然凶险，但也仍可逆水行舟，泷滩变通途，后人特在此建韩泷洞祭祀。想来这也是一种落难的希冀之音吧？看来乐昌的这种乐音，是有深远历史内涵的。

在乐昌还有游山玩水的两种乐音，惊险刺激，使人陶醉，永远难忘。游山是骑自行车穿越林海覆盖的盘山公路，有似乘龙穿山。这是我在20世纪60年代初的一段切身经历。当时我是刚从大学毕业出来的新闻记者，到乐昌采访春耕，当时交通不很发达，虽通公路，但车辆少。时任县新闻秘书的邓良同志(后来在20世纪80年代任乐昌县长，可惜20世纪90年代初病故)同我一道骑自行车到九峰乡，这个乡正是岭连岭、峰连峰之地。当我们骑着车穿山越岭时，兴奋而又担惊受怕，因在城市从来未骑过如此惊险的路；一时要推车直上近千米，一时则要飞车直下三千尺，一时突然拐弯九十度，一时弯后又有弯；一时路边是万丈峡峪，一时路边是悬崖陡壁，一不小心即有丧命危险，真是危机四伏，险象丛生。我曾多次畏缩不前，但也无可奈何，只得前进，至今我还清楚记得，当我沿着蜿蜒的黄色公路，穿越漫山遍野的林海，有似闪电般地飞驰，果真体会到“山舞银蛇”“逶迤腾浪”的情景，从中谛听到惊险中的胜利乐章：乐音起伏，节奏急促，有似乘龙踏浪，身在乐中，乐在心中，好像自己同山峰林海一道合奏着一曲美景中的惊险之乐，是高节奏、强韵律的狂飙之音。这种感受使我当时即写出散文《龙飞凤舞》，迄今仍乐音在耳。

1998 年黄伟宗登上乐昌金鸡岭

玩水的乐音则在于到九泷十八滩漂流。泷，方言，是形容急流之水；滩，则是指江河中水浅且急的石沙之地。从乐昌坪石至乐城之间的武江河段，有53公里。两岸翠峰叠障，悬崖陡峭，古木参天，峡谷幽深，河道弯曲，时宽时窄，时深时浅；水流多变，时急时缓，时快时慢；水势多姿，时似飞驾腾跃，时似白雾飞烟，时似雪浪拍岸。这种景象自古以来是视若天险毒水的。东汉著名的伏波将军马援，经此地时也喟叹：“滔滔武溪一河深 / 鸟飞不渡 / 兽不敢临 / 嗟哉 / 武溪多毒淫”。20世纪80年代中期却在这天险之地开辟了新的旅游项目——漂流。我们一班作家在这项目的创议人韩春华(作家，原乐昌县政协副主席)引导下，经受了一次有惊无险的漂流体验。当我们从金鸡岭下的河边穿上红黄标志的救生衣，登上为漂流特制的橡皮艇时，颇有义无反顾的英雄气概，精神抖擞，气宇轩昂；开始水准如镜，悠然而漂，不久即漂入急流，船速似风；转入险滩，浪花飞溅，有似飞雪阵雨，盖头洒身，胜于花洒淋浴；船在沙滩搁浅，得入水中推船，双脚踩下卵石细沙，有似水中按摩，骨松皮爽；当经过十八番惊险曲折之后，船至静流，水碧山青，天蓝风静；白云缕缕，尾随船行水线，有似游在天外银河，烟波宛转；身披云中翠芜，香雨霏微；真乃人归自然，水天一体的生命境界，动在不动中，乐在无乐中，音在无音中。这是惊险后的胜利乐音，是至高无上的精神享受。

在乐昌听到这些乐音，既是乐昌之乐音，也是可贵的人生乐音。我想乐昌还会有更多更新的乐音等着我们去聆听、品味、享受。

2000年8月3日

# 南雄雄根

粤北南雄市，古名南雄州。这个地名起得好，名副其实，故能千年延续，无甚更易。只要你一踏进南雄的土地，即会感到一种英雄之气，一种古朴之风，使人亢奋，令人遐想。数十年来，我曾多次到过南雄，每次都有这种感受，都在离开后回味甚久，又都未能品味出南雄这种特有的气和风的根本韵味所在。最近重访南雄，才总算找到了其气其风之根；因其乃英雄之气和风的文化内蕴，故称其为“雄根”吧。

这条根首先凝现在雄踞于粤赣边界的梅关。这是一座城楼式建筑，像把巨型铁锁，扣在梅岭的山隘口上，关门南面上刻有“岭南第一关”巨匾，字如龙蛇走笔，苍劲有力。关楼墙面，旧迹斑斑，青苔层层，现出久经沧桑之貌；关楼两翼山峦，杂树丛生，盘根错节，更显楼台在苍凉中的雄屹英姿。在关门北面书有“南粤雄关”的关口上，从题有“梅岭”二字的巨型石碑旁，我看到了巨龙似的一条根，这就是梅关的所在地梅岭的地理形势和英雄史迹。梅岭是作为岭南标志的五岭之一大庾岭的一个岭，是南北交通和军事要冲，是历代兵家必争之地，是中国无产阶级革命摇篮之一，红军时期和抗战时期，毛泽东、朱德、彭德怀、陈毅等都在此地战斗过，至今史迹尚在，英雄豪气尚存，毛泽东诗句的“五岭逶迤腾细浪”“战士指看南粤，更加郁郁葱葱”写的正是这里的自然景观和革命历史，陈毅的《梅岭三章》写的也是这里的英雄气概和战斗史迹，尤其是“此去泉台招旧部，旌旗十万斩阎罗”的豪迈诗魂，不正是梅关的雄根所在吗？

在梅关的南面眺望，只见由鹅卵石砌成的一条古道，从北蜿蜒而上梅岭之巅，穿过梅关隘口，即通畅南下，宽可走马，平坡稍斜，连绵延伸，正似一条巨龙的长根穿越梅岭，沟通南北。这条在唐代由岭南人张九龄任宰相时兴建的古道，使梅关成为连接南北交通咽喉，成为来自北方的中原文化与南粤本土文化交汇的枢纽，也即是连接南北文化之雄根。原来《南雄州志》记载的古道两边的“庾岭梅林”旧景：“梅树参差，至腊月，南枝先开北枝后开，疏影横斜，暗香浮动，雅致可人”虽未见到，但新植的片片梅林更是树密叶茂，生意盎然，令人油然产生古道之梅不仅根连南北，而且贯连古今之感，更显出南雄的文化特色，是根深叶茂的雄根文化。

名震遐迩的珠玑巷，从形态到历史，都是这条雄根的活灵活现。巷长1500米，巷中的干道全是鹅卵石铺成的古道，是梅关古道的延伸，也即是南北交通和文化交汇之根的延伸。这条巷之所以出名，就在于这里古代曾多次发生过北移南迁的重大历史动荡，发生过许多悲欢离合、生离死别的故事。据史料称，自唐、宋、元三代的数百年间，自中原南下珠玑巷的大规模迁徙行动的有三次，较小规模的有一百多次，从北移来而后又南迁珠江三角洲、港澳和海外的宗族姓氏有150多姓。这使得古代的珠玑巷成为繁华的移民集市，正如明代诗人黄公辅在《过沙水珠玑村》一诗中所写："长亭去路是珠玑，此日观风感黍离。编户村中人集处，摩肩道上马交驰……"。在当今珠玑巷仍存的古道中，由鹅卵石挤砌而成的形象，正是这种"摩肩道上马交驰"的热闹景象的见证和留影。古巷有沙水河流过，直汇浈江、北江、珠江，源远流长；巷头有一跨河小桥，名驷马桥，是明代建筑；巷尾一株古榕，有近千年历史，与珠玑巷同龄，树干有似巨大铁塔，条条粗根盘缠树心，而又四面八方地延伸地下；根深叶茂，勃勃娑娑。这条小河，古桥和古树，是多么恰切而深远地寓现着珠玑巷的文化内蕴，即进取的、开拓的而又是存根思源的文化。正因为如此，1995年我到此考察时，曾提出珠玑巷应大力发挥这种文化优势，弘扬中华民族的本根文化传统之根，动员迁移到国内外的珠玑巷后裔归来认宗联谊，可喜的是这建议很快得到支持和逐步实现。

1993年黄伟宗考察南雄珠玑巷首提寻根后裔文化

相隔5年之后的现在，重游珠玑巷，真是比过去风光倍加。古巷修葺一新，古屋、古楼、古塔、古桥、古河、古塘均显新貌，增有新湖，两岸绿草茵茵，杨柳依依。与古巷相邻，起了一条新巷，排列着海外后裔捐资兴建的各种姓氏的宗祠或故居，栉比相连，样式各别，多姿多彩，但都有寓传统与现代为一体之风韵。这些现象，使我看到了珠玑巷的文化之根，好似无形的蜘蛛网似的延伸世界各地之后，又回归故土生根开花的景象。在为这样景象高兴的同时，我又感到似乎应当更好地引导这种景象，向这种文化本有的开创精神方面发展，正如著名社会活动家雷洁琼的题词那样："发扬珠玑巷人的开拓精神"。（如果珠玑巷能增添其后裔华人在海外开拓创业事迹的展览或建树的项目，将会更好地弘扬这种珠玑精神）这种精神，我除了从古代胡妃投奔珠玑巷等故事中看到之外，还从在南雄烈士纪念碑中好几位珠玑巷人为建立新中国献身的英雄事迹中看到了，从新中国成立以来，尤其是改革开放以来珠玑巷人的建设和开拓事迹中看到了。我想这也是南雄的一条粗壮无比、根须千万的雄根吧！

第三条雄根特别古老，是距今6500万年前（晚白垩纪）的恐龙之根。这是1961年在南雄首次发现的。此后连续发现有恐龙的蛋、残骨、脚的化石，还发现一条比较完整的整条恐龙化石。恐龙的种类以暴龙（霸王龙）为多，特别珍贵的是这种恐龙是恐龙即将灭种前的化石，因为它记录了当时地球巨变和面临灭绝的生物在生死关头搏斗的资料。在南雄的“红层”盘地上，深藏着暴龙的龙种，深藏着凝现着这种强龙殊死搏斗史料和精神的化石，这不也是南雄的最古最长的雄根吗？我特别注意到在市中心矗立的形象标志，是恐龙的造型；市政府门前的雕塑，人民公园牌门的装饰，都是以恐龙的造型为标志。这些现象说明，南雄人是以恐龙的形象和精神作为自己的象征的。这不正是南雄文化之根的最好说明吗？

在这次重游中，我还发现过去历来作为南雄标志的、也即是南雄唯一被列为国家级重点保护文物的三影塔，从名称到形态都有着更深的内涵。这座塔在市中心，建于北宋，塔身九层，顶天立地，雄风十足。其名三影，是指其塔影阴晴具见于壁间，一影向上，二影倒悬。其实，我看这三影塔倒是南雄三条文化雄根之缩影，同时也是南雄又有新的三条雄根之照影。因为当我登上塔顶时，极目远眺，在主人热情的讲解下，看到了南雄的三种特产：烟叶、白果、毛竹、种遍了辽阔的原野和山坡，构成了一望无际的绿波荡漾的海洋，在炎炎的夏日照耀下，弥漫着森森的生机之气。这不正是南雄之气吗？这三种特产正在为南雄的经济发展起到越来越重要的作用，成为经济发展之根，也是新的文化之根，前景无限，实力无穷。我在塔上高兴地看到：这三条新的雄根也同南雄本有的三条雄根那样，日益壮茂地向四面八方延伸着、发展着……

2000年7月27日

# 韶关文流

粤北韶关市，清代时是曲江县的县城；现在的曲江县，则是韶关市所属的一个县。历史上一体，地理上连接，文化上相通，所以照我看来，韶关曲江是同一的，在文化源流上说，更是如此。

韶关市区中心是来自湖南的武江和来自江西的浈江的汇合处，由此开始名为北江(到三水与西江汇合为珠江)。这样的地理形势，使得韶关市中心像个两江夹流的岛屿，像关隘那样险要，韶关之名，想是由此；这样的水流形势，使得这里的两江交汇一体而构成Y形，曲江的“曲”字正内含其义，如此“说文解义”，恐怕也可以成为将韶关与曲江一体而言的一条理由。

在“文化大革命”期间，我被“流放”到韶关达四年之久。在患难中虽然心境不佳，但韶关人待我不薄，多同情受难者。由此使我注意到韶关的文化传统，这是一个具有深厚文化底蕴的城市。而其内蕴，又源流于和表现在什么地方呢？当时尚无觉察，也未深入探究，近年因工作需要，多次到韶关出差和考察，才逐步认识到韶关和曲江文化是一体的，其传统的形态，也即是其文化之流，正像其地理和水流形势那样，是多元的、交汇的、转折的、发展的，是源远流长、中流砥柱的。

在马坝狮子岩发现的原始人头骨化石，经专家鉴定距今10万年，证实这是岭南人的祖先，从而证实这里是珠江文化的发祥地之一。当年原始人居住的洞穴，在狮子岩的山腰，洞口像是狮子的眼睛，全神贯注地正视着前方滔滔流过的北江，依山傍水，坐南向北，真是“风水宝地”。从这洞穴的位置上看，原始人不是见洞穴就住的；而是有选择的。他们依山进洞，是为了避风雨，求安居；傍水近河；是因为生活不能缺水；选择坐北向南的山洞，是为求住得舒适，可以冬暖夏凉。这些选择标准，是出于他们的生活本能和经验，也表明了他们开始产生并具有一定文化意识。显然，选择以山洞为居，是出自对山的依靠，也萌生对山的崇拜意识；山形似狮子，也即将对山的崇拜观念转化为对狮子的崇拜；选择傍水而居，出自对水的依靠，也萌生对江河的崇拜意识，江河形似龙蛇，也即转化为对龙的崇拜。我想，这也即是我国，尤其是岭南人崇拜狮子，说狮子岩原始人文化是从韶关源起的一条文化源流，是名正言顺的吧？

曲江的南华禅寺，更是韶关特有的文化源流之源头。南华禅寺创建于公元502年，是印度高僧智药三藏创办。著名的佛学大师惠能六祖于此避难，在此创立佛学南宗，被国内各地及海外佛家尊称为“祖庭”。迄今已接近1500周年历史了，真是源远流长的佛教圣地。南华寺气势恢宏，甚有气派，寺庙傍山盘座，古称“一袈裟之地”，方圆数百里；面对罗汉峰，活似数十位活佛排列盘坐而成，寺内殿堂层层，庭院深深，绿荫覆盖，肃穆静幽，座座佛像，庄严慈祥，雍容大度，甚有“祖佛”的风范。南华寺悠久的历史和“祖庭”“祖佛”的影响，既是将来自印度的外国文化和来自北方的中原文化引入岭南，并与岭南的本土文化相交融；而又转折流向珠江流域各地，并传至港、澳和海外各国，在泰国、印度、南非、斯里兰卡、马来西亚、韩国、美国、俄罗斯等世界数十个国家，均有南华禅寺和惠能六祖繁衍的后裔教徒和信徒；而惠能创立的禅学南宗的学说本身，以实际而融合中国传统文化，并创新发展的特点，也都是韶关的交汇的、转折的、发展的文化性质和形态的体现。显然，不仅南华寺和惠能学说文化如此，韶关的整体文化也是这样。南华寺是这种性质和形态的文化源流的代表，是当之无愧的。

在作为韶关市中心的小岛上，矗立着两座牌楼：风采楼和风度楼(后者于前些年拆毁)，是为纪念张九龄、余靖等文人而建，是古代建筑。这些牌楼的建立和保存本身，说明韶关自古有崇文敬贤的传统，是有文明古风的城市。更有寓意的是，这两座牌楼，建成于市中心的交通要道上。跨于十字路口，东对桥关，路通对岸；牌楼巍然屹立，面对滔滔北江，滚滚南流，这样水陆交通于此交汇而又四通八达、源源流进的景象，也是韶关又一种文流的体现。这就是以张九龄为代表的文化源流。张九龄是著名唐代诗人，曲江人，是岭南首位出任宰相的文人，他为沟通中原和岭南的政治、经济、交通和文化做了许多大事、好事。最显著的是修梅关古道，使南北天堑变通途。至今尚在的这条古道上的夫人庙，记下了他的侍妾为修这条古道而献身的动人故事。他也吟出了《望月怀远》的千古绝唱：“海上生明月，天涯共此时。情人怨遥夜，竟夕起相思。灭烛怜天港，披衣却露滋。不堪盈于赠，还寝梦佳期。”从这首诗也可看到张九龄代表的清淡的诗风特点。这种诗风，同当时诗坛富艳之气分庭抗礼，继承了魏晋诗风，开一代诗派，即后来以孟浩然、王维、韦应物为代表的清淡派。由此又可见张九龄在唐代诗坛上的承前启后的转折作用，开创了清淡派的卓越功勋。而这种作用，不正是韶关文化的转折和发展性特点的源头和体现吗？他所开创的清淡之风，尤其是他当时被人称道的“如轻缣素练，实济实用”(张说语，见《大唐新语》)。余靖是宋代学者，又是高级外交官，三任驻辽使节，为沟通中外文化作出贡献，也较早具有开明文化意识，晚年他回韶赋闲，写山水诗也是有高雅清淡之风。其中名句“扳罗蹑孤峰，和云坐幽石；濯濯清冷泉，留为不朽迹。”脍炙人口，也是张九龄诗风的继承。显然，这种诗风一直流传下来，作为岭南诗文的一贯传统和共有特征，甚至成为饮食、建筑、园林、服装等各行各业的共性文化意识。张九龄、余靖的这些重大建树和重大作用，不正是韶关的文化源流及其特征的最集中最典型的体现和根基所在吗？

在相隔几年之后，我最近重访韶关和曲江，发现城市已大大改观，特别明显的是在韶关市区增建了三条桥，连同原有的两条桥，不仅在东西两边的武江和浈江有桥，在两江汇合后的北江也有了横跨大桥。五条桥使整个韶关成了桥路交叉的城市，成了别有一番风景的桥城；曲江也建起了公路的立交桥，京广铁路和京珠高速公路交汇、北江河道新修畅通；这一切新的景象，不正是多元的、交汇的、转折的、发展的文化源流和特征的寓现和象征吗？由此我又看到和想到：韶关固然是有上述三条得天独厚的三条文化教育源流，并以这三条主干交汇和共有的特质而构成自己的传统和特征，但这又是在历史发展中不断的发展和丰富的。明显的是在辛亥革命之后，伟大的革命先行者孙中山在韶关誓师北伐，揭开了北伐战争的序幕，也由此开创了南方文化北进的历史新篇章，揭开了南文北化的新页；在抗日战争的烽火岁月，从北方和南方(广州、香港)大批文化人避难到韶关，也带来了新的中原文化和沿海及海外文化，给韶关的本土文化增添了新的血液和内容，当时对此作出贡献的有夏衍、欧阳山、秦牧、陈残云、华嘉等著名作家；在新中国成立初期的20世纪50至60年代，来自天津和东北的一批文化人，也将北方文化引进韶关，促进了韶关文化的发展；在20世纪70年代的“文化大革命”时期，大批文化人被下放韶关地区的“五•七干校”，之后又下放一批文艺家和编辑记者到韶关工作，这些文化人既带来省城的文化而丰富韶关文化，同时又在数年之后回广州工作时，将韶关文化向南传播，发挥了转折发展的文化特色和作用；我还特别高兴地看到：自改革开放以来，全国和世界的文化人到韶关的人次大大地增多了，文化交流管道更多畅通了，使得韶关文化源流更多元、更丰富、更发展了，从而造成了韶关的文化事业取得了辉煌的成绩，在文化意识上更自觉更成熟了，在文化内涵上更深厚了，在文化方式上更开放了，更具有开拓和开创精神了。这些发展使我感到韶关不仅是城市风貌上的“桥城”，也是文化上的“桥城”。

2000年7月28日

# 岭南燕都——怀集

壬午金夏，日丽风清。值临一年一度的燕子节，偕同几位专家文友，造访了全国唯一拥有这个佳节的广东怀集县。所到之处，无不见到燕子的矫健英姿，无不听到燕子的唧唧语鸣，无不闻到燕窝的清雅幽香，无不感受到燕子的多种而丰富的灵气。确切地说，这是我在畅游该县燕子圣地——桥头燕岩的过程中，融会几天在该县各地所见的自然地理与人文历史构成的文化特点，而逐一看到和领悟到的。

我们到燕岩时，已是持续十天的燕子节尾声，节日的气氛仍在洋溢。金色的太阳斜照着整座燕子岩山峦，郁郁葱葱的绿树草茵，在舒畅地随风飘曳，像是一只巨大的燕子正在展翅欲飞；巨大的岩口，像是开口的燕嘴，欢迎鱼贯而入的游客；岩口清风徐徐，踏入即有凉炎分季之感；抬头即见岭南画派大师关山月所题四字“燕岩洞天”镌刻于岩壁上，一语点出燕岩特色；此岩顶上有一燕形大洞，正名副其实划出一洞之天，使整个比广宇大厦还宽敞的岩洞通明透亮。编写出《燕岩风采》的作家老周告诉我，千百年来一直以燕岩为居的燕子是最珍贵的燕种，名叫金丝燕，是来回于南海与怀集之间的候鸟，每年春分时从海上飞来，秋分时又回到海上去。每年农历六月初六左右的日子，是雏燕开始学飞、刚可离巢觅食的时候，也是观看燕子归巢、采摘燕窝的最佳时机，故定为燕子节。怀集的燕子岩，是金丝燕繁殖的圣地。这种燕是海燕，主要在海上觅食，海上食物清净，故其所产燕窝营养价值最高，中国只有云南某地和广东怀集两地有此燕种，在华南可谓独一无二；奇怪的是怀集全县岩洞甚多，各类燕种也不少，而金丝燕只居燕岩，千百年来一直如此，从不易居，其他燕种也不入居此岩，可见此类珍贵燕种对燕岩情有独钟，年年复去复来。据历史记载，每批多达百万只以上，至少也有几十万只。现在我们到此，群燕出外觅食未归，只有些少尚未会飞的雏燕在巢。我偶然拾得一只，仔细端详，除嘴部稍短外，与平常所见家燕无异，都是黑灰色的羽毛，润滑丰满，生机勃勃；两翅和尾部，也都似剪张开，矫健伶俐，翩翩若舞，令人想起莺歌燕舞的女郎，又会使人想起交响乐团穿燕尾服指挥家的绅士风度。但我想得更多的是：这种圣洁伶俐的海燕为何独选并不靠海、而是在内陆山区的怀集安家落户、传宗接代呢？恐怕是在于这里的自然与人文环境适应它们生存和生活的缘故。如果是这样，那么，这不就意味着怀集的文化特质自古以来即有海洋因素，是海洋与内陆的结合，或者说是善于吸取海洋文化的吗？

2005 年 7 月黄伟宗在怀集金燕广场发表讲话

自古怀集之得名，想来也与这种地域特质密切相关。顾名思义，怀，胸怀，怀抱，怀念，怀孕；集，汇集，积累，合成，藏蓄，集结之意也。辞书称“怀集”县名始为“怀化”，南朝时易为怀集，与《汉书》及《文选》中所称“安抚而来归”，“荡平天下，怀集异类”相关，显然有历史遗留的镇压少数民族之意，但从辞本义而言，用胸怀和情义的汇合与累积，是积极的，也是切合怀集的人文历史与地理环境的。怀集也是自古以来多种少数民族(包括瑶族、壮族等)和两省(广东、广西)交汇地；在地理上，整个县是一个大盆地，其中又有许多大小盆地，尤其是像燕岩那样的山洞特多，构成了大大小小、不可胜数的怀集之境，真可谓海纳百川，怀孕生灵，汇秀集芳之圣地。燕岩之自然风光和人文精神，也是这种怀集之境的象征和缩影。当我们进入燕岩时，仰头所见穹顶，无数嶙峋岩石构成的洞口奇形怪状，有大有小，星罗棋布，错落有致，比蜂巢还密密麻麻，都是燕子筑巢的地方；岩洞中有一条地下河，与岩中通道平行，蜿蜒曲折，直通岩底，河床宽敞，可以载舟，正如一首古诗所写“潺潺流水岩西走，落落斜阳洞口悬。琴立台前真妙化，舟行石底更奇传”。最妙的是在河面倒影中，模糊见到岩顶上几只乳燕在巢里探头喃语，显出惊奇欢悦的情态，意味着她们是多么满意在这美好环境中建巢。我从一位正在喂奶的妇女手上，拿过一只有似灯盏的原始燕窝观看，发现它是燕子将采撷到的竹枝树叶，以自己的唾液粘连而成。这位妇女正在精心地剔取粘连在枝叶上的黄色唾液，这即是燕窝的精华所在。这位妇女如此精心地在喂奶的同时剔取燕窝的情景，燕窝的构成与形象，以至燕岩如此众多的燕巢；而怀集是具有无数山洞和像灯盏似的盆地，甚至整个怀集的地理形势也像是一个大燕窝似的盆地，这种全县“贯通”的“燕窝”现象，不是意味着整个怀集都是像燕窝似的环境吗？可见这个县名取得实在高明，无论其人文环境或自然环境，都可谓怀集之境。由此可以看出怀集的文化特质是具有鲜明而深厚的包容性或兼容性的。

明代举人刘朝觐题燕岩诗云："云烟缭绕锁芳菲，揽辔寻春人翠微。屹崒峰峰林争秀崎，玲珑岩洞沐清辉。湾湾绿水银蛇舞，湛湛蓝天紫燕飞。阆苑平分湛媲美，留连此地几忘归。"我看这是自古以来许多燕岩诗中甚有意境的一首，读之使我更看清燕岩的美景，更读懂燕岩的文化内蕴。多年来，我游过的岩洞不少，尚未见过燕岩那样在洞内外有山有河、有岩有洞，在岩洞内既可行车又可行舟的岩洞。如此宏大的山洞，使得燕岩内外的山水风光，正如这诗所写的那样是多种色彩的多元组合，岩顶的洞天有"云烟缭绕锁芳菲"的景致，太阳从洞口穿入，透照洞内的蒙蒙水气，现出七彩虹彩。射下洞内潺潺流水，照出霞光万道，使整个岩洞色彩斑斓，金碧辉煌，似乎将整个怀集的山水风光，均"锁"于燕岩之中，奇丽而深奥极了。是的，在此时此境中，我似乎再见到过的绿茶飘香的新岗和坳仔，再见到洁白如玉的洽水与白水河，又见到汩汩湛湛的蓝钟河，看到直冲云霄的粤西北最高峰大稠顶……这些联想，固然是由于对这些景点的印象很深，恐怕还在于怀集的山水风光多姿多彩，各有特色，但又有某种相通的灵气，可谓"燕气"(也即是燕子之气)，燕岩的"燕窝"风景和内涵，也似乎有种凝聚多种色彩自然风光和人文精神的功力和张力，从而使我感受到燕子岩与怀集的人文和地理环境内含有多元一体的文化血脉。

在燕岩洞中心，有一尊巨大的石笋，屹立于河道的转弯处，石笋尖离穹顶只有数米，岩石中有一串串水珠滴下，滴答有声。据说整座石笋皆由洞中岩液所滞之物质积成，起码有亿万年历史才积成现在这个样子。现所见的几米空间，恐怕也得要数万年后才能弥合石尖与穹顶的距离。人们说燕岩的金丝燕只饮天上的水，在海岛是饮雨水，在岩中则是饮岩顶滴下的泉水。我伸手接过岩顶滴下的泉水品尝，果然纯如甘露，圣洁无比。金丝燕以此为生，自然也生性圣洁。怀集有此山川，怀集人也自然秉性纯朴。真可谓山水养人，地杰人灵，这座泉水滴成的巨石，活似一座巨佛座像，甚至可以说是一座天然的六祖惠能石像。据《六祖坛经》记载，当惠能在湖北黄梅东山寺时，因作出"菩提本无树，明镜亦非台，本来无一物，何处惹尘埃"之语，得承禅宗六祖衣钵，五祖弘忍预料会有人害他，要他南归，临行特嘱他"逢怀(即怀集)则止，遇会(即四会）即藏"，由此他隐遁于怀集与四会之间，长达16年之久，一直在猎人队伍中生活，吃的是"锅边菜"，在极其危险艰苦的环境下，坚持求佛，孕育和升华了禅宗与禅学。至今怀集尚存甚多惠能遗址，上爱岭山腰龟嘴石所覆盖的数十平方面积的石室，就是其一。这个地方的名称和地形，也都甚有佛意禅味。惠能是否到过燕岩，尚无史料可证，但燕岩中这座巨石，从形态到其内涵都是很有惠能精神的。这就是坚定信念，仁爱为怀，养精蓄锐，厚积薄发。惠能长期隐居怀集，升华禅宗与禅学，在于有这种精神；惠能之所以能在怀集坚持和养成这种精神，也在于怀集本身的人文和地理的文化内蕴，具有这种怀仁养性的燕子和燕窝精神与特性。

在燕岩中，还有一种恐怕是世上独一无二的壮观，这就是飞人登上“天桥”“云梯”采集燕窝的特技表演。进到燕岩，仰头即会见到在深不可测的穹顶和无数嶙峋古怪的石洞之间，横横直直地挂着许多金黄色的竹竿，横的谓“天桥”，竖的谓“天梯”，很难看出这些竹竿是怎样挂稳于石岩之上的。自古以来采燕窝的人都是靠这样的“桥”“梯”登上穹顶的石洞采集燕窝，因极其危险，又无保险设施，历代为此牺牲者不少，所以自古即有禁攀顶的告示。现代设备已有改善，攀登人又受过培训，不再有事故发生，反而在进行燕窝生产的同时，增添了攀岩表演的特技项目。主人盛情邀请我们观看：只见一位穿红衣的勇士，赤手空拳，三脚两跳即跃至岩壁上，霎时间，像燕子似地飞至“天桥”，又伸手跃上“云梯”，我还来不及眨眼，即见勇士已攀至一个洞口之上，他即转身下岩，像滑滑梯似的滑下“云梯”，又像燕子那样飞过“天梯”，完全像武侠影片那样飞墙走壁、神出鬼没的动作，出神入化到活似古剑侠的地步，使在场者莫不望岩兴叹、击节赞赏！看到这些飞人的特技表演，使我更认识到金丝燕独到怀集定居，实在不是偶然的事，是有其深远的自然与人文环境的文化内蕴的。仅从作为“云梯”“天桥”的竹子而言，这是怀集特有的茶杆竹，学名谓厘竹，其特点是竹竿生长一直到顶，从不弯曲，也不横生枝节，每节只有几片像燕尾，又似尖刀似的叶子，节生节长，直挺挺地一直长生上去，直冲云霄。这种怀集独有的称誉全国、闻名世界的土特产，自古以来直销海外，其运输线是从绥江直通西江，然后经珠江口转运海外，是为数不多的从江河连通“海上丝绸之路”的内陆港口，这里古有的天后宫即是佐证。可见不仅金丝燕给怀集传来海洋文化，茶杆竹也是连接海陆文化的“天桥”“云梯”。在燕岩中，看飞人在悬崖厘竹上搜取燕窝的特技表演，其燕子似的矫健轻捷神态，厘竹似的勇敢竹节之气，不是高度和谐地体现了怀集特有的这种陆海结合的潇洒灵气，不畏任何艰难险阻的进取精神吗？

夕阳西下，夜幕降临，当我们漫步游完燕岩，正好是燕子归巢的时候。同伴告知我，游燕岩，过燕子节的高潮开始了！先是一小批飞燕从穹顶洞口飞入，像闪电似的在洞内飞速地旋转几圈，可能是燕子的前哨小队。先观察洞内有无异情，接着就是大批燕子，分别从顶洞口、前洞口、后河口蜂拥而入，顿时整个洞好像从四面八方涌入了黑灰色的洪水，又似海滩上的波涛一浪未停又涌来一浪，燕叫之声和燕翅扑打声，吱吱喳喳、呢呢喃喃、噼噼啪啪、呼呼噜噜，此伏彼起，本音与回音交相呼应，汇合成阵阵巨涛之声，使整个夜幕笼罩着的巨大岩洞像是一片波涛翻滚的海洋。如此壮观的场面，顿时使我想起著名苏联作家高尔基在散文《海燕》中所写的搏斗于暴风雨中的海燕英姿，想起唐代诗人刘禹锡所写的名诗：“昔日王谢堂前燕，飞入寻常百姓家”，以及唐五代贺州诗人翁宏的“落花人独立，微雨燕双飞”的名句，想起著名现代散文家朱自清在《匆匆》一文中所写标志时光易逝的燕子，想起六十年代的电影插曲、至今我的小孙女仍在学唱的儿歌：“小燕子，穿花衣，年年春天来这里……”，这些联想形成了一条中外古今的燕子文化思绪与情结，并与眼前的燕子归巢所形成的“燕潮”相起伏，震荡心扉；但又使我朦胧感到，这些古今写燕子的名篇名句，似乎尚未道尽怀集燕岩所含的燕子精神和文化内涵；如此众多的珍贵燕子云齐怀集，而且自古如此，这现象本身就是值得不断探索的。如果说这现象标志着怀集独特而有悠久历史的文化环境和文化底蕴，那么，也同样标志和预示着怀集的将来，更会以现代的燕子精神和文化，创造更辉煌的明天。由此，我情不自禁地为怀集题名——“岭南燕都”，也情不自禁地以此为题写下这篇散文。

2002年9月1日

# 金燕——美的象征，文化的载体

今当仲夏时节，适逢中国唯一的燕子节在被誉称为“中国燕都”的广东怀集县举办的大喜日子，广东省人民政府参事室（文史馆）、广东省珠江文化研究会、中山大学民俗研究中心、肇庆市市委和市政府、怀集县委和县政府共同举办“金燕文化”学术研讨会，同时举行“广东省珠江文化研究会金燕文化研究中心”定在怀集的挂牌仪式，我谨代表珠江文化研究会和中山大学民俗研究中心，向大会表示热烈祝贺！向光临大会的领导、专家学者、报刊记者和全体工作人员表示热烈欢迎和衷心感谢！

我们珠江文化研究会为什么在怀集设立金燕文化研究中心呢？就是因为怀集是著名的岭南燕都、中国燕都。其所以是燕都，主要是因为怀集县桥头镇的燕崖，自古至今是金丝燕生息传代的圣地，而金丝燕又是世界上千百种燕子中最稀有、最珍贵、最圣洁的品种，可谓燕中之王、燕子之后，全国仅云南某地和广东怀集的燕岩拥有，而且燕崖是迄今金丝燕数量最多、燕窝质量最高、文化内涵最深最广的地方。所以，怀集被称为“燕都”，我们也因此而在这里设立研究中心，举办这次中国有史以来首届金燕文化学术研讨会，借以深入挖掘弘扬其文化内涵。为此，下面我想谈谈我个人对金燕文化的粗浅看法，旨在抛砖引玉，并供大家参考。

## 一、怀集的金燕文化

2002年夏天，我和一班教授、作家到怀集考察，深为这个山区县有如此多种、丰富、深厚的文化资源而高兴，我们发现这里的文化，似乎都与金丝燕及其栖息地燕岩有关，当时兴之所至，即提笔写下“岭南燕都”四字，以表试为怀集作文化定位之意。回穗后，觉得意犹未尽，便写了散文《岭南燕都——怀集》，先后在《新怀集》报、《西江日报》和《南方日报》上发表，产生了一定社会反响。使我意外的是，同年冬天，怀城广场落成，在征求取名的时候，多数群众投票赞成用“燕都广场”，也即是说，怀集县的领导和群众都认同了我提出的“燕都”定位。在这盛会之际，刚落成的又一群众性文化广场，也由尊敬的毛荣楷书记亲自题名为“燕城广场”，广场中的建筑也分别由著名作家或书法家题写以“燕”领衔的名字，如：燕歌亭、燕舞亭、燕美亭等等。这些情况，说明怀集人民群众对这文化定位是认同的。

为什么会如此迅速地认同呢？我看除领导重视之外，根本在于这种文化内涵，早已成为怀集县的一种文化传统，并且是贯穿于各种领域的一种带主导性的文化潜能，使这里的人们都能感受它、欣赏它，而又持续地积累它、创造它，我不过是将其明朗地点出而已。其实，金丝燕是一种鸟类，它本身并不具有什么文化内涵的，只是历代人们根据它的自然特性而赋予它一定的文化功能和内涵，经过年久日深的认同、加工和积累，其功能日多，内涵也越深、越丰富。照我看来，人们对金丝燕的文化赋予，主要是作为一种美的象征，一种文化的载体；而它的象征和文化内涵，则是因人、因时、因地、因事而异的，但却又是很有本地自然地理、人文历史和世俗风情特点的。

据辞典称，金丝燕“属雨燕科，体长约18厘米，主体羽毛黑或褐色，有时带蓝色光泽，下体灰白色，翼尖而长。足短，淡红色，四趾均向前。群栖，食虫。巢以羽毛、苔藓或海藻等混合唾液胶结而成，即供药用、食用的‘燕窝’，分布于印度、马来群岛一带”。可见这是来自印度洋、太平洋的一种海洋候鸟，每年春分时节飞来燕崖造窝生育，而又于每年秋分时节重返海洋，每批飞燕数量有百万之多。奇怪的是怀集岩洞甚多，唯独燕崖有金丝燕，而其他燕类也从不飞进燕崖，可见燕崖是金丝燕的独家天地，也即是说，唯独燕崖的环境适宜这种海洋候鸟生活。所以，金丝燕及其生息的燕崖，是密切结合的，其美学意味和文化价值也是密切关联的。如果说，金丝燕代表着海洋性的生态和文化、燕岩代表着大陆山区的生态和文化，那么，每年金丝燕飞来燕崖生育传代，不就是海洋生态与山区生态相通的实证，并具有海洋自然美与山区自然美结合的象征意味，同时又具有海洋文化与山区文化对接结合的寓意吗？我想，这是怀集以金燕文化为标志的主要精神所在，也是其具有带动性的内在潜能的文化特质所在。

怀集县文联于2002年编辑出版的《燕岩诗选》一书，汇编了从宋代、明代、清代直到近代、现代、当代的二百多文化人，撰写的吟咏燕岩的诗、词，联、曲、赋达550题之多。这诗选，既是怀集金燕诗文之精华，也是怀集特有的金燕美学与文化积淀的集中体现，从中即历历可见这种海洋美与山区美对接结合的文化特点。例如，诗选第一首诗是南宋道家诗人葛长庚（号海琼子）写的《燕岩游罢与岩主话别》：“西风吹作此岩游，满目松筠翠欲流。玉燕不飞明月夜，石钟一振晓霜秋。惜乎分手便南北，忽尔回头欲去留。且去人间办丹料，却来山顶结茆休。”诗以玉燕去留喻朋友分离，以云游至山顶结林而内涵海山相接之意。清代诗人陈如锦《燕岩渡艇》：“燕岩山腹水通舟，半里壶天接渡头。密竹疏花相辉映，绿波翠壁共沉浮。桃源路窄莓苔古，蓬岛云深洞府幽。十丈红尘飞不到，春风一棹且闲游。”诗以山水相通、桃源与蓬岛对映而有海山对接之内涵。当今著名作家戴胜德《题燕岩洞天》：“百丈岩空燕子来，拈花海外插幽梅。经书血唾呈窝相，穴露不空便不回。”诗以金燕拈花海外而来百丈高岩插梅的意境以寓海山对接之意。当今诗人徐续《燕岩》：“洞穴巍巍亿万春，天南巨窍竟谁伦。不知穹顶三千丈，上有悬竿捕燕人。”诗以“天南巨窍”和“穹顶三千丈”的宏大而写崖之大，也含海阔天空的文化底蕴，写捕燕人悬竿直上三千丈的功力和情景，更现山崖有似海燕的英姿和气魄，以及深层次的海山文化融合的意蕴。仅举数例即可见金燕诗中的金燕文化底蕴是海山并海陆结合的。

2001 年黄伟宗在怀集题词“岭南燕都”

饶有意味的是，燕崖的自然景观特点，也似乎巧夺天工地自然寓现这种美学与文化特色。崖洞位于一座大山之中，崖顶高达千尺，无数嶙峋岩石构成的洞口奇形怪状，有大有小，星罗棋布，比蜂巢还密密麻麻，都是金燕筑巢之处；洞中有一条地下河，与岩中通道平行，蜿蜒曲折，直通洞尾；河床宽敞，流水漾漾，可以载舟。正如清代诗人龙世储在《咏燕岩》一诗所写：“潺潺流水岩西走，落落斜阳洞口悬。琴立台前真妙化，舟行石底更奇传”。这种山水天崖一体的自然风光，本身就是一种天人合一的融合妙境。更有意味的是洞中有一尊钟乳石，活似一座巨佛座像，人们称其为佛释六祖惠能石像。这一文化赋予，是有来由的。据《六祖坛经》称，当惠能在湖北黄梅东山寺时，因作出“菩提本无树，明镜亦非台，本来无一物，何处惹尘埃”的名偈，得承禅宗六祖衣钵，五祖弘忍预料会有人害他，要他南归，临行特嘱他“逢怀（怀集）则止，遇会（四会）即藏”，由此他隐遁于怀集、四会之间达16年之久，怀集至今仍有许多六祖遗迹。所以称这座石像是六祖化身也不无道理。值得进一步思索的是：佛教禅宗是初祖达摩由海上丝绸之路从印度传入中国，惠能接六祖位而在怀集避难期间深化禅宗文化，为使佛教中国化、创造中国佛教（毛泽东语）作了重要的思想积累。如果说，达摩传来的佛教是海洋文化，是海上丝绸之路文化，而惠能是在怀集为将其中国化作了重要转化工作。那么，这不就意味着怀集是佛教禅宗从海洋文化转化为中国文化的重要圣地之一，同时也意味着怀集是海陆丝绸之路对接的交汇点吗？看来人们称燕崖的石像为六祖化身，正就是这种意念的文化赋予。

上述这些都可以说是人们从自然地理、人文历史和人情风俗的观念，而对金燕的美学与文化的赋予，也即是其美学与文化之内涵。如果说，这些内涵的想象成分偏重的话，那么，从怀集的历史经济与生产特色上去看，也会发现这种文化特质是无处不在、极其鲜明的。例如，怀集的特产厘竹（茶杆竹），其叶形似金燕，节节都有，对对而上，似燕舞翩跹，可谓美的象征；更为重要的是，厘竹自古是怀集主要生产和出口产品，历来收竹时扎成竹排，沿绥江、经西江、至珠江而运海外，是海上丝绸之路与陆上丝绸之路对接交汇的历代实物和证物之一，此外尚有木材、山货等等；正因为是有悠久的对外交通和贸易的历史，在怀集县博物馆里有许多国家的古代钱币，在怀城还有作为海上丝绸之路重要标志之一的天后庙和运输码头。正如毛荣楷书记在《怀集抒怀》一诗中所写："翠竹花松叠怀岭，峰林巨穴燕盈岩。文昌阁畔醉江月，六祖洞前读遗篇。古营旧迹依稀在，老宅百年亦壮观。历次山乡风雨后，彩虹一道挂晴川"。诗将怀集自然风光、人文景观、生产经济的历史与现实，融化入"彩虹一道挂晴川"的艺术境界中，同时又以综合性实在性的地方人文和经济生产特色，印证和升华了金燕文化所具有和体现的在山区特有的海陆文化交汇性的特质。由此，也可见怀集的金燕文化，不仅是意念文化，而且是有实在生产和经济基础的实体文化，既是历史文化、遗产文化，又是现实的文化、发展的文化。

## 二、文学中的燕子文化

怀集的金丝燕虽有显著特性，但它也仍属总体的燕类；怀集的金燕文化虽有其特定的美学与文化内涵，但也在一般的燕子美学与文化内涵之中。所以，在对其特性研究的同时，也应当对其进行一般性的共性研究，这样才能更明确其特性，更好地发展和提高其特性。因而从中外古今的文学、尤其是诗词中的燕子文化进行研究，是很有必要、很有意思的。

在中外古今的文学、尤其是在诗词歌赋中，有许多关于燕子的描写，其共性也即是美的象征、文化的载体。但作为文学、特别是诗词，其美的象征和文化的内涵，则多侧重于以情感和情绪的抒发而表现内在的观念和意识。由此，我们可以将文学作品中借燕子而表现的情感或情绪作出分类，然后进而分析其美学与文化内涵。

在文学作品中对燕子的描写，相当多是将燕子的飞翔轻捷英姿，化为舞蹈形象，去表现欢乐、轻松、愉快的情绪，或者生气勃勃、升平吉祥的景象。如毛泽东诗词："到处莺歌燕舞"（《重返井冈山》）；杜甫诗："细雨鱼儿出，微风燕子斜"（《水槛遣心》）；苏轼词："乳燕飞华屋，悄无人，桐阴转午，晚凉新浴"（《贺新郎》）；李清照词："海燕未来人斗草，江梅已过柳生绵，黄昏疏雨湿秋千"（《浣溪沙》）；秦观词："晓色云开，春随人意，骤雨才过还晴。古苔芳榭，飞燕蹴红英"（《满庭芳》）；万俟咏词："一鞭清晓喜还家，宿醉困流霞。夜来小雨新霁，双燕舞风斜"（《诉衷情》）；欧阳炯词："恨不如双燕，飞舞帘笼"（《献衷心》）；李之仪词："乳燕穿庭户，飞絮沾襟袖"（《谢池春》）；毛熙震词："莺啼燕语芳菲节，瑞庭花发，昔时欢宴歌声揭，管弦清越"（《后庭花》）等等，都是这类表现的代表作品。原苏联著名作家高尔基的名篇散文《海燕》，更是以燕子这种轻捷飞翔的本性，引申其在任何恶劣天气条件下，仍坚持飞翔于海阔天空、时与狂风暴雨、翻腾海浪搏斗的特点，赋喻为一种无所畏惧的勇敢拼搏精神，并将其作为革命者的象征，以至作为革命时代狂飙精神的寓现。这些美的象征，也都内含着强烈的歌颂欢乐、美好、吉祥、勇敢的文化精神。

清末著名学者王国维在《人间词话》中说："自然中之物互相关系、互相限制。然其写之于文学美术中也，必遗其关系限制之处，故写实家亦理想家也。又虽如何虚构之境，其材料必求之于自然，而其构造亦必从自然之法律，故虽理想家亦写实家也"。燕子是一种候鸟，每年秋去春来，定期往返，从不延误，此可谓"自然之法律（法则）"。由此，人们往往将其为一种时令的标志，此可谓"其关系限制之处"；又由于燕子多于人们家居屋梁上建巢，离开不毁，重返仍住，除非人去楼空，由此又使人们将其作为往事记忆和思念的载体，此亦可谓又一"关系限制之处"。所以在文学作品中，以燕子喻时令变迁和往事忆念者特多，在散文和诗词中简直俯拾皆是。如朱自清的散文《匆匆》开篇即以"燕子去了，有再来的时候；杨柳枯了，有再绿的时候"而喻时间的消逝；宋代史达祖词《双双燕•咏燕》："过春社了，度帘幕中间，去年尘冷，差池欲住，试入旧巢相并。还相雕梁藻井，又软语商量不定。飘快拂花梢，翠羽分开红影。芳径，芹泥雨润，爱贴地争飞，竞跨轻俊。红楼归晚，看足柳昏花暝。应自栖香正稳，便忘了天涯芳信，愁损翠黛双蛾，日日画阑独凭"。全诗写燕子按时归来的欢快生活情景而喻对往昔生活的思念；宋徽宗《燕山亭》词："凭寄离恨重重，这双燕何曾会人语？天遥地远，万水千山，知他故宫何处。怎不思量，除梦里有时曾去"；张炎词《高阳台》："当年燕子知何处？但苔深韦曲，草暗斜川。见说新愁，如今也到鸥边"；冯延巳词："雨晴烟晚，绿水新池满，双燕飞来垂柳院，小阁画帘高掩"（《清平乐》）；周邦彦词："愔愔坊陌人家，定巢燕子，归来旧处"（《瑞龙吟》）；"羡金屋去来，旧时巢燕，土花缭绕，前度莓墙"（《风流子》）；"燕子不知何世？向寻常巷陌人家相对，如说兴亡斜阳里"（《西河•金陵怀古》）等等，都是这类作品之代表。如果说，这些诗词还较多停留在借燕子抒怀往事新情，而体现情感和理想美、并具有传统文化内涵的话，那么下列两首众所熟悉的著名诗词，则是由此进一步升华而别开生面之作：一是刘禹锡诗《乌衣巷》："朱雀桥边野草花，乌衣巷口夕阳斜。旧时王谢堂前燕，飞入寻常百姓家"；二是晏殊词《浣溪沙》：

"一曲新词酒一杯，去年天气旧亭台，夕阳西下几时回？无可奈何花落去，似曾相识燕归来，小园香径独徘徊"。前者以燕子重归时从原住的贵族家转住寻常百姓家的景象，写出本是达官贵人居住的乌衣巷的没落，在抒发时世变迁的同时，体现了人世盛衰的哲理；后者以好花违背人意之自然凋落与旧燕重归同时出现的景象，表现了对时世变迁无奈而又对美好未来充满期待之情，同时也体现了此消彼长、新旧轮回的哲理。两首诗词先后被毛泽东和中共中央在"九评"中引用，正在于其具有这些哲理内涵。而这，也正是这类燕子诗的美学与文化内涵之最深最高层次。

在诗词作品中，以燕子寄寓爱情的描写很多，其原因可能主要在于燕子是具有温柔、善良、勤劳的天性，特别是往往成双成对飞翔，雌雄轮流孵蛋，轮流哺育乳燕；往往双双离去，又双双归来；双双经风雨，又双双嬉戏、遨游。这些自然属性，都具有人间的恋爱、家庭的甜蜜、温馨意味，从而人们也即赋以爱情或家庭的美学与文化之象征和内涵，作为情感和理想的寄托或载体。例如，宋代词人冯延巳词："春日宴，绿酒一杯歌一遍，再拜三陈愿：一愿郎君千岁，二愿妾身常健，三愿如同梁上燕，岁岁常相见"（《长命女》）；"六曲栏杆偎碧树，杨柳风轻，展尽黄舍缕。谁把细筝移玉柱？穿帘海燕双飞去"（《鹊踏枝》）；"泪眼倚楼频独语，双燕归来，陌上相逢否？"（《鹊踏枝》）；姜夔词"燕燕轻盈，莺莺娇软，分明又向华胥见，夜长争得薄情知，春初早被相思染"（《踏莎行》），"燕雁无心，太湖西伴随云去，数峰清苦，商略黄昏雨"（《点绛唇》）；秦观词："春风吹柳日初长，南余芳草斜阳，杏花零乱燕泥香，睡损红妆"（《画堂春》）等等，都可谓以燕寄情的好诗。晏几道的《临江仙》："梦后楼台高锁，酒醒帘幕低垂。去年春恨却来时，落花人独立，微雨燕双飞。 记得小苹初见，两重心字罗衣，琵琶弦上说相思。当时明月在，曾照彩云归"。诗以"梦后"的孤独，对比"当时"的相思，以"落花人独立"的寂寥，对比"微雨燕双飞"的恩爱，既明朗地现出爱情深切的意境，也显出今非昔比、物是人非的哲理，同时也在美的意境中，寓有深厚的爱情与伦理文化内涵。

以上对文学作品中的燕子文化的分类分析，是很粗浅的。我之所以从金燕文化引申探讨这个课题，是旨在提高和扩大对金燕文化的研究视点和视野，既从共性的燕子文化去探讨金燕文化，又从金燕文化去窥视共性燕子文化。这样，我们就可能更好地达到提高并发展金燕文化，从而以此达到为珠江文化和中华民族文化增添光彩的目的。

2005年6月22日

# 盘龙之乡——德庆

1997年夏天，我与一班多学科专家教授到德庆考察西江文化，在主人的盛情敦促下，为该县的悦城龙母庙作了“西江神源”的题词，接着又在参观德庆学宫时，也挥毫题词：“岭南学宗”。时光流逝真快，转眼不觉事过9年了！当时题词的情景早已淡忘，只是在最近从计算机查找数据时，才看到龙母庙和德庆学宫皆用我的题词作品牌。没料到这两题词会为打造这两个文化遗产瑰宝起点作用，我自然是引以为荣的，同时也使我回想起当年许下的心愿：待以后再写篇文章详述这两份题词的心意，免得后人误解。从现在对其使用和宣传的情况看来，似乎非写这篇文章不可了。

为什么呢？因为果然不出所料，后来有人对其中一个“神”字和一个“宗”字有异议。即：“神”者，岂非倡道拜神？“宗”者，未必是最古书院？其实，我题的“神源”，是指精神之源，即：龙母文化是西江的精神之源，这是从西江人自古对龙母崇拜的传统文化实际而提出来的；称德庆学宫为“岭南学宗”的依据，是在于学宫本身的历史：它始建于宋大中祥符四年（1011年），称孔子庙，元初洪水冲毁，元大德元羊（1297年）重建主建筑大成殿。以此年计，比著名番禺学宫大成殿早70多年，比苏州文庙早近百年，比当时最高学府北京国子监也早十年，岂非岭南最早之“学宗”乎？

这些说法，只不过是当时我正准备为德庆作出文化定位而提出的两点依据，也即是试图从总体上称德庆为“盘龙之乡”而先作出的两点考虑。值得欣慰的是，为德庆作出这个文化定位的想法，经过我近些年因事再到或路过德庆时的再考察和新发现，而感到更清晰、更充分、更成熟了。

悦城龙母庙，是龙母从普通人转化为神的纪念地，是龙母养育五条小龙并将其放生大海、又是小龙归来报龙母恩的吉祥地，同时也即是西江龙母文化的发祥地。这些文化内涵寓现于龙母庙的“风水”形象之中：神庙为坐北向南的古式庙宇建筑，东、西、北面均是山峦起伏，呈左青龙右白虎之势，将整座庙宇环抱腹中；南面为西江，河水本是

2002年黄伟宗偕夫人再访德庆龙母庙在其“而江神源”题词前留影

自西向东流，但从庙前看来，却呈南来北向之势，似诸小龙乘水涌向龙母心怀，如此之“风水”地势，不正是“盘龙”显现的圣地吗？从古至今千百年来，难以计数的崇拜者始终络绎不绝地前来祭拜，形成了有似源源不断的西江水之“人流”及其精神寓现的“神流”，而这种“人流”及其“神流”，不也是“盘龙”的活灵活现吗？

再说德庆学宫，不仅其建筑有悠久的历史，而且其文化底蕴是更深厚的。早在其于元代重建之前，德庆早有书学之风，因为其毗邻的封开乃西汉时的岭南首府的广信郡旧地（含广西梧州部分地区），是古代岭南第一学派——古文经学派陈钦、陈元父子的出生地和读书地，是粤语的产生地，是岭南文化的发祥地，是中国佛学第一人牟子的出生地和《理惑论》的完成地，接下又是唐代岭南第一状元莫宣卿的出生地和读书地，是宋徽宗之弟康王的领地，这些源远流长的书学之源，显然也是其“盘龙”之源流所在。而学宫建筑本身以“四柱不顶”（即殿宇四根木柱不到殿顶，而在殿顶横架坐斗枋，由12朵莲花状斗拱承托压槽坊和开井天花板，显得举重若轻，多姿轻灵。如此建筑，举世无双，与广西容县以“四柱离地”著称的真武阁交相辉映）的结构，也寓有因书学之风而造就的“盘龙”之材，必是永“不封顶”，宛若莲花并开，源源涌现、层出不穷之意蕴。

近年才开辟的旅游景点盘龙峡，原是一个藏在深山之中的水库，三面高山环抱，似群龙盘锯；水库堤坝横贯于崇山峻岭之间，坝面直书“盘龙峡”三个大字，苍劲挥洒，更显堤坝巍峨挺拔；库水如湖似镜，宽大开阔，清澈明透；更妙的是库水似自天边而来，盘遶群山，若隐若现；而在放水漂流时，漂流水道自山间蜿蜒而下，也在树草丛中，时露时匿；从而使整个峡库之水源，有似自天而降、直盘谷底的白龙，穿梭于青山绿树之间，生气勃勃，潇洒自如。这种从天至地贯串水龙环绕，而层层青绿群山，既似条条青龙盘旋，又有时隐时现的白色水龙，穿梭于层层山树丛中的态势，正是名副其实地聚会千百条山龙、水龙、白龙、青龙之“盘龙峡”的活灵活现。无怪乎，自从这风景区开辟至今的数年来，德庆的旅游和文化业飞速发展，经济收入有似雨后春笋节节高。照我想来，恐是以盘龙之名而凝聚并点现德庆的整体古今人文地理之风水“龙脉”“龙眼”的缘故。当然，这只是文学的想象和文化的猜想。

最近我应邀到肇庆为香港凤凰卫视台“文化大观园”栏目讲解古村文化，专程考察了德庆两个有典型性的古村落：一是金林村，二是武垄村。前者金林村是岭南最早土著百越族创建的村落，属岭南文化发祥地带，至今仍有汉、唐、宋、明、清的史料记载或遗存古迹，可谓岭南历史的缩影印记，可见其人文历史是“盘龙”性的：其地理环境也是在群山环抱之中，又有两条从深山发源的泉水盘绕整个村寨，因而被誉为“山区水乡”，可见其自然地理也是山水之龙共“盘”之地，同时也即是人文与地理之龙共“盘”之地。后者武垄，因自古有尚武的传统遗风而得名，至今仍存原貌的镬耳古建筑寓涵广府文化遗风，可谓尚武与崇文的结合，也即文武双龙相“盘”；更妙的是与这古村建筑近在咫尺之地，有一群现代化建筑群崛起，是这古村落居民的新居所，即古村落里出新村，既保存着传统古风，又在新村中涌现现代气息，可谓古今辉映，又是古今之“龙”相“盘”。如此人文与地理、崇文与尚武、古今的传统与现之“龙”，重重结合、层层交叉而相“盘”的形态与内涵，既是德庆古村文化的特质和特色之所在，又是称誉德庆为“盘龙之乡”的一个有力佐证。

2006年7月11日

# 民族瑰宝之乡——高要

多年以来，我填个人履历表中“籍贯”一栏，都是填写“祖籍广东高要”。因为我的祖家所在的广利镇罗园村，自古都属高要县，只是在前些年才划归肇庆市新成立的鼎湖区管辖。因为我出生并成长在广西贺州，对祖家是陌生的。最近，我初到高要考察历史文化，奇怪得很，处处都有返回故乡寻根问祖的感觉。细想起来，直接的原因兴许是主人是祖家同乡而又盛情接待的缘故；深层的原因，则是在考察过程中，逐一发现了许多堪称民族瑰宝的历史遗存，不仅是稀世之宝，而且都具有“祖根”的性质和意义。从而也就更感到这次考察，是寻根问祖之行了。

首先，在高要金利镇茅岗山的山脚下的鱼塘中，看到迄今所见的岭南最古的水上建筑遗址。1978年10月，广东考古学家在其中112平方米探方内，出土了大量古遗物，经专家鉴定，是广东迄今发现的最大一处先秦时期水上木构建筑遗址。这个遗址的遗物，证实了这是岭南最早土著百越族的栖生地，证实了百越族多在水上聚居的习俗，证实了古代称之为“疍家”的水上族群的起源。宋代学者周去非在《岭外代答•延蛮》中说：“浮生江海者，疍也。钦之蛋有三：一为鱼蛋，善举网垂纶；二为蚝蛋，善没水取蚝；三为木蛋，善山取材”。茅岗遗址原居民应是其说之鱼蛋和蚝蛋，即主要于水上生活、同时又擅编织的族群。十多年来，我考察广东古文化，几乎走遍全省；遍找最早土著百越族的资料或遗存，虽有所发现，但证实为其遗址者，唯此一处，可见此乃岭南土著之祖根也；历来学界对水上居族疍家的渊源，众说纷纭，更缺其最古遗址之证，此遗址出土，即为权威之证。再者，学界历称百越族为善水族群，亦欠实址之证，今可解决。而当今世界通行的水文化理论，认为水决定人的生命、生存、生产方式、生活方式的说法，亦可以这遗址为其论的实址注脚。可见这遗址实乃不同凡响的民族瑰宝。

另一稀世珍宝，是出生于高要的唐代高僧陈希迁及其文化遗产与遗体肉身。当年他在佛界被尊称为“石头和尚”，被皇帝封为“无际禅师”，是六祖惠能之后的禅宗五叶

（派）中的三叶（派）之开山祖师，倡道“回互禅法”，指万殊诸法虽互不相犯但又相涉相入，被佛门称为禅宗八祖，是惠能之后最有影响的中国佛教禅学领袖，著有《参同契》《草庵歌》等经典，在湘、赣、江、浙、闽，以及朝鲜、日本甚有影响。他90岁时，自知不久于人世，在南岳收集草药数百种，制成奇香汤剂，每日痛饮。一个月后即面如红枣，双目炯炯有神，镇坐如钟。一日，在念经中圆寂，无疾而终。死后肉身停放月余不腐，门下弟子与地方豪绅特筹建寺庙供奉，千余年来香火不断，肉身如生。直到抗日战争爆发前夕，一位日本牙医将其偷运赴日本，藏于东京郊外一个地下仓库，秘而不宣，牙医死后，从其日记才发现此事。日本政府派人打开仓库取出，肉身双目仍炯炯有神，与活人无异。为何能保存如此，真是千年之谜！可见石头和尚陈希迁不仅留下佛教、禅宗、禅学的宝贵文化遗产，而且他的肉身更是举世无双、价值无比的科学珍宝，对生命学、药物学、防腐学等学科研究具有重大意义。这肉身现在日本，中日双方正在进行归还的交涉中。陈希迁的文化遗产和科学珍宝，是我国引以为荣的民族瑰宝，其根其祖都在高要（据传肇庆市著名景点阅江楼，古时曾是石头和尚主寺），不管怎样，都是理所当然地应分享其殊荣的。

2006年5月，我为与香港凤凰卫视中文台“文化大观园”主持人王鲁湘对话的需要，考察了肇庆市古村落群。发现其中最稀罕的八卦村，都在高要，包括蚬岗村、黎槎村、槎塘村。蚬岗村位于一座呈蚬状的山岗上，四面环水，活似一个巨蚬浮于水中；全村建筑按《易经》理念布局，呈八卦形；全村建筑依岗而上，每进一圈，约20圈；岗顶为八卦中心，原种八株古榕树，暗含乾坤八卦象；全村有16个祠堂，分坐不同方向，分属不同姓氏，故称八卦十六祠，体现了以道家为主体并结合儒家的思想。黎槎村位于一片大池塘中间的山岗上，像个水中乌龟；全村的巷道也是按八卦理念布局的，从山脚到山顶，每巷道为一环，按梯级层层而上；全村从地形到整体建筑，都呈圆体，体现“天圆”的传统理念。与其相距不远的槎塘村，是其氏族分衍出来的，在建筑理念上也有分衍和对称之意，即：前者八卦形，后者棋盘形，前者是圆体，后者是方体，具有“天圆”对“地方”之寓意；同样，两村都具有以道家结合儒家的理念。如此完整体现我国传统文化观念的古村落建筑群，而且都集中在一个县境之内，在我省是仅有的，在全国也是罕见的。尤有意味的是，在高要境内有两座擎天柱似的高塔，也都是按民族传统理念而建的：位于南岸镇塘岗、新兴江口西岸的文明塔，是明代为振文风的建筑，塔形是七级浮屠，体现儒释结合思想；位于南岸乌榕岗、新兴江口东岸的巽峰塔，则全是按《易经》理念构建的明代建筑。《易经》称东南方为巽、为木、为风，引申为顺畅、生生不息之意；首层的八面门楣上，用砖砌出各自相应的八卦符号，全塔八边角柱均用八卦形砖砌筑，是全省唯一按《易经》堪舆术去选址、定名、构建的古塔。这两塔在新兴江口相对，好似守护高要门户，而又与几个八卦村落遥相呼应，共同体现出高要文化的标志性古建筑，都是民族传统理念的产物，是儒、道、释等民族思想精神体现的瑰宝。这也可说是称高要为民族瑰宝之乡的一条依据。

高要文庙始建于北宋崇宁初年（1102年），后改名学宫，历代重修，故这千年建筑至今幸存。这是岭南最古学宫之一，是遍布粤西城乡的文庙、学宫、书院、书舍、学馆之魁和典型代表。它是粤西唯一集县学与府学于一体的学宫，也即是最高学府；它是古代学宫建筑的精华，是至今为数不多的保存有稀世“御制”“敬一箴”碑刻的地方。自古以来，高要人才大都经此熏育，是人才孵生地，是儒学的传承地，也即是民族文化精华的培植地与弘扬地。此外，自古高要涌现许多堪称中华民族瑰宝的杰出人物，如唐代“石头和尚”陈希迁、清代耿直刚烈的清官苏连魁、晚清文化名人彭泰来、民国文才武将余汉谋、民国政坛才子梁寒操、中国“物理之父”吴大猷、新中国大海之子邓兆祥、岭南画派大师黎雄才等等，都是光照千秋的巨星，从而称他们的故乡——高要为民族瑰宝之乡，不是言之有据、名正言顺吗？

2006年7月30日

# 广竹之乡——广宁

丙戌仲夏，烈日炎炎，进入“竹乡”广宁，在几位本地研竹专家导引下，漫游这里特有的竹海、竹山、竹园、竹河、竹路，一路赏竹、问竹，步步享受广竹之乡的美好风光，层层领悟广竹文化的内蕴奥秘，陶醉于竹天竹地之中，无论心境或学识，都有似登上人间天上般的广竹境界。

位于县城附近的“竹海大观”风景区，可谓名正言顺的竹海。它沿着宽阔的绥江两岸河堤与群山而设，总长十里开外，宽至两岸山巅。步入竹林大道，宛若进入浓竹覆盖的长大竹洞之中，竹行整齐密集，竹阴层层浓密；一段路程之后，竹行稍稀，竹阴稍疏，阳光穿竹而过，竹影摇曳，有似群竹起舞，夹道相迎。换乘竹排飘流绥江河上，江中绿水，两岸绿竹，竹倒水影，江岸皆绿，映照蓝天，天也变绿，活现天、地、山、水，共绿一色的境界，游人与竹排似荡漾于无边无际的竹海中，令人如醉如痴，心旷神怡。正在沉醉美丽无比的竹海之际，同游告诉我：其实广宁整个县都是竹海。因为竹林面积达108万亩，占全县面积百分之八十，每个乡镇都有竹林，都是片连片、林连林，简直是无边无际。

当我们转到城郊宝锭山度假山庄时，所见则是另有一番景象的竹山风光：在一座形似巨大宝锭的山上，丛丛片片的翠竹，依山层层生长，从山脚直至山顶，都是竹枝招展，竹叶飘摇，好似少女的柔发，顺风飘上云宵；而翠竹的颜色，却好像也有层次和群体似的，从青绿、淡绿、黄绿，到翠绿、深绿、墨绿，或层或片地绿攀而上，真可谓层林尽染，漫山绿透！我从中看出，如此多种绿，也当有多种竹。于是问同游：广宁在全国十大竹乡中以什么为特色？答曰：主要特色是盛产青皮竹。这是价值高、用途广的竹类，在南方尤其宜生长。广宁在全国竹乡中纬度最南，北回归线穿过，气候水土条件最适种竹，所以，世界竹类有四百余种，广宁占有185种，将近一半。听这介绍，我即提出：既然广宁有自身特色的代表竹种，有代表广东种竹的自然条件，何不称广宁竹为广竹、称广宁为广竹之乡？因为“广”字包含：广东的、广宁的、广泛的（种植和用途）、广大的（群众喜爱和发展前途）等“四广”意义，同行者皆赞此议。

边走边议，不觉步入这山庄的君子园。君子者，是对梅、兰、菊、竹之美誉，因这四种植物有高雅品格，是中国诗画主要题材，是中国传统文化观念。庄主在山下设置此园，虽然冠名培植这四君子，其实主要还是培育多种多样的竹。所以，漫步在这君子园中，迎面竹风阵阵，竹声唧唧，竹香扑鼻，竹气宜人，令人陶醉。尤其是园中竹类繁多，千姿百态，既有普通的本地的山竹、水竹、岸边竹，又有从外地、外国移植的进口竹，有极其罕见的实心竹，有价值极高的红宝石竹，有五颜六色的白竹、黑竹、赤竹、紫竹、橙竹、蓝竹，有方形竹、扁形竹、三角竹，有人间五味（甜、酸、苦、辣、咸）竹，有世界最大的形如水桶的巨龙竹，有世界最小的形小草的铺地竹，真是无奇不有，蔚为大观，堪称万花筒似的天下竹园。经庄主揭秘，才知道该园不仅用传统技术移植外地、外国竹种，而且用现代最新的试管育种法培育出新的竹种，致使现在广宁的竹种有185种之多，占世界现有竹种的一半。这说明广宁也是竹种的百花园，是繁殖竹种之乡。这个特色和优势，也是源自这里的典型广东自然条件。所以，这也是称其为广竹之乡的一条依据。

广宁竹林，多在县的主河道——绥江两岸，其他小河道也多是两岸竹林，从而形成有河必有竹、河岸皆竹林的景象，可谓独特的竹河景观。而广宁主要特产青皮竹，其生长特点和态势，也有似河流之神态，即生长极其迅速，一日可增数尺，尤其在夜间，简直可以听其像河流水似的呼呼生长之声；它的根笋在土中的繁殖，也像河流似的不断在土中延伸；它的枝干挺拔峭直，无横枝、不弯曲，也令人有江河似的流畅感。这特色也使这种可称广竹之代表竹类，具有“广味”文化风格，即具有珠江文化（含岭南文化）的江海性、适应性、群体性、耿直性。同游之人告诉我：最能体现竹河景观的，是广宁所代表的悠久广竹文化源流。在我国古代诗词书画中，咏竹的作品层出不穷，李白、杜甫、白居易、韩愈、苏轼、郑板桥等唐宋名家都留下千古传诵的名篇，构成了源源不断的竹文化长河。苏轼《记岭南竹》云：“岭南人，当有愧于竹。食者竹笋，庇者竹瓦，载者竹筏，焚者竹薪，衣者竹皮，书者竹纸，履者竹鞋，真可谓一日不可无此君也耶”。从中可见岭南竹的多种功能，岭南人对竹的全面运用，同时也透露了岭南人的竹文化意识和实用性的文化观念，透彻地揭示了南竹文化的特点。值得高兴的是，此行读到《广宁竹志》和《竹子文化论文集》，分别是我所见到的首部《竹志》和竹文化专论，现又在陆续出版《竹乡丛书》，可见竹文化长河，正在广宁长流，并正在发展为具有自身特色的广竹文化精神，在岭南大地上像春笋般地处处生长、节节高。

傍晚，我们到全省唯独广宁才有的竹博物馆和长荣竹木工艺制品公司参观，我又发现了这里有许多有形和无形的竹路，包括：竹的历史之路、竹的加工之路、竹的销售之路。在博物馆中，我亲眼看到了在广宁出土的春秋战国时期青铜器竹刀，以及竹织六角眼图式盛器印迹，看到过去广宁竹以“正江竹篾”品牌，沿着海陆丝绸之路，远销国内西南、东北，以至海外欧美、东南亚的光辉历史；看到以竹子为原料而加工的途径和各式各样的产品，包括造纸、家具、用具、工艺品、食品等等门类的产品，达数百种；仅长荣一家公司，近年就有130多种竹产品，远销欧美、日本、香港、东南亚、中东、非洲等30多个国家和地区。可见南竹的产路、销路，也都是条条通、路路通的。

2008 年黄伟宗到广宁考察竹玉文化

当游览结束时，主人特设竹宴招待，笑言：赏竹饱了眼福、问竹饱了脑福，当以品竹而饱食福了。道道以竹笋制作的菜肴，清香诱人，味鲜淡雅，新奇而不失粤菜风味。主食是一盘汤面，软滑爽细，有似竹丝，同游交口称绝。主人此时才揭秘，广东省委书记张德江来广宁时，也曾称赞这细面是“广东第一面”。我冒昧补充：可再取名为“竹丝面”。内蕴是：以名显出广竹文味，又寓以丝绸之路之意。因为丝绸之路既是我国与海外通商之路，又是文化之路；广竹之丝路，不也是具有同样的作用和意义吗？

2006年7月31日

# 阳山——天下之文处也

2005年仲夏，我与一班多学科专家教授到达粤北阳山县，考察珠江水系的北江文化，虽是三伏酷暑季节，但在这个被称为“岭南屋脊”的山区县里，游历于山峦起伏、山风阵阵、连水蜿蜒、水流潺潺的幽境之中，从身体到心灵的感受，都有似进入与现实反差甚大的清新境界。

在被称为阳山文化品牌的贤令山景区，我不仅切身感受到千多年前“唐宋八大家之首”韩愈被贬为阳山县令的身境与心境，而且领悟到韩愈在阳山所创造的政绩和精神财富，经千多年的积淀与镕铸，已经升华为超出他的初衷、甚至超出他所处时代水平的一种文化精髓和文化现象，并且泛化为阳山的自然环境与人文环境都无不体现的一种“韩化”现象，其核心或点睛之笔，就是韩愈当年初来乍到之时，所痛心大呼的“阳山，天下之穷处也”名句，其内含的反差深意正在展现出来，即其正面所言的“穷处”，实则乃“文处”之谓也！何以见得？

就在贤令山南麓，有个读书亭，是当年韩愈任县令时的读书处。此处风景优美，茂林修竹，山泉细流，鸟鸣山幽。岩壁有韩公手迹石刻“鸢飞鱼跃”，并刻有他当年在此写的《远览》诗：“所乐非吾独，人人共此情。往来三伏里，试酌一泓清”。故此亭又称远览亭。想当年韩公在此读书、题词、赋诗的情景，也正是我们当今来此时的“三伏里”吧？他在酷暑中到此获得“试酌一泓清”的清爽，岂不是在逆境中寻觅到顺境中的惬意吗？这启迪我想到“诗穷而后工”的文理。自古著名诗人，多是在穷困潦倒的情况下，写出著名的诗篇。韩愈在被贬的落魄境况下，在这“天下之穷处”中还有心境读书并找到“读书松桂林”的幽境，在穷山沟中仍“远览”渺茫的前途，找到人共所“乐”之“情”，为百姓“禾麦种满地，梨枣栽绕舍”而欢欣，在“钓矶清风”的闲情中，迸发“鸢飞鱼跃”般的雄风壮志，在仅仅一年零两个月的任期内，写下了20多篇诗文，为百姓做了许多实实在在的好事，包括：以“民有子弟，我其教之”的思想兴办学校，注重教化，移风易俗；创下了“流风善政，遗泽庚桑”的政绩，引进中原生产技术、制造工具、兴修水利、推广良种，改变农耕落后状态；同时也以切身的实践，证实了在贫穷落后的地方，只要不甘落魄，而是有所作为，就必然能做出“后工”的业绩和诗文的。这是一条众所认同的文理。韩愈在阳山的业绩和诗文，鲜明地体现这条文理的普遍性和深刻性。由此可见：韩愈所说“阳山，天下之穷处也”的“穷处”，其内涵不是同时含有天下之“文处”的意味吗？

2005 年黄伟宗带队考察阳山文化

韩愈在阳山尚有一句未受注意的谆言：“吾州之山水名天下”。这句话的内涵，与“天下之穷处”句异曲同工，从另一层面印证了阳山是天下之“文处”的文理。我等在酷暑中乘船游连江三峡，重游千年前韩愈曾游的水路，切身地体验韩愈在他所称之“名天下”的山水中所赋诗作的意境和文理，可谓既是诗情画意的实景游，又是纵跨时空的神境游，心旷神怡，美不胜收。岸边石壁上刻有当年韩愈游此地时所写的《龙宫滩》《宿龙宫滩》等诗，留下了他当年在阳山“出宰山水县”时的文思迹印。从中可以看到：他与众不同的慧眼灵感，还在于“穷处”中发现了其中的“富处”，或者说“穷”有“富”的一面，这就是他发现并热爱阳山的山水美，使他在落魄中找到慰藉，在苦难中得点欢欣，在渺茫中有所寄托，在困境中有所憧憬，从而又以自己的创作实践，印证了“文章皆是有情物”“一切景语皆情语”的文理。他在诗作中的名句：“落英千尺堕，游丝百丈飘”“高标陵秋严，贞色夺春媚”以及“无心思岭北，猿鸟莫相撩”等绝妙好诗。这些诗句，既是阳山美景的画龙写照，又是韩愈当年心境的点睛之笔。这种诗情并茂、情景一体之作，不就是韩愈在天下之“穷处”所发现的“富处”，同时又是其具有天下之“文处”内涵的实践例证吗？

阳山之名，想来与其境内有广东最高峰——石坑崆相关。这里是我国三条地理山脉之一南岭山脉的主峰，海拔1902米，比东岳泰山、中岳嵩山、南岳衡山还高，与西岳华山齐肩，是南粤第一峰。此外还有许多巍峨挺拔的山峰。用毛泽东“无限风光在险峰”的著名诗句形容阳山的山峰，也很贴切，因为都可谓是“险峰”。这“险”，是指自然山峰的危险，又是指所构成自然条件的险恶，这是造成“天下穷处”的重要原因；但这“险”也包含在登高望远之意，即在高险之峰才可“一览众山小”；又包含战胜险恶、取得更大进展而现更高境界之意。这两层含义，都是“无限风光在险峰”的体现。

当年韩愈在阳山就是处于这样的险境。他所说的“穷处”，也内含有“险处”的两层意思既赞赏阳山的自然山峰风光，又对其险恶环境充满疑虑和无奈之情，担心自己葬身在这险恶处境之中，但他壮志未酬，不甘心就此结束生命，而是在对“九重天”（皇帝）的愤懑中，力求从险恶处境中进取，从濒临绝境中坚持正义，大有为真理视死如归的气度。他在阳山写的诗文，多是在对山的吟咏中，突出体现了对险恶的疑虑而又宁死不屈的心情和气节，显出一身正直刚毅的风骨。他在阳山的题山石言：“万石之中，巍然独尊。与岁寒君，心契无言。”就是典型代表作。从他在阳山的其他诗文可以看到，韩愈对被贬是有死在他乡的顾虑的。如《游同官峡》句：“行矣且无言，盖棺事乃了。”《湟水答张十一功曹》句：“未报恩波知死所，莫令炎瘴送生涯”。后来他第二次被贬潮州时写的名诗《左迁至蓝关示侄孙湘》：“一封朝奏九重天，夕贬潮阳路八千。欲为圣朝除弊事，肯将衰朽惜残年？云横秦岭家何在，雪拥蓝关马不前。知汝远来应有意，好收吾骨瘴江边。”更表现得淋漓尽致。此诗末句“好收吾骨瘴江边”好似极其消沉，但开篇所写是对自己遭受“朝奏夕贬”厄运的悲愤，是抒发“欲为圣朝除弊事，肯将衰朽惜残年”的壮志。他为此遭受身处死境的险恶，但他不会因此而悔弃壮志，即使碎骨也在所不辞，真可谓坚持正气、视死如归的铿锵正骨！古语云：“愤怒出诗人”，刘勰称：文章贵“风骨”（《文心雕龙》），均是普遍文理。韩愈在阳山所写都是愤怒之文，写山的诗都是体现他刚毅风骨的诗，其诗文又都是这些带普遍性文理的杰出实践。可见其言“穷处”之内涵，尚有天下“文处”之意。

这次阳山游，在三伏天的酷暑与山水的清幽反差甚大的游程中，所得这些对“穷处”与“文处”的对立统一领悟，使我感到在反差甚大的逆境中，始终坚持正直地为人为文，似乎是韩愈名垂千古、誉满文坛的奥秘所在。由此我进而感到阳山的“韩化”现象，也是完全可以用之于泛化天下文坛的。如果此说可以成立，恐怕这也可说阳山这天下之“穷处”，堪称天下之“文处”的一条理由吧？

在结束连续两天的考察之后，我还从改革开放后阳山的飞速发展中，又看到现实与历史的巨大反差：当今的阳山与千年前韩愈任县令时的阳山，已有天渊之别，“穷处”正在变为富处；当年的苦难和险恶之境，已变为具有深有文化底蕴和高品位文化的旅游度假圣地；当年韩愈在此的壮志和理想也已化为现实，甚至大大超出了他的想望，一切都已、并继续不断地旧貌变新颜。这些反差和变化，是更深更广的“韩化”现象。如果韩愈重返人间看到这一切，定会专程为阳山举行“穷处”的脱帽典礼的。

正是本着这些领悟和感受，又在主人盛情敦促之下，当时我即以这句更易韩愈名言一个字的话，挥笔为阳山题词：“阳山，天下之文处也”。同行专家教授热烈鼓掌赞许。

2007年10月22日

# 仙龙山水之地——连州

尚在童年时候，我就对粤北连州（即连县）有一种向往之情。因为当时我父亲在他取名为“养真轩”的书斋中，为我讲解刘禹锡的名诗《陋室铭》。“山不在高，有仙则名；水不在深，有龙则灵”时，特地介绍说：这位唐代“诗豪”曾经到过我们家乡贺州的近邻连州做官，兴许还到过我们这里呢。从此，由于对这位既是诗人，又是哲学家的古人的景仰，尤其是对这诗深含哲理的折服，也就对他曾到过的连州，产生景仰之情了。此后随着年岁和阅历的增长，这种对刘禹锡及其诗作的折服，与对连州的向往之情，逐渐地融为一体，形成了一种长期未解的情结，并且逐日加深，直至2005年夏亲到连州才得解开，同时也对这诗内含的哲理有所领悟。

刘禹锡的诗作，好些篇章是既有诗境又有哲理的，如《竹枝词》：“东边日出西边雨，道是无晴还有晴”，《乌衣巷》：“旧时王谢堂前燕，飞入寻常百姓家”，都是脍炙人口的名句。而《陋室铭》所含的诗理，似乎更有普遍性、深刻性。虽然这诗不是刘禹锡在连州之作，但我这次在连州所行所见，感到这里的山山水水，莫不是这诗理的生动体现，处处都会见到有“仙名”的山，有“龙灵”的水，堪称其为仙龙山水之地。

当我进入连州城时、首先进入眼帘的是形如沙帽似的巾峰山，又名沙帽岭、翠巾山。这是城中的最高峰，登上即可俯瞰全城，有一览全城小的气势。这山景的特色，不是人们常说的登高“一览众山小”，而是登峰才见“山外山”，即在顶峰可见“逶迤腾细浪”的五岭之一萌渚岭的连绵山脉，大有条条青龙奔拥而来之势；远眺可见珠江水系北江支流的小北江（又称连江，古名湟水），河钗纵横，涓涓南流，宛若披着长长白练飘带的仙女，在翠绿的地毯上翩翩起舞。如此秀美的山水景色，不正是仙与龙会合之境吗？下山后，读到刘禹锡当年写的《连州刺史厅壁记》，文中有段对连州环境描写：“其郡邑东之望，曰顺山（疑是巾峰山古名）。由顺以降无名而相钦者，以万敌迴环郁绕，迭高争秀，西北朝拱于九嶷。城下之浸，日湟水（即连江）。由湟之外，交流而合，输以百鼓，沦漪汩谲，擘山为渠，东南入海。”身处如此美景，他连声称赞连州是“山秀而高，灵液渗漉”之地，也即是仙龙山水之意也。由此可见，他所说的有仙有名的山、有龙有灵的水，首先其山其水本身是具有秀气和灵气的自然环境。

现在连州中学内的燕喜山及其燕喜亭，是连州“仙龙”山水的明珠，又是集连州千年文化精髓的宝库，还可谓刘禹锡诗理在连州的典型体现。燕喜亭建于唐贞元十三年（797年），是利用燕喜山特有的自然条件建造的：燕喜山的形状有似飞燕展翅，但无飞燕伸出的头和嘴；当年在形似两翅的石崖中间，建造一座顶尖伞状的六角亭，凌空伸出，势如飞燕高翔，独领连州山水风骚；又因每逢燕归季节，大群飞燕喜此汇集，反复盘旋，矫健飞翔，大有“似曾相识燕归来”的气势。想是由此之故，唐代大文豪韩愈在被贬为阳山县令任上，到其隶属的连州府时，特撰写《燕喜亭记》为此亭取名“燕喜”，并在文中赞曰：“吾州之山水名天下，然而无与燕喜者比。”随之兴奋地发出“智者乐水，仁者乐山”的感慨，可见燕喜亭在连州山水中的领先地位。据说，此亭建时本有文人墨客宴聚之用途，韩愈以“鲁侯燕喜者颂也”之意为此亭取名，乃用“燕”与“宴”同音，而将亭景与功能双关共寓之意。所以，在亭前后一带石壁上，刻有历代前贤所题的诗文或题名，包括唐代诗人元结、孟郊、刘禹锡，北宋哲学家周敦颐，南宋宰相张浚、学者张拭等等，都是堪称之为“仙”、为“龙”的人物。如此历代群贤毕至的圣地，怎能不是有“名”、有“灵”的山水之地呢？前贤对燕喜亭的吟诗题词，是对其自然景观的艺术加工和改造；开始时依据燕喜山的自然条件建造燕喜亭，也是对原有的自然条件加工和改造；由此我也从中领悟：这个既有突出自然美、又有深厚人文内蕴的景观，都是人们依据其原有条件，进行艺术或建筑加工改造，才能有“名”、有“灵”的。俗语云：“江山须靠文人捧”“美景莫忘巧匠功”，想是这个道理吧？看来刘禹锡的诗理也在于此。

刘禹锡被贬连州任刺史近五年，时间不长，政绩甚佳，创作丰富，名垂千古。其特点是：在自然景观与人文景观的建设上，也运用和体现了他的诗理。在《连州刺史厅壁记》中，他表彰过去四位前任刺史政绩后称：“或久于其治，功利在乎人民，或不乏厥官翘颗载于歌谣。余不人佞，从群公之后”。这段话，表现了他不否定前任的高尚风格，又体现了他在“功利在乎人民”的良好用心，以及更进一步建设改造连州之决心。他在任期间，曾称连州的山水“画不如”，称自己住处为“画不如楼”（见其诗作《画不如楼》），但他并不就此满足，而是进一步利用当地自然环境，为连州修整或建设了10个自然景观，包括燕喜亭、吏隐亭、海阳湖、芬丝瀑布等。在人文建设上，他着力移进中原文化，发展教育，倡道诗文，并且身体力行，在连州留下诗文800多篇，同时又深入民间采风，运用瑶俚或民歌形式创作诗歌，如《莫徭歌》《插田歌》等，使他自己创作和唐代诗坛出现了一股洋溢民间泥土气息的新风。这些都是他既以原有条件为基础、又以主观努力作出新的创造，而使原来的“山”或“水”，更“名”更“灵”的体现。他所修整的自然景观是这样，用民歌体写的诗篇也是这样，都可说是体现其诗理之作。

在连州最后一个节目是乘船游连江三峡，包括楞伽峡、同官峡、贞女峡。身临韩愈、刘禹锡等前贤曾游之景观，寻味这些大文豪在诗作中所创造的诗境，心旷神怡，美不胜收，可谓仙境神游，联想翩翩，感慨万千，书不胜书。然而，最令我要书的是，在经过距连州城不远的楞伽峡时，导游讲解的一段故事：南宋嘉泰年间，因山洪暴发，造成楞伽峡崖壁崩塌，致使有几十米长、十几米宽的巨大石块，堵住整个河道，使河水上涨10多丈，又连降大雨，水灾加重，危害整个连州，必须尽快开通河道。有位名叫李华的司法官和被称为“智叟”的张渊，采用了“上以火攻，下以堰取”的技术取得成功（先把靠近塌石的上游河道用碎石拦住，使下游完全断水，同时蓄水备用。然后在巨石四周堆满柴草，以大火烧热巨石，当烧至炽热火候，即打开上游河坝，放蓄水猛冲猛浇，热石骤遇冷水，因温度巨大反差而爆裂，一声巨响，地动山摇，巨石顿被炸碎，接着便逐步将碎石运走，遂使河道通畅）。当我经过楞伽峡时，已见不到这千年创举的遗迹，但这故事却使感到楞伽峡景观倍增了品位，即在自然美景中增加了科学的人文的内涵，也因此而更使其有“名”、更有“灵”了。由此，我感悟到：这不是人在起着“仙”和“龙”的作用吗？

当我们乘车途经小北江沿岸时，座座横跨江面、巍然屹立的现代水坝，更使我感到人的伟大：本来狂龙似的滔滔江水，被条条锁链似的拦河坝制服，既可照常通航，又可作发电水力或灌溉水源之用，既防治洪水泛滥之患，又使其成为具有实用功能、又有审美价值，具有自然风貌、又有现代气派的壮丽景观和水利工程。据说，小北江水利工程，早在20世纪60年代已是全国和世界知名的工程，现在仍继续具有重大的经济和文化效益。显然这是人成功地利用和改造自然的光辉成果。这也意味着：刘禹锡所谓的“仙”和“龙”，实则是指人，是人的改天换地精神，使山更“名”、水更“灵”。我想，这就是刘禹锡诗理的真谛，也是称连州仙龙山水之地的根由。

2007年11月3日

# “双翼”文化之乡——鹤山

当经过西江最长的大桥——九江大桥，跨入鹤山市境的时候，我顿然感到面前的鹤山，好像是只巨型的白鹤，双脚高高地站在江边，伸出长长的鹤嘴，竖起红红的丹顶，拍打着雪白的双翅，热情欢迎贵客光临；又好似一只正欲起飞的大雁，伸直有似箭矢的头颈，亮开宛若弓弦的翅膀，似箭在弦上待发；并像是盛情邀客同行，比翼齐飞。这是我2007年夏天首次进入鹤山的第一印象。

这个印象，缘自被称为鹤山的门扉，又是鹤山带标志性的第一景区——大雁山。这座山的形状，近看似鹤，远看似雁。它屹立于珠江最大支流——西江岸边，起伏的山峦呈扇形，恰在两扇之间的山凹处，与长长的九江大桥形成直线，酷似白鹤伸出的长嘴，高高的桥柱，连着江中的两个小岛，像是白鹤伫立水中的双脚，一派白鹤亮翅的形象；若从远处展望，即可看到一座高塔正好矗立于两座山坳之间，这是2000年跨世纪时鹤山由县改市时所建之纪念高塔，宛若大雁伸出的长嘴，正展翅欲冲云宵，可见其有大雁山之名，是很贴切的。如此以双翼为特征的既似鹤又似雁的双重形象，似乎象征和凝现着鹤山的自然山水和人文精神的特质。

从张磊、李皖儿、储涂应主编的《走遍鹤山》一书中得知：鹤山建县于清雍正十年（1732年）。当时计划建城墙要跨越一座小山，山名鹤山，皇帝便以此赐县名为鹤山。《辞海》1542页“鹤山”条释文云：“鹤山：在广东省鹤山县内，其形如鹤，因名。县以山名。”可见鹤山之名从开始即有鹤之形与骨（文化风骨）的双重寓意。鹤，自古中国传统文化中的吉祥物，寓有高翔、高洁、高雅、高寿、高格之意，是忠贞、孝顺、恩情、抱负的象征，古语云：“鹤鸣九皋，声闻于天”，“鹤翔万里”，“松鹤延年”，均皆赞语，故称“仙禽”，誉为“仙鹤”。在鹤山上，至今仍屹立着清乾隆年鹤山知县刘继所建的鹤顶亭，并留下他所撰的《鹤顶亭记》，文云：鹤山之名，既“取象于山形”，又“有深意存焉”，即期许其如鹤展翅高翔，又存传鹤的文化风骨和寓意，并以此作为本身文化的独特风格与特质。而这些独特风格与特质，又是与大雁的风骨吻合而一致的，所以，鹤山文化同时具有鹤与雁的双重风骨和寓意。这正是使我理解鹤山文化具有双翼性特质的依据和标志之一。

最有标志性的莫过于彩虹古道。这是跨越鹤山屋脊——彩虹岭、连接鹤山东部与西部的一条古道，从清初建县时开始修通。当时以李白诗“两水夹明月，双桥落彩虹”之意而取名。整条古道好像一条巨大的蟒蛇，曲折蜿蜒地爬过山顶；块块青白岩石，均约一米见方的距离，嵌盖路面，宛若蟒蛇的鳞甲，层叠而上，踏石登山，颇有骑鹤登天的神秘感；古道的最险路段，名为“天梯”，一边是陡峭崖壁，一边是万丈深渊，惊险万状，至此山巅，鸟瞰大地，则有似大雁飞上悬崖，充满胜利喜悦，威武自豪。邀约此游的东道主曾金玉同学告诉我，建县时修这条古道的目的，是为了贯通从中原至岭南沿海经鹤山的必经之路，也即是连接海上与陆上的丝绸之路，同时也是为了方便人民群众的往来。数百年来，这条古道完全起到了这些作用。这些作用和这条古道的似鹤似雁的形态与神态，不就是“双翼”文化的典型体现吗？尤其是这条古道是为人民群众所修所用的目的，使我更深一层地领悟到：鹤山之所以要在崇尚仙鹤的同时，将其与大雁的形象联结为“双翼”，正是要以大雁的群体性而补“鹤立鸡群”所现孤傲之不足，以双取鹤雁之优势而并翅或比翼齐飞。当我们返程乘车穿越前些年才修通的长达十里的彩虹岭隧道时，顿然感悟到现代化的神奇：山顶上这条古道要走将近一天的路程，现在只用几分钟时间就走完了，真是“天堑变通途”呵！然而，即使如此，迄今在山顶上古道的旅游人群仍络绎不绝，与隧道的不停车流相辉映，又构成了别有一番风景的古今交通与文化“双翼”齐飞景象。

对鹤山文化的这种“双翼”文化特质的印象和感受，简直可以说贯串于整个鹤山游的始终，几乎到每个景点都会发现这个特点。如：位于鹤山中部的昆仑山，是由昆山与仑山并成，是“双翼”；明代著名学者陈白沙有诗赞曰：“云影天光共一池，池中消长白龙知。仙翁骑鹤上天去，只有明月照涟漪。”可见山顶有天池（即白龙池），仙鹤与白龙，也是“双翼”。与大雁山并称为姊妹山的大成山中，有著名的香泉岭，清人黄渭源描写道：“邑东南隅，奇峰突起苍天，曰宝盖山。最后分两穴涌出，屈曲盘折。加以茂林阴翳，老树槎牙，入其中，暑不觉炎，寒不觉冷，则于游人宜。”从中可见此景有多重的“双翼”（奇峰与香泉、两穴涌泉、炎暑与寒冷均宜）。古劳水乡也有多重的“双翼”：首先是古、劳两个姓氏的组合，茶山与西江合璧，白鹭与荷花竞雅，农家食与艇家游并美，人文与自然的和谐，纪念苏东坡及其爱妾王朝云的古亭……甚至连鹤山的名花禾雀花，从花的形态到秉性都具有“双翼”的特点：花形似禾雀，花瓣似两扇翅膀，每朵在花藤上成串地对对并开；每年春风起，春雨来，即展翅盛开，堪称春的使者，又是山中能歌娴静的黄莺，因它多长于山雄水幽的雅境中，具有活跃而又静雅的秉性。

尤其耐人寻味的是：在这处处充满“双翼”文化的环境中，鹤山从古至今的杰出人才，也大都有“双翼”的特点。如：被誉为“中国油画第一人”“东亚画坛巨擘”的李铁夫，既是画坛泰斗，又是协助孙中山革命的得力助手、铁骨铮铮的革命义士。曾先后两度被评为“中国电影皇后”的胡蝶，既是杰出影星，又是侠骨柔肠的爱国女子，从名字所显的美丽蝴蝶形象，到她脸上两片“梨涡浅笑”和惯梳两丫小辫的发型，全都是具有“双翼”风韵的。世界著名武术大师李小龙所承传的咏春拳，是我国著名武术流派，与少林拳、太极拳、洪拳等齐名，现已发展到世界63个国家和地区。这种拳，是鹤山人梁赞（1845-1922年）和其妻严咏春创始的，夫妻共创，双拳神形，均有“双翼”意蕴。中国航空之父李一谔，是孙中山在大元帅府创设航空处的首任处长，又是民国首任民选鹤山县长，开创中国“双翼”性的航空事业，又是“双翼”性的“首任”，“双翼”性的政绩，也是赫赫有名的“双翼”性人物。2000年荣获奥运会女子63公斤举重金牌的鹤山女子陈小敏，在创造世界纪录时的举重英姿，不正是威武飒爽的“双翼”腾飞形象吗？

鹤山这些“双翼”性的文化特色，不仅体现于它的环境文化和人文文化上、根植于它的本土文化和传统文化上，还体现并发展于它的现代文化上。自改革开放以来，鹤山掀起了一波又一波的发展浪潮，工业和农业，经济与文化，都取得了飞速的发展，各行各业都有无数“双翼”腾飞现象，如雨后春笋，层出不穷。这不正是鹤山的“双翼”文化特质在不断地传承弘扬的充分体现吗？

2008年2月22日

# 《中国乐昌的纵横画卷》选

**题记**

当今可谓报告文学盛世！诸如“大地震”“大串连”“大动荡”之类“大”型作品，引出的轰动效应余波未息，全国数十家报刊发起的“中国潮”报告文学征文的波澜又震动全国……诚可喜也！

然，笔者所见，偌大一场文学运动，佳作如林，却似乎无一篇解剖现在中国政体中具有“基石”意义的——县的报告文学。再者，当今报告文学的圣手们，笔尖都似乎指向“先富起来”的尖子，或者触向某种“大”的命题，对更为普遍存在的大量“中不溜儿芸芸众生”稍逊兴趣，不去问津。

这种现象说明什么？难道果真是没写头？

好，走马乐昌行，试一下写写这样一个县的特殊风情。

**题诗**

登金鸡岭

三十年前望金鸡，今日始得登峰顶。
曲折登程寓沧桑，斜阳复现雄关影。
岩树皆藏悲喜泪，一声长笛送古今。
代代天骄今何在？新声示人觅长音。

**尾声**

“麻雀虽小，五脏俱全”。我们试图解剖乐昌这个“麻雀”，虽费近十万笔墨，也难以将其“五脏”全现，充其量不过略现其特殊风情之端倪而已。

据外国专家预测，由于中国的崛起，现有世界经济大国的序列在21世纪将会重新排列；而中国的新崛起，是来自太平洋海浪的冲击波，以沿海逐步辐射内地。如果说开办经济特区和开放沿海城市是中国经济崛起的序幕，那么，海浪的冲击波如何从沿海向内地辐射，则是这伟大崛起的乐章。乐昌的四十多万人民正在以自己的辛勤劳动撰写这光辉史页，我们不过是将他们创造的历史化为文字。自然，乐昌人写的这页史诗，只是整个中国史卷中的一页，但这是具有重大转折契机意义的一页呵！笔者是这样认为的。读者诸君，当你读完这篇纪实文字之后，是否也这样认为呢？

（《当代文坛报》1988年12月号发表，与何锹、郭立、谭庭浩合作）

# 郁南“广东之根——百越桃园”序

漫漫珠江，汇通南海，泽润南方神州；众众百越，开海翻江，开创南国天地。千万年前，越族先人自南海之滨而逐步迁移内陆，居广东者多称南越，向东沿海而迁，成闽越、东越，向西溯珠江水系而上，居广西者多为骆越，至贵州者自称夜郎，达云南滇池者为滇越。族人“识水性”、“善用舟”、住杆栏屋、用大石铲、穿树皮布、击铜鼓、敲铜铃、奏甬钟、跳禾舞、绘岩画……虽原始自发、粗简朴真，却是珠江土著之源，广东之根；且其强悍粗犷，丰富多彩，别具一格之美，憾其原始形态难觅；其自然生态，更为当今尘世所莫及也。

今郁南县县委县政府，接受广东省珠江文化研究会倡议，于桃花盛开的大王山创建“广东之根——百越桃园”，企求再现百越文化风情，普及珠江土著文化知识，揭示广东之根奥秘，供人重温原始生态文化之情趣，更感当今幸福之得来不易，既可以复古而增添当今的享受福祉，又可以古今反差而倍增幸福之源。由此可谓：此园者，即如仙境的桃花山中，再现一道“前世”百越“桃花源”之风景线也！诚乃将郁南建设为“广东富庶文明大西关”生态名县、弘扬以百越文化遗存为代表内涵的南江文化，并为建设文化强省、强市、强县作出努力之要举，故特提笔以记之。

是为序。

辛卯年春节记

# 二、考记篇

# 以自身特性和共通性文化为纽带，促进区域及对外经济合作，促使文化与经济的相互转化

——从建设文化大省和泛珠三角经济合作提出的战略性建议

前年冬天，中共中央政治局委员、广东省委书记张德江同志代表省委，发出建设泛珠三角(9+2)区域合作的号召，我即先后向媒体发表了题为《泛珠三角经济圈需珠江文化支撑》(见2003年11月20日的《人民日报》)、《泛珠三角：不仅是经济概念，也是一个文化概念》(见2004年4月12日的《南方日报》)的谈话，表示热烈拥护和支持，因为我认为这是一项很有战略与理论实践意义的英明决策和举措。为此，我特地提出一项战略性建议，即以自身特性和共通性文化为纽带，促进区域和对外经济合作，使文化与经济相互转化。

## 一、这项战略性建议的理论和实践依据

这项建议，其实是从我对省委先后提出建设文化大省和泛珠三角(9+2)合作区域号召的理解而提出来的。我发现这两个号召是密切关联的两个步骤：如果说建设文化大省是以我省自身特性或优势文化的发掘、弘扬、建设推动全省经济的发展，那么泛珠三角则是进一步找到“9+2”省区共有或共通性文化，并以此为纽带或平台，进行区域和对外经济文化合作，同时又以此发挥出区域的经济文化的特性和优势；特别是，由此找到了本来经济文化都差异甚大的省区之间的连接链条，甚至连不同社会制度的香港、澳门，也找到了从文化的特性与共通性进入经济合作的途径，使泛珠三角成为全国地域最大的、经济文化成分最丰富多样的合作区。我想这是两项号召之精髓，是战略上的创举。

我之所以特别关注并认真领悟这两项号召的战略思想，从而郑重提出这项建议，是

由于我近15年来一直研究珠江文化（含岭南文化），并且取得一些与其战略思想一致的成果和体会。这些成果，是由广东省珠江文化研究会具体组织的珠江文化和海上丝绸之路研究，经十多年努力而取得的。我们在研究中发现：在泛珠三角合作区域(9+2)各省区，都有其自身特性的文化，在各省区之间，又有两种共有或相通的文化，可以作为相互协作，以至对内凝聚、对外合作的纽带和交流的平台，如能再加以深化研究和利用，必会更大促使文化转化为经济，又使经济转化为文化的良好效果。

2000年6月28日在广东宾馆正式成立广东珠江文化研究会

珠江文化，就是泛珠三角区域共有或相通的一种主要文化，是既可对内凝聚，又可作为对外交往平台的一种文化。首先，珠江文化的覆盖地域，是珠江水系及沿海江河流域和辐射地带，云南、贵州、广西是其第一主干流西江的发源地和流经地，湖南、江西是其第二主干流北江的发源地，江西又是其第三主干流东江的发源地，福建是其毗邻江河韩江的发源地，广东是珠江水系的总汇地，海南自古属广东，香港是东江下游，澳门属珠江三角洲，四川是珠江文化的辐射地带(从古至今与广东关系密切。清康熙年间实行“湖广填四川”政策，使广东大量移民进川，致使至今四川全省百多个县大都有“广东会馆”，而且馆内大都供奉六祖惠能佛像)，可见珠江文化是“9+2”省区共有的相通的文化，是泛珠三角区域的文化基础和支撑；自古以来以水路交通为重，珠江水系似蜘蛛网，河汊纵横，交往特别密切，改革开放后更是往来频繁，入粤人口剧增，珠江文化更被人们认同接受，从而使其成为具有全区凝聚力的文化，也是可与对外(包括外区、外国)交流的平台。

珠江文化是一个科学的概念，是有其自身特性和优势的，是可与黄河文化、长江文化等并列的大江河文化之一，是“茫茫九派流中国”的江河文化网中的有机组成部分。它有自身的发展系统(黄河文化的始祖是黄帝，长江文化的始祖是炎帝，珠江文化的始祖则是舜帝；黄河文化的哲圣是孔子，长江文化的哲圣是老子，珠江文化的哲圣则是六祖惠能)。它有自己的性格和风格(黄河文化正如李白诗“黄河之水天上来，奔流到海不复回”所体现的神圣、庄严，长江文化正如苏轼词“大江东去，浪淘尽，千古风流人物”所体现的开阔、气派，珠江文化则如“岭南第一诗人”张九龄诗“海上生明月，天涯共此时”所体现的海洋性、宽容性、共时性)，它有自身的悠久历史(经我们研究发现岭南文化发祥地在封开，解开两广之“广”之谜，论证出封开原始人牙化石距今12.8万年，比距今10万年的马坝人早，这即意味着将岭南文化推前2.8万年)，它还有自身的独特形象(黄河似龙，长江似凤，珠江则似多龙会珠)。而且，珠江文化的称谓和概念还深受港、澳、台和外国学者及华人的认同和欢迎，如前些年我先后到西欧五国和美国讲学或进行文化交流，大谈珠江文化，外国学者甚感兴趣，我因此受到华人华侨作家和文化人的特别欢迎；2000年我在台湾高雄“中山大学”以《珠江文化的创新特质的源流及其发展》为题讲学，受到该校师生及学术界的赞许；2002年年初，台湾海洋学会会长刘达材(原台湾“海军中将”)从香港《中国评论》杂志上知道我们研究珠江文化，特从台湾到广州与我们珠江文化研究会作学术交流；2004年年初，我们与香港《中国评论》杂志联合举办了《粤港澳文化的回顾与前瞻》论坛，三地学者一致公认珠江文化(含岭南文化)自古以来都是三地文化的主流，是相互经济交流的基础，“敢为天下先”是三地的共通特性和文化优势。这些研究成果和效果说明：珠江文化是自成体系的，其成为泛珠三角区域一种共有和共通的文化，成为区内的一种连心力、凝聚力，成为对外交流的一个平台，是有科学依据的，是受到认同的。

海上丝绸之路文化，既是珠江文化海洋性的佐证之一，是珠江文化的有机组成部分，又是具有更为广泛共通性的一种文化。丝绸之路，即中国从汉武帝派张骞通西域开始的对外通商之路，陆路从当时首都长安出发，海路从当时岭南首府广信(今封开和梧州)出发。从徐闻、合浦出海，其古代港口遍布世界50多个国家，其中有好些点已被定为世界文化遗产，联合国教科文组织总干事去年宣称：打算将世界上所有海上和陆上丝绸之路遗址(估计有50多个点)合定为一项世界文化遗产，现在世界各国都在纷纷争取其遗址列入。所以，海陆丝绸之路是更为广泛的共通性文化，是受到较多运用的对外交往平台，前些年江泽民主席、朱镕基总理先后访问意大利、巴基斯坦，都在讲话中谈到我国与这些国家自古交往的丝绸之路历史。最近媒体报道，我国交通部公布了修建国际公路的宏伟规划，其名称则是用“新丝绸之路”。

我们进行文化大省建设和泛珠三角合作，也应当发掘和运用这种文化。2000年6月，我们发现并论证出雷州半岛的徐闻是西汉时，也即是中国最早的海上丝绸之路始发港之一。这发现，将联合国教科文组织确定南宋时才开始的福建泉州港为中国最早始发港的海上丝路史，推前了1300多年，也即是将珠江文化的海洋史大大提前；随后我们发现在广东沿海，从东到西都有不少分别于不同年代开始的海上丝路始发港；同时我们发现在泛珠三角其他省区，特别是福建、广西、海南、香港、澳门，都有许多著名的海上丝路始发港，从而证实海上丝路文化是珠江文化的有机组成部分，是泛珠三角各省区共有共通的一种文化；其体现的海洋性，也正是珠江文化区别其他江河文化的重要特质之一，同时也即是中华民族文化的有机成分之一，这就有力地驳斥了德国大学者黑格尔在《历史哲学》一书中所说：中国“并没有分享到海洋所赋予的文明”，海洋“没有影响他们的文化”为代表的西方观点；我们还发现在海上与陆上丝绸之路之间，有许多交汇点或通道，填补了学术空白，而且在广东和整个泛珠三角区，包括云南、贵州、四川、湖南、江西、福建，都有许多这样的交汇点或通道，显然这也是泛珠三角共有的而又是区别其他地域的文化特点之一。由此可见，海上丝路是我们广东和泛珠三角的一项资源十分丰富、共通性特大特强的遗产文化，也是其自身的一种文化特性和优势。

我从媒体的报道上看到：我省一些市县，在省委发出建设文化大省和泛珠三角合作号召的感召下，近年运用了我们研究珠江文化和海上丝绸之路的学术成果，进行对外交往和招商，取得了很好的成绩。如：前些年，湛江市以海上丝绸之路最早始发港之一为品牌，使徐闻县增多5亿元投资；韶关市以珠玑巷是中原与岭南文化交汇地和文化寻根地的定位，在南洋和欧美开展后裔联谊活动，使南雄增加近亿元投资；去年，云浮市以惠能出生地定名为六祖镇和举办六祖节，使新兴县仅去年即增加数亿元投资：肇庆市先后在封开举办岭南文化发祥地研讨会和招商会、在端州举办包公文化研讨会和端砚文化节、在德庆举办儒学研讨会和龙母文化节，在怀集举办金燕文化研讨会和攀岩比赛活动，都取得了可观的经济效益和文化效益。尤有意思的是：2003年9月我应阳江市领导的邀请，带一班专家去考察“南海Ⅰ号”沉船，作出了“海上敦煌”的文化定位，经媒体报道，引起世界著名海洋学家吴京教授(美国工程院院士，台湾“中央研究院”院士、原“教育部”部长、成功大学校长)的注意，他要求我邀请他前来考察。他在考察时大为惊讶，评价极高，认为“世界海洋史要由此改写”；去年元旦，联合国教科文组织几位官员和专家在中山大学开会，也要求我陪同考察，他们在考察时也赞赏不已，认为是价值特高的文化遗产，并认同我提出的“海上敦煌”的文化定位；去年在国家文物局等单位举办论证会后，中央和省领导高度重视这项文化遗产，批予1.5亿元人民币投资建设。这些情况表明：各级领导已经开始注意以本地文化特性、优势资源和共通性文化为纽带进行经济文化合作，并都取得了文化与经济相互转化的良好效果。

从上可见，我根据省委的战略思想而提出以自身特性和共通性文化为纽带，促进区域和对外经济合作，使文化与经济相互转化的战略，是有充分的学术研究和理论依据的，是有大量的成功实践依据的。

## 二、请予珠江文化和海上丝路研究正式立项

从上述情况又可看到，我们这班多学科专家所从事的珠江文化和海上丝绸之路研究，为现实服务的方向是对头的，理论与实践结合的路子是正确的，研究的成果是有学术

价值和实践价值的，是对省和各地领导起到咨询作用、有助于科学决策和操作的。同时，我们也自知尚有许多不足，尚有许多学术空间要填补和开拓，尚有许多工作要做。我们已经清楚看到，这是一个很有潜质、很有空间、很有作为、很有前景的学术领域，诚望省政府能支持我们将研究深入下去、坚持下去，为我们提供必要的研究经费和应有的研究条件。为此，特请省领导批准我们在文化大省建设规划中，增加以“珠江文化与海上丝绸之路研究”为题的重点项目，我们拟在这总项目中，分设下列具体项目：

1.**泛珠三角和珠江文化论坛**。主要是对泛珠三角和珠江文化的历史与现实中有重大意义的课题进行研讨，如：古今海陆丝绸之路在泛珠三角的交汇，世界海上丝绸之路与泛珠三角，“9+2”省区文化的共性与个性，海洋文化与深港澳特区文化，等等。每年举办一次，轮流在各省区举办。每次出版论文集或专著，以求逐步建立珠江文化理论体系。

2.**海陆丝绸之路考察系列**。包括：(1)对广东沿海海上丝绸之路进行全面考察，制定出“广东海上丝绸之路网图”，完成后即进一步扩大对泛珠三角区域之考察及制定全区之网图；(2)对广东及整个泛珠三角区域的海陆丝绸之路交会点或通道进行全面考察，也制定出其网图；(3)每个海上丝路港口，或海陆丝路交会点及通道，都编写出论证或介绍性著作，构成为系列。这些网图及著作，既可作为宣传、旅游、开发之用，又是为申请世界文化遗产之学术资料做准备。

3.**编辑出版《珠江文化学术丛书》**。这套丛书是以泛珠三角(首先是广东)的重要江河为单位，为其人文和自然环境所形成的特质文化做出全面反映和定位的专著系列，每条江河一册，如西江、东江、北江、南江、绥江、贺江等，以珠江水系为基础，建立珠江文化的学术体系。

4.**创办《珠江文化》杂志**。其宗旨主要是：及时反映、交流珠江文化研究动态，发表最新研究成果，展开学术争鸣；同时开辟知识专栏或系列讲座，普及珠江文化和全国及世界各国文化。

5.**打造泛珠三角与珠江文化工程**。借鉴南方日报《广东历史文化行》的成功经验，对泛珠三角各省区主要文化景观(包括名人、名城、名水、名山、特产、古迹、建筑、园林等)进行检视整合，以多种方式(新闻、摄影、美术、音乐、报告文学、诗歌、电影、电视)进行系列创作和宣传，并与环保、旅游开发等结合起来，从而构成珠江文化画廊工程体系。

2005年1月23日

# 以文化实体化的战略和举措，提升广东文化整体形象和实力

——从广州亚运会启示“十二五”文化发展战略

2010年广州亚运会开幕式轰动世界，明显地提升了广州和广东文化的整体形象和实力，为建设文化强省献出了大礼，同时也为“亚运后”如何进一步提升我省文化整体形象和实力，提供了很多很好的启示，其中我认为最重要的是：以文化引领的指导思想，贯彻文化实体化的战略和举措。

所谓文化实体化，就是广东流行俗语所称的“虚功实做”。意思是：将理念性转化为实体性的操作，实实在在地做，做得实实在在，将理念转化为实体，以实体体现理念。文化属理念范畴，文化实体化就是：将文化领域的每一件，以至每个整体上的观念，全都作为件件、个个的实体操作，使其转化为件件、个个的实体或形象。

广州亚运会开幕式的最大成功，就是将广东江海一体的文化特质，化为一系列亲切生动而变幻神奇的水性形象，使人备感新鲜，从实在具体的形象中，接受其体现的文化理念，并与每位观众自身的文化理念相呼应，从而产生共鸣并获得文化享受。其实，亚运会的成功及其文化实体化的做法，不仅开幕式，整个亚运会的活动，以至由其引领或带动的一切市政建设，都是文化实体化的举措和成果。中共中央政治局委员、广东省委书记汪洋同志称赞亚运会的运作“敢想，会干，为人民”，广东省委常委、广州市委书记张广宁同志称亚运会“使广州发展提速10年”，可谓高度评价广州亚运会成功实践“虚功实做”的点睛之笔。

“亚运后”要持续这成功实践，就是要将其扩大为全省战略性的指导思想和举措，并将其作为制定“十二五”规划中文化战略和举措的指导方针。具体建议如下：

## 一、将海洋文化和珠江(含岭南)文化的理念转化为“书系”和影视系列的

实体

2010年11月19日《光明日报》发表题为《广州亚运：向世界展示中国海洋文明》的长篇报道，从标题到内文都从亚运会活动中透视了广东的海洋文化特色，其他国内外媒体的亚运会报道也都不约而同地突出这个特色，并将其作为珠江(岭南)文化的基调而突现出来，同时又与当今世界通行的水文化理念对接，从而使亚运会的报道既切合新闻的真实，又抓住文化的真实，既起到弘扬亚运精神，又起到弘扬中国海洋文化和珠江(岭南)文化的作用。

由此可见，国内外媒体都注意到广东的文化特色主要是海洋文化和江海一体的珠江(岭南)文化，并以媒体的文化实体化将其充分展现。可是，我省的理论界和文化界对此的认识明显滞后。表现在至今仍未对海洋文化和珠江文化有体系性的理论和高深的系统专著，在影视片创作上也是如此，中央电视台的专题系列片《话说长江》，从20世纪80年代到21世纪10年代，已经“一说”“再说”(即制作和播出两个系列片)，而珠江连“一说”也没有，实在与“经济强省”的称号不符，与正要建设的“文化强省”“海洋强省”的目标也很不相应。所以，应当以战略高度、以大力扶植的举措改变这种现状。这就是：以组织出版海洋文化和珠江(岭南)文化大型“书系”的举措，促进深入研究，以系统的学术成果确立“中国海洋文化”和“珠江文化”的理论体系；并组织出版系列的普及文化读物，将优秀文化普及，提高全民文化素质；同时，组织进行大型电影电视系列片、动漫片、故事片创作和制作，如《领潮珠江》《南珠娃娃》《粤商传奇》等。

## 二、将人才和古今文化品牌板块转化为“星座”的实体

2010年7月13日，中共中央政治局委员、广东省委书记汪洋同志在以“建设文化强省”为主题的省委十届七次全会的报告中指出：“要加大对我省名家新秀和优秀文化成果的宣传推介力度，让‘岭南文化星座’散发出更加璀璨的光辉。”这即是将人才和古今文化板块转化为“星座”实体的战略和举措，是提升广东文化形象工程的最佳途径，也是我省“十二五”文化发展战略的指针。

广东省珠江文化研究会在2010年6月28日举行的创会十年庆典上，评选出在珠江文化发展史上有里程碑或开拓创新意义的文化板块(主要地域、领域或标志)，授予“珠江文化星座”称号，并为首批25个颁发了牌匾，经各大媒体报道，尤其是《深圳特区报》以“文化强省之‘寻访珠江文化星座’大型系列报道”专版的方式，将这些“星座”一一推出，在海内外产生强烈反响。最近南方电视台与广东省珠江文化研究会合作，正在将这些“星座”的文化史绩和光辉制作成系列电视片，即将系列播出，受到被评为“星座”的地方或

单位的热烈支持和赞许。实践证明汪洋书记的指示是可行而英明的。

由此，应当且可以将其作为广东文化形象提升工程的重要举措之一，可在“珠江文化星座”基础上，升格为省办的“珠江(岭南)文化星座”或“广东文化星座”。具体可按汪书记提出的“名家新秀和优秀文化成果”的范围，分为古代和现代的名家与优秀成果而进行评选推介。即可分为：古代名家和优秀成果、现代名家和优秀成果等四种“星座”进行评选。每两年评一次，在网上进行。对现代名家与现代优秀成果授予“人才之星”或“文化之星”称号，对古代名家和古代优秀成果的发现者和卓越研究者则授予“发现之星”或“研究之星”称号，均授以重奖。

## 三、在广东具有重要历史地理文化价值的地点建设地标性的文化建筑

这次亚运会成功的要素之一，是广州市近几年狠抓了市政建设，除地铁、高铁、高速公路、街道、绿道等交通设施外，还进行了整体的“穿衣戴帽”工程，尤其是建成了好些巨型的地标性建筑，如：广州塔、广州歌剧院、琶洲中国进出口商品交易会展馆、亚运体育中心、科学城、大学城等。这是文化引领的硕果，也是实践文化实体化战略举措的成功经验，应当在“亚运后”继续并扩大为全省战略。

在“十二五”规划期间，可优先考虑建设“岭南”“珠江”与“南海”的地标建筑。

岭南即五岭以南，包括大庾岭、萌渚岭、骑田岭、都庞岭、越城岭，统称“南岭”，均可在其要隘关口树立地标，如梅关、鹰洋关等。还可以毛泽东诗词“五岭逶迤腾细浪”，“战士指看南粤，更加郁郁葱葱”，陈毅的《梅岭三章》的意境为地标。

珠江出海口八大门(虎门、蕉门、洪奇门、横门、磨刀门、虎跳门、鸡鸣门、崖门)均可分别恢复或新建地标。

南海的地标，可以在沿海岸或海岛(如徐闻的琼州海峡与北部湾分界处，以及零丁岛或上下川岛等)，分别以张九龄的“海上生明月，天涯共此时”，文天祥的“惶恐滩头说惶恐，零丁洋里叹零丁”等诗的意境为地标。

此外，也应在每个乡、镇、县、区、市的分界或标志性地方，建设富有本地历史文化内涵和色彩的地标建筑，既彰显本地特色文化，又有效地扩大旅游点和旅游文化。

## 四、大力发现和建设富有地域或某种文化特色的自然景观和文化景观

大力发现和建设富有地域特色的自然景观和文化景观，也是广州亚运会成功的举措之一，广州荔枝湾旧景恢复、陈家祠广场扩建、城隍庙重修、大元帅府重修等，以至现在进行的“广州新八景”评选，都是文化实体化之举，受到热烈欢迎，产生深远影响。

“亚运后”也当将此举扩展至全省，在“十二五”规划中大力建设富有地域或某种文化特色的自然景观。如各地的“八景”，名山、名湖、名水、名地、名桥、名道，都可建成文化的自然景观，尤其是如果将各地的水库、防洪堤、水利工程，在保证绝对稳固安全的前提下，进行文化加工，建成新的文化景观，使水利工程文化化，更会促使文化景观在全省普遍开花，因为全省几乎处处都有水利工程。

人文景观可以进行多项系列策划，如：

民族民系系列景观，包括百越族、瑶族、广府、客家、潮汕、雷州、疍家等的文化园。

江河文化系列景观，包括珠江三角洲、西江、东江、北江、南江等的文化园，凝聚展现各江水域的古今特色文化。

广东特有风情的经典文化系列景观，包括以杨孚的《异物志》、屈大均的《广东新语》、巴金的《小鸟天堂》、欧阳山的《三家巷》、陈残云的《香飘四季》、秦牧的《花城》、黄谷柳的《虾球传》等名著建设的景观。

生活文化系列景观，即：依托最有代表性的地方或单位，建设衣、食、住、行、玩的文化博览园，如：东莞虎门建“衣”文化园，顺德建“食”文化园，国土房管局建“住”文化园，交通厅建“行”文化园，文化厅和旅游局建“玩”文化园，均集古今文化于一体，同具游览与展销功能。

生命文化系列景观，即：依托相关单位建设生、老、病、性、死等生命要素文化园，既展示传统的生命文化，又普及生命文化知识，体现社会的人性关怀，促进健康和谐社会的建设发展。可请计生委和人口办建设“生”文化园，民政厅建“老”与“死”文化园，卫生厅建“病”与“性”文化园。其实，每项业务都是对社会的人性关怀，都内涵文化，都应办社会文化、生命文化。

（本文是2010年12月26日在省政府参事决策咨询会上的发言）

# 广东文化的特质、优势、概念和定位

——关于2010年上海世博会广东馆主题与举办两项国际论坛的创议报告

最近半月，我在参加2010年上海世界博览会广东馆主题咨询会后，又先后到阳江、韶关商议联合举办“海上丝绸之路”和“古道文化”两项国际论坛事宜，并连续参加了三个关于广东文化特质的研讨会。从这些活动中发现：我省各界人士对于广东文化的特质、优势、概念和定位，尚欠缺明确的共识，很有切实研讨的必要；而要创办的这些重要论坛与活动，也必须要省领导了解、批准和支持。为响应汪洋同志解放思想、破解难题、落实科学发展观的号召，特在上述活动提出创议报告的同时，并对广东文化的特质、优势、概念和定位提出下列看法和建议，供参考。

## 一、从世博会主题要求的创意，看广东文化的领潮性特质和优势

经我国尽了巨大努力，才争取到的2010年在上海举办的世界博览会，同即将在北京举办的奥运会一样，受到举世瞩目，现已有200多个国家或地区报名参展。我国各省、区、直辖市和香港、澳门特区，都正紧锣密鼓地进行着各自展馆的筹备工作，力求在这千载难逢的机会，利用这个平台，向全世界亮出自己独特的光辉形象。

广东应以怎样的独特形象在世博会上展示呢？也即是说，这次世博会广东展馆的主题应如何显示出创意呢？我看首先要按这次世博会的总主题要求，以世界的眼光去审视广东的文化特质和优势，并以其主题要求而展现这些特质和优势。

这次世博会的总主题是：“城市，让生活更美好。”这个主题，正如吴仪副总理所说：对领导人的领悟能力是个检验。可见这确实是个甚难破解的难题。现在由有关单位提交的广东馆主题设计的四个方案，分别是：“文化广东，开放城市，领先一步”“广东——拔地崛起的金三角”“创造梦想，实验未来”“转换的美丽”。我认为这些设计都注意到改革开放后广东的特点，是好的，但却游离了“让生活更美好”的主题要求，只注

意到城市的生产和经济的发展和转型，不理解这主题是针对当今世界最普遍性的问题——城市生活问题而提出的，尤其是对广东在生活文化上的传统和创新特质是什么欠缺了解所致。

照我看来，当今世界城市的主要问题是：从生产型转化为文化型，从激烈经济竞争转化为因人口密集、环境污染而造成的人的生存竞争。当今世界已从工业文明时代进入后工业文明时代，是高科技和文化时代。要使城市生活更美好，必须使生活文化化和生命文化化。沿着这“两化”的要求发展，才是“使生活更美好”的途径，“两化”的模式和追求前景的不同，就是每国、每省、每市的各自特色。生活文化包括人的衣、食、住、行、玩的文化，生命文化包括社会对人的生、老、病、性、死的关怀文化。生活是生命的存在，生命是生活的本质。促进生活文化化，才能促使生命文化化；生活文化化的发展，根本在于生命文化化的发展。所以，要体现出世博会总主题的要求，必须以自身“两化”的现状、传统、前景去体现出自身的特色，并以世界共同语为切入点，使观众接受和注目，才能走向世界。

应该说，广东城市在生活文化和生命文化上，无论过去、现在和将来，都是很有特点和优势的。这些特点和优势，正是广东文化的特质和优势的体现。广东文化有许多特质和优势，如开放性、多元性、包容性、实用性、重商性，等等。但我认为其中最突出、最鲜明的是领潮性，即领先时代潮流的特性。众所周知，“敢为天下先”是广东人的传统特质；改革开放“先走一步”的试验和创新，既是这特质的弘扬，又是新的时代精神和优势。改革开放30年来，举世公认，广东的城市建设包括在城市的生活文化和生命文化的发展上，都在全国起到排头兵作用，即领潮作用，无论是在衣、食、住、行、玩的观念和生产上，或是在生、老、病、性、死的人性关怀和慈善措施上，都一直保持着领先地位，同时又是与世界潮流同步的。特别值得注意的是：汪洋同志最近为广州市作出建设“首善之区”的定位，不仅是为广州市、而且是为广东全省的城市建设发展指出了明确的要求和方向。“善”，是要求善业、善居，具备这“两善”，才是幸福之城。“首善”，是要将这“两善”放在首位，是要领先、领潮去“善”，并努力争当“两善”的排头兵。显然，这个定位，既是对“敢为天下先”的广东人领潮传统和改革开放创新精神的继承与弘扬，又是为广东城市建设绘制了绚丽的蓝图和前景。如果世博会广东馆的主题，能够抓住广东文化这个领潮性特质和优势，并在生活文化和生命文化的十个项目中，分别以典型形象或专题论坛的方式去展示出这个特质和优势，并在这些项目中展现出广东的领潮观念与产品，从中显示出广东传统和发展前景，必会取得良好的效果。所以，把握广东文化的特质和优势，是破解这个难题的关键和灵魂。

## 二、从广东文化的海洋性，看创办海上丝路国际论坛并申办世界海洋博览会的条件和重大意义

广东文化的领潮性特质和优势，来自广东文化具有深广的海洋性。可以说，广东文化具有的所有特质，如开放性、包容性、多元性、实用性、重商性等，都源于具有深广的海洋性。

广东文化海洋性的特质和优势，典型地体现于阳江“南海Ⅰ号”宋代沉船所具有的历史和现实的文化价值和意义中。从历史文化上说，“南海Ⅰ号”沉船文物，是迄今世界上水下考古发现的文物中，船体最完整的、年代最久远的、文物数量最多的海上丝绸之路文物，估计有5万～8万件，比作为陆上丝绸之路标志的、拥有5万件文物的甘肃敦煌还多。所以，2003年9月，我们在阳江为其作出“海上敦煌”的文化定位，肯定其为海上丝绸之路文物集萃的标志。2004年1月，联合国教科文组织的官员和专家亲往考察，也赞同这个评价和定位。2004年6月，世界著名海洋学家吴京教授(美国科学院院士，台湾“中央研究院”院士、前“教育部”部长、成功大学校长)也赞同这个说法，更认为“世界海洋史要为此改写”。省领导决定专门建造“广东省海上丝绸之路博物馆”将其保存和展示，也在于其具有“海上敦煌”的价值，肯定其海洋文化的意义。

从现实文化上说，2007年年底，“南海Ⅰ号”打捞出水，进入“水晶宫”保存和展示。这个过程，使其又增加了新的现代科技文化价值和意义，因为这个过程有五个亮点，即：水下考古一流、水下打捞古沉船技术一流、展馆“水晶宫”设计一流、人造海水保存文物一流、真空透明展示文物一流。这五个世界“一流”，说明了“南海Ⅰ号”不仅具有深厚的历史海洋文化价值，而且具有领先世界的现代海洋科技文化意义。由此，我认为今年年底或明年年初，在为“南海Ⅰ号”建造的广东海上丝绸之路博物馆开幕之时，举办海上丝绸之路国际论坛(或称海洋经济文化论坛)，是适当的时机，而且是很有条件和十分必要的。

我省具备举办的条件，除“南海Ⅰ号”之外，尚在于我省其他地方还有许多海上丝绸之路和海洋文化资源。我们海上丝绸之路研究开发项目组从2000年至今，在全省考察发现，我省的海上丝绸之路文化遗存有五个“最”，即：始发港最早(我们在徐闻发现西汉始发港，比联合国所定时间提早1300多年)、各个年代的始发港最齐(从汉代至清代均有)、始发港最多(从粤东的饶平到粤西的徐闻的海港均是)、线路最长(沿岸线路和出海线路均长)、遗址和文物最多(仅“南海Ⅰ号”即居世界之冠)，这在全国也是绝无仅有的。

联合国教科文组织承认海上丝绸之路文化遗产，是近十多年的事，迄今尚未举办过国际性的海上丝绸之路学术研讨会或论坛。在世界上与海上丝绸之路相关的国家和地区有

近百个。“南海Ⅰ号”已有世界性影响，尤其是联合国教科文组织和吴京教授曾亲往考察并予充分肯定。所以利用时机创办论坛，是很有条件、很有必要的。

举办这个论坛，还具有为我省申办世界海洋博览会“热身”的作用。从1851年世界博览会创办，至2010年上海世博会，共举办了41届，只有两届是以海洋为主题，分别是：1975年日本冲绳海博会，1998年葡萄牙里斯本博览会。待上海世博会结束之后，如我省去争取申办单项的海洋世博会，是有条件和很有必要的。因为如有创办海上丝路或海洋经济文化论坛的“热身”经验，而且，又是在具有深厚海洋文化内蕴的地方举办，自然就有条件争取了。可见创办这项国际论坛的重要性，尤其是强调海洋性是广东文化特质和优势的必要性。

值得高兴的是，最近我在与阳江市政府的商议中，市领导赞成这创议，并认为最好由省政府出面筹办。

## 三、创办古道文化国际论坛，显示海陆对接、江海一体的广东文化特色

广东文化具有特强海洋性的地理原因在于海岸线特长，尤其是贯通全省的珠江，仅在珠江三角洲就有八个门(出海口)，还有韩江、漠阳江、鉴江也都直通南海。广东的自然地理和人文环境是江海一体的，所以，广东文化也是以江海一体为特色的。另外，广东北部有五岭之隔，过去与内地和中原往来，主要靠自然江河水道与穿山越岭的古道。这些江河，大都是从不同流向而与海洋沟通，大多数古道也都是接通水路或直通港口而连接南海。这样的自然地理格局，既造成了广东别有一番的由江河水道与古道而使陆海对接的亮丽风景，在江海一体的特色文化中，又增添了陆海对接的亮色。

这个文化特色，鲜明地体现于遍布我省和毗邻省区的珠江水系地带的古道文化中。经我组近几年来的实地考察，发现的古道大致有三类：一是水道，包括自然江河与人工江河，如云浮的南江水道、桂林灵渠；二是关道，如韶关梅关古道和西京古道、广西玉林鬼门关古道；三是水陆联运古道，如南雄的乌径古道、广西贺州的潇贺古道等。所有古道修建时或在不同时期，都有其不同的主要用途，如军事、政治、商贸等，从而都有其不同的丰富文化内涵。但共通的主要用途是商贸往来。我省的古道特多，又都陆海对接、江海一体，这正是重商性文化特强的基础和体现，也即是海洋性与领潮性的特质和优势辐射内陆的佐证和体现。

在古道丰富的文化内涵中，最突出、最重要的是海上与陆上丝绸之路对接通道的文化内涵。因为前些年联合国教科文组织和我国国家文物局先后宣布，要将陆上和海上丝绸之路及相关文化遗存统一申报世界文化遗产。有些古道自古具有对接海上与陆上丝绸之路的作用，其文化遗址或遗存尚在，保存完整，内涵丰富，理当作为“相关文化遗存”而进

入世界文化遗产之列。遗憾的是，迄今人们尚未注意到这个尚属学术空白的课题，必须以举办国际学术论坛的方式而引起注意和作出学术论断，才能达到这个应有的结果。

鉴于我省韶关市现存古道较多，资源丰富，保存较好，条件较成熟，作为论坛举办地较适宜。举办的时间，以与阳江论坛的时间同步为好。因为这两个论坛，分别以海上丝路文化和海陆丝路对接信道文化为主题，相关而又有别，可谓分别是我省海、陆古文化的顶峰，具有“双拳出击”而又相映增辉的作用。这也是广东文化的陆海对接、江海一体特色的登峰展示。可喜的是，最近韶关市政府已同意这个创议，并表示愿与阳江论坛同步，最好由省政府统筹举办。

2003年黄伟宗带队考察贺州古道

## 四、以珠江文化的名称和概念，包括并扩大岭南文化的内涵和外延

在这半个月的时间里，我还先后参加了三项关于广东文化特质的学术研讨活动，即：广州市为新出版的两部著作先后举行的研讨会，一是叶曙明创作的历史性散文《万花之城》，这是写广州的两千年和30年的“史记”型作品；二是梁凤莲的理论专著《乱云飞渡》，这是以三位广东近代文化精英黄遵宪、康有为、梁启超的诗作和人生道路，看中国传统文化的坚守之途；三是在江门市举办的“西江历史文化”研讨会，这是《江门日报》《西江日报》《云浮日报》《珠海特区报》为深化四报联合进行“西江历史文化之旅”系列报道而举办的。这些著作和学术活动，不约而同地从广州和广东的千年、百年和近30年的历史和现代文化实际，体现并提出广东文化的特质、优势、概念和定位问题；而且分别以各自不同的命题，以丰富的资料、精辟的论析、详实的论证，不约而同地得出相似的结论，这就是：广东文化自古即有领潮性、海洋性和江海一体的特质和优势，由此在西汉时即揭开中国海上丝绸之路的史页；近百年迎受西方海洋之风，也以这种特质和优势在全国领潮，揭开中国近代和现代史的序幕；近30年沐浴改革开放的春风，也以这种特质和优势在全国“先走一步”，直至现在努力争当“排头兵”。可见整部广东的古今史，实质上是一部广东文化特质和优势的发展史。

依据当今世界崇尚的水文化理论和我国“一方水土养一方人”的传统理念，这些特质和优势(包括其负面，下同)，主要是由广东的母亲河——珠江哺育而成的，理当是珠江文化的内涵或内蕴。可是多年来，这些明显的因水而成的文化特质和优势，却被镶嵌于出自山文化理念的岭南文化的名称和概念中，显得很不相称、很不确切、很不科学。我认为，现在是予以正名的时候了。

“岭南”的名称和概念，是指五岭(越城岭、大庾岭、萌渚岭、都庞岭、骑田岭)之南。唐太宗贞观年间，全国分十个“道”，广东、广西共属岭南道，这才有“岭南”之名。可见“岭南”之称，本是出自中原看“山外”的观念，且包括“两广”。20世纪初期，我国兴起以春秋战国时期的“五霸”“七雄”的地名为各地的文化称谓之潮，如山东称齐鲁文化，山西称三晋文化，湖北称荆楚文化，河北称燕赵文化，等等。“岭南文化”的称谓，也在此时与这些传统地域文化称谓并列而生。当时，珠江的概念只是指从三水至虎门(主要指广州和珠江三角洲)河段，也尚无“珠江文化”概念。所以，当时启用岭南文化称谓是可以理解的。

但自20世纪20年代，当时我国水利部门发现珠江是个遍及南中国的庞大水系，西江、东江、北江等大支流及相邻江河(韩江等)，贯流云南、贵州、广西、湖南、江西、福建等省，又总汇于广东出海。尤其是1926年，郭沫若到中山大学任教，在一次讲演中首次提出了“珠江文化”的概念。他说：“我们要改造中国的局面，非国民革命策源地的广东不能担当；我们要革新中国的文化，也非在国民革命的空气中所酝酿的珠江文化不能为力。”可见“珠江文化”的概念从开始就具有区域性(广东)和特质性(先进性)的内涵，又有水系性(珠江水系)的内涵和外延。可惜郭沫若自提出后，一直未再阐释和运用这概念，文化学术界也未能注意这个名称和概念，直到1989年，我们才在不谋而合的情况下提出和运用这个名称和概念。

究竟称“珠江文化”好，还是称“岭南文化”好？这不是个简单的名称概念问题，而是个重要的文化观念问题。我认为，广东多年来经济腾飞而文化滞后的难题，长期未能破解，深层次的原因就在这里。因为这是山文化与水文化的观念歧异，关系到对广东文化的特质和优势的认识和强化问题，对上述领潮性、海洋性、江海一体等特质和优势认识不清、强化不够，直接的原因就是“五岭”遮住了视线，且“岭南”的概念内涵不确，本是指“两广”而变成广东独占，有大省“沙文主义”之嫌；又无外延辐射的表述，明显有作茧自缚、越缩越小的局限(前些年出版的某部岭南文化专著也承认了这个萎缩)。所以，岭南文化的名称和概念是既陈旧又不确切的，使用“广东文化”“南粤文化”之名，也远比岭南文化之名为好，但我认为还是以推广使用“珠江文化”的名称和概念为宜。前些年，我省倡导泛珠三角区域经济合作，参与的9+2省区都属珠江水系(四川省属邻边地区、辐射地带)，取得了良好的经济和文化效果，其积极影响仍在继续。其内在原因，显然是成功地发挥了珠江文化的特质和优势，并充分地把握其内涵和发挥其外延张力而取得的成果。如能在这基础上，更进一步强化珠江文化的意识和概念，进一步明确以此作为我省的文化定位，更充分地发挥其领潮性、海洋性和江海一体的特质和优势，并以此包括和扩大岭南文化的内涵和外延，势必会开创更新的局面、创造出更灿烂辉煌的前景。当然，应考虑到岭南文化之名沿用多年，一下改变不易，可以在一段时间内与珠江文化之名混用；或者采取广州市最近公布的亚运会“五羊”吉祥物的做法，以“珠江岭南文化”之称并用。即使如此，我建议还是以“南粤”取代为好，即“珠江南粤文化”，因“南粤”才是广东的自古以来的代称。

明确以珠江文化的称谓为我省文化的代称和定位，还具有使我省文化可与我国其他水系文化并列，并与世界各国文化对接的重要意义。当今世界水文化理论通行，许多国家都以本国主要母亲河作为自己文化的代称，如：美国称密西西比河文化，英国称泰晤士河文化，印度称恒河文化，埃及称尼罗河文化等。外国也称我国文化是以黄河文化、长江文化为代表。事实如此，但不确切，因为我国是“茫茫九派流中国”的多江河文化，每条江河都在中华文化史上有自己的贡献和地位，有自身的文化特质和优势，有自身的独特形象和风格。黄河是黄帝开创中华文化的发祥地之一，代表着中华文化史上的农耕文明时代，具有龙的形象和“黄河之水天上来，奔流到海不复回”（李白诗）的风格；长江是炎帝开创中华文化的发祥地之一，代表着中华文化史上的工业文明时代，具有凤的形象和“大江东去，浪淘尽，千古风流人物”（苏轼词）的风格；珠江则是舜帝开创中华文化的发祥地之一，具有多龙争珠和珠光四射的形象，具有“南粤第一诗人”的张九龄诗“海上生明月，天涯共此时”所体现的海洋性、包容性、共时性、领潮性的特质和风格，正代表着中华文化率先进入后工业文明时代。如此中国三大江河文化并列的格局，正是当今中国以环渤海经济区（即黄河三角洲）、长江三角洲经济区、珠江三角洲经济区为并列“龙头”的史地文化基础和文化背景。所以，我们应当以史地文化和现代经济发展的眼光和需要，去看以珠江文化为我省文化定位的全国和世界意义。

2008年5月15日

# 科技是第一生产力，也是第一文化软实力

——科技文化考察报告

2008年3月下旬，我到省科技界一些科研、科普、教育、媒体和科技馆单位，就科技文化课题进行了专题调研，从中发现：科学技术不仅是一个学术领域，同时也是一个有鲜明自身特色的文化领域，从进一步学习邓小平同志关于“科技是第一生产力”的名言中，得到了科技也是第一文化软实力的启示。为响应中共中央政治局委员、省委书记汪洋同志号召，继续解放思想，破解发展难题，落实科学发展观，强化我省文化软实力和综合竞争力，特呈调研报告如下：

## 一、科技也是一个文化领域

当今世界，已经进入了高科技时代，同时也进入了文化时代。前者是就生产力而言，就物质文明而言；后者是就意识形态和文化软实力而言，就精神文明而言。西方学者对世界的时代总体特征的这些论析，之所以将高科技与文化两个概念平列并提，固然是就不同视角与不同范畴上而言，但我看更实在的原因是两者有相促相成的关系，即：科技促进文化，文化也促进科技；而且，在现实社会中，往往有许多由科技而产生某些文化现象，同时又有许多因文化意念或素质而产生科技发明的事例。所以，我们在运用这些论析时，也即是对科技和文化的性质与功能的认识时，不应当将两者孤立地进行，而应当相互交叉地、辩证地去进行，甚至可以在这两个领域中，分别理出科技中的文化、文化中的科技系统，以此促进科技的文化化、文化的科技化，从而更深层次地促进第一生产力和第一文化软实力的增进。由此，很有必要论证科技是否可称其为一个文化领域？即：科技文化的概念可否成立？这概念的内涵是什吗？有什么现实意义？

中国科协主席周光召院士曾指出：“一个创新型的国家必然是一个具有创新文化的社会，而社会创新文化的形成与国民科学素质的提高又有着相互促进的关系。”“通过科

学教育、传播与普及，帮助广大人民群众，特别是青少年一代树立科学思想、培养科学精神，了解科学知识，掌握科学方法，提升科学素质，就能够有力地推动创新型国家的建设进程。”这段话，精辟地指出了科技创新与创新文化的相互关系，是温床与禾苗的关系。而这科学的思想、精神、知识、方法是属于文化范畴的，科学素质也都是文化的。所以，科技的本质是文化的。

科技的发明和创造，来自科学家的创意。而创意，则源于科学家的素质和敏感，而且，往往来自具体的文化意念与触发。诺贝尔奖获得者李政道教授曾说过：“科学与文化像是一块银币的两面”。中国高等科学技术中心每次开会都配有中国著名画家以中国画绘的物理奥妙的画。如：吴作人以高速运动的《阴阳极图》，表现物质和能量的各种对抗形式都可以被创造；李可染的《超弦生万象》则由简单的点线运动，对众多粒子可以通过单一的超弦的摆动而产生，为这一物理学论断给予了诗意的说明；黄胄的《天马行空》，表现了宇宙永恒的运动状态。这些都是科学与艺术有相互启迪关系的实例。他还指出：屈原长诗《天问》是最早通过逻辑推理，论证了天圆地圆的学说；杜甫诗“细推物理须行乐，何须浮名伴此生”，是“物理”一词的最早出处。李政道的这些说法，指出了科技与文化的密切关系，指明了科技中有文化、文化中有科技的事实，并表述了在物理学上的创意往往是源于文化的启迪。

由计算机科学与数学交叉而创造出“定理机器”的中科院院士张景中教授称：数学界也有“数学文化”的概念。数学界人士的确有像现在对文化概念所解释的——自身专业的共性理念、思维方式和行为方式；扩延整个科技领域，也可能如此。他说自己创造“智能教育软件”的意念，就是企求实现某些高级脑力劳动机械化，通俗地说就是：软件（原理）转化为硬件（机器），在硬件（机器）中出软件（计算机生成几何定理可读的原理和算法）。他说自己的初衷是：“让学生能像玩电脑游戏一样轻松地走进数理化世界，培养他们热爱科学、梦想科学的兴趣。”可见他的创意，也是以人为本的，是文化的。他还本着同样的创意，从撰写《数学家的眼光》开始，著述了15种共达200多万字的科普著作，多次荣获全国奖项，并荣获科普“金作家”称号。这些科普读物，与他创造的被称为“信息时代新形式的科普创作”的智能教育软件一样，都是本着这创意而创造的系列成果。由此可见：科学家的每项创造，从创意、孕育到实现的全过程，都是贯串着文化的理念和精神的；由此也可见科技创造的全过程是学术的，也是文化的，科技文化概念存在并体现于科技创造的始终。

自古以来，因科技而产生新文化的实例，屡见不鲜。如造纸技术的发明，笔、墨、砚的发明，印刷术的发明等等，都创造了新的文化现象。尤其值得注意的是：自改革开放以来，现代科技飞速发展，因科技创新和普及化所产生的文化新潮，更是有如雨后春笋，层出不穷，如因电脑的普及，涌现了电脑绘画、电脑游戏、电脑下棋、网络小说；又因手机的普及，涌现了手机摄影、手机诗歌、手机小说；更新奇的是，前些年湖南电视台利用歌迷发手机短信的方式，选出“超女”歌星，使多年发歌星梦的平常歌手一夜成名，营造了人人都有实现歌星梦的机会和氛围，使歌星平民化，从而使“超女”歌星成为波及全国的文化现象。这种现象，完全是现代科技所造成的文化新潮，是不折不扣的科技文化。

提出科技也是一个文化领域，倡导科技文化、以及科技文化化的概念，是很有现实意义的。因为在当今高科技时代，科技对国计民生的作用和影响与日俱增，对物质生产和经济增长的作用尤其巨大，GDP的比重也由此而决高低，这样，就往往会出现见物不见人、见效率不见生命的偏向，即：只顾生产，不顾人的需求；只顾效率，不顾根基建设和持续发展。同时，在高科技的创造和发展中，历来注重从学术上寻求创意，而从文化上谋求创意的倡导则明显不足。这些现象的产生，主要在于对文化是科技的催生剂、甚至是科技的温床和根基的重要作用认识不足。所以倡导科技文化，对于克服或防止这些偏向，具有标本兼治的现实意义。

## 二、科技也是第一文化软实力

文化软实力是指一个国家或地域的科技、教育、媒体、文化的综合力和影响力，是与一个国家或地域的工业、农业、国防等的生产力综称之为硬实力相对应的概念。邓小平同志关于“科学技术是第一生产力”的名言，精辟地指出了科技在当今社会的重大推动作用。那么，科技是否可称之为第一文化软实力呢？我从这次专题调研的结果感到，对这个问题的回答应当是肯定的。理由是：确切地说，科技既有作为生产力的硬实力方面，也有作为文化软实力方面。这是因为科技的发明创造成果，在未转化为生产力之前（即尚未投入实际生产之前），仍属于观念形态性质的软实力，在科研成果投入实际生产，产生了产品和经济效益，则转化为生产力、即硬实力了。在完成这一转化之后，还会有第二个转化，即其产品和经济效益，又会发生新的影响，以至会产生更多更大的科研成果，这些影响和成果，就是其文化软实力。所以，科技成果能否成为既是生产力，又是文化软实力，就在于其是否完成这两个“转化”的环节或过程。应该说，实际的、优秀的科研成果，大都会完成这两个转化过程。在当今世界，产生最大生产力的大都是科技成果，而这些成果也往往是产生最大文化软实力之所在。以既成功创造计算机教育软件、又成功进行科普创作的张景中院士为例，他的成就被媒体称为：“高级脑力劳动机械化，高级科技普及化，抽象原理形象化，枯燥数学美学化。”这就是完成了两个“转化”的典型。有趣的是，他这个软件在中小学铺开使用后，被称为专治“数理化头痛症”的良药，北大附中和广州实验学校的学生反映说：由此“找到了那把打开数学城堡的钥匙。从此，可在美丽的数学城堡中寻找、探索未知的宝藏了。”这些感受，说明了科技成果从第一个转化到第二个转化，其文化力是更大而更持久的，甚至是不可估量的。

广东工程职业技术学院，是我省科技系统唯一直属的高等职业技术院校。该院的办学思路是：“依托科协，立足高职，创出特色，做大做好”。从其实践上看，其特色主要是做大做好科技精神和科技学识的深化。具体表现在：该院很重视利用科协是科技工作者之家的条件，邀请各类科学家来校讲学，举办“院士风采”讲座，以榜样的力量弘扬科学精神和科技学识，在教学和文体活动中注重对学生科学文化素质的培养，在系统传授科技学识的同时，又注重科技技能的实践和培训。这些办学思路和做法，实质上是在教育的根基上，延伸和深化科技的精神和学识，使之持久承传并持续发展。其他非科技系统的大专院校，实际上也在以种种不同的自身特色和优势，承担和进行着科技精神和科学学识的深化工作。这两个方面的深化，使得科技生产力和文化软实力一样，代代相传、代代发展，具有无穷生命力。

广东科技报是我省科技界的唯一报纸，从1973年创刊至今，已有35年历史。它从开始只是普及科学知识的小报，发展为每周出版三个专刊并具有多种传媒功能的科技传媒实体，显然是改革开放、与时俱进的发展成果。它的三个专刊分别是：《创新时代周刊》，主要是传播最新的科技动态和创新讯息，从刊名即可见其传媒创意；《健康科学周刊》，主要是传播医药卫生知识和讯息，破解群众健康难题；《中小学科教周刊》，主要是向青少年普及科技知识，倡导科学精神，提高科技水平和素质。这些专刊的主题和分工，是很有创意的，它表明主办者着意于按读者的需要有别，以不同途径和方式，为其架设通向科技城堡的各种桥梁，目的是将科技知识和讯息多层次地、全方位地传媒化，也即是将科技生产力的功能和影响扩大化。当然，其他媒体对科技知识和讯息的传播，也是发挥这种传媒化功能的，但不如该报如此专业和系统。这种传媒化，可以说是科技生产力的再生产和持续发展，它是文化张力的体现，这也就是一种文化软实力。

主要提供科技交流和会展的科技馆，是科技界将科技生产力进一步转化和扩大化的重要园地。广东省科学馆从建馆至今，已经半个世纪，风风雨雨，一直主要承担着我省科技馆的职责，为科技交流和科技普及作出了不可磨灭的贡献。近些年，该馆更明确了为经济社会发展服务、为科技工作者服务、为提高全民科学素质服务的方向，举办了各种讲座、活动和展览，如：分别以《现代生物技术推动微生物药物研发的现状和前景》《心理学与社会发展》《气候变化对我国经济社会可持续发展的挑战》《当前我国科技创新中的问题》为题的四期的“广东科协论坛”；主办了“2007科技进步活动月——提高全民科学素质”大型科普广场活动；最近还与广东科技报合作，举办了“在粤工作院士科技创新成果展示会”，还正在筹办首届科学与艺术书画作品大奖赛等活动。这些举措，对于促进科技讯息流通和普及科技教育的效果是明显的，对于促使科技创新必会起到温床作用，对于提高全民科学文化素质也起到潜移默化作用。这些作用，即是科技生产力的再生产和持续生产，也即是科技的文化力；尤其是科技创新温床的营造与形成，全民科技文化素质的提高，是最大的文化软实力。

从以上对科技界的科研、科普、教育、媒体、科技馆等单位的调研情况可见，科技生产力与其相应的科技文化软实力，可以说是相互成正比、甚至加倍、持续增长、以致无休止地增长的；其对社会的推进作用，也与科技生产力一样，是雄踞文化软实力中首位的。所以称其为第一文化软实力名至实归。明确这个定位，是为了使人们更自觉地从这个高度，以种种途径和方式，去努力促使科技生产力的转化、深化、传媒化和潜移默化，使有形的硬实力，发展为更大的无形软实力。

## 三、关于打造科技文化和增强第一文化软实力的具体建议

（一）科技文化及其是否第一文化软实力问题，本身就是科学命题。在省委号召“继续解放思想，坚持改革开放，争当实践科学发展观排头兵”的时候，理所当然应将这个问题摆在重要的议事日程上。希望能由省领导牵头，举办“科技文化论坛”，组织科技界、文化界、社科界人士，围绕此命题进行多学科、全方位的探讨，并且着重结合我省当前实际，从解放思想、破解难题的需要，尤其是对生产结构调整和社会转型期所带来的种种问题，从第一生产力和第一文化软实力的高度，对这些问题从根本上去进行理论与实践的剖析。

（二）建议省科学院和社科院联合成立“生产力与文化软实力”研究机构，协调并加强对此课题的研究与合作。这个机构应当围绕增强我省文化软实力的中心主题，举办各种学术活动，组织跨学科合作研究。如共同进行文化软实力概念和功能的研讨，文化软实力与生产力的关系、各个学术领域在文化软实力中的作用和体现、文化软实力在政府决策中的作用、文化软实力与持续发展的关系等等课题的研究。同时，建议在我省和高校的科研规划中，增设和鼓励文化软实力和各种跨学科研究的课题，课题经费应向这些课题倾斜。

（三）建议在大中小学教育、以致全民教育中，增加科技教育的内容和支持力度，尤其是在政府机关的公务员教育中更应如此。新中国成立初期和60年代，社会教育的头等大事是“扫盲”（扫除不识字的文盲），现在则是要扫除“科盲”（即不懂科技知识者）。因为现在是高科技时代，不懂科技，寸步难行；国民素质的基本在于科技文化素质，增强生产力和文化软实力的根本，也在于青少年和全民的科技文化素质的提高。所以，强化科技文化教育，是国家固本强基和能否持续发展的大事，也即是真正落实科学发

展观、增强文化软实力的大事，应当投以最大可能的人力、物力、财力，以多种措施去做这件大事。具体地说，可以在大中小学中增设科技课程和开展各种科技活动，在各种公务员培训中，增加科技课程或举办专题的科技培训班，在社会上举办各种科技活动、讲座和展览，并形成制度，使之经常化（目前中小学校教育都开设有科学课，但因为未列入应试教育，所以师生积极性不高，建议广东可先行一步，考虑把科学教育列作升学必考课）。

（四）既然科技是第一生产力，是第一文化软实力，那么，我省就应当将科技界的建设发展放在“第一”的位置。

1．率先进行科技文化研究。这是当今国内尚是学术空白的课题。建议由科技界的有识之士牵头，成立广东省科技文化研究会，挂靠于省科协，借以团结科技界、文化界、社科界、新闻出版界的热心人士，进行本学科而又是跨学科的交叉研究，开展各种学术活动，举办学术论坛，编撰出版学术著作，其中包括重点推出《广东科技文化史》（如能实现，这将是我国首部科技文化史），在全国率先开拓这个学术领域。

2．将科普创作推上新台阶。科普创作是科技普及的桥梁和先锋，应当作为科技文化首要任务去充实加强。当前我省科普创作数量不少，也有影响，但显得零散，方式不多，效果不强，影响不大。建议从四个方面去加强：一是注重系统性，编撰出类似20世纪60年代《十万个为什么》那样的系列科技读物，但要另创新的名称；二是运用多种方式搞科普读物，如搞动漫科技系列、电视或各种有奖知识比赛系列（有似香港亚视“百万富翁”问答）等；三是将科技读物作为“第二课堂”读物，在中小学中推广；四是以科普读物为媒介，举办相应文体或科技活动，将推广阅读与课外活动结合起来。

3．办好我省、以至全国唯一以科技教育为特色的高等职业院校——广东工程职业技术学院，解决其学校面积不够、高级师资欠缺、经费不足等难题，使之逐步建设为我省科技教育中心、科技文化研究中心、科普创作中心，并在这在这些方面起到“排头兵”作用。

4．办好我省唯一以科技为专业的报纸——《广东科技报》，解决其当前人员和经费短缺、办公条件差（现仍在越秀中路老中大天文台旧址办公，这是广东省重点文物保护单位，理当迁移）等难题，支持其从每周三刊小报，扩办为每日出版的大报，力争办成走在全国前列的省级科技报。

5．办好全省科技馆。我省投巨资在广州建设了广东科学中心，起到领先作用，但在全省来说，好些县市尚未有科技馆，应当支持缺者补建，使全省各县市都一样具有图书馆、博物馆、文化馆和科技馆，以“四馆”俱齐的格局，使各地群众都能经常享受文化科技大餐。增进群众的文化科技素质，是增强文化软实力的不可或缺的途径。已经创办半个世纪的广东省科学馆，一直承担着省级科技馆的职能，又是广东历来政治风云和文化风暴发生或席卷的一个要地，历来广东政治、科技、文化、文艺界的好些重大事件，都在此留下历史的印记，应当支持其编写一部《广东科学馆史》，这也是全国首创的新课题，力争尽快完成，写好编好。

2008年4月10日

# 破“五论”、立“八系”，促进广东文化大发展大繁荣

最近举行的中共中央十七届六中全会通过了《中共中央关于深化体制改革推动社会主义文化大发展大繁荣若干重大问题的决定》（下简称《决定》），其中首次提出“把我国建设成为社会主义文化强国”的奋斗目标，令人鼓舞！我省早在前些年已提出“建设文化强省”的号召并取得了显著成绩，现在有了《决定》指引，必将会加快前进的步伐，取得更大的发展繁荣。在认真学习《决定》之后，笔者结合我省实际，认为要使广东文化在现有基础上取得更大发展繁荣，应在思想认识和机制举措上破“五论”、立“八系”。具体如下：

## 一、破“五论”

### （一）破“广东文化沙漠论”

这是20世纪末期广东，以至全国流行的观念，说广东讲发财、无文化，即使有文化也是“商业文化”“市民文化”。近些年这些说法少了，可能是大量的事实得到人们的认同而自行破除此论的缘故。但尚不能说完全破除。因为这种说法不完全是有无文化的问题，相当大的因素是在于文化观念的不同，以及文化宽容度的差异，应继续以求同存异、相互包容的胸怀待之。“沙漠论”的另一种表现，是对本土、本地、本行业、本企业的文化历史、文化存在和文化现象视而不见、不以为然，只重“他山之石”，不攻本身之“玉”，既不去挖掘、打造本身文化宝藏，又对本身落后文化现象熟视无睹、麻木不仁，不能以文化的自觉和自信去兴良除垢，造成文化上的无所作为，是文化发展障碍，应当破除。

### （二）破“文化次要论”

某些人的头脑和眼光只想到和看到经济指标的GDP，却忽视文化的GDP，将文化置于

次要位置，不予重视，不进议事日程，不入发展规划。其实，多年以来，党中央和省领导一直强调发挥文化引领作用，增强文化软实力和文化综合竞争力，现在又首次以中央全会决定的方式对文化改革发展作出重要部署，并首次提出建设社会主义文化强国的宏伟目标和战略任务。由此可见文化具有何等重要的位置，“文化次要论”可以休矣！

**（三）破“文化花钱论”**

进行文化建设、发展文化事业、开展文化活动，的确都要花钱，往往是只有经济付出、没有经济收益，或者收益少、收效慢，难在任职期间见成效，因而不愿投资文化，即使投资也是缩手缩脚、小手小脚、表点意思。这种认识，关键是欠缺文化意识，眼光浅，不懂“城市的竞争实质是文化竞争”“未来城市的竞争以文化论输赢”的道理，也不懂文化与经济发展的辩证法，对发展文化产业的思想和政策不明确、贯彻力度不大。现在《决定》明确要求：“文化产业成为国民经济支柱性产业，整体实力和国际竞争力显著增强，以公有制为主体、多种所有制共同发展的文化产业格局全面形成”，要求“文化管理体制和文化产品生产经营机制充满活力、富有效率”。如此明朗而深刻的指针，所谓的“文化花钱论”该收场了。

**（四）破“文化片面论”**

这种“片面论”突出而相当普遍地表现在以狭隘的“小文化”理念看文化，将文化仅看作是图书馆、博物馆、唱歌跳舞、写诗绘画、旅游会展之类建设或活动，而不是以现代的“大文化”理念看文化，片面地将文化仅作为文化部门管的事情，忽视或不懂观念意识、精神形态是更重要的主导或根本性的文化，是社会的，也即是文化的灵魂，尤其是信仰、道德、荣辱、诚信等观念与传统，更是社会的精神支柱和文化基石，不抓住或离开这个根本方面去进行文化建设，是舍本求末、因小失大。诚然，文化建设要做实事、出成绩、造品牌，但不应只片面追求基建数字、作品销量、获奖多少、品牌知名度，而应当注重其物质或精神建设的社会效益和实际效果。

**（五）破“文化边缘论”**

“边缘”者，处处沾边却又沾不上边。对于文化，为了交差搞一点，做做表面文章，不深不浅沾点边，谓之“文化边缘论”。此论现象相当普遍可以理解，奇怪的是“文化热”现象流行有20年以上，无论国企或民企、党政机关或事业单位，抑或科研单位或高等院校、街道或村落，以至家庭或个人，无不高唱文化，真可谓文化无处不沾边、人人处处讲文化，可是无文化、亚文化、丑文化、恶文化、邪文化现象却屡见不鲜、屡禁不止，显然与只偏重做“擦边球”的表面文章有关。这也是“文化边缘论”的一种表现。更奇怪的是，多年来文化高调唱得如此普遍，但在科学院却无专门的文化研究单位、在大学无专门的文化院系或专业，学术系统及学术规划、基金或评奖项目，都未能将文化学科或文化学类的项目单列申请和专项评审。这种在学术、科研、教学等领域中的重大缺失现象，可谓“人人有份却无人问”的“边缘”现象，也是“文化边缘论”的一种表现。

## 二、立“八系”

广东应在以社会主义核心价值体系为中心或前提下，以综合统筹的方式，确立和建设八个文化体系：

### （一）立“文化学术体系”

包括：确立文化学为独立的一级学科，要与世界现代文化学理论对接，以中国传统文化理论为基础，以社会主义文化思想为导向，确立有中国特色的文化学基本理论和体系。同时，以多元化的现代思维，允许或倡导以多种文化观、多种学术视角、多种学术途径、多种学术层面、多种艺术方式，去进行其二级学科体系的建设和确立，从而充分发挥各种学者个人或群体的积极性，促成更多文化领域的发现与开拓，造就多种文化种类和多种文化学派，以及文学艺术流派的形成和竞争，真正形成“百花齐放”“百家争鸣”的繁荣局面。例如，既支持以传统文化观念去研究岭南文化或南粤文化并建设其学术体系，又应当容许以世界水文化理论去对南中国海洋或珠江水系文化进行研究而确立其文化体系；在文化领域的研究上，既倡导对广府文化、客家文化、潮汕文化和雷州文化等民系文化的研究，又当支持对西江文化、东江文化、北江文化等水域文化的探索，更应鼓励对广信文化、南江文化、十三行文化、校园文化、佛山监狱文化等未受注意文化的发现与开拓。应当说，文化学术体系及其所带来的文化学派和文化种类与开拓，越多越好。

### （二）立“文化教育体系”

教育是国家和社会的根本。教育既是一种文化，又是文化的根本。发展繁荣文化的根本也在抓文化教育，要确立文化教育体系，包括：在中小学设立专门的“文化”课程和教材，在大专院校设“文化”为文理科学生的必修课，在有条件的大学专设文化系或研究院所。在成人教育系统，尤其是领导干部培训方案里，要有专门的文化课程，或者定期举办文化专修班、领导干部文化研修班，形成制度，从而逐步确立文化教育体系，或者是以突出文化为特色的教育体系。

### （三）立“道德诚信文化体系”

当今最为突出的社会问题是道德信誉危机，道德缺失、诚信缺失。这是严重的文化现象，但又不仅是文化问题，必须综合治理，以确立完整的道德诚信文化体系而根治之。确立这个体系，各级政府和领导干部必须守公德、守诚信，品格高尚，公正廉明，言必行、行必果，树立威信和形象；要倡导在城市农村各种基层单位或群体(街道、乡村、机关、企业、工厂、商店等)，订立道德公约，在社会各种经济与人际关系之间，包括单位与个人、企业与企业、投资方与被投资方，双方的平等交往和利益的良性循环，使社会的人际关系和市场经济具有诚信道德基石；在社会各个领域，广泛开展评选诚信个人、单位、村庄、小区、街道、企业、商店、产品、商品的活动，并以道德诚信度进行等级评比，架构以立德守信论品位的道德准绳，形成以立德守信度比高低的时尚，创造人人讲道德、事事讲诚信、处处讲道德诚信的社会环境，营造以有德有信为荣、无德无信为耻的社会风气，使道德诚信文化社会化。在宣传和教育中，要大力宣扬古今有德有信典范人物的光辉事迹和动人故事，以各种媒体弘扬诚信文化和道德传统，编写普及的道德诚信读物，使幼儿园的孩子也能看懂听懂，争做“立德守信孩子”。邓小平说现代化的电脑教育要从娃娃抓起，同样，传统道德诚信教育也应当从娃娃抓起，这样才能使道德诚信文化代代相传，全面而持久地确立道德诚信文化体系。

**（四）立“信息文化体系”**

当今手机、电脑等现代化通信设备的发明与流行，使人类社会进入了高科技的通信时代，既高速地促进人们的信息沟通与交流，又造就了一种新的信息文化领域，开拓了“微博”“QQ”等新的交流方式，开创了网络文学、绘画、音乐，以及手机短信“段子”、诗歌等超时空的交流和艺术方式。由于这些新方式，以个人操作为主，自由度大、自发性强，往往形成自流，因而很有必要确立信息文化体系而加以管理引导，使其从自发走向自觉、从低层次走向高层次，以积极面克制其消极面，促沟通、出精品，使其健康发展，在信息交流和信息文化建设上，发挥更积极的作用，为社会经济文化建设作出贡献。其中应特别重视的是：政府、领导与人民群众之间的网络交流体系，对于建设和谐的幸福社会、社会主义精神文明建设尤有重要意义。要经常以征文、比赛、评比等活动或方式，促进信息网络文艺有更多的好作品问世，有代表性的作品、作家、理论家，使信息文艺和信息文化成气候、成领域、成体系。

**（五）立“品牌文化体系”**

在总体上，既要以文化打造经济物质生产的品牌，又要打造文化品牌，开拓品牌文化研究领域，树立品牌观念意识，确立品牌文化体系。在各行各业都要树立和打造品牌，既挖掘或弘扬传统品牌，擦亮本有品牌，更要打造开创新品牌。在文化领域，既要以设立各种奖项的方式树立个人或作品的品牌，更要以在社会上大力宣传、弘扬文化特质或实效的方式，使品牌成为公认的社会存在；既要打造现实新生事物、新人新作、新建景点、新开场馆的文化品牌，又要挖掘、重现传统文化遗存或文化星座的品牌光辉。从而使各行各业都有自身的品牌系列，形成品牌的经济和文化体系。尤其要实施促使品牌走出国门、参加国际比赛和竞争的战略，尽力争取举办或参加国际赛事的机会并获得奖项，竭力争取多种文化遗存列入世界文化遗产或非物质文化遗产。

**（六）立“生活文化体系”**

衣、食、住、行、玩，是人类生存的五要素，也是社会生活的五项基本内容；每项要素或基本内容都自成其经济和文化体系，同时又在总体上构成一定国家、民族、地域的社会生活的基本特质与形态，包括其经济体系和文化体系。所以，在文化建设中，从本地文化特质出发，分别确立本地域的衣、食、住、行、玩的文化体系，又在总体上确立自身的社会生活文化体系，是极其重要的基本文化建设，是最能体现本地文化特质、最能体现文化惠民、最能繁荣发展文化经济的基本途径和战略。例如，“食在广东”是举世公认的，广东自古食文化经济繁荣，食文化有悠久传统，自成经济和文化体系，当今又有更新更大的发展；衣饰服装业“领导全国新潮流”；住房建设和房地产业，高铁、地铁等交通建设，以及旅游业、娱乐业等都是全国的排头兵。这些衣、食、住、行、玩等生活文化体系既是各项生活要素的高速发展，又是整体社会生活的发展；既是经济的发展，又是文化的发展；既是物质惠民的发展，又是精神文化惠民的发展；既是广东经济特质的充分展示，又是广东文化优势的直接弘扬。过去只注重这些社会生活要素或行业的经济效能，忽视其中的文化内涵与文化功能。同时，以往多是将这些要素或行业“各顾各”地、零散地去进行操作，其发展是迟缓的、有限的，应当以确立社会生活文化体系而促其整体地、综合地、系列地发展才能高速发展。

**（七）立“生命文化体系”**

生、老、病、性、死，是人类生命过程的基本环节或基本命题，每个人都是必须经历或必然接触到的，每个国家、民族、地域的每个时代的社会管理者，都必须面对和解决这五项生命命题，也即是社会命题。每个社会对这些生命环节和命题的认识理念、解决方式和关怀程度，是其人性关怀、物质和精神文明程度的体现，也是其社会文化、传统文化特色的重要体现。如“生育”，既是人的生理必然，又有生养优生、计划生育、孕妇婴儿保健、助产出生风俗等，都无不有经济、文化问题；当今社会老龄化日益突出，社会问题多多；病、性、死的问题，同样不可避免，且持续不断，都受社会风俗文化影响，又是社会文明程度的标志。这些生命文化问题，必须以社会主义思想而确立具有民族特色和地方色彩的生命文化体系来解决并发展之。

**（八）立“文化人才体系”**

要充分注意从文化事业的特殊性来培养人才、发现人才、使用人才、保护人才、鼓励人才，确立具有民族和地方特色的文化人才体系。如在工艺性特强的行业，可破学历或艺龄限制评升职称，可以私人收徒或亲属带徒；在大学和学术机构，可以破除退休年龄限制而持续使用特殊人才，并为深有造诣的专家配备助手；根据不同行业的劳动付出情况制定弹性报酬准则，尤其是对公认为“冷门”的行业，如文艺批评、文化研究等，要扩大研究课题和经费投入，提供更多造就人才、使用人才的机会，以减税、免税、提高稿费和奖金等措施，促使研究或创作成果的经济价值和文化价值升值；在文化竞选、比赛、评审、评奖中，要公开、公平、公正，人人平等，破除门户之见、派系之争，严禁暗箱操作、霸道行为，造就人才顺利成长的良好环境，真正确立科学的文化人才体系。

以上“八系”，是供实现广东文化大发展大繁荣参考的策略与途径，其建设与确立的进度大小，则当是广东文化发展繁荣程度的主要指标和实现标志。

2011年11月24日

# 强化文化软实力之“五力”，发扬光大广东文化特点和精髓

——广东文化软实力与文化特质调研报告

在2013年广东省参事决策咨询会上，中共中央政治局委员、广东省委书记胡春华同志作出了“广东文化具有自身特点”“具有自己的精髓，需要我们今天去发扬光大”的指示。那么，什么是广东文化的特点和精髓呢？2010年7月，以建设文化强省为主题的省委十届七中全会指出：“改革开放以来，广东的成功探索，不仅为全国贡献了经济发展的成功经验，更重要的是，改革开放中形成了‘解放思想，先行先试，开拓进取，领潮争先’的思想观念，成为新时期广东文化的精髓。”这个概括，也包括其内涵的开放性、领潮性、变通性、务实性、进取性等特点，故可统称为广东文化特质。显然，广东自改革开放以来取得的长足发展，是充分发挥了这些特质而取得的丰硕成果。

现在广东正面临着经济社会发展的关键时期，胡春华书记作出这一指示，是很及时、很重要的。如何贯彻这个指示呢？笔者认为，应当以新的高度或视角，去重新认识自身文化的特点和精髓，并在已有成就和经验的基础上，使其发扬光大。这个新的高度和视角，就是现代文化理念和文化软实力理论及其内涵之“五力”，即：文化激活力、文化对应力、文化伸张力、文化浸润力、文化持续力。为此，特提交调研报告及具体建议如下。

## 一、用时代文化理念，以文化激活力发扬开放性特质

当今世界，时代文化理念就是大文化理念。其“大”，一是以世界和时代的眼光看文化，二是以大文化概念(即指人的理念、精神、思维方式、行为方式)用文化。具体而言，就是以这“两大”文化理念为高度，去研究、分析、发现、升华广东的一切自然、历史、现实的客体文化元素(含古今生活与文化)而进行文化创造，包括创作文艺作品、确立文化定位、策划文化项目、组织文化活动、建设文化设施、保护利用文化遗产、普及文化

知识、创办文明单位等举措或实体成果(统称“作品”)。以这“两大”文化理念为高度去进行这些文化创造，实际上也就是以文化软实力之激活力，去激活广东的相关文化元素(包括文化特质)而创造的作品；同时，这作品本身对于受众又是有文化激活力的。所以，文化激活力，既是作者以一定时代理念去激活文化客体元素而进行文化创造的文化力，又是作品对于受众的影响力。

例如，2010年11月在广州举行的亚运会开幕式，就是以这“两大”文化理念中，最“世界”、最“时代”的水文化和江海文化理念，激活广东文化中传统的水文化元素(如“落雨大水浸街”的咸水歌、游河的花艇、海上丝绸之路的风帆、乘风破浪的海船等)，在“以羊城为背景，珠江为舞台”的宏大艺术空间中活灵活现，既突破了历代亚运会均在场馆内举行开幕式的传统，又扩充了体育活动的文化内涵，以“一滴水通向海洋”的亮点，充分体现广东文化的开放性特质和风采，使其不仅具有鲜明的地方色彩和民族风格，而且具有强烈的世界意义和时代意义，从而使广州在“一夜之间成为世界名城”(海外媒体语)。可惜这种以时代文化理念发挥文化激活力之“大手笔”作品太少，而且“中手笔”“小手笔”的作品也不多见。看来其原因主要在于以“两大”文化理念激活广东古今文化元素和开放性特质的功力不足。

纵观天下古今大著，能列入世界级之时代经典者，莫不是作者以时代文化理念激活一定地域或领域文化元素之巨作，其文化理念越高、激活的文化元素越深，其世界性、时代性就越强越大。鲁迅说：“越是民族的越是世界的。”其实是以“世界的”激活“民族的”，才能是“世界的”。中国内地首获诺贝尔文学奖的莫言，称他的文学故乡是“高密东北乡”，他的《红高粱》系列小说，就是他以现代文化理念激活其故乡文化元素而写出的作品，可谓以现代文化理念激活地域文化元素而成功的典型例证。

当然，能否以及如何掌握现代文化理念并激活地域文化元素，取决于作者(包括策划者、主持者、决策者、指挥者)的文化素养与创造功力，但如能高度掌握现代文化理念和地域文化元素，则更能发挥和增强自身的素养、个性、特质和功力，也即更能发挥和增强其文化激活力。所以，对于作者而言，文化激活力即是自身文化素养和创造功力；对于作品而言，则是其社会影响力及其影响面的深度和广度。

文化激活力在文化软实力“五力”之中，是主干力、关键力，具有并强化此力，才能创造出具有强大文化软实力的作品，才能发挥和强化其他“四力”。当今广东文化，首先就应以强化这个首“力”，去进一步发扬开放性特质。

## 二、用江海文化理念，以文化对应力发扬领潮性特质

文化对应力，也即文化对接力、认同力、亲和力，其内涵有两个层次：一是指文化

创造过程中，作者与其所激活的客体生活面而产生的文化力；二是指作品问世以后，作品与其受众面对接而产生的文化力。一般而言，作者与客体生活对接面、作品与其接受面越宽越深，文化对应力就越强越大，否则就较弱较小。因此，作者必须在创造过程中精心选择一条文化对接纽带，将尽可能深广的生活面和作品的受众面串接起来，才能发挥和增强作者和作品的文化对应力。

这条对接纽带的最佳选择，应当是以最“世界”、最“时代”的文化理念和地域文化的最大特质为主体。就广东文化而言，就是江海文化理念和领潮性文化特质。珠江水系和海上丝绸之路，是广东文化对接全国和世界的两条主干性纽带，是广东文化领潮性特质的主要体现。这是由地理环境和人文历史决定的。广东处于珠江与南海联为一体的地理环境，又有开发珠江、南海和海上丝绸之路的悠久历史，决定了广东是江海一体的文化特质和传统。这种特质和传统，在当今时代，正与世界水文化中江海文化潮流和中国改革开放潮流相吻合，从而将广东推到时代风口浪尖的位置，造就了领潮争先的文化地位和特性。也正因为如此，这两条主干性文化纽带的文化对应力特强特大：珠江是中国第三大河，覆盖整个中国南方水系，与黄河、长江、辽河、运河等大江大河“茫茫九派流中国”，对接美国的密西西比河、英国的泰晤士河、法国的塞纳河、印度的恒河、埃及的尼罗河等世界各国母亲河；海上丝绸之路，从秦代南越港、西汉徐闻港等数十个南海沿海古港始发的海上交通，两千多年来络绎不绝，与全球一百多个国家地区对接，新的丝绸之路越拓越长越宽。显然，文化对应面也极宽极广，文化对应的潜力也是无穷无尽的。

可惜的是，广东在文化上对于这些时代和历史赋予的特质认识不够、运用不足，以现代江海文化理念，以珠江水系和海上丝绸之路两条主干纽带而发挥文化对应力、发挥领潮性特质的自觉性和力度远远不够，与兄弟省市相距甚远。如20世纪60年代，甘肃以敦煌文化和陆上丝绸之路为纽带，创造了音乐舞蹈史诗《丝路花雨》，数十年一直发挥着巨大的文化对应力；中央电视台以长江为纽带，对接世界江河文化，制作了电视系列片《话说长江》，近十年来“一说”“再说”，在海内外发出了无穷的文化对应力量。作为中国和世界海上丝绸之路发祥地的广东，作为中国第三大河——珠江水系中心地的广东，至今仍未有像样子的写海上丝绸之路和珠江文化的作品问世，能不汗颜吗？

此外，广东的广府、客家、潮汕三大民系，均有大量移居海外的华人华侨，其文化对应受众面在海外极宽极广，遍布世界五大洲，是广东江海文化和领潮性特质的重要元素和体现，也是可以发挥和强化广东文化对应力的又长又宽的文化纽带。可惜只是近年来才开始注意发挥这些纽带对应力，而且至今所付出的力度偏弱、偏小。应当大力对其强化，同时，也应依此原理，发现和运用更多更新的文化纽带，以持续不断地强化文化对应力和发扬领潮性特质。

## 三、用信息文化理念，以文化伸张力发扬变通性特质

江海一体的地理优势和江海文化特质，使广东自古有重商经贸传统，商品经济特别发达，直至改革开放，对内“搞活”是经济，对外“开放”也是经济，所以才有“东南西北中，发财到广东”的热潮和声誉。商品经济特重信息、机会、际遇、敏感、灵活，“随机应变”“灵活多变”，因而造就广东文化自古有变通性特质。这种特质，在世界进入信息时代的今天，更是如鱼得水，恰逢更大发挥之时。若求百尺竿头，更进一步，应更自觉地以信息文化理念，更大地发挥变通性特质而强化文化伸张力。

文化伸张力，有对内和对外的双向伸张。对内是指作者在进行文化创造过程中，对客体文化元素内涵的深度、广度的强化力；对外是指作品问世以后更大更深地扩展受众面的影响力。以现代信息理念发挥和强化文化伸张力，则如虎添翼，对作者而言，有似《红楼梦》中林黛玉所言的：“愿奴胁下生双翼，随花飞到天尽头”；对作品而言，则如薛宝钗所言的：“愿借好风力，送我上青云”。前者是伸张内力，后者是伸张外力。

具体说来，作者在创造过程中对内伸张力的发挥，首先就要求对时代信息比较敏感，有预见地选择时代最前沿的题材或项目，不失时机地进行创造；同时，也可以有前瞻性地选择有经营价值的题材或项目，以十年磨一剑的精神，对其文化内涵进行层层伸张，使其成为文化瑰宝，在最佳时机问世；或者是按全国或世界性活动的需要，有预期有目标地选择题材或项目，对相关的客体文化元素进行深广伸张，创造出能过长江、跨黄河、出海洋的文化精品。

以对外伸张力而发挥文化变通性特质，是广东传统的“看家本领”“拿手好戏”。明清以来，一口通商的“粤海关”“十三行”“侨墟楼”，到20世纪50年代的“广交会”，源源不绝的商贸际遇和变幻无穷的推销手段及广告，使广东商品誉满全球。改革开放后，信息文化理念日益现代和开放，信息传播的媒体与方式更是突飞猛进、日新月异，电脑、网络、手机、广告，既是信息媒体，又是文化创造母体；各种各类的交流会、联谊会、交易会、旅游节、特产节、风情节、民俗节，既是商贸集市，又是文化盛宴。广东信息经济与信息文化的高速发展和发达盛况，是无愧于全国“排头兵”称号的。但从发展上看，尚有明显不足：一是从现代信息文化和文化伸张力的高度，发扬变通性特质的理念的自觉性不足，大都处于自发盲目状态；二是对原有媒体功能发挥不足，报刊多是应景玩乐之文，有深度、有分量之作甚少，舞台艺术欠缺可“出口”精品，电影名片几乎空白，已进入家家户户的电视，却甚少有能让人“追”的故事片或专题片；三是在众多全国性、国际性的经济体育等活动中推介广东文化不足；四是“走下去”不足，即将文化向基层、向群众、向家庭推广不足；五是“走出去”不足，即将文化向省外、国外推广不足。可见我省的文化伸张力尚有甚大的伸张余地和空白地带。

## 四、用生态文化理念，以文化浸润力发扬实效性特质

保护自然生态的理念，已取得世界共识。其实在这理念中，也当包括生态文化理念。因为自然生态保护是为保护人类生活环境而言。生活环境包括自然环境和社会环境，社会环境的灵魂是文化。因而以优秀文化保护、营造良好的社会环境，造就良好的文化生态环境是现代文化的重要理念和重大课题。这就是用现代生态文化理念营造文化软实力中的文化浸润力。

文化浸润力，包括文化的环境力、氛围力、向心力、凝聚力、熏染力、孵化力、竞争力、辐射力、实效力等，在环境营造和文化创造上，尤其是在人才和作品的成长和孕育上，与广东文化的实效性特质要求是一致的。所谓“润物细无声”，“近墨者黑，近朱者赤”，“桃李不言下自成蹊”，“榜样的力量是无穷的”，“知识就是力量”，“敢拼就会赢”，“时间就是金钱，效率就是生命”等名言，都是阐释文化浸润力和实效性特质的内涵和道理。深圳办特区的重要经验，就是营造良好的投资环境，包括广纳、培养人才，扶持、孵化项目，创造文明单位，等等；全省各地的先进经验也是如此。但大都是经济发展上的成就和经验，在文化方面的成就或经验却较弱较少。

无论是作者的成长和创作，或者是作品的酝酿和创造，都需要良好环境的孕育和扶持。“典型环境中的典型人物”，无典型环境就不能出典型人物(包括作者与作品)。广东是经济强省，有较好的经济环境，所出经济成果较大较多。相对而言文化环境力却较弱，故有“文化沙漠”之贬语。其实这是不实之词。且不说近年广东新挖掘出来的悠久丰富的古文化，仅以现代新潮文化而言广东省在全国也是位列前茅的。但也不得不承认文化环境力较弱的事实。因为特强的现代新潮文化有明显的现代商业文化因素，显然与特强的经济环境力相关。经济与文化的环境力平衡，有助于文化，文化又能引领经济，否则会牵制以至削弱文化。所以，应当以生态文化理念，掌握经济与文化环境力的平衡，包括文化领域中各种文化的平衡发展，营造良好的文化环境。具体而言，就是要加大文化投资比例；着力发现和大力扶持重点项目；强化平等竞争机制，从中发现可重点扶持人才和项目；强化公正评选和评奖机制，鼓励先进，树立榜样；破格扶持青年拔尖人才和项目，也破格留用开拓性、传统性学科或行业的项目和领军人物，树立新老文化权威，以克服或持续防止某些学科或专业青黄不接、创新多碍、传统割裂、积累断弃等现象。

## 五、用正负文化理念，以文化持续力发扬进取性特质

任何文化都有正面和负面，有文化特质上的正负面，又有发展上的正负面。特质上的正负面，是其优质和劣质(或正能量和负能量)同在；发展上的正负面，是前进与滞后并

存、扩大与消失共存。这是现代文化学中的辩证理念，用之于文化软实力理论，则是文化持续力或后劲力、转化力的原理。这个原理，与广东文化的进取性特质又是极其一致的。要发扬光大这种特质，就必须以这个理念和原理，发挥和强化文化持续力。

中国的各大江河文化，各有其特质，每个特质都有其正面和负面。例如，黄河文化有似李白诗称："黄河之水天上来，奔流到海不复回"，神圣、庄严，但却有封闭、保守之风；长江文化宛若苏轼词称："大江东去，浪涛尽，千古风流人物"，豪放、气派，但同具重表、精计之风；珠江文化正如南粤第一诗人张九龄所写："海上生明月，天涯共此时"，宽宏、共时，但却是浅尝辄止、易变易移，也即是既有开放包容、领潮争先的正面，却又有不求深刻、不求升华的负面。所以，广东人有"只会生孩子不会起名字"的戏称。

这种正负面同在的文化现象，可以说是特质性的，但却不能说是永恒不变的，而且其负面也往往是可以转化、转型，或以新陈代谢的方式转化为正面，以新的方式发挥文化持续力并持续发挥进取性特质的。例如广东人在近百年来中国历次重大政治事件中，扮演着叱咤风云的领袖角色，开始时风生水起、领潮争先，但在事半或事成不久，往往虎头蛇尾、后劲不迭：洪秀全太平天国起义，只占了半个中国即寿终正寝；康有为、梁启超戊戌变法，只做了"百日维新"即四散逃亡；孙中山发动辛亥革命，成功不久被袁世凯夺了权；随即发动讨袁战争，恢复大元帅职，在广东誓师北伐，可惜"出师未捷身先死"，蒋介石接手指挥，尚未打过长江，即在上海策动屠杀共产党的"四一二"政变，北伐夭折。这一系列史实，说明广东文化特质确有正负面同在的现象。

但是，从历史发展眼光看，这种虎头蛇尾的负面，虽然是以失败方式消失了，但其实是一种转化，"前事不忘，后事之师"，显然，洪秀全、康梁、孙中山的革命，都有着这种承前启后的转化关系和现象。另一方面，太平天国起义、戊戌变法、孙中山两次革命，虽然离开广东最后失败，但其影响遍及全国以至世界，也是一种承传转化关系和现象。这两种关系和现象说明，特质性的正负面文化都是在前进中转化、转移、扩大的。再从历史发展进程的态势看，广东人在百年近代史上的风云转换，虽然有似走马灯旋转，"你方唱罢我登场"，但始终保持着前仆后继的承传关系和领潮争先的态势。这正是广东文化开拓进取特质的一种体现，也是正负文化面的转化、转移、扩大的体现。应当说，这也是文化持续力发挥的一种方式和途径。从这种方式和途径可见，发展的总体目标越新、转化的层次越深、转移的空间越宽、扩大的范围越广，文化持续力和文化进取性的发挥就越强越大。

改革开放以来，广东经济持续发展的历程和经验也可为此佐证：从开始"先走一步"创办经济特区，到建设珠三角城市群、到办粤港澳"大珠三角"、到"泛珠三角"（9

+2)经济合作、到建设“珠三角经济圈”、到现在加快“粤东西北”发展，使广东一直保持着开拓进取、领潮争先的地位和态势，未出现虎头蛇尾、后劲不迭现象。这些事实说明，文化特质的正负面不是永恒不变的，是可以用现代文化理念辩证把握，使其转化、转型、转移、扩大，以发挥进取性特质和文化持续力而发展的。

从文化发展来说，也是如此。应该说，广东文化在有些时候或有些领域，也有过引领全国风骚之荣耀，如流行歌曲、广场文化等，但往往是新“风乍起”，神采飞扬，有的“吹皱一池春水”，有的“翻江倒海”，即“好花不常开，好景不常在”，正可谓虎头蛇尾之证。然而，尽管这些文化如此“短命”，相关新潮文化仍是前收后启、此息彼生地发展着，一直保持着应时而生、源源不断、层出不穷的发展态势。这种态势，虽然有连连“短命”的负面，但同时具有新潮的正面，并很快转化为另一新潮，保持着持续发展的“长命”。这不也是发挥文化持续力和开拓进取特质的一种体现吗？应该肯定，这也是一种文化发展方式，也是一种广东特色和优势，大可不必对此非议，也不必为此妄自菲薄。当然，除此之外，还应当有更多种多样的文化，尤其是经典性、重量级文化。

的确，这种“江山代有人才出，各领风骚数百年”的“快餐文化”，有快、轻、小、短的特点，这既是其弱势，又是其优势，应当继续发挥其特点和优势；同时，又应当以正负文化的理念，将其转化、转型、转变、扩大，向深、重、大、厚的文化进军，并将其发展为广东文化的又一特色和优势。若要这样，就必须下大决心、抓大策划、加大投入、花大力气、搞大作品，以强大文化持续力发扬光大广东文化的进取性特质才能实现。

2007年10月，党的十七大报告中引用的文化软实力理论，是美国著名政治学家、哈佛大学教授约瑟夫•奈在《软实力——国际政治的制胜之道》一书中，首先提出的概念。他认为，文化软实力是指一个国家维护和实现国家利益的决策和行动的能力，其力量是基于该国在国际社会的文化认同感而产生的亲和力、影响力和凝聚力。对每个地区而言也是如此。笔者试图将这种软实力之力源，细化为文化激活力、文化对应力、文化伸张力、文化浸润力、文化持续力等“五力”，并尝试用之论析当今广东文化实际，旨在探求发扬光大广东文化特点和精髓的策略与途径，为建设文化强省出谋划策。

2013年9月3日

# 建设21世纪海上丝绸之路战略刍议

## ——并论全方位发挥文化软实力之“五力”

2013年11月15日公布的《中共中央关于全面深化改革若干重大问题的决定》中，提出的“建立开发性金融机构，加快同周边国家和区域基础设施互联互通建设，推进丝绸之路经济带、海上丝绸之路建设，形成全方位开放新格局”的要求(下称“中央决定要求”)，是具有深厚重大的历史和现实意义，并具有高瞻远瞩的发展战略意义的英明决策。

海上丝绸之路文化，既是文化软实力之载体，又是文化软实力之迸发体。2007年党的十七大引进的文化软实力理论，完全适用于对古今海上丝绸之路文化的建设与开发。文化软实力理论，是美国著名政治学家、哈佛大学教授约瑟夫•奈在《软实力——国际政治的制胜之道》一书中，首先提出的概念。他认为，文化软实力是指一个国家维护和实现国家利益的决策和行动的能力，其力量是基于该国在国际社会的文化认同感而产生的亲和力、影响力和凝聚力。对每个地区或领域而言也是如此。笔者试图将文化软实力之力源，细化为文化对应力、文化激活力、文化伸张力、文化浸润力、文化持续力等“五力”，用于广东实际。以下是笔者建设21世纪海上丝绸之路的战略刍议。

## 一、全方位发挥文化对应力

文化对应力，是将文化软实力的认同感、亲和力纽带化，即将主体与客体联结为具有密切关系的纽带，使两者在纽带中相互对应发展；而促使纽带的联结、产生和发展的基础和动力，即是文化对应力，也即是联结为纽带的主体与客体之间的认同力、亲和力、对接力、凝聚力。联结纽带双方关系的亲密程度和发展，取决于文化对应力的力度和全方位发挥的强度。海上丝绸之路就是广东省和中国自古以来与海外诸国的联结纽带之一。

古代丝绸之路，是指汉代到鸦片战争两千多年来，中国与周边及世界相关国家地区之间，进行商贸和文化交流的交通线路。由于中国特产以丝绸著名，19世纪德国学者李希霍芬在其中国旅行记中，开始使用“丝绸之路”一词，“丝绸之路”于是被普遍接受而通行至今。历来说的丝绸之路，有陆上和海上之分：陆上丝绸之路是从西汉张骞通西域开始，始发地是长安(今西安)；海上丝绸之路也是西汉时始发于广东徐闻，迄今已有两千多年历史，是广东省和中国走向世界、对接世界的海上通道。现在中央要求建设21世纪海上丝绸之路，实际上是以文化对应力的原理，利用历史上与中国有经济往来的国家地区，因有海上丝绸之路的友谊之“缘”，而以此“缘”之亲和力为纽带，建立亲密的合作关系。这项“再续前缘”的举措，就是文化对应力的运用和发挥。由此，应当自觉地以此理念为主导，持续深挖并千方百计地发展原有亲和力之纽带，使相互合作关系全方位地发展。

据历史资料，古代海上丝路经过交往的国家地区有50多个，现已变化或发展为百个；广东省与毗邻东盟诸国的海上丝路的纽带关系，尤其历史悠久，往来特别密切。近些年来，广东省与东盟及海外诸国的外交和贸易关系更是有了巨大发展。这就是建设21世纪海上丝路最深厚的历史和现实基础，是最深厚的“前缘”和密切的纽带。由此，可以采取“重续前缘，再创新缘”的战略，将历代与中国有海上丝路之“缘”的国家或地区寻找出来，以曾有之“缘”为抓手，大力发展外贸外交和文化关系，既续“前缘”，又创“新缘”。同时，又可借联合国已决定将世界所有丝绸之路文化遗产，共评为一项世界遗产之时机，以联合申请世界文化遗产为由，串联同有这项遗产的国家或地区以此为目标而共同努力，加强全方位合作，并要大力宣传，提高海上丝路的文化价值和知名度，从而更大扩展和增强文化对应力。

## 二、全方位发挥文化激活力

文化激活力，即是主体与客体的纽带关系，主体以一定的时代理念去激活客体元素而进行的文化创造力，即文化复活力、新生力、再创力。古代海上丝绸之路文化，都是因岁月消逝而失去实体生命的历史文化或文化遗存。当今人们(主体)必须以当今时代的理念和价值观，对其(客体)重新认识和运用，才能恢复其历史价值并具有现实活力。对其激活力的强度，一方面在于客体的原有基础，另一方面则在于主体的功力大小和用力程度。海上丝绸之路的历史或文化遗存是客体，我们作为对其研究开发的主体，在其基础上进行21世纪海上丝路建设，就是文化激活力的运用与发挥。

由此，从战略上说，就是要以新的理念和举措，使已逝去的历史文化元素重新具有新的生命力和感动力，这就是既有再生的激活力，又要有使再生的历史文化和遗存所创造的载体(如学术著作、文艺作品等)对当今社会具有新的激活力。所以，应当将21世纪海上丝绸之路建设作为一项建设工程来抓，作出全面规划、部署，并逐步实施。其中包括文化工程项目，组织队伍、深入研究、深入宣传，以文化激活力原理，采取种种方式，激活并发挥海上丝路历史及文化遗存的内在元素，创造出具有文化感动力的著作或作品。当前应着力扶持比较成熟的海上丝路题材的学术著作、电视片、电视剧、歌舞剧、美术作品等文艺创作。因为成功的学术著作和文艺作品，既是对历史题材的激活，又是对读者观众心灵的激活。

## 三、全方位发挥文化伸张力

文化伸张力，有对内和对外的双向伸张。对内是指主体（作者或主导者）在进行文化创造过程中，对客体文化元素内涵的深度、广度的强化力；对外是指客体（作品或文化实体）完成后更大更深地扩展其内涵的强化力，以及对社会受众的影响力。以现代文化理念发挥和强化文化伸张力，则如虎添翼，对主体（作者或主导者）而言，有似《红楼梦》中林黛玉所言："愿奴肋下生双翼，随花飞到天尽头"；对客体（作品或文化实体）而言，则如薛宝钗所言："愿借好风力，送我上青云"；前者是伸张内力，后者是伸张外力。

将这个原理运用于海上丝路建设，从战略层面而言，就是要求主体和客体都要伸张内力和外力。如对古代海上丝绸之路的文化性质及其与海外诸国的纽带关系，应当认识到其内涵主要是经贸往来功能，进而扩展认识其同时又具有政治、文化、外交、军事等诸多方面意义，尤其是具有国际之间人民友谊交往的意义。习近平总书记在出访欧洲和亚洲时，先后提出建设"丝绸之路经济带""海上丝绸之路经济带"，中央决定要求以"推进丝绸之路、海上丝绸之路建设，形成全方位开放格局"，就是全方位发挥海上丝绸之路文化伸张力的英明战略。从战术而言，以种种方式和媒介，大力宣传我国和相关国家的海上丝路的题材、作品、成果、活动，如印发邮票、印花税票、礼品，举办会展，发布微博、微信、网讯等，持续而层出不穷地伸张其文化内涵与价值，也是文化伸张力的全方位发挥。

## 四、全方位发挥文化浸润力

文化浸润力，包括文化的形象力、氛围力、辐射力等，总体而言，是指主体与客体之间的亲和力，以及"润物细无声"的浸润性影响力。具体用于海上丝路文化建设，从战略上而言，就是要我们与相关国家始终保持并发展传统友好关系，并且在对外关系中始终保持并发展独立自主、和平友好、平等互惠的外交外贸政策，注重我省、我国自身具有五千年文化传统的文明形象，并以这种形象的尊严与亲和力，赢得相关国家的真诚信赖，从而在国际关系和相互交往中，以亲善、温馨的氛围和关系，缩小或化解彼此的分歧或矛盾冲突，创造互惠双赢的结局，建立战略伙伴关系。这种力的根本点，在于我国的海上丝路文化和海洋观是和平的、亲善的。明代郑和七下西洋就是历史的印证和典型范例。

## 五、全方位发挥文化持续力

文化持续力，就是文化转型力、转化力、综合力，具体用于海上丝绸之路建设，从战略而言，就是要“古为今用”“洋中通用”“五力并用”。因为以“前缘”而建新的经济带、新丝绸之路，无“古”则失“缘”，不为“今用”则缺“新”；中国与海外他国共建新“丝路”，不能没有中国特色，也须尊重相关国家地区的文化特色；中央决定要求“形成全方位开放格局”，就是要全面发挥文化软实力之“五力并用”，将其作为一项重大工程来抓，就必须有权威机构的综合统筹，设立领导小组或指挥部，确立相应决策和实施机制，才能堪此重任。另一方面，就是要软件建设与硬件建设并举。软件建设，就是在学术上持续对古代海上丝路文化、并连接扩大对新丝绸之路海洋文化研究，才能切实保证和发挥文化持续力。硬件建设，就是要制订我省相关部门或单位的分工方案，以及与东盟及海外诸国共建海上丝路带全方位合作方案，并尽速付诸实施。再就是以边实施、边开拓、边研究、边宣传为方针，全方位地持续进行这项工程，才能具有文化持续力，也由此而使21世纪海上丝路建设，马不停蹄地从胜利走向新的胜利。

2014年2月24日《广东参事馆员建议》第2期

# 广东海上丝绸之路文化的十大“星座”及星群

——对广东海上丝绸之路的研究开发进程及今后工作建议

我从1992年被聘任为省政府参事至今，一直在省政府参事室党组的领导和大力支持下，由以省政府参事室广东文化组为主体的参事馆员和多学科专家教授组成的“广东省海上丝绸之路研究开发项目组”(即广东省珠江文化研究会)，在进行珠江文化研究的同时，研究开发海上丝绸之路。现将我组(我会)二十余年来的研究开发进程，以及在这个进程中逐步发现和取得共识的广东海上丝路文化十大“星座”及其相类星群报告如下。

## 一、海上丝绸之路第一港——西汉徐闻古港

早在1993年夏天，我偕同文化组参事到古广信所在地封开和梧州，考察广府文化和珠江文化。当时得知《汉书•地理志》有一段记载：汉武帝平定南越国后，即派黄门译长从广信到徐闻、合浦赴日南(今越南)出海外多国。这是中国最早的海上丝绸之路文字记载，但是从未有学者到徐闻、合浦实证这个记载。

2000年6月上旬，正当珠江文化研究会成立之际，我等一行冒着酷暑，到达徐闻县西南沿海土旺村(与徐闻古县治“讨网”音近)，在二桥、仕尾一带，发现汉代板瓦、筒瓦、戳印纹陶片，以及汉墓、枯井口、烽火台等遗存，综合之前考古学者在此发现的汉代“万岁”瓦当、水晶珠、银饰、陶罐等文物，以及《汉书•地理志》中有：“自日南障塞，徐闻合浦开航”“徐闻南入海，得大州东南西北方千里”等记载，与田野考察实证与史料记载结合判断，这即是西汉海上丝绸之路始发港旧址。我随即写出参事建议《应当重视海上丝绸之路的开发》，建议受到省领导高度重视。这项发现和实证成果，意味着将联合国教科文组织专家考察团在泉州确定的中国海上丝绸之路在南宋这个始发时间，推前到西汉，从而具有将中国海上丝绸之路史推前一千三百年的意义。

2001年11月下旬，项目组在湛江市举办“海上丝绸之路与中国南方港学术研讨会”。来自北京、上海、广西、海南、厦门、泉州、香港、澳门等地的百余名专家们，再次证实和认同了我们的发现和实证，从而确认西汉徐闻古港是史上最早有文字记载的海上丝绸之路第一港，是广东海上丝绸之路的第一“星座”，同时发现和实证的合浦、雷州、遂溪等古港同是这“星座”的星群。

## 二、体现广东海上丝路史的南海诸港——海洋大省的实证

从2001年至2003年期间，项目组同仁先后到南海沿岸的南岸、柘林、凤岭、樟林、白沙、大星尖、南澳、广州、香港、澳门、台山、阳江、电白、雷州、徐闻、合浦、北海、钦州、防城等古港，以及西江、北江、东江、南江、漠阳江、鉴江、南流江、北流江等的出海港口，进行实地考察，发现每个古港都有一段海上丝绸之路的辉煌历史，而且在历史上呈现此盛彼衰现象，但又在总体上形成了从汉代至清代都不间断地有繁荣古港的形势和格局。由此说明，广东自古以来都有不间断的海上丝绸之路历史，在每个历史年代都有兴旺的古港和历史，是广东海上丝路史最完整的实地见证和体现，从而可见广东是海上丝绸之路历史最长而完整、港口最多而辉煌的海洋大省。所以，这是广东海上丝绸之路文化的又一“星座”，沿海诸港则是其星群。

## 三、海上与陆上丝绸之路对接通道——广东独特的风景线

早在20世纪90年代上半期，我在先后考察贯通古广信(封开)的潇贺古道以及南雄梅关珠玑巷时，已对海上与陆上丝路之间的对接现象有所觉察，但真正意识到其重大意义的是21世纪初对这两条古道的再次考察。这两条古道的遗址和史料，都证实其本身从来就具有对接海陆丝绸之路的功能和意义。前者在《汉书•地理志》已写明，汉武帝派黄门驿长开创海上丝绸之路，就是从水陆联运的潇水至贺江古道到广信，然后又沿南江、北流江、南流江到达徐闻而出海的，这不就是名正言顺的海陆丝绸之路对接通道吗？南雄梅关古道是唐代贤相张九龄主持开通的。他在《开凿大庾岭路序》中写明其目的是为沟通中原与海外的贸易和往来。与梅关相连的珠玑古巷，是唐宋以来中原南下移民岭南以至海外的中转站，以致世界广府人皆认其为“吾家故乡”，可见梅关珠玑巷在历史上起着对接海陆丝绸之路的重大作用。此外，我们还发现了南雄乌迳古道、乳源西京古道、连州南天门古道，以及西江、北江、东江、南江等水道及其相应的水陆通道遍布全省，可见水陆古道是广东一道独特的亮丽风景线，具有对接海陆丝绸之路的重大作用，所以也是海陆丝路文化的一大“星座”，诸多水陆古道则是其星群。

## 四、“海上敦煌”——阳江“南海Ⅰ号”

阳江“南海Ⅰ号”宋代沉船，从发现、出水、进入海上丝绸之路博物馆安放，历时十年有余，从始至终都是世界性的新闻大事，因为这条沉船，是迄今世界海上出水历史文物中，历史最早、体积最大、文物最多、保存最好、价值最大的文化遗存。由于其是从事中外贸易的商运货船，具有海上丝绸之路文化性质；而且其文物以瓷器为主，代表了海上丝绸之路主要是“陶瓷之路”的特点；尤其是以往发现的海上丝路文化遗存多是海岸文物，海中实物甚少。所以，项目组2003年9月对其考察时，我为其作了“海上敦煌在阳江”的题词。从此，“南海Ⅰ号”有了“海上敦煌”的文化定位和代号。我作此定位的根据是：陆上丝绸之路文化遗存最多的是甘肃敦煌，有6万余件，故为陆上丝绸之路的文物中心和文化标志；而阳江“南海Ⅰ号”沉物中的文物，估计有6万～8万件之多，又是具有海上出水文物的“五最”优势，堪为海上丝绸之路的文物中心和文化标志，故称“海上敦煌”。由于当时《阳江日报》报道“南海Ⅰ号”是“海上敦煌”的文化定位，并在网上传播，被正在中山大学举办世界文化遗产申请培训班的联合国教科文组织的专家知道了，便托人找我引领，于2004年元旦前往阳江考察。当他们认真观看了“南海Ⅰ号”少量出水文物和听取了介绍之后，当即作出“世界少有”的表示，并认同“海上敦煌”的定位。2004年5月，居住美国的著名海洋学家、美国科学院院士、台湾“中央研究院”院士、原台湾“教育部”部长兼成功大学校长吴京教授知悉，打电话到中大，请我邀请他来考察“南海Ⅰ号”。经上级部门批准后，我陪他到阳江考察。结果他对“南海Ⅰ号”评价更高，认为“世界海洋史要由此改写”；接着他在中山大学对研究生作报告时又讲到，“南海Ⅰ号”与郑和下西洋是中国海上丝绸之路文化的高峰。所以，这无疑是广东海上丝绸之路文化的一大“星座”。稍后发现和出水的南澳县“南澳Ⅰ号”明代沉船，也当同属这一“星座”之星群。

## 五、南华禅寺——代表海上丝路即是传教之路

2000年6月，项目组到韶关曲江南华禅寺考察，知道该寺是东晋时期印度和尚智药三藏兴建的，而且知道当时在世界有20多个国家地区公认南华寺为“祖庭”，并自建“分庭”。并了解到禅宗六祖在南华寺弘扬禅宗文化，将外来的佛教“中国化”“平民化”，被毛泽东称为中国禅宗佛教“真正创始人”，被世界媒体称为“东方三圣人”“世界千年十大思想家”之一。南华禅寺的创建及其世界各地的“分庭”，以及六祖惠能的世界影响，都经海上丝绸之路。广州的“西来初地”，是东晋时印度佛教禅宗和尚达摩，从海上丝绸之路到达广州的登岸地。达摩是中国禅宗教派始祖，由此其登岸地也标志着海上丝绸

之路也是“海上传教之路”。明代著名传教士利玛窦从西方进入肇庆“西学东渐”，日本僧人荣睿从日本到肇庆讲佛，都经海上丝绸之路；广州的回教圣地光塔寺、广州的基督教堂石室，以及广州出海祭神的波罗庙，各地的海神妈祖庙、天后庙、龙母庙等，也都是海上丝绸之路即是传教之路的实证。所以，这也是广东海上丝绸之路的一大“星座”与星群。

## 六、广州“十三行”——海上丝路即外贸之路的典型

广州“十三行”是清代最大的商帮——粤帮的统称，又是清代从乾隆至同治年间全国唯一对外通商并具海关职能的口岸，历时三百余年，直至鸦片战争后“五口通商”才结束。在其兴旺时期，全世界50多个国家或地区都有其分号或代办机构，与其有贸易关系者更多。所以“十三行”实则是清代中国海上丝绸之路的中心和标志，是海上丝路即外贸之路的典型，很有历史文化意义。近十年来我和项目组多位同仁，都为发掘其文化遗存写过多次调研报告和参事建议，以及历史报告文学、电视剧本等作品。所以，这也是广东海上丝绸之路文化的一大“星座”，其星群遍布世界五大洲。

## 七、开平碉楼、侨墟楼、排屋楼——见证海上丝路即华人华侨之路

海外华人华侨和侨乡文化，实质上也是海上丝绸之路文化的一种产物和体现，因为出海或回归、联络、交流，都必经海上丝路，所以海上丝绸之路也即是华人华侨之路。项目组自2006年以来，一直关注华侨和侨乡文化现象，多次到江门、开平、台山、恩平、鹤山、新会、篷江、东莞，以及潮州、汕头、汕尾等地考察，先后发现和提出“广侨文化”“客侨文化”“潮侨文化”等文化现象和文化定位，受到海内外媒体的普遍关注。尤其是从2006年至2011年，项目组先后到开平考察发现已被列为世界文化遗产的“开平碉楼”，在台山发现的“侨墟楼”，在东莞凤岗发现的“排屋楼”，都具有见证海上丝路文化即华人华侨文化的典型代表意义。因与这三种文化，都是华人华侨文化与广东三大民系(广府、客家、潮汕)文化交叉融合的文化形态；而这三种楼，则是这三种文化形态的实体体系，并且是海上丝绸之路的产物和载体。“侨墟楼”是侨乡中墟集商市的总称，其既是传统农村墟集，又因是华侨投资所建而有“楼”，并有与海外通商的码头和商行，所以具有自“十三行”统管海外通商结束后，所出现的中国海外通商在侨乡遍地开花的转型意义，也是海上丝绸之路文化在侨乡泛化的体现。此外，潮汕地区的“红头船”和“侨批”等现象，也都是华人华侨文化即海上丝路文化的实证。所以，这也是广东海上丝绸之路文化的一大“星座”及星群。

## 八、广州锦纶会馆旧址——古今丝绸行业贸易的见证

位于广州西关的锦纶会馆旧址，是清代建筑，是广东最早成立的丝绸行会成立地，见证了广东丝绸行业的古今历史变迁和海外丝绸贸易的兴衰发展状况。而广东丝绸集团公司，是项目组自成立以来一直的合作伙伴，既共同研究开发海上丝绸之路文化，又考究其本身的海上丝绸之路文化，从中发现广东的丝绸生产与贸易早在清代已位于全国前列，珠三角以桑基鱼塘围海造田繁殖丝绸生产，陈启源最早创办现代机械缫丝厂，“广丝”（尤其是香云纱）“广绣”风靡海内外，古今不衰，改革开放后更是蓬勃发展，据该公司统计，迄今已行销海外181个国家地区，可见丝绸贸易是广东海上丝绸之路经济带的主干之一。所以，这也当是广东海上丝路又一大“星座”，其星群也遍布海外。

## 九、东莞“女儿香”——标志海上丝路即香料及特产之路

东莞自古是著名的香料生产贸易之乡，所产香料总名“莞香”。“女儿香”是其最名贵的品种和代表。据刘丹《女儿香》描写：“女儿香”乃东莞地道著名土特产，亦为东莞最负盛名之皇家贡品，又是畅销海内外的特产商品。史载：明末清初盛景年间，“岁售逾数万金……故莞人多以香起家”；常常一艘艘载满莞香的货船从东莞运至香港，使莞香和茶叶、陶瓷同期成为出口海外的名贵货物，也使得转销莞香至海外的港口冠名“香港”；近年我们先后到东莞寮步、大岭山考察，仍可见到售香赏香如潮的“香市”景象，可见广东海上丝路也即是香料之路。

其实，海上丝路主要是运销土特产至海外，同时又运海外各国的土特产到中国，互通有无，古今如此。广东的出口特产或高新尖产品很多，如传统特产潮汕茶叶、佛山陶瓷、肇庆端砚、湛江南珠、信宜四会南玉，以及当今东莞制造业产品、云浮石材产品等，都是行销世界的商品。所以，海上丝路也即是特产之路。这对广东来说是特别兴旺发达的，所以这也是广东海上丝绸之路文化的一大“星座”与星群。

## 十、中国出口商品交易会——海上丝路之新生和发展

20世纪50年代中期，在广州创办的“中国出口商品交易会”，是中华人民共和国成立后重开海上丝绸之路的新起点，可谓传统海上丝绸之路的新生和发展。迄今广交会已举办百届，而且从开始只是“出口商品交易”，发展为“进出口商品交易”，交易面和交易额均与时俱增、俱进，带动了会展业在广东的飞速发展，如影响世界的深圳“高交会”“文博会”等等，都是广东海上丝绸之路和海洋文化持续发展的重要标志。所以，这也是广东海上丝绸之路的一大“星座”和星群。

以上是迄今已经发现的“星座”及星群。正如宇宙太空的星座星群尚需不断发现那样，我们将再接再厉，持续努力发现更多更大的广东海上丝绸之路文化的“星座”及星群。

## 十一、今后工作建议

1. 建议省有关部门和上述“星座”及星群所在地区或单位，以建设21世纪海上丝绸之路的高度和需要出发，以古为今用、中洋并用的方针，继续深入研究、深入开发、深入宣传，千方百计地使这些“星座”及星群，永远持续地发出更大的光芒。

2. 继续扩大发掘更新更大的“星座”及星群，如科技、海洋、水利、水运、农业、林业、工业、文化、文艺、教育等领域，都有从古至今与海外诸国交往的历史和实绩，都有海上丝绸之路的线路、遗存和实绩，这些都是海上丝绸之路文化的“星座”或星群，应当“八仙过海，各显神通”地发掘光大。

3. 加大力度全方位地研究宣传海上丝路“星座”及星群，可以将现已发现的十大“星座”及星群，编列出版研究书系，制作电视系列片，创作美术、摄影、散文、诗歌、音乐等门类的作品系列，以及邮票、明信片等。各行业、各领域新发现的“星座”及星群也可以这样做。而且，也可以将这些系列著作或作品，制成外售商品或对外交往的信物或礼品，作为我省的“名片”“品牌”打造，既是文化创造，又是扩大宣传，也即是持续开拓海上丝绸之路。

2014年3月3日《广东省参事馆员建议》第3期

# 观古寻根之都——贺街古城

## ——谈广西贺州贺街的历史文化定位与研究开发

很高兴、很荣幸回到故乡来、而且是在我出生的故居之邻——粤东会馆，参加以“潇贺古道，汉代古城”为题的贺街历史文化研讨会。这是前不久在八步举办的《挖掘潇贺古道文化，融入一带一路战略》研讨会之后，又一次高档次的学术盛会，说明我的家乡很重视文化，而且很有文化，很有底蕴，很有搞头，很有研究开发的宽广空间和美好前景。

对于贺街历史文化特点与开发，我想用下面八句话概括：“潇贺古道枢纽，海陆丝路要津；千年县郡遗址，十代古城结晶；民族系俗荟萃，生态人文美景；山水记住乡愁，观古寻根之都。”分别解释如下：

## 一、潇贺古道枢纽，海陆丝路要津

2015年4月16日广西日报发表了前不久举行的《挖掘潇贺古道文化，融入一带一路战略》研讨会专家发言专版，专版的《编前语》指出：“潇贺古道，历史上是中原沟通岭南最主要的通道之一。古道分东、西两条干道，东道即修筑于春秋战国时期的桂岭通楚古道，连接湖南江华瑶族自治县境内的大圩，经今天的广西贺州市八步区开山镇到达桂岭镇，与桂岭河相连。西道则秦朝时期的‘新道’，经湖南江永至谢沐关，到广西富川古城，入贺江。两条道路经水路在临贺古城（今贺街）汇合，然后向东通珠江，进广州，联通大海；西进通大西南，特别是经过北流江、南流江可与我国最早的对外贸易港口之一的合浦港连成一体。”从这段话可以清楚看到，原是临贺古城的贺街，是东西两条潇贺古道的汇合点，所以名正言顺是潇贺古道的重要枢纽。

对这段《编前语》应作重要补充的是（或者说，应该对临贺古城贺街以下的贺江水道，在潇贺古道中的重大历史作用作出补充的是）：贺街还是海陆丝绸之路的对接要津。

据《汉书·地理志》记载，公元前111年（汉元鼎六年）汉武帝派黄门驿长从广信至徐闻、合浦出海，揭开了海上丝绸之路的历史。当时的广信，就是现在贺江（原名封水）汇西江的封开、桂江汇西江的梧州。所以，我在这次研讨会上发表论文的题目是《潇贺古道是海陆丝绸之路的最早对接通道》，临贺古城（贺街）也就是海陆丝绸之路的对接要津。对此，早在2003年已由我率领的广东省海上丝绸之路研究开发项目组专家团现场考察证实，并写入2009年出版的300万字大型史著《中国珠江文化史》中。

2015年5月黄伟宗返贺州参加贺街临贺古城文化论坛

贺街在潇贺古道中的枢纽地位，以及在海陆丝绸之路中的对接要津地位，不仅在史料和论著之中已经证实，而且至今仍尚有其文化遗存实证：现在贺街古城外的浮山风景区中的贺江与桂岭河（临江）的交汇处，就是潇贺古道东西两线的交汇点，也即是两线汇合后沿贺江直下西江而达广信（封开、梧州）的起点，同时又是与南江、北流江、南流江而至徐闻、合浦出海的对接点，是实在的海陆丝路对接点，所以是海陆丝路要津。遍布贺街古城的青石板路，实际上也是古道的延伸和遗存；而我们现在的会场——建于明清时期的粤东会馆，以及要（高要）明（高明）乡祠、南海乡祠、开建乡祠、岗州会馆、湖南公所、连（连山）贺（贺街）杉行、老字号药房天济堂等，都是贺街确系丝路要津的遗存和实证。

## 二、千年县郡遗址，十代古城结晶

2001年出版的陈冰主编《贺街揽胜》，基本上概述了贺街的历史文化全貌。从其中《贺州（贺县）历史沿革表》一文可以看到，早在两千多年前汉武帝平定岭南时（公元前111年）即设临贺县，县治就在贺街。值得特别注意的是，临贺县是与广信县同时成立的。广信县是以汉武帝的“初开粤地，广布恩信”宣谕中，取出“广信”两字而定名，是统辖岭南九郡首府“交趾部”衙署治地，广府（广信首府）之名由此源起，此后广东、广西由此界分。可见临贺从开县之初即不同凡响，乃军政要冲之地也。正因为如此，自三国时开始，吴国所属的临贺即升格为“郡”，经西东晋、南北朝、隋、唐、五代（南汉）、宋、元、明、清，一连13个朝代，都是郡治所在地，所以，贺街可谓千年县郡遗址，也就是具有两千余年历史的县郡文化传承和底蕴之圣地。。

在《贺街揽胜》中，有篇文章是2000年8月11日新华社南宁消息，报道了广西文化厅专家证实在广西贺州贺街镇内发现东汉时期的汉代夯土城墙，是迄今为止国内考古发现中保存最完好、地面遗存规模最大的夯土城墙，在其外围另有一道东汉附城河沿墙而行，是汉武帝在广西设立的四大古镇中至今仍保存完好的唯一一座古城遗址。同期还发现开凿于五代时期的护城河和宋代包砖城墙。这个发现，不仅是广西“唯一”的汉城遗址，也是广东未见的汉城遗址，连作为西汉岭南首府的“广信”（今封开、梧州）也未能有此发现，在国内也是罕见的，现已是国家级的保护文物，可见其稀罕珍贵。

《贺街揽胜》中，还有莫自强根据史料描绘的三幅宋代临贺古城东南城楼图。尤其是童谦平的《小镇原是古城池》一文，详述了临贺古城的历代变迁和布局史。从中可见，临贺古城城池，最初设在今贺街镇大鸭村，至今尚存有西汉城墙及城门和南北护城河；西汉中期，城址移至长利村，正是当时临贺两江交汇的三角洲，因历代淤泥堆积，现只有300米南城墙露出地面；东汉时期城址迁至河西街，即河西古城。这三次移址都不离临贺江水，且距离方圆不出3公里，不能说是大的迁移，仍是保留旧貌。有趣的是一般县郡古城，大都只是一座，而临贺古城自迁河西建主城后，又在其西面建了附城；并且河西主城在唐宋期间又连连大修，以砖包墙，增建城楼楼门，甚有气势；五代时又于城下挖了护城河；明清时期，又在古城对岸建次生城——河东城区，是集市贸易为主的城区，大都是青砖碧瓦的明清建筑，民国后又兴起了至今犹存的骑楼街。由此可见，临贺古城从汉代开始，直至清代、以至民国，一直是在不断地与时俱进地扩展建设，而同时又持续地保持着每个朝代历史风貌的。所以，可谓之十代古城结晶，也可谓中国历代古城池的历史标本。

作为千年县郡遗址文化遗存的实证和体现，除了十代古城的结晶和历史标本（古城墙、城门、护城河）遗存之外，历史上曾经拥有和现在仍存的有：广西最大的文庙、衙署、捕厅、宅居、大院、学宫、书院、义仓、祠堂、古井、文笔塔、庙宇、码头、水闸等标志历代县郡治地文化元素的建筑和遗存，是很有保存和研究开发价值的文化遗产。

## 三、民族习俗荟萃，生态人文美景

贺街位于桂、粤、湘三省区交界要冲，历代曾先后属交趾部、交州、荆州、广州、湘州、楚、南汉、广南西路、湖广行省、广西等州省，又是作为郡州或县府治所的政治、经济、文化中心，水陆交通中心，人流来往频繁。所以，是多种民族、民系的交汇混杂居住之地，又是多种民俗和宗教信仰杂汇之地。有汉、壮、苗、瑶等民族，有湘桂、广府、客家、本地等民系，有官话、粤语、壮话、瑶话、客家话、本地水东话等语言，尤其是通行以官话为主体而融合多种语言的贺街话，如：“你去哪嘟？我去河东。去河东做什吗？买云须葱。”其中“嘟”字就是粤语与官话交叉融合的典型贺街话。

2015年5月黄伟宗回故乡策划贺街临贺古城

从文化元素及其源流上说，由于历史上的统辖和相邻的原因，中原文化、楚文化、吴文化、荆文化、湘文化、百越文化、桂文化、粤文化等都先后入贺，使贺街成为多元一体的文化结构；又有各种姓氏宗祠20余家，有多种宗教和民间信仰的载体和习俗，神灵寺庙特多，如观音阁、南洪王府、香祝庙、南岳寺、玉皇楼、七宝宫、八圣庙、乌龙庙、大王庙、真武观、陈侯行祠、城隍庙、龙船庙等达50多间。这些寺庙有的分属佛、道、儒三教，有的说不上是什么教，每个寺庙都有其民俗活动，真可谓民俗信仰多彩纷呈，是一种和而不同的荟萃文化现象。

贺州位于五岭之南、珠江上游，萌渚岭的余脉延至贺街的瑞云山；临贺两江在浮山合流后直汇西江；自古是生态平衡、人文丰厚之乡，是山清水秀、人杰地灵之地。早在明清时期即有“贺街八景”之美誉，包括瑞云晴雾（即瑞云山）、玉印晓岚（即浮山）、沸水清音（即沸水寺）、海螺夕照、橘峰余雪（即七一奇峰）、临江晚钓、桂水喷香（即桂花井）、三乘晚钟等，这些景观大部分仍在。

贺街的景观，大都是自然和人文内涵、自然美与人文美高度融合的，尤其是在自然生态环境与人才的成长环境上，也是高度融合的，正可谓人杰地灵，才为世用。我父亲传给我兄长1921年贺县中学创开办时贴在校门的两副楹联，一门联是：“圣哲本天生，昔陈王食庙，林子上书，濂溪于此地发祥，应毋忘凤岫钟灵，洛峰毓秀；人才为世用，看黔省封旗，古州作镇，翰院亦群英继起，也曾报龙门作浪，马岭让云”。二门联是：“山水夹名区，瑞云献采，萌渚流辉，苍翠望中收，七一奇峰呈玉笏；人文开宋代，彤管交催，子阳见重，渊源今上溯，十三正本有传书”。两副对联所列的是历史上叱咤风云的贺州人物，如著名宋代理学家、《爱莲说》作者周敦颐（字濂溪），宋代名臣林勋（曾以13次上书弹劾奸佞名垂青史）等，而这些人物也皆出自“山水夹名区”之中。饶有意味的是历史上贺州出生的著名人物有两个特点：一是大都是文人，武将甚少；另一个特点是出美女，如明代的瑶妃，以及郭沫若在抗日战争的长沙大火中“拍拖”、随后成为其夫人的“贺县靓女”于立群（见郭沫若《洪波曲》记载）。据说这两个人才特点，一是出自贺街有两个“魁星楼”（河西古城的是文笔塔、河东桥头的魁星楼上“点斗”的是文曲星），而又有自然景观“七一奇峰呈玉笏”的橘峰（玉笏是大臣朝圣时拱手呈拜之仪丈），二是贺街的风水主山、主景是瑞云山，是一座宛若一位仰卧美女形象的大山，主峰似美女乳峰，二峰分似美女的尖鼻与高额，连接的起伏山峦，则如美女舒展的长发，正是“山水夹名区，瑞云献采，萌渚流辉，苍翠望中收，七一奇峰呈玉笏”的境界。

## 四、山水记住乡愁，观古寻根之都

贺街临贺古城，是全国保留城墙最完整和历代修筑遗迹最多的古城，是古道历史最早的古城，是海陆丝绸之路最早对接的古城，是传统文化元素和种类最丰富的古城，是生态人文环境和景观最美丽的古城。这五个“最”的核心是“古”和“城”两字，对其研究开发应从这两字着眼，做大文章。

首先，我建议指导思想是：山水记住乡愁。

十八大以来，党中央大力提倡生态文明建设、前些时，习近平总书记在全周城镇化会议上提出：城镇化后的地方，要“看得见山，望得见水，记得住乡愁”。实则是要保持生态自然环境和人文传统。“乡愁”一词，有狭义和广义的意思，狭义是指人们对故乡的感情和思念，广义是指中国人特有的本根文化传统意识和情感，即对故国家园的感恩缅怀之情，包括对哺育自己成长的祖国、故地、乡亲、家族、亲属、母校、老师、父母的感恩和眷恋之观念和感情。这种观念和感情，是个性的，又是共性的。个性是每个人的感恩和眷恋对象各不相同，共性是人们（主要是中国人，尤其是离乡背井的游子）都具有的理念和情感。这在当今世界高度经济一体化、我国高速城镇化的背影下，习总书记发出这个号召，是有重大的现实和长远指导意义的。所以，我提出以“山水记住乡愁”为打造和建设贺街临贺古城的指导思想。

据此，建议打造和建设的目标是建成观古寻根之都。

根据以上概括的特点和优势，尤其是五个“最”，显然现在的贺街临贺古城，最具有建设成一座“山水记住乡愁”古城的条件和基础，问题是如何做好这篇以“古”“城”为核心的文章。具体做法是：

1. 以观古复活老城。主要是将五个“最”的景点复活，尤其是不仅使人看，还要能让人参与其中，触动六感神经，切身体验。可以用集中景区的做法复活五个“最”。如：在浮山景区，做出潇贺古道枢纽、海陆丝路要津标志；在河西古城景区，复活千年县郡遗址、十代古城结晶标志；在瑞云山景区，以重建瑞云亭、重修佛水寺、新建望峰阁等，体现生态人文美景。

2. 以乡愁触发寻根。支持乡土性景点的修复，如，修建龙回头、桂花井、会馆、宗祠、乡祠、寺庙等遗址，以个性化的色彩而深化其共性寻根内涵并发挥其辐射功能，支持宗族性、宗教性的正常活动，持续举办节日及传统习俗的群众性活动，以体现民族习俗荟萃的特色和优势。

2015 年 3 月 31 日黄伟宗在广西贺州市"贺江论坛"作《潇贺古道是最早的海陆丝绸之路对接通道》的主旨发言

3. 以山水净化心灵。即将贺街"八景"复活加工，将仍存景点以现代化理念科技加工，如"瑞云晴霁""海螺夕照""橘峰余雪""桂水飘香""沸水寺"，要进一步美化；已不存的景点应重建，如"临江晚钓""三乘晓钟"。同时，提倡生态而又有本地特色的饮食，如蒜酿、瓜花酿、水角糍、豆卜糍等传统本土风味小食使人有美的精神和物质的双享受。

4. 以幻景引人入胜。将现代科技动漫形象引入古城，既引人入胜又扩大视野，增添乐趣和精神享受。可考虑用桂林"刘三姐印象"的做法，在贺街"魁星搂"对岸或河西江边码头，搞一个大视频，以《瑶妃归里》为题，将贺州古城的古今美景通览其中，使人游前或游后观看，有一个急求寻味或余味无穷的印象。

"都"者，集聚、中心之地也，并有首先或首要地位之意。"观古寻根之都"，既是古根文化首聚之地，也可与粤语所说的"边嘟"、贺街话所说的"那嘟"（嗖）中的"嘟"近音同义，即"哪里、哪处"，也即是要"首先看这里"之意。将此注解理顺而言，本文题目之意，就是贺街古城是观古寻根文化的首要集聚之城；若要记住乡愁、观古寻根，应当首选这里（呢嘟、这嘟）。我想这句话，既可作为贺街古城新的文化定位，亦可为旅游写贺街古城广告词作参考。不知诸位以为然否？

（本文是2015年6月12日在广西贺州贺街历史文化研讨会上的发言）

# 三、游记篇

# 咖啡绿洲

——西欧纪行

丁丑年初，春寒料峭。正值元宵佳节，从广州直飞阿姆斯特丹，开始了考察荷兰、比利时、法国、卢森堡、德国的行程，走过海牙、布鲁塞尔、巴黎、卢森堡、法兰克福、莱比锡、海德堡、柏林、汉堡等慕名已久的城市及其近郊农村，大开眼界，受益匪浅，而印象特深的是这五国到处可见的两种颜色：咖啡色和绿色，简直可以说，整个西欧是咖啡色的建筑与绿色的原野编织出的咖啡绿洲！这种色调所构成的强烈与冷静、刚健与柔和辩证统一、浑然一体的美学境界，使同行的文化学家、建筑学家、旅游学家和企业家们赞叹不已。我也在陶醉之余，随行程的脚步，进入对其文化内涵的层层思考和感悟之中。

## 阿姆斯特丹

荷兰是伸出太平洋的半岛之国，本来土地面积不大，现在的国土面积约三分之一是填海得来的。据说从海中淘沙填出土地的技术是荷兰发明的，直到现在仍处于世界领先地位。航海业和航海造船业也是世界前列的。这两项领先世界的事业，都是扩张或外延型的，可说是开放或进攻型的文化形态。这种形态活现在荷兰处处可见的风车形象中。在荷兰最大都市阿姆斯特丹郊区，陆地与海洋连成一片，座座风车在一望无垠的绿色田野里，向着灰茫茫的天空与海面浑然一体的苍穹，座座有似宝塔的车座上，伸出四片巨臂似的扇页，在海风中旋转。这是古式的传统风车。现代型的则像飞机头的螺旋桨，较小而简单，造型与家用落地风扇相似，当然体积大得多！这些古式和现代式风车，都像个个屹立在战场上的武士那样，手舞干戚，刺破青天！风车是利用风力发电。荷兰是海国，海风特大，利用海的资源于经济，也就是向海进攻的文化形态体现。

然而，从荷兰特有的传统工业产品——木鞋的功能和工艺上，我却看到这种文化形态的保守性一面；顾名思义，木鞋是用完整的块块木料按人的脚板形体用工具（过去用人工木刀，现在用木刀机器）掏空木内、又按一般水转形状修饰外形而成，是在橡胶雨鞋出现之前的发明，兴许是荷兰水多雨多，木可防水，故用作水鞋。也因为荷兰是水国，湿度大，木鞋不受干燥所致而爆裂，反而因木质湿润而使脚板有清凉感。木鞋的工艺有粗有细，一般穿用的只涂上光油保留木的本色，供情人礼物或结婚用的木鞋则刻上花的图案，精雕细琢，色彩绚丽；在街市商店不仅有供人穿用的各种大小鞋码的木鞋，还有工艺性纪念性木鞋，有可供收藏硬币的储蓄箱，有可置放妇女化妆品的精微盒，有儿童的玩具盒或文具盒，还有小如手指的销量扣饰，真是种类繁多、琳琅满目、美不胜收。这种对保护性、实用性的传统工艺品的艺术化工艺化，是一种美学升华；同时也是开放型或进攻型文化的折射，因为这些传统工业品由于有此美学升华而提高其价值，增强其被人接受（也即是能攻入人心）的能量，从而扩大销售市场。

## 海牙

荷兰的海牙，是我仰慕已久的圣地，能够亲身游历，实在兴奋！

对其神往的主要原因是：海牙国际法庭审判过第二次世界大战的战争罪犯，一直使我对其有权威感、神秘感。今见它的整个建筑，不算雄伟高大，像是一座别墅式的院落，呈四方形，屋顶有三柱通风设备，中柱以塔尖形状装饰；并与屋前和屋后的两座教堂式的塔形尖顶，分为一左一右的对应，四周是铁栏杆围墙，围墙和屋墙均是朱红色，屋顶和塔顶，均是深绿色的琉璃瓦，古典质朴，威严庄重，又有一种尖锐凌厉感。可惜未能进内见其开庭，想其氛围更是森严肃穆的。尤使我注意的是：一批请愿者在门栏外静坐，打着一幅白布黑字的横幅，零零落落，疲乏不堪地或卧或坐，像是通宵未眠的样子。法庭重门紧闭，无人理睬这批请愿者。这班请愿者也像是无所谓，四周也无人观看，人们似乎司空见惯，若无其事。不像我们那样煞有介事，如临大敌。

国际法庭给人的印象，是维护世界正义的形象；而海牙的名字和地势，却有气势汹汹、盛气凌人的味道。海牙这地名，是荷兰语的音译，用“海”的“牙”来表达这荷兰音，是中国人的加工。显然，这加工体现了当年中国人对这地方的印象，也即是以中国人的文化眼光看当年荷兰文化的形象。在17、18世纪，荷兰是西欧最早的发达资本主义国家之一，也是造船业和海洋业最发达的国家之一，中国的台湾和印度尼西亚，都被当时荷兰人侵占。我童年的时候，见过一种很流行的“海盗牌”香烟，不知是否荷兰所产，香烟盒上印出的手持长弯刀、头缠长布帽、满脸杀气的海盗形象，使我一直印象深刻。自然，这形象在荷兰不会再有了，但与当年香烟盒上所印的“海盗船”，我却在海牙海边看到：船头是个虎头造型，两眼突突，虎牙獠獠，船身桅杆矗立，彩旗从船头飘到船尾，从桅杆、指挥塔尖，飘至左右船沿；古炮在船头船尾和左右排排伸出炮口，一派进攻之势。尽管讲解员说这是旅游船，是仿古所造，我见之仍然有莫名的战栗感。

海牙是海滨城市，其地形是半岛，活似伸出海上的牙尖，所以用这两字译音，也是有道理的。早晨，我漫步到这牙尖沙滩上，面对一片朦胧的大西洋，同我在祖国南海海滨，面对的无际太平洋，没有什么两样，唯使我深感有别的，是这沙滩上有两座纪念碑，有十多层楼高，像两把巨型的菱形匕首，直刺蓝天，同所见“海盗”船头的虎牙，形态不同，然给人的威胁感却颇相似。有趣的是，当时正好两位青年女子各骑着骏马，威风潇洒地向我走来，她们是为早晨遛马而来的，见我的同行拍照，她们有意停步下来，让我们作为背景拍照，在海边见到草原盛产的骏马实是意外，但也似乎感到草原与大海的某种关系，看到两匹骏马与海牙两座巨碑的某种精神对应；从两位姑娘的友好表示和温婉风姿，可使我似乎看到“海牙”的形象和文化的另一面，感悟到每个地域的文化同任何事物一样，有主体方面，但又不是单一的。

## 布鲁塞尔

从荷兰乘汽车向比利时进发，一路是平直宽敞的高速公路，沿路是一望无际的绿色原野。这是西欧大陆的农村地带了。我在西欧五国之行所形成的“咖啡绿洲”的总体印象，主要是从这地带的特色产生出来的。

你看，当汽车穿过一片铺上嫩绿地毡似的平原时，大约距数十里，即有一个个农村村落，每个村落约有数十户人家，房屋都是咖啡色的屋顶和白色的墙，样式多种多样，高矮参差，错落有致；每村都有一座尖顶的特高的教堂，像是整个村的旗杆或坐标，具有核心的意味，个个村落的格局，大同小异。使人所见之景色像是镶嵌在绿色画布上一个精致的美术图案，构成了以绿色为基调，排列以咖啡色图案的旷野画屏。人们穿越其中，有似进入绿色的海洋世界，像饮过咖啡似的振奋不已，而又心境开阔，悠然自得，冷中有热，心旷神怡，美不胜收。

当汽车进入比利时国境界标时，在公路旁矗立着一幅欧洲共同体徽旗的巨型牌坊。徽旗整幅是海蓝色，旗中是12个金黄色的五角星，等距离地排列成圆形图案。这样的色调和造型，是甚有文化意蕴的。从正面而言，旗上的每个五角星，代表一个国家，发起成立“欧共体”的国家是12个，所以用12个五角星，至于为何整幅用海蓝色作底色呢？迄今我未见过有关解释文字，但我想是海洋文化的一种体现；显然，海洋是蓝色，“欧共体”旗徽以此为底色，也好似海洋文化的意味；而以12星构成的内环造型为旗心，外环则是无限的海蓝色，正好似既有松散核心、又有无限扩张意味的造型。这说法，当然不能说是设计和确定这底色与图案造型的原意，只是我个人的品味所得。然而，从数百年西欧的资本主义文化传统和形态看来，这些品味所得不是有着显而易见、众所熟悉的依据吗？有趣的是，这个旗徽底色和造型，同我在西欧农村原野的“咖啡绿洲”的形象，似有异曲同工之妙，稍不同者，是绿色与蓝色之底色不同，然而，从色的质地和基调而言，这两色不也是相类或相通的吗？由此我又感到这旗徽的文化底蕴，似乎尚包含着自然和农村的文化因素。

布鲁塞尔是比利时首都，又是“欧共体”总部所在地。进入市区，最引人注目的是国际博览中心。其总体造型，像是一座在宇宙苍穹中正转动着的人造卫星。整体由九个巨型的球体展馆构成，球与球之间的通道像是条条刚劲的钢管，将九个球等距离地连接和支撑着，呈立体形，由一座塔矗立托起，使整个巨型中心像是游乐园里的转动飞球似的，在转动之中，其实是纹丝不动。游人乘电梯上去依次到每个球中的展览参观，有似进入不同国度，每馆展现一国之特殊风情，名优特产，琳琅满目，美不胜收。从天上的通道游完九个球形的展馆，就像走过世界几大洲，游过宇宙几个星球那样，大开眼界，心满意足；更妙的是从球内窗口往外望，活似身处宇宙星球之间，悬空俯览，腾云驾雾，飘飘然若有化仙之感。这种宏观超脱的感受，使我想到这个卫星式的博览中心的造型设计和建筑，其文化底蕴或内涵，同“欧共体”的旗徽图案和“咖啡绿洲”的自然风光或图案，也是异曲同工的。

在比利时和西欧的历史上，布鲁塞尔可谓是英雄的城市。著名的标志之一是在市区一条小街的转角处有座小童的铜像，赤身裸体，正在小便，其实是喷泉水流出来。历史传说是古时候布鲁塞尔被敌军占领，失败撤走时，企图用炸药炸毁这座城市，正当炸药的引爆线着火烧近炸药包时，这位小童看到，即勇敢机智地用自己的小便扑灭引线的火，使整座城市免遭大难。后人为纪念这小童，特地立此童像，由此童像成了这城市的标志之一，旅游纪念品多用此图案为标志。另一个著名标志是城郊的滑铁卢纪念碑，这是拿破仑雄心勃勃地要征服欧洲，但在滑铁卢战役中遭到惨败的地方，所以立此碑纪念。这也是一个消灭战争的英雄纪念标志。这两个标志使我感到布鲁塞尔的历史文化底蕴有火药味，有咖啡似的振奋色素；而这色素，又都是为了消灭战争、保卫和平安宁生活的，也即是以绿色为目的、为基调的。由此，又使我更深地理解到西欧处处以咖啡和绿色的搭配和交叉为基本色调，不仅仅是自然风貌表面的、个别的现象，而是有历史文化渊源的必然性、深刻性、普遍性的文化现象。

## 凯旋门

一进入法国首都巴黎，最迫切见到的是仰慕已久的凯旋门。这座18世纪拿破仑为庆贺自己征服欧洲胜利归来而建的巨型建筑尚未竣工，拿破仑即在滑铁卢惨败。具有讽刺意味的是：未竣工的凯旋门迎接的是失败了的拿破仑的遗骨，而且是这个皇帝死了七年以后。凯旋门是数十年后才正式完工建成的。尽管有这段不光彩的历史，但凯旋门在人们心中，仍是巴黎的主要标志，是法国的英雄标志。

巴黎的城区建设格局，以凯旋门为中心。其广场圆形，像个太阳那样，向四面八方开出12条大街道，像太阳发射出的道道光芒。每条大街道都是宽数十米的大马路，每条10公里以上，一直通向市区之外，不见尽头。这种格局，明显可见其文化意识，是开放型、喷射型的，是拿破仑时代资本主义上升期的社会文化意识在建筑上的典型体现。在12条大街道中，有一条最著名的香舍利大街，是政治、经济、文化中心，法国总统府、主要商场都在这街上，特有风味的是这街上有许多咖啡店，有的还设于人行道上，据说法国许多名人，尤其是一些著名画家、作家、歌星、影星常到这些店喝咖啡，聚友消闲，平民百姓常可在这里见到名人，但却不会出现像香港或大陆那样的“追星热”现象。这种文化大众化、名人大众化的现象，恐怕也是开放型、现代型文化的一种体现吧？

从巴黎旧城区的街道建筑，我又看到资本主义世界文化保守的一面。据说，政府有规定：巴黎旧城区的建筑，不能高于凯旋门，12条大马路两旁建筑的高度，不能高于所在大马路的宽度；而且，每条街道两旁的建筑，如要重建或改建，都必须保持原建筑正面的样式和规格，只是内在结构和屋后建筑可以改变。其理由是这些都是18世纪建筑，必须保持原有城市的建筑风格。这条规矩，不仅在巴黎，几乎在每个西欧国家都如此，从阿姆斯特丹、海牙、布鲁塞尔，到卢森堡、柏林、海德堡、汉堡等著名城市，都可看到。可见这是有普遍性的，是西欧共有的保护历史文化意识，既显示出其对资本主义兴起文化的尊重和继承，又显出资本主义文化有保守性、传统性的一面，可见其文化也都是开拓型、开放型，或破坏型、反叛型的。

这种矛盾的文化形态，典型地体现在巴黎铁塔的兴建和论争的历史上。据说这铁塔建于1889年，是由一位名叫埃菲尔的工程师设计，故又名埃菲尔铁塔。当时是为了举办国际博览会的宣传需要而建的，高数百米，比凯旋门高得多；又是铁架结构，通体黑色。由此，初建时遭到激烈反对，其理由：一是破坏了不得超出凯旋门高度的传统；二是破坏了以凯旋门灰白色为标志的所有巴黎建筑的整体风格；于是坚决要求拆除。由于反对者压力过大，当事者同意待博览会结束后拆除。但是，当真要这样做的时候，人们觉得不必拆毁了；一是认为花费甚大物力人力才建成，拆毁太浪费；二是认为虽然与整体风格不同，但也无大碍，反而有新的风姿，有气派，于是保留下来，成为巴黎又一景点，是巴黎的又一标志。这个标志，从文化意识上说，是开放与保守、一元与多元对立统一的体现，是新与旧、发展与对立统一的体现。从西欧几国考察看来，资本主义的发展，是颇得益于对这些对立矛盾方面的辩证把握和调节的。

我们住在巴黎郊区，当我们从旧城区出来，经过新城区时，看到整片现代化的摩天大厦，壮丽辉煌；在郊区所见，是一幢幢现代化的别墅，安静闲适；幢幢又都是咖啡色为主调的格式多种各样的建筑，幢幢又都是镶嵌于绿色的草地和树林中，更使我感到巴黎是一个公园式的城市，是现代20世纪和18世纪文化的有机组合，是以发展、安定、舒适的生活方式与思维方式为主导的文化环境和现代世界。

## 巴黎圣母院

由于早读过19世纪法国作家雨果的著名小说《巴黎圣母院》，又看过依据小说改编的同名电影，对巴黎圣母院向往已久，现在亲临这个圣地，不禁感慨万千，浮想联翩。

同行的建筑学家和旅游专家有一句精辟的概括："在国内旅游看庙堂，到国外旅游是看教堂。"这是因为国内各地的名胜古迹，多是儒、道、佛教的寺庙；国外（主要是指欧美），则多是天主教、基督教的教堂。教堂遍布欧洲各国城乡，每个地方莫不有教堂，并以教堂为最高建筑，以教堂为核心和标志，而且又都以教堂为最壮观，最有历史价值、艺术价值和文化价值。所以，旅游者莫不到每地教堂观光。否则不能真正领略该地的文化底蕴和特色所在。巴黎圣母院正是体现巴黎基督教文化的标志性圣地，也可以说是欧洲基督教教堂的杰出代表。

圣母院的建筑高大雄伟，开阔壮观。院前车道宽平通敞；院后塞北河，有专用码头；整个院地是个半岛，像个独立的大庭院。正门是三个像皇冠似的巨大尖圆型的拱门，主建筑是座由灰白巨石砌成的巍巍大厦；院前楼顶是两块长型巨石似的方楼，像举起双掌似的伸上云霄；院后楼顶则是两座尖塔，一高一低，像两支戟锷直刺九天。这种造型图案所显出的气势，表面上看同讲人性、人道、博爱的教会文化不很协调的，是矛盾的，但内在是对立统一的，因为没有强悍的保卫的威力，只能是受欺的羔羊，也谈不上人道、博爱。使我更深入思索的是：基督教主要在欧洲，欧洲又是资本主义的主要发祥地，西欧的教堂，大都是16、17世纪的建筑，这时期正是资本主义的上升期。所以，在西欧，以至在全世界所见的天主教堂或基督教堂，都是以尖顶为标志，恐怕是与这时期资本主义初生时的锐气有关的，也许是由此而产生的上升型开创型文化意识的一种体现。

在巴黎圣母院的教堂中心，座台中央是巨型十字架和圣母像，两旁则是亚当、夏娃的塑像，在台前则是法国皇帝路易十五向路易十六交换皇位的造型塑像，父位子承，皇位交换，庄严肃穆，恩爱谦恭，栩栩如生。据说这是路易十六即位后为纪念盛典所立，其中既有表现自身得志之意，亦有尊父感恩之情。这个塑像造型，使我对过去有人认为"中国是杀子文化，西文是杀父文化"的说法产生质疑，这塑像不就是尊父文化的写照吗？这塑像是由著名的开放型的皇帝设立，而且又设置于世界瞩目的教堂中心里，难道这不也是西方同样尊奉父文化的典型体现吗？可见这说法是片面的。当然，这也不能说是西方文化的主导方面，只能说是对立统一的一个方面。

教堂的建筑风姿和教堂中心的塑像神态，都寓现着文化意识上诸多因素的对立统一，雨果在小说《巴黎圣母院》的人物形象塑造上，也是充满着诸多因素的对立统一，即：主角吉卜赛女郎、副主教、打钟人、卫队长（太阳神），都是有美有丑的人物，有的内在美而外在丑，有的外在美而内在丑，有的地位高尚而本质卑鄙，有的地位低下而品质高尚，有的真诚相爱而使人畏惧，有的虚假玩弄却又显得善良温存……简直每个人物的本质和人物与人物之间的关系，都是有多种因素对立统一的，这正如雨果自己所说："万物中的一切并非都符合人情的美……丑就在美的旁边，畸形靠近着优美，粗俗藏在崇高的背后，恶与善并存，黑暗与光明相共。"这些对立统一的美学观，固然是雨果的艺术支点所在，是小说和电影《巴黎圣母院》的精华所在。然而，从其精神实质和思维方式而言，与巴黎圣母院的建筑风格和教堂中心的塑像神态，不是相通或一致的吗？由此看来，将这说成是巴黎圣母院的文化精神和意识，恐怕是可以的。自然，这也是法国文化的一种表现形式，是基督教文化和资本主义文化的表现之一。

## 两"宫"之美

巴黎市区的名胜古迹，简直处处皆是。因为这是西欧和法国历史上许多具有深远意义的重大事件发生的地方，是西欧从封建社会发展为资本主义社会重要策源地之一，是划时代的18世纪启蒙运动发生地，又是无产阶级革命第一个政权——巴黎公社的出生地。特别是许多影响世界文学艺术史的大师都在这里留下过足印，达•芬奇、塞尚、凡•高、罗丹、雨果、福楼拜、莫泊桑、巴尔扎克、罗曼•罗兰等等，群星灿烂，宛若星河，实在不能不使人流连忘返、赞叹不已。

然而，使我在考察中得到最充分的美的享受的，是游览两"宫"——罗浮宫和凡尔赛宫。

罗浮宫本是王宫建筑，从16世纪开始改为博物馆，主要收藏各种绘画和雕塑作品。1981年扩建，由美籍华人建筑师贝聿铭设计，在原宫正门，连接建造一组由玻璃构成的透明的金字塔式建筑，由一座主塔和两座力塔组成，有现代风格，与原古宫的文艺复兴风格不同，但却又是对立统一，和谐一体。这可谓在古建筑扩建上，以对立统一的辩证美学而取得成功的典范建筑之一。至今在我国不少地方的建筑（如宾馆、度假村）与其颇多相似，均是向其模仿的。

罗浮宫内的陈列，多是世界著名的艺术珍品，堪称世界艺术瑰宝的画廊和宝库。许多过去只是在书本上知道的名家名作，好些是在报刊上看过翻印件的名画名像，终于在这里亲眼看到原作原件了。使我驻足良久、陶醉享受的三件仰慕已久的作品，即：米罗的维纳斯像、萨莫特拉斯的胜利女神像、达•芬奇的《蒙娜丽莎》。从这三件原作中，我才真正领悟到其真美所在：维纳斯这位爱神，由大理石塑成，使女神躯体和肌肤显得轻盈而美丽；整体塑像好像微微倾斜，更显出裸体的曲线和优雅的动感美；胜利女神像，也是用大理石雕塑，是表现女神在船头昂然挺立，鼓舞战士夺取胜利的一瞬英姿，衣带在狂风吹拂下抖动，与女神肌体相贴，使单薄的衣衫贴肤而显肉体，而抖动的衣服又反过来把女神的两条手臂推向后背，英姿飒爽，动在不动中；蒙娜丽莎像的著名微笑，出自画面中人物嘴角，双唇微微开启，显示一种典雅的气质，形成一股宁静温馨的情调，而这种微笑，在这幅画产生年代的16世纪，是被人们视为妇女典雅标志的，也即是当时女性美的典型代表。这三件女性艺术品是罗浮宫的代表性展品。由此可以说这个宫是以体现女性美为最突出，代表和体现了女性美。维纳斯和胜利女神都是古希腊时代作品，《蒙娜丽莎》是16世纪文艺复兴时期作品，从时间跨度上说，起码体现了一千六百多年的女性美学观。

不知是有意还是无意，似乎为与罗浮宫所显出的女性美对称，在著名的凡尔赛宫里，则突出的是男性美。这是法国的主要皇宫，从路易十四、路易十五，到路易十六等历代皇帝都以此为宫，拿破仑夺位时也在此加冠称王，举兵征战欧洲。一进到宫前广场，即有一股强烈男性雄风扑来，因为场中矗立着一座巨型塑像：一位武士手持长枪骑在骏马上，正若冲锋之势；宫内的陈列，多是皇室用品和绘画作品，好些是法国重大历史事件的巨型油画，还有一些是帝王巨型画，路易十四、路易十五、路易十六和他们的夫人，都有巨画。值得注意的是这些皇帝的画像多是全身的动作画，以一瞬的动作和姿态而显出其性格和雄风，其中尤其令人注目的是路易十六的画像中，一只大腿特别显露突出。按一般皇室的着装规矩来说，本不该如此。但据这幅画的说明称：路易十六认为自己的大腿最美，所以有意显露出来。可见男性美的讲究，古已有之，连帝王也如此；而且，似乎男性美的讲究，不仅是高大威猛的身材和风姿，还在于局部的肌体和肌肤。

维纳斯雕像是出土时即断了手臂；胜利女神雕像，也是出土时缺了人头。迄今仍未发现所缺部分，不知是否原作本来就缺，是否有意的艺术省略。这些缺，给历代艺术家、研究家、欣赏者留下了无限的想象空间，给人打出了许多问号。似乎这些缺比不欠缺更有魅力，更富神奇色彩，想来这也是一种全与缺的辩证艺术吧？

两“宫”之美，分别以女性美和男性美为突出，这也是一种以缺现全的辩证艺术，即以强调某个方面，转化另一方面，即在突出女性美中淡化男性美，在突出男性美中淡化女性美，达到强烈的效果；而又在总体上以对称或对比而取得和谐，两“宫”之美就是如此。这种美学观和文化观是很值得学习借鉴的。

## 三"堡"之雅

这里所说的三"堡"是指卢森堡、海德堡、汉堡。卢森堡是位于西欧中部的一个小国家，人口只几万人，地域相当于我国一个中等城市。海德堡和汉堡，都是德国的两个著名城市，将三个"堡"一起写，是因为在考察中，三个"堡"给我的主要印象，都是一个"雅"字，都有如"堡"字所示，有共通的古朴的典雅之风；但因各处地位不同，又有不同的雅气。

卢森堡位于法国与德国之间，从法国乘汽车赴德国，必经此国。所谓"堡"，即城堡的意思，从西欧的古典小说或电影即可看到，西欧每个地方，尤其是小城镇或村落都有城堡，同中国的古城有点类似，作用也相同，起到围护本族或本村人的作用，是抵御入侵者的军事工事，有城墙、炮座、枪眼等结构，壁垒森严，甚有气派。到卢森堡，我才真正见到较完整的城堡。这是一座16世纪的城堡，地占整个山头，从峡谷进城堡门，有似古宫庭院；断墙秃壁，古砖长满青苔；城墙拔地而起，高达百尺，城楼炮台尚在，当年枪炮弹痕，依稀可见，散发出历史沧桑之气。然整座城堡，在绿树青山的环抱之中；堡内广场，也绿树成荫，青草依依，虫鸟低鸣，微风阵阵，没有丝毫火药味，而是一番悠闲雅致的宁静境界，真可谓"咖啡绿洲"的又一种美景。卢森堡国的首相府，也像是一座宁静的小庭院，官邸不大，只是一座三层的小楼，首相用的黑色小轿车停在楼边，游人自由经过小院，无人干涉。据说，卢森堡是无国界的国家，首相府又无警卫，古城堡又是有很久的历史了，这不就意味着这个"堡"是具有丰富文化内蕴的、世界上罕有的太平世界吗？我想，卢森堡的雅，既有古朴的雅，更有现代太平之雅。

到达法兰克福，已是德国境内。这个世界著名的航空枢纽（据说每天24小时飞机不停，每两分钟有一架次飞机在它的机场升降），除了让我老听到天上的嗡嗡飞机声外，没有太多太深的印象，倒是对一座地处河边的中等城市海德堡情有独钟。这个城市实际上是个大学城，世界著名的海德堡大学设在这里，城区主要是学校区，只有面向山谷的河边别墅群是校外建筑，除大学生外，只有几万人，都是为大学服务的。据说，海德堡大学创办于1308年，是世界历史最悠久的大学之一。学校无围墙，图书馆、教学楼、教堂、学生公寓等等，都分布于市区。只中心街道有些商店，因是对学生服务，所以商品特便宜，商场也不拥挤，也许正是上课时候，顾客稀少。我与同行进了大学图书馆参观，馆内层层室室坐满，却鸦雀无声，有似进入无人之境，切身感受到这所名校的书卷雅气。随后经过的莱比锡市，是世界著名的文化城，走进早有所闻的世界书市参观，在书市内的歌德塑像前照相，更使我感受到德国的文化传统和文化底蕴，是极其深厚的。这种深厚的文化积累，化成社会的文化环境、化成人的文化素质，从而使得德国城市有种深厚的雅气。海德堡所显出的，是古朴的一种。

德国的海滨大城市汉堡，则可以说是带有海味的现代雅气的城市。市区擎天大厦林立，街道宽敞整洁，汽车不多，行人稀少；海滨大船无数，排列整齐，海风劲吹，货运繁忙，却不显得喧闹，整个城市都具有商业性而又有文化性的格局和气氛。其中尤使我注目的是著名德国诗人海涅的铜像，高高地竖立于主要街道上；而好些大厦的楼顶，大都是绿色。据说，这是百万富翁所在的标志，因为这些富翁的大厦造价昂贵，楼顶大多用铜盖封。因铜年久即长铜绿，故而都变成绿色之顶。这个并非事先有意设计的变化，使得这个城市的大厦建筑，显出绿色的格调，同西欧农村绿色原野的色调不谋而合，同蓝色的天空相融一体，使城市的上空显出蓝绿色的笼罩氛围，与这座园林化的城市地面的树林和草地上下辉映，构成了一派动中有静、热中有冷的境界。这境界尤其表现在市区中心的阿里特湖中；湖水连接海滨，三面垂柳，柳下列列石级，中有石桌、石凳，供人坐乐，但游人不多，惟有群群灰色海燕，时而飘吻湖面，时而伫立湖畔，时而腾空展飞，繁忙而又自得；蓝色的湖面、绿色的湖岸、灰色的海燕，构成了美丽的会动的水彩画。这既是这座滨海城市美景的有机组成部分，又可以说是其缩影，从这画面所沁发出的文化气息，不是既有与海德堡相似之雅，又甚有海味和现代的动感中的宁静美吗？

我对这三“堡”的雅气感受和记述，在这次考察和记述中是最费心思的。因为心灵、气势、氛围之类，主要是心有所感而难以言传的。

## 柏林

穿越原东德所属的地带，到原西德的辖区，虽然原两个德国已统一多年，仍可见到明显的差别。到首都柏林，见原有的分割东柏林和西柏林的著名“柏林墙”，已拆毁一小段，墙边建有的岗哨楼也已全部拆除，剩下相当长的“柏林墙”已全部粉刷一新，由许多画家各显神通地在墙上画出一幅幅巨型彩色画或漫画。画面的内容多是庆贺统一、呼唤和平、歌颂胜利的。经过如此改造，这条对抗的、冷战的、残酷的墙，变成了和平的、友好的、人道的墙了；从政治的、军事的墙，变成为历史的、艺术的墙了！

对柏林墙的保存和改造，是很有文化上的远见卓识的，因为这行动既体现了对罪恶的战争历史的永远埋葬和铭记，又体现了对和平建设和美好舒适生活的追求和卫护。德国是第一、第二次世界大战的发起国，挑起第一次世界大战的罪魁威廉皇帝知者不多，发动第二次世界大战的祸首希特勒则是臭名昭著、令人发指的。在柏林城区里，有一堆用铁丝网围着的荒丘，据说是希特勒自杀于地道的路口，为个人赫赫威名使天下大乱，生灵涂炭，罪大恶极！到头来，还不是“一堆荒草淹没了”！“柏林墙”虽与希特勒无关，但其后果则是第二次世界大战造成的。所以这座墙的保存和改造，本身也含有对这战争罪魁的控诉，包含着对种族主义、法西斯主义之类的政治和文化观念意识的埋葬和否定，从而对德国古有的和平、上进、发展、正义、人道的道德和文化传统的继承与弘扬。

在宽敞繁华的柏林广场和柏林大街上，我亲眼见到这种好的传统和精神，正在恢复和发展，同海德堡、汉堡所见的雅气那样，使我深切感到欣慰和向往。柏林的星期日，人们是绝对放假休息的，除饮食商店外，所有商店都停业，所有工厂企业也都停工停产，机关停止办公。人们多到郊外度假，在城里也是逛公园或在街上玩乐。这天在柏林广场上，真是热闹非常，四周都是用临时帐篷搭起的咖啡档，人们三五成群在围坐着喝咖啡，有的是一家人在散步，看各种各样的表演，听街道演唱并参与演唱或跳舞，有的在请人画像（我还见到一位为人画像的中国人），欢乐、悠然、幸福的气氛洋溢着整个广场，挂在所有人的脸上。

在又长又直又宽的柏林大街上，街心公园有人闲坐，群群白鸽时飞时停，与人亲昵嬉戏；家家商店虽不开门营业，但都拉开门前陈列橱窗，让人参观欣赏；奇怪的是在街两旁的宽敞人行道上，相距不远地林立着座座橱窗式的商展亭，有不少是名贵商品（如金银首饰、名表或工艺品），也拉开覆盖玻璃的罩门，让人欣赏，好些游客都在亭前驻足细看，像观赏艺术展览似的，神情贯注。似乎商店都不顾忌会有人盗窃，也未听说在此发生盗窃事件，大家都有安全感，和平安定，轻松闲适，逛街市如同走花园，看商场如同看画展，生活与享受一体，市场与艺术融和，其情融融，其乐无穷，其文化内涵，不也是“咖啡绿洲”的一种体现吗？

1999年7月上旬整理旧稿

# 星条世界

——美国纪行

辛已初夏，天高气爽，日丽风和。正值新世纪首个复活节的前夜，我飞抵太平洋彼岸，开始了期望甚久的美国之行。早在1981年夏，美国一所大学曾邀请我赴美开会并讲学，因受某些人阻挠未能前往。今受美国华文文艺界协会邀请，前往旧金山、洛杉矶、纽约、费城、华盛顿、波士顿等著名城市讲学并进行文化学术交流，使我实现了20年前的夙愿，大开眼界，切身领受了美国的现代文化，印象深刻，受益甚丰。在整个行程中，始终围绕着我脑际的是：美国的文化特征是什吗？这个问题，开始是不以为意的。随着行程的增加和见识的增多，一步比一步急切地希冀探求，又一点一滴地增添了感受，最后才在美国国旗的结构和形象的昭示下蓦然领悟：原来只有两百多年历史的美国文化，也正如它的国旗是星条旗那样，是一个星条结构的文化世界。所以，我也就以这样的领悟过程为脉络，写下这篇文化游记——美国纪行。

## 旧金山

旧金山，即三藩市。是美国西部濒临太平洋的主要港口，其对面的东岸即中国大陆，是与中国关系最久远最密切的美国城市。

早在百多年前，因在这里发现了金矿，即吸引了大批来自中国大陆（特别是广东台山）的劳工远渡重洋到此开矿，从而被中国人取名为金山，后来因澳洲大陆也发现了金矿，又吸引了大批劳工前往，为了区别，称澳洲为新金山，便为这个城市加个“旧”字，称为旧金山。其实，这只是华人对其称谓，官方和地图的说法则是三藩市。据说，“三藩”是西班牙语“佛朗”的音译。这是西班牙和西部人开始开发这片土地的烙印，而官方只承认西班牙语的地名，不承认华人的称谓，仅此即可见华人的地位稍逊一筹。

旧金山这地名称得上名副其实，它不仅曾经有过金矿，而且整座城市确实是在一座山上。顶峰名双峰山，山顶是一座公园，茂林修竹，奇花异草，遍布于一座直穿云霄的灰色高塔四周，塔前矗立着一尊纪念发现美洲新大陆的探险家哥伦布铜像，似乎在俯瞰着这座傍着海湾、依山而建的幽雅城市。从山顶公园眺望，北面是一望无际的太平洋，气势恢宏地迎面涌来，层浪叠涌，涛声阵阵，伴着岸边的风吹林带声，像是永不间歇地奏着交响乐；南面是海湾， 隔海有些岛屿和陆地，分别由金门大桥和海湾大桥连接。这两条分别东向和西向的大桥，像是两只巨大的手臂，拥抱着整个海湾，雍容大度地显出具有无比容量的气派。更妙的是市区的街道，多是沿山之地势而建，纵的是从山顶直下海滨，横的是穿越整个市区东西，纵横交叉，井井有条，颇有美国国旗的红白条杠所构成图案的风味。座座别墅式的楼房，在街道两旁，星罗棋布、鳞次栉比、数不胜数的小汽车，不停地在街道穿梭，又有许多停在街道两旁划定的位置上，鱼贯而列于整齐美观的图案之中。这些气势磅礴而又星条井然的独特景观，同美国国旗所显示的星条世界，不是颇有形似神通的气韵吗？

尽管三藩市的美国城市风光特色如此明显，我还是在这里感受到特别浓厚的中国风情。我们下榻的酒店就在唐人街附近，街名是正牌的中国字：都板街。街口矗立着一座中国式的古典红砖绿瓦牌坊，上刻的金字是孙中山著名题词：“天下为公”。整条街道不算宽敞，同广州的上下九路很相似，人烟稠密，商店林立，都挂着中国式的招牌，除每块都在行书或楷书的汉字下面，加有一行英文字外，同广州或香港的商店招牌没有什么区别。在街上购物或交谈，用广州话或普通话均可，同漫步于中国街道一样。主人为减少我们的生活不习惯，特地安排在中国人开设的酒店和饭店接待我们食宿，生活在广州话的语言环境中，吃的多是粤菜，使我有时简直忘记了这是生活在美国。

当然，这只是指华人生活区的风情，并非旧金山的全部。据说美国有两亿人口，华人约有200万人，在总体上占比例不大，旧金山华人则较集中，也只是这城市人口的三分之一。不知是什么缘故，旧金山市区的格局，是以种族不同而布居住区的，除相对集中的以唐人街为中心的华人居住区外，尚有相对集中的白人居住区、黑人居住区，这些区域的街道风情各有特色，尤其是房屋的建筑风格各异，白人区是西欧式的别墅建筑居多，样式各别，典雅大方；黑人区则不怎么整齐雅致，显得零乱平庸；日本人区则有明显日本风格，矮小玲珑。这种以不同种族的人分别聚居于不同市区的现象，除旧金山外，在纽约、洛杉矶、波士顿等城市，我也曾见到。恐怕这与美国是由多种移民到此地开发的历史有关。这种现象，似乎表明来美洲大陆开发的各个种族，尽管都已成为美利坚合众国的一员，是一个国家整体的成员，但也仍保持各自文化习俗上的独特性，是有相对独立性的群体。这些群体，像星星那样遍布美国，像一片既是有机关联、又是各有相对独立存在的星群那样，这不就是美国国旗上所显示的星条世界的形象吗？

这些种族的星星，在表面上是各自独立存在而平等的，在美国的法律上也是规定种族平等的。其实不是这样，或者说不完全是这样。美国历史上的南北战争，林肯为解放黑奴而作的巨大贡献，家喻户晓，但黑人的地位至今并未与白人完全平等。华人在美国，更是如此。著名的研究美国华侨史的老专家麦礼谦先生告诉我，华人在美国的社会地位历来是很低下的，不仅与白人同工不同酬，而且不能同白人在一个住区内同住，只是近些年才有些许变化。特别不合理的是：过去新到美国的华人移民，不管你是什么样的亲属关系进入美国，都要在进入美国领土时，关在旧金山海湾对面的天使岛劳役一年之后，才能让你与在美国的亲人团聚和在社会谋生。

邀请我到美国访问的著名美籍华人作家、美国华文文艺界协会会长黄运基先生就是曾遭此难的众多华人中的一个，他是13岁时由他在美国打了多年杂工的父亲申请前来旧金山的，没想到海船一靠岸，即被押解到海洋中的天使岛，尚未见到亲人即服苦役，未犯任何罪却受到囚犯的待遇，所谓天使岛却不见天使，唯见无情的看管卫兵，在海浪包围中的孤岛上警卫森严。历受种族歧视之苦的黄运基，自幼奋发图强，仅靠在故乡读过几年小学的基础，自学成才，成了作家，创办了《时代报》，成了报纸的主笔和总编辑，近年又创办了时代公司和《华文文学》杂志，承办《人民日报》海外版在美国的印刷发行业务，着力于中美文化的交流工作，在他的办公室里，挂着一副对联：“时时关心祖国事，代代坚持中美谊”，横联：“传播之光”，很能体现这位历尽沧桑的华人老作家的深厚情怀，也在一定程度上体现美籍华人的民族魂和文化情结。

## 三大景观

说美国的文化特征是星条世界，从其著名的自然景观上看，也是可以找到依据和体现的。

第一个景观是位于美国与加拿大交界的尼加拉瀑布。这是源自美国境内的五大湖之一——安得列湖流出的尼加拉斯河所形成的，早在12000多年前的冰河时期即开始形成，每年都在扩大。这个瀑布，是由三个相邻的瀑布组成，最大水量的是马蹄瀑布，是指其落水处呈马蹄形状，河水从山岩两边突出处倾泻直下，落差有762米；其侧面是新娘面纱瀑布，因出水处的岩石较凸出而平直，使河水奔泻时像是一面新娘面纱似的，薄薄一层流下，有透明感而又少许朦胧，故有这颇有魅力的诗意之名；又因在其旁边，有一冲力特大的瀑布，所冲出的水雾，在太阳映照之下，显出七色彩虹，故又可称其为彩虹瀑布（原称美国瀑布，我看不当）。这三个瀑布的落差，据说是世界瀑布之最，蔚为壮观。到此参观，远在几里之外，即可听闻其瀑布之声，近观则有天震地动之感，其声之大，使人掩耳，对面讲话也不能闻音；其水流奔泻之状，令人惊奇到无法用言语形容的地步，自古著名的李白写瀑布的诗句："飞流直下三千尺，疑是银河落九天"的形容，也似乎仍未能言表其势其威。使我特别感兴趣的是：在流向瀑布前的一段河流，河面宽阔，河床水浅，怪石嶙峋，致使整条河面都掀起大小不等的浪花，或聚拢而蜂拥向前，或单独冒起而浪花四溅，或波澜起伏似龙跃，或蜿蜒曲折如蛇行，整段河流的声威真是千涛百浪，涌流不停，有似万马奔腾，千帆竞渡，所向无敌，气盖山河。这段河流的冲力，正好似跳高或跳远运动员的跳前起步，有力的起步才有好成绩，这有力的泻前水力，我想也是尼加拉瀑布如此壮观的一个重要原因。无怪乎，在这里所建的水电站，也是世界第一大的了！

位于美国西部的大峡谷，也是堪称世界第一的奇异景观（据说最近在我国西藏新发现一大峡谷更大，但未取得世界公认）。这个大峡谷地跨美国西部几个州，源发了几条河流，其中有美国第二大河——科罗拉多河。峡谷离地面的深度有深有浅，有宽有窄，最深有28000英尺，可以乘飞机穿越旅游，因前几年有一次飞机出事故，造成游客伤亡，主持的旅行社破产，旅游飞机停飞，致使现在不能进到谷中去全程探险，只能在它的一些露天缺口周围参观，部分山谷可以乘汽艇漂流。这却给电影界带来了机会。由于大峡谷被划为国家保护区，法律规定保护区内不许飞机飞行，而大峡谷的景观没有飞机则不能拍摄，如要乘飞机拍摄则要罚款。管理部门也不能违法。他们钻空子想了一个办法：法律没有规定不能停飞机，于是他们以此让飞机去拍摄，一个公司去拍完后，只象征性地缴交1000元罚款。结果没料到所拍的片，获得当年奥斯卡大奖，轰动了世界，使大峡谷更著名，于是便有另一家公司又要来乘飞机拍影片，管理部门便对其罚款100万元；后来又有一家公司来，则罚款1000万元，从此再没有公司要来拍影片了。游客见到大峡谷却不能下谷底去观赏，总以为憾事，能看到这部获得大奖的纪录片，　也是感到满足的。从电影上看到自己在现场所见的宽阔无比的大峡谷口，在层层红岩、怪石嶙峋、杂树覆盖、神秘莫测的深谷中，虽然有着狂奔怒泻的河流，有可纵马驰骋的山谷，有原始人在狩猎，有各种各样的动物和植物……真是大开眼界，美不胜收；观赏这电影的特技，观众像乘坐飞机那样，一时俯冲下谷，一时冒头冲天，一时似撞石岩，一时似堕深渊，惊险刺激，却闪忽即过，有惊无险，其精神享受恐怕不亚于下谷探险一行。当然两种享受是不同的。看来艺术和现代科技具有填补人力所不可达到的旅游空间的技能和威力。

位于美国西部的国家级森林公园——优山美地，也称得上是世界著名的自然大景观。这公园的优美名字，来自两个故事。第一个故事是说发现这块胜地的过程，因这里原是没有人烟的地方，有两个猎人狩猎追兽至此，见到这世外桃源惊讶不已，正在惊魂未定之际，突然见到一个土人（印第安人），便大问一声，这是什么地方？对方语言不通，只说了一句："优山美地"，这是印第安语"吃人的动物"（是指熊）的译音。于是便传下这个地名。第二个故事是：有位患了严重肺病的人，医生诊断他只有3个月寿命。他怕传染他人，便自己离开人群，带点食物来到这偏僻地方，搭起帐篷居住，半年后他的亲戚朋友以为他已死在这里，便进山来寻找，见到他不仅健在，而且病情已除，完全康复，惊讶不已，于是这里名声大噪，人们纷纷来此旅游度假。人们称这里一年四季均有美景可观：冬天看雪，春天看树，夏天看花，秋天看色彩。其实，不完全是这样，最妙的是可以同时看到这四季景致，我们到此时是春末夏初，在炎炎的太阳之下，既看到高山上皑皑白雪，又看到山谷中的碧绿丛林，既看到遍野红花嫩草，又看到绿茵茵的草地和树林之间的七彩花枝的树叶，更妙的是在潺潺流过的小溪岸边，踏着尚未消融的白雪，在绿树红花的掩映下伸手在冰凉的清澈溪水中，切身感受着春夏秋冬的良辰美景，真是美妙的人生享受。

这三大景观都堪称世界同类景观之最，这不也就体现和佐证着美国内在的世界星级文化意识吗？

## 三大乐园

在这次访美之行中，我看最能体现美国文化的人文景观是三个大乐园，一是世界最大的赌城——拉斯维加斯，二是世界最大的儿童乐园——迪斯尼乐园，三是世界最大的电影城——洛杉矶好莱坞环球影城。

拉斯维加斯是一个新兴的大城市，而且是飞速发展的城市，前些年常住人口70万人，去年则迅速增至160万人，流动人口加倍增加，是当今美国最易找职业、最易发财、又最易破产的城市。这种发展速度，体现了美国经济文化的本质和特点，是冒险者和享受者的乐园，是竞争的又是赌博的商场和赌场。这个城市　在美国西部的沙漠地带，原是没有人烟、不能种植的不毛之地，因修建西部铁路和办赌场而繁荣起来。据说它的兴起是源自从中国内地被卖“猪仔”来修铁路的华工，赌具和赌的方式都是他们从中国内地带过来的。开始时，华工们每日辛苦劳动之后，都窝在狭小的、又脏又臭的、作为他们住家的破旧车厢里开赌，白人们则于下工后到咖啡馆作乐，他们都对华工们晚上不出来活动甚感奇怪，有好奇的白人进到华人区探究竟，才知道华工们是以赌作乐，开始尝试着参与，很快学会，并赢了点钱，上了瘾，在白人中传开了，许多人都拥到华人区参赌。咖啡馆老板失去了顾客，查找原因是去了华人区参赌，于是便在咖啡馆中增加开赌档，使工人们在宽敞舒服的馆子里边喝咖啡边赌钱，于是生意兴隆，赌业兴旺，由此诞生了赌场，一直发展到今天，形成了拥有近千家赌场的大城市。来自美国以至世界各地的赌客络绎不绝，越赌越多，越赌越大，越赌越旺，是座不分白天黑夜的世界赌城。我到这座赌城时，正值华灯初上时分，只见万家灯火，亮遍全城，各色各样的霓虹灯，在高楼大厦之间有似七彩的龙蛇奔腾飞舞，在一条较多赌场集中的街道上空，设有一块一里长的屏幕，以现代科技的激光，播放着激烈的现代音乐和舞蹈，变幻莫测，节奏高速，使人亢奋，眼花缭乱，最有特色的是连赌博用的扑克牌的图像，也编成了飞速跳跃的舞蹈。这里的一切都使人感到整座城市都无时不在噪动之中，搏斗之中，冒险之中，而人们也在这样的心态和氛围中生活、享受、欢乐！

迪斯尼乐园，是世界著名的儿童乐园，也是大人的乐园。前些年亚洲各国为争取办它的亚洲分园，竞争异常激烈，去年中国的香港、上海、珠海等城市之间也进行了角逐，最后是香港取胜，现正在紧张进行建设工程。可见美国的这个乐园，是举世瞩目的。据说它的诞生，是源于迪斯尼这位童话家喜欢给儿童讲故事，特别是将一些儿童熟悉和喜爱的鸭、兔、羊、猫、鼠、象、鹿、牛、马等动物，以及花、草、树、菇等植物，画成漫画，编出故事，深受儿童欢迎和喜爱。于是他便将这些童话和漫画，发展为让孩子们与这些艺术化、人性化的动植物一道玩耍的乐园。园内有各种现代化的娱乐设施，种类多、面积大，有各种各样的娱乐馆，有小火车、马车、电车、机船通行，这些交通工具同时也是游乐的玩具，有各种各样的幻想的游乐世界，如外星人世界、恐龙世界、鬼魂世界、鸟的世界等等。最为精彩的是每天下午在乐园主要街道上的童话动物游行，在雄壮的乐队奏着高昂的军乐开路之后，世界著名的丑小鸭、米老鼠、长颈鹿、白小兔、白天鹅、肥蘑菇等巨型而生动的形象，鱼贯而出现于游行队伍中，栩栩如生，翩翩起舞，情态可掬，欢乐异常，两旁观众，特别是儿童欢喜雀跃，纷纷与这些心爱的童话偶像拉手，亲昵照相；演员观众，欢乐一体。这种欢乐的气氛和心态，使我感到人们在现实人生世界之外的动物、植物和幻想的世界，似乎比现实人生世界更亲切更真情。这种从反差而得精神的满足和享受的现象，是现实存在与精神需求严重差距的体现；同时也体现了人们的精神和艺术的需求，应从源于现实而又超出现实存在的想象和创造中求得满足的道理。这个道理，看来是迪斯尼乐园成功的一个奥秘。这是一种带有超脱性、超前性的文化意识。这种意识及其体现的迪斯尼乐园在世界上的独占鳌头地位，不正是美国的星条文化世界的一个典型体现和佐证吗？

洛杉矶是美国西部的中心城市。是一座交汇性的城市，它似乎没有一座完整的城市概念，主要是一些高速公路、铁路与机场的连接，再就是若干住宅区的松散分布，除几座高楼标志性的市中心之外，就是白人区、日本城、香港城、台北城等互不连接的住宅区，以及松散的小平房连成的老人住宅区，作为这座城市标志的是在城市中心一座山头上立有好莱坞的英文字母（HOIIYWOOD）连成的黑白大字。据说早些年（20世纪30年代）洛杉矶是世界首屈一指的电影城，其名就是好莱坞。后来因政策改变，使电影业东移并分散，由此政府即拟铲掉山头上作为城市标志的大字，因人们激烈反对而作罢，以致现在不仅这几个字保留下来，连电影业中心的名声也保持下来。在市区占了几个山头的环球影城，则是其代表。这座影城，原是拍摄电影影片的场所，因人们好奇，总喜欢了解电影是怎样拍出来的，不断有人要求参观，老板意识到收费参观也是一条财路，便开放售票，让人参观，果然财源滚滚，成了电影公司的重要财源，甚至使得公司度过了电影业萧条的难关，于是几十年一直保持下来，成了既是制影片、又是可供人游乐的电影城。在这座城里，乘上游览车即可走遍为拍片而建成的农村或街道景观，体验为制片所设计的地震时屋倒、电断、洪水暴涨的情景，乘坐穿过时空的航船到达过去的和未来的世界，在海盗混战的现场亲眼目睹血腥的厮杀和惊心动魄的搏斗，在立体屏幕上看到现代机器人的科技大战……这些以假扮真、真真假假的场景，使游客身临心受，明知是假也得心灵满足，得到美的享受和精神欢悦，其成功的奥秘看来是抓住人们的好奇心，并以弄假为真去满足这好奇心。恐怕这也是一种超脱性的文化，而其所使用的现代科技手段，更是当前世界上最新的高科技，是超前性的，这不是一种世界性的星级文化的体现吗？

## 费城

费城，是美国东部的核心城市，是美国历史上具有开国意义的历史名城。早在1862年，英国人即在此定居发展。华盛顿领导独立运动，打败了英国人的军事镇压，宣布美国独立的宣言就是在这里发布的。现在尚存的独立厅，即是发布宣言的纪念地。现在仍流通的美国100元美钞的背面，印有这个独立厅的图像，可见其地位重要。

1936年，在费城完成了独立宫的建设，更标志着这个城市的开国意义。有意思的是在美国独立100周年时，英国将一鼎铜钟给美国作为礼物，取名自由钟，以志庆贺，但运来时已有裂痕，修补几次，越修裂缝越长越大，以致不能鸣敲，只能摆设，现仍存放于独立宫附近一座小房子里，有警卫看管，游客只能隔铁栏参观。英国是统治美国多年的国家，为祝贺美国独立而送自由钟，而自由钟却有裂痕，并且裂缝越修越长、越大，不是挺有讽刺意味吗？

据说美国独立的时候，以费城为首都是暂时的，当时决定在13个州的中心地带建都，即后来取名为华盛顿的地方，也即是现在的华盛顿市。特有意义的是美国国旗，是在以费城为首都时设计并由国会通过的。设计者是贝斯罗斯，因其出色的设计功劳，在费城有一座铁桥，以他的名字命名，可见美国对文化人的尊重。

照我看来，美国国旗的图案和形象，是很充分体现了美国的国体组成和文化特征的。它现在是由50颗星星和13条红白条条组成；白星的底面是蓝色，呈方形占旗面的左上方；旗面的大部以白色为底，均匀地加上7条红条，形成了13条整齐的图案。这样的设计图案，是具有既固定又不固定，既是有机整体又有松散意味，既有海洋象征又有大陆代码的文化意味的，可以说是一个星条世界的文化图像。据说按设计的本意，13条红白条条，代表着成立美利坚合众国时的13个州，这是固定不变的；左上角的白星星，开始时也只有13颗，后来每增加一个州即在其上增加一颗星，从而逐步增至为50颗星（近年新增加了阿拉斯加和夏威夷两个州，却未在国旗中增添两颗白星，不知是什么缘故？），这就是不固定、有发展的意味；旗上的白星每颗都是一样大小，是平列组成，没有主从关系；旗上的红白条条，也都是均匀并列的，也无大小之别，这就意味着：其星星条条，都是平等并列的，各有其独自存在，但又是共同构成有机整体；众所周知，蓝色通常是海洋的颜色代码，红白杠条组成的大部分旗面，意味着广袤的纵横大地。

由此看来，美国国旗体现了美国国体构成和不断发展的状况，不是也体现了崇尚不断发展的、平等自由的，具有星星似的闪光和超群、超前、超脱意识，并具有条条似的强力的文化内蕴吗？而这些内蕴，不也正是其具有世界性的观念和张力的体现，同时其本身也构成了自成一体、特色鲜明的文化世界吗？

## 华盛顿

华盛顿是美国首都，因纪念开国总统华盛顿而取名。美国的著名政治性标志建筑，如白宫、国会大厦、五角大楼等等，都在这座城市里，它是国家的各种艺术馆、科学馆以及政府机关所在地，而且都是在从费城迁都到此之前，有计划地逐步建设起来的，所以显得很有格局，磊落大方，庄重威严，甚有气派，从街道结构到每座建筑的风格，从标志性建筑到整个城市的姿态与风情，都特别鲜明地体现了美国国旗所显示的星条文化世界的内涵和风韵。

整座城市最令人瞩目的是华盛顿纪念塔，它有555英尺高，是一座像金刚钻似的长条尖顶的花岗岩建筑。它坐落在由50块长石碑围绕着的小山上，标志着全美国各州人民敬仰的中心，其高度超过全市任何建筑物，全市每个地方、每个角度都可以看到，它像长戟刺向蓝天的气势，像巨星似的光照四方的威望，不正是星条文化的活灵活现吗？

华盛顿城市建设的计划性和格局的完整性，鲜明体现在它的标志性的主要建筑，都排列在一条壮观的直线上，特别突显出星条文化的意念与风姿。与华盛顿纪念塔排列成线的是白宫、国会大厦、威尔逊纪念馆、林肯纪念馆，它们都是在美国历史上和现实中的标志建筑，每座建筑都是巨型的庞然大物。有趣的是，这些建筑的外部都呈灰白色，与中国的标志性建筑多是红墙绿瓦的风格完全不同，这种灰白色调，在庄重中有圣洁感，透明感。在林肯纪念馆前的长形小湖的湖水中，看这一串排列成线的建筑，更是妙不可言的天下奇观：远远的白色国会大厦，隐约可见的洁白如银的白宫，与银灰色的华盛顿纪念塔，同时映入浅绿色的湖水中，显出一派圣洁晶莹的风韵。当微风吹过湖面，这串漂亮的建筑就像会活动似的，冉冉若起；又像是水中的宝物，放射出闪闪光芒。真是一派诗意盎然的境界。我想，这也是一种星条文化的境界吧？

作为美国现任总统办公地的白宫，是世界新闻的聚焦点之一。因为美国总统的活动大都在这里，电视新闻由此发播，所以是全世界人们关注的地方，也是人们心中甚有神秘感和权威感的地方。其实，它并不神秘，也不威严。全世界的游客都可以到此参观，近在咫尺地欣赏它的尊容，经约定还可进其内见到美国总统。它只不过是一座两层楼建筑，尤似一座别墅，全呈白色，坐落于一片绿草茵茵的庭院中，恬静幽雅，亲切平常。据说，因近年来连续发生枪击事件，才使白宫加多了铁栏栅和警卫，才较少安排游客进内参观。但奇怪的是，有一位名叫皮奇奥托的白人妇女，从1981年8月1日开始，直到现在二十余年，一直每天在白宫对面的草坪上宿营，以宣传和平，反对战争，警察也不赶走她（1993年3月9日的《人民日报》发表了新华社记者所拍的现场图片和报道）。这件小事似乎也以一个小小的侧面，佐证了白宫的平常建筑形状与银白色调所内含的文化意蕴；整座白宫，在平易的、透明的、圣洁的外表中，显示出其内在的以星条旗为标志的感召力和权威力。

国会大厦是座鸟笼式的巨型建筑，尖顶是手持宝剑的自由女神铜像，像是鸟笼的把柄；其下的楼房架构，外表像是鸟笼的框架枝条，均匀地自上而下，楼间的窗口，像是鸟笼的纵横枝条编织出的图案；它的左右，连着两座稍矮的连体建筑，其外表各呈馒头型，使整座大厦形成一个凸字，浑然一体，全呈银白色，井井有条，典雅庄重，有神圣威严的气派。据说，其后座曾是最高法院的审判庭，两旁则分别是参议院和众议院的办公和开会场所。进内参观，有种神秘而肃穆的气氛，有似亲临严正的法庭审判和公决国政大事之感。由此想来，整座国会大厦像是鸟笼般的形状，是颇有意味的：这个建筑，不正是美国全国最高的制法执法的所在地吗？而“法制”的性质，不正如鸟笼管制小鸟的作用那样，是管制人的“笼”或“网”吗？从另一角度看，国会大厦的尖顶像是一颗巨星，其横线条结构，也活似美国国旗上的红白条条，可见这也是一个典型的星条结构建筑。而其建筑的作用又是内涵着“管制”的权威意味，这不也就标志着美国的星条文化世界，也有着其另一个方面的“管制”的内涵吗？

## 纽约

纽约是美国最大的商业城市，是全国也是世界性的经济中心之一。它位于美国东部，濒临大西洋。从位于太平洋西岸的三藩市，乘6个小时飞机抵达纽约，是横跨了美国从西部到东部的全境，也是从太平洋飞到了大西洋，跨越了世界的两大洋。

应该说，美国的星条文化世界，在美国各地是有种种不同体现的。如：在旧金山会看到各种种族并存的自在之气，在尼加拉瀑布、大峡谷、优山美地等景观中看到其自然风光的领先之气，在拉斯维加斯赌城，迪斯尼儿童乐园和洛杉矶环球影城等人文景观中看到其冒险和超前之气，在费城这开国古都中看到其开创之气，在华盛顿这首都中看到其神圣透明而又权威管制的星条之气，那么，在纽约所见的则主要是带有世界性的霸气。这座城市的建筑和街道格局，同美国其他城市都有所不同，其他城市高楼大厦不多，仅在市中心有寥寥可数几座，而纽约则是高楼大厦林立，遮掩着街道，造成街道不见阳光，其中有帝国大厦、世界贸易大厦，都是百层以上高楼，是世界屈指可数的著名大厦，这里有世界金融界的权威之一的华尔街股票中心，有世界最大的自由女神塑像，有世界政治中心——联合国总部等等，都是世界性的星级的权威性的建筑或机构，程度不同地起到运转世界的作用。所以，这是一种甚有霸气的星条文化，是带有世界性的，又是自成一种文化世界的。

著名的曼哈顿是纽约的市中心区，实际是一座海岛，它除了由荷兰隧道经海底与郊区连接之外，主要是靠几座铁桥，向四面八方延伸，这些跨海或跨河（东河、西河，即荷兰河，哈里逊河）大桥，像是螃蟹伸出的巨爪似的，使纽约市的风姿更显出横行的霸气。在这岛上，有中国人熟悉的中国城。前些年轰动一时的写“洋打工”的报告文学《曼哈顿的中国女人》写的就是发生在这个地方的艰苦创业故事，佐证了这个弱肉强食的生死场的霸气文化。当然，在这里起标志和主导作用的是隐在高楼大厦中的世界性财团，特别是在一条并不显眼而威震四方的华尔街，有洛克菲勒石油集团、摩根集团、花旗银行等的办公大楼；还有世界信息和金融中心之一的时报广场（即《纽约时报》所在地，现已搬迁）。这些地方的街道多用数字起名，从1、2、3、4数起，在中心区是40和50街了，这种数字化的命名现象，说明其街道之多，也说明是为了管理和记忆上的方便，带有井井有条的星条文化意味，自然，这些五星级的财团和机构集中于此，更是其星条文化的霸气体现的标志。

世界著名的自由女神像，坐落于曼哈顿岛对面的一座小岛上。这小岛原名爱琴岛，后改名自由女神岛。这座石像是美国独立100周年庆典时，法国政府和人民所送的礼物，设计是法国人，在法国制造，运来美国安装也用了多年时间，1957年才造成。其高度有150米，宽也有数百米，全是花岗岩雕成。女神戴的是金光四射的顶冠，手持巨型火把，身披布纱罗衣，脸庞慈祥微笑，神圣庄严，似乎刚从天上提取自由火种来到人间，手持火把照耀世界，又似乎高举和平之火，保卫人类安宁……这些善良美好的寓意，在如此神圣的高大神像中显出，似乎同时也有着无可争议、无往不胜、威盖四方的权威意味。这不也是一种光明的美好的“霸气”体现吗？

高达103层的帝国大厦，110层的世界贸易大厦，矗立于纽约街道上，其存在本身就是霸气的标志，特别是乘上世贸大厦的高速电梯，仅58秒钟即登上110层的楼顶，俯瞰整体市容，一览众楼小，举首顶蓝天，更是切身感受到纽约的超群霸气。在联合国总部，虽然不能登上它的有似蜜蜂窝般的大楼，参观设在其中130多个成员国办事机构的办公室，但在其门前排列成行的众多旗杆上，飘扬着五光十色的各国国旗，也能够深切体会到标志和代表着世界各国的政治中心从形态到内涵，也是有着星条文化世界的意味的，它的代表性、标志性、权威性，不也是一种正义的“霸气”吗？看来联合国总部设在美国，设在纽约，不是偶然的，是有其历史和文化必然性的。它既是美国星条文化世界的一个部分和标志之一，同时它又使得美国的星条文化增大了世界性的砝码。

## 波士顿

在到过的著名城市中，我都亲眼看到美国现代的文化和科技发达的先进面，同时也从城市的结构和建设上，看到了美国似乎在稳定中发展不明显的一面，唯独在波士顿这个位于美国北部的著名城市，在城市建设上有较强烈的发展气息。

据说，这是美国最古老的城市之一，原是美国土著印第安人的居住地，16世纪时欧洲人来此开发，大量移民来此，土著被迫迁徙。1876年，美国独立战争最早在此爆发，是以抗交茶叶税为导火线的。两百多年来，这里都是作为美国北部的经济文化中心发展。发展较早，有历史意义的纪念地多；开始建设时规模小，要扩大却又碰到必须保留历史纪念地之难题，所以反过来影响了发展的速度。近些年来波士顿当局重新规划建设，有气魄地大兴土木，建造新的街道和铁路，从而成了美国新的建设热点，招收了全国各地的许多失业者，显出了生机勃勃的繁忙建设景象，古老的城市焕发了新姿。

这个背景，也引发了在文化观念上的新旧冲突。有趣地表现在前些年发生的关于一座高楼是否要拆除的争议上，波士顿现有两座60层高的大楼，是全市最高的标志性建筑，一座是普天寿大楼，有长久的历史；一座是20世纪70年代新建的，是美籍华人贝聿铭这位世界著名的设计家设计的，近些年贝聿铭发现这座高楼与波士顿整个城市的风格不协调，有破坏了城市原有格局的作用，便建议拆除，重新设计建设，甚至愿意承担全部经费，但遭到波士顿当局和市民的反对，理由是没有必要，因为还要继续进行建设许多新的大厦高楼。这件事说明在建设上正在开始新旧文化观念的冲突，在一定程度上体现了美国的星条文化尚有待发展的一面。

确切地说，波士顿应当是美国的大学城，是美国大学教育的主要集中地和中心。在这个城市里有六十多所大学，其中哈佛大学、麻省理工学院堪称美国的星级大学，是世界著名的一流学府，是美国大学文化的代表和标志。在三藩市的斯坦福大学，在洛杉矶的加州大学中心洛杉矶分校，在纽约的圣若望大学，都是没有围墙的学校，校区风景都很优美，在波士顿的哈佛大学和麻省理工学院也是这样。当我乘汽车进到哈佛大学校区时，还不知道是进了学校，校区的街道同市区一般街道没有什么两样，汽车和行人都进出自由，学生在教学楼里听课，隔音设备好，没有什么干扰。进到麻省理工学院校园区，也是这样，座座并不怎么堂皇的教学楼，分布于绿荫覆盖、绿草茵茵的幽雅环境之中，散发出一种静雅的学术气息，使人身处于高雅的文化氛围之中。又似乎有一种自由自在的开放性，没有什么森严的禁锢或约束，显示出美国大学文化有开放性的一面。

这个方面，我也在这两所著名大学中所见的两种现象里看到了它的负面，在哈佛大学我看到了在校园区搭起几个小小帐篷的示威学生，正在书写抗议的标语；在麻省理工学院，看到了一张张贴在教学楼墙壁上招引同性恋或宣布正式同性恋的招贴（在美国某些是承认同性恋的）。这些偶然见到的现象，使我对这两所名牌大学的印象打了一个颇大的折扣，同时也看到了美国开放性文化的负面。

可喜的是，我在这两所大学里，见到了相当数量的中国学生，同美国和其他国家的学生和睦共处，勤奋好学，成绩优异；在其生活区，我还看到了打出“燕京”招牌的中国餐馆，知道了著名的爱国将领张学良将一生的资料捐给哈佛大学，现在该校图书馆内有专馆收藏之事。这些所见所闻，使我感到在美国的名牌大学里，是有中国人和中国文化的地位的。我也由此感到，中美文化虽有差距，但却又是各有所长，可以互补的。这次美国之行，我的使命就是进行中美文化交流，不仅是与美籍华人文艺家进行文化交流，也与美国白人或黑人学者和各界进行文化交流，相互学习，各取所长。在这过程中，逐步认识到美国的文化特征，概括其星条文化世界的形象和特质，恐怕是可以作为文化学上的一家之言的吧？

2001年5月18日

# 彩灯通照秦淮河

己卯仲秋，天高气爽，日暖风和，正是华灯初上时分，我终于来到了南京新修复的古文化景点——秦淮河。

秦淮河即淮水，是流入南京城区的一条河，相传是秦始皇时引入城中而得名。但这景点不是指整条秦淮河道，而是指南京旧城之西的青溪、内秦淮旧院、桃花渡一带秦淮河畔。这是历史上、尤其是在中国文学和文化史上著名的地方，因为这一带是历代歌伎的活动场所，在此发生过许多名人逸事，被称为“六朝金粉地”（即东吴、东晋和南朝的宋、齐、梁、陈四代共六朝），隋唐以后各代也都如此，新中国成立后才彻底改变。

对于这个景点，我是神交已久：在唐代诗人杜牧写的《泊秦淮》中，早已领略“烟笼寒水月笼沙，夜泊秦淮近酒家。商女不知亡国恨，隔江犹唱后庭花”的境界；在清代孔尚任的名剧《桃花扇》里，从李香君与侯朝宗的爱情故事中，看到“秦淮烟月无新旧，脂香粉腻满东流，夜夜春情散不收”的情景；从20世纪30年代散文大师朱自清和俞平伯分别写的同题名篇中，如同亲临其境地畅游了“桨声灯影里的秦淮河”；从著名国学大师陈寅恪的名著《柳如是别传》中，看到这里映现的历史风云；从广东作家刘斯奋最近荣获茅盾文学奖的长篇小说《白门柳》中，看到这里凝现的文化内蕴。

神交毕竟不同于身临其境，有神交则更能认识其境。秦淮河景点现在修复，已与它的过去性质完全不同，即已不是旧社会的“红灯区”，而是现代的文化旅游区。但它的历史和文化内蕴仍是在其中贮存着并不断丰富发展着的。当我踏入这景点的时候，有既熟悉而又陌生之感，特别显目的是当跨过秦淮河的小桥时，只见两旁灰石倚栏上挂满了一串又一串的大红灯笼，与著名电影《大红灯笼高高挂》的灯笼一模一样。照得整个景区红彤彤；两岸的霓虹灯，五颜六色，丰富多彩，闪闪耀耀，瞬息万变，使座座粉墙玳瓦式的典型江南古屋，在扑朔迷离的彩色黑夜中，时隐时现，使人似乎进入“小桥流水人家”的境界；但快节奏的现代音乐，响彻整个景区，加之现代化的灯光幻影，人声鼎沸，车船竞渡，却又使人不会忘却自身仍是欢乐在现代今宵之中，并非当年灯红酒绿、纸醉金迷的良辰美景。然而，当我踏进仿古却新的机动小船，欲效朱自清、俞平伯两位文学大师当年畅游“桨声灯影里的秦淮河”的时候，虽有“今非昔比”的明显感觉，但却又似进入通往这里千百年历史通道，则有一番彩灯通照秦淮河的兴致和感受。

当今秦淮河的水，说不上清洁，但在夜幕笼罩和彩灯映照之下，不失波光闪闪，鳞波荡漾的艳丽景象；船上的导游，颇通今古，又有女性特有的甜蜜语调，说得游客神情倾倒，如醉如痴，像是整船人都沉迷于她所导游的历史境界之中，见到了表面看不见的种种奇特的历史文化现象，领略了民族传统文化的种种深层意蕴。船开航一会儿，即见左岸矗立着一大牌坊——“秦淮古道”，这条古道，实际是一条商业步行街，出售的商品，有真假古董，有文房四宝，有儿童玩具，有进口相机、望远镜、服装、瓷器、仪器、百货，无奇不有；顾客与游客川流不息，叫卖声与现代音乐争奏齐鸣，一派现代商场景象；更妙的是有几辆古装马车，供游客乘坐，车型马鞍和驭手着装均整套明清款式，穿梭于古道之中，诚可谓融古今文化于一道也！

导游小姐似乎对这种现象司空见惯，不屑于讲解什么，唯独对前面的夫子庙和邻近的《封至圣夫人碑》和《封四氏碑》情有独钟，故意卖弄关子问游客：这是为谁立的庙、为谁竖的碑？谁都知道“夫子”是指孔子，为孔子而立“文庙”遍及神州各地。导游反诘说“夫子”也指三国时的名将关羽，俗称关公，为他而设的“武庙”全国都有；南京古城也有，但为何这里的孔子庙不叫“文庙”而与“武庙”对称，而是独谓之“夫子庙”？这简单的提问一下难倒了游客。我却从导游的眼神中觉察到什么，因为她提问时眼睛只盯着《封至圣夫人碑》，我即顿悟文章定在这块碑里。原来这块碑正是为孔子的夫人亓官氏的碑，“夫人碑”与“夫子庙”，正好夫妻双对，所以同一般“文庙”不同，看来其中颇有尊重夫妻对称的人情味，是一种“夫贵妻荣”而不是“男尊妇卑”的文化意识。使我纳闷的是：人们都知道元代是蒙古族统治，竟然在这时封孔子为“大成至圣文宣王”，重建在战火中焚毁的夫子庙，封孔子夫人为“至圣夫人”，并竖碑与夫子庙的大成门对称；更有意思的是还同时封了孔子的弟子和后人为“公”：弟子颜回是兖国复圣公，弟子曾参为成国宗圣公，再传弟子孟轲为邹国亚圣公，孙子孔伋为沂国述圣公。这些更充分地体现了这是百分之百的儒家文化，对儒家的尊崇比汉族统治的各朝有过之无不及。这种现象，不正是中华民族传统文化具有兼容性而又具有人情味的重要标志吗？无怪乎导游小姐如此得意地考问游客了。

从游船上岸，信步走到千古著名的乌衣巷，在巷口牌坊前，矗立着毛泽东手书唐代诗人刘禹锡怀古诗的石碑：“朱雀桥边野草花，乌衣巷口夕阳斜。旧时王谢堂前燕，飞入寻常百姓家”。在乌衣巷重温这首诗，感慨良多，也更领会这景点的内涵丰富。因为乌衣巷自古是王公贵族的世家住地，又是享乐的圣地，曾有题联云：“都是圣人，且领略六朝烟水；暂留过客，莫辜负九曲风光。”然而，好景不长、兴衰轮回，昔日富贵豪奢沦为平民百姓，可见贫富并非永恒，苦乐也非永驻。当今的乌衣巷，更是平民化了，不仅住的平民百姓，而且前来旅游观光的人也是平民大众：当年“市列珠玑，户盈罗绮竞豪奢”的烟水，已变为当今的“萧瑟秋风今又是，换了人间”的风光。

当今游客大都不知道、也都不大注意在夫子庙和乌衣巷附近有个古迹叫贡院，这是明清时代秋试的地方，即古时考试的试场，是能否获中状元、举人、贡生，获得当官机会之所在，是古时读书人“十年寒窗无人问，一旦成名天下知”的腾龙圣地，又是知识分子分化的界碑，如果考试失败，名落孙山，多年寒窗之愿即成泡影，只能永做布衣。也许正是因为这种成败在此一试、荣辱定于一宵的缘故吧，在这个圣地的紧邻，供人“今朝有酒今朝醉”的“烟花巷”也应运而生，圣人文化与歌伎文化相济相邻，成为中国传统文化的一大奇观；古往今来不知发生了多少动人的才子佳人故事。孔尚任的《桃花扇》成为古典名剧，也正在于记下了发生于此的李香君与侯朝宗的真实故事。这对于古今知识分子来说，都是容易发生心灵感应的。

也许正是由于这个原因吧，我对于主人安排在以李香君故居名义而开设的媚香楼用膳，兴趣特浓。当我们一上酒楼，即好似进入一个红彤彤的花花世界，四周均是红灯笼罩，艳溢香浓，服务小姐均是红装粉黛，彬彬有礼；每台桌椅均是明清款式，摆上几个精致果盒，每人台前都送上印有“李香君故居”字样的粉红餐巾（吃完又可带走纪念），餐厅正中前沿设一小型舞台，两边楹联是：“援瑟情多好音敲旧谱，鸣弦意得清赏更新腔”。幽雅的琴瑟音乐，轻盈的古典舞蹈，一直伴随到宴会结束。而用膳方式，更为奇妙，可谓江南小吃文化的典型体现：每次上菜，均不是大盘大碟，而是用一果盒，每人送上一份两式；一是用小碟盛一件点心，用一小碗盘一小羹；用完后正好是一曲音乐奏过，换上另一乐曲，即又用小果盒送上另一款式的小吃；如此重复多次，但每款小吃均不相同，花式品种，多种多样，但均数量不多，质量不差，虽无大鱼大肉，但却解饥解渴。最主要是整个餐厅洋溢着慢条斯理、温文尔雅的气氛，听得优美，看得顺眼，吃得斯文，坐得舒服，堪称高雅的精神享受和物质享受，毫不亚于西方音乐沙龙或咖啡茶座的文化品位，甚至使人别有一番滋味在心头，这就是中国江南的古典美、文化美，尤其使人品味不尽的是其中丰富的文化底蕴。

2000年1月13日

# 高雄印象

庚辰初冬，却无凉意，反似春光明媚，日暖风和。上午自广州乘直通车到香港，在办完转赴台湾的手续之后，已是傍晚时分，转乘中华航空公司的飞机，仅费一小时十分的航程，即到达了知名良久的高雄市，开始了颇有神秘感的台湾之行。

此行是应台湾高雄中山大学中文系的邀请，参加第四届两岸中山大学中国文学学术研讨会。我很荣幸地率领由十位教授和博士生组成的广州中山大学中文系代表团，同高雄中山大学中文系百多名教授和博士、硕士研究生，进行了为期两天的学术交流活动，对从古至今的中国文化与文学进行深入细致的探讨。提交的每篇论文，都由两岸学者进行讲评，自由讨论，各抒己见，畅所欲言，中间还几度引起争论，但并不因此而有芥蒂或气氛紧张，反而更是坦诚热烈，生动活泼，谈笑风生，更有利于对问题的深入探讨；尤其是在研讨中，相互交流了学术研究的最新成果、最新的研究讯息，对彼此的科学研究方法和教学方法的特点和长处有所了解，相互学习，求同存异，对促进两岸的学术交流和学者的交谊发展，实是大有裨益。短短的两天会议，取得如此重大效果，我作为会议主持人之一，是事先并未想到的。

使我尤感意外的是，在高雄生活两天所得的印象，大大改变了我原对台湾的神秘感和陌生的心态，真正接触到和了解到台湾人民对大陆的深厚感情。我们从宾馆进入高雄中山大学校园的路上，作为会议东道主的高雄中山大学中文系主任林庆勋教授兴奋地向我介绍：高雄是台湾岛南部的一个重要海港城市，南濒南海，西向台湾海峡，与大陆的闽粤交界处隔海相望。高雄中山大学校园在高雄港的旁边，面对港口的西子湾，坐落于海滨的万寿山，同高雄市的著名万寿山风景区是一个整体，但又有相对独立性。整个校园是自1980年创办时开始逐步建成，历史不长，所以都是新建筑居多。在他的介绍下，我一路欣赏校园景致，发现时令虽临冬季，这里却是一片春色，整座万寿山都是茂林修竹，郁郁葱葱，艳红的杜鹃仍在尽情开放；更妙的是座座粉红带白色的现代教学大楼，也与杜鹃相映成趣，依山层叠于绿树青坡之间，像一幅巨大的五色缤纷的画屏，对着银波闪闪的汪汪海面映照；又像是一座巨大的美丽的海船，浮泛于一片蔚蓝的大海，在风浪中轻轻起伏。如此的美景使我情不自禁地向高雄中大的同行们说，你们的校园，是建在山中，又像是条船，浮现在海中，集山海景色于一体，美极了！一位教授不无深意地回答说：“其实，整个台湾就像是一条不沉的大船，是从大陆开出来的；又像是大陆伸出的一个船台，承接着海外船只的进出交往；你看，我们高雄中山大学的对面，不就是你们的广州中山大学吗？”这位教授明知高雄的海峡对岸不是广州，却有意这样说，其中的深情厚谊不是很清楚吗？

2000年黄伟宗任中山大学代表团团长到台湾中山大学学术交流并主持研讨会

尤使我意外的是在研讨会上，台湾著名的国学家、高雄中山大学文学院原院长鲍国顺教授对我提交论文的讲评。我的论文题目是《论珠江文化创新特质的源流及其发展》，论文对珠江文化发展概括为四个时期，即汉代、唐宋、明代、清末民初，原稿本是列20世纪80年代大陆改革开放为第五个时期，出于政治上的考虑，免得别人接受困难而删去。难得的是鲍教授在讲评时指出了这个有意删去的缺陷，他直率地说：20世纪80年代的广东，是改革开放的窗口，不仅是珠江文化发展的又一兴旺时期，而且是大陆发展的新起点；两岸中山大学能够最早进行学术交流活动，也是这个窗口的一个小小的例证。可见我事先的顾虑是多余的，亦可见台湾的学者和人民对大陆的改革开放及其取得的辉煌成就，是赞赏的。

更使我意外的是台湾学术界对大陆学术成果和研究动向的及时了解和重视。当我们到达高雄中信宾馆下榻时，廖宏昌教授即迎上前来主动结识我，说昨天刚从香港朋友处得到我刚问世的文艺理论专著《文艺辩证学》，因他是从事文艺批评教学的，所以特有兴趣，并说他们总是及时了解大陆学者的最新学术成果。在欢迎我们代表团的宴会上，高雄中山大学校长刘维琪教授当着我们的面，要求高雄中山大学中文系的领导重视大陆已开始的现代文学研究、世界华人文学研究、网络文学研究；该校的文学院院长苏其康教授，在研讨会闭幕式上从我提交的关于珠江文化研究的论文，要求该校也要注意对本地文化的研究。这不仅说明了两岸学术交流的促进，而且体现了台湾学术界对大陆的关切之情。

难得东道主盛情，在紧张的会议进程中安排我们到高雄的两个著名风景区游览，一是澄清湖公园，一是莲子潭公园。漫步于澄清湖畔，如同进入杭州西湖之胜景，熟悉而又新鲜，心旷神怡，感受与大陆无异；在莲子潭公园更是民族传统文化洋溢，高大的玄帝像在湖中巍然端坐，另一头则是高大的观音像脚踩彩云化成的巨龙，似乎刚从天上降临宽阔的湖面，使我感到台湾的传统文化是源于大陆一脉，但也有自身的特点，因为对玄帝的崇拜和观音踩龙的形象，是大陆较少见到的。我又注意到许多地方的命名和修建，似乎都有意无意地以大陆为参照系，如高雄中山大学所在地名为万寿山、西子湾，似乎有同北京万寿山，浙江西子湖对称或复现的意思，还有一些路名、店名，如重庆路、桂林饭店、上海饭店等等，其中不是寓含着浓郁的大陆情结吗？这些地名文化，也是出我意料之外的。其实这些意外的印象，本来都是同根而应当是熟悉的，只是由于隔阂而误解了、陌生了，随着这些意外的消除，长久的神秘感也就消失了。这就是可贵的高雄印象。

2000年11月22日

# 台北纪行

从高雄乘火车到台北，仅四个小时的行程，天气的差异却是大得出奇。上午在高雄烈日高照，气温达30℃，中午到台北却是阴霾天气，下着毛毛雨，气温则在20℃左右，两地相差达10℃，而且晴雨悬殊。同行们都说，无怪乎台湾有首著名的流行歌曲《毛毛雨》。

在高雄结束两岸中山大学中国文学学术研讨会之后，我们接受台湾著名政论家、散文家沈野先生的邀请，到他创办并主持的《独家报道》周刊做客。其实，我早知沈野先生的大名了，不久前在香港《新报》上读过他怒斥陈水扁的杂文，将陈水扁只承认是台湾人而不承认是中国人的言辞和伎俩，批驳得体无完肤，丑态毕露。沈野先生反台独的鲜明立场和犀利的笔锋早受台海同胞所赏识，篇篇讨伐台独的檄文，使其主编的《独家报道》洛阳纸贵，在台湾和海外发行百多万份，是台湾最有影响力的杂志之一。

当我们步入这家杂志社的会客厅时，立即感受到一股集传统和现代于一体的书卷气，书架上各种书籍井井有条，四周墙上挂着价值连城的名家书画，门楣有其办刊宗旨：“真诚潇洒”，中堂挂着杜甫的诗句：“春风大雅能容物，秋水文章不染尘”，又有他自撰的题钟馗画像的对联：“欲向红尘啖鬼魅，何须紫阁等功名”。这些陈设体现了主人的深厚文化素质和高雅风度。当沈野先生与我们交谈时，更令我感到是文如其人，刊如其人，居如其人，言如其人。他的身材高大，两眼炯炯有神。他已过“耳顺”之年，仍精神抖擞，行动麻利。他创办《独家报道》已达15年之久，不知经过多少风风雨雨，艰难险阻；为坚持“独家”，不知受过多少恐吓、威逼利诱。他的创业历程足可以写几部大型传记或报告文学。使我意外的是，他本是在当今台湾政治风云中以笔为枪的冲锋勇士，而与我们的交谈话题却主要是谈读古书的心得，从《二十四史》《资治通鉴》到康有为、杨度、陈寅恪和香港的大儒饶宗颐，他都极其熟悉而有精到评论；他不仅谈，而且写，他除每周写一篇评论之外，还写有许多杂文、散文、诗词，迄今他出版著作十多部，是一位著作等身的学者型的作家、编辑家，又不愧是现代型的文化企业家。在沈野先生的身上，我不仅看到台湾学者的文化风姿和风情，而且似乎窥见现代学者的发展雏形。

在台北专程前往参观故宫博物院，这是一座宫殿式的古代建筑，展览厅有四层，每层都展品丰富，琳琅满目，好些是在北京的故宫博物院看不到的珍品。在商周青铜器展厅，看到了巨型的鼎，尤其是著名的毛公鼎，以及修正了春秋所记历史的编钟；在华夏文化与世界文化关系展厅，看到石器时代的中国西阳村蚕茧化石，找到了人类丝绸历史的最早标本；在书画展厅中，看到了大陆罕见的宋元书画真迹，其中宋徽宗的亲笔诗帖使我尤有兴趣："秾芳依翠萼，焕烂一庭中；零露沾如醉，残霞照似融；丹青难下笔，造化独留功；舞蝶迷香径，翩翩逐晚风。"诗的风格与其著名的《燕山亭词》同是诗画一体，其字迹笔透墨瘦，体有画功。我还注意到前来参观的人很多，来自世界各地，从言语即听出有不少日本人、香港人和西欧人，观者莫不在件件展品台前，认真端详，流连忘返，莫不赞赏中国传统文化的绚丽光彩。在台北看到这些展品，也从中可以看到台湾与大陆不可割断的历史渊源和文化血脉。

去台北县的淡水红毛城参观，使我更了解台湾被帝国主义先后凌辱的历史，台湾人民的斗争传统，以及台湾与大陆的不可分割关系。这是明代崇祯二年（1629年）的建筑，是当时西班牙人侵占台湾时所建；后来荷兰人攻占台湾，又以此为镇守淡水港的炮台，原名圣多明哥城，因百姓称呼洋人为"红毛"，故俗称其为"红毛城"。明末郑成功赶走荷兰人，也在此驻军；清康熙年间，清兵进驻；雍正年间重修。清咸丰年间淡水开港，英人在此设领事馆，此后先后委托澳大利亚和美国代管。1945年抗日战争胜利后，复归中国。所以，这里寓军事要塞和外交使馆于一体，外围是灰青色的中国古式城墙，城内是红墙的西式洋楼；城内有似花园，绿树成荫，青草依依，典雅清新。城外即是台湾最大的淡水河入海的港口，壮丽开阔，气象万千。登上城墙远眺，似乎登上整个台湾岛所构成的大船，站在船头上，似乎感受着台湾数百年的历史沧桑，又像是正在台湾海峡过渡，向着祖国的怀抱归航。

在台湾的旅程中，从高雄乘火车经台南、嘉义、台中、丰原、新竹、桃园，一路上都见到许多寺庙，遍布城市乡村，几乎每条街道和村庄都可见到。这些寺庙建筑，大同小异，红墙绿瓦，其屋脊都有着金色的龙凤塑像，像古装戏皇帝所戴的头冠，金光闪闪。为此，我在台北进了最大的一间龙山寺庙。这间寺庙前后有三层神厅，均设有诸多天后、龙母神像，庄严肃穆，同我在大陆沿海各地所见的寺庙无什么区别。我曾听专家说，凡有天后庙、妈祖庙的地方，即是中国与海外交往的"海上丝绸之路"经过的地方。由此又可看出，台湾显然是中国历来与海外贸易和交流之地。

在台北市的街道漫步和饮食，更感到同大陆没有什么区别，似乎感到比香港还更熟络、习惯。我们漫步在名为广州街的街道购物，似乎与广州街头的灯光夜市没有什么两样，在主人的精心安排下，我们在台北遍尝了台北的粤菜、潮菜、川菜、沪菜的佳肴，似乎比我们在广东餐馆、潮州餐馆、四川餐馆、上海餐馆所食的还地道。尤其令人难忘的是在一家名为鼎泰丰的小店吃上海汤包，因价廉物美，比上海做的还好，所以顾客甚多，要排队轮号才能吃到，主人也有意安排我们去品尝这种特有的风味，由此更使我感受到台湾的生活习俗是与大陆一体的，是永远不可分割的。

2000年11月23日

# 四、笔记篇

# 从谭庭浩的《站在城头看风景》论新文化批评

由广东文艺批评家协会策划、黄树森主编的大型书系《叩问岭南》，最近由花城出版社出版了首批三本：杨苗燕的《别等我在老地方——转型期文化景观》、钟晓毅的《穿过林子便是海——漫步边缘文化》和谭庭浩的《站在城头看风景——当代都市文化的散点透视》。这是岭南文坛一件值得注目的盛事！它起码有三点示兆：一是研究当代岭南文化的系统工程正式拉开了序幕，正如黄树森在“总序”中称，“一幅岭南文化新景观，已经拉开序幕，正在上演威武雄壮的戏剧。叩问岭南，就是叩问中国当下新文化”；二是广东的新一代文艺批评家正以群体的姿态崛起，该书系的第一批作者都是青壮年，好几位早在文艺界崭露头角，但都处在各自为战的状态，现存以合作书系的方式凝聚力量；二是较自觉明朗地兴起了新文化批评。现拟以谭庭浩《站在城头看风景》一书为例，对新文化批评作初步的探讨。

所谓新文化，即现代都市文化，尤其指南方文化或广东文化。新文化批评首先的一个特点，就是对这种新兴文化的认同和探究。这也是谭庭浩这本论著最突出的一个特色。他在第一章第一节《南北文化背后》提出：“改革开放十多年发展起来的，以广东为代表的所谓南方文化，是中国现代化进程所必然产生的，以广东为背景的，主要满足大众物质的、感官的和世俗的需要的一种文化形态。这种文化具有浓厚的商业色彩和平民气息，主要是一种大众文化。相比于过去，这种文化解放了人们的物质和感官的欲望，是一种历史的进步。也有人由此对比出北方文化是一种精英文化，而南方文化其实是一种文化的没落。我倒觉得，总体上，北方文化深植于小农经济和农业文明的基础上，尚未经过商品经济和大众文化的充分洗礼，有时甚至连人的基本需要还没有得到很好满足，现时的北方文化比起南方文化在时代上落后了一个阶段。它至多只是在形式上、在表层格局上与某些人心目中先验的所谓‘精英文化’的模式暗合。只有穿过而不是绕开，超越而不是否认大众文化，真正意义上的、灵肉丰满的健全的精英文化才有可能降临因此，我对南方文化充满希望。它年轻活泼、充满生机，也许还没有成熟、深沉的内蕴，却潜伏着无限发展的可能性。”这段文字可能会招致老成持重者的非议，然而，它的立论却是有其依据的；而且，直白的方式和明快的内容，正好说明作者他们这年青的一代对新文化的热情和信念。谭庭浩在这部论著中，对南方都市文化进行了多方面的观照，就许多新的文化现象作出了新颖的、富有启发性的论述。比如，从广告、流行音乐、电视、广播、报刊和畅销书等全方位进入日常生活看大众文化形态；从通俗文艺的历史和现状看都市文化的特点；从流行歌曲由深受港台影响到“寻找自己的歌”的发展看新文化的发展；从词作家陈小奇的创作看都市文化的发展与包袱；从席慕容的诗为什么这样红探究“瞬间里的永恒”这一都市心态……无论是客观的观照还是微观的分析，都贯穿着作者对这种新文化的热情的认同。

黄伟宗与研究生谭庭浩在中文系合影

从文学透视文化，以文化观照文学，将两者联系在一起，甚至易位交替，互作对象而探究，是新文化批评的又一特色。谭庭浩在书中《挑战大众文化》一节中提出：“……文艺周遭的社会环境与文化环境都变了。文艺的存在形态随之而变。随着中心价值体系的解构，整体而言，文艺过去拥有的高高在上、莫测高深的神圣性、神秘性和纯粹性被打破，深度模式被消除，人文精神被稀释。文艺正在泛化，其边界逐渐模糊：文艺与非文艺、先锋文艺与大众文艺、严肃文艺与通俗文艺、文艺与商品等二元对立因素被一只‘无形的手’摧毁了过往的森严壁垒，在互相碰撞、冲突的同时又彼此渗透、交融，造成了一轮新的混沌……文艺与当代文化——尤其是大众文化的联系异常密切。实际上，这一时期的很多文艺现象往往就是文化现象，甚至主要是文化现象。文艺泛化了，在某种意义上，就是文化化了。”这些看法，虽有若干尚待商榷之处(如有的文艺不一定会文化化，要承认和保持多样化、多元化)，而且一时也许还令一些人难以接受，但基本上道出了当今文艺的一种带主导性的、甚有生命力的潮流，也道出了文艺批评的一种走向。也许止是基于这种认识，在这本书中，作者视为“主体”的前五章，都着眼于对文艺进行文化的分析，如《都市文化多面观》《广东电视剧的文化方位》《散文现象的文化分析》和《现代社会的文化批判机制》等篇，便是这种批评的代表之作。谭庭浩接着在《大众化文艺评论》一节中指出："大众文艺评论不同于学院派的批评，有自己的一套大众化的操作规范、评价尺度、形式特点直至语文风格。它关注大众文化中的热点、疑点和难点，以大众文化产品(电影、电视连续剧、流行音乐、通俗小说、畅销书和漫画等)和大众文化现象为评论对象，以普通读者为阅读对象，既有专业的水准和独到的眼光，又深入浅出、喜闻乐见，带有'导读'的倾向，影响大众对文化消费的选择，逐渐引导的提高大众文化，反过来制约生产者，调节整个市场。大众文艺评论一股篇幅短小，文字通俗，以报纸为其依存的主要媒体，甚至以专栏的形式出现，通过周期性的'曝光'和相当数量的高水平的评论文章的积累，树立评论者的形象，建立评论者的权威。"但这种批评"至今几乎还是个空白，更缺乏权威的书评人、影评人、视评人、乐评人和画评人。唯其如此，更大有可为。"从整本书看来，谭庭浩不光是这样说的，而且也是努力这样去做的。

本书是谭庭浩的首部论集，收入了他从念大学到现在所发表的大部分作品。它以论述题材的不同而分别编列章节，使"散点"也得以聚焦，组成具有一定系列性的构架或系统。这种编排方式是颇有意味的。它一方面说明了作者所操作的批评方式，更注重散点式的引发，注重对新生的文化现象作出及时、敏捷的反应和评析，注重敏感、活泼与自由；另一方面，这些看似"散点"的篇章，在结集时又可以编为有机的系列，这则说明了作者始终是有目的、有追求、有计划及有层次地对各种新文化现象进来观照的。这种以"散点"的方式去追求内在的长远的系统性，在我看来也是新文化批评的一个特点。

此书有部分篇章是作者在中山大学中文系念本科和攻读硕士学位期间所作的，数量几乎占了全书的一半。这一半文字不能说都是新文化批评，但值得注意的是，它们既体现了作者从不自觉到自觉地进行文化批评的过程，又体现了新文化批评的一种特点和方式。他与陈晓武合作的长篇论文《广东文艺批评四十年(1949—1989)概观》，是颇有分量的史论，尚不属新文化批评，但其中在论述广东批评界二代人的特点和差异，以及对整个广东文艺批评的正面与负面作出分析的时候，却不乏文化上的观照。到后来，他在硕士论文《青春心史》中，着力探讨1985年以后中国文学中城市青年文化心态的演进。在这篇长篇论文里，作者将体现在1985年以后中国文学中的城市青年的文化心态的演进概括为：激愤与扩张——迷惘与同守——冷漠与迷失——混同与放逐——否定与拯救——接受与实现。这是从总体的文化心态上去概括的。此后，在谭庭浩的文章中，对文化心态的描述与批评就更加鲜明了，如《追问城市的心灵》《在城市诗意地栖居》等篇就表现得很典型。对文化心态的探求，也是新文化批评的一个特点。

对于新文化，新文化批评不但有热情的认同，而且有理性的批判。照我看来，这也是新文化批评颇为重要的一个特点。本书写得最好的篇章《倾听不一样的声音——现代社会的文化批判机制》和《穿过散文的密林——散文现象的文化分析》，正得道于此。在前一篇里，作者郑重地把文化批判作为现代社会一个不可或缺的机制而提出，深刻分析了其重要性。他认为，为了使整个社会更加健全地发展，知识分子应当充当“社会的良心”，越来越强有力地发挥文化批判的制衡作用。比如对于当今流行的大众文化，我们一方面要看到它是中国走向现代化和世界性文化氛围的路途上的必然产物；同时也要看到，它业已成为一种新的文化集权主义，改变着全社会文化生产和意识形态的再生产，深刻地影响着大众的日常生活，而且，它以商业利润为目的，直至形成所谓的文化工、因而失去了自主性，不可能具有对社会文化的批判功能，其本身“也得承受站在文化价值立场上的、从文化良知出发的理性批判”。在后一篇中，作者立足文化心态的层面，对近些年散文走俏这一现象作了深入细致的分析，对其产生的原因、所昭示的文化意义都提出不少独到的见解；同时也指出，现时散文创作中之所以出现“批量生产”“粗制滥造”的现象，根本上是因为“创作退化成写作”，“原先具有的人文的超越的意义在散文的写作中消逝了，或如后现代主义所强调的，深度模式被削平，写作成了价值平面上的语言游戏、语言宣泄和语言放纵”，“本质上是由于写作人主体性的丧失”。这些论述，很好地显示了新文化批评的批判的力量。

谭庭浩这本书当然也有不少缺点，它所体现出来的新文化批评也还稚嫩，我由此引发的关于新文化批评的论述亦可能不够全面，意在抛砖引玉，引起人们对这种批评的注意。

1996年8月

# 从程学源三部诗集谈心灵诗

前些年读过程学源的处女座《飘洒的心雨》，后来又读到他的《心灵风景线》，最近又读到他的《让我就这样看你》。这三部诗集，使我感到程学源是有意探索现代心灵诗的写作。

他在《心灵风景线》的后记中说，写诗“是在现实生活的铜墙铁壁里，扒开一个窗口，去窥望理想的蓝天，看那白云悠悠，感受那和风送爽，呼吸那飘着花香的空气”。这句话说得好，有诗意、有深意。当今世界旅游业发达，尤其是到山水风景圣地“回归大自然”“寻根”和“找寻原生态”的旅游或考察成为“热点”，正是因为城市空间(包括物理空间和心灵空间)日益缩小，从而力求另寻空间的现象的体现。陶渊明式的田园牧歌之所以越来越令人向往，而又越来越难写，也就是这种现象的折射。这就是后记中说的“铜墙铁壁里扒开一个窗口”找诗的根本原因所在。

但也不是只想去“扒开窗口”就能找到诗的，找诗者必须有诗心，也即是以诗认识世界，以诗点化人生的思想感情。我注意到程学源在同一后记中所说的：“我总是想通过一幅幅意境去营造情绪，让读者去感知诗所表达的喜忧……感知所营造的诗的世界”，正是这个道理。

《心灵风景线》《飘洒的心雨》这两本诗集的创作实践的特点，且更具体地证实了作者作为一个身处中国最早办的现代经济特区——深圳的一位青年诗人所作的这个答案的特点。在《飘洒的心雨》中，作者以“夕辉的笑容”写过去岁月的生活，写的多是“鲜亮得像雨后的太阳”“灿烂的黎明”“像杨柳一样美丽的年少的心音”；作者以“暖暖的河”写青年人的爱情和友谊；多是“以诗开始”而写“心的角落”和“心的轨迹”；以“宁静的歌儿”去“种梦”、去写“河边的梦”“尽心去梦”，乘坐“海边那船”去“笑追秋天”，“走向那一轮太阳”——“爱的夕阳”；以“温暖的手”写抚育过的母亲、老师、故乡、故地和母校；写“爱的柳杨”“太阳的思索”，“青春的脚步”，迎“轮朝阳，一片霞光”。可见作者从题材的选择到意境的提炼，都足从他经历的生活道路和心灵历程中“扒”出来的，又都是以他的诗心去“点”出来的。程学源在诗中显出清新、淡雅而又炽热、绚丽的格调和意境。

《心灵风景线》继《飘洒的心雨》后显得进一步的深刻成熟。存现实在“铜墙铁壁”中，以“心灵的风景线”去谱写“流金溢彩的都市线条，抒发着这城市无边的浪漫”。显然，作者的视野和诗心的点化，已扩展到人生的“美丽误区……昨日花儿”的心灵哲理，“春阳暖暖”的亲情，特区的“窗口风景”，香港的“笼屋”，“枫叶满地”的西方世界，以及“走出深秋”、而又“从冬日走向春季”的“感悟”，令人眼界开阔，繁花满眼，美不胜收；同时，又在某些“阴差阳错”中有“危机感”，看到前途路上的“泪和笑”“黄昏的心境”和“灰色的道理”，现实世界和人生的多样性和复杂性，让作者“扒”“点”出来，够多的了，够丰富的了！在诗集的封底的几句诗：“凄清的孤独 / 溶在了门前的细雨 / 点点滴滴 / 都是那些情短情长”。这真是画龙点睛的妙句，亦可谓其心灵诗的点睛之笔。

他于2003年1月出版的新诗集《让我就这样看你》，可说是他探索心灵诗写作更进一步成熟的标志之作。

首先表现在他明确了他的创作目标和艺术追求，就是心灵诗，他在这诗集的《后记》中说：“在深圳的大地上，在海水拍打的岸边，那一定是一个有梦的地方，可在玻璃幕墙的丛林中，诗在何方？我已经感到力不从心，感觉到诗不从心。在这座城市里，铁甲虫多得烦透了心，没有流畅的交通线路，没有流畅的生活线条，却在忙碌之中奢求心灵的安详，而这又是那样的奢侈。”“忙碌的身躯，久违的情谊，灵与肉的脱节，又怎么能在物质的哄闹声中打造人世间的些许平衡。”但是，他又认为：“再苦再累，只便当成是人生的一种品尝，至少还有诗，至少在诗里可以倾诉，在诗里可以翱翔”。所以他一直“坚持”诗的心灵，坚持诗的天地，坚持写出“在心中滋生”的诗。

正因为有这样的诗学观，在这诗集里所写的世界，都是心灵化的世界，尽管喧闹的现实温情淡薄，在他的眼里却是“情者天涯”；尽管现实是飞速发展，时光易逝，在他的笔下却是“岁月不老”；尽管自然界冷漠无情，在他的诗中却是“河山细语”“春风笑我”。随手翻阅诗集的目录，我们即会在诸如《巴黎想你》《品味罗马》《雨的遗憾》《假如雨知道》《情奔吐鲁番》等等诗篇中，领会其心灵化的世界。

心灵是抽象的、虚幻的，但又是具体的、实在的，好诗都是写心灵，激发人的心灵；但怎样写，怎样激发？则见仁见智，各有不同的艺术方式，学源的心灵诗，似乎在心灵的主体实在化上特下功夫，所谓主体实在化，是指所塑造的心灵形象，不仅是具体的、实体的、而且是全方位的、多色彩、有动感、有生命的。

例如《雨飘春季》："安详的天空淡淡的小雨／默默地告知我已是春季／绿草芬芳，花儿正艳／雨幕在播放你我的故事／辗转的人生该是幕话剧／退去了场景还留有主题／布景依旧可角色已转／多彩的乐曲在风中寻觅／分开的日子你瘦了多少／奔波的生活染红了心旗／无味的世界可有我点缀／点缀你那殷红的叹息／多雨的夜坐你恪守固执／让你阅读距离的意义／窗外的凉风斜敲的小雨／可知我在品味生命的目的／一张白纸载不起你我的明天／虔诚的祝福也觉委屈／午夜时分细听雨声风鸣／仿佛在为你我哀歌一曲／窗外的小鸟别再吵了／我沧桑的情怀难以平叙／隐约中你的歌声又一次飘来／在睡觉中让我感觉安慰和欢喜。"

这诗中所写的"春季""人生"本是抽象的，以"雨飘""雨幕"喻之则具体化、实体化；"乐曲"本是虚幻，以"多彩"加色则变可感的具体；"心旗""叹息"，用"奔波的生活染红"，用"点缀你那殷红"而修饰，则变为动感的，有生命的主体形象……类似的精彩诗篇几乎篇篇皆是，所以令人读之均有色彩斑斓、生气勃勃之感。

心灵诗不仅写心灵，更要能打动读者的心灵，诗的形象是心灵的诗化，诗化的心灵要通过能触动读者的各种感官的形象语言，才能进入读者的心灵。学源的心灵诗在此尤其见长，他往往以具有触动人的视觉、嗅觉、触觉、听觉、味觉等感觉功能的语言，交叉综合地构成诗的形象，令人读之无不有切身、切心之感。例如《我不想给你写信》："我不想给你写信／恐写的难于说清／仲夏的太阳太热／甜蜜总难于布景／我不想给你写信／信笺装不下伤心／仲夏的月亮太美／迷离得不像天晴／我不想给你写信/只想听你的声音／荒漠的小花开时／请浇上我的爱情／你还在低头沉默／香发遮住的晶莹／凉风吹来的那瞬／可阅读我的诗心？／你用脚在地上画圈／是想将心思表明／我读懂的那些思念／冷季可还会结冰我不想给你写信／潮起潮落我独听／我不想给你写信／我知你难于走近。"这诗中所写的"太阳的热""甜蜜""迷离""浇上""香发遮住""凉风吹来那一瞬""冷季""独听"等语言或景象，都是具有触发人的各种感官功能的形象，类似的成功诗作在诗集中俯拾皆是。

学源的心灵诗，还具有鲜明个性化的特点，诗集以《让我就这样看你》为书名，本身就具有鲜明的个性，而在是以此为题的一篇诗中，更是充分地显示出他的个性；"让我就这样看你／在没有鲜花的路途／看你浅蓝色的忧郁／没有阳光的孤独／让我就这样你看，在有歌声的路途／听你目光下的随意／没有回音的脚步／有你的时分天空很蓝／白云的思索也会裸露／不冷不热的天空有我走过／而我在检测友爱的温度／我知该走了踏上了归途／记忆的磁盘我会去阅读／满眼的荒漠有小草点缀／有谁会润色我们的相处……"

所谓《让我就这样看你》一开篇即表明了作者有独到视点或视角，而其独到之所见，"路途""忧郁""孤独""随意""脚步""归途"等等，既是作者在这些事物中的心灵发现，又是其心灵化的事物；而对这些事物以色彩化、意象化、实体化、主体化、动态化、生命化、感觉化等塑造诗的心灵形象和意境的方式方法，也即是其艺术个性化的体现。

程学源对心灵诗的探索精神和努力，可谓“十年磨一剑”，他所创造的心灵诗的艺术和个性，可谓传统与现代、时代与个人的诗艺诗心于一体，是别具一格、自有其品的。

2003年1月18日

# 从韦名的《水本无味》谈微型小说

微型小说创作的主要特点，是写生活中的一鳞片爪，写一段小故事或一段小情节，故又称小小说；这种小说，通常千字左右，一般只是写出生活中的一片浮光掠影，也即是一闪而过的一瞬。陆机《文赋》云："观古今于须臾，抚四海于一瞬"。看每篇微型小说及其作者水平的高低和风格特点，主要在于所写的"一瞬"浮光掠影之中，寓含"古今"和"四海"之多寡深浅及其掌握的方式如何。最近问世的韦名第二部小小说集《水本无味》正在这个主要点上现出了自己的水平和风格特点，即：在看似平淡肤浅的浮光掠影形象中，以多种寓现方法体现丰富多彩的意蕴。具体表现在：

一、寓贬斥于幽默之中。这小说集有部分篇目是批评现实生活中不良现象的，但都是从善意出发的，不是剑拔弩张或冷嘲热讽、刻意挖苦，而是在幽默风趣中进行严厉批评。例如，首篇《小王老王》写一位初出茅庐不懂世事、因岳父是县领导而当上镇长的"小王"，在出了多次洋相后，学会了耍手段，最后终于成为市农业局长的"老王"，从"小"到"老"称谓变化和职务的变化，批评了靠亲朋关系到靠手段而升官的不良现象。

二、寓丑恶真相于华丽表象之中。如《"四不"干部张政文》写一位具有"四不"（"吃请不到，钱礼不收，女人不动，麻将不摸"）干部好名声的县委副书记张政文，实则是以此做表面文章，他只对部分人讲"四不"，并以此去整人而获名声，但在高一层领导面前则不如此，而是"二扯淡"（"靠工资收入养情人是扯淡，靠工作业绩升迁也是扯淡"）的发现者和倡导者。这才是其人其名的真实本相。

三、寓社会深层问题于思考形象之中。如《网》，写一位正当官运亨通、连续升迁的年轻干部，却自己要求调到北京工作，有悖于时下称："到了海南，才知道身体不好；到了广东才知道钱少；到了北京，才知道官小"所言道的"宁为鸡头不当凤尾"的思想。而这位年轻人则别有见地：称其是为了孩子。说让孩子进北师大附中读书，而这学校毕业生每年有百分之六十毕业生考上北大、清华。这就意味着若干年后，孩子将拥有多好的社会关系，“关系就是生产力呀！”由此可见：这样的盘算和这样的社会关系，不就是一张可怕的、发人深思的、提出社会深层问题的“生活的网”吗？

四、寓矛盾冲突于悄悄变化之中。小说集中有些篇目是写新旧领导班子的事。这类事情，多是有激烈矛盾冲突的。但作者不采取激化冲突的写法，而是以淡化和潜移转化的写法，从细处着眼，将矛盾冲突淡化于悄悄变化的形象之中。如《能人》写一位新来的书记与原来镇长有矛盾，镇长有自己一班能人，有自己的网。书记到任后即感到这网的压力，小心翼翼，尽管有人事权，却一个不动、一个不换，只是在偶然无人开车情况下，才用一个呆头呆脑的司机小李，并说“小李也是一个能人”，用他为司机兼秘书。从这件小事开始，新书记才不动声色地将一班类似小李那样不受重用的人用活起来，原镇长和一班能人也围向书记周围，原来的网也自行破了。这些变化，实际上是化解了许多矛盾冲突才取得的，小说却写得平淡无奇，轻松活泼。

五、寓社会氛围于风趣的形象之中。如《迷失》以一个人从早到晚在城市被各种各样的交通塞车、杂音、车祸、假药、假牌食品等等挤逼得无处容身的感受，风趣写城市空气和食品的严重污染现象；《给我装上防盗门》则以两夫妻在是否装防盗门问题上的争论，风趣地显现了城市治安问题造成的心理状态，所写的社会氛围，是很真切的，令人遐想的。再如《阴阳官司》，写一位叫叶桶掌的农民，很相信村口土地宫的神灵，一贯孝敬奉拜。有一次上城卖猪苗时走得匆忙，来不及拜，结果卖不出去，还让猪苗跑了。他气愤地写下状纸，要向城隍爷告土地爷，写完不知往那里投递，便对着灯盏把状纸烧了。灯盏神保护土地爷，不将状纸报上城隍爷，土地爷知道后，更要给点颜色桶掌看。第二天桶掌再去卖猪苗，路过土地宫，特为告状事向土地爷道歉，祈求保佑，卖好价钱，没想到仍未转运，第三次仍是如此，猪苗全跑了。桶掌气愤地用锄头将土地宫和土地爷像全砸成一堆烂土。这故事既风趣写出迷信的可笑，又讽刺了连阴间也和阳间一样是官官相护、互相包庇的，将社会不良空气和社会问题针砭得入木三分。

六、寓深情于无言的形象之中。小说集中每篇作品，无论是批评性、思考性的，或者是表扬性、歌颂性的，都是内蕴深情的，尤其是思考性和表扬性的作品，其内蕴的深情往往寓于无言的形象之中。如《家教》写一位穷大学生被分派到一个垃圾场去，为一个捡垃圾小孩进行家教，是这位小孩的姐姐用卖垃圾的钱付学费的。这位大学生虽穷，也不忍收费，姐姐仍坚持要付，并嘱要坚持来教。可是，再次来却见不到这姐弟俩了。这样的故事和形象，不是提出了发人思考的社会适龄儿童的失学问题吗？作者的深情不就在形象中溢于言表吗？再如《永恒的墙》写一对爷爷辈的老人——牛娃和他头家的三房太太之间持续数十年的爱情，直到先后死去都不能住在一起，两人死后才发现两人的床只隔一堵墙，在那墙上，牛娃这边画了无数小脚女人，都是三房太太从年轻到年老的像，在三房太太那边，也画了无数牛娃的像，两位孤家寡人的数十年的爱情，尽在这堵无言的永恒的墙上活现出来，使人思念无穷。

以上这些方法和意蕴只是部分较突出的，但已足可见这部小说集的成功所在和风格特点了。所以，我很乐意推荐这部小说。

2005年11月23日

# 一幅现代体验式的西关风情图

——读梁凤莲的长篇小说《西关小姐》

梁凤莲在刚问世的新作《西关小姐》后记中说“我在小说里强调情感、强调命运、强调时世变迁的活动力，这是小说最真诚的也是最宝贵的元素，在阅读中借此可以去体验生存的意义、体验爱、体验命运上的浮沉，从而面对不可抗拒的力量，如何保持做人的优雅与从容，保护内心的定力和尊严，比起活着本身，这就是生存的价值所在，也正是小说的价值所在”。这段自白，清楚地点明作者是以个人体验去写自己的生长地广州，同时也希望读者在阅读中去“体验生存的意义、体验爱、体验命运的浮沉”的。具体表现在：

## 体验式的世态风情描绘

小说以倒叙与直叙的方法，通过西关小姐若荷的一生经历，体现了从鸦片战争前后到广州解放的百多年间中国及广州的时代风云，从林则徐禁烟，康有为、梁启超的戍戌变法，孙中山领导辛亥革命、第二次革命和北伐战争，直到叶剑英率领解放军解放广州等重大历史事件，莫不在书中有所体现；小说以特别浓重的笔墨描绘了广州西关特有的人情风俗和良辰美景，如传统节日春节、人日、七巧节，以及洋人的圣诞节，广州的美景泮塘、西关的环翠园、荔枝湾、西来初地，趟栊式的西关大屋，茶楼和饮茶习惯的普遍，粤剧、粤乐的风行，广彩、广绣、广雕的走俏，香云纱的发明和风起云涌，新潮服装的日新月异，莫不写得淋漓尽致、美不胜收，可以说是将广州西关在19与20世纪之交近百年的主要世态风情简略托出了。

值得注意的是，小说中对这些世态风情的描写，与许多作家有很大区别的是：作者是以自身的文化意识去体验而选择描写的，而又是以体现当年和现代的文化意识及内涵去体验和描写的。例如，写泮塘的景致与西来初地、华林寺一带的风情，显然着意于体现若荷进入母胎时的文化环境，强调“雨翻荷叶绿成海，日映荔枝红满楼”的诗意境界；描写代表荔枝湾风情的私人庭院环翠园的景色，则着意体现若荷少女情怀的唤醒，在“白荷红荔半塘西”的诗境中体验出若荷有似荷花性格形成的文化基础；写海山仙馆及在馆中戏台上唱粤剧、奏粤乐的“缥缈回环，风送荷香，水润音韵”的情景；若荷年轻时曾参加两次时势大集会，都有不同的身世体验和文化背景：一是辛亥革命高潮时革命军在白鹅潭广场的演讲会，二是在广州举行的讨伐袁世凯称帝大游行，她在前者的时代热潮中与初恋情人刘可风达到爱情高潮，后者则是刘可风与她决绝而投入的时代风暴，显然，前者的时代顺境与后者的时代逆境，同若荷的个人顺境与逆境是密切合拍的，这也正是以个人体验体现世态风情的典型笔墨。

从这些描写可见，《西关小姐》可以说是一幅体验式的西关风情图；从中亦可见作者所用的体验的方式，可以说是现代文化的一种现代艺术方式，既可以反映过去时代的世态风情所体现的文化内涵，同时又可以在旧题材中体现新的文化意识和艺术观念，使旧时代的文化寓于现代文化的载体之中，达到传统与现代的融合统一，可说是值得借鉴的以文学体现地域文化的艺术途径或经验之一。

## 体验式的主人公形象塑造

照我看来，小说中世态风情及其文化内涵的描绘和体现，功力尤应重在小说主人公的形象塑造之中，包括写有什么样文化内涵和性格的人物、以什么样的文化和美学观念写人物，尤其是在主人公形象塑造中能否或程度如何地体现出其观念意识、思维方式、行为方式中所蕴含的时代和地域文化内涵和依据。

主人公取名若荷，顾名思义，名如其人，显然寓有人若荷花之意，与作者的姓名梁凤莲更有明显关联，说其是作者理想和性格的投影未尝不可（当然不能说是作者自传体小说）。作者在小说后记中要读者从书中领悟“如何面对不可抗拒的力量，如何保持做人的优雅与从容，保护内心诚信的定力和尊严”，甚至说“这正是小说的价值所在”，是自己“调动起一切个人的可能性，偿还心债和夙愿”之所在。从这些话可见，说主人公若荷是作者以自身美学理想和文化意念去体验而塑造的人物，是有依有据的。

从小说塑造的形象上看，若荷的形象简直是荷花形象的活灵活现，她既有优雅从容的传统美和西关文化风韵，又有敢为天下先、与时俱进的现代美和珠江文化风格。她自小知书识礼，文质彬彬，娴静贤淑，好学上进。长大后有美好的爱情追求，又有跟随时代前进的热情。但她命运多舛，屡遭挫折；初恋失败，不仅不能与理想情人结合，连初生之子也被抢走；父母双逝，不得不承担裁缝店家业，又不得不与没有爱情基础的店中伙计均宏结婚；成家后本以为可安稳度日，重振家业，不料均宏却变成了吃喝嫖赌的浪子，致怀孕在身也无人照顾，更被败掉家产，被迫迁居……直到解放后才恢复平静生活。在这一系列

“不可抗拒的力量”面前，若荷始终是“保持做人的优雅与从容，保持内心诚信的定力和尊严”。可见小说的形象塑造和效果，同作者的意图完全一致，这也是作者以体验的方式塑造主人公形象的佐证。

值得探究的是，若荷的这些遭遇是否完全是“不可抗拒的力量”造成？她的浮沉命运与她的思想性格有无关联？这些力量和性格关联的内涵具有什么样的文化底蕴？我认为若荷的这些灾难，其中有不可抗拒的自然力因素，但更主要而深层次的是社会和地域的文化力。就拿若荷与刘可风初恋失败这灾难而言，刘家反对这对情人结婚，是出于家门不当对的封建文化观念；后同意若荷做妾，但李家不同意，则是出于自食其力小商人的自尊文化意识和性格；刘可凤与李若荷在灾难面前不采取当时已有不少先例的逃婚方式反抗，而是忍气吞声，逆来顺受，原因也在于这两人的思想性格及其内在的文化力，即：他们既有自由恋爱的新文化观念，又有传统文化的孝顺观念，所以他们在经过一场痛苦挣扎之后，还得以服从而落败。可见在人物思想性格深处的文化力，才是不可抗拒的，因为这决定着人物的思想观念、思维方式和行为方式。

小说对这些文化力的体现，还具有时代性和地域性的内涵。例如，若荷在学生时代即以自己设计制作的新服装领导同学服装新潮流，提出做校服的建议和式样，甚至提出为革命军做军服，这些行动和建议，固然是出于她的家庭行业，但更重要的是体现了这个人物及其所处时代和地域的文化观念，因为这是变革时代及其中心地广州的特色文化之一，也是领时代潮流、与时俱进的珠江文化特质的体现。由此可见，这部小说在主人公形象塑造上，是具有更深层次地体现西关世态风情的功力的。

## 体验式的人群环境

虽然小说以写及重大历史事件的方式而将时代背景拉得较大、较长，以抒情散文的方式写地域风情较多、较细，但由于主人公的社会地位和人生经历的接触面有限，又着意于以主人公的视点和体验去写其他人物，从而使得小说所展现的人群环境是较小的，而又是具有浓重的主人公的感情体验色彩的。这样，也就更直感而清楚地体现出作者和地域的文化意识和风情。

小说中所写人物数量不多、种类不多，写得稍多的是若荷父亲李和斌，母亲慰南，俄人传教士兼老师鲍斯基，英人传教士苏丝太太，情人刘可风，原是伙计后成为丈夫的均宏，管家梁瑞，姨姐善平，使妈秋姐，佛师静安，以及着墨不多的表兄姐妹周贻、倩瑶、倩蓓等等。这些人物形象虽有一定思想性格，但不是很鲜明和深刻，且都有心地善良的共性，都是好人，彼此之间都有良好关系，即使有矛盾冲突（如刘可风的爱情断裂）也不是本质性的，是被迫的，即使变坏（如均宏后来嫖赌）也是一时性的，会改正的。这些现象，说明作者是以若荷的思想感情去体验并描写这些人物，以若荷的文化意识去体验并描写切身的人群环境，从而起到更深切地写出若荷的思想感情和善良人品、从而体现出集传统与现代优秀文化于一身的作用。但却造成了所写人物性格不够突出、矛盾冲突未能深入展开、所写人物未能构成形象群体、从而未能较宏观、较全面地展示出一定社会结构及其人文环境的缺陷。由此看来，以体验方式写世态风情虽有鲜明的个性和现代色彩，但也难以达到巴尔扎克以传统现实主义方法所写《人间喜剧》那样“18世纪法国世态风俗录”式的境界。

## 体验式的语言环境

从小说的整体结构上说，《西关小姐》可说是一部散文体小说，其语言方式是散文式的，语言格调是抒情式的，挥洒自如，自信，自在，流畅，活泼，境美情浓，情景交融，简直可以说整部小说是一部优美的散文诗。这个特点，也正是体验式写作的体现和实证。

这种语言方式和格调，也为这部小说造就了一种尤有文化氛围和韵味的文化环境，从语言上将主人公思想性格及其生长环境的文化特色体现出来。例如，小说写若荷童年时向女伶梅姐学唱粤剧一段：

“或者教她几句小曲小调，或者教她运转关目，如何眉目传情七情上脸，如何甩水袖走台步，如何把那粤剧紫喉的腔调唱得咿呀婉转，摇曳缠绵。聪明的若荷幕仿得有板有眼，带着童趣的天真烂漫，煞有介事，一段《胡不归慰妻》的唱段，能似模似样地唱完。”

这段体验式的语言文字，既有粤剧术语，又有粤语方言，但都能明白其义，且形象生动，如“眉目传情七情上脸”“紫喉的腔调唱得咿呀婉转”“有板有眼”“似模似样”等，既以学粤剧的情态写出若荷的性格和文化气质，又以粤剧的普及和句句到位的特点描写，托现了广州西关文化特色，活灵活现若荷的生长环境。可见这种体验式的语言是有助于体现人物及其环境的文化特质的，也是一项值得借鉴的体现世态风情的艺术方式和经验。

但这种方式也有明显的缺陷，这就是由于以主人公的体验式语言为主体，造成忽略或淡化了其他人物的语言作用，所写人物对话甚少，其他人物的性格语言较弱，造成所写其他人物性格不够鲜明，也削弱了对环境文化内涵多样性丰富性的展现。

任何艺术方式都是有利有弊的。任何艺术的创新都是对旧形式局限或缺陷的突破或克服，同时也会出现新的局限或缺陷。这也是从《西关小姐》的创作中可见的艺术道理。但尽管有新的局限或缺陷，其创新的勇气和经验是值得赞赏和借鉴的，其成绩和成功之处是主要的，特别是从中可见作为文学博士的青年女作家梁凤莲，多年来在探索现代与传统、文化与文学、理论批评与各种文体创作实践等多层面的结合上，取得了新的进展，达到新的水平。《西关小姐》这幅具有浓厚文化内蕴和较高文化价值的现代体验式西关风情图，就是她取得新进展、达到新水平的标志性作品。

2005年11月3日

# 从陈昭庆《人，诗意地游牧》谈旅游文化

今年的春天，大学校园显得有点郁闷。先是广州地区某高校接二连三地发生大学生跳楼事件，接着其他个别高校也有类似的情况发生。据不完全统计，在春节后的一个多月时间里，广东高校便有九位学生跳楼轻生。一时间，人们谈论高校学生色变，高校学生也人人唯危。人们不禁要问：我们的大学生到底怎么了？

于是，人们便对轻生的学生进行分析，其原因无非是：将毕业了，找不到工作；考试没过关，怕拿不到毕业证；失恋了，想不开；事事不如意，有自卑感……说到底，还是心有恐惧、心有郁闷，难以为人说。

面对此情此景，作为过来人，我感到慨然。要说生活条件，现在的学生比我们读书时不知要好过多少倍；要说学习困难，现在的学生可借助解决的手段比我们过去的多得多；要说就业压力，现在的就业机会也不会比我们当年少……但我们过去没有这么多的跳楼事件，我们就是工作后被打成“黑秀才”，在“五·七干校”中接受劳动改造的时候，也没有轻易放弃对生命的珍惜和追求。

我想，我们过来人和现在年轻人之间的差距就在于此：他们一方面是对物质有着强烈的追求，另一方面又不能吃苦耐劳；一方面对未来有着很大的期望，另一方面又缺少进取心；一方面大胆去冒险了，另一方面遇到挫折又输不起；一方面心有千千结，另一方面又难有解结人……愈积愈深，愈深愈难解，最后只好一“跳”了之。但他们都没有想到这之后给家人及朋友带来的是无限的悲伤。而我们在经历了一次又一次运动的洗礼的时候，想到更多的是责任：对国家的责任，对社会的责任，对集体的责任，对家人的责任，对朋友的责任等等。唯有责任，才能让人在逆境中奋进起来；唯有责任，才能让人在顺境中充满忧患；唯有责任，才能让人宠辱皆忘。

如果说我们现在的一些年轻人怎么了？那就是因为他们缺少了责任感，因为他们太过于急功近利，因为他们还没有掌握真正的本领、还没有学到真正的文化。

虽然他们是喝着饮料、吃着麦当劳、听着流行音乐长大的，但他们还是缺少营养（知识养分）；虽然他们喜欢运动、喜欢竞赛、喜欢攀比，长得高高大大，但他们还是缺少钙（精神骨气）。他们更多的是追求高（高待遇）蛋（少负担）白（白领）生活，一旦现实与理想发生矛盾，缺少知识和精神支撑的个体，就会显得力不从心，心力交瘁，轰然而倒。

因此，现代人，尤其是一些年轻人，往往眼高手低，好高骛远，心虚气躁，需要十全大补来补足身子，心灵鸡汤便是难得的一剂良药；而对于那些患了文化虚无、精神贫瘠症的人来说，就很有必要喝一杯文化可乐了。

而能医治这“流行病”的良药又何其难觅！特别是在禽流感肆虐、苏丹红活跃、李鬼当道的年代，哪里可以找到赖以信任的心灵鸡汤和放心饮用的文化可乐呢？

当我看到面前这本《人，诗意地游牧》的时候，眼前顿然一亮。这是一本由年轻人写、给年轻人读的充满诗情画意的书，是作者随心书写苦心时期的心灵篇章与行为段落。书中的文字向我清楚地回答了我所关注的问题：心灵与文化。要解决这两个问题，关键是要坚持读书和旅游。做到在读书中旅游，在旅游中读书。读书和旅游，是人生的两大乐事。也是在读书和旅游中，可以排解人生的许多郁闷与不快。

本书作者昭庆是我授业过的研究生班学生，也是近年我所致力的珠江文化研究的同道中人。因此，我深切地理解他所要表达的要旨。据他所言，此书本是他在特定条件下的“急就章”，是他“苦心期的一次美丽喷发”。如果没有他的提点，我们难以置信这些优美的文字、这些美好的富于质感的回忆，是他在炎热七月、背负精神重压的日子里完成的。也许是他埋首于笔墨之间，逡巡于书海之时，让他的情感得到了极大的宣泄，灵魂得到了安妥，精神家园得到了守护，才豁然走出一片新境界来。

我也十分赞赏作者所倡导的旅游文化。那是一种平民化的旅游，是旅游就在家门口，人人可旅、人人可游的旅游；也是一种充满文化的旅游，是在读书中旅游，在旅游中读书。真正做到了“读万卷书，行万里路”，这便是难得的诗意人生。人，活在世上，小如蚂蚁，天天为了生活忙忙碌碌，营蝇苟活；大如栏中肥猪，吃饱喝足，心安理得，行尸走肉。这都是平庸人生，也是无奈人生。而大多数人也就是在这样的环境下心满意足；如不满足，又难以超越的话，便会生出无边的烦恼来。在生活尚有保证、环境不断改善、受教育程度不断提高之际，我们还有什么理由不让自己轻快起来，好好过好每一天呢？

在撇开人生哲学、旅游文化的层面，我很快就被阅读此书的愉悦所感染。本书字数不多，每篇文章篇幅不长，虽然说的是文化之事，但没有掉进书袋里，甚至连引经据典也没有，大多是个人的感受与体会、个人的观察与觉悟。正因如此，在看似没有文化之中展现文化，在看似浅白之中凸显深刻。尤其是作者凝练、优美的语言，把所见所闻的地方特色、人文景观描摹得情趣盎然，诗意十足，十分悦目。不少篇章是可以作为学生作文的范例、校本课程的辅助读物来借鉴的。

当然，书中仍有一些未尽如人意的地方，仍有待进一步提高。但我寄以厚望，也相信作者在今后会有更多更好的作品面世，为读者提供更多强心益智的心灵鸡汤和提神醒脑的文化可乐。

2006年4月11日于中山大学康乐园

# 新闻蕴留历史，快门锁住无穷

——读林玲作品选集《留住流年》

林玲先生是《南方日报》、《广东画报》的资深记者，又是曾获多次大奖的著名摄影家。岭南美术出版社2002年10月出版了他的作品选集《留住流年》，从其巨型的典雅的装帧版本，到所选的精印的每件作品，都可以说是值得珍藏的佳作，是体现他既是新闻记者，又是摄影家而具有的独特风格的艺术精品。

一幅照片能否称其为艺术作品，取决于它的内涵和艺术品位；一般摄影者与摄影家的区别，在于是否创作出一系列高品位的作品；摄影家之间的区别，在于一贯创作所体现的思想艺术风格的不同。林玲在这部集数十年创作精华的作品选集中，所体现的思想艺术风格，是从新闻记者的采访与摄影艺术结合的特点而产生的，概而言之，可谓：新闻蕴留历史，快门锁住无穷。

所谓新闻蕴留历史，是指林玲所拍的摄影作品，大多是具有强烈新闻性作品，又是内含重大或深厚历史意义的永久历史性的作品。如在《数风流人物》辑中，展现了新加坡总理李光耀访问中国时在广东画院专注看画的情景；英国女皇伊丽莎白二世在广州白天鹅宾馆接受霍英东先生送赠中国烟壶的情景；江泽民主席在八届人大会议时参加广东代表团讨论时专注沉思的情；改革开放初期广东省委书记习仲勋在广州接见诺贝尔奖金获得者李政道、杨振宁时亲密地手握手的情景；以及在香港回归祖国前后摄下的“末代港督”彭定康的“谢幕戏”、首任行政长官董建华为赛马会开幕鸣锣的情景。在《记历史时刻》《睹盛会胜事》等辑中，也大都是具有如此内涵和价值的作品。

林玲之所以具有如此的独特风格，不能排除他的职业便利的因素，但主要的决定的因素，还是在于他具有高度的新闻和历史的敏感，具有较深的文化素质和内涵。例如，他为《南方周末》创刊号撰写和拍摄的头条新闻——《生命的第三次曝光——黄宗英在蛇口当经理》；在改革开放初期采拍的《永远微笑的公关小姐》；在拍卖行业刚兴起时，拍下

《拍卖师的功架》等等，都是既有新闻性、又有历史性的镜头。

林玲在此书的《跋》中说：这部作品选集，是在“尘封的厢子里，从2万多张底片、5千多张照片和3百多篇文章中反复筛选”出来的。这些数字，首先表明了他数十年摄影记者生涯的勤奋度，同时也表明了他用相机快门锁住的生活画面具有的广度。在《览五洲风情》辑中，留下了几乎走遍全世界五大洲的足迹；在《望长城内外》辑中，锁住了中国著名胜地的山水风光；人物则包含世界上各色人种、各种民族，既有叱咤风云的人物，又有普天之下的平民百姓、老少妇孺；从画面形象而言，既有重大历史时刻、新闻聚焦，又有日常生活、社会风情，既有自然的美丽风光、风云变幻，又有各种动植物的勃勃生态、花鸟虫鱼的妙趣横生。

林玲的艺术功力，还在于他有较高的文化素养，这突出地表现在：他为每幅照片拟的标题，既贴切形象，又有深远意境。例如，香港回归前夕英国驻港军队撤兵仪式的照片，以《帝国斜阳——英国举行“日落仪式”》为题，对英国号称“日不落国”的帝国主义，是很有深意的讽刺，又是深有意境的艺术。

十分别致的是：这部作品选集的《自序》只用两张照片：上幅是山区春耕图，下幅是果农肩扛硕大的椰子，没有文字说明，只有“自序”二字。其实，不用文字说明读者也会明白：这是艰苦耕耘所结出的硕果。可谓此处无言胜有言，意在无言中。

附记：林玲先生是我在20世纪60年代时的新闻界同仁，“文革”中英德黄陂五·七干校的难友，70年代初同时“流放”韶关四年的同事。他在患病期间，编印这部选集，曾嘱奉阅一过，并嘱评说。幸于他辞世前完成此文，并由弟子韦杰红女士为他朗读全文后，他才安然离世，可谓亦“留住流年”之文也。他辞世七忌后，《南方日报》2004年4月4日发表此文，以志对患难之交的永远怀念。

2004年4月4日

# 一件旧事和一件新事

——读黄洁峰编著《从守望到引导》

20世纪60年代，我在《羊城晚报》当编辑的时候，尚未到而立之年，在新闻单位工作，时时接触新闻，事事都感新鲜，但也感到新闻都是事先未料到发生的事，发生后记者报道，编辑编发，都是被动的。由此感到新闻工作，似乎无规律可循。这看法直到1965年才得到纠正。

那时《羊城晚报》刚归中南局直属领导。第一书记陶铸是《羊城晚报》的创办人，一直关心晚报工作。这年他被怀疑患有癌症，要在从化温泉疗养并检查身体，他便决定在这段期间直接过问《羊城晚报》的新闻报道工作。在他亲到报社宣布自己来“垂帘听政”的小型会议上，他引用当时香港一个刊物《新闻天地》扉页印的话：“天地间皆有新闻，新闻中自有天地”，以说明新闻报道要主动的道理。当时正在学习毛主席著作热潮，他要求晚报注意报道他即将陪同贺龙、叶剑英两位元帅接见海军战斗英雄麦贤得，以及同陈毅元帅一道谈长篇小说《欧阳海之歌》的新闻。事后这两条事先策划的主动新闻，果真效果甚好。由此我领悟到新闻工作不完全是被动的、不是无规律可循的道理。

这件旧事，是我最近遇到一件新事才想起来的，这就是读到中共广州越秀区委宣传部出版的《从“守望”到“引导”——城区新闻工作新思考新实践》书稿。因为这书稿所列的事例，正就是主动新闻的事例，“守望”是被动，“引导”即是主动；他们的“新思考新实践”，就是从被动到主动。可见这件新事与陶铸的旧事异曲同工，精神相通。

虽然如此，但也有新与旧的不同。“旧者”，陶铸所要报道的两条新闻，虽然是他的职务要做的事情，但仍有“制造”新闻之嫌。而越秀区委宣传部所列的几件新闻事例，则无此疵诟。如2005年11月28日《羊城晚报》整版新闻《流花地区大整治，十大硬招掀狂飙》，突出报道了在新越秀区成立后，采取标本并治的硬招，使令人担惊受怕的刑事案频发地区（广州火车站）的发案量，一年内压减三分之一，令人拍手称快。这样的新闻，是群众盼望已久、特别关注的，可谓主动的“百姓新闻”；尤其是整治火车站的举措，是切实为保一方平安的政府行为，可谓主动的“安民告示”；这样的举措，绝不是为宣传报道的需要而采取的，但对这举措的宣传报道，是宣传其积极效果的主动新闻，是其效果的扩大、延伸，也当是这举措的有机组成部分。显然这件新事与旧事有明显的差异，有新的发展。这些差异和发展，这正是他们“新思考新实践”的主要所在。由此，我更深领悟到：新闻的主动和主动的新闻，都是发展的，新闻工作的规律也是发展的，正是：天地间的新闻时时有，新闻中的天地时时新。

2006年6月3日

# 刘祝庆《红树林》情思

刘祝庆同志是我在“文化大革命”期间的一位“患难之交”，又是我交往颇多的文友之一。我与他从1971年夏天认识，直到2000年秋他辞世，有近30年的交往。因他一直在粤北乐昌工作，我多在广州，见面的机会不是很多，但每次见面却印象很深，很投缘。他长期做县的行政和企业领导工作，但他却喜爱、熟悉文学，每次与他晤面，都是以文学为话题，谈古论今。我真佩服他的学识丰富，见解独到，特别是谈风幽默，形象生动，甚有文学韵味。我曾多次建议他写写作品，并为他一直忙于行政工作而不能动笔深感惋惜，自他辞世后，我还一直以此为憾事。

可没料到今年元旦过后，他的两位女儿刘丽达和刘丹专程给我送来她俩整理出来的祝庆同志写的一大叠作品，有的是在他生前发表过的，有的则尚是初稿。丽达和小丹希望我帮忙将这些作品编成一册文集出版，我很感动，又很惊讶，因为祝庆同志从未向我讲过他写出了这么多的作品。接稿以后，我一口气读完了这20万字的作品。在阅读过程和读完之后，我情不自禁地回忆起过去与祝庆同志交往的情景，并投入他在作品中所写的人物和境界之中，渐渐地对刘祝庆的为人为文，在总体上升华出“红树林”似的诗意形象。

《红树林》是这文集中的一首诗，可以说是祝庆同志的代表作，所以，我建议用作这文集的书名。他这首诗写于2000年5月2日，距他辞世不到半年时间，是他对数十年人生道路的感慨。借着到海南琼山东寨港红树林自然保护区参观而抒发：“我以为这里是山岭陆地／我以为这里是深山老林／到了海上，我才发现／这里是浩瀚的南海／这里是海生的红树林。／青翠得滴油的叶子／片片叶尖挺直向上／层层密密，环抱着琼山／用那傲视群雄的气势／顶着蓝天，托着太阳。／红树林啊红树林／你那神奇的生命／撩拨了多少人的眷恋／引发了多少人的悬念。”

我读着这首诗开头的这节诗句，一下联想到当年在“史无前例”的浩劫中，初次与祝庆相识的情景。他当时是作为乐昌县的“走资派”而被下放到该县的北乡茅坪村，而我当时则作为广东省宣传战线“五·七干校”学员到同一村里“接受贫下中农再教育”。同我一道至此的人物尚有：著名作家秦牧、原羊城晚报社长后任国家新闻出版署署长杜导正、原南方日报副总编辑后任总编辑黄每、原羊城晚报副刊部主任后任副总编辑杨家文(笔名周敏)，原南方日报工业部主任后任广东社会科学院研究员施汉荣、原南方日报记者后任广州日报文艺部主任姚北全等，都是甚有名气的作家、编辑家，大家都经受着“牛鬼蛇神”的处境，虽不敢明表相互的心情，但却都是心心相印的。祝庆同志与我们这班人相处甚好，大家有意避开政治话题，闲聊文学甚多。祝庆似乎因为爱好文学的缘故而较多主动接触我们，我也因此而发现他有较深的文学兴趣和素养，但这时他给我印象较深的，是他在逆境中的开阔胸襟和刚正不阿的骨气。他并不因为自己被审查、批斗而垂头丧气，怨天尤人，反而对自己长期从事的农业工作津津乐道，充满信心，向我倾谈将来恢复工作定要狠抓水利建设的雄心壮志，并表露了他将来要更多阅读文艺作品的想法。现在回想他当时与我倾谈的神态和情景，正好像他在这诗中所写的“顶着蓝火，托着太阳”的“红树林”形象。

在当时和以后的多次接触中，我还发现祝庆与群众的关系是很好的，尤其是同那些正直善良的干部和群众的关系更是密切，坦诚相待，情深义重。可能是这种人物与他有共同的人品的缘故吧，他不仅多与这些人交往，而且他笔下所写的也多是如此品格的人物、景物和事物，如《达标》中的石头、《戴老板退红包》中的戴老板、《热泪洒尖东》中的黄珍、《九月的惊喜》中的杨锡柱、《两个“风水先生”会桥头》中的黄科全等人物。诗歌中写的红树林、金鸡岭、麒麟山、乐城长堤、万泉河、太阳、凤凰山、屈原钓鱼台、红山、烧野、蝉鸣等景象，以及短诗所写的看望病重的邓良县长、为妻子郑翠婵送行、乐昌棉纺厂派人病中送药、鲁一妹领国际大奖等动人情景，都是鲜明而深刻地体现了他这种人品的动人艺术形象，从而也在总体上体现了他的文品与人品是一体的。正像他在诗中所写的“红树林”形象：“你弯弯曲曲的根系 / 树树根根交织在一起 / 编织成一张结实的网 / 深深地深深地网住海底。”

1988年夏天，我受广东作家协会《当代文坛报》编辑部的委托，率领几位青年作家到乐昌写大型报告文学《中国乐昌纵横画卷》，主要反映改革开放十年乐昌发生巨变的现实。祝庆同志当时是乐昌苎麻纺织厂党委书记兼董事长。这个厂是中外合资的大企业，是乐昌经济的“龙头”，从创办到生产仅几年时间即产生了巨大的经济效益，走出了创办企业的新路，祝庆同志在其中起到了重要的作用。在这篇近十万字的报告文学中，除了有专节写到他这个“董事长”之外，同行的青年作家张奥列还另外写了一篇特写《粤北奇人》，将祝庆的思想性格和创新业绩，写得惟妙惟肖、栩栩如生(这两篇文章均收入《红树林》“附录”中)。这些都是祝庆这位“老革命”在改革开放中“谱新篇”“走新路”

的见证，同时也使我更切实地认识到，他在《红树林》这首诗中所写的：“你与众不同的性格／不走旧路创新路／把困难踩在脚下／战胜难咽的海水咸苦／扎根海底，生息繁衍／开辟新的开地／形成新一族。”不正是他这种“红树林”式的创业精神的写照吗？

在这册文集里，还收集了祝庆生前写的小说、散文、部分日记和家书，附录中有十多篇他的子女、生前好友、同事的回忆文章，实属情真意切，令人动容之文。从中更清晰地显现出这位为革命奋斗一生、生前在离休时向我自嘲为“两手空空，两袖清风”的基层干部所具有的丰富崇高的内心世界，又是具有多么巨大震撼和凝聚人心的力量，这也是“红树林”似的人品和文品的活灵活现：“是你打下了扎实的根基／是你凝聚了群体的团结／是你在钢中铸进不折的柔韧／培养了战无不胜的力量。”

2002年元宵节

（注《红树林》由花城出版社2002年10月出版）

# 天时·地利·人和

——读韩春华散文集《浮生幸遇》

丙戌年初，元宵节刚过，我的研究生、中国评论学术出版社总编辑郭伟民先生亲临寒舍造访，递上韩春华先生的散文集《浮生幸遇》书稿，嘱我写序。理由是：作者乃我老友，且书稿中《秦牧同志在茅坪》一文写有我和一班文化人“文革”期间流放乐昌的往事，有根有由，言之凿凿，盛情难却。捧读书稿一过，才知此书不同一般，甚有价值，倒觉得为其写序是义不容辞的事了。

古语云：“天时、地利、人和”。此语通常理解为成事者的铭言，即欲要战争取胜、获得政绩，抑或事业有成，皆必须善于把握或具有天时、地利、人和等三者的优势或条件。这无疑是对的。但我觉得其义不仅如此，还可泛指为一切人际之间的交往（包括共事、爱情、婚姻、合作等等）都皆由于这三者而产生的“缘分”。

所谓“天时”，是指自然现象或社会历史时代现象的际遇，包括季节、气候、灾害、节日、历史的变迁，时代的发展，以及某些相关的政治或工作的关系，经济、文化或生活的交往等等。“地利”是指地方的自然环境、人文环境，以及历史、生产、交通、特产、风俗等的特色和优势。“人和”是指人际之间的关系，思想感情、道德风范、人品性格等所形成的思维方式与行为方式。三者而言，“天时”“地利”是客观条件，“人和”则主要是指主观上的作为，是将天时、地利结合或转化为“缘分”的动因或动力之所在。

《浮生幸遇》所写的篇章，大都是作者对20世纪“文化大革命”期间和改革开放时期的往事回忆，其中尤重于描写他在这些年代与一些知名政要、知名文人、民间艺人的之间交往的细事末节，写得短小精干，以小见大，生动自然，妙趣横生，亲切感人，饶有意味，堪称一部成功的回忆录佳作。其成功的原因，正在于作者自觉或不自觉地掌握了“天时、地利、人和”三者结合，并以自己的“人和”转化为“缘分”的道理。

从书中可以看到，作者的社交面是够广泛的，从全国政协副主席王任重、马万祺、王光英，铁道部长吕正操，省委书记习仲勋，省长朱森林，国画大师关山月、黎雄才，散文大师秦牧，科学院士李国平，以及花鼓戏老艺人何万杰，拾字纸的百岁老人祝汉荣等等，从社会高层到社会基层，从领导到群众，以文化名流到平民百姓，“三教九流”、各界人群，莫不有所交往，而且，用现代时兴话说，都有“零距离”接触，都“走进”他们中去。在社会人群中，能有如此众多而可贵的幸遇者是不多的。作者能有这些“缘分”，从客观条件来说，是恰逢其时，地处优势，因为作者长期生活并工作的乐昌，在粤北的湖广交界地，是南北交通要冲，是自然风光圣地、革命老区，还是“文革”中干部和知识份子的流放地等等，作者又先后担任宣传文化部门和政协领导工作，这些都是其“天时、地利”之所在。但是，如果作者不去利用这些条件去接触人、“走进”人，也必会白白放过这些机遇；而且，即使有过这些机遇的话，如果不是全心地“走进”去心领神会、汲取营养、认真勤奋地写出来，也必是白白失去这些“缘分”的。

由此我们更可见作者的难得可贵之所在，那就是以自己高尚的人品和坚强的毅力，加之深厚的文学素养和杰出的艺术才华，去把握这些客观条件，使之转化为“缘分”，并创作出成功之作。也因为如此，使这部回忆录不同一般，既有以小见大地透过这些要人、名人、艺人的小事管窥其人、其地、以及某段历史、某个时代风貌的史料价值和意义，又从一般中创出个别，在多如牛毛的回忆录作品中，自创出具有鲜明个性风格的作品。

作者的高尚人品和坚强毅力，对于创作这部作品是起到决定性作用的。书中《秦牧同志在茅坪》一文，写的是“文革”期间一班文人流放乐昌的往事，我本人也身在其中，当时是被作为监督改造的对象对待的，政治歧视，低人一等，一般人不敢过密交往。当时作者尚有一官半职，对我等理当有所歧视或顾忌，但他却格外尊重，不仅平等而诚心地与我等交朋友，而且虚心听取意见，事后又认真切实地去办，可见他不当“风派”的政治立场和高尚人品。同时，书中所写的要人、名人、艺人，大都是在“文革”中受过灾难而又坚强走过来的人，他与这些人交往密切，“走进”这些人，写出这些人，也可见他与这些人的人品一致，心灵相通，由此才能写出人品与文品一致的文章。作者年过古稀，多年前中风，身残多病，仍坚持写作，出此精品，非有巨大毅力不可！仅此一点，也足使我敬佩之至，焉敢拒写序乎？实言之，此文与其称之为序，不如言之为读后感或老友寄语更恰切，因为所写的都是从书中所学、所思、所悟、所念的浅言心语。感慨良多，纸短情长，谨借苏轼诗句作结语：“但愿人长久，千里共婵娟”。

2006年2月20日

# 实情·真情·感情

——读郭福平的报告文学《冷暖百姓》

2003年3月，韶关市在全市乡镇干部中开展了《民情日记》活动，即要求各地乡镇干部通过记日记的方式，调查研究，体察民情，听取群众意见、呼声和要求，并建立了一系列相关制度。这是该市领导率团赴浙江绍兴嵊州考察而取回的“经”。原来这是中共中央政治局委员、广东省委书记张德江同志当年任中共浙江省委书记时倡导的活动，并为此题词：“贵在坚持，为民办事”。在浙江影响甚大，取得良好效果。韶关市取“经”回来后，即在全市推广。据统计，从2003年5月至2005年6月底，全市基层干部共写有《民情日记》495103篇，为群众解决生产生活问题182841件，收到了“转变干部作风，服务人民群众”的明显效果。

郭福平最近在花城出版社出版的长达27万多字的报告文学《冷暖百姓——走进〈民情日记〉》，就是真实地、生动地、深刻地反映韶关市开展这场感人活动的成功艺术作品。当我越读越感动地读完这部文如其人的平实作品之后，慢慢思索，才层层深入地发现作品的成功奥秘，乃在于着力地抓住并充分地体现出实情、心情、感情。

写《民情日记》，自然是要当事者写出百姓的实情，即：实实在在的真实情况，不是过去极左年代时“吹牛皮，说大话”的虚情，也不是当今某些人制造“政绩”的假情。作者采取有似在汪洋大海中选取标本的做法，将经过筛选的可靠的真实日记选取，然后又以亲临现场采访当事人的真实纪事的写法，将每则日记所写的人和事及其相关的前因后果活现出来。例如《春风送雨润万家》，写韶关市工商行政管理局助理调研员廖卓为始兴县顿岗镇高留、周所、围下三个村委会扶贫奔康的故事。开始他了解到该村有400多亩农田缺水，希望能建一个电动排灌站，但年年有工作队来都不能解决。他多次现场考察之后，提出以加长拦河坝并清除淤泥杂草的方案，解决燃眉之急。第二步，他在考察中发现，一条大水圳从农田旁经过，因水圳低过农田，却不能流进农田，用抽水机抽水，却又产生分水纠纷。必须搞一个电动排灌站才能解决。建站要1万多元，村委会也无能为力。他便回到原单位请领导解决。结果从局和市文联筹得12000元，终于建成排灌站。落成那天，人们都欢欣鼓舞，对他连声称谢，而他却考虑的是下一步：如何帮村委会增加集体经济收入，又想出了在村委会前空地上建设奔康村的方案，得到一致赞成。设计方案订出并经审批后，村民争先报告，很快预购一空。集体经济增强了，全村百姓也乐融融。廖卓这则日记引出的故事，真可谓一步一个脚印，扎扎实实，步步前进，没有任何虚夸、造假或毛躁的痕迹。这种实事求是、实情实报、实话实说的作风和文风，是全书每篇日记的共通特点。

其次，也即是进一步的特点是：在着力写实情的同时，更着力写心情，即日记作者及相关基层干部与百姓的心情。日记虽是当事者所写，但在这部报告文学中，当事者是被描写的对象，相关的基层干部和百姓也都是被描写对象。这部书的作者，不是停留在就事写事的层面上，而是着力写当事者、基层干部和百姓之间冷暖与共之心情，是“走进”《民情日记》的心情，从实情深入心情，以心情深化实情。例如《烈村人的福气》，写省委统战部干部孙朝阳和黄琼到乳源县游溪镇烈村扶贫的事迹。一开头即写他俩在熟睡中被“急促的手机铃声吵醒”的急切心情，写他俩在半夜冒着寒风送即将分娩的孙小梅到医院的急切心情，写他俩亲耳听到婴儿出生第一声清脆哭声的由衷欣喜！进而写他俩进村以来，在省统战部支持下为烈村办的三大实事：一是将前些年在洪灾损毁的大碑桥修复，百姓衷心地称之为“连心桥”；二是将村内呈Z形2.8公里长的烂泥路改铺为水泥路，百姓万分感激地为之取名“同心路”；三是为该村架设了三公里长水管，使3000多农民喝上自来水。不仅如此，他俩还注意到观念扶贫，着力改变农民的观念，破除“等、靠、要”依赖思想。这些描写，都是将心情的表现写到心坎上的，尤其是关于观念扶贫、改变观念的提法和写法，更将心情的内涵和体现，提到了更高的档次，增强了作品的思想力和文化力。达到如此水平的篇章，在书中是不胜枚举的。

更为深厚而动人的是感情。这既是指当事者与百姓之间的感情，又是指本书作者对所写的人和事的感情；两者在书中是交相辉映、水乳交融的。从全书的整体风格上看，作者仍保持着平和、朴实的一贯文风，心平气和，朴素真实，不作过度的激情渲发，也不作色调过浓的渲染，但都能达到情文并茂、深切感人的艺术效果。例如《贾队长和村主任》，写以贾建华队长在新丰县回龙镇住队时的一个双休日，突发百年不遇的洪灾，他所住的楼下村顿成泽国，他即赶回村去，未到即远见全村已被水包围，农田被淹，呼救铜锣震天响，小孩喊，老人叫，夹杂猪牛叫声。他的“心脏似乎一下提到喉头”。他好不容易到达村头，与村主任卢元录共同指挥抢救百姓。大部分群众转移了，仍有少数上年纪老人迟迟不肯撤离。有一位老伯本已撤出，又转回去拿东西，转眼即被洪水围困在屋顶上，他两个儿子看到汹涌的洪水也不敢前去救他。在这紧急时刻，女村主任即派两位年轻村干部前去抢救，几经周折，终于使老人脱险。事后有村民指责这样做不值得，女主任卢元录动情地说："值不值得？当时我感到十分委屈，泪水不停地在眼眶打转。但我心想，我并没有错，我们是村干部，更是共产党员，总之，村里不能死一个人，千重要万重要，没有比村民们的生命更重要！"书的作者紧接着写道："望着这位四十来岁的农村基层干部，听着她动情的叙述，我充满敬意，她人朴实，语言也朴实，农村正需要这样的带头人！"这段描写，无论是写贾队长或是写村主任，都极其动人地写出他俩在洪灾危难时与村民百姓的深厚感情，写出他俩以村民生命为第一的崇高责任感，同时又写出了作者对这些英雄人物的崇高敬意。值得注意的是，如此动人的场面，如此崇高的人格，作者却不费太多笔墨，却写得栩栩如生，亲切感人。真是：朴实的笔更善于写朴实的人，朴实的文风更显出情感的真实可贵！

欣闻此书作者郭福平同志，最近被评为全省劳动模范。这喜讯更值我感到作者写这部书不是偶然的，而是作为全省文艺创作界至今尚是少见的模范人物的自然行为。因为获得如此崇高荣誉的人物，是与写《民情日记》的人物是心灵相通的，所以才能义不容辞而又极其顺畅地"走进"《民情日记》，才能写出如此深切体现实情、心情、感情的成功之作。谨以此文表示衷心的祝贺和敬意。

2006年6月12日

# 农情·史情·诗情

——读曾金玉长诗《中国农民之歌》

曾金玉是我的学生，是一位很特别的学生。他的特别之处，在于他是农民的儿子，长期在农村基层工作，现仍在与农民有密切关系的国土资源部门工作；更特别的是，他长期在农村基层工作中，坚持业余文艺创作，直到现在做县市国土部门领导了，还坚持这样做，在文艺创作“世风”日下的今天仍然如此，并且写出现在出版的这部长达两千多行的大型长诗《中国农民之歌》，实是难能可贵的，真可谓文坛之外的文坛盛事，作为他的老师，又是混迹文坛半个世纪的老朽，怎能不引以为荣而又喜出望外呢？

认真说来，他写出这部称得上是“填补空白”的作品，是既在意料之外、又属并非偶然的事情。我长期从事中国当代文化的研究教学和文艺批评工作，接触农村题材的作品不少，奇怪的是竟然未见过以中国农民奋斗历程为题材的大型史诗作品，不知是何缘故？其中复杂的原因之一，可能与时代的局限而不能正确把握什么是中国农民之路有关，还可能在于专业作家队伍对此尚未引起关注。而曾金玉之所以能够适时地填补这个空白，我想既在于时代的赋予，又在于他个人的素质和努力。这就是说，改革开放的时代才真正明确并切实地解决了中国农民的道路问题，而曾金玉又以他特深特厚的农情、史情、诗情，敏感地领悟和发挥时代的这些赋予。

曾金玉在谈自己创作体会时说：他是“凭着对文学的爱好，凭着自己是一个农民的儿子，怀着对农村深厚的爱和对农民的深情”而写这长诗的，直接激发动笔的因素是三点：一是父辈的苦难经历，二是自幼经历的农民和社会的进步，三是切身感受改革开放给农民带来的巨大实惠。这些由衷的自白，就是特深特厚的农情。这种农情，体现于全诗每字每句，并凝现于整体诗象之中。从《序曲》的呼唤：“什么叫天/哪里是地/农民/在历史的长河中/漂泊/在人间的饥饿里/挣扎/历史的岸边/却没有留下/靠岸的码头”，直到《不是尾声》的高歌：“历史的车轮呵/在向前向前/驮着农民世代的希望/驮着农民不屈的抗争/驮着农民勤劳的奋斗/驮着农民无比的智慧/驮着农民坚定的信心/披荆斩棘/向新中国走来……跨过五千年的时光/跨进了改革开放……新世纪呵/中国的农民/迈上了新的征途”，无论是对漫无天日的苦难申诉，或者是对胜利的引吭高歌，都是发自心灵深处的呼喊，字字浓情、掷地有声，又在总体上谱写了中国农民从漂泊、挣扎到抗争、奋进的前进乐章，塑造了中国农民世世代代奋斗不息的英雄形象。

这部长诗最重要的成功之处在于作者的创作是源于农情而又高于农情的，即不仅从农民的角度写农民，而且是以历史的、时代的高度看农民、写农民，即以史情的高度抒农情。作者以《农民的价值和向往》为题谈自己的创作体会，是很到位的，这也即是这部长诗在农民题材创作中最大出新之处。因为许多农民题材作品，大都着重写农民的苦难史或奋斗史而体现农民的向往，较少体现农民的价值，大都是将价值和向往的体现孤立或分割开来。这部长诗则是将两者有机结合，而且主要是从时代和历史发展中写出农民的价值，同时又在价值的显示中体现农民的向往逐步实现。也即是说，是着重从时代和历史的发展中表现农民的奋斗和贡献，并在这前提下的具体描写中体现农民“与时俱进”的、从饥饿到温饱、从贫困到小康、从奴役到真正主人的奋斗和奉献历程。

全诗在“序曲”抒写从神农氏开始的中国农民在封建社会的苦难史之后，分五部（含尾声）十六章，系列表现中国农民在中国共产党领导下，从在旧社会的“黎明的抗争”、到新中国成为“新生的人”、到走向“改革开放的路上”、到成为“真正的主人”、再到当今实践科学发展观的“号角再次吹响”的光辉历程，每部的历程，都是中国社会历史的一个历史时代的前进脚步，中国农民也在其中实现了自己的价值和向往，也迈出了自己的光辉历程。这些表现在每部的章节中更为具体，尤其是在改革开放后的“大包干”“万元户”“城镇化”“农民工”“自作主张”“愚昧不再”“捐税不再”“危难时刻”等章节中。所以，这部长诗又是中国农民在中国共产党领导下，为中国历史各个时代、尤其是在改革开放中作出贡献、并实现自身价值和向往的奋斗史诗。

全诗气势恢宏，诗情澎湃，读之朗朗上口，铿锵有力。虽然有些字句尚有标语口号之痕，尚有艺术加工的余地，但作为政治抒情诗，有时也难以避之。总体而言，此类瑕疵较少，具有浓厚诗情的形象语言较多，尤其是在一些较抽象的事物描写中，作者能以生动而又动情的诗象表现出来，是颇见功力的。如十一章“城镇化”中的一段：“那不是神话/那是实实在在 /改革开放三十年 /斗转星移/ 沧海桑田 /民营企业 /半壁江山/ 中国的乡村/ 翻天覆地/ 从乡村到都市/ 密密层层的商铺 /延伸，延伸 /鳞次栉比的工厂/ 扩展，扩展 /分不清哪是城市 /分不明哪是乡村 /白天，车水马龙 /熙熙攘攘 /晚间，霓虹灯闪烁/ 贝多芬轻弹 /一部歌颂农民的 /都市进行曲”。类似的抒写遍布全诗，这是作者长期坚持写作练出的艺术功力，是以诗情融铸农情、史情的艺术创造。所以，这部长诗又是一部诗情洋溢的史诗。

2009年7月26日

# 西江文化的新开拓

——读《西江历史文化之旅》

珠江水系的最大主干流——西江，发源于云南曲靖的乌雄山，流经云南、贵州、广西、广东，在珠海市流出南海。这条主干流的上游河段，分别称南盘江、北盘江、红水河、邕江、浔江；以梧州为界的下游河段，历来称之为西江。所以，虽然这河段实际是小西江，但称其为西江也是有理有据的。

2008年4月至7月，西江流域的四市报纸——《珠海特区报》《江门日报》《西江日报》《云浮日报》联合发起《西江历史文化之旅》，对这下游河段各县市的古今文化，进行了系列采访报道活动，取得了丰硕成果，产生了良好影响。我认为，起码在三个层面上有重要的开拓意义：

从学术层面上说，是对西江文化研究有新的开拓。过去对西江的概念，在地理学上是不很明朗的，许多人都认为西江在三水思贤窖与北江汇合之后，即汇于珠江三角洲水网而出海了。其实，西江在三水只是十分之三的水量与北江汇合，其余七分水（也即是其主流）则经佛山转至中山、珠海而出南海。这次活动联合的四个市，即体现了在水系上的明确理顺，是地理学上的新收获。从文化学上说，西江文化的名称和概念出现甚久了，但其包括那些地方、有些什么内涵、特质、特色，有些什么代表性的文化遗产和景点等等，都是欠缺系统研究的，虽然有的县市曾作过一些工作，但多是停留在对本地的自行研究和推介。这次活动，放眼全江流域，打破县市界限，不仅将整条西江的古今文化家底搞清楚，对每地文化也都作出了明确的定位，而且有许多新的发现和开拓。如历来对广东文化的研究，多是将民系文化与水系文化研究机械分开，这次活动则将两者结合，提出了“西江是首要的广府文化带”的新观点，并且连锁提出：东江是客家文化带、北江是广府与客家混合文化带、韩江是潮汕文化带、南江是岭南土著——百越族遗存文化带的观点，从而对珠江水系的文化研究，起到系统化的作用，从而也由此与中国和世界水文化体系对接。此外，还提出“中国海洋文明始于西江”“珠海是中国近代海洋文化第一港”等新观点，都是在学术上很有开拓意义的。

从新闻层面上说，是对报道的采访和组织方式有新开拓。其实，上述这次活动对西江文化在学术上的新发现，本身就是很好的新闻亮点。值得注意的是，对这些亮点的采访方式，是有新开拓的，他们改变了“蜻蜓点水”的采访方式，采取事先作好充分准备的做法，在向有关专家请教、阅读研究古今有关资料之后，才到实地采访；并在采访时，认真从历史文化中找出新的亮点，尤其是历史与现实的契合点，将历史与现实结合起来，化旧为新，古为今用，从而使活动的报道不仅是历史文化介绍，而且是读者有兴趣的亮点新闻。在组织方式上，以合作采访、资源共享、同时报道的做法，改变“独家采访独家用”的模式，使新闻的报道面、覆盖面、读者面和影响面都大为扩大；同时，通过活动，为各报社提供了相互学习的机会和平台，提供了省外记者深入了解岭南文化和珠江文化的机会，促进对青年人的培养、成长，加强了报社之间的交流和友谊，都是很有开拓和实际意义的事。

从现实层面上说，也是甚有丰富开拓意义的。当这次报道正在进行的过程中，不仅已经有许多读者、学者来信来电咨询，而且引起了不少开发商的兴趣和关注，尤其是旅游界的关注，很快起到了“文化搭桥经济唱戏”的作用。尤其值得高兴的是：在这次活动结束不久，由广西南宁、贵港、梧州和广东肇庆、云浮、佛山六市共同举办的“西江经济发展论坛”在梧州开幕。论坛提出了以西江水道为纽带，共同发展经济的构想，并由六市领导签署了合作协议。这件事，与西江流域各市报纸合作的“西江历史文化之旅”，可谓不谋而合、异曲同工，可谓同是开发西江经济和文化的两件大事，同时也说明这次报道活动，对于西江经济和文化的发展，都有重大开拓意义。

今值《西江历史文化之旅》报道结集出版之际，我作为这次活动的总顾问，写下这些感言，是为序。

2009年1月11日

# 感情·感受·感悟

——读刘丹散文集《女儿香》

刘丹女士为自己的散文集取名《女儿香》，我很赞赏！因为这个书名，不仅较贴切地表现了书中所写“国色天香”的内蕴和气韵，而且画龙点睛地体现“文如其人”的道理和精髓，这就是：活灵活现个性化“女儿”的感情、感受和感悟。

古语云：“文章本是有情物”“人情练达即文章”。可见感情是文章的生命，是作品的血脉。作家的创作来自对事物的有感而发，作品的能量在于使人动之以情。然而，浅浅之感、泛泛之情，是不能实有所感、也不能使人真正动情的，必须是个性化的感情把握，才是既能感物又能动人的真情实感。刘丹将她多年用业余时间写的几十篇散文，分类汇编成册，写自然景物为“天情篇”，写社会生活谓“地情篇”，写亲朋戚友曰“人情篇”，写人生哲理称“理情篇”，真可谓对天、地、人、理所感之言，皆情语也！

尤妙的是，虽然《女儿香》只是书中一篇短文，而且主要是写东莞地方特产的香树，但却是突出体现作者以个性化“女儿”的感情去感物动情的写作特点。请看文中这段描写：“我在意的不仅仅是她兴衰的历史，珍贵的价值，我惊诧的是她那遗世奇特的生命成长历程，还有她那丰沛昂扬的独特个性。莞香树，是一种贱生树，如同一个宿命般苦难的孩子，生长在硗确（贫瘠）的土壤，然而贫瘠的土地却成就了她生命的价值，塑造了她那易结香和产极品好香的特质……大多数莞香形成是香农将莞香树种成四五年后，人为砍伐或采用半断干枝的办法使香树受伤后才能结香。这种受伤过程就叫‘开香门’。香树在受伤后，再经蚊虫蚊蠓萦绕吐涎，伤口受真菌感染后，产生化学作用，最后形成香脂，再经多年沉积而成固态结晶体才有莞香。可以说，一棵香树只有数年风华正茂的葱绿，余下数十年，甚至上百年便要不断遭受刀刃砍伐的采香之苦。有些香树甚至历经数百年后，木本已腐朽如烂泥，而土中却有光黑如漆、质地坚硬的熟结香。那些残肢断臂、伤痕累累的莞香树，在经历了一次次‘苦其心智，劳其筋骨、饿其体肤’的折磨摧残，才最后置之死地而后生，完成她生命的涅槃，成为植物中的钻石——莞香。”这段对莞香生产痛苦过程的细致描写，既是作者以自己的“女儿”个性去感物和受物所感的抒写，又是以其个性化“女儿”情的由衷抒发。所以，使人读之，莫不受其个性化“女儿”情所感的“凤凰涅槃”式莞香精神所动，同时也体验到其中所内涵的民族精神与地方（东莞）风情。全书的其他篇章也大都程度不同、方式各异地有此特点，从而使全书都散发出既有个性又有民族和地方色彩的“女儿”香气和韵味。

感受，是感情萌发和传授的跳板和方式。作者对客观事物之所感与动情，以对事物的感受为起点；作品能使读者感动（接受其所传授的感情），也是以读者的感受为起点的。感受者，感同身受也。无论作者或读者，都是以自己的个性化感情去感受事物或作品形象的。刘丹的个性化“女儿”情，也体现在她对客观事物和作品形象的感受上。例如，《舞蹈情结》写电视上看到杨丽萍跳的双人舞蹈表演：“只见舞台上两个优雅静美的女子，一亮相就长发纠结在一起，伴随着灵空优静的音乐，长发徐徐散开，千丝万缕，就象春之思绪，杨丽萍舞动着她那纤巧秀美的手指，把淙淙流动的春水、鸟语啼鸣之音，以及花开之美韵——形象生动展示于灵动的指尖，美轮美奂，达到了出神入化的境界……真美呵！我从小就喜跳舞，喜欢欣赏这样高水平的舞蹈艺术之美，它常常把我引入一个美妙的世界，唤起一种无法言传的奇妙感受。”这段精彩文字，既是舞蹈表演的精细描写，又是自己多年舞蹈情结的由衷抒发，绘声绘色，情景交融，作者和读者都会同步进入美妙的境界，显然，这就是作者以自巳特有的“女儿”舞蹈情结，去感受作品并写出作品的成果。

感受，既是指作者要与所写事物感同身受，又是指作品的艺术形象必须生动感人，使读者受感动而感同身受。这就要求作者必须具有使自己从事物所感受的内在感情，以生动感人的艺术形象将其外现的功夫，即“状物传神”“以形写神”的工力。这种功夫或工力，也常常是与作者的素养和个性相联系的，或者说，作者的素养和个性常常在这功夫或工力上体现出来。刘丹的个性化“女儿”情也突出表现于此。书中有好几篇是她追思父亲刘祝庆（也是我在“文革”中的患难之交）的专文，其他篇章也多有谈到她对父亲的思念，可见她对父亲的特深“女儿”情。一般来说，越深厚、越激动的感情是越难表现的，所以鲁迅曾有“激动时勿写诗”的劝告，这就是内在情感外现之难，也即是“状物传神”难功之理。刘丹却似乎颇得其道，在《爸爸最后的二十天》中，她以日记的方式，将这“催人泪下的生死经历立体式地记叙下来”；在《永沐父恩——我与爸爸的父女情》中，以几件往事的情景抒写，令人铭感动容；在《父亲，我心中的丰碑》和《情系〈红树林〉》中，以重读和出版父亲的遗作而寄托哀思；在《蝴蝶寄哀思》中，则以四次偶见灵性的蝴蝶而寄寓“女儿”思父的情真意切，莫不是个性感受成功外现的动人形象。

感悟，是感情、感受的升华，是从感性认识到理性认识的飞跃。由感而悟，首先是理悟。情至深而明理，理是情之极致。刘丹将所写哲理性题材的篇章编为“理情”类，是很有见地的。其实，在其他类的文章中也大都写有感悟性的理情文字，可见，感悟也是全书的突出特点之一，而且，其感悟也是具有鲜明个性化“女儿”的视点和亮点的。这类篇章的首篇《女人的气质》就是这特点的代表作。文中有段精彩的话：“对女人而言，气质才是一种永恒的诱惑，因为气质不是靠外貌获得的，而是要拥有丰富的智慧与知性，拥有傲人的气度与素质，需要的是全方位的修养和岁月的积累。气质像一抹梦中的花影，像一缕生命的暗香，渗透进女人的骨髓与生命之中，让她们能够拥有一份灵秀和聪慧，一份从容和淡泊……我们经常把随着年龄增长但魅力不减的女性称为‘时光雕刻的美丽’，即是说她们的美丽是经得起时间考验的。”这段对女人气质的感悟之言，是对只重女人外貌时尚的贬斥，是超凡脱俗的至理名言，是作者所具素质的深切感悟；尤其值得赞赏的是，她认为：“只有知识，才能使人充实明理，使人境界升华，使人拥有平和的心态。有着丰富内涵的知识女性，即使素面朝天，依然会显得优雅雍容，由内而外散发出一种淡淡的芬芳。一个女人，在拥有了丰富知识之后，会变得睿智。因为知识给了她底蕴，陶冶了她的情操，使她变得温文尔雅，善解人意。近代才女林徽音虽然在晚年饱受病痛折磨，憔悴不堪，但由于她饱受诗书塑就的那种清灵超逸的气质却打动了无数人，直到今天，我们对她的回忆依然定格在她那张灵秀的笑脸上，并由此充溢着对唯美的憧憬”。这段话说得多么好呵！，这是作者这样的个性化“女儿”才能悟到并写出的理情妙语。类似的精彩描写和感悟铭言，在理情篇其他篇章、以至在全书中都可俯拾皆是的。

感悟的更高层次，是境悟，即境界之悟，或进入境界的感悟。刘丹在《感悟王国维的“三境界”说》中，可谓得到并表现出这种感悟。“三境界”说，是著名大学者王国维在《人间词话》中提出的，即“古今之成大事业大学问者，必经三种之境界：昨夜西风凋碧树，独上高楼，望尽天涯路，此第一境也；衣带渐宽终不悔，为伊消得人憔悴，此第二境也；众里寻他千百度，蓦然回首，那人正在灯火阑珊处，此第三境也。”王国维所说的三境界，其实是指做成学问或事业的三个阶段，即：开始是在茫茫中寻找目标，然后是在艰苦奋斗中磨炼，最后才能达到成功。值得注意的是，这三个阶段，王国维是作为三个“境界”表述，而且是以三首著名诗词的名句来显示。这就意味着“境界”所指，不仅是三个阶段的意思，而是正如三首诗词所写的“境界”那样，既惟妙惟肖地写出某个事物的具体情景，而且要求所写的情景“象外有象、弦外有音”“言有尽而意无穷”，这才是具有境界的艺术形象。可见境界的感悟，不仅是至情至理的飞跃，而且是有声有色有生命的形象飞跃。

刘丹在《柳宗元〈石涧记〉赏析》中，可以说是初步得到了这种境悟：“这篇散文篇幅不大，但作者巧妙地运用联翩的比喻，如‘若床若堂，若陈筵席，若限壶奥’，‘流若织文，响若操琴’。这是字的图画，字的音乐。这几句的节奏，是配合着水的颤动，一石一木，组成了声光折影、多姿多色的艺术书画”。多年来这种写作技巧“启发了我的思维和灵感，悟出了一些道理，动人的文字，是以意象、语言与声音、以及音响的节奏组成的。在一篇感人的散文中，有着自然而优美的节奏，随着情绪的昂扬或幽沉，形成了高低错落的起伏，用以表达我们情绪的起落，让人产生共鸣”。显然，这些描写，既是从《石涧记》赏析中获得意境的感悟，又是在写作中如何创造意境的感悟，在境中悟理，在理中悟境。其他理情篇章，如《读周作人〈雨天的书〉》《路》《独处》等也有异曲同工之妙。

总之，我读刘丹这部凝聚了数十年心血的处女作，感到通篇都是她以实在的感情、感受、感悟，而写天、写地、写人、写理的心灵结晶，全书都是写她以个性化“女儿”所见的丰富多彩的客观世界，同时又塑就了一个独特的、洋溢着具有深厚民族和地方精神的“女儿香”艺术世界！使我很受启发，所以特地为她写序，以表感谢和推荐之意。

2012年8月26日

# 治学·用学·遵学

——参事工作体会

在首次广东省政府参事决策咨询会上，聆听中共中央政治局委员、广东省委书记汪洋同志的讲话，如沐春风，深感欣慰。他的讲话，对参事工作作出确切定位，提出殷切期望，像朋友那样问寒问暖，坦诚交谈，充分体现了他在讲话中概括的“求贤、用贤、尊贤”的中华民族自古的优良传统和风范。

我看领导称参事为“贤”，在于受聘者皆“学识渊博，阅历丰富，视野开阔”之士。然而，就参事而言，我看则不应以“贤”自居，而当以“学”自勉，因为有“学”（学识）才被尊为“贤”，才被聘为参事；离开“学”，也就失去被尊、被聘的条件和意义。所以，我感到从事参事工作，始终应保持“学”的本色，要坚持治学、用学、遵学。

治学，就是在治学中参事，在参事中治学。1992年我开始受聘为省政府参事，一直在中山大学中文系任教，所治的学是中国现当代文学和文艺理论批评，同时进行现代文化学研究，有意识地开拓珠江文化研究领域。我是一直以这些所治之学去为政府建言献策，同时又是在参事工作中持续治这门学问的。所以迄今15年来，我的治学和参事工作，从未相互抵触，而是相辅相成的，所获成果也是一体的。例如我先后出版《文化与文学》《珠江文化论》《珠江文化系论》《珠江文踪》等十多部专著，总主编《珠江文化丛书》（已出版33部）和长达200万字的大型史著《中国珠江文化史》，并由于这些成果而初立珠江文化理论体系。这些学术成果，都是在参事工作中坚持治学取得的、同时又是在参事馆员中团结多学科专家学者、组成以珠江文化研究会为实体的学术团队而共同努力取得的。所以，既是治学成果，又是参事成果，但主要还是坚持以治学精神而参事、做事的成果。

用学，就是学以致用，为用而学。从我就任参事以来，迄今是第四届，共约提交近百篇参事建议。可以说每篇建议，都是自己深入实际考察、又进行认真文案研究，并依据要有新的学术发现、要有实际操作性的理念写出来的。如：发现南雄珠玑巷现是北方南下移民的中转地，最早提出在此发展海外后裔联谊和寻根旅游的建议，促使其后裔联谊会成立并受到海内外积极支持赞助的效果；发现封开是广东和广西的分界地和岭南文化发祥地，将岭南历史推前2万8千年；发现徐闻是西汉海上丝绸之路始发港，将联合国确认的中国海上丝绸之路史推前1千3百多年；为阳江南海I号宋代沉船作出“海上敦煌”定位，受到联合国和世界海洋学家的认同；发现粤西是南江文化带和百越文化遗存地，发现南雄梅关古道和乳源西京古道等是海陆丝绸之路对接通道，在江门蓬江区发现“后珠玑巷”，都具有填补学术空白和促进地域开发的意义；前些年在倡导泛珠三角（9+2）区域合作时，最早提出珠江文化是其文化基础和支撑的建议；最近在贯彻《珠江三角洲地区发展规划纲要》时，提出《转变发展方式，建设“广东大西关”——创议在广州市荔湾区（老西关）与云浮市郁南县（新西关）之间进行错位跨越合作》的建议，都以其具有学术的前瞻性和实践的可操作性，而受到省市领导的重视并付诸实行。如此等等，如果可以说是走出一条参事之路的话，那么，也应当同时称其为“用学”之路。

遵学，就是遵循学术规律，遵守学术品格。多年来，我一直以现代文化学和珠江文化研究的治学方向去参事做事，同时又按学术研究的规范去治学的。由此，我一方面既以现代文化学眼光，去考察研究各县市、各行业、各单位的文化历史和现状，发现其文化特质和优势，为其作出文化定位，以助其规划开发；同时我自己也在实践中并“用”了现代文化学之理，“治”了珠江文化之学。我陆续发现并提出“古村文化”“古道文化”“校园文化”“监狱文化”“侨圩文化”“海洋文化”“科技文化”“端州文化”“客侨文化”“现代商居父化”“西关文化”等概念和领域，就是这样的成果。另一方面，我又按学术界已作出研究的大江大河文化体系，逐步研究出珠江文化的文化系统，即：发现珠江文化始祖是舜帝、哲圣（思想领袖）是六祖惠能，从而与梁启超所称的黄河文化始祖是黄帝、哲圣是孔子，长江文化的始祖是炎帝、哲圣是老子的体系相对称，使珠江文化可与黄河、长江等大江河文化并列，并与世界各国以母亲河命名本国文化的系统对接，为“茫茫九派流中国”的多元一体中华文化，为世界现代水文体系和理论的研究，添砖加瓦。虽然这些成果现尚未受到普遍接受，但我坚信将来总会受到普遍认同的。这也可说是一种遵学之道吧？

聆听汪洋同志的精彩讲话，启发我有这些体会，鼓舞我继续以治学、用学、遵学自勉，以不辜负领导求贤、用贤、尊贤之期望。

2009年8月8日

# 做透文化亮点文章

——打造文化有感

我是1992年被聘任为省政府参事的，接着受命为省政府参事室参事文教组组长、广东文化研究组组长，后又被推举为广东省珠江文化研究会会长。担负这些职务，使我十多年来主要在文化方面参政议政、建言献策、参事做事。自从中共中央政治局委员张德江同志任广东省委书记后，尤其重视和关怀参事工作，多次亲自批示我们提交的省政府参事建议，使我们一直坚持以理论与实践结合、历史与现实结合、考察与研究结合、发现与著述结合、文化与经济结合的途径，去做透文化亮点文章的参事工作，更上一层楼，发挥更大作用。

首先是着力发现文化亮点，包括历史的亮点和现实的亮点。前些年，有些人持有广东是无文化底蕴的“蛮夷之地”，是只讲赚钱的“文化沙漠”等偏见，主要原因是误解和我们宣传不力。张德江同志刚到广东上任，即发出“建设文化大省”号召，真是久旱而来的及时雨。为响应这个号召，我即提交了一份题为《发挥珠江文化优势，建设文化大省》的省政府参事建议，受到德江同志重视，即批示有关部门参考。在这份建议中，我即提出要着力发现文化亮点的看法和做法，旨在将长年历史尘埃掩埋着的文化珍藏挖掘出来，将现实生活中未受注目的、尤其是尚未被认可其价值的文化珍珠发现出来。这两个方面的发现，往往是结合一起的，即：对历史文化亮点的发现，既在于挖掘出人们尚未知晓的古文化，使文化宝库日益丰富，又在于将历史与现实对接，找出现实发展之根，更有效地推动现实发展。例如，20世纪90年代初我刚受聘为省政府参事的时候，为寻找广东文化之根，即着手寻找广东、广西之“广”在哪里，经过努力，考察出我省封开（含广西梧州）是汉武帝平定岭南时所建广信首府所在地，发现这是后来界分两广的标志地和岭南文化的发祥地之一，为后来的泛珠三角决策提供了历史依据。接着又在雷州半岛的徐闻，发现西汉时期海上丝绸之路始发港，将联合国教科文组织认同的中国海上丝绸之路史推前1300多年。

这个发现尤有现实意义的是：揭示了改革开放由广东“先走一步”的历史和地理因由，将人们尚未注意到其内涵的海洋文化珍珠闪亮出来，并以新发现的历史事实匡正西方历来认为中国无海洋文化的偏见。尤有意思的是：去年我们在湛江市霞山区特呈岛考察时发现：岛的名称“特呈”本是古越语和谐之意，胡锦涛总书记前些年视察该岛时倡导和谐，该岛人民在胡总书记视察鼓舞下，短短时间即建设成为和谐渔村典范。我们即以此文化亮点，提交了调研报告《胡总书记关注的小岛如今怎样了？》，受到张德江书记的格外重视和批示。

其二，层层开拓文化亮点。无论是历史的或现实的文化亮点，既是客观存在，但又不是以其自然形态而发出亮光的，必须在发现的时候，以现代文化意识去开拓，才能使其历史的和现实的光辉发挥出来。这种开拓，往往是不以一次为终结的，而是可以阶段式地一步又一步地层层深入开拓的。例如，20世纪90年代初，我到粤北南雄珠玑巷考察，发现这条古巷是唐宋时代中原大批移民迁入岭南、以至海外的重要转折地，我即向当地政府提出发展珠玑巷后裔联谊和发展“寻根”旅游的建议，受到霍英东先生和当时广州市长黎子流的赞许，当即成立了“珠玑巷后裔联谊会”，在珠江三角洲和海外华侨中引起强烈响应。此后我又多次到该地考察，每次都有新的发现，作出新的开拓：2000年我提出珠玑巷又是中华姓氏及其移民文化祖地，2002年我又发现梅关珠玑巷是海上与陆上丝绸之路对接地，2005年我在南雄乌径又发现“新珠玑巷”并开拓古道文化；直到2006年我在江门市考察，又在蓬江区良溪村发现“后珠玑巷”并开拓侨乡文化。还有更典型的是：去年我们在湛江市霞山区海头港村和霞山村，发现两村是百年前打出抗法战争第一枪的光荣历史圣地，又是保持和谐传统的典范地，于是提交了一份题为《历史新发现：百年和谐的抗法英雄村》调研报告；今年我们到该地考察，又以新的发现提交了题为《应激励“城中村”农民做城市建设的排头兵》的参事建议，很快受到德江书记的重视和批示。从这些事例可见，大多文化亮点是具有多种或多层文化内涵的，是不断发展的，是可以持续地层层开拓的。

其三，纵横延伸文化亮点。在发现和开拓文化亮点的时候，还得善于以现代文化意识去从其纵横方向去延伸其光辉，以扩大其成果的功能和影响。例如，前些年阳江刚发现南海Ⅰ号宋代沉船的时候，我即从其船中文物为海上丝绸之路文化遗存之冠的文化亮点，延伸其文化意义，作出“海上敦煌”的文化定位，受到联合国教科文组织和世界海洋学家的认同和关注；在云浮发现南江文化带，即从其纵横引申，作出粤西南文化的总代称和古百越文化遗存地的定位，找到广东本土文化之根；从佛山监狱率先建设文化监狱的经验和亮点，延伸中国古今的监狱史和西方世界对我国监狱的偏见，提出打造监狱文化、建设文化监狱的倡议；从广州荔湾区中小学利用自身文化资源建设校园文化的做法，延伸提出建设校园文化的迫切性和重要性问题；从广东轻工职业技术学院以现代文化理念办学、走出高职教育新路之亮点，延伸提出全国高校体制应按社会人才需要作战略调整的重大问题。尤其是当张德江书记提出发展泛珠三角（9+2）区域合作的时候，我即先后在《人民日报》《南方日报》发表题为《泛珠三角经济圈需珠江文化支撑》《泛珠三角不仅是个经济概念、也是个文化概念》的谈话，为张德江书记关注、黄华华省长作序的《泛珠三角区域合作研究》《聚焦泛珠三角》等书收入。这些看法，也都是从珠江文化的亮点纵横延伸而提出来的。

其四，高深升华文化亮点。每一文化亮点的发现、开拓、延伸、利用，都不应当是过眼烟云、昙花一现，而应是尽力使其持久保存价值并不断迸发光辉。由此，多年来我主要采取两方面措施，将已发现的文化亮点进行相应的既有高度又有深度的升华：一方面是以举办论坛或学术研讨会的方式，将其文化内涵和价值定位，扩大影响；同时与当地建设需要的活动挂钩，使文化与经济互动并相互转化。例如，前些年我们在湛江市举办“海上丝绸之路与中国南方港”学术研讨会，在怀集县举办“金燕文化论坛”，在封开县举办“广信文化论坛”，在云浮市举办“南江文化论坛”，在广州南沙举办“山海相约：珠江文化论坛”等，都取得很好的效果。另一方面，是从学术研究、文艺创作、理论策略上对其进行升华。我们前些年先后出版的15册《珠江文化丛书》，以及去年出版的10册《十家文谭》，就是由此取得的丰硕成果。最近创刊的《珠江文化》杂志，由省政协主席陈绍基领衔启动的《中国珠江文化史》工程，以及前些时间我提交的、受到张德江书记重视并作出批示的长篇理论策略性参事建议《以自身特性和共通性文化为纽带，促进区域及对外经济合作，促使文化与经济的相互转化》，更是进行这种高深升华的重大成果和标志。

2007年5月1日

# 切合实际的广东时代文化精神

最近中共广东省委举行了以“建设文化强省”为主题的十届七次全会，这是历史上从未有过的，也是全国的中共省委全会以文化为主题的首例，这说明广东省委将文化建设，在全国率先提高到前所未有的高度，是很值得高兴的。

这次全会，还前所未有地确定了广东的时代文化精神，即：“解放思想，改革开放，先行先试，开拓进取，领潮争先”。我认为是很好的，是切合广东改革开放“天时、地利、人和”实际的，是很能体现广东传统与现代文化特质和主流导向的。

“天时”，是指时代的要求和际遇。这就是党的十届三中全会确定，的“解放思想、改革开放”方针，在深圳、珠海创办特区，确定广东“先走一步”，随后是发展珠三角城市群，粤港澳大珠三角合作，泛珠三角（9+2）区域合作，最近则是贯彻实施国务院颁布的《珠江三角洲地区改革发展纲要》的国家战略，转变经济发展方式，实践科学发展观，以世界眼光进行新一轮大解放、大发展。这些都是广东特有或先有的时代要求和际遇，也即是具有先行先试、开拓进取、领潮争先的实践和精神的“天时”所在。

“地利”，是指地域的独特条件和优势。广东是珠江水系主干流（西江、北江、东江、南江）交汇地带，是整个南中国海的北岸，江海一体，海岸线长，与世界对接的海上丝绸之路历史最长、持续最久、港口最多、年代最齐、线路最远、交往最密、效益最大、影响最深。是中国对接或吸取世界海洋经济文化最直接、最迅速、最充分的地带。正如梁启超所说，“广东之在中国，其地恰如欧洲古代之腓尼基，中世纪有南意大利市府也”，“实为传播思想之一枢要”。用现在的说法，即是得天下风气之先，领世界潮流之先。改革开放的文化实质，从文化学上说，就是改革传统黄土文化观念的束缚，就是向西方现代海洋文化观念开放。广东的地域条件和优势，使得束缚较少，利于开放，所以，中央才特许“先行先试”，广东才特敢“领潮争先”。

“人和”，是指广东人的特质，应从历史和现实两方面谈。从历史上说，广东人的

“天时”（海洋性气候）、“地利”（江海一体与滨海通洋）和海上民族（百越族）的缘起，生存的广阔而恶劣海洋环境，造就广东人宽宏性、适应性特强，又特有开海吃海的冒险精神，即敢为天下先；历代移民的历史，历代的北南迁移和海外迁徙的沧桑，以及由此而不断产生的文化对撞与融合，造成广东人既特有多元性、包容性，又特有灵变性、创新性，即开拓进取精神；海洋性特强的自然环境和人文历史，还造就了广东人有特强的商贸性和商贸传统，由此即特有机缘性、实用性、共时性、竞争性，汇而聚为“赛龙夺锦”般的领潮争先精神。从现实而言，改革开放“先走一步”的优惠和发展，使广东人能将天时、地利与历史上的人和特质，既有新的发展，又有质的飞跃。这就是：有了建设中国特色社会主义的方向和内容，产生了从自发的集体无意识到自觉的有意识之飞跃，主要标志就是对广东现代文化精神的确立和倡导。

以广交会展馆为依托、以多龙争珠的珠江形象为文化底蕴的、参加2009年庆祝建国60周年天安门游行的广东“领潮争先”彩车，是黄伟宗参与设计并题名的

2010年11月25日

# 实际·实干·实用·实惠

——有感于“空谈误国，实干兴邦”

习近平总书记最近在广东视察时发表的重要讲话中，特别动情地说：“我要再一次强调‘空谈误国，实干兴邦’这个口号。这个响亮的口号就是邓小平同志在1992年视察南方途中提出来的。”（见新华社广州12月12日电）这个口号，对文化建设具有特别重要的针对意义。因为在中共十八大报告中，有专门一章“扎实推进社会主义文化强国建设”，这是前所未有的号召，而且强调要“扎实推进”。要怎样才能这样做呢？就是要扎扎实实地实践习总书记强调邓小平同志提出的这个口号，具体而言，就是要抓住实际、实干、实用、实惠四个环节。

实际，就是一切言论和举措必须从实际出发，不脱离实际，有实际意义，否则就是不能实干的误国空谈。文化建设是以虚带实，以实见虚，虚实互现的事业，最容易搞花架子，走过场，做不切实际的表面文章，尤其是现在时兴请洋顾问、名顾问、读洋书、捧名人，不管是否符合中国实际或本地实际，一概奉若神明，唯言是从，甚至写篇论文或报告，也规定必须有多少条引文方可。当然应当吸取外国经验和先进知识，但应当如汪洋同志所说“不唯上，不唯书，只唯实”。

实干，就是要实在地干、干得实在、有实效、有实果。现在时兴制订各种各样的文化或旅游之类“发展规划”，往往空话多、实话少，能完全实现的、或者可以付诸实干或实施的不多；有的写得全面周到、丰富多彩，但有的只说不做，或者是开头做尾不做，部分做部分不做，有检查时做否则不做等现象，都程度不同地属于“空谈误国”之列。

实用，就是要有实际用途、实用价值，可以实行或实施。多年来一些地方时兴请名校、名院、名师，打造多种名目的“文化工程”，花巨资制定所谓“策划书”，实则是空话、大话、套话、废话连篇，华而不实；所称“文化特质”，千篇一律；所称“实施方案”，不能实施。有的地方虽然建造了其项工程，外观堂皇，但不实用或未尽其用，无实效或效益小。这些现象都不利于“实干兴邦”。

实惠，就是要使人民群众得到实在的、实际的优惠，不是空头说好话、做秀、做样子。十八大报告要求：“让人民享有健康幸福的精神文化生活，是全面建成小康社会的重要内容。要坚持以人民为中心的创作导向，提高文化产品质量，为人民提供更好更多精神食粮。坚持面向基层、服务群众，加快推进重点文化惠民工程”。以人为本，实惠民生，才能从根本上兴国兴邦，正如习总书记在十八大结束会见中外记者时所说：“人民对美好生活的向往，就是我们的奋斗目标。”

2012年12月18日

# 让毽子飞越五湖四海

——读刘研科著《五彩缤纷的南派花毽》

踢毽子，在我国已有2000多年的历史。“踢碎香风抛玉燕”，古代文人称毽子为“燕子”，各种踢法丰富多彩，高难翻新的动作层出不穷，不同风格争奇斗胜，使观者眼花缭乱，惊叹不已。

清代屈大均在《广东新语》记载：“昼则踢毽五仙观。毽有大小，其踢大毽者市井人，踢小毽者豪贵子”。广州地处五岭以南，珠江流域横穿其内，直通大海，造成天气潮热，风力缓和，清朝八旗子弟对北方的花毽加以改良，使毽子弹性大大增强，节奏明快，渐渐形成了四、五人的踢法，这就是现在的南派花毽雏形。经过三百多年来的演变、发展，至清末踢毽子已达到鼎盛时期，参加的人越来越多，不仅用来锻炼身体，还作为养生之道，而且把踢毽子和书画、下棋、放风筝、养花鸟等并提，一些人以会踢毽子为荣。

南派花毽，妙在随意。面对不同角度飞旋而至的毽子，可随心所欲地施以踢、跳、绕、转以至头顶之能事。南派花毽，巧在默契。在你来我往险“毽”横生、妙“毽”纷呈的互动中，那毽子或凌空飞起或旋转飘落或横贯穿梭可达几十回合乃至百余回合而在圈内不会坠落于地。

珠江文化特有的海洋性、平民性、多元性、变通性，在南国燕子的习性中也有体现。例如在被誉为“中国燕都”的怀集，有种金丝燕，是当今世上稀有燕种，秋冬到太平洋南海岛屿栖息，春夏回怀集山区燕岩下蛋孵子，因其跨越空气清新的海洋和山区生存，所以燕窝特淳特美，而其象征的文化更是具有诗意和寓意，可谓“海上丝绸之路的神圣自然使者”，与我国数千年海上丝绸之路文化传统和当今我国正在进行的“建设21世纪海上丝绸之路”精神相吻合，也是南派花毽的特色和精神所在。所以，我们要大开思路，放开眼界，让小小的毽子作为沟通五湖四海的“燕子”，发挥更大的精神和文化效用。

2014年8月12日

# 海上丝绸之路的无声史诗

——读谢鼎铭著《海上丝绸之路画集》

凡佳诗皆诗中有画，凡佳画皆画中有诗；诗者，乃有声之画，画者，乃无声之诗；凡具有历史意义和抒写光辉历史的作品，诗是有声史诗；画则谓无声史诗。谢鼎铭先生的画作，可作此例。

中国通向世界的海上丝绸之路史，上下两千年，纵横全寰宇，其要津者，莫不见诸谢鼎铭先生笔下。诸君试看，在这画集中，历历可见：世界唯一两千年不冻港——广州港，“海上丝绸之路第一港”——西汉徐闻港及历代广东沿海古港，汉代广信南江海陆丝绸之路联运古道，自古黄河出海口——山东蓬莱登州港，隋代至元代运河交汇长江的扬州港，唐代贯通海陆丝绸之路的梅关古道和南华禅寺代表的传教之路，宋代著名世界的福建泉州港和广东阳江的南海Ⅰ号，明代的东莞莞香“香市”及南粤特产之路，清代三百年中国唯一对外通商口岸——广州十三行，清末民初的南方丝绸中心——广州锦纶会馆，台山“侨墟楼”、开平碉楼、凤岗“排屋搂”所标志的华人华侨之路，20世纪50至70年代中国唯一对外贸易口岸——中国出口商品交易会，以及标志世界各国与中国和平交往的海上丝绸之路历史文化载体和遗址，如17世纪瑞典哥德堡港口及其哥德堡近年访问广州的景象，美国首次远航成功到达广州的巨轮“中国皇后”号，以及作为古代外国商人来广州的住宿地——广州怀远驿，作为近代从海上丝绸之路重要商品——亚细亚石油在广州贮存库“花地仓”等的实地景象，都是件件有历史文化内涵的艺术精品，尽在画集之中。所以，称其为中国海上丝绸之路及其通向世界历史的艺术全景画图和艺术形象见证并不为过，当之无愧是“穿越千古，日月同天”的海上丝绸之路无声史诗画卷。

谢鼎铭画作的史诗价值，还在于全方位而有重心地展现海上丝绸之路的历史与现实光辉，具有丰富文化内涵和厚重的学术份量。其全方位特色，既表现在以纵横千古和中外同天的系列画面，而显现海上丝绸之路的历史长河与波澜壮阔的全景，还表现在画作的视角与内涵的多样性和丰富性，如对“烟花三月下扬州”的描绘，既以“风月同行”的意境，展现古扬州运河出口于长江交汇处的亮丽风景，又以《清明上河图》式的《元代扬州繁华图》，淋漓尽致地展现了元代扬州古运河交航货物通向长江出海口的繁盛景象，可谓自然景观与人文景观并现；对瑞典哥德堡号的描写，既单幅绘出17世纪瑞典哥德堡港口的原航船只，又以单幅画下2011年哥德堡号重访广州黄埔码头的英姿，可谓古今景观的对接。从总体上看，谢鼎铭的海上丝绸之路画作，面广并成系列，有重心，有亮点。收入本画集作品有近50幅，其中描写阳江南海Ⅰ号的15幅，广州12幅，泉州5幅，从数量看，显然这三处是重点，而又以南海Ⅰ号数量为冠，可谓重中之重，这是符合历史文化实际的，因为广州是海上丝绸之路发祥地，泉州是世界著名的南宋古港，阳江南海Ⅰ号则是“海上敦煌”，正因如此，2012年国家邮政总局发行为“喜迎中共十八大胜利召开”而精选杨之光、冯远等全国18位著名画家代表作组成的纪念邮票系列，以及2013年为纪念毛泽东诞生120周年发行的“文化名家珍藏册”和明信片系列，都收入了谢鼎铭创作的南海Ⅰ号等海上丝绸之路画作。值得注意的是，经广东省珠江文化研究会的学者们20多年研究考察而发现和评选出的“广东海上丝绸之路十大星座及星群”，也大都是列入本画集的作品。这些内涵和亮点，更显出这部海上丝绸之路无声史诗，也是一部具有较高文化和学术价值的史诗。

其实，这部无声史诗，也是有声的。它的声，是心灵之声，是有形的精神之声。古语云：绘画是“以形写神”“神似重于形似”“意在笔先”“下笔如神”，所言皆是绘画实乃笔发心灵之声、实乃以形写神之理。谢鼎铭画作也是这些画理之活灵活现。用心的读者，不是在细读其《南海Ⅰ号》组画时，循其组画序列而窥见海上丝绸之路的风险曲折而又波澜壮阔进程的同时，又可听到中国勇士们为中国走向世界而开拓海上丝绸之路所谱写的敢为天下先的精神乐章吗？在品读巨幅长画《中国钓鱼诸岛》时，画中座座有似高举拳头的岛峰、一望无际的汹涌波涛、扬帆万里的海船，不是都在理正辞严地发出“不许侵占中国领土领海！”的强烈呼声吗？在步步走读长达68米的特长画卷《漠阳真赏图》的进程中，不是如同步步倾听作者对故乡深情的切切倾诉吗？这些爱国爱乡之声，是历史的、也是时代的最强音，是这无声史诗中内涵的、潜发的心灵之声、精神之声。由此可见，这部无声史诗，也是海上丝绸之路的心灵史诗、精神史诗。

谢鼎铭主要遵从中国山水画传统创作，具有大气浑厚风格；显然也吸取了西洋油画因素，具有以中国传统为主体、吸取西法为辅的特色。这种特色，对于创作海上丝绸之路题材的画作而言，是很切合的。因为海上丝绸之路，就是中国通过海洋、走向世界之路，是中西贸易文化交流与和平友谊之路。内容决定形式，表现对象需要相应表现方法。所以，谢鼎铭以此方法创作海上丝绸之路画卷是自然的。这样说，并不意味着否定主观能动性，恰恰正是揭示作者高明之所在。因为能够这样做，正意味着作者的思想艺术与表现对象的高度融合，意味着作者的思想感情、艺术趣味和表现对象的和谐统一。谢鼎铭是阳江人，是大海的儿子，海上丝绸之路是他人生的成长道路，也是他主要的艺术道路，他大量的、主要的作品是海上丝绸之路画作，他大部分时间和精力放在海上丝绸之路创作上，历时十数载，跋涉数千里，从南海到东海、渤海，从珠江到长江、黄河，走遍千山万水，历尽千辛万苦，坚持实地写生，现场采风，精研历史，反复探索，才取得今日成就，实乃可叹可敬！由此可见，谢鼎铭的艺术道路，既是他这部无声史诗成功的内在注脚，同时不也可以说是又一曲海上丝绸之路的无声史诗吗？

2014年5月18日

# 五、札记篇

# 初耕笔录

——20世纪60年代散文选

## 渔家姐妹

到招待所，已是上灯时分。两个姑娘正面对面伏在方桌上，就着灯光写字。听到声音，马上站起来，热情地问好。趁登记的时间，我们浏览了一下贴满墙壁上的表扬她们的大字报，也巧，两个人的名字都叫玉清，一个姓张，一个姓杨。

从她们洒脱的动作和干净整洁的穿着上，可以看出一般渔家少女所独有的特色。

海风呼啸，似乎企图冲进窗来扑掉房里的灯光；附近传来阵阵锣鼓声，大约是渔民文化宫里正在演唱吧。但我们的心已经随着杨玉清的叙述，飞到几年前一个初春的清晨——细雨蒙蒙。两个扎红领巾的小姑娘，突然出现在荒滩上，头发湿漉漉的，挤进正在忙着干活的人群中，手里提一只破锅铲，蹲下身来，学着大人的样子挖沙坑。

其实这群大人，也不过是比她们大两三岁的姑娘。这群人是前几天刚成立的青年造林突击队。十二岁的杨玉清、张玉清，就这样参加了战斗行列，在没有一草一木的荒滩上造防护林。

“小杨，你伯母不是要你去盐场找钱吗？”

“小张，你偷跑来不怕挨妈妈打？”

姑娘们在一起，当然没有安静的时刻。说说笑笑，太阳就升到半天了。在她们的身后，已经留下了一串串、一行行的小坑。每个小坑里插着的嫩绿树苗，被呼呼的海风吹得使劲地摇摆着。她们坐在沙滩吃午饭了。嘴在动着，眼睛却注视着这茫茫沙滩上的串串绿点。她们在想什么呢？是将这绣上绿花的大白布同自己身上围着的绣花裙比美呢，还是咀嚼着这里的新鲜生活与在小木房里绣缝煮饭的甜苦滋味？是担心这些嫩小身苗的生长命运，还是在忧虑着收工回家后将会受到的责备和埋怨？这些都是玉清姐妹的心事，然而又各自不同。

自小丧父的杨玉清，母亲迫于生活另嫁。两岁的小姑娘就靠着伯父母生活了十年。到了十三岁的年头，家里是多么希望她出去做工，找些零钱来贴补一下全家八口的生活呵！但这个执拗的姑娘，明放着有钱挣的盐场不去，却硬要来这没有分文收入的沙滩上造林！张玉清的家，现在虽然过得比小时父亲刚淹死那阵乞食的日子好了不知多少倍，但老一辈的人听说女儿要去沙滩种树，真是活了几十年都没听说过的事，何况女儿家又怎能做男人的工，受得了那样的苦呢？但这俩自小在一起长大的小姑娘，不管老人家怎样反对，硬是偷偷跑来了。

一连三年，她们跟突击队一道，趁着雨季在沙滩上抢种树苗，日种月种，年年扩大，越种越多。她们还边种边保，死了再种，见缺就补。遇干旱，就走回四五里的村子里挑水去淋；逢缺秧，就跋涉数十里去林场运。有时冒着狂风暴雨，在一个脚印有一尺深的沙滩上干活，有时顶着炎炎烈日，踏着烫似热锅的沙滩，进一步退两步地前进；有时饿到半夜才吃午饭，有时自日落干到黎明。这样雨淋日晒，日干夜干，她们同整个突击队的姑娘一样，越练越坚韧了。白嫩的皮肤变成黝黑，细小的身躯换上了飒爽的英姿；过去只能绣花煮饭的双手和从未走出几里外的双脚，已能在举步艰难的沙滩上，肩挑手提几十斤的泥或水，来回几十里地飞跑了。自然，练出了她们丰满结实的身体，也炼出了一颗火红的心。沿着海边茫茫的沙滩，一道浓密的绿色长城，巍巍然地标志着这些渔家姐妹的日益成长，壮大。

这对玉清姑娘再次在沙滩上的人群中出现的时候，颈上的红领巾已经换上了胸前的共青团团徽。手里已不是拿着破锅铲，而是一副崭新的扁挑和畚箕——她们随着青年突击队“移防”到修筑公路的工地上来了。比她们先来两天的中年妇女们，肩挑的也是崭新的扁挑畚箕。有的两人抬，有的一人挑。个个都是肩头垫得老高，有的甚至用双手将扁挑举起，不敢挨到肩上，五步一停、十步一歇地来回蠕动在沙滩上。这些渔家妇女都是第一次从事这样的劳动呵！

“伯母，你歇歇，让我来抬。”

“妈，腰再挺直些。”

两个四十岁的中年妇女，看看突然出现的女儿，看看这群刚到的结实姑娘，亲昵地笑了笑，整了整肩上的垫布，又继续抬着走了……

“我们刚开始学挑也是这个苦样子的。种树，要到几里外去挑水；修路，也要到几里外的海滩里去挖海泥，要过海去对面山上运黄泥，还要到几里外的河边运沙和石头。修这条路整整八个月。我们千多妇女个个都挑坏了一二十副畚箕。路修好了，个个也都学会劳动了。”杨玉清说到这里，停了停，不知是在思索着后面要说的话，还是在回味着什么。也跟我们一样融进动人情景中的张玉清，见话停下来，以为杨玉清不说了，眼睛亮了亮，接着说："还有很多她没说呢！公路边的水渠，这里门口的广场和伸出海去的海堤，都是在修好公路后造的，也像修公路那样，要到远处挑泥、担沙、运石，还要顺着潮水，一退就干，一来就停。潮水一来，好些辛辛苦苦运来的泥沙，眼巴巴地被冲走了，真痛心！冲就冲吧，冲掉了再挑，水一退就干。你冲我挑，你退我干！我们就是这样将大堤和广场建起来的，还建了几座大楼呢，这间招待所也是我们的双手建的。"

第二天一早，我们步出门前的广场，一列红花盛开的"海南蝴蝶"笑脸迎人，柔嫩的枝条在晨风中轻轻摇动；几座新楼屹立在海边，俯瞰着滚滚翻腾的海浪，好像在向那拼命冲向大堤的贪婪浪花，投以蔑视的眼光。大堤里面的海水养殖场里，平静无波，晨风吹拂，只有几丝涟漪；堤边的沙滩上，一群孩子在嬉戏，各色的衣裳，点缀着天水一色的碧绿天地，在淡淡的阳光中，一派春色洋溢的图景。细看那座巍峨的新楼，只见个个渔家妇女在楼上忙这忙那，有整畚箕，有擦地板，有洗衣，有织网。在她们的身后，有的小孩拿起比自己的头还大的书本，"啪啪"地在母亲的背脊上敲打。楼边屋后，标语五颜六色。我们从中看到一条写着"学文化，当好家"的标语，不禁联想起昨夜刚到时见到玉清姐妹在灯下苦学的情景。这清晨的渔港景色，多么诱人呵！我们在堤上停下步来，细细地咀嚼着昨天我们在公社听一位干部所说过的话：渔家妇女已经换了三件宝，过去的针线、锅灶、菩萨，已经换成了书本、土箕、担挑。再过些日子，这三件新宝恐怕也要再换上新的了。世世代代在矮小破烂的木房里缝绣、煮饭的渔家妇女，今天已经成为掌握自己命运和驾驭大自然的主人。她们的双手，已经使这块不毛之地变成了绿树成荫、红花盛开的海滨仙境。紧跟着这仙境而成长的嫩绿秧苗、红色的种子、时代的芳香——玉清姐妹那样的新一代渔家妇女，正在各条战线上放射着青春的热力和光辉。崇高的理想，坚韧的毅力，火红的激情，就是新一代渔家妇女的共同气质和形象。我们走过漫长浓密的林荫道，听着海上的涛声和风吼，什么玉皇龙王，哪里去了？面对着村边的果树和花丛，面对那一片片葱绿的禾苗，被海水吞去的代代渔民祖先呀，你们可知道你们的后代，今天已经将你们那遍地苦难的家乡变成了花园，已经在你们饿死的土地上建起粮仓来了？你们如果看到家乡的变化会说些什么呢？是的，这一代的渔家儿女并没有失掉你们乘风破浪的英雄气质，但再也不会经受你们所历尽的苦难与辛酸了。她们在伟大的时代里，发扬了你们的英雄品德，埋葬了你们家乡的世代灾难，实现了你们只是在梦里才敢于希冀的理想。你们能想到今天这一切吗？出海坐上机帆，出门坐上汽车，矮小的木棚换上了高楼瓦房，荒滩变成了鱼米乡……你们不敢想，更不可能想到你们的后代会变得这样英雄非凡！

怀着满腔的感触，我们又走到"三八公路"上。同大路两旁高耸的林带并列，还有着两行茁壮的初生椰树，有似行行婆娑的舞队，沿着金黄色的公路直伸到茫茫的海边。不见天际，不见海边，只见片片金黄的海浪争吻着初升的红日，深红、嫣红、艳红、金红，冉冉地升向蔚蓝的天。欢乐的涛声、摇曳的林影、轻轻的晨风，伴随着我们轻快的脚步，使我们似乎一下飞进了慈祥的红日里，尽情地吮吸着土地的新春气息，身上好似披着渔家姐妹给荒滩绣上的色彩瑰丽的新装……

（1960年4月22日、23日写于博贺，原载1960年5月8日《羊城晚报》，《广东散文特写》收录，本文发表时用笔名荷红。）

## 湖海手札

朋友，你可知道雷州半岛旁边，也有一块土地伸出海面，现在这里又有一条与青年运河同样的湛湛绿水，从六万大山直流到北部湾的海边？这就是合浦湖海运河。

这片土地的北部，虽也有几个小湖，但都困在山里；蜿蜒的南流江，偏偏在中部就转出海滨。生活在南部的人们，世世代代都没见过河；旧时代一年四季都没尝过几口稻米，经常只能在空肚里装进几条小小的红薯。火红的太阳，使人们黄黄的瘦脸变成黝黑，烤得狭小的田地遍处龟裂；呼呼的海风，不断地把疾病、苦难送到人间。眼前虽是一望无际的海洋，但在脚下找桶淡水却难过上青天！　当放水那天，我挤过人群，蹲在一位八十老汉的身旁，他正伸手戏弄着湛绿的流水。“同志，你可知道我父亲口干得临死也没留下遗言……”他浸在水里的双手，突然捧起些水来抹在脸上，洗去了眼角的泪珠，似乎连脸上的皱纹也洗去了。

水呵，水，你为什么不早到二十年？

朋友，原来这水计划是要1967年才到的呵，从开工到通水最少也得四年；然而现在只用了一年零七个月，水便来了。六十多公里的运河和蛛网似的水渠，是十二万生活在“大跃进”年代里的人民公社社员和成千的机关干部，用双手挖通的。当他们从山头的茅棚、林海上的渔船，从办公室和课堂来到一片荒凉的工地上的时候，只能过着“天空当蚊帐、大地当睡床”的生活，他们挑着担泥箕、扛着锄头跑来；但仅仅几个月，遍地都是车子在飞奔，自制的炸药发出轰轰的巨响，机械化、车子化，那壮观并不亚于十三陵水库。

朋友，这片土地上的荒凉远在去年就被热腾腾的人流赶走了；现在潺潺流水又代替了热气腾腾的场面。你只能在那些支渠的工地上还可见到人流澎湃的景象。如果你在这里见到那些扎着白头巾、穿着“标兵”汗衫的合浦姑娘时，你可曾想到她们原是短袖衣都不敢穿，见人就脸红的少女吗？看到她们大胆地和男工挑战，热闹地唱歌跳舞，勇敢地在几十米的斜坡上拉着飞车，你可知道她们一开始到工地的时候是连车也不敢推，连话也不敢多说几句的姑娘吗？你大概很熟悉那些“白面书生”吧。然而在这里你再不会碰到这样的面孔了，如果你握着他们的手，读着他们的诗，一股强烈的感情就会像电流似的涌上你心头……是的，他们的双手写下了新的历史，“修补了地球”，但同时也就给他们自己写下了新的历史，改变了他们整个的身心……

站在“幸福大桥”上，看着脚下的流水通过几十米外的水闸，分三路向远处流去；走过二百多米长的“南海天河”，槽上的流水是那样安详自得，而槽下的流水似乎怨恨槽上的运河跨过自己的顶头，赌气地发着喧声。走近渠首的溢洪道，真有似流水一泻三千尺，卷起一片银涛……水呵，今天你流得这样欢畅，你可知道你淌过的河床上流有多少人们的血汗吗？你可知道在这些渠道上有多少英雄的儿女在成长？你可知道照耀着你、引导着你的是什么样的阳光？你能够在这样的河床上流过，应该感到光荣自豪！过去千代万代的人们盼着你，想着你，为什么你总不能流到这个地方？你软弱无力，不是吗？只有人的双手才给你新的力量，使你的身体伸得更远、更长！过去的人们想着你，盼着你，但为什么就不能将你接来，为什么就不能给你更多的力量？不正是今天生活在这里的是跟过去完全不同的人吗？你尽情地流吧，流得更远更长，也去告慰那一切已经逝去的历代的劳动者。让他们闭上干枯的嘴唇和眼睛。永远安息。水呵，将大地都浸透吧！将地面都染绿，遍地的禾苗，漫野的果树、蕉林，都将会随着你的到来而覆盖大地。你又将会变成各色各样的甘露，润泽千万人民的心田！当他们在这条河上划着小船，在河边散步，或是尝着甘果，吃着米饭……他们自然懂得这一切幸福是怎样得来的，今天结束了灾难的历史，明天当然会比今天更好！

（1960年4月29日写于合浦，原载1960年5月10日《羊城晚报》，本文发表时用笔名荷红。）

## 龙飞凤舞

用龙凤来比喻美好的事物，越来越盛行了，这次到乐昌来，更觉得有道理。

这个广东最北部的地区，不仅有着条条巨龙似的山脉，拥有乐观精神的县名，而且还有不少地名直接用龙凤来称喻。这些名称是自古有的。然而这里今天的一切，更令人感到只有这样的名字才确切……

天刚蒙蒙亮，田野就沸腾起来了。笑声、歌声、闹声，震荡着田野的山峦，姑娘、小伙子、老头、老太婆和红领巾，都在淡淡的晨雾里映现欢乐的面庞，一位姑娘告诉我：这样动人的场面只在大炼钢铁时才有过。但那时是在山头上，现在是在田里。她若有所思地说着。突然发觉我在注意她左手上的大块疤痕，我还以为她会害羞呢，没想到她倒大大方方地走近来说：“这就是那时被烧伤的。”说完就用右手搽搽左手背。啊！怎么现在连右手的手指都烂了？“是这次抢插的纪念，没什么！”用手指背掠了两下短发，又弯下身来，飞快地在水面上点着。十足山区姑娘的傲气。

是的，现在这次支援粮帅升帐的热潮，只有前年支援钢帅升帐的运动才能比拟。那时每炼一个铁，就是多一颗反击帝国主义的炮弹，而现在每插一份秧，也即是给帝国主义多一分打击的力量。

我正在边插边想着，突然一阵嘹亮的歌声和汽车的喇叭声吸引我抬起头来，汽车刚好在田头的路边停下！呵！ 省里又一支支援队伍开来了！这群全是姑娘，住宿地还没有找到，行李还在车上，就跳下田头干起来了。大队长劝也劝不住，女汽车司机微笑着大喊：“你们干吧，我将行李运到大队部放好！”一阵欢呼声将她轻捷地送到车室。这正是昨天送我们来的那位女司机，半年前还是一个家庭妇女呢。看她的神态，你能想到这是四个小孩的母亲吗？目送着疾驰的汽车融进欢乐的人群，这时才发觉天已大亮了。村里偶尔传来鸡啼声。这报时鸡呀，不是太迟了吗？朝阳揭开了披在金鸡岭上的雾纱，山顶上的金鸡才似乎懒懒地呼吸早晨的空气。我还没调查清楚这里是否真有凤鸡飞落山头的传说，但巾帼的彩凤鸡曾经到此则是确实的。那就是洪秀全的妹妹洪宣娇，曾带两千人马到山上抗击清军，但这样难得的女英雄还是被迫飞走了，金鸡依然屹立。今天，在山的脚下，又有着千千万万与过去根本不同的彩凤飞起来了！她们不仅是推翻旧社会的勇士，还是创造新世界的英雄。眼前这一切，不正是百凤飞翔的景象么！

坐京广线火车一跨进广东的境界，就会发现这样的奇景：一条小河蜿蜒在曲折的山中，这就是武江河，这一带就是有名的“九泷十八滩”，又称“九龙十八湾”，是称这段河水像条龙九次回头，造成十八个河滩。唐代文豪韩愈被贬时曾路过这里，因见滩急，曾为船工开河，被人建祠纪念。在旧社会里给人民做一点好事，就使人难忘，正说明了在那样的年代里给人做好事是十分稀奇的。在我们今天的年代，却又是那样的平常。也就说明了我们时代的特征和伟大。一条小小的河流，就被我们祖先给予最高的称喻——龙，正好说明了在过去的年代里， 自然的景物比社会的生活还更有欢腾的生命气息。然而在我们今天，真正有生命气息的，是我们自己了，我们才是真正的“龙”！

在没到这里之前，读《红旗歌谣》中“犁地姑娘云中走”的诗句，总觉得过于夸张。现在才亲眼见到这世间确实存在这样的美景：梯田的绿毡，一直铺到山腰上；更多的山上种着花生、高粱，真像铺上去的花被单；朵朵或丝丝的白云，随风掠过这些披上新装的山头，像是轻轻地将大山的灰尘拂去。这个山区的总支书记告诉我，这些荒地都是今年春节全县总动员时开辟的。种杂粮，已经收成两次了；果树和茶树也都有收成了呢！那时的开荒队伍，真像条条巨龙飞上山头，现在抢插扩种，也似条条巨龙卷上山坡。最讨厌的就是山区的春天来得迟，而冬天又来得快，所以春种夏种总得“抢”，还经常碰到旱的威胁。这次抢种，开始就不得不在抗旱中进行，梯田戽水，达十四级之多，既然这些田像龙似的爬到山上，而戽水和插秧的人群不是更像条活龙飞天吗？他们的插秧法，也是另成一格（3×3×6），谓之“双龙出海”，远处望之，真像两条青龙向前飞跃。他们说这样插法收成特别好。可见，这种美是有实际意义的，这样的龙，才是真正的有价值的龙；这样的龙，不就是人的双手种出来的吗？

在这地区的中部和南部，虽有较大的平原，但也都是受着群山环绕的。廊田有条环山的水渠，长达数十公里，修了几年，现已完工了，解决了这一带的水利问题。看着这条环山的水龙，看着来这一带抢插扩种的队伍——有省县机关干部，有大中学校师生，还有来参加运动会的民警和驻军、工人等等，来自四面八方的人流络绎不绝，更使人感到眼前的人龙比条条的山龙还多彩多姿，豪气十足。田头的喊声、歌声、笑声，不就是龙的咆哮之声吗？将大地换上绿袍，绿遍每一寸土地，不正是这些“巨龙”的威力！

这里的一切，从地形到地名，从历史到今天，都在我的心里印下或龙或凤的形象。很明显，龙凤的姿态与精神就是这个山区地带的特色。在这样的时代里，怎能不龙飞凤舞呢？

（1960年8月10日写于乐昌，原载1960年8月14日《羊城晚报》，本文发表时用笔名荷红。）

## 山高路远

“什么路最远？

我说呀……”

清晨，山坳里就传来动听的歌声，我正沿着大路向化肥厂走去，心里纳闷着：走的都是曲折的上坡路，难道这个全县的化学工业中心是在山上吗？一转弯，唱歌的人就到了眼前，原来是个二十来岁的小伙子。

“赶去上班吗？化肥厂怎么走？”

“不，是下班。”看得出他脸上掠过一阵不愉快的神色，但他两只大眼睛注视我一下后，又立即现出喜悦的样子：“找我们厂？是刚来的吧？我带你去。”转了几个弯，果然，这个厂是在山头上。青年人带我找着支书，又不知去向了。

山区的白雾，很快地融化了。四面的山峦，似乎在好奇地倾听着这还不是很熟悉的机器的轰鸣；汽车在奔忙着，载着袋袋的化肥，朝山里的公路上驶去……

“我们是前十多天才投入生产的。十多天以前，我们县还从来没有过化肥工业。”

支书在门口就跟我谈开了。他见我是那样感兴趣地注意周围的一切，似有同感地说："一切都是新的，从厂房到原料，从机器到厂房……但这新，不是容易得来的呵！"

山区里的初春，天气冷得与冬天没多少差异，在这山头附近的小村里，突然增加了一批人，他们住在破庙里，住在扫净了的旧牛房中，一早出去了，深夜才回来。这是刚从农村、从街道来的造肥新军。

"这些人不仅过去没造过化肥，有的连见也没见过呢。"支书很有感触地说。我沉思着这句话，搜寻着过去的遗痕，然而，眼前除去比这山冈更高的高山外，简直看不见村落的影子。几月前，他们要走多远的路到这里来工作呵？这几间厂房的块块砖瓦和堆堆的硫铁矿石，又跋涉过多长多远的崎岖道路？而这些从没见过化肥到造化肥、从不懂到精通的工人们，在短短的时间里又跨越了多长多远的道路……

"怎吗？你又跑来啦？"支书一带我进车间，就向一个小伙子喊。呵，原来是带我来的那位青年。他委屈地看着支书，又看看我，像是请求帮助似的，但还是离开了。我目送着他出去，支书感慨地说："前天他刚下乡帮抢插回来，就一连顶了三班，真是不要命了！"看看我的尊敬眼色，他又低声地补充说："你能想到吗？半年前这个青年还是个养牛娃，现在已是个熟练的青年工人，突击班长了！"

我不知道应该怎样说出我此时内心的喜悦，支书又带我到了一袋袋、一瓶瓶的产品跟前："这是过磷酸钙，这是硫酸……"老实说，有些名字我也还没听说过呢，支书一样样地给我解释，我以为他起码是有几年工龄的人了，原来他造化肥，也不过个把月的时光。

"真快呵！"我情不自禁地说。"不，这几天才是快呢！前十天我们日产才四吨，现在已是二十吨了。我们还打算再把它加番……"看着眼前的一切，我丝毫不怀疑他这句话。

我蹲下身来，看着贴在堆堆产品上的字条："三水""清远""广州""韶关"，还有县内各公社的名字。顿时在我眼前出现了群山重叠、道路漫漫的开阔景象：这个厂所在的山头，是够高的了，四周的山比这更高；然而在这些山头上堆起的袋袋化肥，不是比这些山更高吗？而创造这一切的人们，不更比这一切高大万倍吗？看着堆堆的原料和产品，它们来这里的道路是多么漫长，要去的地方又是多么遥远；然而创造这一切的人们，在短短的时间里又走过了多长多远的道路？前面的道路又是多么开阔漫长？你说：哪个山最高，什么路最长？

（1960年8月14日写于英德，原载1960年8月23日《羊城晚报》，本文发表时用笔名荷红。）

## 秋情

我爱秋天。

每当这个季节，我就似乎觉得自己游荡在风平浪静的海洋里，开阔清新，生机盎然；特别是这次到山区，更使我感到自己还是生活在童年。

记得我还是孩子的时候，常和妹妹骑竹马在城边乡下的山路上奔驰，有时甚至一口气跑几公里，转上好几座山。那时父亲已教我读过陶渊明的《桃花源记》和欧阳修的《秋声赋》，虽然似懂非懂，但在幼小的心灵里总想寻寻桃花源。有时我们赛着竹马，突然转到片片躲在群山间的平原，村径交织，金田叠叠，缕缕炊烟，穿过屋边大榕树的茂叶，轻轻地飘上云间……我们的家乡呀，不就是桃花源么！但兴奋地跳跑进村里一看，人们的苦脸和哀啼，又使我们失望和痛苦。解放头几年，我年岁不大，仍未改变每秋必游的老习惯；但每次的感受，总觉尚有欧阳修未写下来的秋声。这次到翁源才使我在撩起乡思的同时，明朗了久孕心中的秋情。

汽车曲曲折折地绕过曲江和翁源交界的林区，不时转过座座不怎么高的山。这里的山，真像我们家乡。远山有的披着淡淡的青衣，有的蓝得发黑；近山有的一片碧绿，有的翠绿里又掺上深黄。一座座，多么敦厚慈祥，又多么威严凌厉。你看，它直挺挺地顶上云端，似乎要拨开这遮着蓝天、压着大地的云层，将秋的天地辟得更开阔、更晴朗。来到这样的天地，真使我感到自己还是个荡游在海洋里的孩子。

傍晚才到县城龙仙，趁休息等人的时间，翻了翻办公室里的旧县志。没出意料，这里过去也是连年受灾的地方。仅在清朝嘉庆年间，就一连五年受灾，受到旱灾、虫灾、水灾、风灾、雹灾，四野枯黄，白骨遍野。我闭眼闭书，心里又涌上途中所见群山四野的印象，顿然醒悟：过去的年代呵，人们哪会有生机盎然的感情！

“呵，你们来啦！欢迎，欢迎！”县委李书记突然出现眼前，高大的个子，几乎挡住刚亮不久的电灯，马上使我想起山的形象。但他那双明亮的双眼，又使我明白了群山所缺少的神情。他那红光满面的脸上，印着几道皱纹，映现着战天斗地中的胜利光辉。

“我们这里前几年也受灾，特别是水灾、虫灾，今年虫灾还有，但水灾却基本断绝了。”说着，他数了好几个较大水利工程的名称，崖庄水库、翁城水库等等，一时也记不清。“老天爷有老爷脾气，不斗他就受他的苦，越斗他就越乖，越听话！今年我们就是学精了这点道理，才取得了历史上从未有过的丰收。”他还情趣横生地谈了许多，但我只是再三咀嚼着这段寓意极深的话，直到回招待所的床上睡下，还是想着、嚼着……

翌日清晨，我们下到青云大队。据李书记说，这是个年年增产、户户增收的大队。

山区的清晨，更是美得醉人。青山过了一夜，像是洗了一个澡，格外清新。看那茫茫的田野呵，黄得镀上了金，晨风荡过，片片熟透的稻田，岂不就像微波荡漾的金海！嫩嫩的绿草、绿苗，枝枝朵朵都在闪闪发光，欢欣起舞。我爱红色。因为它不仅是标志着我们劳动的熟果，而且使我感到太阳时代的温暖，时刻想着我们五星红旗上的巨星闪光；我爱绿色，也不仅是因为它温柔活泼，而是它总微笑着对我说：永远年青，永远向上！

青云大队的支部书记，洋溢着青年气概，语调铿锵地将他们大队的情况介绍得清清楚楚。微风吹起他的头发，像是飞舞欲起的禾苗；他的语言和神态，都雄辩地在我眼前展现了这个大队蒸蒸日上的景象。

他陪着我们下田。这里已近秋收尾声，正忙着冬种。四野响彻着嘣嘣的打谷声、欢笑声、山歌声和喝牛声、鸭鹅叫声，群群社员像是在锣鼓声中卷起铺在大地的金毡，又紧随着给黑黝黝的田野绣上绿衣……

走到青云山脚，抬头远望，白云几乎盖过半腰。就在云边，坐落着几间茅屋，隐约可见几个人在山上耕作。这是他们的耕山队。真是“远上寒山石径斜，白云生处有人家”。我再也按捺不住狂喜之情，爬山瘾又发作了！青年人呵，哪能像杜牧那样“停车”去“坐爱”美景呢？我果真一口气登上了山腰！风更大了，树叶、山草沙沙欢舞，像是表示欢迎，步步都找不到枯秋的迹印。望着对面群山顶上的列列树林，真像条条巨龙欲卷下山来；山谷里断续隐现的山泉，飘到山脚，汇成条条溪流，像是巨龙吐出的乳汁，欢跳着伸向茫茫的田野。这时我才注意到太阳正当要急着下山了，群群归鸟已在山林上空盘旋，丝丝白云掠过，像是吹送队队耕山队员回来，仿佛他们和我自己都是腾云驾雾的神仙。心里涌满诗情，但却无从觅句。突然，不知从脑子的那个角落，流出了陶渊明的诗：

“山气日夕佳，飞鸟相与还。

此中有真意，欲辨已忘言。”

（写于1961年11月22日深夜，原载1961年11月27日《羊城晚报》，本文发表时用笔名荷红。）

## 木棉处处红

桃花开过，李子结了。刚被日光染黄的梅子，从浓叶中探出头来，像刚睡醒似的伸出懒腰。而巍然挺立的木棉树，则是雄姿英发，四边伸出缀着红花的劲枝，像有力的巨手，托着束束红花，献给正在四野劳动的人们。

生活在潮汕的这段日子，我每走一步，都能见到这热情奋发的木棉。沿着韩江南段的两岸而行，在河畔，在山下，在村口，在城边，处处都可见挺立盛开的木棉。它的英雄形象又总是跟这个地区的干劲冲天的人们的形象，徜徉于我的心里。

前天中午，我来到潮州城边的北关。这里有条大河堤，堤上的凉亭就有一棵木棉树，这树和别的树并列在一起，可是它显得特别高，看来已有些年纪了。据说唐代的文学家韩愈被贬来做潮州刺史的时候，就曾在这里祭过鳄鱼，不知这株木棉看到当时祭鳄鱼的情景没有？这故事在潮州是家喻户晓的：鳄鱼吃人，这位大文豪就杀猪宰羊来祭，摆开香案，宣读他的《祭鳄鱼文》，要鳄鱼离开。现在想来，这似乎可笑，然而，这也反映了当时人们对自然灾害的软弱无力。且不说韩愈那样的时代，就是在国民党统治的时期，这地区也是水灾、旱灾接连不断。据说过去国民党曾以建造北关水闸为名，一连数年向人民索款，可是钱进了官僚地主的腰包，而水闸影子都看不到。直到解放后才真正建成了水闸，治服了历代不驯的韩江。但是，老天爷还是不断跟人民作对。从去年晚造直到现在，这地区就一直未下过雨，过去那浩浩荡荡的韩江，现在只剩下小溪一般的水，在一片黄色的沙滩中间有气无力地流着。这条潮汕平原的生命线竟干涸得这个样子，而插秧的季节又过去了，人们怎不感到心焦呢？如果韩愈在世，想必又会来个《祭水文》或是《祭雨文》了。

然而，那样的时代已是一去不复返了，人们再也不会在这条堤上摆开香案，杀猪宰羊地来拜祭老天了。我们来到这里的时候，千万人正在堤上、水里紧张地劳动着，他们不是在祭水，而是在治水，要给这条水龙加上一条新骨——在河中筑堤，使水位提高。我抬头一望，在河岸两边向河心伸出，长长的堤，中间只剩下十米左右的江面了，河水越来越急，浪头推着浪头，直向新堤和河口猛冲。这是最紧张的时刻，是胜利合龙的决定时刻，两岸的队队农民，挑着、抬着、肩着沙包和石头，像穿梭似的在堤上奔跑。沙包哗哗地抛下水里，石头嘭嘭地抛到河里，人们在加油猛干，扩音器也在鼓劲宣传。一下是这个队的民兵走在头前，一下是那个队的民兵抢到前面，竞赛的热潮真像河里的浪潮，一浪比一浪高。多么热闹的战斗场面，多么精彩的英雄乐章！

河口缩至八米，四米了！胜利在望，河水更急，浪头像条条龙舌，一个接一个地向战斗在最前列的解放军战士卷来。这时候，多么需要更快更多地投下石头、沙包呀，我们都不约而同地站到传递的队列中去，每个沙包石头都有几十斤，我也想不到自己哪来的力气，竟能把它接起，又传递过去。我只埋着头干着，突然，发觉右边送过沙包来的那双手跟原来的不同，想必又是一个刚入队伍的。正想着抬头看看，旁边有一战士开腔了："呵，首长，你不是给妇女作报告吗？怎么也赶来了？""刚报告完。"这位四十来岁的壮年人也跟我们一样，穿着背心，边说边笑地又给我传来一个沙包。我刚接过沙包，忽听前面发出高叫声："雷锋下水了！"我不知怎么回事，问："怎么雷锋在这里？"左边那战士迅速接过我手里的沙包，急促地说："是雷锋！是我们连的，我们连的！"说完传过沙包，抬起头传过沙包给我时，也像要跳到前面去，不理我了。在我右边的那位首长，笑了笑，传过沙包给我时说："我们都在学雷锋！雷锋在我们连队中扎根了。"我传过沙包给那战士，那战士还是没有转过头来，但双手已把沙包抢过去了。在这当儿，我转脸又见江口上溅起几团浪花，呵！又有好几个战士跳下水了！在河中心的指挥船上也有人跳下水去。原来当江口只剩下两三米的时候，河水更是湍急得厉害，沙包一下水就被冲走；连那砌起的沙包堤基底部也被冲得松动了。在这危急的时刻，不下水去挡住水势是不行的。战斗在前沿的战士们，及时发现了这个情况，并果敢地一个个立刻跳下浪头滚滚的水里去。他们在水里顶的顶，扶的扶，填的填，运的运，短短的三十分钟的紧张战斗，终于将江口封住了！

休息的时候，我看见战士们都在那株老木棉树下休息，刚才在我旁边传沙包的那位首长也坐在战士堆里，正在打扑克呢。他抬头见我走来，就拉我一旁坐下，要我帮他参谋参谋。我正想看他手中的牌，突然传来了“开饭啦”的喊声，转头一看，原来是那位第一个下水的战士正挑着担，兴高采烈地叫喊走来。原来这位带头下水的战士，是他们连的炊事班长。他送饭到田头，正是紧张战斗的时候，见到有些沙包被冲走，就放下饭担，跳下水去。胜利合拢后，部队休息下来，他才想起饭担。但是饭担不见了。原来是岸边的一个老太婆，见他放下饭担跳下水去，便将饭担挑回家去，放在锅里热了。炊事班长跟这老太婆是老熟人，部队驻在附近，经常帮助农民生产，虽然语言不通，但常来常往，也就熟了。所以，他发现饭担不见了，一下子便想到必是好心的老太婆挑走的。果然不错。我们休息还不到五分钟，他就从那老太婆家里把热气腾腾的一大担饭菜挑来了！看样子，这位炊事班长还不到二十来岁，口音像是湖南人。我问他是哪里人，他答道：“潮州人。”我懂得这话的意思，便有意打趣他：“你跟潮州姑娘结婚了。”他也笑着风趣地说：“我是跟潮州结婚了。这里就是我的家！”坐在一边的那位首长说：“他是爱民模范呢。又是‘五好’战士，每次不管什么评比，他都是红榜当头。”我听得出这位首长的语音里流露出对战士的深情。

刚吃完饭，一位农民打扮的人，笑逐颜开地走向正在说话的部队首长。经介绍后，才知道他就是指挥这场战斗的县长。我仔细端详了一下，好面熟呵，原来刚才堵江口时从指挥船上跳下河里的人，就是他。他跟部队首长拉得热乎乎的，我好奇地问：“你们是老战友吗？过去一同打过仗？”“打蒋介石是一南一北，打老天爷就是老搭档了！”说完，两人哈哈大笑。部队首长接着说：“我们两支征天队，也常比高低呢！”县长抬起头指着木棉树说：“我们都像木棉树，都要争着长高长大，看谁先顶上天，看谁先制服老天爷！”“对。但我们不是两株木棉，而是一株木棉的比翼枝，同生齐长！”

将近傍晚，加修工作也全部完成了，队队人们都分头踏着斜阳归去。我在人群里走着，晚风阵阵吹来，人们的笑语声，似乎一下就吹遍这一望无际的平原。嫩绿的秧苗尽情地在吸着水，嗤嗤地笑。迎面是一株又一株的木棉，张开有力的长手，擎着红艳艳的鲜花，热情地欢迎劳动归来的人们。前边后面都传来广播声，你听，这音乐多美呵！

“太阳下花开呀，

花更红……”

（原载1963年5月10日《羊城晚报》，本文发表时用笔名荷红。）

## 桐花

从大队到公社的路上，两旁都种满桐树。从严冬到暮春，我多次走过这条路，但一路的桐树都从没引起我的注意。大概已有十来天，没到公社去，今天一走上这条路，就顿然有种异样的感觉。

桐树的叶子更绿了，朝阳照着，闪闪发光。更使我注目的，是在团团绿叶丛里，冒出一簇簇的桐花，远看像是一个个大绿绒球上绣着白里透红的图案，并且在其连成的绸带上，有团团云霞在飘拂。

“多美啊，这些桐花！”我激动地对同行的朱桐嫂说。她并没马上答话，似乎在思索着什么，片刻才说：“桐花到这季节，是这样的。”我并没思考她这时的心情，只是想：“她已有近五十的年纪，也许是因为没有我们年轻人那样易于动感情的缘故吧？”

她的女儿小琴则高兴得很，手里拿着条长线，跑跑蹲蹲，将朵朵稍大的花儿串起，没多久就扎成一条花束了。

我跟着她俯身拾起一朵，五片白瓣夹着一点红：闻了闻，没有香气。

“这花心是血点红的。它的香气不是鼻子能闻到的。”出乎意料，朱桐嫂先说话，又是说出这样很有深意的话。我这时才注意到她的眼睛微微有点湿润。我正想向她说什么，她却一边脱鞋，一边走向路旁的田里，拔出几串稗子，又回到路上，手里拿着鞋，依旧同我走着。我脑子里很快地映现出这几个月来看到她多次出现的类似情景，又从这样的回忆联想着她的身世。但是，老想不出她三次被抢、被卖的血泪史与眼前的情景有着怎样的联系。

她似乎理解到我的心情，又像是接着上面的话，看看走在前面的小琴，说：“我是像小琴那么大时被地主抬去的。那时也是满山遍野开着桐花，我爸病死了，留下一身债，我妈没法，就哄我出去玩，她就在屋里上吊死了，那时，我还在外面捡桐花，不知道自己已成为孤儿。这时恰好狗腿子到我家催债，推门进屋，见我妈吊死在屋梁上，就四处找我。他们在山路上找到我时，我正串了几条桐花带，他们一见就将花串扔得好远，不由分说拉着我就走，我死命哭，他们就死劲打，一滴滴的血都洒在路上，那时走的路，也是遍地桐花，像今天这样……”说着说着，泪珠儿串串地流在路上。

它用手拔出两根稗子，将禾苗扶正，活像给小琴梳头那样细致耐心。

当她回到路上，小琴已走得很远了。这时我发现，在小琴拾过花的路面上，有着点点的湿痕，很明显，那是花的水汁留在地上的痕迹。但我却不愿这样想。你看呵，一路上那点点湿痕，不就是几十年前朱桐嫂滴下的眼泪吗？这些泪痕，现在已被满地鲜花盖着，被暖暖的阳光一点点地抹去。然而，深刻的阶级仇恨，还是留在人们的心上！小琴呵，你现在无忧无虑，你可知道你母亲的心情吗？你可知道就在你的脚下，曾经滴满你的前辈的血泪吗？

“妈，到学校了。”小琴已在中心小学门前停下了。红红的脸蛋上沁出几粒汗珠，一条长长的花带，从肩头垂到地下。

“你进去吧”。朱桐嫂轻轻地说了声，小琴很快就消失在校门里。

“现在的孩子真幸福呵！”

她也同我共鸣：“以前哪想到有今天。我还有两个儿子，一个被国民党拉去当兵死了，一个给地主看牛跌死。好容易才剩下一个小琴，独女是金贵。我以前也是独女呵，简直跟小琴差天远！”

我正要跟她说话，她已走向学校斜对门的卫生院去了。我跟上去，发现队里的李兰带着小儿子来看病，朱桐嫂正将一张两元钞票塞给李兰，接过李兰手上的孩子。

我想起，朱桐嫂趁今天放假与我同到圩上来的目的，是想到百货商店剪布的。“到商店去吧！朱桐嫂。”我迎上去说。

“不了，我要到学校看小琴。”她向我眨眨眼。

看得出她是有意不将真情告诉李兰。我知道她的性格，不好勉强。眼看着她们的身影消失在铺满桐花的路上。这时我才重新对桐树注视起来。每走一步，我都细细地端详每棵桐树；中等的树干，并没有什么特异之处，它榨出的榨油，被用到的地方也不怎么特别引人注目。我默默地想着，听着，我像是目睹着几十年前一个孤苦的女孩子被残酷折磨的情景，心里多酸痛呵！眼前的景象使我顿然换上一种欣慰的激动心情。不知什么时候，朱桐嫂又走到了路旁的田里，用脚踩着田基穴，像是对谁说话：“刚插完秧就放这样满的水，想浸死苗么！”踩了几下，又默默地为人们献出自己的一切。当我这样想时，刚才朱桐嫂在路上不停地为别人的禾田除稗、管水，为别人医病而拿出自己剪布的钱的情景，一齐涌上心头。那桐花的形象，不就像是朱桐嫂这样的平常妇女吗！

（1964年4月写于广东从化鸡龙岗畔，原载1964年5月16日《羊城晚报》，本文发表时用笔名荷红。）

## 杜鹃

插完了秧，今天放假。天才蒙蒙亮，肖榕带着我上鸡龙山。在这一带地区，这座山颇有名气。两个尖峰鸟瞰着远近的起伏群山。在它的脚下，有个小圩，逢五逢十就热闹异常。圩的旁边就是我们住的村子。

我和老肖走了没多久，即到了山腰，肖榕指着前面说：

"你看，前面好多杜鹃花，你们家乡有没有这种花？"

"当然有。我们那里还有杜鹃鸟哭呢！怎么在这时候，我还没听见你们这里的杜鹃啼？"

肖榕笑了笑："今年是没听见过，过去间或有。大概是杜鹃鸟也跟我们穷人一样，翻了身，诉了冤，报了仇，生活好了，就不哭了吧！"

说着，我们走到了一簇杜鹃花的跟前，他摘下一枝，手上的红花，天上的红太阳，映照着他的脸庞，红呼呼的，似乎原有的皱纹都飞走了。但是正在这一瞬间，肖榕的血泪史顿然涌上我的脑海里。

他是受封建迷信所害的一个活典型。他的父亲在他刚满五岁不久就病死了。肖家的族长就说他母亲是"杀夫精"投胎，害了肖家的人，定要她大摆香火，祭过宗祠。这不是轻而易举的事，要花许多钱，何况为父亲医病家里已是山穷水尽，仅剩下一亩多地，这地是祖父留下的，父亲临死再三交代：万万不能失去这块地。而这块地，正在族长的大片田地的中间，父亲在的时候，族长已逼买几次了。父亲一死，族长看到孤寡好欺侮，更死命催逼。母亲被逼得没法，只好忍痛典这块地出去。交了地契，没有分文到手。只在祭祀那天，母亲背着肖榕，三步一跪，五步一叩地拜到肖家宗祠。孩子的眼泪浸透了母亲的衣襟，而母亲的眼泪呵，只有流在毫无感情的地里！这样的命运，使得母亲相信了神。巫婆乘机找上门来。一时说命相不对，一时说屋有灾屋，直到将母亲的陪嫁衣物都弄光了。巫婆还是说灾星未除，要受难到四十岁才能上天。母亲晚上一算，还有一个月就满四十岁了。自己岂不是还只有一个月的寿命吗？求天天不应，求地地不灵，只好又去求巫婆。巫婆像早已知道母亲要来求她，不用母亲发问，就说只有将肖榕送给有钱人，还要给孩子娶个鬼老婆，才能使他平安长大。于是又只得花钱。那来钱呵？只有借！谁能借呢？当然只有族长肖有财！借了二十元银元，全交给巫婆，放个木头人仔在床头，就算完事。一个月过后，母亲生日那天，她以为死日来临，事先让肖榕披麻戴孝，在床边跪着，然后自己换上衣服，静静地躺在床上等死。八岁大的孩子懂什么呢，哭着哭着，伏在床边睡着了。第二天清早醒来，母亲发现自己并没有死。死不能死，又怎能活下去？按照封建法规，母亲即是灾星，是不能回外家去的，他们母子，只好当晚逃出村子，出外乞食，十年之后，也就是肖榕十八岁的时候，他母亲病死在中山的一个破庙里，临死前嘱咐肖榕一定要返回故乡。他便一路帮人打短工赚钱，回到故乡，仍然只落得做苦工的命运。这时族长肖有财已经死了，他的儿子肖开利拿着旧账簿向他讨债，当年借下二十元，十年利滚利就是两千大洋！这一大笔钱，叫肖榕怎么还得出，真愁得他没法过日子。幸好解放了，土改时这笔债一笔勾销，那时肖榕已三十来岁了。过了些时候，他又将那个木头人扔到床底下去了，肖榕的脸上才添上了红色。

“你说，杜鹃鸟的传说是不是迷信呢？”

他的问话，使我从沉思中醒过来，看着他那朴实的表情，我的心里顿然燃起一种强烈的情感。我告诉他，杜鹃鸟的传说，不同于迷信，他是受苦人编造的故事，是穷人对封建社会剥削制度与旧礼教的控诉。他出神地听着，颇有感触地说：“我每年在这春雨时节，都采些放在水里，养一个月还是红的。我就想，里面恐怕是有我父母的血吧！”

“你这话有道理，”我说，“你父母的血还染不红这么多花的，恐怕是千百年穷人的血泪才使得杜鹃花年年、处处都这样红，你说是吗？”

“我也是这意思，没你说得周全。”

我向他提出一个久压心里而又从不提出的问题：“你的婚事怎么样了？”

他的脸红了，笑着说：“不提那个，我已是四十岁的人，迟了。”

我知道他在说假话。支书告诉过我，他现在与一个三十来岁的寡妇正相好。我没怪他，因为苹果未熟透，外皮是不会出现红色的。肖榕这样难得开口的人，更是这样。

他指着山下的祠堂说：“那个鬼地方，害过我母亲，土改前还害过我。每年过清明，族长就要全村办祭宗祠。说我是贱种不能进，还要出双倍的祭祀金。我又没有钱，他就给我加债。前几年，有人还搞过全村拜山祭祠，那些人就不讲我是贱种了。迷信这东西，真是将双眼蒙住了，会迷死人的！唉，现在我不会了！我将来有儿子首先就教他这一条！”他发现说漏了嘴，脸马上红起来。

我笑了笑，有意转过话题：“你们这地方真美！”

“当然美咯。那些什么风水先生还说我们这里不好呢！你看——”他指着左面的一个小山冈说：“那是朱古岭，风水佬说那是死尸。我们现在这鸡龙山正对着它，像是在哭死尸。所以这里永世不能发达呢！真是胡说八道，我们现在不是发达了吗！”

我笑了笑，突然发现夕阳已近山头，就提议割担草回去。当我们下山时，山腰的杜鹃花在晚风中竞相摇曳，像是在向着我们点头告别。

（1964年5月写于广东从化鸡龙岗畔，原载1964年7月3日《羊城晚报》，本文发表时用笔名荷红。）

# 有感于对评论家的评论及其他

——致作家贺朗

贺朗兄：

去年连续收到你新出版的两部长篇小说《金鸥腾飞》和《天涯路》，最近又读到你在完成《萧殷传》之后写出的专著《萧殷论》，作为你的老同事和老朋友，我是衷心高兴而十分钦佩的！不计你过去出版的著作和发表的其他文章，仅这几部大著而言，你就有百多万字的作品了！写过点东西的人都明白，写出如此数量的作品要付出多大的劳动和精力，尤其是需要多么大的毅力去排除和抵制种种说不胜说的干扰、压力和诱惑，没有顽强的事业心和锲而不舍的韧性精神，是不可能写出这么多作品的。我感到文艺界和学术界对你的创作和研究成果，尤其是在你身上所体现出的刚过中年的一代作家学者的埋头苦干精神，实在太忽视了！原因何在呢？我百思不得其解！

由于要做的事情太多，你的几部小说我尚未拜读，只读了你的专著《萧殷论》，这不仅是因为萧殷同志是我的恩师的缘故，主要在于你这专著是我迄今所见的我国第一部对新中国成立以来著名文学评论家的专论，在长期以来文学评论和评论家不受重视、近年才开始引起注意的情况下，是很值得认真拜读的。因此我挤出时间读了，读后又有一种急切的心情，想和你交换意见。因为我对当今一些对评论家的评论有若干不成熟的看法，想就教于你这位以写评论家传记进而写出专论的先行者。

你这部专著最引我注意的是，你不仅全面地、详尽地论述了作为共产党员作家萧殷的光辉一生，他在革命事业和文学事业各方面各时期的贡献，而且突出地论述了作为著名文学评论家萧殷以及文学评论工作的历程，尤其是论述了数十年来，他在一系列文艺论争中的表现和贡献。我认为这样既全面而又突出重点的论述，是切合萧殷的实际的，又是很有中国特色的。你知道，数十年来，堪称为专业文学评论家的人物，在中国极少，大多是“业余作者”。著名作家（如鲁迅、郭沫若、茅盾）精辟的评论文章甚多，著名文学评论家（如胡风、何其芳等）也是搞创作出身或写出不少作品，萧殷也是如此；尤其是中国著名的文学评论家，主要是在数十年起伏不断的文艺思潮和重大文艺争论中涌现出来和发挥影响的，萧殷也是这样。正因为你抓住了这种实际和特色，你取得了成功。如果说你在这一点上尚有不足的话，我看是你在论述某些论争的时候，对其所体现的全局性背景或从当时全国文艺形势去透视某一论争的宏观性论述，虽有提及而不充分；另一方面就是对这一系列论争的前后发展状况及相承关系的纵的论述较弱；有些章节（如“辅导一位公务员写作”和“辅导王蒙修改《青春万岁》”）事例虽然动人，但作为一部评论家专论，则显得琐碎，显得与整书以文艺思潮为主的系列游离。

虽然有些缺点，我仍然认为你是成功的，对当今和以后对评论家评论的写作也是有启发意义的。从我读过的有限的关于评论家的评论文章看来，好些人都未能注意中国文学评论家的这种“特殊国情”，不太着意从具体的历史和时代条件及其所产生的文艺思潮与论争中，去看评论家和他的每一评论的作用和位置，而是致力于评论文章或论著的孤立欣赏或研究。这样做当然也可以写出文章，有一定作用，但这实际上是与单独的作品欣赏的评论文章一样的文章，尚不是站在文艺思潮高度而真正写出评论家及其评论的有中国特色的评论。诚然，可以在这高度上被人评论的评论家和评论，也不是很多的。与上述现象相反，有些同志出于扶植评论的好心，将某些实际上未达到这种成就或影响的评论，硬是从这高度去列名排队的现象也时有出现，这也是不足取的。

也许是这种“特殊国情”的缘故吧，切实地说，数千年来中国真正称得上有自己理论体系或理论主体的文学评论家不多。之所以如此，原因极为复杂，恐怕不是你我能说清楚的。我想其中原因之一，与长期以来文学批评的作用和性质被片面理解有密切关系。众所周知，文艺批评从来被定为是“斗争武器”之一，由此，革命的文艺批评的确在长期的文艺论争中发挥了重大作用；同时，文艺批评又被认为是促进文艺创作繁荣不可缺少之“一翼”，由此，数十年来文艺批评的确扶植了代代文艺新人和众多优秀作品。这些成绩都是值得充分肯定和大书特书的。但是这些性能，在错误路线的时候，却又被利用为“棍子”“屠刀”，又常常被当作“高级广告”来用。这些情况，说明了如此理解文艺批评的性能，是片面的、不科学的，是既可用于正确，又可用于错误的。我认为文艺批评的本质和基本职能，是以文艺的基本性质和基本规律去科学地分析、概括和评价文艺现象（包括各种层次的全局或个体——如作家、作品、形象等等）得出符合批评对象的客观实际与本质特征的结论，从而有助于文艺正常发展、创作的提高、理论的丰富、读者文艺欣赏水平的提高和社会精神文明的发展。片面理解和运用文艺批评这些本质和基本职能的文艺批评，即使用于正确，也是急功近利而生命力不强的。过去对文艺批评的性质与功能理解片面，根本原因是在于对文艺与政治的关系认识不当，片面强调文艺从属政治，将文艺等同于政治，又由于政治风云变幻莫测和政治风暴不停，使得文艺批评和评论家们时时处于“从属”“配合”于动荡、风暴之中，自身的命运也难以自主，怎样谈得上有什么自己的文艺理论批评体系或理论主体？能够始终如一地坚持真正的科学的马克思主义、毛泽东文艺思想，特别是坚持以文艺的基本性质和基本规律去从事文艺批评，已经是十分难能可贵的了。所以，我说过去堪称为有自己的理论体系或理论主体的文学评论家是不多的。奇怪的是近些年来，文艺的改革开放有了新的气象，开始有文学的和文艺批评的自主意识，但实际上还很不成熟，从西方“拿来”的东西居多，实际停留于文学欣赏层次而自鸣为“新方法”“新体系”的“跟着感觉走”的文学批评泛滥成灾，不知是何缘故，却被封为有“理论体系”或“理论主体”的评论家，竟多如牛毛了。这种情况，同某些人写了几篇小说被称为“有独特风格”的或“一面旗帜”的“名作家”，几个人发表了几首诗便被称为“新崛起的流派”等现象一样，也是实在令人费解的。

这种现象与过去好似完全相反，实质是一致的，即从不同的方向离开或否定文艺的基本性质和规律，离开或否定文艺批评的科学性和严肃性，前者的方式是扼杀、禁锢，后者的方式是棒杀、儿戏。可见数十年来，文学批评反复处于悲剧的状态中，作为一种行业或一门科学，本身的自主性和科学性也难以自持，真正有自己理论体系或理论主体的评论家难以出现的无情事实，也就是必然而可以理解的了。

正因为如此，我很钦佩萧殷，也很欣赏你对萧殷的分析和评价。萧殷在他的《自选集》自序中，对他自己数十年从事的文学理论批评作出了总结性的自我评论；我认为萧殷的这些自我评价或者总结，是谦虚而又切合他的实际的，也正是他的理论建树和可贵精神所在。也许有人认为，萧殷数十年来向文学青年反复阐述的文学创作基本规律，是文学的ABC，不是什么重大理论建树。但是，有三点是值得特别注意的：一是萧殷数十年所阐述的理论是科学的，而且是结合实际、从实践出发和指导实践的，并经实践检验证明是正确的、有效的；二是他的理论批评，是与数十年种种错误的文艺观点或文艺思潮对立的，并在文艺论争中坚持正确思想和发挥战斗作用的，无论在“文革”前和“文革”期间“左”倾思想和极左路线泛滥猖獗的时候，或者在新时期现代主义思潮风行的时候，他都是始终坚持真正的马克思主义文艺思想和现实主义，他的理论批评的科学性和战斗性是种种或“左”或“右”的理论无可比拟的；三是他数十年来的理论批评能将“其基本观点始终保持一致”，这不仅说明了他在数十年政治与文艺风云变幻莫测的“特殊国情”中的难能可贵，比好些“大名鼎鼎”的“风派”评论家实在高明得多，而且说明了有自己的理论体系或理论土体，这就是他所说的从生活出发的现实主义形象创造规律。这些被人戏称为文学ABC的理论，他能始终坚持，用之于解决各种不同情况的各种实践问题，用之于同种种错误文艺观点和思潮作斗争，并且以此解决文学创作领域的各种关系和各方面的一系列问题，形成为完整的自成一格的文学理论框架，这不就是一种理论体系或理论主体的体现吗？这不是比那些朝秦暮楚、见风使舵而又自封为“有理论体系”的评论家，以及那些只写过大学或研究生毕业论文即大肆宣扬自己的所谓“文学批评观”的人高明得多、实在得多吗？萧殷在我国文艺理论批评上，有如此重大的贡献，他始终未说自己有“体系”或“主体”，你的《萧殷论》也未给他作此评价，而是实实在在地论述他的理论批评的特点与作用，通过一系列事件和文章看萧殷理论批评的思想、观点、精神与作用，并且结合萧殷的散文、报告文学的创作实践综合分析，全面论述了萧殷的文学理论批评的思想，尤其是分析出现实主义的典型论是萧殷理论批评的核心，我是很欣赏的，这种扎实的、客观的、科学的对评论家的评论，也是很值得我学习的。我之所以要说出萧殷和你都未言及的以上看法，是因为萧殷实在有自己的理论体系或理论主体，但这又为好些人认为是“低层次”，是“ABC”，这恰恰正是其可贵之处！我斗胆地说：好些自封或被封为“理论体系”或“主体”的理论，其实是违背或离开“ABC”的，过去如此，现在也如此。所以我要说出萧殷和你都未说的话，也算是对你的大著作点补充吧。这里也顺带说说，看来你尚不大注意从这个高度或角度去研究萧殷理论批评的价值和贡献，这不仅表现于该作出的评论未作出，还表现于你未能将萧殷理论批评所接触或解决的方面和问题加以系统化，也未能将萧殷文学思想与理论批评的发展过程系统论述。这些缺陷，也许是由于你受事件单列论述的体例限制，也与你习惯以事实说话的老实文风有关。但这样的体例难免造成论述的重复，不注意理论概括而论事也会造成与“传”无异，以“论”而求则显不足矣。

由你写出《萧殷传》，又由你写出《萧殷论》，有必然性，可喜可贺；从某种意义上，也是对当今广东文学批评界的一个无言批评。众所周知，萧殷于20世纪50年代末南来后，开创了广东文学批评的新局面，当今广东的评论家，或近或远都与他有关系，有师生之谊，而这样的重任不是由评论界担负，而是由你这位主要从事小说创作、近年才从事文学研究的作家来完成，是有些说不过去的。如果我也算是广东评论界的一员和萧殷的学生之一的话，我是甚为感激而又有愧的；但我想由你完成也是必然的。据我所知，从1952年你在北京大学毕业后，即到中国作家协会中央文学研究所（文学讲习所前身）工作，从此开始你即追随着萧殷的足迹，从北南来奋力于广东文艺界，虽然具体工作单位与萧殷不同（你两度在广东作协工作，是萧殷部下），但工作关系来往甚多，你可说是广东最早熟悉、最了解萧殷的作家之一，好些广东文坛的大事你也清楚，你完成这使命也是必然而合适的。正因为这样，在这大作中，你提供了好些鲜为人知的重要材料或重大事件的细节，写出了萧殷的崇高人品和事业建树，写出了他的思想性格和作风。你很好地发挥了你熟悉萧殷和你的写作优势，写出了萧殷的特点和个性，也显出了你的写作和研究个性。但是，我感到你似乎又受着这种与萧殷熟悉和有深切感情的约束，使得你不能从更高的理论或文学发展高度去分析评价萧殷，个别事情有意回避影响到大作的客观性和科学性。例如：在1964年全国大批判的高潮中，广东组织了对《三家巷》《苦斗》的大批判，当时身为广东作协党组副书记，又是中南局宣传部文艺处处长的萧殷，工作职务要求他写了一篇批判文章，影响甚大。这件事你未提及是不应该的，我们决不可像过去（现在也许还有）一些名人传论那样，故意掩饰甚至有意修改历史，正视历史决不意味着损伤值得崇敬的形象，而是更科学更真实地写出历史和人物，对于学术性的理论著作而言，尤其如此。萧殷在当时写这篇文章，乃形势和职务所逼，在当时历史条件下不得不如此，完全可以理解；在粉碎“四人帮”后，他最早支持为《三家巷》《苦斗》平反，并且在亲自修改签发我写的第一篇为这两部小说平反文章的时候，向我谈了当时之实情，为此表示歉疚，这种勇于正视错误、改正错误的气魄，实在比一些文过饰非的风派评论家高尚得多。他在《自选集》自序中说：“当然不能说在大风大浪中，自己从没有晕眩，好在晕头转向不久，能很快醒悟过来，避免了踏上错误的岔道，这是值得庆幸的。”这里所指的就是这件事，要知道，在萧殷数十年写的洋洋数百万字的文章中，仅此一篇呵！数十年的中国文坛和评论界，有几个是“一贯正确”的呢？以所写错误文章的数字相比，萧殷恐怕是中国评论家中是最少有的了。这是他的“唯一”，无损他的基本的和整体的崇高形象和风格，写他的评传或专论，也不是非写不可（像过去说的“揪住辫子”不放），但我认为这件事的产生和过程，一方面很说明“金无足赤，人无完人”的道理，说明萧殷是正直高尚的人，是具有高度的革命勇气和责任心的文学评论家，他以这种勇气和责任心对人对事对文，也以此对待自己的错误；另一方面说明中国数十年文学批评的悲剧；历史的时代的狂热（包括“左”或右），一旦成为社会性的思潮，即使是正直的高尚的作家评论家，也在劫难逃，不是处在晕头转向之中，就是面临灭顶之灾。所以，作为学术性的评论或专论，我看是不应回避的。你知道这件事又不写这件事，不知你是出于何种考虑或原因，我猜想恐怕是出于情面的因素居多，恐有损于萧殷老师的形象。我认为这是不必要的顾虑。尊重历史和事实，以历史唯物主义的观点去分析，是写评论家传论的根本。受感情因素左右，会离开这根本而有损于论著的科学性的。

我坦率地指出你这点不足，绝不是认为你全书的论述都是如此，仅是以这件事而指出个人感情因素在文学研究、文学批评上会带局限或缺陷。我充分注意到并十分肯定由于你对萧殷熟悉和深切感情的缘故，你这本专著是写出萧殷的特点和个性的，但也明显感到你的客观分析和理论高度是尚可加强的，我认为以你的水平和经验，完全可以加强这些方面而你却未能做到或做得不够，有力未使出来或使不出来，原因何在呢？我想其中原因恐怕关系到当今作家和评论家的评论，究竟是科学性的学术论著，还是文学性的形象作品的不同理解问题，也即是文学研究和文学批评是理论性的分析著作，还是描写性抒情性的印象作品问题。长期以来，我们都深感于文学理论研究和批评论作，从方式、方法到文字都公式化和干巴无味，从20世纪50年代到现在，都不断有人试图以散文式的方法来写研究论文和批评文学，近几年更多如此，尤其青年评论家的文章多是这样。过去我自己试过这种写法，认真比较过这样做的长处和短处。我并不否认这种写法是文学批评和研究方式的一种，它的长处是生动活泼，以经过理性分析而化出的形象再现研究或批评的对象，较能把握对象（作家、作品、形象）的特性或个性，也较易显出研究者或评论者的长处或风格，既可评论文学，又可称为作品；它的短处是：感情和印象的因素偏重，理论性、逻辑性和客观性的分析淡化，科学性也即减弱，尤其是感情和印象的因素偏重，常常使一些评论者借此掩盖未作深入研究分析之弱点，有的甚至借此泄发个人恩怨，以个人之间某种特殊感情而将对象抬高或压低，在当今（过去也有）则是抬高为多，甚至连人的相貌也并同作品一道捧场的现象也有出现，因某种因素而贬低某些作家故意将某些人所共知的史实隐去的现象，如此等等都是不健康的。这些现象虽然个别，也是应引起注意的，因为或多或少都与这种偏于感情和印象的研究和批评时尚有关，是掌握和运用研究和批评方法中的一种偏向。虽然这不完全是这种方法本身的误差，但强调或偏重感情和印象因素，毕竟是主观重于客观的，与文学研究和文学批评的科学性、客观性要求是游离的，我深感到要改变过去文学研究和文学评论传统方式的缺陷，又要防止和克服偏重于感情和印象式批评的偏误，是困难重重而又亟待解决的。我想出路是文学研究和评论方法的多样化。但是不管如何多样和用什么方法，都不能离开科学性和客观性的基本性质。我之所以向你说这些意见，是因为你这大著的写作似乎也受着两种批评方法矛盾的影响，你重于传统方法，但有些章节又试图以散文式方法，你重客观分析的论述，但有些地方受个人感情和熟悉关系的局限，难以放开视野和更深开掘。这些现象会使人感到大著的体例结构不很统一。我想这可能是你习惯写纪实性小说，又加之近些年文学批评方法动荡影响的缘故。我指出某些文学评论中的不健康现象，你这论著中是不存在的，我不过是借此说说这种动荡的态势和偏误，以期引起注意。

今年8月31日是萧殷逝世7周年忌日，对这位著名的文学评论家、作家、编辑家、教育家，我们都充满深切的怀念之情。你这大著的出版，是很好的纪念。我写这封信也是借此表示怀念之情。其中言及某些评论界现象和对大著的意见，是学学当今时尚的印象式的“评论”，不知当否，请予赐教。此颂撰安！

1990年5月15日

# 但愿人长久

——致作家陈国凯

国凯同志：

给《小说选刊》写了篇短文，推荐你的新作中篇《两情若是久长时》（下称《两情》），因篇幅所限，意犹未尽，主要是对你同一时间写的另一中篇《离婚》有些看法，本想与你晤谈切磋，听说你到深圳去了，故以简布陈。

听说有的同志，有感于世态的变化飞速，对多年的“配合”做法有倦，产生了在创作中追求永久魅力表现的想法，并在创作中着意去追求和表现某些被认为是永恒的情、永恒的美。我不知道你对此想法怎么看。从你这两个中篇看来，似有这种想法影响的痕迹。

我觉得这种想法，一般来说是无可厚非的，天下有哪一个作家不希望自己的作品具有长久生命力的呢？问题是怎样才能使作品具有永久的艺术魅力？究竟有没有和什么才是永恒的情，永恒的美？对于这些问题，你的《两情》作出了比较正确的回答，《离婚》的答卷恐怕是难得满分的。

《两情》之所以比较成功，在于所写的“人之常情”，是从特定时代的矛盾冲突提出来的，具有特定时代内容和普遍意义。在短文中我已谈了，此处不赘。《离婚》以其题材和人物的基础，本来可以这样做，甚至还有做得更好、更出色的可能。因为这小说所提供的是在一个刚刚有了改革气氛的工厂中生活斗争的题材，所写的是在新的解放的年头三个离婚女人的遭遇。可想而知，在这样的生活环境和这样一些人物身上，是蕴藏着极其丰富的时代矛盾冲突和强烈的时代内容的。但你似乎有意无意地避开或摒弃了，似乎将注意力放在人之常情的抽取上了，实在可惜。

先拿小说主要描写的钟秀萍本来和何文光、朱大全的关系来说。诚然，你现在这样描写，也未尝没有一定的时代意义。钟秀萍本来和何文光是恋人，“文化大革命”将何文光“疏散”到农村，使两人中断了关系；“造反派”头头朱大全利用权势，强娶钟秀萍为妻子；粉碎“四人帮”后，何文光回到工厂，当服务队长，与钟秀萍在一个单位，旧情复苏；钟秀萍再也受不了朱大全的虐待，于是要求离婚。这样一个悲欢离合的爱情故事，是具有十年浩劫使有情人离散、使人妖同穴，新时期使有情人终成眷属、使魑魅魍魉得到应有下场的时代意义的。这是大快人心的事。但这样的主题，不是有点像煮老的豆腐吗？我觉得，以小说所写的这几个人物和题材的基础来说，钟秀萍与何文光的爱情关系，不仅是旧情的复苏，还存在着和应当是新情的增加和进展。这一点，小说通过何文光要钟秀萍设计西装这件事也有所表现，但很不够。造成这个缺陷的原因，是你未能将这些人物的关系和矛盾冲突，纳入新的时代进行的改革所产生的矛盾冲突之中（或者说，未能从时代的矛盾冲突去提出爱情的矛盾冲突）。小说所提供的何文光，是一个改革者；钟秀萍的性格和遭遇，也可以想到她必是一个能够站到改革第一线的促进派，这两个人物有旧的恋情，现又在一个单位工作，他们在改革中增加和发展新的感情，是必然的，但你未能抓住这点去做文章。这是一。

2001年黄伟宗与作家陈国凯、蒋子龙在深圳作家会上

其二，之所以如此，还在于你略去了何文光在改革中必然遇到的矛盾冲突，特别是像朱大全这类人物的阻挠。何文光与朱大全在一个工厂，产生这种矛盾冲突是必然的。可是，小说却将这两人的矛盾冲突，仅放在对钟秀萍的毒打事件上，这不是白白放过本有的表现改革矛盾冲突的机会吗？其三，钟秀萍对朱大全毫无爱情可言，旧怨是强制结婚，新仇是虐待毒打；可想而知，在新的时代中，在改革的问题上，两人又是对立的。这对立是新的时代内容，也是钟秀萍要求离婚的新时代条件和新的时代因素。这是明摆着的东西，为什么弃而不取呢？其四，小说还写到两个离婚的妇女，对她们离婚的原因和离婚后所产生的矛盾冲突，本存在着和可以更充分地表现时代内容，但你却又是白白放过了。写刘玉仙只是由于去桂林旅游，一时鬼迷心窍，同一个采购员搞了不正当关系，回来遭丈夫一顿毒打而离婚；后来因为去幼儿园看儿子，又遭原丈夫毒打；写张飞红因为“感情不和”几个字的抽象原因与丈夫离婚，后来又只因为看到何文光是好人而单相思，因爱情无着落而发出“我要男人，不要西装”的肺腑之言。这些描写，是可以理解的人之常情。但是，这两位女工为什么会在这个年代产生这样的事情和想法，难道就没有一点点特定时代的内容

吗？又为何不去挖掘和表现呢？这种“坐失良机”现象的产生，显然不在于作品的题材和人物的局限，不在于你的思想与艺术功力不足（《两情》的成功已证实这一点），恐怕也不完全在于你对这篇作品的经营所下的工夫不够，而在于你对文艺必须抓住时代的特定矛盾冲突，表现一定时代特定的普遍意义这个基本使命的认识，尚不是十分自觉的；或者说，本来明确而又由于某些思想观点的干扰，或客观因素（如索稿急迫等）影响而产生一时的、个别的忽视现象。

我这样说，是由于对你历来的创作特点，或者说你创作的长处和短处的认识。我觉得，自从1961年你发表《部长下棋》这篇荣获当年《羊城晚报•花地》评奖一等奖的成名之作以来，你一直施展着一种既是你的长处、又是你的短处的才华。这种才华的特点，是你善于将具有特定时代的普遍意义的问题，寓于富有人之常情的人物性格和命运之中；或者说，是善于在富人情味的人物和故事之中，表现了具有普遍意义的社会问题。《我应该怎么办》引起强烈的社会反映，使你跃居全国知名作家之列。我看主要也是由于薛子君的爱情遭遇，体现和提出了十年浩劫造成的社会悲剧。新作《两情》之比较成功，也在于刘振民对工作和男女之情，提出和正确回答了改革年代的社会问题。你的特点还表现在：对生活中的人之常情，对善良和纯真美的热切追求，以及对违背人之常情、对压制和摧残善良和纯真美的邪恶势力的无比憎恨。这种强烈的感情和美的追求与思想倾向，使你成功地塑造了薛子君这样的善良纯真的女性典型，创造了李丽文、刘亦民这样的既同“四人帮”坚决斗争，又富有强烈同情心的人物，使得你的作品既有强烈的时代精神，又富有是非分明，以善良、纯真为基调的人情味和人情美。这是你的作品受到群众欢迎，被人们认为“合口味”的原因所在。但是，你是不是感觉到，恰恰又是由此而使你的作品稍欠一种壮阔的气魄。你似乎对写正面的激烈搏斗不很擅长，往往在这样的关节上，将笔触转向人物的感情纠葛中去。这使得你的作品具有表现感情较深较细的特色，但又因此而“坐失”可以表现更多、更广阔的现实斗争的“良机”。《离婚》就是如此。

文章本是有情物。列夫•托尔斯泰说过，艺术的主要特征就是表现“体验过的感情”。情者，人之常情也。情之所以为“常”，从横的方面说，是在社会生活的各个领域，在每一个人和每个人的一切生活中，无不有着情的因素；每个人对一切事物的认识都是有感情色彩的，都是有感情活动的，所有人与人之间的关系都有着感情关系，如夫妻、父子、母女、朋友、同学、师生、同事等等关系之间，无不有着一定感情的联结。从纵的方面说，任何时代的人，包括原始社会的人，以至将来的共产主义社会，在人与人之间，也都是有情的，是种种感情联结的，某些人之常情也是有某种相通之处。这是人之常情的一方面意义。另一方面意义是人与人之间的矛盾冲突，常常又是从这样的密切的感情关系中产生的，并且往往是在一定的感情纽带中发展和解决的。反映生活的文艺作品，不反映这种人之常情的存在，不仅不能真实反映生活，而且等于割断艺术的咽喉。因为人们之所以需要艺术，不仅是希望从中看到和知道自己所知道和不知道的东西，而且是要求从中得到某种感情的寄托和美的享受。作家写作品的动机（或创作的冲动），我想也不外乎这两个方面。这两个方面，直接的、主导的因素，我看还是在于对某种生活有感情的冲动，非写不可。没有这种感情冲动，是写不出或写不好的。同时，作家写东西总是想使人爱看，使人产生感情上的共鸣，使人能够得到某种感情的美的满足和享受，他也就必须将人之常情作为编织其作品内容和令作品能使读者共鸣的纽带，这也是感情对于艺术生命的咽喉意义。

这些人之常情的道理，不必多说了。你的作品表明，你是很注意而且巧妙地把握这种“咽喉”作用的。但我认为仅注意这点还不够，还得特别注意一定时代（或时期）的人们共有的而又是特定的思想感情，也就是人之常情的时代性问题。我不知你认真地总结过没有：《我应该怎么办》和《两情》能够引起人们强烈共鸣的原因是什吗？在这两个作品里，你都用了爱情这种最令人感兴趣的人之常情来编织扣人心弦的悲欢离合故事，通过这些故事，深刻地表现了人与人之间在爱情关系中错综复杂的感情冲突，从而创造了独特的人物，反映了时代的生活。这是成功的因素，是感情“咽喉”作用的充分发挥，但这不是这些作品的主要成功所在。主要的成功在于表现了特定时代中具有普遍意义的思想感情，也即是表现了人之常情的时代性。这就是说，薛子君与李丽文、刘亦民的爱情悲剧和他们的悲欢感情，是浩劫年代人们的思想感情的凝现；刘振民和何玉倩的爱情悲剧和他们的思想感情，在一定程度上体现了改革年代中人们的思想感情。可是《离婚》中钟秀萍与何文光的爱情悲剧和他们的思想感情（包括刘玉仙、张飞红以及朱大全等人的思想感情），虽然也是充沛的、有独特性的，但却是有些陈旧，时代色彩并不很强烈、不很鲜明的。这个缺陷，说明了仅仅是抓住人之常情还不足以取得成功的道理。如果不嫌啰嗦，你不妨从我的这个看法，去想一下一些世界名著的共有经验，例如：曹雪芹的《红楼梦》，司汤达的《红与黑》，列•托尔斯泰的《复活》、《安娜•卡列尼娜》，阿•托尔斯泰的《苦难的历程》等等，它们都是以爱情编织的故事，反映了不同时代的生活，但更为重要的是体现了一定时代的人之常情，是人之常情在特定时代的凝现。这些名著在它们产生的年代使人共鸣，是这个道理；它们千古不朽，现在和将来仍然有顽强的艺术生命力，也是这个道理。

巴尔扎克在《人间喜剧》前言中，曾说他笔下的人物，“是从他们的时代的五脏六腑孕育出来的，全部人类感情都在他们的皮囊底下颤动着，里面往往掩藏着一套完整的哲学”。这是巴尔扎克对他所写人物及其成功经验的精辟概括，也是对所有名著创造的艺术典型的意义及其成功经验的概括，这也就是我所说的人之常情的时代的主要依据。你在《离婚》中所写的人物，还不是从我们这个改革的“时代的五脏六腑孕育出来的”，在这些人物的“皮囊底下颤动着”的，尚不是我们这个时代“全部人类感情”，也未“掩藏着一套完整的哲学”。你的《我应该怎么办》和《两情》的成功，在于有较大的程度达到这个要求。另一方面，你是否注意到你笔下的人物，开始出现进展不大或者说有所雷同的现象（特别是那些你所喜爱、寄予深厚同情的人物），《离婚》中钟秀萍、何文光，同你几年前写的薛子君、刘亦民，不是很相似吗？何文光也有李丽文的影子。当然，我不否认你也创造了一些过去未写过的人物，像《离婚》中的张飞红，特别是《两情》中的刘振民、何玉倩，是成功的。我这样说的意思，并不是认为一个作家写自己从没写过的人物越多越好，而是认为每写一个人物应有新的创造和新的意义；同时，也应当而且可以在自己的全部创作中，有意识地创造自己的人物“家族”和系列。许多有杰出成就的作家，所写的人物都是如此的。巴尔扎克、托尔斯泰是这样，鲁迅、老舍、茅盾、巴金是这样，近几年大显身手的一些作家（如蒋子龙、高晓声、张贤亮等）也开始有这样的特点。每个作家的人物“家族”或系列，都是有相似而又不同的。这种现象，体现了作家对生活的认识和反映有“一套完整的哲学”，有一个独特的“支撑点”。每个人物典型之不同，又主要是由于挖掘出和体现了新的时代意义。创造典型的多寡，不在人物的职业、身份、性格种类的多寡，而在典型内含意义的不同，同时，也在于创造的典型是否或在何种程度上包含着一套完整的哲学。我觉得你创造的人物比较散，尚未形成一定的“家族”或系列，原因在于尚欠自己独有的认识和反映生活的“完整哲学”；你笔下有的人物的雷同或进展不大，也在于未能在不同人物创造中，挖掘和体现出每个人物本有的“完整哲学”；你创造的人物尚未能在我国艺术典型的画廊中排上突出的名次，我看也在于这些典型尚未（或者程度不够）包含着一套“完整的哲学”。如果你感到我在这个问题上尚未讲清楚，我想，你只要认真思索一下阿Q、唐吉诃德、安娜•卡列尼娜这样的艺术典型所包含的是什么样“一套完整的哲学”就明白了；这些典型，都是人之常情与一定时代的思想感情的辩证统一，都是人的某种思想感情与这些人物的独特感情的辩证统一。

信写长了，回到所谓永恒的情和美的问题上吧。看来要使作品具有持久的生命力，仅注重人之常情的抽取和表现是片面的，重要的是表现人之常情的时代性，这即是：以“常情”为纽带，反映现实的斗争和提出具有特定的普遍意义的社会问题，体现特定时期的人们共有的思想感情和愿望，并且将这些体现于人物典型之中，作为典型的内涵。小说艺术的生命大都取决于典型形象的生命。典型所含的人之常情越丰富和越有时代性，艺术的生命也就越长久。我借用苏东坡的诗句作此信的标题，是这个意思，也包含着向长期抱病创作的你，致以衷心的良好祝愿。

1984年8月19日

# 中国画的民族文化意识

——致画家王立

王立兄：

最近观赏了你的个人画展，又拜读了岭南出版社出版的《王立画集》，受益甚多，实在兴奋！每读你的一幅画，我都像进到艺术迷宫里遨游，沉醉其中，流连忘返！我深为你取得如此丰硕的创作成果和高超的艺术成就所折服，深为你无论在任何情况下始终坚持创作的韧性创作精神所感动！你多次希望我谈谈读你的画的心得，由于我主要是搞文学批评，对绘画实在是门外汉，因近年我较注意文化学研究，所以现从中国画的民族文化意识表现的角度，谈一些读你的画的感想，供你参考吧。

中国画是中华民族文化的重要组成部分和瑰宝之一，同时又是民族文化意识的一种典型的体现方式。固然它是中华民族文化意识的产物，是中华民族特有的一种艺术。这种艺术的文化性，首先是在于它是以天人合一的文化观念为其艺术的基本点的，老子曰："人法地，地法天，天法道，道法自然"；而"师法自然"，又是中国画自古传训的基本法则。自古以来，国画多以自然之山水和植物为题材，写人物也强调自然，尤其是强化自然的情性与人的情性的一致，自然人化，人亦自然。所以自古以来历代中国画家，大都以某种自然物体为手本，而且又都是赋以一定的情性（或志、或气）的。每位画家的风格、个性及其所处的时代或流派的属性特征，大都主要在于取得的物体和所赋之情性有别或有某种相关，同时也在此之分野，而各自从不同的方面和层次，去掌握和体现民族文化意识，并且由此而对民族文化作出不同贡献的。

你的画最明显的特点，是以最富有民族特色的自然为抒写对象，并且赋以最有民族特色的情性去表现。人们都知道，松、竹、梅这几种历来被称为"岁寒三友"的植物，是中国数千年诗画家不断吟咏的；其主题也大都是赋予坚毅、贞洁、无私的秉性，这正是我国传统文化崇尚的一种道德、品格意识。你都画过这"三友"，但前些年主要是写竹。你创作出近百幅的竹画，你为画室起名“百竹居”，你被人们称为“竹痴”，中央新闻电影制片厂特为你拍摄的纪录片之题名也是《王立笔下竹千姿》，都证明你对写竹之专注。在这画集共选入的66幅画中，有36幅是主要画竹或配以画竹的，可见你的偏爱和竹在你的画作中之重要分量。你绘竹所赋的情性，主要是圣洁、高雅、气节、信念，《连江曙色》《林茂招百鹤》《碧影千峰》等以清绿和静谧的色调显现圣洁；《不可居无竹》《危崖鸟瞰》《傲霜》《严霜露白》《霜月当空》，特别以竹在不同环境所显出的可贵气质凝现高雅；《千磨万击还坚劲》《暴风雪》《大地回春》，以竹在逆境中的英姿吟出气节；《晓》《霞光》《晓雾初开》《新篁育春风》《竹海在望》等，以生机蓬勃的竹姿、竹光、竹声和竹笋显出热烈的信念和期望。爱竹是中华民族的传统文化观念，这观念的内涵是崇尚圣洁和气节。你画竹正是体现了这种民族文化意识，也由此是对中华民族文化作出贡献。

近几年来，你在绘竹的基础上，又着力创作熊猫画，开始了新的创作领域，显出新的气派，更进一步以最富有民族特色的对象抒发民族文化情性。熊猫是世界一级保护动物，熊猫的故乡在中国。这种动物不仅是因为它稀有珍贵而受重视，而且由于它的生性憨鞠、姿态和祥、外貌圣洁而逗人喜爱，是有情趣和美感的珍贵动物。所以，已被世界公认为我国的一种标志性的动物，许多标志我国的纪念品、产品、宣传品都以它为图案，去年在我国举办的亚运会就是以它的形象为吉祥物。可见近些年来，熊猫事实上已成为我国最流行最主要的代表性标志了。虽然如此，在美术界真正以熊猫为主要抒写对象并画出独特风格、堪称一绝的画家，却是不很多的。你可谓是这屈指可数中的一个。熊猫喜爱食竹。这天性造成它生长在有竹的地方。你爱上画熊猫，可能与你爱竹相联系。是你画竹的延伸和迸发。这也与熊猫爱竹相类似和相关联。你的熊猫画，大都是以竹为背景造成或以竹为陪衬，想来是这个道理。如果说你在前些时候以画竹为主的创作中，主要是以竹体现圣洁的气节为主的民族文化意识，那么近年的熊猫画，则可以说主要以熊猫体现圣洁的亲情为本的民族文化意识的，画集中所选的几幅熊猫画：《亲情》《骨肉亲情》《母与子》《乐陶陶》等，从画题即可见其立意；《竹乡新客》《母子情深》中温柔深情的熊猫家族，分别在深绿得有几分神秘的竹林，和在淙淙小溪穿过的霜竹林中嬉戏；《初醒》《竹笛无声》《破晓踏霜》等画中写的熊猫，在静谧的竹林中的憨态所显出的纯真深情，都是这种圣洁的亲情意识的凝视。所以，无论从所写对象和画的立意、气魄，或者是从所赋的情性和民族文化意识的内涵，你的熊猫画都是比你的竹画，更新、更深、更大而更见出你的成就、风格和气度的。

你的画作的第三个特点，是以种种富有意境的构图和名胜摘翠，多角度多层次地体现民族传统文化的回归或本根意识。在这画集里，有三幅是以月亮为题材的：一幅题为

《霜月当空》，另两幅的画题均是《月是故乡明》；这三幅画的技法、构思都不相同；《霜月当空》是以黑夜为底，衬出霜竹半掩圆月的诗境；后两幅画题相同，又同是写中秋，但时间有异（一是1987年，一是1989年），构图、背景亦有别：1987年一幅是以淡蓝碧空衬出明月，以浓淡相异的竹枝、竹叶而显出层次；1989年一幅是以霜白之月色影洒淡蓝夜空为背景，在巨圆的明月和刚劲的竹枝之间，朦胧现出广州之标志五羊塑像，有似梦境之中。这些都显出中国人特重的乡情所内含的深层意识。《黄遵宪故居》《故园春意浓》，以及描写母鸡和几只小鸡在竹林中相互寻觅的《觅》，几只春燕飞于嫩绿树梢的《春回来了》，在暮色深重的海面远方隐现几只渔船的《暮海归渔》，重重的古树与古藤缠绕着而显出深不可测的《鼎湖古林》，都是以种种自然的情态，表现出中华民族传统的“万物溯源”的本根文化意识的。

中国画强调传神、写神为主、为先，要求形象在“似与不似”之间。以神为主的理论，与文学上的“诗言志”、“文章以气为主”、“文以载道”等理论相通，但又不完全相同。诗画所写或所传的神或气，深在某些传统的伦理道德或人品风尚的观念意识之外，还有许许多多是属于旨趣、格调、气氛、幻觉、风度、示兆等等之类意象的。这一类“神”在画中，有一定意蕴，但难以言喻其详，只能以形传授，又会因读者素养有异而对意蕴领受各别，这类“神”，属传统的永恒主题，以人性和美学性为基础或基调，但又有着时代性和作者个性；这类“神”，是出自并切合画面的实体形象，但这画面形象与所据以描绘的客体形象，是真似又不完全相等的，是在“似与不似之间”的。可见中国画的理论和创作传统，所说的“神”是带有几分模糊意味的“神”；所造的“形”，也是带有几分模糊意味的“形”。这里“模糊”的意思不是不清不楚，而是不绝对确切和固定。这可说是一种模糊的精神学和美学，是中华民族传统文艺的一种特征，也是民族文化的一种特征和传统意识。在中国的山水画中尤其鲜明体现。你的山水画也得道于此。你从立体、构图到技法，都善于把握这种特征。在《幽林喷雪》《夏泳响水潭》《响水潭之夏》《鼎湖古林》《鼎湖飞瀑》《清流穿石》等实景性的山水画中，我们从画面中看到神奇的美景，又似乎看到“喷雪”之雅趣、听到“响水”之幽音，从“古林”“飞瀑”“穿石”思及人生社会之盘根与崎岖；从《川西三月》《舟过三峡》《庐山锦绣石》《黄山曙色》《黄山朝晖》等画中，既似亲临这些名山大川其境，又似流浸于宏大气派的意象里，受着某种气势震撼；在《尖峰岭下新林晚》《绿染枝头》《北江春晓》《北江秋晓》等画里，既认同作者所取诗情画意之实景，又感受作者激烈的时代感和个性；在《晓》这幅近景写竹、远景现晨雾中之山和江面渔帆的画，既有现实时代精神与传统吉祥意识化为一体的立意，在构图和技法上又是将国画和水印木刻的特点与技能熔于一炉；气魄特大的《天涯海角》《纵目东山岭》，构图恢宏，在巨石表层的海蚀麟印和青苔历历可见，这种既有气派又重细节、既重大的构图又重细的技法的艺术，既是作者高度的艺术魄力和功力的突出体现，又是民族文化意识和艺术的一种特征体现。

你不仅在画作中鲜明地体现了中华民族的文化意识，在你的创作思想实践过程中，以及在你五十年的创作道路上，也鲜明地有着民族文化意识的主导和追求，其中尤为突出并始终贯串着的是本根意识和观念。这种意识和观念在你的创作思想与实践上，首先表现在你对艺术之根——生活的热爱与忠诚，你所画的都是你热爱的生活，表现的是你对生活的热爱之情，是你深入生活忠于生活而进行艺术创造的结晶。你为画竹而不惜带病爬山越岭，万里写生精描出竹千姿；你为了解熊猫的生活，专程进到天府之国，深入熊猫的故乡——卧龙保护区，这不仅说明你的创作思想和实践的正确，而且说明你有民族传统的本根观念。这种观念，还表现在你所画的事物，多是带有民族和祖国标志性的；竹、熊猫、名胜。这种艺术选择，不仅是出于艺术偏爱，而是主要出于对祖国和民族的本根观念和感情。这种观念和感情，在你来说是一贯的，是一往情深的。你少年时候即开始是学习中国画，正当入门时，抗日战争爆发，你即拿起被鲁迅称为艺术匕首的木刻刀投入抗日运动；从家乡广东兴宁到抗战时期文化城桂林，创作了《四大文豪》《吃错了树叶》等著名版画，解放战争时期，你先是辗转广西神山、贺县；后进入广东东江游击区，既创作中国画，又创作了《生产者》《渡口》等在竹笔画、木炭画基础上再加工创作出的版画；五十年代，你在广州新闻单位做美术编辑工作，既进行版画创作，又进行中国画创作，创作了《峪谷初醒》《试榨的早晨》《珠江风景》等名作；六十年代初你调入筹建中的广东画院，从事专业创作，既写美术评论，又主要从事中国画创作；“文化大革命”中，你受难于粤北山区，从此时你开始主攻画竹，至七十年代后，你回到广东画院从事专业创作，在继续画竹创作的同时，又专攻熊猫画，迄今成就斐然，声誉大振。从你这样的创作道路可见，一方面你始终是为时代的需要而不惜运用一切美术武器去创作，另一方面是始终不放弃中国画创作；如果说，前一方面是证明你对时代和祖国的责任感，后一方面则是说明你对中国画这种民族传统艺术的深情。那么，这两个方面的感情，不都是同样出于对祖国对民族的高度深情与责任心，并由此证明这也是中华民族文化的本根意识的一种表现吗？

所以，我认为你是一位具有强烈的民族文化意识和深情的画家。从你的创作中，我们也会得到许多关于中华民族文化意识的启示的。匆此颂安！

1991年8月18日

# 秦道汉城今发现 再旺贺州喜若狂

——致陈冰并代序《贺街揽胜》

陈冰同志：

惠寄《贺街揽胜》书稿和有关资料，先后收到并认真拜读了，读后使我激动不已，欣喜若狂！如此兴奋的原因，固然是在于你的书稿内容丰富，知识面广，可读性强，将读者带入了一个古色古香的迷人境界；在我来说更是倍加亲切，因为是写我的故乡的书，所写的山山水水、亭台楼阁，都是我十分熟悉并有浓厚感情的地方，几乎每读一段文字，每看一幅图片，都引起我说不胜说的甜蜜回忆，都燃起我诉之不尽的深情！但更为主要的是从你的书稿和有关资料中，我发现了贺州市贺街镇这个古城和贺江的通道，是一个迄今尚未引人注意、尚未开发的极其珍贵的文化富矿！

首先，我在你寄来的贺州市文化局2000年8月13日印发的《关于做好保护和利用我市文物资源的论证报告》中，看到了在贺街河西古城至今尚存的临贺古城遗址，城墙内部是汉代所建的夯土墙，外加的砖墙是宋（淳祐）及其以后历代所砌的包墙；城墙外还有五代时开凿的护城河，从北、西、南三个方向护卫古城；并在主城区侧仍有附城，附城也仍有夯城墙道和护城河；而且在主城和附城内，有汉代至民国的历代民居、石街、古井、寺庙、祠塔等古迹。这个发现，实在令我震惊，我想也必会引起举世震惊，起码是华南震惊！因为近十多年来，我被聘为广东省人民政府参事，并在中大教职之外，兼任珠江文化研究会会长，职责要求我研究考察岭南文化。1996年，我在广东封开考察时，发现这个地方（连同梧州）古名广信县，是汉武帝统一岭南时（公元前111年，汉元鼎六年）所设的“交趾刺史部”衙署所在地，是当时统治岭南三郡——南海郡、苍梧郡、合浦郡（含海南、北部湾、越南）的首府，是中原文化（岭北文化）和岭南文化最早交汇地之一，也是作为珠江文化主干的西江文化最早发祥地之一。这个发现，引起了国内外震动，使封开成了新的旅游和文化考察热点。当时即有将这个地方列为历史文化名城和修复汉代古城的建议，但均由于未能发现汉代遗址或遗迹而作罢。有专家说，如能在封开发现汉城或汉代建筑的一砖一瓦，即是伟大的发现和胜利。而现在贺街却发现完整的汉代古城，岂不是伟大的发现和胜利吗？

另一可喜的发现是，我在考察封开时结识了一位研究封中文化几十年的学者陈乃良先生，他在广东省地图出版社1998年出版的《封中史话》中，写出了他多年研究并亲自到富川、贺州一带考察的新成果，发现了秦始皇派几十万大军南下时开辟了一条过去从未受人注意的古道，这即是在湘桂边界的通岭口峡谷并与潇水—封水相连的水陆联运“新道”。这个发现是极其重要的。过去一般人都认为秦始皇沟通南北经济文化，主要是靠开凿灵渠，而通漓江（桂江）达西江之通道。其实这只是南北通道之一，而且因灵渠水量小，不常修，作用不大（在盛唐后才加大）。秦始皇的两路大军，一是从漓江（桂江），一是从贺江（封水）南下的。汉武帝南下时也沿此路。其实贺江一线主要还是经这个湘桂交界处（即：湖南道县双淳亭与广西富川葛波镇交界处），修有约170公里的“新道”，将湖南的潇水运输，同广西富江的运输，以水陆联运的方法联结起来，即所谓岭口新通道。这个通道首先是从马王堆出土的《地形图》中，由学者张修桂研究发现的。他说：“在北东走向的都庞岭和萌渚岭之间，存在着一条相对低的北东向山间大谷地，恐怕并不为众人所熟知。该谷地西部都庞岭，高程一千丈以上；东部萌渚岭，高程也在一千七百米以上。二岭之间为低谷丘陵和山间盆地……谷地高程都在二百米以下……是整个南岭山脉的一条最大的山间谷地。”显然，这条通道的发现，证实了贺州（包括贺街）也是秦汉南北古道的必经之地。

其实，在秦之前，贺州已有南北通道了。郦道元《水经注》中有关于越王履的记载；《太平寰宇记•贺州•桂岭县》中，也记有桂岭南二十七里贺水边，有越王渡遗址，该处有水中平石，长一丈余，“有履迹，各长九寸，按《荆州记》云，贺水边石上有石栉、石履，俗云若越王渡水脱履随栉于此，二物今尤在”。据贺州市博物馆文物普查记录，称该市桂岭镇七里山至开山乡豪界村，也有一条秦修古道。路面用石板和河卵石铺成，至今仍有遗址，宽约1.5米，断断续续，约长8公里。古道所在的萌渚岭余脉，是潇水和贺江上源之间较为低矮的分水岭。这些材料，也是贺州原是秦汉古道必经之地的佐证。

我之所以特别重视这条古道的发现，是因为最近我根据对封开和梧州的最新考察，提出的《关于两广合作开发“古广信文化风景区”的建议》中，有一条从桂林灵渠，经由富川、贺州古道，直至封开、梧州的“古广信文化风景旅游专线”。这个“文化风景区”和“文化风景旅游专线”的开辟，不仅使贺街、贺州、梧州、封开所深藏的“古广信”文化和自然风光得以更好地发挥和开掘，而且更有新意的是同我们广东省正在着力进行的“海上丝绸之路”文化和旅游的开发联系起来。为此，我想借这机会向你和读者较详细介绍这件事。

今年6月，我率领由广东著名的文史学家、地理学家、海洋学家组成的“海上丝绸之路”考察团，到广东的雷州半岛进行考察，从《汉书•地理志》关于汉代从“日南障塞、徐闻、合浦”启航的记载和有关资料，从历来的考古发现及成果，结合现场勘察，论证了徐闻是中国“海上丝绸之路”最早的始发港，解决了历来雷州与徐闻之争议，将迄今人们认为的“海上丝绸之路始发港”的福建泉州的开始时间，推前了一千多年。为什么汉武帝时将这里作为海外通商的始发港呢？显然是因为这时岭南的首府是广信的缘故，而且当时主要经由从湖南道县与广西富川交界衔接，并经贺州的岭口新通道，而与中原地带沟通的缘故。据陈乃良在《封中史话》中分析：“汉武帝重点经营贺江。贺江和漓江分别与西江汇合，广信处在一个极佳的中心位置。从日南和交趾进口的货物，可经左江和西江到广信；从徐闻、合浦进口的，也可以经南流江和北流江而抵广信；或从鉴江、罗定江出西江转赴广信，反之，出口亦然。”可见广信在汉武帝时为岭南首府不是偶然的。由此亦可见，经贺州的秦代岭口新通道，不仅是沟通岭南、岭北的重要通道，而且是沟通中国“陆上丝绸之路”和“海上丝绸之路”的重要通道，是秦汉时沟通中国南北与世界各国经济文化交流的重要古道。

从这些简略的叙述里，想必你已明白发现贺街的汉代古城和路经贺州的秦代古道的重大历史意义，更会看到其重大的人文内蕴，会看到其光辉的开发前景。从以上情况可见，我们的家乡在秦汉时代是岭南最早富起来的宝地；我想如果我们能够将这些新发现的古道、古城的金矿价值运用得好，发挥得好，也必会使我们的家乡再度兴旺起来的。所以，我情不自禁地写出两句话——“秦道汉城今发现，再旺贺州喜若狂”，作为这封信的标题，并且以此信作为对你的大作《贺街揽胜》代序，你看好吗？

顺颂笔健！

2000年9月23日

# 追求完美，坚持信念

——纪念欧阳山师百年诞辰

我有幸在著名作家欧阳山生前直接指导下，先后完成了《欧阳山创作论》和《欧阳山评传》两部专著的写作，而且，因工作关系，与欧阳老的直接接触，从20世纪50年代末至21世纪初，已有40多年历史，经历过时代的风风雨雨，受过严峻的考验，受到他的关怀和教导甚多，今值欧阳老百年诞辰之际，对他的无限怀念之情，更是难以言表！

记得欧阳老于2000年9月26日以92岁高龄逝世时，我曾在《光辉的道路，杰出的贡献——痛悼欧阳山师》一文中，称他为中国文坛为数不多跨世纪的“世纪老人”。世纪者，百年也，现值他的百年寿辰纪念，正名副其实。“百年”是个完美的数字。由此使我重新回顾欧阳老的“百年”历程，顿然发现了我在上述两部关于欧阳老的论著中，尚未论及或论述不够的闪亮精神，这就是：他的创作始终都是在追求完美，他的人生始终是坚持他的理想信念。这个发现是在于我想起未写进上述两书的一些事情。

20世纪60年代，我在《羊城晚报》“花地”副刊任文艺评论版责任编辑。1962年秋，报社委托我负责首届“花地”文艺评奖的具体工作。评委会由欧阳山、周钢鸣、萧殷、秦牧、陈残云和报社领导杨奇、杨家文（周敏）等组成。报社决定在中秋节后一天，举行评委会，以决定获奖名单，并同时举行散文创作座谈会，增加邀请当时著名的散文作家杨石（杨应彬）、林遐（江林）、紫风参加。这两项会议内容是在于两个目的：前者是为了扶持青年业余作者，首届获奖作家（如陈国凯、杨干华、程贤章等）都于后来成长为著名作家；后者是响应《文艺报》对当时广东作家在全国主要报刊发表不少有影响的散文作品（包括陶铸的《松树的风格》）而称“岭南散文”流派兴起的评价，会后发表与会作家发言的《海阔天空说散文》专版，影响颇大，被称为“岭南散文”兴起的理论宣言。

欧阳老当时是省文联主席和作家协会主席，又是这个座谈会的主席，对于这两项内容所反映出的业余创作和散文创作的新成绩，自然是高兴的，同时，对于当时初露的极

“左”倾向也有所觉察。于是在会上作了一番既表达欣喜之情，又“实有所指”的发言。会后由我整理出来，以《应当有浪漫主义精神》为题发表（注：在《欧阳山文集》第十卷中，易题为《小说、散文、浪漫主义精神》）。他“所指”的是：当时有人说他刚问世不久的《三家巷》《苦斗》都是写美男美女，是“资产阶级思想”。由此他在发言中说：“许多人认为写工农兵就一定离不开肮肮脏脏，破破烂烂，粗粗笨笨，写知识分子才是秀丽的。这传统观念要根本改变过来。巴尔扎克将资产阶级人物写得很美，今天我们为什么不可以将工农兵群众写得很美呢？”“我们主要是表现人们的精神美”。其实，他在《三家巷》中写的美女区桃、陈文婷等美女，都是试图在共有的外在美中，对比出彼此内在的精神差异，体现出像区桃那样既有外在美又有内在美的人，才是真正的完美的人；整部《一代风流》所写主人公周炳，数十年的奋斗历史，即是一部在改造客观世界的同时改造自己主观世界的历史，是从只有外在美的“美男子”，成长为内外皆美的、革命的一代“风流人物”的历史。

在《欧阳山创作论》中，我对欧阳山全部小说中所写的主要人物形象，总称为“奇人”家族，即他写的人物都有被人们认为“奇”的特点，他往往是在“奇”中现出其实际“不奇”。现在看来，这艺术手法，实际是以外在的“奇”写出人物的“有奇有不奇”，也即是写出人物的完美形象。所以，我认为欧阳老写一辈子的小说，都是塑造各种各样的完美人物。他塑造形象如此，他的创作主张和创作精神也是如此。例如，他曾提出创作要用“古今中外法，东南西北调”，就是主张吸取各种创作方法和语言精华，各取所长、自创完美的一格。他在晚年视力严重衰退的情况下，用助手整理录音的方式，坚持写完《一代风流》五卷，也即是为自己的创作做个完美的交代。所以，我认为欧阳老的一生，从革命到创作，都是追求和创造艺术的完美、人生的完美、社会的完美。

此外，我还想到另一件事：在我完成《欧阳山评传》初稿后，也即是1989年五一劳动节（欧阳老往往是利用节假日时间约我交谈）那天，我向他交稿并向他介绍全书的章节目录。当讲到所写1949年至1956年时期的标题，是“春风得意马蹄疾”的时候，他感慨地说：用这句唐诗来形容当时的新中国是很恰切的，但用于对我个人，则有些不敢当了，因为那时还不能说我很“得意”，“马蹄”也不怎么“疾”呵！当时我理解他是谦虚之词，所以我保留原题，未作改动。其实我知道，欧阳老在那段期间是受过挫折的，只是不方便说出而已。现在想来，欧阳老的感慨，似乎还包括从那时期和之后的“文化大革命”灾难，以至在20世纪80年代中文艺界对他的一些非议与批评。显然，他是从自己数十年文学生涯中，始终不断地受到争议而发出这感慨的。

在《欧阳山创作论》中，我曾称欧阳老是“长期迸发出两种艺术生命力的作家”：其一是他在每个历史时期都创作出具有较大或重大社会影响的作品，这些作品以本身所具有的奇特的思想艺术，影响当时和后世，发挥出及时和持久的艺术生命力；其二是他在每个时期的作品，几乎都因其接触的社会或文艺问题的尖锐性而产生种种争议，对当时和以后都产生重大影响，这影响也就是一种艺术生命力。因为照我看来，创新往往受争议，越争议越有生命力。欧阳老的可敬可贵，就在于他始终直面接连不断的争议，并在争议中既吸取好的意见修正或充实自己，又不是像某些“风派”作家那样，以“风向”的变幻左右摇摆，而是始终坚持自己的理想和正确的信念去工作和创作，即使被讥之“固执”、“僵化”，他也等闲视之。我想，他这种坚持信念的韧性精神，是尤其值得我们学习的。

这使我想起著名大学者梁启超的《自勉》诗：“献身甘作万矢的，著论求为百世师。誓起民权移旧俗，更研哲理牖新知。十年以后当思我，举世犹狂欲语谁？世界无穷愿无尽，海天寥廓立多时。”当然，欧阳山与梁启超是不同时代人物，理想观念各异，但两人“献身甘作万矢的”的精神和气魄，我想是相通的，所以录之，以表自勉效学之志，并表对欧阳山师的永远怀念。

（注：本文是在广东省委宣传部、省文联于2008年12月22日举行的“永远的丰碑——纪念欧阳山诞辰百年作品研讨会”上作了即席发言之后写出来的。）

2009年1月9日

# 坚毅一生，工业史诗

——“百年草明”感言

2013年6月15日，是中国现当代文学史上有重要地位的著名女作家草明先生百岁冥寿。继中国作家协会当日在北京隆重举行纪念座会之后，现在草明的故乡——广东顺德市再举行“百年草明”纪念座谈会，是广东文学界、文化界的一件很有意义的盛事，我们应当为广东有这样的优秀儿女而骄傲，应当传承弘扬她的革命道路和创作精神。

1986年夏天，我受欧阳山的嘱咐，为撰写《欧阳山评传》搜资料，专程赴京拜访草明，她在书房盛情接待了我，详谈了许多相关的事情。仅这次有幸的一面之缘，使我印象很深，帮助甚大。因为我在大学从事的教学研究专业是中国现当代文学，专业要求不仅了解欧阳山，还要了解她。所以，这次晤谈，给我印象反差甚大，因为原来读她的著作都是工业题材，是“工业”小说，万没想到眼前的草明却是纤弱女子，温文尔雅，长者风度。从此，草明即以“柔中有刚”的前辈形象进入我的研究视野，直至现在数十年过去，不仅仍然如此，而且更清晰、更深刻了。在“百年草明”座谈之际，我感刻对草明的人生道路和文学道路可以概括为：坚毅一生、工业史诗。

## 一、坚毅一生

首先，草明的一生，是革命的一生，坚毅的一生。她原名吴绚文，1913年6月15日出生于广东顺德，2002年逝世，享年89岁。1940年在周恩来亲自关怀下参加中国共产党。1932年开始发表作品，在广州与欧阳山一道倡导“粤语文学”运动，加入中国左翼作家同盟，历任左联小说研究组成员，左联机关杂志《现实文学》创办人之一，在个“两个口号”论争中站在鲁迅一边，曾被捕，鲁迅亲自救她出狱；抗日战争时期任《救亡日报》记者，后到延安，任中央研究院文艺研究室特别研究员，曾参加延安文艺座谈会，并在会前与毛泽东多次交谈，会后奔赴抗战前线；解放战争时期在东北工业战线深入生活，任东北文协、东三省作协分会副主席，辽宁作协主席；建国后调任北京市作协专业作家，先后到鞍山钢铁厂和北京工厂深入生活，与工人打成一片，写出大量优秀作品；文化大革命期间受到“四人帮”迫害，被迫停笔；“文革”后重新提笔创作，笔耕不辍，直至逝世。1987年获五一劳动奖章、全国优秀作家称号。这是当时我国唯一获此殊荣的作家。从她经历可见，她的一生是革命的一生，坚毅的一生。

草明的坚毅一生，尤为独特地表现在：她自在延安与欧阳山因感情破裂离婚之后，从当时31岁到89岁逝世，一直未婚，达58年之久。在这漫长的岁月，她始终独身生活，埋头工作，抚养孩子成人，可想而知，在一位纤弱多病的女子来说，需要多大多强的毅力，这不就是最突出的坚毅一生体现吗？毛泽东在延安知道她离婚后，说她感情更纯粹了，并亲自解决她的家庭困难，使她轻装上前线；建国后见她时，曾询问她为何姓“草”？她解释说：开始是共产主义思想“萌芽”，故将“萌”字分开为“草明”；同时也有白居易诗“离离原上草，一岁一枯荣；野火烧不尽，春风吹又生”之意。从草明这段对名字的解释，亦可见她自步入文坛开始，即怀有“原上草”般的顽强坚毅之志。另一方面，从我作为文坛后辈和研究者的身份来说，虽然早知道草明与欧阳山在延安离婚之事，但在他们面前总是讳言莫深的，以免尴尬。但没料到的是，当欧阳山嘱我写《评传》并开列到京搜集资料名单的时候，毫不犹豫地写上草明，并提供联系方式。更出意料的是，我在京与草明晤谈时，她不仅对欧阳山毫无怨言，而是赞颂有加；在谈到上海左联时期，她特别动感情地讲述欧阳山在她被捕时四处奔走营救的往事，是鲁迅预支稿费给欧阳山才得取保出狱；谈到在延安时期，她特别详细地介绍了欧阳山同她一道多次晋见毛泽东的情景；在结束晤谈时，她特别郑重地、带总结性地肯定：欧阳山和他的创作、尤其是多卷长篇巨著《三家巷》在中国革命文学史上有重要地位的。但对她自己的贡献却只字不提。这件事，使我更深地认识到她的坚毅品格，更深地赞服这位坚毅女性的宽容大度！

## 二、工业史诗

草明的一生，是笔耕的一生，文学的一生，而她从事的文学活动，主要是写工业题材的小说。这些小说的先后写作和出版时间次序，可构成系列，即构成了她以坚韧不拔的精神坚持革命文学道路的全过程，可称之为草明文学人生的工业史诗；这些小说所写的工业题材，都是从20世纪20年代直至70年代中国现代工业和工人生活的剪影或缩影，所以，草明的工业题材小说系列也即是中国的现代工业史诗。其史诗意义，体现于她在每个时期的代表作中。

**（一）《缫丝女工失身记》(中篇小说)，1932年自印**

《缫丝女工失身记》是描写缫丝女工的苦难生活和对命运的反抗乡的小说。1932牢在欧阳山倡导“粤语运动”中，她写出了这部约五万字的中篇小说，连同欧阳山的《单眼虎》一并出版。草明的家乡顺德，清朝时是机器缫丝的发祥地，有许多缫丝工厂，是中国现代工业文明发祥地之一。草明这部小说，既是她的处女作，又是她一生谱写工业史诗的序曲。

1982 年黄伟宗到京访作家草明在其家中合影

**（二）《原动力》(中篇小说)，哈尔滨东北书店1948年出版**

《原动力》是新中国第一部以工人阶级斗争生活为题材的作品。小说描写东北玉带湖水电厂在抗日战争和解放战争中，先后在受到两次破坏而进行的斗争中取得胜利的故事，以陈祖庭为代表的工人阶级，英勇而智慧地保护了工厂和机器，帮助了新来的干部，粉碎了土匪的阴谋，电厂终于发出强大的电力。水电站的原动力是水，而作者所歌颂的原动力则是工人阶级。

**（三）《火车头》(长篇小说)，工人出版社1950年出版**

《火车头》写的是全国解放前夕，沈阳铁路工厂为支援关内仍在进行的解放战争而抢修火车头的故事，热烈歌颂工人阶级的劳动创造和现代工业文明，是新中国和新时代的“火车头”；将工人阶级的革命性和代表现代工业文明的先进性，以及在共产党领导下发挥先锋作用的时代精神，都寓于“火车头”的主题中。

**（四）《乘风破浪》(长篇小说)，作家出版社1959年出版**

《乘风破浪》是以鞍山钢铁厂在1958年“大跃进”的作品。小说通过方晓红、宋紫峰、李少祥等主要人物之间的纠葛，反映了在“鞍钢宪法”诞生前，对“两参一改三结合”方针的探索过程，热烈歌颂了工人阶级和跃进时代的“乘风破浪”精神。

**（五）《神州儿女》(长篇小说)，工人出版社1984年出版**

《神州儿女》是以“文革”前后、特别是“文革”时期北京机床厂为背景的作品，深刻地揭露了造反派和“四人帮”在企业的爪牙的罪行，尤其是对工业管理和生产制度、即对一般的工业现代性的全面破坏，对知识分子、技术专家、技术工人和革命干部的迫害，对工业生产的破坏；热烈歌颂了代表正确路线的工人、干部的斗争精神和高风亮节，淋漓尽致地表现了他们在激烈的政治斗争中，努力坚持生产、研制新产品并维护规章制度和秩序，并在“文革”结束和“四人帮”倒台后重建工业秩序，英勇无畏地向实现工业现代化进军的英雄气概，他们才是伟大的“神州儿女”。

除以上五部代表作外，草明写工业题材的短篇小说和散文特写还很多，工业题材创作占她一生创作的绝大部分，无论从她从事工业题材创作的总体数量或从事历程时间的长短而言，她都是全国首屈一指的工业题材作家。虽然她的作品有着明显的“主题先行”和所肯定的事物前后矛盾的现象，但都是时代局限性所致，也正因为如此，这些作品才实实在在地反映了各个时代的历史真实，并且在总体上从正反两方面反映了中国现代工业文明和工业现代化的曲折坎坷历程；同时，她在全部作品中，始终如一地以工业现代化为主题，始终如一地以极大热情歌颂中国工人阶级的崇高品质和革命创造精神，这就是中国现代工业发展最根本的历史真实和主旋律。所以，草明的工业题材作品，是当之无愧的中国现代工业史诗。

（本文是作者2013年12月27日在广东顺德博物馆举行的“草明百年诞辰纪念座谈会”上的发言。）

# 六、传记篇

# 魁星楼记

早在1998年底，我的家乡（广西贺州市贺街镇）一座历史悠久、建造独特的宝塔式建筑——魁星楼，由群众自发集资、重建落成了。乡亲父老委托我的兄长振宗、德宗和弟弟黄进，嘱我写篇楼记。

始建魁星楼的确切时间，难以查考。据现有史料，可能是明太祖朱元璋时（1377年）的建筑。现在的贺州原名贺县，自汉武帝元鼎六年（公元前111年）统一岭南时已设县治，当时名为临贺县，因临水与贺江（又名封江，即封川）交汇之地而取名，但过去县治变化甚多，从汉以后的三国、两晋、隋唐、宋元各代，均有所变迁。贺县县名和县治定为贺街，则于此时开始，此后直至20世纪50年代初，凡六百年不变。可想而知，贺街在确定为县治之前，已是人口相当聚集、经济文化相当发达之地；当定为县治之后，在建筑城池和衙署的同时，以县治规格进行规划建设，作为原在河西城内的文庙、学宫和文笔塔的配套或对应，而在贺江对岸的河东建一座魁星楼，作为原在河西城门出口过桥后的要塞孔道，是顺理成章的；从其艺术风格和具有风雨亭楼功能来看，也具有明代建筑特点。可见魁星楼起码有六百多年的历史了。但据《贺县志》记载，则魁星楼建于清乾隆五年（1740年）春。当然，这一说自然也是有道理的，有史料依据的。

其实，我的看法不仅有史料依据，而且有中华民族传统文化的深广依据。数十年来我的足迹到过不下百个有较长历史的县城或府治，无不有与我家乡贺街相似的以衙署为中心而又有各种对应性（或对称性）的配套建筑，虽不及北京或南京等故都城池那样蔚为大观、庄严气派，却大都井然有序，自成格局。这是长期封建社会集权而又是封闭型的文化体现，也即是中华民族传统文化长期积淀的一种表现形式。但这只是民族文化特征的一个表现方面，即强化中心的意识和严谨的思维与行为方式，可见魁星楼是有代表性、象征性的。

然而，魁星楼使我尤有兴趣的是它的建造格局形状及其内含的文化意蕴。它位于群山环抱的贺街镇中心，屹立于贺江东岸，贺江西岸则是贺县旧城。蜿蜒的贺江沿城边流过，恰似古代弓箭的一把弓；从河西城门码头，跨过河东水面的浮桥，像是正在弦上的一支箭杆；而对接桥头的魁星楼，恰似套在箭杆尖端的箭头。魁星楼的形状，也正如古代弓箭的箭头那样：上下两层，底宽顶窄，全用灰麻石柱砌成；屋檐和塔顶，均镶嵌深绿色的琉璃瓦，阳光射照闪闪亮光，与锋利的箭头无异。跨过江面的浮桥，数十条船艇伸出桥面两边，好似只只鸿雁舒展两翼，排列成行地冲向云霄。从童年时代起，我每天都要到河西去上学。每当放学的时候，与同学成群结队地穿过魁星楼、跨过贺江桥，常常有像鸿雁列队齐飞的感觉，又有像是乘坐着箭矢似的飞艇，在无边无际的知识海洋上奋飞的联想。现在看来，不知设计和建造魁星楼的先贤们是无心还是有意，其所寓的有似弓箭的进攻、奋进的文化观念和意识是显而易见的。据我所知，魁星楼和以魁星楼为中心的建设格局，在旧县城建设中少见，贺街县城独有其观，想这不仅是其城建特色，而且是贺州历史文化及其意识的特征所在吧？

魁星，是指北斗星之第一星或一至七星。魁星楼之取名，想是祭奉天上掌管文运的魁星神之意。我童年时，曾上楼见过魁星神的泥塑全身雕像：一位身材高瘦的老叟，双眼特大，炯炯有神，左手托着墨斗，右手提笔高举，做着正欲点批金榜姿势，神圣庄严，栩栩如生。贺街的古典建筑，以“文”为多、为主。除魁星楼外，尚有文庙，学宫、文笔塔；这些建筑又以各据东、南、西、北之座向而对称、对应。奇妙的是，贺州自古以来所出现的人才，也是以文人为多，为主。如：宋代写出《爱莲说》的著名理学家周敦颐出生于贺州，因十三次“上书”而名垂青史的宋代政论家林勋，清末民初的外交家、教育家于式枚，著名女书法家、郭沫若的夫人于立群，也都是贺州人。据贺县教育志载：贺县在封建时代的历史上，有进士14人，举人140人，生员总数在数千至一万之间。从民国至现在共和国时代，大学毕业以上和堪称人才者，更是不可胜数，仅1995年出版的《贺州当代人才谱》的入编者也有一千多人。我想，魁星楼的建造和对魁星的崇拜，本就是崇文敬贤的传统文化精神的体现与弘扬，贺州的文才辈出，不正是这种精神代代相承，有如江河长流的最好体现吗？

魁星楼还是贺街过去的交通枢纽、商业中心、风景中心和时事信息中心。贺江两岸，由它而贯东西；贺江航运，由它而靠码头；菜市圩集，各业百货，均分列它之两翼；街市马路，伸延数里，车水马龙，人流涌涌，日夜不息。20世纪50年代后，交通改道，市场转移，但它作为贺街风景的枢纽地位仍然未变；巍巍瑞云山和山腹中的古景沸水寺，在它的南端，像一顶美女碧玉花冠似的浮山，在它的北面；具有悠久历史并有传奇色彩的桂花井，以及文庙、文笔塔，在它的西边对应；具有浓郁地方风情的观音阁，则是它的东邻。由于魁星楼的自然景观和人文景观都具有中心的位置，使它又自然成为时事信息的传送纽带，各种布告、广告和报刊，大都在其楼底孔道和四周张贴，各种宣传讲演或表演，也大都在此举行。抗日战争时候，敌机轰炸频繁，为向群众发出警报，当局特在魁星楼顶竖起旗杆，以悬挂红色灯笼为号，并挂上大铁钟击鸣报警。处于战争状态的人们，无不日夜注视着魁星楼传出的信息。也许正是由于它的重要作用吧，20世纪40年代初，日寇曾两度以它为目标轰炸，各投弹一枚，造成其左右屋塌人亡，而魁星楼离弹着点近在百尺，却安然无恙，岿然不动。当时我尚在孩提之年，亲受其境，迄今仍然记得当时人们莫不对此惶惑不已，倍增对魁星楼的神往和尊敬。现在想来，这也是我国民族传统的中心文化意识的一种体现吧？

魁星楼使我感慨最深的，是它经数百年沧桑，尤其是在烽火的抗日战争中两度轰炸而未毁，却偏偏毁在“史无前例”的“文化大革命”中。耐人寻味的是，外国的敌人、残酷的战争、现代的武器，都未能将它摧毁，而“革命的红卫兵”、“在无产阶级专政条件下继续革命”的年代里，竟轻而易举地用“触及灵魂”的手段将其拆毁了！应当说，这是当年全中国多如牛毛的事例之一，也正如鲁迅在《再论雷峰塔的倒掉》中说的：“人数既多，创伤自然极大，而倒败之后，却难于知道加害的究竟是谁。正如雷峰塔倒塌以后，我们单知道由于乡下人的迷信。”显然，魁星楼被拆毁的原因是由于另一种迷信。可喜的是这种迷信所造成的十年悲剧早在1976年结束了，经二十年的改革开放，魁星楼得以重建，固然是国泰民安、民富国强的一个小小的标志，但更重要的，我想是它原所寓有的文化意蕴和传统精神的恢复与弘扬。所以，值得为它写篇楼记。

附录：《重建魁星楼记》碑文：“天下有文化传统之地，必有历史悠久之古典建筑；有远见卓识之士，方能格外重视凝现文化特征之圣地。今值进入文化时代，经济文化交往频繁，旅游鼎盛，人们物质和精神需求与日俱增。贺街乡人梁雨贵等率先集资，搜求魁星楼之历史资料，按其原有格局，方位及气势，重建具深厚历史价值及文化意义之名楼，诚甚有文化卓识之盛事。”

有史料称原魁星楼建于清乾隆五年（1740年）。贺州设县早于汉武帝元鼎六年（公元前111年）统一岭南之时。因位于临水与贺江交汇处，原取名临贺县。贺县之县名和县治定位于贺街，系在明太祖洪武十年（1377年）。作为学宫及文笔塔对应之魁星楼，至今已经受二百五十多年的历史沧桑。

魁星楼位于贺街交通枢纽之地。昔日，贺江两岸、由此而贯东西；贺江航运、由此而靠码头。菜市圩集，各业百货，分列两翼；政府文告、工商信息、张贴于此。抗日战争时期，日寇轰炸频繁，当局于楼之顶层悬钟树竿，作鸣钟挂球向市民报警之需。敌机曾两度以之为目标，近在百尺内各投弹一枚，而此楼却安然无恙。然在20世纪60年代“文化大革命”中，它被蒙受“四旧”罪名而无端被毁，历史名楼荡然无存，令人痛惜浩叹！

魁星楼还是贺州文化历史和文化意识特征的凝现和标志。自古以来，贺州历代人才宛若星河，精英辈出、群星继起、皆为世用，无不具有这种贺州文化传统和精神特征。为瑞云献彩，萌渚流辉。重建魁星楼，正是继承弘扬这种传统和精神的象征，也是对今后涌现更多、更大、更亮的“魁星”的昭示和企盼。

1999年7月1日

# 浮山记

浮山是我家乡——广西贺州市贺街镇的一个著名风景点。它位于贺街镇的东南，有公路直接到达，但不能直达其境，必须撑渡过江，才能登临其山。

所谓浮山，它实际是在临江与贺江交汇处，矗立着的一座小山岛，因两江交汇处江面宽阔，排水甚快，所以，连年洪水都不能将它淹没。人们甚感奇怪，以为它会随水浮起，故得名浮山。古称此山为玉印，是言其形状像人们常用的印把子之意。我看称其为一顶碧翠的玉冠较为确切。它的总体略呈长方形状，岛上的寺庙与岛下岩石大致齐平，但岛四周的苍翠老树，在岛的上方四面横向伸展，树上的簇簇绿叶红花，极似古时美女所戴玉冠的绒球；岛上寺庙的灰墙绿瓦，在簇簇绿叶红花覆盖下，若隐若现，恰似王冠的冠顶；琉璃瓦在阳光射照之下，金光闪闪，正如王冠所款珠宝的金辉银芒；阵阵清风，轻摇簇簇绿叶红花，宛若玉冠绒球轻盈晃舞，似乎所戴玉冠的美女在岛下潺潺流水所奏出的音乐声中，徐徐曼舞，一派秀丽温柔的情态。

然而当撑渡船过江向岛进发和登上山岛时，即会发现浮山的另一面神韵，这就是清廉刚毅。舟至河中，头顶一片蓝天，两岸青山连连，舟边绿水漪漪，真是天山流水青一色；奇妙的是在两江交汇的水面上，有条清晰的交界线，临江一边水浅绿，贺江一边水碧绿，江河之水交汇后一体直流，但这条交界水线却始终保持着，真是泾渭分明，巧夺天工，清廉的自然形态莫不使人有自愧不如之感！著名北伐将领、广西民主人士李济深在1944年7月抗日战争危急关头，曾游此地，写有《题浮山诗》：“临江江水去悠悠，却有浮山水上留。纵历洪涛千万劫，依然砥柱障中流。”并题有“浮山”两字，刻于临岸的山口江亭的外壁上，十分醒目，其下壁还刻有清代一位十三岁灵童所题的“中流砥柱”四字，刚劲有力，气势恢宏，使人回味渡河时在两河交汇的争流中，整座浮山所起的中流砥柱作用，可谓形气并切；当登山时，对此体会更深；石阶穿越悬岸陡壁而上，一路嶙峋怪石，曲折崎岖，似有阵阵正骨之气，在整座山岛盘绕；石阶曲曲弯弯，盘桓而上，至山巅有百级以上，非有刚劲毅力，难以登攀！

在山顶的陈王祠前，凭栏眺望，眼界开阔，心旷神怡，顿觉浮山又有山水连天之神韵；连绵起伏的两岸青山；使浮山又似巨人敞开胸怀，伸出双臂，拥抱着两条江水滚滚来，又双手合拢于一江，主使着山水之合分，主宰着大地之浮沉。此情此景，此气此势，若以我国古代著名山水学家徐霞客所言“以身许之山水”而视之，则又有人也莫如之感慨，试问从古至今，能主宰天地沉浮者有几人？在这些人中少年即有“谁主沉浮”之志的人有如此胸怀乎？

浮山是贺街八景之一，自古有历代文人墨客吟咏。可惜山岛上留下诗文石刻甚少。我童年时代曾在父亲的床头发现过一册浮山诗词，读之似懂非懂，只觉写得甚美，情不自禁地仿做几首，至今已记不清了。只记得童年时代能到浮山玩耍，视若天大乐事，读小学时，学校有项活动叫“远足”，是到野外活动的意思，所去地点也多是去浮山。真是百去不厌，因为到这景点，可爬山，可游水，可划艇，可赛跑，看风景，搞野餐，各种山、水、地之嬉戏和运动，都是最合适的场所，可见浮山又是儿童的乐园。最妙的是每年三月的浮山歌节，又谓之陈王祠诞，四乡男女乡亲父老，纷纷前来聚会，敬神拜佛，放烟花，演小戏，搞对歌，庆丰收，迎春耕，求风雨，兆吉祥。此时的浮山已是涛声滚滚，歌声如潮，人声鼎沸的欢乐海洋，可见浮山又有活似万马奔腾的神韵。

在浮山附近有个风景叫龙回头，是一条似龙的小山脉，沿着贺江而下，其山头突在贺江之中截止，使这里水流特急，而伸出的山头正好似龙之头回转之状，故取名龙回头。这龙头的转向正好对着浮山，形成了龙欲抢珠，龙若恋珠的景观，也是浮山的一道风景线，显出了浮山又有如似龙珠之神韵。正因为如此，历代的贺州人每思故乡，都会思及浮山和龙回头。浮山是贺州人心中的龙珠，而人们思念故乡之情正就是龙回头之情，可见浮山有甚深的文化寻根底蕴。

# 贺江风情

“美不美，乡中水，亲不亲，故乡人。”

这是中国老百姓妇孺皆知的俗话。这俗话，简单明了地道出了中国传统文化意识，浅白而深刻地阐明了中国式的水文化理论。与这俗话异曲同工的著名词语尚有“饮水思源”“滴水之恩，涌泉以报”“饮水不忘掘井人”“一方水土一方人”“落叶归根”“水涨船高”……说明了中国传统的水文化理论的丰富，也说明了中国水文化理论由来已久、源远流长，并不比西方的水文化理论迟，也不比它们的理论少。

## 祖源

我出生在广西贺州市贺街镇河东街，自幼喝家乡的贺江水长大，十六岁时志愿参加中国人民解放军，离开家乡后一直在外地工作，迄今已超过半个世纪，比我在家乡生活的时间长好几倍，但奇怪的是在我脑海里，留下最深印象的人仍是故乡的人，留下最深印象的事还是家乡的事，怀有最深的感情仍然是故乡的情。最奇怪的是迄今我进行思维活动（即写作时的内心语言，阅读时的内心语言，思考问题时的心理语言）的语言，仍然是我家乡的贺街话，只是在同广州的家人交谈时，从心理活动到用语都是用广州话，在讲课或开会发言时的心理活动和用语却又是普通话。这种现象不是我个人才有的，我曾向许多来自各地的或各种层次、不同年龄的人了解，也都有这种现象。因此，我想这恐怕是一种带普遍性的文化现象，是中国传统的水文化理论或意识具体体现之一。唐代诗人贺知章的《回乡偶书》“少小离家老大回，乡音无改鬓毛衰。儿童相见不相识，笑问客从何处来。”写的就是这种现象。

哺育我成长的贺江，属中国第三大河——珠江水系，是西江的一条支流，但它的历史是古老的，是珠江水系中具有最悠久最辉煌的文明史的河流之一。贺江在秦汉时代，本名封川，又称封江、封水，其流域的地带（即封江流域中部）地区，是秦汉时岭南经济最繁荣、人口最多的地方之一。正因为如此，秦始皇在桂林附近开凿灵渠，使湘江水与桂江水相连，也即是使长江与珠江水相连，沟通封江，密切中原与这一地带的关系。汉武帝统一岭南时，特地在这地带的中心广信（即今封开与梧州部分地方）设置统辖岭南的最高首府——交趾部，使中原文化与岭南文化在此交汇结合，开始了岭南文化崛起时代，成为岭南文化古都之一。可见贺江的文化传统是源远流长，灿烂辉煌的。

有趣的是我家祖辈，也即是我的祖籍，是广东肇庆市鼎湖区广利镇，正与广西贺州市属一江水，只不过贺州是上游、是支流，肇庆是下游，是主干流。如果说，从贺州到封开一带是秦汉进西江文化中心之一，那么，这个中心在明清时代则转移到肇庆了。我的祖辈在这明清文化中心成长，而后又到广西贺州受到秦汉文化传统的熏陶，可谓寓中国古代文化和近代文化于一身，也因此可见我的家庭文化底蕴，是深厚而丰富的。

从水文化的意识出发，我试图以贺江风情为总题，通过我所能忆及的童年和少年时代在家乡的经历，特别是一些丰富多彩的风土人情，从中管窥珠江文化的特质和丰富多彩的内涵。自然，首先是对西江的源流之一的贺江文化进行探究，以求对这自古本是繁华、而中道衰落的地带的自然资源与文化资源的开发有所促进和帮助。

## 开蒙

我的家庭，可以说是一个称得上书香门第的世家，从我父亲和长兄的叙说中，我知道从太祖父辈开始，至排列到我这一辈为五代，几乎每代都是读书人，太祖父和他的弟弟，都曾得过功名，做过小官，曾祖父和祖父两代，则在读书后做中医，并设中药店。他们都极其重视读书，想方设法让我父亲和他的三兄弟都进学堂读书。我父亲还一直读到广州的南越大学国文系，可惜在将近毕业时，祖父病逝，父亲只得回来继承家业，不能从文，只能从医。正因为父亲不能实现从文的志愿，便将希望寄托在他的弟弟和我们下一代身上，于是，父亲在从医之余，在家族开设了家塾，亲自执教，自定教材，以讲授《古文评注》为主，兼授唐诗、宋词以及袁枚、曾国藩、梁启超等的文章，特别注重背诵，要做到朗朗上口、滚瓜烂熟、进入情境的地步。

这种家塾教育，对于我的叔姑和哥姐们来说，是一种学校教育之外的补充加料式的教育，对我来说则可谓学前的启蒙教育，因为我当时年纪尚小，未入学，只能算是“旁听生”。应当说，我之所以走上文学道路，走上教育和学者的道路，同我的家族和家塾的传统学风及其环境的熏陶是密切相关的，可以说是我的文化意识之源，是我的文学启蒙，是我后来走上文学道路并一直走了数十年的源头，由此使我想到我乡下有句俗话：“人看从小，马看蹄爪。”过去理解这话的意思是指是否天才或有无成就，在童年时即可看出之意，其实是不正确或不准确的，但如果理解为童年所受的环境影响，受到素质教育、作为成长后的文化源流之源头，则是有道理的。

由此使我想到家乡给每位儿童开始上小学读书时所举行的“开蒙”，即启蒙，顾名思义，想来是要由此使茅塞顿开、告别愚昧、开始进入知识境界之意。所以，这仪式是请家乡最有知识的人为启蒙老师，在孔夫子像前叩拜后，跟老师朗读一段古文，随后自己背诵，背熟后，老师才在我的额上划一个红笔圈，表示开蒙完毕，开了茅塞，进入新的求知境界。

为何我称开始读书为进入求学境界呢？因为我们兄弟姐妹住宿的房子，又是读书的房子，本来是父亲的书房，取名为“养真轩”。其中有个笔筒（即插笔用的瓷器）上有题字云：“读书之乐乐陶陶，共赏明月比天高。”每天对着这句格言，都似乎在品味读书的乐趣和高尚。尤其是父亲给我的学前教育，是背诵古典诗词和古文（据母亲说，我四岁即能背诵朱子的《治家格言》全文，“黎明即起，洒扫庭除”，朗朗上口，滚瓜烂熟，到处表演，备受称赞），使我更感受到读书的乐趣。如果说，在我人生道路数十年始终都有读书的嗜好，以至弄得没有业余爱好的偏颇，恐怕这也是与自幼爱好读书的源头有关的。有趣的是，我特别喜欢背诵优美的诗词散文，对其中的语言节奏兴趣特浓，也许是受陶渊明的“好读书，不求甚解，每有会意，便欣然忘食”的影响吧，童年时不懂的诗文，只要朗朗上口即能背熟；成长时对每有会意的诗文，不能背诵也会永远铭记其意境。我想这也是一种环境教育和素质教育的源头所致吧。

我的出生地——广西贺州贺街镇，是自秦始皇时代即设县治——临贺县（后易名贺县）的县城，地处贺江中游，是临江与贺江之汇合地，又是广西与湖南、广东的交界地，是桂东政治经济文化中心，是几种方言的交汇地区，有桂林话、湖南话、粤语、客家话、本地贺街话和寨话。通行的贺街话以桂林话为基调，加上一些桂林话与粤语合并成的词，如“你去哪嘟”的“嘟”字，是借粤语“边度”词而来；“你吃饭嘣”的“嘣”字，是“不曾”两字音之合并。这种兼容性的语言现象，既说明了贺街是多种方言交汇区，同时又是多地多族经济文化交汇区，而且说明了我出生和生长的社会环境和自然环境所给予我的文化熏陶，也是兼容性的。由此可以说，我的文化意识源头，正就是我国传统文化基本特色之一的兼容文化。

由于贺县是三省交界和多种语言交汇区，这里的流行戏剧、音乐、美术和其他各种民间艺术，也是多种多样的，有桂剧、粤剧、京剧、湘剧、彩调、渔鼓、粤曲，以及舞狮、舞龙、飘色、彩灯、剪纸等等。在我住的河东街街头，有个地方叫粤东会馆，是旅居贺街的广东人集资建造的，既是奉拜佛祖的教堂，又是贺街文娱活动的剧场，离我家不远。我经常同孩子们去看戏。没钱买票就用各种办法混进去；如见到单身进场的大人，即冒充他的小孩，跟着进去；有时爬墙进去；有时则去看“戏尾”，即在接近散场时门卫走开，无票者即可进场看戏的结局。这种看戏方式比购票进场更有乐趣，因有一种凭机智和幸运所得的胜利感；而这种辛苦得来的艺术享受和教育更能进入脑际，所得更深更多。所以，小孩都由此学会一些戏剧唱段，无师自通，经常哼哼唱唱，高兴时更是得意忘形。至今我还记得我弟弟才两三岁时，看了桂剧《杨家将》，在大年初一早晨，尚未起床即高声唱："我大哥长枪把命丧，我二哥短剑身亡，我三哥……"如此不吉利的唱词，一下就被母亲喝断了，我们兄弟姐妹听了都哈哈大笑。我也有过类似的遭遇。后来我走上文艺道路，我想与幼年时所受的艺术熏陶是分不开的。我想许多人都有如此的经历和体会。

20世纪40年代的贺县，是抗日战争时期的小后方，日本帝国主义先后占领了贺县周围的地区，北向的桂林，西向的柳州，东向的韶关，南向的梧州、广州，均先后遭日寇的蹂躏，各地的难民纷纷逃难至此，造成了战火烽烟中的短暂繁荣，大批的著名文化人也先后踏来，先进的文化和时代的新时尚也迅速地涌进了这个小小的山城。这种时代的战争环境和文化环境，对我来说也具有开蒙的意义，首先是开始懂得国家民族的存亡兴衰"匹夫有责"这句话的意思，第一次学唱的新歌是《义勇军进行曲》，每唱《大刀进行曲》中开头"大刀向鬼子们的头上砍去"就特别兴奋，过瘾！算是有了爱国仇敌思想的启蒙。

其次，就是对新文艺的启蒙。最早接触的是留声机，开始见到一个四方箱子里有转动的唱盘和唱片，音乐从伸出的喇叭口中发出，唱的竟是人唱的歌曲和戏曲，实在奇怪而纳闷，总以为是有个像孙悟空那样会变的人，躲在里面唱出来的，从留声机听到的第一首歌曲是粤曲《步步高》。其次接触到的是无声电影，记得第一次是在一个用竹布搭成的大帐篷里看影片《女镖师》，这个女豪杰用匕首似的铳镖扶危济贫，武艺高强，百战百胜，十分过瘾。不久即看到一个用粤语配音的电影《乾隆皇游江南》，迄今仍记得其中一段细节：一位餐馆老板为迎接乾隆，做梦也学讲普通话："你来了吗？请坐，请坐。"影片中映出老板学讲这话时，正好小偷进屋，听见这招呼声，以为老板是醒着的故作欢迎姿态，便逃之夭夭。接着映出一只大老鼠从洞中走出，听到老板又学讲欢送的普通话："你去了吗？不送，不送。"老鼠也以为是人在醒着，便夹着尾巴溜了。此外，少年时还看过粤剧现代戏（当时叫时装文明戏）和话剧。话剧主要是贺县中学的学生演出。我第一次看的话剧是《放下你的鞭子》，是抗日的街头剧。我的姐姐在贺县中学时是学校著名话剧演员和诗作者，我小时看过她演《茶花女》，读过她写的新诗《无题》。这些至今仍留脑际的事，说明这些现代新文艺对我的影响甚深，也说明新文艺对启发和奠定我的想象力和艺术感应力所起到的基础作用。

## 观音阁

1942年秋季，我正式进入初级小学读书，当时叫上学堂。所读学校名叫进贤街小学，离我家不远。进贤街实际是条小巷，巷虽小而名气大，是当时贺街名门望族聚居之地，故谓之“进贤”，主要是严、钟、李三姓之家，都在晚清时代考得功名，做过官，是地主乡绅，但都在他们的“第三代”时，先后破落了，原因是这代子弟都在赌场中失去了祖业，坐吃山空。但正如《红楼梦》中刘姥姥说的那样：“瘦死的骆驼比马。”也正如俗话所说“烂船也有三斤钉”，故在20世纪40年代初仍能维持“太史第”之类牌匾之尊严，对平民百姓和莘莘学子仍具有影响力。这也可见鲁迅在《阿Q正传》中写“我祖宗比你阔多啦”的阿Q精神，以及孔乙己穷得做贼仍要穿长衫的遗风的普遍性和持久性。

进贤街小学原是祭祀观音菩萨的庙堂，故名观音阁。我入学的时候已经没有了观音的神像，全是课室，只有几个班级，规模不大。将庙堂改办学堂，是辛亥革命后、主要是三十年代的全国性普遍现象，求神拜佛变为兴教育，将私塾改办学校，实是社会的一大进步。学校学的课程，已不是读“四书”“五经”等古文，而是《国文》《算术》。《国文》主要是学白话文，认字、写字，用毛笔描红字帖；记得第一篇课文是：“来，来，来，大家来上学”；第一幅描红的字帖是：“上大人孔乙己化三千七十四”。练习簿用的纸都是箱纸或玉扣纸，是土制纸，纸色稍黄，质薄易散墨，但易损。每周星期天放假，星期六有游戏课，因校园不大，没有球场，只可做做拔河、跳飞机、跳绳、捉迷藏这类游戏，高年班尚可打乒乓球。上课严肃认真，下课轻松活泼，颇有朝气。我一进学校即喜欢上校园生活，每天都是最早到校，上课认真，心情舒畅，比在家里轻松愉快得多。

学校是对旧学堂、旧私塾的改革，有现代文明气息，但也仍有旧的残余。例如，后来学校通行的学生向师长报告，当时仍称为“禀出”，是旧私塾之用语。尤其是仍有女孩子不能同男孩子一道读书的风气。与我双胞胎的妹妹当时是女扮男装同我一道上学的。其实扮的方法也简单，只留个小分头穿上男孩服即可，到高年级才改变过来，扮回女装，但男女不同一个课桌坐，老师安排必须同坐时，也是在课桌中间划一道粉笔线，好似象棋的楚河汉界，相互不许超越，以示“男女授受不亲”。再就是在作业批改上，老师仍采取私塾的做法，在认为好的优秀的字体或语句旁边，用红笔加圈加点。好的是加点（用毛笔写出的点像平日做菜的豆豉），优秀的加红圈（像小红鸡蛋），所以，学生都以得到点圈多少为荣，笑称为吃几多豆豉或红鸡蛋（如果是零分，则叫黑鸡蛋）。我看这还是可取的，尤其是对作文的语句批改和个别优秀字体的评价。最不可取的是当时尚残留有部分体罚，如：迟到要罚站，不及格要留堂，犯校规要扫厕所或禁闭。我从未受过这些处罚，但见有的同学受罚，虽有警戒作用，但也有几分怜惜同情。再就是在学生中有分帮派的现象，往往以家庭背景为界线，富人子弟逞威，穷人子弟受欺；有打架之风，强者为上，败者则拜下风，旧社会的阶级分野和弱受强欺的现象，同样在小学中存在；区区一个初级小学，也是旧社会封建文化的一个缩影或投影。

我在观音阁小学读书期间，学习成绩不算优异也不算差，算是中等水平。但已开始有学习偏颇现象，即重语文，轻算术，欠缺数学头脑，尤其是生活能力差，记得上学时还不会自己脱裤子小便（因为旧时的裤子无裤门，要解开裤带脱裤小便，而我又不会解带结和打带结），在家时由大人或我妹妹帮我，回学校就麻烦了，弄得经常是裤带本打活结上学，放学时则是带着死结回家。有一次放学时正下大雨，我和妹妹冒雨跑回家，在路上不慎掉进了路边的池塘，跌得脚青额肿，浑身湿透，坐在路边大哭，妹妹像大人似的哄我不要哭，将她最心爱用过的红蓝铅笔（当时是最新笔）送我，我才止哭。这件事使我印象极深，固然是妹妹在受难中相救的难忘深情，也在于早认识到自己生活无能之可笑，又可见自己生活无能由来已久。

## 表证校

我读高级小学的学校，是位于贺街的河西城郊的贺县表证校高小部。表证校即现在的中心小学，全县只有一所，是表率、样板之意，由县府教育局直接管辖，教师的素质颇高，大部分是大学生，是在抗日战争中避难回乡的本县人，有的是从外地来的逃难者。所以，给学校引进最新的现代文化，教学水平甚高，学习风气甚好，完全没有观音阁小学的封建残余。

在我现在的印象中，贺县表证校的建筑，颇有现代学校的气派；校园总体是四方形，三面墙都是两层楼的课室，围绕一座八角楼在校园中，上层是教师办公室会议室，下层是礼堂；此外尚有后座，则上音乐美术课和乒乓球室，后座门外是大操场，每天的升旗典礼和全校早操都在此举行，正门是三个连环尖顶造型，之前又有牌门，以苍劲的行书题上校名，甚有庄严的气势，又有上升的文化意味。可惜这座校舍，现已荡然无存，全变成菜地了。

贺县表证校是出人才的地方，用句俗话来说，这里的“风水”很好。河西自古以来是县府所在地，它在古城边上，古城墙成了运动场的跑道，学生赛跑都在此举行，过去驻军也常在此跑马。城墙边上有座文笔塔，是明清年代的建筑，至今尚存，这可是贺县“文星”的标志。附近尚有祭拜孔子的文庙，门前竖立着“路过官员在此下马”的碑，每次上学路过，都令我肃然起敬，深感孔夫子了不起。特别是附近有一口明代的水井，名叫桂花井，因井边植有桂花树，又因井水有桂花香味而得名，至今尚存。从读表证校时开始，几乎每天经过这口井，我都驻足端详：或将井水作为明镜，对井口看自己模样；或细细抚摸井沿道道深深的绳痕，想象历代劳苦大众在此打水的情景；或认真观看井台的历代碑文，追寻其中深古的文化底蕴；或者深情对井边的桂花树冥思，想象着在这井边有多少牛郎织女式的爱情故事……我记得在高小时作文作业，就写过一篇题桂花井的散文，在高小毕业前夕，曾经获得全县小学生作文一等奖，题目是《秋雨》，是写景的，其中好像也写到桂花井的朦胧雨景。后来我爱写散文，做作家，可能是同表证校和桂花井的哺育是有密切关联的。

记得我从高小时开始记日记，一直坚持到读贺县中学，以至在当兵和进大学时仍坚持写。后来在结婚时搬家，才全部销毁了，此后就不再做日记，幸好如此，否则“文革”时的遭遇会更惨。但我始终不忘做日记对提高写作水平的好处，日记不仅使人练熟了笔，写得通顺，而且有助提高观察事物的能力，增强艺术感受力，特别是加强记忆力。我现在尚能记起许多少年时代的往事，就是其明显作用的表现。这是我在表证校时一位名叫余自攻的校长规定的学习方法。迄今我仍记得他在我的日记作业中的批语，说“字是文人的衣冠”，要我注意学好写字，可惜我至今仍未学好。在这位校长和语文老师的启发教育下，我明确了将来做作家的想法，并动笔写小说，记得当时写小说主人公的名字叫“王杰雄”，设想他做了许多英雄行为，艰苦奋斗，可惜只写个开头，就未续写下去。这小说是我未完成的处女作，其实只有一个名字。我真正的未发表的处女作是一首写《牛》的诗，用的是鲁迅所说“吃的是草，挤出的是奶”之意，具体文字记不起来了。其实是仿作，是模仿我一位堂哥（炳宗）一首诗作而写的。

在表证校读书期间，是开眼界和打基础的时期，比观音阁小学的启蒙时期前进了一大步。在这里，不仅有《国文》《算术》课，还有《常识》《美术》《音乐》《体育》等课程，在这里，我懂得了有散文、论文、诗歌、小说、日记等文体，懂得了历史和关心时事，知道了有西洋画、国画、版画、水彩画，知道了高尔基、鲁迅等大文豪，知道了贝多芬、肖邦和中国的聂耳、冼星海等音乐家，还第一次受到过风琴伴奏学唱歌，学会《松花江上》《黄河大合唱》等抒情歌曲，前些年看电影《城南旧事》，情不自禁地哼起少年时代学会的歌曲：“长亭外，古道边，芳草碧连天……”回忆起在表证校的读书日子，更深地体会到“回忆的生活是甜蜜的”，也更体会到时代和环境对于每一个人的成长，尤其是少年时代的影响，是十分重要而巨大的；又可见我的故乡小学的校园的风情，既有传统性，又有时代性。

## 外婆桥

“摇摇摇，摇到外婆桥；
外婆叫我好宝宝，
问我爸妈好不好？
我说爸好妈也好。

外婆听了眯眯笑。”

这是贺江流行的儿歌，恐怕也是全国各地流行的，可能只个别句子不同，可见有普遍性。之所以有普遍性，我想是在于男尊女卑的社会里，出嫁的妇女往往得不到婆婆的恩宠，婆媳关系一般不那么好，这样就特别受到外家的同情，尤其是得到母亲的宠爱，这种爱，往往延续到外孙身上。所以，外孙对外婆又特别亲密，特有感情。贺街的家庭，大都如此，我家也是这样。

我母亲的家庭，不算富裕，也算是有点家产，是一个已经解体（分家）的大家族，堂兄弟各房，仍住在一个大庭院子里。庭院有三座连锁的厅房，有前果园和后果园，是典型的青砖大屋，宽敞大方，布局得体；正对门进有红漆屏门，平时关闭，只从两旁出入，盛典时则敞开，甚有威望。我的外祖父是什么身份我一直不清楚，在我出生前过世了。我妈只有一位亲哥哥，即我的大舅父，是贺街业余桂戏班的打鼓师傅，逢年过节，演出时他即是剧团班头，颇有威望。我妈的亲弟弟，即我的小舅父一直在国民党军队做通讯工作，是个校官，20世纪60年代在台湾过世。我妈妈在外家地位颇高，我的外祖母和舅父舅母们都听她的，她常回外家住宿，每每带着我们一群小孩子（我有八个兄弟姐妹）回外婆家去住，我们很高兴，因为有机会离开父亲的严格管束，外婆家的院子大，有果园，孩子又多，热闹得很，简直可以说，外婆家是我们童年时代的乐园，也是切身品尝贺江风俗的风情园。

最难忘的是外婆家果园有黄皮树和柚子树，在表证校读小学的时候，每当黄皮果熟的季节，我往往放学路过时，便顺路进到外婆家，串通表兄弟妹到果园摘黄皮果吃，将书包挂在树丫上，爬到树上，挑最熟最亮的一个个品尝，清鲜香甜，自在得很，比孙悟空偷吃仙桃、猪八戒偷吃人参果还痛快，似乎在以后，再也没有如此畅快地吃过如此新鲜的黄皮了。更妙的是中秋节前到外婆家果园偷吃柚子，这时的柚子是酸的，我们也无所谓，照样在树下边摘边吃，虽酸却鲜，先酸后甜，特有滋味。每年过年前的冬至节，我们都惯例到外婆家吃柚子，这时的柚子是甜的，虽然好吃，但总不如吃酸柚子那样够刺激。更妙的是冬至节特做的芥菜糍，这是用芥菜、猪肉、腊肉、虾米做馅，用糯米包裹而做的盐汤圆，鲜美极了，堪称稀世珍肴，同贺街镇特有的名菜——瓜花酿那样，是其他地方没有或做不出来的，我想是贺江水的水质特好的关系（因为水质好生产的芥菜特别清甜，南瓜花少毛可口，所用的水豆腐特别鲜嫩）。过年的时候，在外婆家不仅有大人给的利市（封包），吃各种菜式，还有种种为过年专制的果蒸，粉利、叶仔糍、年糕等食品。其中有两种也是贺街特有的：一种是用糯米粉包芝麻糖馅的汤圆，蒸熟后再用炒香的花生粉敷盖其面的糍巴，叫豆卜糍；一种是用粘米粉包的粉饺，内包猪肉和嫩笋合制的馅，清鲜爽脆，俗名叫水局糍，实际是粉蒸饺。这些贺江传统食品，使外婆家对我更有吸引力，也因此使我在出外几十年的回忆中，外婆家成了我思念故乡和思恋贺江风情的萌发点之一。

外婆家不仅使我饱尝贺街镇特有的饮食文化，还使我对贺江世态风俗画大开眼界。我亲见的最隆重盛典是结婚仪式，那是我童年时所见大表兄的婚礼。婚礼是从新郎去接新娘进屋正式开始。我和一群小孩在大门见到，花轿到时，锣鼓八音齐鸣，鸣放花炮，只见新郎头戴款上红花的黑礼帽，身穿青长袍黑马褂，轻轻地掀开轿帘，与陪娘各扶一边将新娘款款地从轿上扶下来。只见新娘穿着古戏上的贵妃装束，红底金边，满身珍珠闪闪，头戴凤冠，珍珠夹着只只小线球，悠悠荡荡；面罩一块红布，粉黛红装，欲露未露，宛若贵妃出巡，仙姑下凡。当新娘出轿后，即由另一女长者打伞，徐徐走进大门、二门，一路撒红纸花瓣，到厅堂后，先向祖先神位叩拜，后向父母行礼，再由夫妻互拜，然后进入洞房，由新郎揭开红布面巾，典礼算是完成。值得一提的是：在新婚的床上，撒有不少百合、花生，房里的厕桶也特地要我弟弟去先拉尿，以示百年和好、早生贵子之意。其他许多风俗仪式（如贺寿、出殡等）我都是在外婆家亲自参加过的。外婆家是我通向懂得社会知识和风情之“桥”。

我的外婆家是在贺江之西，即河西。我每天上表证校读书，每次去外婆家，都要走过横跨贺江的浮桥。浮桥由二三十只木艇乘着，在艇上等距离地铺上木板、扣上铁链构成。因是浮在水面，人走过桥会摇摇晃晃，我童年初走过桥时，害怕摇晃，弄得双脚直颤，要我哥哥扶着才敢过桥。后来走多了才习惯，也就不害怕了，甚至喜爱过桥了，因为它不仅好玩，而且想到是要过求学的表证校，是去知识和乐趣兼有的乐园——外婆家，欢喜雀跃，于是每当过贺江浮桥时，情不自禁地会唱起这首儿歌：“摇摇摇，摇到外婆桥……”

## 马骑田

从我出生到读完小学，我一直是在抗日战争的背景下度过的。可能是由于贺州地处三省（广西、广东、湖南）交界的缘故，日本鬼子的铁蹄已蹂躏贺州的四面（北至桂林、平乐，西至南宁、柳州，东至韶关、连州，南至梧州、广州），唯独未能踏进贺州地带。所以，我始终未见过日本鬼子，但受到日本鬼子的威胁和侵扰，却是不停的，是十分惊恐和痛苦的。

最直接的是受到日本飞机空袭的灾难，记得是20世纪40年代初，贺街镇中心的魁星楼附近。那是我大约七岁的时候。记得是一天中午时分，突然魁星楼发出紧急警报。警报声刚停，即听到“嗡，嗡，嗡”的飞机声，人们都来不及跑出郊外的防空洞避难，即听见飞机从天上俯冲下来的强烈呼啸声，接着一声巨响，炸弹片纷飞，炸坏房屋数间，事后在贺江边上，见到一个深约十米宽数米的弹坑。敌机轰炸的时候，我和家里的人都在家中的堂屋里，听从大人指挥，都匍在地下，不敢抬头。记得当敌机俯冲时，其巨大的冲击波将本已紧闭的窗门也冲开了，可见冲力之大。吸取这次突然遭轰炸的教训，父亲决定在城郊双莲乡的马骑田租借一间泥砖瓦顶小屋，给我祖母和我们一班兄弟姐妹居住，免得警报时走避不及，我们亲昵地称这间小屋为屋仔，简称马骑田，于是我在这里过上了一年左右的真正农村生活。

马骑田小屋位于马骑田村边，是一座单独的小屋，本来是收获季节作收谷晒谷之用。正南屋前有个晒谷场，场外则是稻田，冬天种甘蔗或油菜；屋的东边是通往村内之路；在屋后和西边，则是一大片竹林拥抱着，真是不折不扣的竹林小院。当时我正读小学，已在父亲办的家塾中读过欧阳修的《秋声赋》，我也学着“欧阳子方夜读书，闻有声自西南来者，悚然而听之”，果然听到“初淅沥以潇飒，忽奔腾而澎湃，如波涛夜惊，风雨骤至，其触物也，纵纵铮铮，金铁皆鸣。又如赴敌之兵，衔枚疾走，不闻号令，但闻人马之行声”，真可谓竹林所发之秋声也。每天清晨，见到农民凌晨即开始耕作，到傍晚才回家歇息，过着“日出而作，日落而息”的日子；凌晨薄雾袅袅，黄昏炊烟缕缕，实是令人迷醉的幽雅恬静的农田生活境界！然而，在战火纷飞岁月，如此小小农村也难避战争的灾难，敌机仍不时经过上空干扰。有一次，敌机经过。我们兄弟姐妹都匍匐在床底下，又有一次躲进竹林里，姐姐带我们祈求观音菩萨保佑。又有一次我正在灶前倒开水时，因灶台过高，又误以为是有敌机飞来，心慌失手，整个茶煲从我身上倒下，滚滚的开水泼溅我的前半身，痛苦万分，幸好家人和邻近农民及时赶到，用鸡蛋清敷伤处才解除痛楚，经一段时日始得康复。这些在马骑田小屋的遭遇，迄今印象犹深，使我领会到世上没有绝对幽雅的田园生活。

大约是在1944年，日本帝国主义为解除战线过长的困境，发动了新的攻势，试图打通湘桂铁路与粤汉铁路的通道，于是便向尚未占领的广西贺县发动猛攻，面临这样的威胁，人民群众纷纷逃难。在这形势下，我父亲便决定全家老小，逃避到更远的乡村地方，在离贺街有近百里的虎步乡，借他的一位姓徐的同学家中居住，当时我尚不足十岁，要徒步走100华里是很吃力的，为了逃避也只得尽力而行。记得是天未亮出发，傍晚天黑始到，一路没有歇息，是什么力量促使我顺利完成这百里跋涉进程的呢？迄今仍记得是由一座座连绵美丽的山峦：当眼前见到一座像老虎的山时，力求自己尽快向前走去，作为目标，走近欣赏其雄姿；当走近之后，又发现前面有一座像披满滑溜溜长发的美女头颅似的山峦，吸引着自己一路欣赏一路前进；不久又发现前方有似巨龙腾飞的山脉，自己向其走近，脚步也似有腾飞之感……如此将一个个山头作为自己行进的坐标，而又是以拟人法将每个山头美化，在当时是无师自通，不知从何而来的知识和灵感，想是得益于童年时所受的文学教育吧，恐怕也得益于我自幼喜爱山水的感情和文化底蕴。

在虎步借住的徐家，是当地颇有地位的士绅。所住屋子是座巨大的炮楼。这是典型的南方农村有钱人住的建筑，集住家与防守工事于一体，全是青砖瓦屋，有四五层高，每层的窗口，实际上都是可以用来打枪、甚至开炮的枪眼，里宽外窄，可开可闭，墙厚近尺，坚固耐用，枪炮不入，所以称为炮楼。这是南方建筑的一大景观，几乎每乡每村都有，像是西方的教堂，在村中是最高大的建筑物，平时起到显示权威的作用；当贼寇入侵时，它又成为全村的避难所和防御工事，起到战争碉堡作用。所以，我们在此逃难是安全的。奇怪的是日本鬼子攻占贺县部分地区后，又往后退却了，直至1945年8月抗战胜利，日本鬼子都未能攻占贺街，真是不幸中的万幸！

## 贺中

1948年秋，我考进了广西贺县县立中学。因当时贺县县治设于贺街，是政治文化中心，这所中学也就是贺县的最高学府；因当时教育不很发达，中学不多，邻近县（如富川、信都、钟山、昭平）的人也前来就读，故它又是桂东的中心学府之一。

贺中于1921年创办，有悠久的历史，我家族的三代人，从我父亲、叔叔、兄弟、姐妹，以至我的侄子女们，都在这所中学读过书，都对它有深厚的感情，如今它已易名为贺州中学，比过去的规模更大了，更发展了。

贺中坐落在美丽的瑞云山麓，濒临贺江，清秀的山水，像慈母似的抚抱着摇篮的儿女似的，哺育着代代莘莘学子，为祖国培养了许多优秀人才。尤其是在中国新民主主义革命的各个历史时期，它作为贺县精英文化的集萃之地，得时代之先声，跟时代之脚步，最早引进和传播民主、科学、革命信息，唤起人们觉醒，均起到先锋和桥梁作用，也培养和锻炼了一批批民主先贤和革命骨干，为中国的民主科学和革命事业作出了不可磨灭的贡献。

我是在读初中一年级时开始接触革命思想和革命文艺作品的。当时贺中已有中国共产党的地下组织活动，我的堂兄炳宗和亲兄德宗是其中的成员。两位兄长常从学校拿回一些进步书籍和革命文艺作品给我看，如：艾思奇的《大众哲学》，翦伯赞的《中国历史教程》，周而复主编的《解放区文艺丛书》，包括《吕梁英雄传》《新儿女英雄传》《洋铁桶的故事》等。这些书籍都是用其他书的封面包装而传给我看的，都不能带回学校看，更不能公开读，只能是晚上在家里或睡在被窝里偷偷看。这些书籍，使我对革命和解放区有初步认识，甚感新鲜，很是向往。炳宗兄曾询问我参不参加新民主主义青年团，我不懂怎么回事，便说去参加游击队吧，后来我果真向当时的班主任（姓莫，当时我已知他是地下党组织成员）提出参加游击队的要求，并准备了一套衣服一双鞋子作为行李前往，没想到因年纪小而遭到拒绝，当时，两位哥哥已秘密地参加在乡下的游击队去了。

1949年11月中旬，中国人民解放军和平解放了贺街。由于地下党组织宣传工作做得好，解放军进城时没受到什么阻挠，也没造成群众惊慌或疏散，许多群众都自觉地上街欢迎，贺中停课了，好些同学都同我一样参加欢迎解放军进城队伍，我还特地取出炳宗兄托我秘密收藏的木刻毛泽东像，挂在堂厅的镜框上，以表示欢欣鼓舞之情。

大约是停了一周的课，贺中通知学生回校恢复上课。回校才知道许多老师和高中学生是地下党的活动分子，都投身革命队伍去了，还不能完全恢复上课，学校决定临时合并班级组织学习。当时县的党团组织，委派一位名叫李灵光的同学（是新民主主义青年团员，是比我低一班的初中学生）回校组织这项工作。李灵光串联我一道做这件事，在面听当时中共贺县县委书记、军管会主任苏丹指示之后，决定县团组织直接领导成立“贺中工作学习团”，请黄振宗、王辑生等为指导教师，李灵光任团长，我任副团长兼宣传部长，毛玉美任副部长。贺中工作学习团的活动，主要是组织学习和参加各项宣传活动，做街头宣传，写标语，出墙报，组织游行，组织学习文件和讨论，选代表参加各种会议，反映学生和教师意见。记得当时我就参加过县的人民代表会议，并在一些县领导工作会议上担任记录。大约活动了两个月，寒假开始时，贺中工作学习团的活动才停止，自动解散。

1950年上半年，我休学在家，到我家所办的后龙地农场劳动，主要是放牛，负责养两条大水牛，过了半年真正当农民，做牧童的日子，亲尝“日出而作、日落而息”的田园生活，是清新有趣的，但也是艰苦寂寞的。每天吃到自己亲手种植的新鲜蔬菜和水果，特别鲜甜可口；当劳动一天后在疲乏中睡眠，更是沉静香甜；当夏日炎炎似火烧时放牛，汗流浃背；当雷电交加时在野外放牛，胆战心惊；当北风呼呼雪花飞舞时放牛，浑身颤抖；这些感受也是永远难忘的。最可喜的是在这期间，得到当时在贺中任教的亲兄振宗的特别关切，经常从贺中图书馆借书回来给我阅读，使我在这期间读了大量的文艺作品，如《白毛女》《赤叶河》《太阳照在桑乾河上》《暴风骤雨》等新文艺作品，还有《铁流》《日日夜夜》《被开垦的处女地》《绞刑架下的报告》等苏联和捷克作品，我大都是在放牛时，骑在牛背上看这些书的。这不仅使我解除了在放牛时的寂寞，更主要是使我大开眼界，更深地懂得革命，更爱文学。这期间，实际我仍是在校外读书的贺中学生。

1950年秋季，在我亲兄振宗的支持下，我回到贺中复学，读初中三年级的上学期。经过半年的停学，求知欲更旺，使我一开学即投入学习中去，如饥似渴地读各种书籍，高速度地阅读各种小说，积极投身各种学生活动，关心时事政治，迫切要求上进。当学期将近结束时，抗美援朝战争爆发，中国人民志愿军“雄赳赳，气昂昂”地开过了鸭绿江。当时中央发出了“抗美援朝，保家卫国”的号召，动员青年学生报名参加军干校，以实际行动抗美援朝。贺中同学们都热情澎湃，热烈响应号召，几天时间即有一百多人报了名，我也在报名的行列中，我的堂兄达宗也同时报了名，得到当时任我们班主任的亲兄振宗的支持，使家中也同意，得以顺利前往。

经检查身体合格之后，当时报名参军的同学，背着简单行李，徒步四十多里，到八步的中共地委报到，记得当时行走途中，同学们兴高采烈，斗志昂扬，高唱着《团结就是力量》等革命歌曲，以及“瑞云巍巍，临贺泱泱，莘莘学子，国之栋梁”的贺中校歌，精神抖擞地迈着大步前进。到地委招待所住了两三天，即分配到广西军区军政干校和广西公安总队去学习或工作。吴志仁等同学被分配到军干校，莫家贤和我则被分配到广西公安司令部，我们大家都很高兴，服从分配，一早即分乘两辆汽车向桂林进发，拟到桂林后再转火车到柳州，再乘汽车到当时广西省会南宁报到。

不幸的是汽车开出半小时到西湾矿区附近，我和数十位同学所乘汽车在平地转弯时突然翻车，致使车上的同学大都受伤，幸无死亡，重伤是断手，头破。我是晕倒过去，乱讲胡话，苏醒后才发现头破血流，被及时抢救至八步医院，左额被缝了三针，住了半个月医院始痊愈。另一车未伤同学先走，其他受伤同学几十人也先后治愈。此时已近新年，要求参加革命队伍的迫切心情，使我们不拟回家过年，急匆匆地乘专车再次踏上革命征途。

当时的汽车烧煤炭，速度慢，要沿路加燃料，每次加料都近一个小时；公路又不好走，是黄泥沙路，崎岖不平；特别是当时解放不久，各地城乡正在开展清匪反霸斗争，社会治安不大安宁；而我们汽车又常要赶夜路，司机担惊受怕，开得更慢，今天只几个小时从八步到桂林的路途，当时走了两天两夜。说来好笑，当时大家谁也没有见过火车，也没听过火车声。当到桂林行走在大街上的时候，突然听到“呜，呜”的汽笛声，以为是火车开来，便赶紧让开路，殊不知火车是不能走上汽车路的。从桂林到柳州，乘一段火车，“乡巴佬出城”，算开了眼界。从柳州到南宁，现在只几个小时火车，在当时我们乘的煤炭汽车，却走了三天三夜，完全是吃在车上，睡在车上，日夜赶路，辛苦至极，但却无一人叫苦，也无一人患病，未出任何事故，均平安到达目的地，至今想来真是奇迹，也许是“受难在前，得福在后”“大难不死，必有后福”的缘故吧？

2000年元旦至春节

# 当兵岁月

同熟悉的朋友聊起来，说我曾当过兵，几乎都没有人相信，大都反问：“是真的吗？”这是因为看到我身材矮小，个子不大，又文质彬彬，一副书生的样子。真是人不可貌相，水不可斗量，我不仅当过兵，而且当了整整四年半之久。

我曾在一篇文章中说过：在20世纪50年代初，我响应“抗美援朝，保家卫国”的号召参加中国人民解放军，可说是“抗美援朝未过江，当兵未曾扛过枪”的兵。这就是说，当兵期间未曾去朝鲜战场打仗，也未真正做过扛大枪上战场的战士。我是在参军后，被分配到广西人民公安总队（即现在的武警总队）司令部，先后做文印员、打字员、文印组长，直到1955年夏天公安司令部撤销才离开部队的。当时的公安总队属中国人民解放军中南军区公安司令部和广西军区双重领导，是中国人民解放军的一个兵种的部队。

## 初穿军装

1950年底，我在广西贺县中学报名参军，经中共平乐地委转当时的广西省委介绍入伍。经过征途上遭受汽车翻车的遭遇，在医院治伤之后，到达广西公安司令部已是1951年初，即将过春节的日子。记得晚上到南宁的省委组织部招待所，住了一晚之后，一早告别了被分配去广西军区军政干校的吴志仁等同学，我只同莫家贤等几位同学来到了广西公安总队司令部。见到门前警卫森严，威风凛凛，有几分畏缩，又感到光荣，因为意识到自己从此开始，即从学校门走进解放军的大门，是光荣的人民解放军公安战士，又是省公安司令机关的一个成员了。进门到军务科报到之后，我和莫家贤同志被安排在司令部文印组做文印员，其他则被派到教导队学习，然后再到连队中去。也许是我们两人个子小、年纪小（当时我们实际只16岁，为参军而报大为18岁）的缘故吧。开始我们两都不安心，认为满腔热情来到部队，应当到连队去，应当到前线去，后来才认识到这安排是适合的，是我们自己自不量力。

报到后即被安排在工作间里，马上动手学习写蜡版，操作油印技术，学会并不难，学精则不易，主要靠经验，熟能生巧，自有水平。第一晚上的首要任务，是洗澡。经几天几夜坐长途汽车的跋涉，疲乏不堪，通身脏透，当洗澡时，竟发现全身污泥，洗了一层，再用力擦拭，又出现一层，连洗几层，才算干净，这是我从自身会洗澡以来，从未碰过的尴尬事，也从未体会过洗澡后有如此的轻松爽快，从而感到我自己是从此开始自立，从此开始为成年人了。由此更自慰，更有自豪感。

最有光荣感的是发了军装、首次穿上军装的那一天。总务科一早通知我们去领军装，是一套军棉衣，有军帽，挑合适的试身，我是挑到小号的衣裤，大号帽子，还发有“中国人民解放军”的徽章，“八一”红星的帽徽，“公安”的盾牌袖章。当我们穿上新的军装和佩带上徽章、帽徽和袖章，精神抖擞地回到工作间时，同志们都拍手称好，亲切握手，热烈地祝贺我们正式成为人民解放军的战士，我们也感到前所未有的自豪。兴奋得马上给我们的家人写信，后来又颁发了“军人证明书”，寄回家中，亲人们更是高兴。

记得到部队吃的第一餐饭，是到大饭堂吃馒头，这是我从未吃过的食物，高兴得很，以为满可以吃它几个，没想到又大又硬，要慢咬细嚼，吃了一两个，牙齿累了，肚也饱了，新鲜感也就消失了。可能是正好碰上这餐馒头面粉太粗、发酵不够的缘故，后来吃的面好些，松软可口，与初次馒头不同。也正因为如此，才印象深刻，迄今几十年仍未忘记。在生活从来是“第一次”印象最深的，这也是一种带普遍性的常理和思维方式吧？

在部队第一次包饺子吃，也是印象特久的。这次包饺子，也是我离家乡后在部队过的第一个春节，我到部队才几天，正好碰上这节日。司令部的成员，多数是领导干部和参谋干事，除警卫通讯人员外，一般战士很少。北方人多，按部队传统和北方人传统，过春节主要是包饺子过年。由伙食部门将面粉、肉、菜、盐、油发给各单位，由大家自己去做，每人都要动手。北方人很讲究做饺子的合面与擀饺子皮技术，我们新手只有学包的份儿。经反复几次练习，算是学会了，但包得慢，容易破。正因为始终没有资格干和面和擀皮之活的缘故，所以后来我始终未学会这两门技术，抱憾至今。包饺子过春节的气氛热烈亲切，官兵亲如一家，温暖和睦，有新鲜感，比在家过年还好。

## 初学操练

虽然是在部队司令机关里做文印工作，但也要同一般连队那样要学军事操练，这是每天早晨起床后必修的课目（星期天和假日除外），修完之后才正式上班做机关的工作。按照老兵的说法，最为难的是学“立正、稍息”，但这都是军事训练的ABC，必须认真操练、学好。这也是队列军风的基本标志之一。在操练中，对此我并不感到太为难，感到为难的只有两项课目：一是“齐步走”时口令突然叫“向左转走”，或者“向右转走”时，一时反应不过来，分不清左右，经常转到相反的方向，引起哄笑；二是集队时按个子高矮排队，自己个子矮，都在队列排尾，操练起来，老走在队列后面；“齐步走”时，前面的高个子脚步大，自己脚步小，别人一步几乎等于自己两步，所以老掉队，跟不上，则要跑步；“跑步走”时，也是基于同样原因，加上自己体质差，跑起来距离越拉越大，要跟上特别费劲，所以比别人辛苦得多。有些指挥官看到这个情况有普遍性，有时会让队伍掉转过来，让个子小的跑在队伍前列，效果则好得多。但这不是能经常做的，因为军队毕竟是军队，老让个子小的走前面也不行；再说老让能力低的遏制能力高的，以慢牵制快，也不符合事物发展规律。好在后来我也习惯了，能跟上队伍了，虽然仍是吃力些。现在部队征兵规定身高体重，是有道理的，队列人员个子差不多，才能做到整齐，步伐一致，威风凛凛，显出军威。

打字技术主要是看速度，而速度的高低取决于对字盘掌握的熟练程度，当时打印行业的比赛主要就比每小时打出多少字。我的速度不算高，一般只有两千字左右。这水平也不是一下子达到的，而是经过一番苦练逐步达到的。

最难忘的是当时部队领导鼓励我学自行车和学游泳。因为骑自行车是最轻便的交通工具，而学游泳既是锻炼身体，又是当兵必备的技能。记得第一次学骑自行车时，跨上坐包，双脚离地，踏上车的脚踏，顿有一种离地浮起的感觉，虽然有人在后面扶着座架，有安全保证，内心也还是紧张的；当车子在自己的用力踩踏下转动时，却有一种往前冲的感觉，又似有一种外在的力量在推促自己前进，有点箭离弓弦的味道，由此越踩越使劲，车也就越走越快，弄得扶车的人放了手也不知道，当发现是无人扶自己时，失去了安全感，连人带车即翻在地上。如此反复多次，又先后学会自己上车和下车，才算过关，能骑车上街了。第一次骑车上街，因一位老太婆突然横过马路，惊惶失措，转弯不及，碰倒了她，幸好无伤，道歉一番了事。第一次学游泳的感觉更是心慌，因自小在家中都不许学游泳，从未下过水，充其量只是在洗澡池里下过水。初次下水，特别是水过胸脯时，全身即有不完全由自己掌握的感觉，水的浮力和身躯的重力在不断地矛盾着，屏住呼吸，头入水中，身躯浮起，全身即有一种轻浮感，再用手脚划动，增加浮力，又有前进力，顿感畅快，因有人在傍，有安全感，也就克服了心慌，而初尝游泳滋味，有点瘾头，以后坚持常游，学点姿势，算是达到浮出水面、游数十米的水平。后来坚持不够，水平愈降，想来现在也游不起来了，但在部队初学游泳的印象是我永生难忘的。

在部队的生活是严肃、紧张而又活泼、愉快的，但也有不愉快的时候。其中一次是全军规定所有排级以下人员都必须剃光头，这是我当时最难接受的。因为自己从来是留分头，有自我要求的基本美感，剃光头像个和尚，怎么受得了？但军令如山，不能不剃，只好服从。但内心的抵触情绪，持续甚久。大约一年后这规定在机关执行中有所松动，我最早恢复头发，抵触情绪也随之消失。这件不愉快的事情，按当时的说法，反映出自己的小资产阶级知识分子习气是浓重的。

## 战斗和运动

在部队期间，我虽然做的是司令机关的文印和打字工作，但也不是平平常常、风平浪静地过日子，是有不少紧张尖锐、惊心动魄的战斗和运动经历的。因为这四年半的时间里，我国还在战争威胁中，社会尚未完全安定，国家尚未太平，为巩固和加强无产阶级专政和进行社会主义建设，进行了一系列的政治运动，作为地方公安部队，不仅不能例外，而且是首当其冲的。

20世纪50年代初期，虽然全国大陆已经解放，但反革命分子仍然猖獗，当时全国开展了“抗美援朝”“镇压反革命”和“土地改革”三大运动。公安部队主要参与镇压反革命运动。这项运动的主要目标，是肃清有形的阶级敌人，即当时仍残留在广西十万大山的土匪和反革命分子。当时主要由公安部队负责清匪工作。我所在的文印组，属司令部的作战科领导，又是保密室的一个小单位，来往的清匪军事情报和文件都经我们的手打印，事实上也参与了清匪的战斗。有一次，在夜间突然收到前方电报和电话，在十万大山发现空投特务降落，总队的司令员、政委、参谋长和其他领导，都集中在作战室，认真细致地观察地图，研究敌情，通过电话和电报发布命令，我也有幸被召到旁，亲眼见到这一战斗的指挥场面，直到战斗结束，获取全歼来犯之敌的胜利，由我负责打印这场战斗的总结，我有似亲临前线参加战斗一般，感到胜利的喜悦。

肃清反革命运动的另一方面，是在革命队伍内部清理出隐藏的反革命分子，当时采取的方式是搞坦白与清查结合的政治运动，小会自查，大会推动，上下结合，内外结合。当时也的确清除了一些留在部队的历史反革命分子，使我大为惊讶，因为在我这样单纯的年轻人看来，革命是崇高的，伟大的，革命队伍也是如此，是纯之又纯的，事实粉碎了我的和平麻痹观念。

特别是后来进行的“三反”（反贪污、反浪费、反官僚主义）“五反”（反腐蚀、反贿赂、反偷工减料、反走私、反漏税）运动中，在司令部竟有一位参谋长和一位后勤处长畏罪自杀，他们是在运动中自知犯下贪污受贿罪，而走上自绝之路的。这两位人物，都是老干部，是久经战争考验的人物，但却在和平的胜利的年代垮掉了，他们同当时毛泽东批准枪毙的刘青山、张子善这两位著名人物一样，被“糖衣炮弹”打垮了。这也是使我触目惊心的。

1953年，中国共产党内发生过一次高岗、饶漱石反党集团事件。部队司令机关也开展了学习运动，要求领导干部划清界限，这场运动虽然波及面不大，影响面不广，但在我来说，是第一次知道党中央领导出现分裂集团，更是不可思议。接着又开展了文艺界的肃清“胡风反革命集团”的运动，更使我思想上应接不暇，万万没想到这神圣的作家队伍中也有“反革命集团”，更是惶恐之至。虽然如此，连续的运动和引起的惊讶，也使我政治上逐步成熟，越来越看到和懂得事物的复杂性了。

## 工作和学习

20世纪50年代初的中国人民解放军成员，绝大多数是工农子弟，是名正言顺的工农子弟兵。大多数人参军前没书读，是“大老粗”。所以，解放初期大量吸收知识分子，在每个连队配备文化教员，一般初中毕业或接近毕业，即够格担任这个职务，是副排级待遇。同我一道参军的同学到部队，也大多担任此职。我所在的司令机关，虽是领导干部多，一般参谋干事的文化程度也不高，多是高小程度，像我这样读过初中三年级（实际只是两年多点）的人，也算“高级”知识分子了。所以，在我担任文印组长之后，领导特别授予我对打印文件的明显错误文字有修改权，而且是职责“打印人”，在每份打印文件上都要署上自己的名字，弄得全总队各级机关都知道我的“大名”，有点今天所说的“知名度”。其实，我知道自己的水平实际还是很低的，写东西还不大通顺，时有错别字，标点符号也未完全掌握好，我有自知之明。于是采取边工作边学习的办法。

当时我采取的学习方式，主要是自学，自费订阅《语文学习》等报刊，购买《词典》和《语法修辞讲话》（吕叔湘、朱德熙著）等书籍研读，平时做读书笔记、写日记，磨炼笔头，特别是与文件起草人一道研讨每份文件的文字写作和修改，更是真刀真枪的实践，对语言文字水平的提高甚有帮助，也有力地促进了工作，加强了团结，树立了合作的好风尚。在1953年期间，工作量特别大，每天日夜都要加班干活，均及时地完成了任务，于是机关领导便给整个文印组评为集体三等功，选我为代表，参加全总队的功臣代表大会。我也在这时成为中国新民主主义青年团团员。

记得是在1953年朝鲜停战协定签字以后，正值夏季，当时部队提出了正规化的口号，要向苏联学习，连机关作息制度也要学苏联夏天上班半日制的做法。从5月至9月都是每日下午不上班，晚上都休息，只是急事才加班。这个作息制度，对于好学的我们文印组几位青年人来说，正是天赐良机，有了充裕的时间读书学习。在这期间，我们除了有时去游泳个把小时之外，其余下午和晚上时间全用来学习，或读书，或写作，或读报，很少参加其他文娱活动，成了书呆子。但我们也不是完全没有娱乐和休息，经常傍晚到野外散步，学吹口琴、弹秦琴、拉二胡，但都学得不像样子，欠缺音乐才干，假日到南宁市区漫步，逛公园，上馆子，品尝别具南国风味的小吃：糯米鸡蛋甜酒、粉利汤、麻汤圆等，情趣盎然，其乐融融。

在部队几年的丰富生活，不仅是我人生道路的重要部分，而且是具有基础性和持久影响的阶段。部队的革命教育和训练，使我增强了优良的品质和素质，使我学到了优良的作风和学风，培养了我的上进心和自信心，增长了我的经验和学识，特别是长期机关文印工作和自学，使我养成了能够坐得住和好读书的习惯，造就了既稳定又不死板的性格。这些受益，对于以后我走上既做作家、又做学者的道路，是有奠定基础的意义的。

## 文艺的吸引

应该说在部队工作的几年，对我以后所走的道路最有直接影响的，是各种文艺对我的吸引。自幼对文艺的爱好和家庭的影响，使我对文艺具有特别的敏感和兴趣，在部队生活的时期，正是年轻的共和国百废俱兴、欣欣向荣、朝气蓬勃的年代，又是仍然进行着众多的、复杂的、尖锐的斗争年代，作为“时代风雨表”的文艺，最及时地将这些本质和现象反映出来，使时代更吸引着我，也使文艺更吸引着我。

最早吸引我的是在20世纪50年代的一些作家谈创作的书籍和文章，如：茅盾的《创作的准备》、艾芜的《文学手册》、艾青的《诗论》、巴人的《文学论稿》、萧殷的《与习作者谈写作》等等。我还订阅《文艺报》《人民文学》《解放军文艺》等报刊，关注一些名作家谈创作体会的文章，如丁玲、赵树理、周立波等谈写作体会的文章。这些书籍和文章，使我懂得文学的基本知识，开始明白创作的过程和做法，开始懂得一点文艺规律。对于当时刚兴起的文艺论争也特别关注，如：批判电影《武训传》时特地去看这影片，批评写小资产阶级作品时，看丁玲为《我们夫妻之间》而写给肖也牧的信，看路翎的小说《洼地上的战役》；批判俞平伯《红楼梦研究》时读《红楼梦》，从报上剪贴李希凡、蓝翎的批评文章，以及冯雪峰在《文艺报》关于不重视扶持新生力量的检讨等等。这些关注，对于我以后从事文艺理论批评和研究文艺思潮，具有原始性的和持久性的影响和作用。

在这期间，对我具有最大吸引力的是苏联小说，尤其是众所周知的《钢铁是怎样炼成的》，此外，尚有《普通一兵》《恐惧与无畏》《卓娅和舒拉的故事》《古丽雅的道路》《金星英雄》等等。保尔•柯察金成了我的偶像，他的话“人最宝贵的是生命，生命对于我们只有一次，人的生命是应该这样度过的：当他回首往事时，不为虚度年华而悔恨，不为碌碌无为而羞耻……”也是我的座右铭，我很希望学到保尔和其他英雄人物那样的革命精神，具有像他们那样的成功事业，有像他们那样的光辉生涯和际遇，同时也希望自己将来能成为作家，写出像他们那样鼓舞人们前进的作品。

一些新出版的我国作家的作品和电影，对我也影响很大，如：魏巍的《谁是最可爱的人》、杨朔的《三千里江山》、陆柱国的《上甘岭》、吴运铎的《把一切献给党》、白朗的《幸福的明天》，以及《白毛女》《草原上的人们》《上甘岭》等电影，特别是其中的主题歌，激动人心，深受欢迎，普遍传唱，更吸引着我，增强和鼓舞了我对文艺的爱好和从事文艺事业的追求。

这些文艺吸引，似形成一股巨大的推动力，使我不仅如饥似渴地狂读文艺作品，而且有跃跃欲试动笔写作的愿望。记得当时在订阅《长江文艺》《文艺学习》等杂志时，两个编辑部都有在读者中招收通信员的做法，我自愿报名，经批准参加为通信员，分别投过稿，但未发表过。这些初次实践，对于我走上文学道路具有像我刚参军时初学操练的意义。

## 柳州到桂林

1955年初夏，军队整编，广西省公安总队司令部要撤销，领导问我对前途去向有何想法，我毫不犹豫地说：希望组织上能够安排我去考大学。领导很惊讶，说：你读初中只两年多，考大学有把握吗？我说：只要给我机会，给我时间。当时距离公布全国统一高考的时间（7月7日）只有三个月了，我也不知是从哪里得来的自信心，说出了这些话。领导见我决心已下，又了解我的自学精神和在部队几年自学中达到一定水平，便同意我提早离开司令部，以转业复员的途径去准备和参加高考。

按当时规定，从部队转业到地方和复员回乡，要经过一段时间训练，学习政府法规法令，了解地方城市和农村情况，懂得方针政策，以免到地方后犯错误，在新的岗位上作出新的贡献。于是，我便来到了驻柳州的广西军区训练团，受了为期两个月的训练。这是我自参军后首次离开广西首府南宁，来到柳州市郊区的一个兵营。同原在司令机关几年的生活大不一样，每天都学着一般连队的操练，睡的是通铺，吃的是集体伙食（原在机关是吃饭堂），晚上还要轮流站岗放哨，这是我原在司令机关从未做[illegible]多，但也感到新鲜。我满脑子都想着如何抓紧学习[illegible]课程考大学，抓一切机会看书学习，做读书笔记，连日常开大会或小会时[illegible]这样做，别人还以为我在认真看文件、做会议记录呢！连吃饭睡觉时也[illegible]，简直到了如醉如痴的地步。因此，在柳州训练团学习两个月的时间里，我[illegible]学完了高中三个年级全部课本，对面临的高考初步有了基础和信心。

1955年5月底，我正式回到故乡广西贺县人民武装部报到，领导问我有何工作安排要求，我也说是考大学，领导同意介绍我以同等学历资格报考，我在回家见了父母亲后，即到在八步芳林临江中学（现是广西贺州高级中学）任教的亲兄振宗处投宿，日夜温习功课，到高三班旁听上些课程，同亲弟芳宗一道听课，有将近一个月之久，颇有收获，对高考更有信心。

当距离高考只有10天时间的时候，我和一群考生结伴来到桂林。当时全国每省只有一个考点，广西的考点设在桂林。我们在办完报名手续后，在街道办事处的协助下包租了一间民房，集体住宿，各自温习，饮食自理，相处和睦。高考日期一天比一天临近，每个人的心情也就一天比一天紧张。我似乎紧又不紧，并不是无后顾之忧（当时似乎没考虑过落选后的工作安排问题），而是有点盲目乐观和天真的信心。当时我每天经过设在桂林皇城内的广西师范学院门前的时候，看到一个个大学生跨进门去，我的心里即冒出这样的话来：我就不信跨不进这大学的门槛，定要跨过比你更大更高的门槛！因为当时我填的志愿表中，报考的是中山大学。

在桂林参加高考之后，我回到了八步，在振宗哥处等候录取通知。我的双胞妹妹筱宗也同时参加高考，她未参军，而是一直读高中毕业而参加高考的。对于高考结果，我心里有数。作文题是写《我的志愿》，这是我在做《长江文艺》通信员时写过的文章题目，有把握；其他学科也自知考得不错。结果不出所料，我接到的是中山大学的录取通知，我妹妹筱宗则考上湖南林学院。同年八月底，我们动身奔赴各自考上的大学，在八步分手的时候，我将仅有300元的复员费分一半给妹妹，我自留一半，然后分乘向北和向南的汽车，她向长沙，我向广州，各奔前程，跨上新的征途。

2000年2月

# 康乐路思

位于广州珠江南岸的康乐园，过去是岭南大学校址，新中国成立后岭南大学并入中山大学。所以，康乐园是既有岭南大学的地理和历史，又主要是体现中山大学的历史和现在的地方。从1955年到1959年，我在康乐园里读书四年，每天都在校园里漫步，逐渐发现这里有许许多多的路，有形形色色的路，有通直的大道，有曲折的小路，有古榕覆盖的水泥路，有草丛夹道的通幽曲径，有通向课室之路，通向湖边之路，通向市区之路，通向江边之路；还有许多曾在或正在这里读书或教书的人走过的事业之路，爱情之路，生命之路；还有人们种种在不同的时代和社会背景下而走过的千差万别的路。如此等等有形的或无形的路，使小小的康乐园，像是提供人们练习或学会走路的操场，又像是汇聚或散开众多的人所走过的路或各奔前程的终点或起点；而且，对于在这里住过相当一段时日的人来说，还会由于时代背景和际遇的不同，会走着或走出种种不同感受或形态的路。起码我年青时在这里所走过的路，就是如此。

## 奋斗之路

我是从康乐园的北门（也即是当时中大的正门）踏进学校的大门的。当我乘船临近中大码头时，远远即见到江边矗立着一座华表型的灰石碑坊，上刻红漆毛体的“中山大学”几个大字，苍劲潇洒，洋溢朝气，像是向我热情招手；上岸后路经一座红木栏杆的小拱桥，桥下潺潺流水，流汇珠江；桥边有几株树，笼罩着一座红墙绿瓦的小亭，宛若一角幽雅的小花园；转弯即面对校门，只见门前的大道两旁，排列着两列高大的宝塔松树，路边两行秀壮的九里香和大红花，红绿交错，相映夹道，好似热烈鼓掌欢迎。当我跨进如此有气势而秀丽的校门第一步的时候，感慨万千，热泪盈眶——跨进这大门不易呀，不知花费了多少心血才跨过这一步。我意识到，从此开始我又跨上了新的人生里程，走上了新的奋斗之路。

前进的路是走过的路的继续。当刚跨过新的路程界碑的时候、往往会回首端详走过的路。回首走过的路，会更激励自己往前走路。经过一段时间放冷了进校的热情之后，我则较多回首走过的路，特别是当接到录取通知书后，从家乡动身到广州之路。在这条路上，首先向我告别的是我的亲兄振宗哥，他是解放前从广州读完大学回乡做中学教师的，当时他已连年被评为优秀教师，可谓事业有成者，他对我言传身教，就是两个字：奋斗。在八步给我饯行的三叔父维愚，是抗日战争时参加“学生军”时学医，此后一直在广州做到校级军医的人物，当时在乡下已是政协委员，见我也到广州发展，他的无言嘱咐是：自强不息。在梧州的四叔父懿光，是少年离家读书创业的高级会计师，他的告别期望是：自主机遇。

最感动的是我父亲在贺街的送别情景，他和我母亲都在汽车渡口等候我所乘长途汽车路过，趁下车乘渡船的短暂时间向我叮嘱，说他过去在广州读大学时，乘船的码头很高，上下船要特别小心，并没有说正面鼓励我的话。然而，这句叮嘱却使我后来越想越有哲理：一个人的一生不就是像乘船那样漂泊吗？不小心就时有沉溺致命的危险。自然当时我尚未有这觉悟和体会，只是以平常的心听这平常的话。当渡船过了渡口，我乘车离开很远时，还远远见到父亲和母亲站在对岸渡口竹林下的默默身影。顿使我马上想起朱自清在《背影》中写他父亲送他上学的情景，我眼前所见的不是同样的情景吗？这些送别的嘱咐和情景，在大学几年始终萦绕着我的心怀，像一股巨大的动力在督促着我前进。

1955年11月12日，是我进入中山大学读书所经历的第一个校庆日。这一天，也是孙中山先生九十诞辰。学校更隆重纪念。作为以孙中山命名的大学的一个学生，我也是以孙中山为荣的。这一天，重要纪念活动之一是在校中心广场举行孙中山铜像的揭幕式，我在参加这仪式时，发现铜像是坐南朝北，便询问老师何故，回答是：孙中山创办了两所学校，崇文尚武，文是办中山大学（原名广东大学），武是黄埔陆军军官学校（即黄埔军校），是为了北伐，统一中国，所以铜像向北。我还知道孙中山曾在学校的小礼堂发表过演讲，主题是鼓励青年：“要做大事，不要做大官。”这说法也鼓励着我。然而，最使我崇敬的是在他临终时发出：“和平，奋斗，救中国”的呼唤，孙中山的一生，就是为这呼唤而奋斗的一生。我从而感到，在中山大学读书，向孙中山学习，就是要走为此而奋斗之路，就是要遵循孙中山对中山大学所题校训“博学、审问、慎思、明辨、笃行”的学习和做学问之路。

大学一年级的中文系学生，都住在康乐园东区的翘燊堂。这个三层楼的建筑，是20世纪30年代建造的，迄今尚在。当时每天从宿舍到中区的教学楼上课，都要经过一条从东到西的主干校道（当时没有命名，现名叫岭南路），这条校道不算宽敞，却十分优美，路两旁分列高高的小叶桉树，有些路段绿荫覆盖路面，有些路段半露碧蓝晴空，有些路段笔直通畅，有些路段曲折起伏。每天上课走在这条路上，有时预习教材，有时回思听课内容，有时考虑作业，有时思虑考试……简直可以说，在这条路上每天走过多少步，也就想过多少事，然而想得最多的则是在大学期间学走什么样的路？所以，我对老师关于治学方法和治学道路的介绍，是特别有兴趣的。记得当时著名的宋词学家詹安泰、元曲学家王季思、古文字学家容庚、文艺理论家楼栖等教授，都在讲课或专题报告中谈过他们自己的治学道路，共同的主题就是：成才靠自己的勤奋，就是要不管是在顺利或是在曲折的情况下都要坚持勤奋。当时这些名教授只有40岁，或接近50岁年龄，我想自己只有20岁，与他们相聚二三十年时间，如能坚持学他们走勤奋之路，恐怕用这相距的时间，也是可以达到他们的成就的吧？我暗下决心去追赶他们，简直天真得可笑。

尤其是在读罗曼•罗兰写的多卷长篇小说《约翰•克利斯朵夫》时，我简直被主人公的个人奋斗精神和大勇主义迷住了，我从中看到过去在《牛虻》《钢铁是怎样炼成的》所弘扬的英雄主义精神中相通而又有所不同的东西，就是不仅在为社会神圣或革命事业中的奋斗精神，还要有在学术事业中的奋斗精神，还要有在人性、人道主义中的精神，尤其是在世俗和屈辱中的自强自尊精神。当读到小说写约翰•克利斯朵夫在战斗中默默死去的时候，我几乎吃不下饭，睡不着觉，深为这样一位人物夭折而悲哀，更为社会屈杀这样一位天才而愤怒，并且极大程度地激奋了我的奋斗精神，深情感激罗曼•罗兰所昭示的奋斗之路。

## 向往之路

鲁迅，对于中山大学中文系的学生来说，是倍加敬仰的，一方面因为他是中国新文学的开山鼻祖，另方面因为他在1926年—1927年间，曾在中山大学任教务主任兼中文系主任、教授。加之毛泽东对鲁迅评价极高，号召向鲁迅学习。崇敬鲁迅，也是我报考中山大学中文系的原因之一。进校之后，自然特别关心鲁迅当年在中大的故事，特地找他在中大写的小说《眉间尺》、散文《钟楼上》等文章来读，并多次到设在康乐园中区一栋小屋里的“鲁迅纪念室”瞻仰。从纪念室的介绍中，我知道了他当年为中大学生开设了《文艺论》《中国文学史》《中国小说史》等课程，在1927年“4•12”反革命事件中为营救被捕学生奔走呼号，并冒着危险到广州知用中学作《魏晋风度及文章与药及酒之关系》的讲演。我特别感兴趣的是鲁迅当年在中大所作的《读书不忘革命、革命不忘读书》的讲演，认为这个提法很好，是青年学生理当走的道路。我想，敬仰鲁迅，学习鲁迅，就是要走鲁迅号召走的这条道路。

1956年，正当我开始读二年级的时候，中央向青年发出了向“科学进军”的号召，提出要向苏联学习，建立博士和副博士学位的制度，当时全国文联主席，中国科学院院长郭沫若，还特别号召青年，学术上要超出前辈科学家，资料的掌握上要超过陈寅恪。当时我对郭沫若也是敬仰的。他同鲁迅相似，是中国新文学的开路先锋，也曾在中山大学任文学院院长。1926年他在中大期间，曾发起过一场改革旧教学的运动，产生巨大影响，后来一直是在革命斗争中和文坛上叱咤风云、功勋卓著的人物。当时他连续发表为曹操和武则天翻案的文章，他给我的印象是专作“翻案”文章的人物，同他过去在中大教书时一样，是个“造反派”。

郭沫若所提出的陈寅恪，当时我只知道是历史系著名教授，后来才知道陈寅恪是梁启超特别推崇的国学大师之一，是蒋介石指名要运去台湾的“国宝”，是郭沫若组建中国科学院时特地要请去北京任职而不愿上任的人，是毛泽东特定的中国科学院学部委员（即当今院士），是一位不问政治、不问马列、熟通十多种文字的史学家。他当时就住在康乐园中区的一座两层楼的小红砖房子里，眼已瞎了，靠助手念书写作，有惊人的记忆力，能随口说出自己书架上每本书所放的位置，并能准确抽出每册书，翻开某行而找到要查的资料。郭沫若号召青年在资料上超过陈寅恪，也从一个方面印证了这位神奇人物的学术功底和功力。陈毅、胡乔木和当时中南局书记陶铸，都专程登门拜访。后来陶铸更是多次关心陈的饮食起居，规定每天给他特殊供应鲜活的鱼，在其门前专铺一条水泥小路，染上白色，供其散步（这即是著名的“陈寅恪小道”），可见其不同一般。说实在话，每当路过见到陈寅恪穿着旧式马褂，头戴黑色小帽，下穿扎脚棉裤，配着盲人眼镜，手持“士的”棍在小路上散步的时候，我都有难以言表的感觉：我十分钦佩这位大学者，自知无能超越他，只想学他做学问的精神，却不想走他那样的路。他是一种埋头做学问的学者典型，而郭沫若则是另一种典型，我同样敬仰这位大作家、大学者，但只想学他投入时代洪流的革命精神，却不怎么想走他那样的人生路，也自知没有能力走他那样的路。陈寅恪和郭沫若所走的路，可说是我向往之路，但却不是我实际能走和自己想走的路。

康乐园整个就像是一座公园，几乎整个园都是绿树成荫，浓荫覆盖，座座古老的建筑几乎都是红墙绿瓦，错落有致地分布于绿树丛中，仿佛是颗颗红绿珊瑚点缀于一片绿海之中，时隐时现；又似深山老林中的亭台楼阁，盘砣于柳暗花明的山林中，浓荫傍倚，半露峥嵘。在园内沿着曲折的小路散步，尤有闲情逸致，充满画意，诗情意浓。康乐园中有一块“风景这边独好”的地方，是马岗顶，人们称其为“岭南沙面”（沙面过去是外国的租界区，是幽美的圣地），更是茂林修竹，幽雅怡人。据说在抗日战争时期，日本侵占广州后，其警备司令部设在康乐园，当时投降日本，做汉奸“国民政府主席”的汪精卫所住的公馆就在这里。可见达官贵人也看中这里的幽雅。

马岗顶使我特别欣赏的是它的一条路（现命名为马岗顶路），整条路有两三百米长，路面不宽，路旁是两列挺拔的柠檬桉树，树干光滑发亮，同灰石的水泥路面相辉映；

在阳光映照之下，又镀上一道金黄色；沿路仰望，似漫步于南天门之路上，神圣、肃穆。清高、淡雅，别有一番境界，充满崇高清新之感。这条小路是我在康乐园最喜欢的路之一，也是我向往的路之一。这不仅是因为它体现了我向往的清淡境界，而且在于有一段向往的记忆。

1957年5月底的一个中午，我下课路过马岗顶，偶然见到副校长冯乃超和著名翻译家戈宝权，陪同来访的苏联作家代表团走上马岗顶路。代表团的成员是我仰慕已久的人物：当时苏联作家协会书记、著名诗人苏尔科夫，著名传记小说《卓娅和舒拉的故事》的作者、卓娅和舒拉的母亲柳•科斯莫杰米扬斯卡娅等。陪同的人物也是我仰慕已久的人物：戈宝权的翻译作品，我读过许多，但从来未见过面，可谓仰望已久。冯乃超虽是学校的副校长，但在此前只见过一次，因他身体不好，一直养病，所以只是进校时听他作过一次报告。他在20世纪30年代是著名文艺社团——创造社后期的主要成员，是著名诗人和文艺理论家，在文艺界很有威望，我也对他向往甚久。可以说，我是在向往的小路上幸遇这班向往已久的人物。我意外地发现这班著名作家诗人，也同我一样特别欣赏这条幽雅的小路；当时作为主人的冯乃超抬起右手，做着招手引路的姿势，请客人走上小路，戈宝权更抢步走在前面引路，苏尔科夫扶着眼镜，仰头详看沿路两旁的灰白整洁两列柠檬桉树，想是迸发了写诗的冲动，卓娅和舒拉的母亲高兴得呼叫起来，拥抱在一棵树杆上，请戈宝权给她拍照，想是打算要将这条小路写进她将要写的传记作品。然而，他们都不知道也不会想到，他们这些一瞬“镜头”，嵌入我对这条小路的回忆中，持续许久，许久……

在康乐园的东区，还有一条小路是我特别喜爱的，这就是从翘燊堂到广寒宫（女生宿舍）之间，沿着荷花池边的弧形小路。这条路两旁的树林不多不高，多是一些刚过人高的花丛草丛，有玉兰花、九里香、夜来香等生香的植物，还有一些难得一开的昙花。记得有一天半夜，路边的昙花开了，几乎整个宿舍的同学都连忙爬起床去欣赏“昙花一现的笑影”（普希金诗句）。简直可以说这是一条香花之路，又可以说是荷花池路。每当荷花盛开的季节，碧绿的荷叶和浅绿的湖水，映照着池中的荷花和路旁各种香花，红绿辉照，香风阵阵，荡起池中片片涟漪，其美无穷，其味无穷。我经常漫步在这条路上，在这荷花池边，读诗背词，也在此情景中特别爱读李清照和闻一多的诗词，因为这两位诗人既有荷花似的品格（李清照有“生当为人杰，死亦为鬼雄，至今思项羽，不肯过江东”的诗句；闻一多为国为民“拍案而起”，以至被害捐躯）；他们都写过荷花的诗词（李清照：《一剪梅》中“红藕香残玉簟秋”；闻一多有《红荷之魂》诗）；他们的作品又似荷花那么高洁，那么优美（李清照词公认婉约秀丽，闻一多诗作和诗论，都提倡格律和唯美主义）。因此，我当时即选定以论李清照词为学年论文题目，请著名的诗词学家陈寂教授指导，打算毕业论文写闻一多论（可惜后来因连续的“运动”要求，取消了学年论文和毕业论文写作）。可见这条荷花池畔的小路，也是我喜爱和体现自己所向往的路，后来我写散文发表时用的笔名“荷红”，也就是为了纪念和体现这一向往之情。

## 迷惘之路

1956年5—6月间，著名的“不平常的夏天”开始了，这即是中华人民共和国建国史上的“大鸣大放运动”和紧接而来的“反右派运动”。浪潮冲进了幽雅的康乐园，宁静的校园，一下变成了浪潮阵阵，沙尘滚滚，大鸣、大放、大字报、大批判的“四大”之声，一浪高过一浪，学校停课了，上课改为开会，大会连着小会，日夜开会不停。在康乐园中心伸直于孙中山铜像两边的主干道（今定名为逸仙路），都架起了墙板式的竹棚，贴满了一张又一张、一层又一层的大字报，从南到北，延续数里，变成了名副其实的“大字报路”。大字报的内容，开始是发扬民主，自由鸣放，提意见，提建议，揭露矛盾，讲存在问题；没多久，大字报的内容却又变成了对“猖狂进攻”的“右派分子”的大批判，原来“鸣放”积极分子一下变成了革命的敌人，原来的善意批评一下变成了“恶毒攻击”。当运动开始的时候，曾使我感动，认为敢于广开言路，公开批评自我批评，应是胸怀宽阔的作为，但一下却变成“枪打出头鸟”的“阳谋”行动，便感到茫然了。每当走过这段大字报路的时候，我都沉思良久而不得其解，正是陷于迷惘之路中。

从号召“向党提意见，帮助党整风”的动员会开始，我即不怎么关心，简直置运动之外，这倒不是我有什么“先见之明”，而是对连续不断的运动厌倦，只想埋头读书，认为在大学只那么几年，老搞运动怎能读到书？怎能做学问？所以未参加任何运动，也因为这个缘故，后来开展反“右派”运动时，我作为团干部而不得不参加班上的反“右派”活动，人云亦云地参与对班上“右派分子”的“批判”。虽然自己不是主干，我也为此而感到内疚和羞辱。说实在话，在当时我处于麻木状态，稍后倒有所疑虑，越来越陷于迷惘之中。

首先是因为我在对中文系教师的“右派分子”批判中，对一些名教授的批判难以理解，特别是我所尊敬的詹安泰教授。对于著名戏剧家董每戡教授被批判，我也感到莫名其妙。因为在校报上看到他在座谈会上讲他写的两句诗：“书生自有嶙峋骨，最重交情最厌官”时，当即受到陶铸的赞赏，而他被划为“右派分子”正在于这两句诗（当时我也的确是欣赏这两句诗的，幸好未说出来）。对于同班同学曾马权、姚龙波的“批判”更使我纳罕，他们只是说当时有些地方农民生活苦，有些农村干部作风差，也不知怎样被领导知道他们说了这些话，由此而被划为“右派”。更使我伤心的是当时我的堂兄炳宗，也莫名其妙地被划为“右派”被遣送回乡，悲愤成疾致死；我亲兄德宗也被划为“右派”分子，被送劳教，后又被遣送回乡。他俩曾在解放前冒生命危险参加党的地下活动，却遭到如此处置。我亲长兄振宗却因为同情这两位弟弟而受到株连，受到降三级的处分。而我自己呢？当时本已提出入党申请，党支部已正式表态即讨论通过，却因为几位兄长出了问题而不了了之，所以迄今我仍是无党派民主人士。我的几个妹妹（筱宗、瑞华、美华，丽华）和堂弟学宗、文宗也受到程度不同的株连，以优秀成绩高中或初中毕业而不能继续考大学或上高中，亲弟芳宗幸好在“反右”运动前靠自己的优异成绩考上人民大学，如果是在运动之后也在劫难逃。

尽管自己内心对这样的运动有疑虑、纳罕、苦闷、反感，处于迷惘之中，但在当时情况下是不敢露于言表的。因为知道自己也正处在危险境地，只不过是没有什么“言行”而已。所以，反而更“积极”地去完成布置的任务。当“反右”运动结束，松一口气，真想埋头读书，认真做点学问了，却又来了一个“红专辩论”运动，要在教师和学生中“拔白旗”，即所谓不紧跟革命（“红”）、只是埋头走“专”的道路（“白专”道路）的典型人物。运动矛头所向，首先是著名的非党员的教授，发动学生对其授课、教材、著作进行“大批判”，并号召学生敢想敢干，破除迷信，打破权威，自编教材，大搞“教学革命”。当时系领导见我对文艺理论和古典文学有点研究，便嘱我负责全系学生开展学术批判的组织工作，编辑出版油印的《批判集刊》。这项嘱托，自然要求我起带头作用，于是在这时我便写出了对王起、黄海章、陈寂等著名教授的大字报，对几位老师在课堂教学、教材和著作中的所谓“厚古薄今”倾向提出批评。这些大字报，经过补充，在当时人民文学出版社为配合运动及时出版的《厚古薄今批判集》发表了。当时的光明日报《文学遗产》和广东的《学术研究》也分别发表了我写的同类文章（即《是现实主义文学史，还是艺术形式发展史》《关于李清照词的评价问题》《关于柳永词的评价问题》），使得同学都很羡慕，自己也有点飘飘然。然而，没想到批判教师结束，矛盾即转向学生了。这样矛头一转，我即首当其冲，即成了“白专道路”的典型之一，被有组织地大字报和开会批判，幸好没有带上什么帽子，运动即又转入下农村劳动，去与“生产劳动相结合”了。

当时社会上正在高举“总路线、大跃进、人民公社”三面红旗，大搞人民公社、大炼钢铁、高产“放卫星”，提倡新民歌等运动。要求大学生也到农村中去投入这些运动，我们中大中文系学生被派到位于珠江口的东莞虎门公社，我所在班级是到该社的沙田乡，后到白沙乡。当时正是1959年初，春寒料峭，冷气袭人，我们都与农民一样，半夜起床去堵河，赤脚踩在冰冷的烂泥里，铲泥运泥，每天都是起早贪黑，日夜劳动，货真价实地与农民“三同”，切实改造世界观。同时我们也做了不少蠢事，参与农民的并稻穗“放卫星”活动（即在禾苗抽穗扬花之时将许多亩田的禾苗并在一亩田里，以示“密植高产”达“亩产万斤”），连夜点汽灯代农民写诗歌，以达到“人人写诗”的指标，帮助农民搞宣传，鼓吹“人有多大胆，地有多高产”的口号，同农民一起将好端端的钢铁投进“小高炉”，结果都变成废钢铁等等。这些蠢事，实际上是为“吹牛皮说大话”的“运动”为虎作伥。当然，在当时不可能有这样的认识，但也是有困惑、有疑问的，现在是引以为愧的。

有一天，正当我们在集训住宿的海军礼堂开会学习的时候，中南局第一书记陶铸突然来到，即向全系师生作了《论读书与劳动》的报告，当时随行的有位散文作家，叫林遐（原名江林，曾任陶铸秘书，后任《羊城晚报》秘书长，在“文革”中被批斗成疾致死）。陶铸所作报告的内容，同他后来发表的著名散文《松树的风格》完全一致。据说，这篇散文就是林遐根据报告内容而代陶铸写成的。虽然当时是在“左”倾思潮的背景下写的，但其所歌颂的做人风格仍是可贵的，值得学习的。尽管我对这样的“教育与生产结合”的改造世界观方式有所怀疑，但为人要有为国为民为事业而“鞠躬尽瘁，死而后已”的献身精神，我是认同并受鼓舞的。应该说，这点鼓舞，在迷惘的年代里，未尝不是一点动力和自慰。

## 读书之路

上述奋斗之路、向往之路、迷惘之路，既是我在康乐园四年的生活历程，又是我的心灵历程，且主要是心灵历程。从人生历程的意义上说，这段期间，实际上主要是学习的历程，是真真正正认真地走读书之路的历程。我之所以特别喜爱康乐园的路，主要是我经常在校园的每条路上一面读书一边走路，或者一路背书、一路想书而走路，是读书之路，又是思书之路。同时，我也走出了一条自己安排的读书之路，这就是：既关心和投身革命的现实，又埋头读书，而且是拼命地读书，要下决心在大学几年读完中外古今的经典著作，有意识地结合学习课程，在一年级着重读文艺理论，二年级着重读外国文学，三年级主要读中国古典文学，四年级读中国现当代文学。这一埋头读书的决心和安排，主要是受先辈们的影响和老师的榜样，在于特别重视和珍惜在中大的读书时间和条件，意识到毕业出校工作，不可能有如此充裕的读书时间，也没有如此便利的条件，中大图书馆的藏书是丰富的，不及时利用将会永远悔之莫及。所以，我对俄国著名的文学评论家杜勃罗留波夫的“读书诗”特别欣赏：

呵，我是多么希望拥有这样的才能，
在一天之中把整个图书馆的书都读光；
呵，我是多么希望具有巨大的记忆力，
要使一切我所读过的东西都不遗忘；
呵，我是多么希望具有这样的财富，

能够替自己买下这所有的书籍；
呵，我是多么希望赋有巨大的智慧，
要把书本所写的都传达给别人！
呵，我多么希望自己也变得这样聪明，
使我能够写出同样的作品……

杜勃罗留波夫这首诗，他的理论建树，他在二十多岁即写出轰动文坛的理论批评文章，他的卓越才华，都是很使我向往的，也是极大鼓励和鞭策我发奋读书的重要动力。当然，我也不完全是受他的影响，而是受到几乎所有先辈的影响，特别是取得卓越成就的大师们的影响。我是向往权威，但不崇拜权威，因为崇拜意味着盲从，不能分清其正误优劣，不能分析出先进抑或落后，不能分析出是否适合于自己而吸取。应当择正确而从之，择先进而学之，择适自己者而用之；应当采百家之长，集千家之精，学百家而自成一家。

正因为自己下决心在大学走老老实实的读书之路，所以，在几年的寒暑假我都从未离校回乡探亲或出外旅游，每天都到图书馆去埋头看书，像杜勃罗留波夫所说的那样"把书读光"，希望将来能够"写出同样作品"。在被作为"白专道路"典型而遭批判后，我心不服，特别想到朱自清、闻一多，想学这两位既是著名作家又是著名学者所走的道路。1959年夏天暑假，我产生了利用最后一个假期去北京看看的想法，正好这时先后收到近百元稿费，可以解决半价来回路费了，姐姐在京工作可解决吃住问题，弟弟芳宗在北京人大读书，可以导游，于是我便乘火车到了北京，在芳宗的陪同下，专程到清华大学，瞻仰了当年朱自清在《荷塘月色》中写的荷塘，以及闻一多牺牲后为纪念他而建的"闻亭"。也许是年代久远的缘故吧，还可能我们去看时是中午而不是晚上，文中所写的幽雅荷塘，只有半池莲叶，几枝荷花，池水发黄，在烈日暴晒下蒸发水气，丝毫未见蝉声，只听见阵阵风吹动半池茅草的起伏声，同朱自清当年所写的境界完全不同，我大失所望，但很快想到朱自清所写的这篇散文，是在"心里颇不宁静"中而寻求的宁静境界，是他"超出了平常的自己，到了另一个世界里"而找到的自己"一片天地"，是他"爱热闹，也爱宁静，爱群居，也爱独处"的理想伸发，难免对实景作渲染和美化。这篇散文虽然是写荷塘的景色，其实是朱自清性格的化身，是他的人生观和读书观的体现，他希求像荷花那样洁身自好，希求像荷花那样宁静而又热闹，既独身而又群居的生活环境；他歌颂恬静幽雅，既是对喧嚣尘世的厌恶，又是对热烈的大同世界的追求。他认真读书教书，好像不过问政治，是走"白专道路"，但在关键时刻，他宁愿饿死也不吃帝国主义的"救济"，显出了高尚的民族气节，这不是最大的最亮的"红"（革命）是什么吗？为纪念闻一多遇害的"闻亭"，只是简简单单的一座亭子，没有什么装饰，也无关于闻一多事迹的碑记，但却使我沉思甚多、甚久：在五四运动热潮卷起的年代里，闻一多涌进时代的浪潮，从国外归来，写出了壮丽的诗篇；当革命转入低潮后，他埋头做学问，写了许多关于古文化和考证的论著，表面上看又是在走“白专道路”，然而，当民族灾难关头，他挺身“拍案而起”，为民主自由奔走呼号，以致被反动派暗杀，为国捐躯，这不是最大最亮的“红”是什吗？在清华园瞻仰朱自清、闻一多的遗迹，更使我认识到怎样才是真正的读书之路，解决了在迷惘之路中的疑惑与困惑，从先辈中找到杰出的榜样，找到坚实的道路和前进的力量。

这次北京之行，虽然只短短半个月，收获却是甚多甚大的。除从朱自清、闻一多的道路更深地认识到读书之路外，还认识到不只读死书，还要读活书之路。活书就是生活之书，实践之书，做人之书。要将读死书与读活书相结合。当时正值迎接新中国成立10周年，北京正在大搞建筑（修天安门等）迎接大典，一派欣欣向荣景象；另一方面，“反右派”运动和“三面红旗”运动造成的负面影响，在生活中和人们脸上都显出了若干阴影，开始出现经济困难的局面，票据供应扩大，人们怨言增多。这些好的或不好的现象，对于我这样一个长期埋头书斋的书生来说，都是很新奇的，有大开眼界之感，又对社会和人生的复杂性有所初悟，对于即将离校到社会工作，将会面临怎样的生活感到茫然，更深切地感到在康乐园书斋之可贵，走读书之路的可贵。

然而，在当时的旅游中，使我甚有兴趣而受启发的是参观故宫的时候，见到御膳厅摆着满桌菜肴，其实多是摆设的，每餐皇帝所吃的只是摆在他面前的几样菜肴；在皇帝接见大臣的大厅后面，是皇帝的休息厅，这里所摆设的是西式沙发，与正厅摆着的皇帝宝座的古老款式完全不同；我还发现在休息厅墙壁上的绘画，竟是《红楼梦》的人物图像，有“刘姥姥进大观园”、“黛玉葬花图”、“贾宝玉林黛玉同看《西厢》图”等等。人们都知道封建皇帝的传统威严，怎么在皇宫竟兴起坐西式沙发？早就听说《红楼梦》是清朝时斥之为“淫书”而被禁读的书，怎么在皇宫的墙上也公然绘上其中的人物画？这些眼见的真实，使我意识到传统里面也有非传统的东西，了解到皇帝也爱看他所禁止的而又是老百姓喜爱的文学作品，从而我更了解到《红楼梦》的价值，了解到世界和人们爱好的复杂性和多样性。这是在书本中看不到的东西，是从“活书”中才能更好地了解“死书”之一例。

另一件事情是我们兄弟在参观中苏友好展览馆的时候，见到餐厅里有西餐供应，我们从未见过更未吃过西餐，因为价钱贵而不敢问津。餐厅的服务员见到我们这两位穷大学生进退维谷的样子，看穿了我们的荷包不足负担两份西餐的经费，于是便主动招呼我们，说两位共吃一份西餐也是可以的，在如此热情鼓励之下，我们便决心花两元钱购买一份西餐试试，只见服务员用托盘将一份西餐端来，内有两个面包、两条香肠、一碟生的西红柿和生菜，两杯热气腾腾的红茶，还有两副刀叉餐具。于是我们便尽情地享受起来，真是大饱眼福、口福，吃得特别新鲜有味，实在地见到尝到西餐是怎么回事，感慨良多。固然有穷书生之寒酸之感，但并不以此为耻，而是以此为荣，因为表现了我们有敢尝新鲜事物的勇气，有点敢于解剖梨子的实践精神。所以，餐后所得，不仅是一种满足感，而且是一种胜利感，进步感。这件小小的趣事，之所以使我至今难忘，就在于当时具有这些感受，也因此而体会到这是走读死书读活书结合之路的一得。

1959年9月初，我从康乐园之路踏上了流花风雨之路。

2000年2月29日

# 风雨流花

1959年到1969年，我一直在《羊城晚报》的《花地》文艺副刊做编辑。这9年期间，正是我们国家风雨不停的年代；而我又大部分时间在广州流花湖畔的报社东风路宿舍里。所以，将这个年代生活的主要回忆，概括为“风雨流花”。自然，这样的题目，也未尝没有叹息在“东风劲吹”下，“流水落花春去也”之意。

## 沙面“好景”

《羊城晚报》是1958年创办的报纸，开始是属于《南方日报》领导下的一张主要负责文教报道和适应市民阅读的大报；1961年与《广州日报》合并，仍名为《羊城晚报》，属广州市委领导；1965年《广州日报》复刊，《羊城晚报》归中共中央中南局领导，直到1967年“文化大革命”中被“红卫兵”封闭停刊，我都是这个报纸编辑部《花地》副刊编辑。但是，由于运动“不停”，“改造”不止，在这期间我实际在报社做编辑工作的时间少于去“投身运动”的时间。较安全做事的是开头几年和中间有一两年时间，特别安定而值得怀念的，是开始在沙面报社宿舍住的两年生活。

沙面是广州珠江上的一个岛，是富有历史意义而风景秀丽的一块圣地。从沙面的名字看来，估计它开始是江中的一块浮出水面的沙滩，年久月深，积成为一块椭圆的平洲，有几平方公里大，与岸边只有一涌之隔，有东桥和西桥两座小桥连接沙基，来往方便，如设上关闸，却又可以闭关自守，避免干扰。也许是这个地形优势吧，解放前的外国领事馆多设于这里，也曾是帝国主义侵略下的外国租界地。著名的“沙基惨案”就是在这里发生的，当时住沙面的外国军队向岸边的沙基（现名“六二三路”）游行的群众开枪，强盗的暴行引发著名的“省港大罢工”。现在这里建了纪念碑记下了这光辉史页。沙面的四面岛边，都种植着大榕树；岛的中心地带，也植有各色树木，整齐地排列于绿色地毡似的草坪中；在岛夹心地带，建有样色各别、风格多样的房屋，多数是各国领事馆依其本国风格建筑的，大都三四层高，有别墅式，有宫殿式，有童话世界式……都在绿荫覆盖之中，四周有珠江江河环绕，无论空气或温度，都比市区任何地方清新而清凉。我从康乐园出来即能住此圣地，反差不大，也深感美在其中，福在其中。

使我尤感新鲜而温暖的，是报社的人文环境，是开始了新闻记者和编辑的生活。当时报社的总编辑是杨奇，是位和蔼可亲的长者，他解放前是东江游击队的前进报社长、香港华商报副社长，是位经验丰富的老新闻工作者。管文艺副刊的副总编辑是秦牧，当时他已是著名作家（后来名声更大），他沉默少言，多干实事，没有架子，同我们在一个办公室办公，他的办公桌连着我的办公桌，有时随意与我交谈，亲切平和。每天见到他戴着深度的近视眼镜，认真地审看出版前的报纸大样，用红笔或黑笔在上面画改不当的文字，密密麻麻，红黑交叉，幅幅都是凝现心血的动人编辑图。如果所改文章的作者见到这些图，必会既佩服得五体投地，又羞愧得无地自容的。可惜这些图已无一留在世上。秦牧不仅每天看大样，有时还亲自编改初稿，还不停地为连续不断的约稿赶写文章。他写文章的速度也快得惊人，经常出手就成文，不用草稿或修改。有一次一位编辑请他简单说说写文章的要诀，他只说一句："写作就像是剪布，即是将布料按你做衣服的要求样式和尺寸裁剪下来。"真是简单明了之妙语。他经常节日假日也加班加点，办公写作。有一次他见我也加班，便送一张公园的游园和供应票给我，他自己不去却让我去，我切身地感受到长者的温暖。主编杨家文（笔名周敏），是老编辑，又是诗人和散文家，也是个干事多说话少的人物，对待同事好像对待他喜爱的酒那样体贴热情。其他编辑也都是热情的长者，我是他们的最年轻的同事，在这环境中工作自然感到温暖。

当时（1959年到1961年初）全国只有四家晚报，即《北京晚报》、上海的《新民晚报》、天津的《新晚报》和广州的《羊城晚报》，只有《羊城晚报》是四开纸的大报，版面大，发稿多。当时《花地》文艺副刊是《羊城晚报》重要特点之一，在全国颇有影响，它每天都占报纸的大半个版面，每期发稿约9000字，如排6号宋体字则有万余字，每月发稿将近30万字，比当时刚创办不久的、以发表长篇小说为主的大型文学期刊《收获》发稿量还大，是全国发稿量最大的文艺副刊。1959年初《文艺报》发表了秦牧、杨家文、刘日波联名写的介绍《花地》的文章，使作者和读者更欢迎和重视，每日来稿来信堆积如山，我们每位编辑每天都要处理大量的来稿来信。编辑改稿，看样画版，按部就班，有条不紊，认真严格，经常是每发一稿都要经过几番修改，字斟句酌，一丝不苟；有时版面需要，还得编辑立即赶写稿件补上，十分繁忙。虽然晚报是白天办公，下午出版，一般不上夜班，但也得经常加班加点。当时《羊城晚报》与《南方日报》同一座办公楼办公，办公楼在沙面对面的新基路，《南方日报》是晚上上班早晨出版，所以，每天整座楼都是日夜处于忙碌之中。我每天或每晚下班回卧室，从紧张的办公楼漫步走到安静的沙面，清新通爽，更感受到忙碌工作后的轻松愉快，也更感到在这样的人文环境和自然环境中生活的幸福。

《花地》副刊有一个鲜明特点，为更密切地反映现实，要编辑轮流下到现实生活中去组稿和写稿，组织专版反映最新的地方或人物典型，并将此定为制度。这个特点和制度，使我们这些编辑，同时也兼任记者、作者，密切了编辑与读者、作者的联系，尤其是使编辑和写作不脱离现实实际和写作实践，是提高刊物质量和编辑水平的良好途径。在这一特点和制度的促使下，我获得了学习写散文特写的机会，在这段时间里，先后同老编辑或自己单独行动，先后到东莞、阳江、徐闻、乐昌、英德等地采访，写出了几十篇散文，用荷红之笔名发表（见本书《风华雅笔》部分）。与此同时，我也学习写作针对现实文坛实际的文艺短论和评论文章，用黄葵或陈捷的笔名在报上发表，其中较有影响的是评论欧阳山刚问世的长篇小说《三家巷》的文章（与黄树森合作）。这些编辑写作实践，对于我以后走的文学道路影响极大，可以说从这开始的密切结合现实实际和创作实践而进行理论批评与写作的做法，是我数十年一直到现在仍坚持着的。这两年可以说是我“风华正茂”之年。在这个时候，我同陈淑婉女士开始了恋爱，“红娘”是丘振声，是她的初中同学，又是我的大学同学。所以，这两年时间，无论是在我的事业上或生活道路上，都是具有重大的转折和飞跃意义的，无奈的是“好花不常开，好景不常在”。

## 葵园“祸根”

1961年春节，我与陈淑婉女士结婚。在作家贺朗的协助下我们住进了广州铁路边的报社宿舍——葵园。这间别墅式的建筑，原是大汉奸汪精卫在20世纪30年代任国民政府主席时的官邸。广州起义时，革命的赤卫队在著名的工人领袖周文雍的指挥下，曾经攻打过葵园，打算活捉汪精卫，可惜事先被其走脱，这是广州起义的光辉一页。这座别墅，是一座有近千平方米的庭院，院内种有许多果树，有蒲桃、黄皮、柚子等，还有玉兰花等香树，旁边即是美丽的东山湖，湖水清澈涟漪，杨柳依依，曾被著名女散文家紫风（秦牧夫人）在散文《湖畔》中，称其为少女正在对着梳妆的明镜。秦牧也住在东山湖东岸边上的龟岗，他就是穿过东山湖的湖堤而专来参加我的婚礼的。当时正是经济困难时期，副食品都要凭证供应，婚礼用的糖果、饼干，都是同事的供应票证集体凑起来购买的，极其简陋，但气氛热烈，当时周敏特写了一首诗，其中用我的笔名“荷红”之字吟有“小红今日意如何”句，秦牧也就此打趣说我的脸色“特别红”。我想他们既是以此而贺我的新婚，也是对我前途和命运祝福吧，前辈对后辈的关切之情溢于言表。

1961年2月1日，《羊城晚报》与《广州日报》正式合并，办公地点设在原广州日报社，即位于广州丰宁路（今人民中路）的西瓜园。这是一个具有革命意义的圣地，广州起义时成立苏维埃政府的工农兵代表大会就是在这里召开的，著名的革命领袖张太雷、苏兆征、叶剑英就是在这里开始出现于革命历史舞台。我怀着崇敬的心情跨进这块圣地办公，但没多久即又被派到广州的秀丽公社（即今上下九路）去参加人民公社的“整风整社”运动，在公社的十八甫路参加街道的基层工作，从办公共食堂、帮助基层干部学习，到向街道居民讲政治、发布票，从虚到实，从大到小，无所不做，当时是叫做下基层锻炼，改造世界观。当时的经济形势比前两年进一步恶化，日见“大跃进”和自然灾害所造成的“天灾人祸”的恶果，粮食短缺，发生饥荒，每个居民每年只供应2尺1寸布票，每月3角钱鱼票，3角钱肉票2两油、购火柴、肥皂、蚊香也要票，粮食定量少，要吃野草、甘蔗渣取代……当时在街道工作，直接听到群众呼声，怨声载道的场合算是初次直接看到。真正体验到民情，“改造”半年，算是没交白卷。然而，搞这样的“运动”，不是在为某些人的好大喜功“擦屁股”吗？

1962年黄伟宗在阳江海边与羊城晚报花地副刊同仁留影

回晚报后，仍在《花地》做编辑，主要负责《文艺评论》版，并负责联系著名作家和拔尖的业余作者。从1961年下半年到1963年上半年，这两年时间都住在葵园，生了女儿黄敏，做了父亲，尝到天伦之乐，算是过着安定的生活，但生活困难，经济紧张，物质供应短缺，人们精神压抑，物价昂贵，偶尔见鸡蛋，起码也要6角钱1个。当时我和夫人加起来的工资每月100元，实在入不敷出，为使初生的孩子活命，全家能过日子，我忍痛将我在读大学时省吃俭用的钱所购买的宝贵书籍，一次几本地拿到旧书店出售，作稍许的补贴。读书人落到要卖书的地步，实是天大的悲哀！

在这个经济困难时期，国家采取了“调整、巩固、充实、提高”的方针，调整了政治和经济政策，也调整了文艺政策。中央召开一系列会议和发布文件（包括《文艺八条》等）贯彻这条方针。其中有一个重要会议在广州召开，即全国话剧歌剧儿童剧创作会议，在广州越秀宾馆召开，我有幸参加了这个会议（作为记者），亲眼见到从缅甸访问归来路过广州而接见到会代表的周恩来总理和陈毅副总理，听到陈毅在会上正式宣布要为知识分子脱掉“资产阶级帽子”的讲话，听到陶铸在会上作的“关于文艺创作的一些问题”的讲话，见到了参加会议的全国著名的戏剧家。会议期间，羊城晚报社还专门请田汉、老舍、曹禺、张庚等座谈，在《文艺评论》版上发表《剧坛前辈六人谈》的发言专版，在此前后，郭沫若、茅盾、周扬、邵荃麟、林默涵、巴金、张天翼等文艺界领导或要人，都曾专程来过或路过广州，方式不同地宣传或体现调整的方针。记得郭沫若在广州与诗人座谈，在《文艺评论》上发表《郭老读诗》专版，影响很大。这时郭老还专门为《文艺评论》题写了版头。茅盾在广州时，特为《花地》题写了版头。周扬在广州参观广州文化公园时，批评其中塑像水平低，首次提出广州应建设成为“全国第三大文化中心”的建议。邵荃麟当时任中国作家协会党组书记，林默涵任中宣部文艺处长，都在广州向作家们提出要写人民内部矛盾，要题材多样化和人物多样化问题。巴金当时是访问日本回国路过广州的，欧阳山在见他时，特地交他一篇小说稿，因他当时兼任《上海文学》和《收获》主编。后来欧阳山对我说，当时就是因为听到这么多关于文艺方针调整的传达，有意在写《一代风流》长篇之时抽出时间写了三篇小说：《骄傲的姑娘》给《上海文学》，《乡下奇人》《在软席卧车里》给《人民文学》，就是要试试看是否真的实行题材多样化。《乡下奇人》原题是《天下奇人》，是《人民文学》编辑在发表时改的。当时的《人民文学》主编张天翼，由羊城晚报社接来广州休养，我特地到新会宾馆去看望这位又高又瘦的老作家，帮他整理他对暨南大学中文系学生的谈话（后未发表），也是宣传和体现这些调整方针的。

当时根据广东省委宣传部的决定，《羊城晚报》的《文艺评论》版由广东作家协会党组参与掌握，由著名文艺理论家萧殷直接领导。这样，我作为这个版的责任编辑，便是萧殷直接领导下的兵了。萧殷的身体瘦弱，脸色黑黄，戴着深度近视眼镜，一派学者风度，对人和蔼可亲，谈话滔滔不绝。他是广东龙川人，典型的广东人身材。他的夫人陶萍，是散文家，天津人，略胖，曾在中宣部文艺处工作，到广州后是专业作家。萧殷在20世纪30年代读广州美专时参加中山大学的学生运动，后到延安鲁艺，曾到《晋察冀日报》做编辑记者，做华北大学教授，解放初期，与丁玲、陈企霞一道为《文艺报》三主编之一，主持中国作家协会青年创作委员会的日常工作，写出《与习作者谈写作》等著作，甚有影响，对普及文学创作知识和培养青年作家作出重大贡献。著名作家王蒙自己说萧殷是他从事创作的启蒙老师，他的第一部著作《青春万岁》的初稿是萧殷审读的，由此，萧殷指引他走上文学创作道路。王蒙的著名小说《组织部新来的年青人》在“反右”运动时遭到批判，萧殷也被安排下放回老家（广东龙川县），中国作协开的行政介绍信写的是“劳动改造”，来到广东省委宣传部时，当时任副部长的著名作家杜埃，见这写法不妥，才给他换写“深入生活”的介绍信（这是萧殷亲口对我说的事）。半年后，他正式从中国作家协会调来广东，担任作协广东分会副主席、党组副书记、《作品》常务副主编的职务。

萧殷一接管《文艺评论》，即主持对《金沙洲》的讨论。这是广东作家于逢写的农业合作化题材的长篇小说，这部小说的思想和艺术都不太突出，只是书中女主人公梁甜写得不怎么完满高大，从而有人提出这是违背典型创造公式的意见。萧殷便抓住这个意见所代表的对典型理解绝对化、简单化的文艺观点，同曾敏之、易准、黄树森一道，以“作协广东分会理论组”的名义，连续写了《典型——熟悉的陌生人》、《艺术构思和效果为什么会脱节》、《文艺批评的歧路》等三篇长篇文章，在《羊城晚报·文艺评论》版连续发表，影响很大，不久《文艺报》又全部转载。这场讨论，同当时在全国报刊上关于“写中间人物”和“现实主义深化”问题的提出，同“写真实”问题、题材多样化与人物多样化等理论问题的提出一样，是很有针对性的，是具有普遍而深广意义的。

在“调整”方针指引下，当时《羊城晚报·文艺评论》还组织了几个问题的小型讨论，其中有：一、《三家巷》主人公周炳形象的塑造问题；二、从《苦斗》看如何写时代精神问题；三、陈则光提出的《论典型的社会性》问题。这些讨论都是从不同作品的实际出发，从各种角度对流行的绝对化简单化的典型和时代精神理论提出批评和质疑。也正因为如此，当时已很出名的极左文艺理论家姚文元，在报上对周谷城的“时代精神汇合论”提出批评的同时，给《羊城晚报》副刊部写信，指责陈则光的“典型社会性”观点是“修正主义”的。当时鉴于不利于讨论故未发表这封信。这些讨论，也都得到萧殷和广大读者的支持赞许。

1962年秋，《羊城晚报》举办首届《花地》文艺作品评奖。当时是本着贯彻“双百”方针和培养扶持业余作者的考虑，学习当时《大众电影》杂志首次举办“百花奖”的做法，而举办这次评奖的。具体做法是在一年来《花地》发表的短篇小说、散文、诗歌等几类作品中，选出较优秀的业余作者写的稿件，分类评出获奖作品，由编辑部初评，然后提交由欧阳山、周钢鸣、萧殷、秦牧、陈残云等著名作家组成的评委会总评。这个评奖委员会，实则是羊城晚报的“顾问会”。领导交代我做具体工作，实际充当“秘书”角色。当时获奖的作者，基本上都是现在广东的知名作家：当今广东作家协会主席陈国凯（著名小说《我应当怎么办？》的作者），当时是唯一获一等奖的作者，是当时广州某工厂的工人作者。他的获奖作品《部长下棋》在《花地》发表后，曾经引起争议，有读者指责这小说主人公身为宣传部长，竟无证开车，违背安全法规；其所在单位的某些人对作者也有所非议。这些指责和非议，在评奖委员会上讨论时，都认为不应影响评奖，但也应向作者提出使其引以为戒。我代表报社和评奖委员会出面与作者及其所在单位谈了话，获得支持。现任广东作家协会副主席杨干华（长篇小说《天堂众生录》的作者），当时是个道地的农民作者，他的获奖作品《秋风秋雨》是我从一堆拟报废的来稿中，挑出来编发的，这篇稿件未用稿纸写，只是用粗糙得像大便纸似的草纸写的，可见当时作者的穷困。现在的广东作家协会文学院长程贤章（长篇小说《神仙·老虎·狗》的作者），当时获奖作品是短篇小说《清明时节》，发表时也曾受过简单化的批评。这些事例说明，当时进行这项评奖，是真正贯彻“双百”方针和鼓励业余作者的，是坚持抵制“左”倾思潮的，当时《文艺报》等报刊报道或评论了这次评奖，取得了良好的效果。

这段时间，在繁忙的编辑工作之余，我仍坚持写作，写了一些较有影响的散文和文艺评论，如：评论欧阳山的《苦斗》和三篇短篇小说的长篇文章，针对简单化的文艺批评而写的短文《真实•臆断•框子——关于〈新闻记者日常生活〉的信》，评写贺龙的长篇小说《朝阳花》，为《新闻业务》约稿而写《途径——一个副刊编辑的几页日记》，连著名作家陈残云、林遐、贺青也纷纷打听我写散文所用的笔名“荷红”是谁？写文艺短论所用笔名的“黄葵”“陈捷”是谁……

总体来说，在葵园居住这段日子，从编辑工作到自身创作，我做的实事是较多的。谁能料到这些实事，到后来“史无前例”的“文化大革命”中却成了遭难的“祸根”。

## 流花湖畔步步高

流花湖是广州市区西北部的一个人工湖，过去是一块无人烟的地带，解放后逐步改造，在引水造湖的基础上，建成为美丽的公园，与著名的越秀公园相对称，是20世纪60年代广州的主要观光休闲胜地之一。园中以湖为主，穿插湖堤和小岛，每条堤都是绿树覆盖的林荫小道，而且每条堤所植的树不同，有榕树堤道，有椰树堤道，有蒲桃树道，还有全国罕见的红杉树堤；湖中的小岛，也千姿百态，各有风景，有亭台楼阁的半岛，有大树覆盖的小岛，有陈列盆景的小岛，还有湖中只养白鹤的孤岛；过去甚少城市污染，湖内空气特别清新，湖水清洁，明澈见底，湖中所养的龟，种类繁多，鲜嫩肥润。园中有一酒家，开始名为“渔林”，以鱼席著名，原因是只吃自身湖中所养的鱼，而且即捕即吃，吃法多样，清鲜可口。20世纪60年代初，当时主管广州市园林建设的副市长林西，颇有现代商业意识，特请《羊城晚报》发一征名启事，为“渔林”酒家征求新的店名，如选中者，奖赏一席鱼宴。这在当时是绝无仅有的做法，引起了广州市民关注，反响甚大，前往尝鱼席者更是络绎不绝。

当时《人民日报》开辟“笔谈散文”专栏，许多散文名家都参与讨论，在全国掀起了一股“散文热”。我考虑《文艺评论》版也应当对这股“热”有所响应，便提出召开一次广东著名作家参加的散文座谈会，在研究名单的时候，总编辑杨奇、《花地》主编杨家文，考虑到报社的《花地》评奖委员都有在其中，于是决定在评奖委员的基础上增加邀请著名的散文家，参加座谈。地点就选择在流花湖公园的“渔林”酒家，借座谈散文的机会，使这班著名作家也参与为这家酒家起新名字。在1962年中秋前夕的一个晚上，这个会召开了，参加的有欧阳山、周钢鸣、萧殷、秦牧、陈残云、杨石（即杨应彬）、林遐、紫凤和杨奇、杨家文等人，我也作为工作人员参加。座谈开始前，杨奇转达了林西副市长的征名盛请，即由欧阳山主持投票起名，做法是每位作家各以一张小纸写上拟提出的名字，不署名交给我，收齐后，由我一个个读出来，让大家议论。最后一致同意选中了欧阳山提出的店名“数红阁”。欧阳山解释说取这名字的用意，一是在于这家酒家四周和整个流花湖公园红花甚多，美不胜收；二是寓毛泽东诗词“数风流人物还看今朝”句之意；三是酒家建筑格局似“阁”，又可与越秀公园的“听雨轩”对称。事后，由周钢鸣动笔以此名为酒家题了匾。林西副市长也践约鱼席奖酬，因宴时这班名家抽不出身，均由夫人代表赴宴。这次座谈的内容，事后由我整理，以《海阔天空说散文》为主题在《文艺评论》专版发表。

1963年夏天，我搬家到流花湖畔的报社东风路宿舍，跨上了流花湖畔的漫长生活历程。巧合的是，欧阳山也在这时候，从东山竹丝村宿舍搬家到我居住的楼对面，使我和他成了邻居，接触的机会比过去多了。但当时还不是很多的，因为搬家不久，我即被派到广州市郊从化县温泉公社龙岗大队参加“社会主义教育运动”，即“四清”（清思想、清政治，清经济、清组织）运动。这个运动，是毛泽东发出“千万不要忘记阶级斗争”的号召后，在全国开展的，实际上是对前几年“调整”方针的否定或逆反，是承续1957年反右派运动和1958年“三面红旗”运动之“左”倾脉络，又是重新掀起极左思潮之开始。由此以后，“左”的倾向一步深于一步，“左”的思潮一步高于一步，正如广东音乐“步步高”的说法那样，我在流花湖畔居住期间的生涯悲剧，也是越来越重、越来越高的。

在从化温泉搞“四清”运动的半年，运动所要求做的事，实际主要是整基层干部。我们这样的从机关派下去的“工作队”，实际是“整人队”，对基层干部做“重新教育”“重新组织队伍”的工作。尽管工作态度好、作风正派、同群众“三同”，但这样的运动性质和做法，注定是难以得到群众信任的。我所到的生产队，队长是土改时的村农会主席，一贯积极工作，但每次运动都挨整，所以干部越做越小，经济越来越困难，生个孩子也抚养困难，弄得要出卖土改时分的东西，甚至要揭瓦顶卖透光玻璃的地步。他的生活一步比一步差，“觉悟”也就一步比一步低，他不知其原因何在，我也弄不明白。现在才看清这是“左”倾思潮“步步高”造成恶果的一个实例。“投身”这样的“运动”，实际是帮助这样的思潮兴风作浪，尽管是迫不得已，而且非只我一人，也是应引以为愧的。

在这个时候，毛泽东特别重视文艺界的政治问题，在1963年和1964年连续作了两次“批示”，指出“许多共产党员提倡封建主义和资本主义艺术，却不热心提倡社会主义的艺术，岂非咄咄怪事”，认为“这些协会和他们所掌握的刊物的大多数……十五年来，基本上（不是一切人）不执行党的政策，做官当老爷”。这些严厉的批评，促使文艺界立即开展了整风运动，开展对一些认为是严重错误的理论和作品，进行“大批判”。当时在全国报刊上被点名批判的理论观点有：邵荃麟的“写中间人物论”和“现实主义深化论”，廖沫沙的“有鬼无害论”，周谷城的“时代精神汇合论”；文艺作品有：昆曲《李慧娘》（孟超作），京剧《谢瑶环》（田汉作）、话剧《这里也是战场》（又名《毒手》，那沙作），影片《早春二月》《林家铺子》《逆风千里》《不夜城》《球迷》《两家人》《兵临城下》《聂耳》，历史小说《广陵散》《陶渊明写挽歌》（陈翔鹤作），广东被特别点名而着力开展批判的是欧阳山的《三家巷》《苦斗》，以及《乡下奇人》《在软席卧车里》《骄傲的姑娘》等短篇小说。

为什么欧阳山这样的老革命作家，他尚未写完的、而且是写革命历史题材的长篇小说，会被点名批判呢？其实际引发线是出自关于上海举行故事会运动的报告，这个报告谈到有个别青年学习《三家巷》主人公周炳谈恋爱，学他给情人画像，抄写周炳的消沉语言作自己的座右铭，从而认为这作品起码有腐蚀青年的作用。据说毛泽东的第一次“批示”就是在这报告上作的，所以被作为格外严重看待。本来在《三家巷》《苦斗》先后出版之初，文艺评论界对其评价是有分歧的，主要是在主人公周炳形象上的评价不一，对其作为一部未完成的大型作品中的一个尚未完成塑造过程的形象，理解不够；对其身上有严重的小资产阶级知识分子的弱点太多太重、而艺术效果又特别鲜明强烈，较多注视，认为与无产阶级革命的英雄形象不符，是歪曲了工农兵形象。这些认识分歧和争议，是可以理解的，是尚属文艺理论批评的范围的。欧阳山本人也多次表态，欢迎这些批评意见和争议，以求将作品写好改好。但是，现在上升为有组织的批判，已不是由报社组织文章争鸣，而是由省委宣传部直接领导下，成立大批判小组（当时省作协、中山大学、暨南大学均各自成立大批判组）而进行批判，由省共青团组织协助，报社党委直接领导，中南局由宣传部文艺处长萧殷负责，省委宣传部由副部长兼南方日报社总编辑黄文俞负责（所以，这两位负责人都在这次批判中发表了长篇文章，萧殷的文章题目是《一服资产阶级毒害青少年的腐蚀剂》，黄文俞化名“谢芝兰”发表文章）。而且，一开始即发表工农兵读者的来信，接着一大版一大版地发表声讨文章。虽然仍说是属于人民内部矛盾，仍以“讨论”之名，但已完全不是什么“自由讨论”或“学术争论”了。这是一般不知其里的人们看不出来的。所以当时也有敢于提出异议的来稿，为做“讨论”样子，当时《羊城晚报》也选发了两稿：一是“田农”（是一位珠海作者的化名），一位是暨南大学教师胡一声，作为“靶子”进行批判。这场批判，在报刊连续半年之外，发表文章有近百万字，比《三家巷》《苦斗》加起来的字数还多出一倍，最后以发表萧殷和黄文俞的文章结束。

当时，我从温泉搞“四清”运动回来，因最早评价《三家巷》《苦斗》的文章出自我的手，便只能“作为对立面”（当时领导宣布语言）参加组稿工作，已不能作为《文艺评论》版的责任编辑了，但仍要参加对《早春二月》等电影进行批判的组稿工作。对于这样的批判，当时我是很不理解的，是抵触的。完全不懂这是政治，更不会知道这是江青一伙人搞的政治阴谋。记得当时组织对电影《舞台姐妹》进行批判时，因组稿需要，领导安排我陪同粤剧名演员红线女和作家贺青去看这个电影，要他俩写文章进行批判，而且特别点明要批判这电影宣传“认认真真做事，清清白白做人”的说法和思想。我实在不能接受，不禁质疑道：难道要马马虎虎做事，肮肮脏脏做人才对吗？幸好我当时只是一般编辑，地位不高，尚不够格当靶子。后来我才知道，江青要批《舞台姐妹》的原因，是因为其中出现了田汉以党领导身份亮相的缘故，说明江青早就打算将当时文艺界领导赶下台，以便自己抢班夺权了。对欧阳山的批判实际也是这阴谋的一个组成部分，后来在“文化大革命”中一再批判欧阳山，而且江青亲自出面宣布不准解放欧阳山，更证实了这一点。

这场批判尚未结束，广东文艺界即奉命下乡参加“四清”运动，几乎所有著名文艺家都在此列，欧阳山、秦牧、杜埃、关山月等都下到阳江海陵岛的农村中去，与农民“三同”。记得当这场批判结束后，报社特派了两位女编辑，将所有发表批判文章的报纸带到海陵岛，亲手交给欧阳山，请他阅读和表示意见。据说，欧阳山当时说因眼有白内障，眼力不好，所以一直未看这些批判文章，也很难再看了，谢谢一番盛意。这回答是预料中的，是含蓄的抵触和反抗。然而，这也不过是搪塞一时之举而已。在“步步高”的“左”倾思潮形势下，即使“过了初一也是过不了十五”的，更大的悲剧在后面等着。像我这样的“小人物”所受的波及，也势不可挡地步步加重、加深了。

## “顶峰”上落记

1965年初《广州日报》复刊，《羊城晚报》归中共中央中南局领导，由中南局宣传部秘书长丁希凌任报社社长，杜导正任第二社长，杨奇任总编辑，秦牧做了一段时间专业作家，又被调回任副总编辑，林遐任秘书长，杨家文仍任《花地》主编，后来增加黄秋耘任第二主编。列举这些名单，是因为后面谈到的许多事，都关系到这些人物，也会写到这些人物的一些事。

从中共广东省委第一书记一跃而为中南局第一书记、国务院副总理的陶铸，之所以一直掌握着《羊城晚报》，而且将这样一份他规定为“移风易俗、指导生活”的城市晚报，升格为中央局的报纸，固然有着是他于1958年提出创办的历史原因，更在于他十分懂得并善于运用新闻媒体、制造舆论的重要性和艺术。当时整个国家，在林彪“高举毛泽东思想伟大红旗”的鼓吹下，正在全面掀起学习毛主席著作热潮，又连续不断地搞运动、大批判，陶铸他更感到抓舆论的重要。各大区中央局本来不办报纸，他在武汉当面请示时任党中央总书记的邓小平，获得“这可由中南局自己决定”的允诺，不用请示后来被毛泽东称为“阎王殿”的中宣部，即进行了《羊城晚报》改版的运作。

改版前夕，陶铸即指示报社派人到中南各省去抽调干部和组织稿件。他要求中南地区的所有著名作家，都必须在改版时将自己的好稿件交给《羊城晚报•花地》副刊发表。由此我有幸地随同副总编辑何军、《晚会》主编刘日波去了一趟湖南、湖北，得以结识两省的著名作家，其中主要有：湖南的周立波、蒋牧良、康濯、柯蓝，湖北的徐迟、骆文、姚雪垠、碧野、白桦。特别值得记下的是当时在长沙作家新村拜访周立波的情景。我进屋时，他正在吃午饭，吃的是面条，桌面上只有一碟小菜，十分简单朴素，我万没想到这么著名的作家过的是如此俭朴的生活。我向他转述了陶铸的组稿要求后，他谦虚地向我征询："毛主席最近回了一趟韶山，有许多很动人的故事，你看是不是可以写？"我不知天高地厚地回答说："当然可以。"当时我为什么敢这样回答呢？首先在于不懂得写领袖是有许多规定的，是会惹出许多麻烦的，心里只是想只要是事实，又是周立波这么大的作家写，怕什么呢？再说，有陶铸这位中央局书记、副总理把关，怕什么呢？不久周立波果然如约将稿子寄来了，这就是后来酿成大祸的著名散文《韶山的节日》（具体过程稍后详述）。由于陶铸的"口头圣旨"做"护身符"和"介绍信"，在长沙、武汉我大胆组织稿件，连一些前不久受过批判的名家我也去组稿，如：湖南的康濯，因为支持邵荃麟"写中间人物"的理论主张刚受过批判；柯蓝的一篇童话《蓝蓝和冬冬》刚受过有"修正主义"思想的指责；湖北的姚雪垠是刚脱帽的右派；白桦是武汉军区的"不戴帽"的"右派分子"，事先我曾听说在批判他的右派言行的大会上，他仍在埋头写诗，人们还以为他是做记录的事而对他倍增敬意，便下决心去找他组稿；徐迟是因为有右倾思想离开北京《诗刊》副主编的位置，下放到武汉冶金建设公司的，碧野下放到湖北的黄石钢铁厂，我都费尽千辛万苦找到他们。这些作家也都热情接待我，积极支持，事后大都寄来稿件，如姚雪垠寄来《李自成》第一卷部分稿件，白桦寄来写越南阮文追的剧本《像他那样生活》。这是我从事编辑工作以来组稿面最宽和成绩最突出的时期，可以说是走上了"顶峰"，但也是为即将开始的"文化大革命"灾难埋下最大最重的"祸根"的日子。

当《羊城晚报》作为中南局领导的报纸而改版出报的时候，陶铸被怀疑患上了癌症，住在从化温泉检查治疗，他向报社领导宣布：在此期间，他亲自任《羊城晚报》"总编辑"，要报社每天出版前的报纸大样送他审查，新闻报道和发稿计划要直接向他汇报审定，他说要"亲政"一个月，"摄政"一个月，"垂帘听政"一个月，即做三个月的"保姆"。于是，报社领导每日奔走于广州与从化之间（主要是秘书长林遐传送信息），而且陶铸还特意调来一批"才子"（后来被称为"黑秀才"），在他的身边，作为他的助手，为办报出谋划策，特别重要的是写作社论和重要文章。这班"才子"除报社领导之外，大都是中南局的人物，包括宣传部部长王匡，政策研究室主任王琢、副主任姚锡华，文艺处长萧殷，以及陶铸的秘书张汉青（笔名贺青）。主要由这班人按陶铸的意思，为《羊城晚报》写了几篇社论，其中影响最大的是将毛泽东思想称为《马克思主义的顶峰》一文。“顶峰”的提法比林彪的“高举”还高得多。有点常识的人一眼即看出这种“空前绝后”的提法，本身就违背辩证法，违背马克思主义。连当时身为宣传部部长的王匡也说他是“想了一段时间，才想通的”。“通”在哪里？不得其解。显然是要在“红彤彤”的政治舞台上作谁更“高举”的比试，作出抢登政治“顶峰”的最后冲刺。据当时报社办公室秘书称，这些鼓吹“顶峰”的报纸，每天都要精选出五份送中央领导处。这五份送谁，具体不得而知（其中一份送呈康生是可以肯定的，因为后来康生为《羊城晚报》发表周立波的《韶关的节日》一文，而专门给陶铸写了一封信，待下详述）。这样做，果有奇效。当“文化大革命”正似“山雨欲来风满楼”而即将爆发的时候，陶铸被调到中央工作，开始是在他本有的副总理的头衔之外，新增了中央“文革”小组顾问、中央宣传部长的职权，当“文革”正式开始时，他则更跨进一道台阶，被定为中央政治局常委、是最高领导的四常委之一，排列于毛泽东、林彪、周恩来之后，为“第四号”人物，地位显赫，权威势重。这样高速的政治发迹，显然是由于他制造和踏着《羊城晚报》的“顶峰”之跳板，一跃而登上中国政坛顶峰的结果。遗憾的是好景不长，他作了“顶峰”的“第四号”人物，大约只有半年时间，即又跨上了另一类“顶峰”——“全国最大的走资本主义道路的当权派”的“顶峰”，排列于刘少奇、邓小平之后，一下又变成了“第三号”人物。这个变化，自然是从前一个“顶峰”摔了下来，而且摔得十分惨重，直到最后默默死去。当然，陶铸作为一位老革命，长期的革命生涯和从事领导工作，功勋卓著，成果累累，是值得崇敬的。他创办《羊城晚报》并对报社的工作，是一直关心支持的，是有贡献的。这里只是写羊城晚报社重大历史关头的一段往事，不是全面写陶铸的功过，所以请读者理解并谅解。

其实，无论陶铸的升迁或是他的失落，都是有不只一个的复杂的历史原因和时代原因的。不能说仅是因为一件事情或一篇文章，但也不能否认某件事或某篇文章的“跳板”或导火线作用。从陶铸的失落来说，据我的记忆和反思，就是与《羊城晚报》发表周立波的《韶山的节日》有直接关系。记得是1967年初，《羊城晚报》被红卫兵封闭以后，报社的干部也涌进了“大串连”的热潮，我也随同前往北京串连，去到不久，在北京工会礼堂，听到了陶铸特为新闻界所作的报告。大约讲了个把钟头时间，尚未作完报告，陶铸即被秘书通知匆匆离开会场，大家都很纳闷，不知怎么回事。过了两天，周恩来、江青、陈伯达、康生、张春桥、姚文元等，在北京工人体育场接见到京串连的数万红卫兵，我们报社去的人也参加了会见。当这些要人乘坐的敞蓬汽车绕场一周时，我们即发现陶铸未在其中，更是奇怪，估计可能是出了问题。果然不出所料，过了两天，在中南海门外的大字报中，见到了两张有关的大字报：一是江青关于陶铸的谈话，说陶铸这人不老实，办《羊城晚报》“造谣放毒”，发表周立波《韶山的节日》这样的毒草；另一张是周恩来对到中南海揪陶铸的红卫兵的谈话，说陶铸是毛主席指定的接班人，揪他要经毛主席批准。这些谈话实际等于对陶铸作了判决。江青为什么如此数说《羊城晚报》发周立波这篇文章呢？到后来才真相大白，只是因为文中写到毛泽东的前夫人杨开慧，这是江青最忌讳的，也是最恼火之所在，因为她以“第一夫人”自居，绝不许任何人涉及过去的历史。这篇文章是由陶铸所办的《羊城晚报》发表，当然要判之为“造谣放毒”，并将其作为封闭《羊城晚报》的理由，从而也即成为陶铸的“罪状”，成为陶铸下台的导火线。

在当时，无论怎样也想不出这篇文章会酿成如此大祸。记得周立波这篇文章寄到我手上之时，我欣喜得很，即要发稿，但很快想到似乎曾有过规定：所有报刊关于领袖人物的文章或报道都要经过中央审批。于是我便请有关人员将稿件寄送中央办公厅审查，不久得到打印的书面答复，说今后这类稿件经中南局审批即可，不必寄到中央。当时我只天真地想到《羊城晚报》是中南局的报纸，陶铸是中央委员又是中南局第一书记，正在做着报社“亲政”，让他审定不就可以了吗？于是在秦牧、林遐、杨家文的安排下，将这篇文章放在改版第一天的《花地》大样上，陶铸在审看大样时读到这篇文章，高兴地说：“这是篇好文章，这才是真正的‘移风易俗’。”其具体指的是文章中写到毛泽东上坟一段：在罗瑞卿的陪同下，独自走上他父母的坟前，插上警卫人员刚从附近折下来的三枝松枝，说了一句“前人辛苦，后人幸福”，鞠躬后离去。文章发表后，深受读者欢迎，多家报刊转载，影响很大。有一天，我在办公室上班，突然接到上海《文汇报》社打来的电话，询问这篇文章有没有经过中央审查？我当即以上述过程作了回答。对方不再说什么即放了电话，后来一直未见《文汇报》转载这篇文章。事后不久，报社领导杨奇特地来向我询问这篇文章的发稿过程，也不告诉我为什么，是怎么回事。后来我才知道是因为康生给陶铸写信，说这篇文章“有错误”，要中南局检查，但未说具体错误是什吗？陶铸除即回信康生作检讨外，还责成报社认真检查错误。中南宣传部和报社即发电报，请韶山纪念馆重新审查这篇文章。结果只发现一个错字，其余全部内容属实。当时办事认真，一字不苟，改正后重新发表一次，并且特别加上萧殷亲自起草的“编者按”，检讨报社“不认真、不严肃”的错误，以求“挽回影响”。结果反而更糟，不是“挽回”，而是更扩大了影响，更受注目。江青大为恼火，认为这是有意坚持“错误”，拆她的“台”。中南局和报社领导，真可谓是“表错情”，酿成更大悲剧。应当说，周立波这篇文章从组稿到发稿，我都是负直接责任的，只不过当时我不过是一般编辑，够不上“走贤派”，轮不到我承担责任，未受更大灾难。但在“文革”中我也受到从湖南来的红卫兵的审问，在运动中也成为我受到大字报“炮轰”的“罪行”之一。痛心的是，后来周立波的长子周健明亲口告诉我，他父亲主要为这篇文章而被在湖南城乡“游斗”，惨遭斗致病死，饮恨九泉，直到1978年才获平反，悲乎！

# 西瓜园风雨

1966年5月，以发表姚文元长篇文章《评新编历史剧〈海瑞罢官〉》为界线，“史无前例”的“文化大革命”开始了。这场为期十年的大浩劫、大灾难，我所在的《羊城晚报》是怎样开始的呢？当时《羊城晚报》与《广州日报》，都在广州人民中路的西瓜园内办公，这场灾难初来的气势，真似“狂风暴雨”，势不可挡。

开始的时候，也即是后来称之为“资产阶级反动路线专政”（其实是指当时刘少奇、邓小平主持工作而不得不搞运动并派工作组）时，中南局即派工作组进驻《羊城晚报》，气势汹汹地开始点名批判。当时陶铸已离开广东到北京工作，坐镇广东指挥的主要是赵紫阳（当时是中共广东省委第一书记，兼中南局书记处书记）。赵紫阳开始也试图仿照北京先后抛出批判“三家村”的做法，找广东的邓拓、吴晗、廖沫沙式的人物，“抛”出批判，开始拟选欧阳山，但考虑到在1964年批判过，已经是“死老虎”，怕交代不过去，便选定了秦牧（后来秦牧戏称这是在“文革”中“糊里糊涂中头彩”）。批判秦牧什么呢？不知何方神圣判定秦牧用散文写的文艺理论著作《艺海拾贝》是“大毒草”。于是炮制出一篇题为《反党反社会主义的“响尾蛇”》一文，破例在《羊城晚报》一版头条位置发表。这是广东“文革”的第一炮，是从《羊城晚报》发出的。接着，又进一步“抛”出秦牧的“后台”，点名批判中南局宣传部部长王匡。这两“炮”威力甚大，接着在全省各县市城市，都仿效北京、广州的做法，将有点名气的业余作者和文化宣传领导，打成“小三家村”“小吴晗”“小邓拓”“小秦牧”“小王匡”，刮起一股杀气腾腾的狂澜。

当时在工作组管制着的《羊城晚报》，也在进行着大整顿、大清理。《花地》副刊被看作是“毒草丛生之地”，是“黑窝”。工作组成员与我谈话，要我立即与欧阳山、秦牧、萧殷等著名作家划清界限，揭发检举他们的“罪行”，指责我和《花地》的编辑组长高风和名记者吴其琅三人是“小三家村”，是“黑秀才”，要我“认真彻底交代”，否则即“发动工农兵群众炮轰”。接着又采取组织措施，要我们三人停止工作，并调离《花地》副刊部。突然的打击，弄得我胆战心惊，不知所措，十分沉重，痛苦万分，万没想到辛辛苦苦、日夜埋头工作写作，竟然遭此罪名。当时要我写揭发材料，检查自己的言行和作品，我实在分不清哪些才是“反党反社会主义”的，只能是交上白卷。于是炮轰的大字报铺天盖地而来，纷纷指责我的“罪名”，由于我为了避免人们说我是名利思想，而用了将近十个笔名发表的文章，均被一一“揪出”，用真名发表的几篇文章（评《三家巷》和《苦斗》之文，评欧阳山短篇小说之文，评写贺龙的长篇小说《朝阳花》一文）均被点名为“大毒草”。这些都是1962年在葵园写的文章，正就是此时受难的“祸根”。幸好这段“专政”时期只56天就过去，因为毛泽东在北京大学的一张大字报而撤销了全国所有工作组，让“群众自己闹革命”，我也就被群众放过，成为一个既不够格当走资派、进牛栏，又不够格做红卫兵和造反派的人物。后来虽然参加群众组织的一些活动，又因胃病复发胃出血、复合溃疡，则以养病为主，成了名副其实的“逍遥派”，直到1968年11月下放到粤北英德的黄陂“五·七干校”。也就在这令人心灰意冷的时候，我的儿子出生了，我便将我用的笔名之一黄葵当儿子的名字，以表不再写文章，而让下一代纪念之意。

在这段风雨飘摇、狂风暴雨的岁月，有些事是令人触目惊心、永远难忘的。其中之一，是《羊城晚报》1967年被红卫兵“勒令”改名为《红卫报》一两个月之后，又被红卫兵封闭了，报社的工作组也撤退了，报社的领导也都被一一作为“走资本主义道路的当权派”揪出来，而“靠边站”，“进牛栏”了，整个报社处于瘫痪中。这时，红卫兵每天随时进西瓜园来揪人拉出去批斗，被拉去批斗最多的是秦牧。我常亲眼见到秦牧每次被批斗回来，都被打得脸青或鼻流血，他仍迈着气轩之躯走回报社，脸带笑容，一副不屑一顾的样子。据说，在每次批斗中，他都不承认自己是“反党反社会主义”的人。由于欧阳山住我家的对面楼，我亲眼见到红卫兵经常揪他批斗。有一天中午，我还看到红卫兵在院子里强迫欧阳山焚烧他写的文稿，顿时使我想起《红楼梦》中黛玉焚稿的描写，实在使我心酸心疼；作家焚稿是焚烧心血，这不是强迫作家自杀吗？什么世道！黄秋耘当时已是甚有名气的作家。1962年他在任《文艺报》编辑部主任的时候，因为一篇宣传“写中间人物论”的文章加上一句话（即为“中间人物”加个定义：“不好不坏，亦好亦坏，中不溜儿的芸芸众生”）而更有名，也因此而被整来与我们一起批斗，但因红卫兵对他的“罪行”不了解，被遣送到北京批斗去了。据后来黄秋耘说，因他在北京级别低，每次“走资派”排队被斗，他都被排列到最后，所以老轮不上被斗，由此而免受皮肉之苦。最值得同情和怀念的是著名的散文家林遐。他写的散文都是歌颂新人新事的多，从《撑渡阿婷》到《山水阳光》都是如此，挑不出什么“阴暗面”，他做羊城晚报秘书长不久，说不上有什么“罪行”，仅因为他过去做过陶铸的秘书（其实只是在20世纪40年代后期，当时陶铸任中南军区第四野战军政治部主任的时候做过的），红卫兵便将他揪出，安置于一个秘密地方（据说是中山大学内的一个地下室），迫他写揭发陶铸的材料。他经常遭到拳打脚踢，饥寒交迫，受斗成疾，不治而终，时年仅40余岁。如此有才华的作家盛年饮恨而逝，实是可悲！后来虽然获平反，也不过稍慰在天之灵而已。

1967年秋冬的“武斗”，是“文革”中令人难忘的一章。当时几乎全国大城市都有出现，广州也在所难免。开始的时候，是从群众对封闭《羊城晚报》产生分歧，而使广州地区的红卫兵和工人主要分为“东风派”和“红旗派”两大派。“武斗”也是主要这两派之间进行，是真刀真枪的打仗，经常在深更半夜时，高声喇叭发出某地某处“十万火急”之类的呼叫声。在我所住的东风路宿舍，东头有“红旗派”据点，西头有“东风派”据点，两据点之间，经常用轻重机枪开火，相互射击，子弹从我住的楼顶上呼啸而过，令人胆战心惊，毛骨悚然，因为子弹不长眼睛，碰着即有生命危险，伤亡难免。当时“武斗”死伤情况不得而知。我亲眼见到红卫兵在棺材铺抢棺材，写上花圈：“烈士千古”，“红卫兵万岁”。见到这些惨状，我实在不能理解，这些被“武斗”打死和为“武斗”而死去的人，究竟是为谁而死？这样死去是“重于泰山”吗？能称得上“烈士”吗？果能“千古”吗？究竟是谁利用他们“武斗”？他们的真正敌人是谁？我更不理解的是这些使枪杆的人都是青年学生，他们是出于“热爱”而去“誓死保卫”的啊，而拼死拼活的双方都是为同样一个人；既然如此，双方又怎会成敌人呢？莫名其妙……

更难忘的是1968年秋冬之交，全广州新闻单位的人都集中办学习班，地点在广州市郊三元里一所停办了的学校（似乎是广州市财经学校旧址），集中食宿，按连排班军事编制，有似被关进集中营，由军宣队直接管理，每日学文件，写检查或写揭发材料，清理队伍，被揪出的人一天比一天多，“牛鬼蛇神”队伍越批越大；每天都有批斗会，有时加班加点，连夜进行，口号声、批斗声此伏彼起；被斗的痛苦呼叫声也时有所闻。我亲眼见到一位我所不认识的其他单位的“走资派”，因批斗时“坐飞机”而发出痛苦的呼叫；整个学习班有千余人，均不见脸上有笑容，老熟人碰面也默然以对，恐怖的气氛已达令人窒息的地步。这种氛围，是从未见过的，也是永远难忘的。这样的日子挨了将近三个月。1968年初冬，这班忠心耿耿的新闻战士，又被无罪流放，到粤北山区走“五·七”道路，“重新学习”，接受“再教育”去了。

2000年3月6日

# 粤北情片

1972年春至1975年春，我被派往广东韶关地区文化局工作。按当时的“内部”说法，我和一班同被派往地区工作的人，都是作为“尚可以用的人”而去受“控制使用”的，然而，山区的老百姓是淳朴的。他们都不买极左的账，反而赋予我真情片片……

## 洲心风波

1971年初秋，中国冒出了一项举世震惊的重大政治事件：当时已被定为毛泽东的“接班人”、并已是“一人之下，万人之上”的副统帅林彪，因仓皇出走，飞机失事，丧命于蒙古草原。这事件使中国的政治生活发生了重大的转折，其中表现之一，是开始“解放”一些干部，“落实”干部政策，扩大使用干部。同时，尽管当时的文艺界，还是江青一伙在把持着，也不得不做做样子，在纪念毛泽东《在延安文艺座谈会上的讲话》发表30周年的时候，发出要抓创作的号召。在这样的政治背景下，广东的“军管”为安置在粤北英德的宣传和文艺战线的干部，除陆续调少部分回省直机关工作外，多是派往省内各地区工作，可谓“几级处理”，即“较好”的回省直机关，“较次”的，即“尚可以用”的派往地区下面“控制使用”，“再次”者则留待逐步安排。我则属于“较次”的这一类（可谓“二类”）。当时宣传战线为了安排这一类干部，特地要求各地区都办报纸，由省直接派原在省的《南方日报》《羊城晚报》《广州日报》的编辑、记者去各地区办报。当时著名作家秦牧、杂文家于厘（黄每）和我等人，正在乐昌县茅坪大队蹲点（同贫下中农一道学习毛泽东著作），便将我们整个儿派住韶关办《韶关报》。在转关系时，当时韶关领导嫌秦牧工资太高（可能是200多元吧）拒绝接纳；见我原是搞文艺副刊的编辑（因地区报不办副刊），便将我安排在地区文艺办（后改名为文化局），负责编《韶关文艺》和培养业余作者。于是，我便开始了在粤北的山区中生活。四年来，做了一些力所能及的事情，有许多难忘的回忆。

最难忘的是1972年秋在清远县洲心公社办班之事。这事的缘起是我到任不久，见到当时整个韶关地区业余和专业作者的水平都不高的状况，向领导建议办一个文艺创作学习班，请老师上课，向学员们讲文艺创作的基本常识，以进行基础性的教育；同时边学边写，让学员们在这期间脱产，以写出作品。我还提出：省的文艺战线已开始落实干部政策，解放了一批作家，让他们在省文艺创作室工作，编《广东文艺》，可请他们当老师，作报告，改稿件。当时文艺办领导接受了我的建议，即下通知各县选派拔尖作者参加。当研究讲座办班地点时，考虑到省文艺创作室的《广东文艺》编辑部，也于相近时候在清远县的太和镇办班，为使老师讲课方便，我们地区办的班就决定在清远的洲心镇进行。

洲心是广东著名的粮产区，办农业合作社和公社化的时候，当时的省委书记陶铸到这里蹲过点，所以颇有名气。1971年，中国和日本在北京举行正式建立外交关系的谈判时，当时国务院就专程从洲心调运洲心鸡去接待日本首相田中角荣，由此使洲心和洲心鸡更是著名。当时经济尚在贫困状态，我们只是偶尔尝到这里特产的名鸡。学习班有近六十人，都住在洲心镇边上一间停产了的小工厂宿舍里，开始有电灯，不几天因电力紧张，便停了电，只得用火水灯照明，过着与贫困山区无异的生活，欠缺现代气息，倒有田园风光之味，可惜那个时候，没有闲情逸致去观赏品尝。而是每天紧张地安排老师讲课，组织讨论，布置写作，读稿改稿，忙个不停。

当时在作家中请了萧殷谈文艺理论问题，韦丘谈诗歌创作问题，陶萍谈小说创作问题，郭秉箴谈戏剧创作问题，此外，还请了中山大学中文系的老师楼栖、吴宏聪、黄天骥、黄渭扬等讲文学知识课程，我也就写稿问题讲了一些课程。学员们对作家和老师的讲课，都是很欢迎的，认为学到知识，指导实践，对写作有直接好处，认为如果早懂得这些基本知识就好了，不致走那么多、那么大的弯路了。我心里明白当时仍在江青一伙的法西斯文化专制主义的统治下，能够办这样的讲授文艺创作基本知识的学习班，能够让这些老作家和大学教师讲课，已经是很难得的了，而且是要冒风险的。

果然不出所料。这个班结束不久，全国在江青一伙的鼓噪下，文艺界又开始了反击“文艺黑线回潮”的运动。当时参加洲心班学习的连山县业余作者陈某，可能是对这“回潮”特别敏感的缘故，给江青、姚文元写信，“揭发”萧殷在洲心学习班的报告中，公然反对“三突出”，认为这位“文艺黑线”中的理论家的言行，正就是“文艺黑线”在广东“回潮”的表现。当时的“军管”系统即层层查办这件事情，要查原始记录，以组织对萧殷的新批判，开展反击“文艺黑线回潮”运动。无奈有关人员查不出记录，而萧殷也顶住不作检讨，只得不了了之。其实，萧殷当时只是说：写工农兵英雄人物是文艺的“根本任务”，“并不是唯一的任务”，文艺作品还应写好其他人物。毛泽东《在延安文艺座谈会上的讲话》中就指出：文艺作品要根据现实生活“塑造出各种各样的人物来，帮助群众推动历史的前进”。萧殷说的这些话，哪有半点反对江青炮制的所谓“三突出”（即“在所有人物中突出正面人物，在正面人物中突出英雄人物，在英雄人物中突出主要英雄人物”）的意思？也完全没有非议写工农兵英雄人物是文艺的“根本任务”之意，应当说有诬告之嫌，但当时“四人帮”唯恐天下不乱，以呼风唤雨为能事，毫无根据地制造风波，结果只能是造成好人遭殃，小人得利。这位“告状”的陈某由于“揭发”有功，不久即升任县宣传部副部长。粉碎“四人帮”后，陈某才向我承认了自己的错误，并求我引见萧殷，要当面检讨自己的错误，萧殷宽宏大量，热情地接见并帮助了他。后来陈某调来广州某新闻单位工作，不知何故，自杀身亡，从而使得多年前的洲心风波在政治色彩之外，又披上了一种难以言喻的天命色彩。

像陈某这样的人物，毕竟是个别的，在洲心学习班上，也仅此一人。在这个学习班上，我负责教务工作，主要负责人是“军管”，但还是通情达理的，没产生什么矛盾，全班近六十人，没发生过钩心斗角的事情。当时我是大病初愈，身体极其瘦弱，学生们都对我热情细致地照顾，使我在流放中感到温暖，彼此建立了纯正的深厚的情谊。粉碎“四人帮”后，这批学员都成了各县市的文化工作骨干，较多走上了县市以上文化部门的领导岗位，有的还担任了省的厅局部门的领导，尽管各奔东西，天各一方，还是交往密切，相互关怀，大家都对这个班两个月学习生活深切怀念，对所建立的友谊念念不忘，都认为这个学习班虽受极左影响，但所学的知识是永远有作用的，是具有打基础意义的。

## 梅岭芳草

1972年春，中华人民共和国开国元勋之一的陈毅元帅，在林彪、江青一伙迫害下，因患肠癌不治，与世长辞，举世震惊，全国哀痛！陈毅元帅又是一位诗人，我很喜欢他的诗，尤其是1936年冬，在广东与江西交界的梅岭附近被包围，受伤患病，在“丛莽间二十余日，虑不得脱”的危险境地，他所写出的《梅岭三章》更使我钦佩：“断头今日意如何？创业艰难百战多。此去泉台招旧部，旌旗十万斩阎罗。”在生死关头视死如归的气魄，始终鼓舞着我。他在1960年12月写的《冬夜杂咏》中所写的《青松》：“大雪压青松，青松挺且直。要知松高洁，待到雪化时。”诗中所表现的逆境中保持圣洁和挺拔的精神，使得他成为我的楷模。

我正是在陈毅元帅逝世的时候，怀着沉重的心情被派遣到韶关工作的。报到的那天，陈毅的追悼会开过不久，毛泽东穿着睡衣参加追悼会，与痛哭着的张茜（陈毅夫人）握手的电视镜头，仍历历在目。我的心里在默默地想念着这两首诗，尤其是：“后死诸君多努力”“人间遍种自由花”两句，似乎在鼓励着我：即使明知是逆境，也要上征途！当我知道陈毅写诗的梅岭，是在韶关地区所属的南雄县境时，甚感欣慰，心想：总算有机会到这久仰的圣地了。果然，在洲心学习班结束不久，我终于来到了梅岭，见到了梅关。

登梅岭的那一天，正值初夏的黄梅时节，时晴时雨，当我们行走在唐代诗人、宰相张九龄所开梅关古道时，正下着磅礴骤雨，将路面上块块卵石，洗得干干净净，赤脚踩上去，又凉又滑，很是舒服，但凸凹不平，不能走久，幸好路也不长，雨过天晴，上了高坡，即望梅关。梅关像是跨在两座山头之间的一把锁，长形，仿佛一座古长城的关隘，有“一夫当关，万夫莫开”之势，关门顶上题有“南粤雄关”四字，不知何人所书，门西边对联是“梅止行人渴，关报喜讯来”。关门年久失修，已有渗水，城墙砖已长满青苔杂草，显得古老苍凉。越过关门之后，更使我感慨万千，原本建造得颇有气派的石碑，被好端端地推倒地下，石碑上刻的字，正是陈毅写的《梅岭三章》！真是“墙倒众人推”，人倒碑也倒呵！断碑倒在茅草丛中，像是受茅草保护着，这情景，又多么像当年陈毅在梅岭“丛莽间”遇难而又脱险的情景呵！这情景，不也是当年陈毅在危难中受到人民群众的支持和掩护那样的情景吗？由此使我顿悟：这些茅草，不正是天地间无处不有的、象征着善良和正义的草吗？

当我在下山的路上听同行者讲述一段古时梅关故事时，更证实了这想法。这故事说有一位书生上京考试，路过梅关时邂逅一位姑娘，郎才女貌，相互倾情，在地偏人稀的环境下发生了关系，事毕两人分手，各走南北。书生离开不久，即发生急病，姑娘已走远，急唤不知，在无人救治下死去，过了几天，姑娘返经梅关，在梅关发现了一个新坟，旁边尚有书生的遗物，扒开细看，才知书生死去，而这新坟却是蚂蚁为其搬土所造的坟。这位姑娘由此而怀孕，生了个儿子，儿子长大后又赴京考试，中了状元，完成书生之遗愿。这故事显然是虚构的，但其内涵却是颇有意味的，造坟的蚂蚁，同保护陈毅诗碑的茅草，同掩护陈毅的老百姓，不一样是善良正义的人民群众的化身吗？都应当说是梅岭芳草吧？

在韶关工作的几年，我的处境自然不能与陈毅元帅在革命战争的年代和在“文革”中的环境相比，也与传说中的书生的际遇完全不同，但从广义的逆境上来说，是有相似之处的；而在逆境中的感受，也似有相通之处的。其中印象尤深的是在办三个“班”中的感受和在患难中所受三位“红”女士的真情。

三个“班”是指先后在始兴办的诗歌创作学习班，在南雄办的散文小说创作学习班，在韶关市办的创作学习班。我是办这三个班的发起者、主持者之一和主讲者之一。参加者都是写有稿件，有修改基础，特地以办班的方式，使他们有时间有机会修改，并结合授课，而使他们有所提高。这是比较扎实的培养作者的做法，既抓出作品，又出人才，在当时所出的成果，编印了两册书：一是诗集《北江放歌》，一是小说散文集《山花初绽》，以及综合期刊《韶关文艺》。在江青一伙把持下的文坛，能做到这点是不易的，我是本着良心学习陈毅老总的“诸君多努力”和“遍种自由花”的精神而尽所能做多点事、留些写作的“种子”，而办这些班的。当时环境之下，在编辑和讲课中，很可能写过或讲过当时不得不写或不讲的错话，也可能写过或讲过当时不能写或不能讲的真话。可幸的是，当时或事后，都没有一位学员像洲心班的陈某那样去“告状”，没有再发生过什么“风波”，想来这些，都像梅岭的芳草那样，对我深情掩护的缘故。

三“红”的第一“红”，是清远招待所一位女服务员，名字记不大清楚了，似乎叫怡红。她可以说是我的救命恩人。记得那是深秋的一个晚上，我在大病初痊后出差到清远，半夜突发剧烈腹痛，几乎痛晕过去。在这时刻，我只好请求帮助。怡红正在值夜班，她知讯后即摇电话找医生来急诊，确诊是急性肠类，打针后才转危为安。由此我对怡红由衷感激。这样的临急救助，在她来说是出于工作职责，出自人道主义。但在我来说则是患难得助，这个“难”，不仅是突发急病，而且包含着所受无罪流放的生活，是在妻离子散、孤身漂泊的困境中，获得的一点人情温暖。至今我对当时的情景仍历历在目，仍然记得在病痊愈离开招待所时，因怡红未值班而不能与她道谢握别的遗憾，仍然记得当时在萧瑟的秋风中踏着沙沙的落叶离开的惆怅情景。

在韶关工作的几年，我始终住在韶关招待所里。这意味着：韶关将我当过客，我也将韶关作逆旅。招待所的工作人员都知道我们是被“下放”来的，有意无意都“另眼相看”；我也自知是被人将无罪作为“有罪”流放的人，不愿“高攀”别人，也就不大与他们交往。没想到竟有一位女服务员例外，她的名字叫润红，我也是在患病中得到她的关照才开始与她交往的。记得是隆冬季节，冷得可怕，韶关下了一场大雪，因经受不住寒冷，我的老胃病又复发了，每天躺在床上，吃不下饭，而我又孤身一人在韶关，平时在食堂吃饭，没有自备炊具，想吃点稀饭、面条也不能自做。在这困境中，润红主动向我伸出援助之手，每天她下班回家煮好饭菜给家人吃后，又特地做稀饭或面条送来我吃，餐餐如此，持续近一周时间。后来我的儿子从广州来韶关度假，她也接回她家，如亲儿子那样接待。她有家有室，对我无所图也无所求，她的工作职责也没必要这样照顾我，只不过出于对困难者的同情而帮助。我在那样的寒冷处境中获得这点真诚的温暖，怎能不永远铭记于心呢？

第三“红”的名字叫杰红，是我在粤北结识的众多业余女作者中的一位，她当时是位活跃的姑娘，是一个单位的资料员，因写出一篇表扬商店服务周到的小戏《一只鞋子》而出名。她同其他作者一样，对我都是真诚友好的，没有“另眼相看”的偏见。她使我印象独特而又永远难忘的是，在一个盛夏的一天傍晚，急匆匆地奔到我的住所，神秘地告诉我有人向中央写信“揭发”在我主持的清远学习班上，著名文艺理论家萧殷的报告“有问题”，上头要查证原始记录资料，要作为典型事例，以开展对“文艺黑线回潮”的批判，要我特别小心。我听这消息后，心里一阵凉一阵热。心凉的是万没想到一片好心、一场辛苦会被人“告状”；心热的是杰红的“密报”，代表了韶关广大业余作者对我的感情关切，使我在孤身漂泊的处境中感受到群体的温暖。

1982年初春，我在北京参加首届茅盾文学评奖工作之余，专程拜访了著名作家、文艺理论家秦兆阳，他是长期被极左路线压制而被“下放”多年的人物。他当时刚过66岁生日，特为总结自己数十年生涯而题了一首诗：“莫道人生太易老，苦辣酸甜滋味好；更喜大地总多情，天涯处处有芳草。”他书赠这首诗给我，并解释说，“芳草”就是“大地”中处处皆有的善良正义的人们，同情受难者，是中华民族优秀文化传统之一，也是多数中国人的优秀品质之一。我在粤北几年的漂泊中，所受到的这些片片真情，不正是梅岭芳草所赋予的吗？

2000年3月11日

# 春回羊城

1976年春到1978年底，我在广东作家协会工作，亲历当代中国伟大历史转折时期文艺界的繁杂斗争，有幸参与为创造第二个文艺春天而努力的许多文坛盛事。

## 春雷

1976年初春，“人民的好总理”周恩来辞世，举国上下、四面八方，都处于沉痛之中。在这样背景下，省领导接受了刚“解放”出来工作的原省新闻界和文艺界领导黄文俞、杜埃的意见，将原下放各地区的新闻和文艺干部调回省工作。我也就是在这样的时候，调回羊城，到当时广东省文艺创作室主管的《广东文艺》编辑部，做理论组的编辑。当时这杂志的主编是秦牧。

当时的广东省文艺创作室，可以称之为文艺家的“收容所”，主要暂时安置那些刚被“解放”而又未能安排工作的文艺家的，真可谓藏龙卧虎的“大黑窝”，里面集中了广东最著名的文艺界“重量”级人物，如：欧阳山、吴有恒、陈残云、萧殷、吴天、华山、李门、周国瑾、黄新波、关山月、杨纳维、黄笃维、陈润庭、王立、黎辛、黄宁婴、黄雨、何芷、陶萍、李筱峰、于逢、易巩、余本、蔡迪支、韦丘、曾炜、郁茄、黄庆云、何求、梅重清、吴紫风、林韵、谭林、胡均等文学、戏剧、美术、音乐、电影、摄影、曲艺等方面的杰出人物，是“文革”前的“省文学艺术界联合会”的一个缩影。这些人物，“文革”前工作忙得不可开交，“文革”时被批斗不停，在“五七干校”每天都受着“劳动改造”，终于“解放”了，也不能工作，无所事事，浪费时光。我一下进入这样的群体之中，有一种难以言喻的感受，既有高兴又有凄凉。高兴的是能与家人团聚，与一班过去熟悉的崇敬的文艺前辈再度相处；凄凉的是见这班杰出人才实际仍在“监管”之中，不得启用，无所作为。周总理逝世后，“四人帮”加快篡党夺权的步伐，四处制造“走资派还在走”的空气，发出“反击右倾翻案风”的叫嚣，弄得人心惶惶，提心吊胆。

1976年清明节，北京传来消息，发生了“天安门事件”，有似一声春雷，震动环宇，也震动了像是“收容所”的广东省文艺创作室。开始人们只能从当时“四人帮”把持的新闻媒介去了解这事件，知道邓小平为此受到撤销一切职务的处分，而且慢慢知道一些事实真相，知道了是因为在周总理去世时，“四人帮”不允许人们追悼，于是自发在清明节去天安门的人民英雄烈士纪念碑前献花哀悼，在纪念碑的周围铁链上，每个小圈都挂上一朵白纸花和用白纸写上一首诗词，一个晚上使天安门前成了白花的海洋。“四人帮”即用“工人纠察队”去清理了，结果第二天晚上的花更多，花圈更大，要出动军队才能搬走，于是发生了流血冲突。事后才知道，在群众写的诗词和标语中，出现了“除四害，讲卫生”甚至“打倒四人帮”的字样，后来又见到了北京语言学院教师以“童怀周”的化名，冒着生命危险抢抄下来的诗词传抄本《天安门诗抄》。这些情况，都是我在当时或事后，陆续从萧殷等前辈口中秘密得知的。这些消息，越传越多，越传越公开，越来越激愤人心。我心里逐步明白：物极必反，苦有尽头；春雷已响，明媚的春天就要降临了！

## 清毒

果然，1976年10月6日，党中央一举粉碎了江青、王洪文、张春桥、姚文元一伙“四人帮”，人们莫不拍手称快，全国各界群众都自发地举行庆祝游行。广东省文艺创作室的全体人员，也投入了广州的游行队伍，在队伍中，我见到了过去从未在游行队伍中出现过的著名文艺家们，欧阳山、陈残云、秦牧、萧殷、李门等等，都在群众队伍中，伸直了被折弯十年的腰，挺起了曾被打伤的胸脯，昂首阔步，神气十足，振臂高呼口号，真是难得的罕见的文坛一幕，这意味着：第二个文艺春天开始了，是春回大地，春回羊城了！

1977年10月，中共广东省委在广州召开了全省文艺创作会议。会上，吴南生书记传达了刚闭幕的全国科学大会的精神。他讲话前即出人意料地作了一个惊人之举：当即请欧阳山、陈残云、秦牧、萧殷上主席台就座，全场惊讶，似乎一时接受不了，没有多少人鼓掌。当时人们似乎尚未意识到这个动作，实际上是传达了从此要尊重文艺专家，要为他们过去所受的冤屈平反昭雪的信息，同时也意味着要恢复文艺家协会的活动和开展认真清除林彪、“四人帮”的极左流毒了。会后，我给《光明日报》写了这个大会的报道，为《广东文艺》写了题为《干出社会主义文艺的春天》的大会侧记。

其实，早在1977年初，对林彪、“四人帮”极左路线的消毒工作已开始了，只是在这次会后才引起更大声势。当时省文艺创作室最早成立“大批判小组”，由萧殷、于逢和我组成，首先批判的是江青炮制的“三突出”，由我根据大家意见写出文章，在《广州日报》上发表。接着由于逢执笔，用季冰之的笔名，在《广东文艺》上连续发表两篇文章，批判浩然的长篇小说《西沙儿女》和原名《三把火》的《百花川》，后由《人民文学》转载。接着，又有省委宣传部副部长黄文俞直接领导下的批判组，由易准、黄树森和我组成，先后写出批判电影《反击》和“反真人真事论”的文章，以省文化局批判组名义在报上发表。刚刚恢复活动的省文联，也于1977年11月举行批判“文艺黑线专政论”的专题大会，大会委托我撰写《彻底粉碎“文艺黑线”专政论》的专题文章，以本刊评论员名义在《广东文艺》杂志上发表。接着又由我执笔写出《应该认真清除流毒》的本刊评论员文章在《广东文艺》上发表，这是全国最早发起的对“文艺黑线专政论”的批判。由此开始，全国也即陆续开展了对“四人帮”的极左路线和文艺理论的批判和清毒工作。中央军委也正式公布撤销了“文化大革命”纲领性文件——林彪委托江青召开的《部队文艺座谈会纪要》。这是对“四人帮”批判的重要转折，从此全国对“四人帮”极左思想和路线的批判和清除流毒的工作全面开展了。在这点上，广东文艺界是起到“打开头炮”作用的。

在这样的形势鼓舞下，我出于对“四人帮”的极度仇恨，尽了最大努力，写了一系列批判文章在报刊上发表。其中有：在《广州日报》发表的《论文艺作品中的理想人物》，在《南方日报》发表的《论文艺作品中的主要人物》，在《学术研究》上发表的《打破塑造反面人物的清规戒律》，在《人民日报》发表的《“写中间人物”是资产阶级的文艺主张吗？》等，颇有影响。值得特别说的是《“写中间人物”是资产阶级文艺主张吗？》一文的写作和发表过程。这个命题，开始是在《人民日报》文艺部的缪俊杰和郑荣来同志在广州召开文艺评论作者座谈会时，我在会上提出来的，与会者都认为有理。我写完初稿后，特地送给黄秋耘同志看。他是因为给“中间人物”下个定义（“不好不坏，亦好亦坏，中不溜儿的芸芸众生”）而被迫害的人物。他告诉我：当时邵荃麟的夫人葛琴给当时任中央组织部部长的胡耀邦同志写信，要求找到邵荃麟尸骨，并予以平反昭雪。耀邦同志答复此案他也管不了。可见问题的严重性和复杂性。我又将这份初稿送给欧阳山看，他当时刚从北京参加第四次全国文代会的筹备会议回来，向我转达信息说：茅盾对邵荃麟因提出“写中间人物”观点而受害致死十分愤恨。茅盾说：“这观点是我首先提出的，提出这观点的大连农村题材小说创作座谈会，也是因为我在大连休养而到大连开的，这观点我也在会上讲过，我至今仍认为没有什么错误。所以，不为邵荃麟平反，我死不瞑目。”这个信息，鼓舞我将稿件寄到刚复刊不久的《文艺报》，可是其迟迟不予答复，我便寄给了《人民日报》文艺部，很快登出来了，占了大半个版的篇幅，在当时的《人民日报》是少有的。特别是当时尚未给邵荃麟正式平反。平反后，《文艺报》才发表有关“写中间人物”的文章。后来我在一个会上见到《文艺报》副主编陈丹晨同志，他说他看过我的稿件，因当时邵荃麟未平反，不敢发表，也难以写信复我，因为《文艺报》处境不同《人民日报》。据报刊报道，邵荃麟的追悼大会在1979年秋天进行，茅盾、周扬等都参加了大会。

清毒工作的另一方面，是对被“四人帮”诬陷的作家和作品平反，恢复名誉或予以正确评价。这项工作，在广东来说，最大的是对欧阳山和秦牧及其作品批判的冤案。经研究，秦牧及其受批判的《艺海拾贝》由另外的人去写平反文章，由于我过去因写欧阳山作品的评论而受株连的缘故，在欧阳山和萧殷的提议下，应《广东文艺》和《广州文艺》编辑部之约，分别写出《真金不怕火，烈火炼真金——重读《乡下奇人》《装点此关山，今朝更好看——重读〈三家巷〉〈苦斗〉》《文艺应当有民族特色和地方色彩——从〈三家巷〉〈苦斗〉的风俗画描写谈起》等文章发表，同时还写了《青山着意化为桥——记萧殷谈〈桃子又熟了〉的写作》。规模和影响特大的，是为周立波的《韶山的节日》平反的宣传，这是由湖南《湘江文艺》副主编张盛裕同志组织的。他专程从湖南来广州向萧殷约稿（他五十年代在北京《文艺报》工作时是萧殷的下级）而认识我，谈及周立波因写《韶山的节日》一文而受严重迫害的过程，约请了周立波、秦牧、罗瑞卿写文章，为其公开平反。张盛裕问我，周立波的文章中，说到“《羊城晚报》有人来向我约稿”，不知这个人是谁？我说就是我呵！（详情已见前章《风雨流花》）还谈到当时重发这篇记事散文的“编者按”是出自萧殷手笔之事。由于当时《羊城晚报》尚未复刊，于是便向当时在《南方日报》任副总编辑的张汉青（贺青）提出转载《湘江文艺》先后发表的周立波、秦牧的文章和罗瑞卿的信，随后以整版篇幅重新发表《韶山的节日》全文，并加了一段文字颇长的“编者按”。随后《南方日报》和《湘江文艺》都先后发表了我披露这事件过程的文章。

1977 年 1 月粉碎四人帮后广东文艺界声讨会上的欧阳山、陈残云、吴有恒等老作家

## “伤痕文学”广东版

1978年春，广东省文联和中国作家协会广东分会（后改名为广东作家协会，以下用“省作协”简称）等文艺团体恢复组织活动，《广东文艺》也于当年7月开始恢复“文革”前《作品》本名，由萧殷任主编。省作协还成立了由萧殷为主任的文艺评论委员会，

委任我为负责日常事务的委员，同时任《作品》编辑部理论组县级编辑。当时，《人民日报》发表了报道广东文艺界“三个活跃”（思想活跃、组织活跃、创作活跃）的消息，说是全国最早恢复文艺社团活动的省份，影响甚大。

正在这样的时候，刚恢复活动的省文联和省作协，特别邀请了周扬、夏衍、林默涵、张光年等来广东作报告。当时全国文联和作协尚未恢复，这几位文坛前辈和领导也刚“解放”不久，尚未安排正式职务，正为召开第四次全国文代会做筹备工作。当时广东敢于邀请他们，而他们又愿意来广东“亮相”（为重新走上文艺舞台而开场），是件颇不简单的事情。因为当时极左余毒尚存、人们心有余悸，无论邀请者或被邀请者，都需要有极大的勇气。周扬是在广州友谊剧院作报告的，欧阳山主持大会，由我在后台做记录（当时尚没有录音机）。这是我第一次见周扬，也是第一次为他做记录，整理后送到从化温泉请他过目修正，后来在《人民日报》以两个版的篇幅全文发表，题目是《关于文艺问题的意见》，其内容与他后来在第四次全国文代会上的报告基本精神一致，但具体内容很多不同。其中谈到一些事情，在公开发表时删去了，使我印象特深的也是这些事情。例如：在谈到“百家争鸣、自由讨论”问题的时候，他说：自解放后事实上没有什么学派、流派的争鸣或争论，其实是没有学派，也没有流派。如果说有的话，恐怕也只有胡风算得上是一个流派。这样的话，如在当时敢公开说出来，真是一声巨雷，因为当年“胡风反革命集团”是毛泽东亲自钦定的，当时尚是两个“凡是”（即：“凡是毛主席说过的话，凡是毛主席办过的事”都不能改变）的时候，这案件不可能平反。而这案件又是周扬经手办的。怎能不使人惊讶！此外，周扬在谈到邵荃麟“写中间人物论”一案时，声泪俱下，几乎泣不成声，用只有我在后台才听到的声音说：“说我反对毛主席指示，我哪里敢啊！”“批判我包庇邵荃麟，我就是没有保护到呵！”这些痛心的镜头和言辞，极大地震动了我，沉思许久，念念不忘，使我稍许想到新中国成立数十年文艺界风雨不停的个中奥秘，看到了这位在中国文坛数十年叱咤风云的人物的可怜的一面。因而当后来听说出版社在编印《周扬文集》时询问他要不要修改历次运动中他所作的报告时，他回答说：“怎么改啊？这是历史，只能留着它吧！”以及听说他后来为马克思逝世一百周年所作的报告中，因“异化”的说法而受批判时，我就更理解这位既是文坛巨人又是可悲的人了。

正是广东文艺界的活跃领全国风气之先的时候，“伤痕文学”的潮流开始兴起了！几乎在北京《人民文学》发表刘心武的《班主任》，上海《文汇报》发表卢新华的《伤痕》的同时，广东的《作品》发表了王蒙的《最宝贵的……》，这是王蒙在新疆刚获“解放”，尚未能调回北京时，重新提笔的第一篇小说。《作品》还同时发表了孔捷生的《姻缘》，紧接着又连续发表了孔捷生的《锁王传略》《在小河那边》，陈国凯的《我应该怎么办》，更引起了震动效应，使《作品》发行量从几万份一下跃升为近百万份，还收到大量读者来信，纷纷表示同情这些小说所写的人物，或者诉说类似的悲剧故事，有的还自告奋勇地为陈国凯在小说结尾发出“我应当怎么办？”的提问“出谋划策”，“解答疑难”。显然，“伤痕文学”在广东是影响甚大的，而广东的“伤痕文学”作品也同样影响全国。不久，欧阳山的小说《成功者的悲哀》、《胆怯的孩子》先后在《人民文学》上发表，广东文坛与全国文坛汇合成了一股空前的文艺潮流震动寰宇，为当代中国文学谱写了一页新篇章。

随之，对“伤痕文学”的讨论也热烈地开展起来。在《文艺报》就《河北文学》发表的《歌德与缺德》一文而引起论争的时候，《广州日报》发表了黄安思（即当时主管文艺的广东省委宣传部副部长黄文俞）写的《向前看呵，文艺》一文，提出“伤痕文学”有“向后看”之嫌的非议。此文一出，反响强烈，使得广东文坛也在理论批评上，卷入了全国的关于“伤痕文学”的论争热潮中，各报刊纷纷发表不同意见的争论文章，欧阳山发表了《三年文艺大有成效》，萧殷发表《现实主义的新胜利》等文章，我也写出了《关于文艺与政治的关系——对黄安思〈我的意见〉的意见》一文，我还以通过具体作品评价而支持“伤痕文学”，在《广州日报》《文艺报》《广州文艺》等报刊上先后发表文章。如：《文艺的一声春雷——话剧〈于无声处〉提出和回答的问题》《角度•广度•深度——评〈在百分之九十里〉》《人物多样化和手法多样化——评贾平凹的〈头发〉》《告诫•富贬•对比——读欧阳山的〈成功者的悲哀〉》《可喜的第一步——评孔捷生的短篇小说》《是赞歌不是悲歌——评谌容的〈人到中年〉》等文章，还在《广州文艺》就“伤痕文学”而引发的关于社会主义文艺的悲剧问题讨论中，发表《关于悲剧的悲剧》一文。这些文章，在“伤痕文学”思潮和论争中产生过一些影响，起过一定促进作用。

2000年3月14日

# 康乐风云

1979年初，我调回中山大学中文系任教，时年刚过43岁，迄今已有20余个春秋，可谓盛年虚度，白发丛生，值得回忆的风云盛事甚多。《红楼梦》有诗云："世事洞明皆学问，人情练达即文章。"因时间距离太近，对"世事"尚未"洞明"，"人情"也尚未"练达"，故尚未能做出学问，写成文章，暂时只将从1979年至1983年的一些事写出，其余的事，以后再说吧，关心的读者，可先看本书《笔耕苦旅》篇中的序与跋。

## "急流勇退"反更进

粉碎"四人帮"后，我在广东作协工作的几年，堪称中国文艺界的"第二个春天"，在我来说也可以说同样如此，因为在这期间发表的文章，不亚于20世纪60年代，甚至数量更多，影响更大。也许正是因为这个缘故吧，20世纪60年代"好景不常在"的教训，担心长期处在文坛斗争第一线，老在"风口浪尖"之中，时有始料不及的风波出现，身不由己，担惊受怕，又苦又累，于是便有"居安思危"的想法，有"急流勇退"的打算。另一方面，由于长期从事编辑工作，又搞文艺理论批评，每日忙于编辑事务，只能业余写点东西，忙忙碌碌，匆匆而写，大都是赶时候的急就章，平时无暇看书，只写不学，难有深度，也会有山穷水尽、江郎才尽的危机；同时，在编辑工作中发现，搞理论批评的有两种人：一是像我一样从事编辑或机关工作之余写作的人，一是在大学任教的中青年教师。这两种人的稿件都各有优势而又各有局限，前一种是敏感、实际，有的放矢，但欠理论深度；后一种是理论较好，但却呆板而不够实际，这是两种人的职业环境不同造成的。能不能走出一条将两种人的优势结合起来并避免两种人缺陷的道路呢？要怎样才能走出这条路呢？我想，自己有数十年的实际工作经验，到大学去工作，边教书，边从事理论批评，边进行科学研究，恐怕是可以走出这第三条道路的吧？于是，我便托人传达信息，有回我的母校——中山大学中文系工作的想法。

实在令我感动的是：我的老师、当时任系主任的吴宏聪教授得知信息后，立即写信给我，热情地邀请我回母校执起“教鞭”。不几天，又亲自登门诚请，当时我尚住东风路宿舍，他从中大骑自行车来，起码要一个小时，他当时已年过半百，不辞跋涉辛苦，而且又是邀请他教过的学生，怎能不使我受宠若惊呢？当时我有回中大的想法，不过一时考虑，未下决心，尚在犹豫之中，经他这样盛情邀请，也就不得不下决心允诺了。但广东作协能否放我走则是个大问题。我想，萧殷与我有长期接触，对我了解，较好说话，便向他开口，请求他帮助我。开始他不同意，经我讲述要探索一条理论批评路子的想法后，他认为有理，便表示支持了。我便在其他作协领导都去北京参加第四次全国文代会期间，由萧殷主持日常工作时办理了调动手续，到中大报了到。大会结束后，欧阳山回广州知道这件事，很不高兴，要我立即将关系转回来；当时因患肺癌住院的《作品》副主编黄宁婴，也要我立即返回编辑部。我心里十分感动，又很为难。为化解这场矛盾，我特地请欧阳山和夫人虞迅、萧殷和夫人陶萍，以及吴宏聪老师到我家吃了一顿饭，兴高采烈一番，也就不再要我转回作协了。当时请吃饭不像现在那样普及，更不会像当今那样“高档”消费，只由我的家人做了点有家乡风味的小菜：如蒜酿、盐焗鸡等招待。据我所知，欧阳山和萧殷都是甚少接受宴请的，带夫人出席更是绝无仅有，使我甚受感动，印象深刻，所以值得一记。

当时，欧阳山和萧殷两位前辈，都再三叮嘱我，到大学工作后一定不要脱离现实，不要脱离实际，必须仍像以往那样，积极投身现实文艺运动，不要做空头学问，不要搞脱离实际、无助于现实的“理论”。这些教诲，使我印象深刻。秦牧、陈残云、杜埃等前辈知我调回中大后，也再三向我作出同样的交代。前辈的关切和鼓舞之情，始终是我前进的动力，后来当我写了一些著作出版的时候，这些前辈也都以同样精神写信鼓励我（见拙著《文化与文学》中收录的欧阳山、秦牧、陈残云、杜埃的信或题词）。前辈的这些教诲，也使我违背了回中大而“急流勇退”的初衷，不仅不退，反而更“进”了。最突出的表现是提出“社会主义批判现实主义”的观点，这更是使得我“进退不得”（待下面另节记述）。

正式到中大中文系上班后，由管教学的副系主任楼栖教授（也是我的老师）安排，我先是带1976级的学生去实习，完后为1977级和1978级的学生讲授《中国当代文学》和《艺术辩证法》等课程。也就是在这个时候，美国加州大学教授林培瑞（Perrg Link）博士到中山大学作交换学者，专题是考查新时期的中国“伤痕文学”。吴宏聪主任考虑到这正是我之所长，便委托我作为系的代表，协助并陪同林进行考查。林培瑞除每次都听我讲课外，还请求我带他访问欧阳山、陈残云、秦牧、萧殷、岑桑、陈国凯、孔捷生等作家。当时作家们都不富裕，住得差，生活条件也差，欧阳山说不要紧，都带他到每个作家的家里去访问，让美国人看看中国作家是在怎样的艰苦条件下从事写作。我都一一照办了。林培瑞很满意访问结果。他在这次考察期间，为美国翻译并编辑出版了一部中国“伤痕文学”作品选集。林培瑞是道地美国人，普通话说得很好，比我还标准得多。从交往中我了解到，他当时只有33岁，是美国哈佛大学夏志清教授（著名华人学者）培养的博士，他的博士论文是研究中国的“鸳鸯蝴蝶派”文学，这种文学的资料他曾到中国上海、北京找过，都不丰富，后来他到日本才找齐，才能完成论文课题。在中大半年之后，他去了北京大学，也是待了半年，同著名相声大师侯宝林交往甚厚，又研究侯宝林的相声，并同侯宝林同台演出相声，是位名副其实的“中国通”。

1979年秋《羊城晚报》筹备复刊，负责筹备工作的领导许实（即微音）和杨家文（周敏），都希望我再回报社工作，筹办《花地》副刊，并由省委宣传部向中山大学发了商调函。我考虑再三，既然打算到中大教书、做学问、写文章，那就下决心呆下去算了，不要变来变去。1981年春，萧殷知道全国省市，只有广东和西藏没有社科院文学研究所，便委托我起草筹办这个所的方案，并由我持着他带头签名的致广东省委要求办这个所的专家联名信，去请欧阳山、王季思、吴宏聪、楼栖等教授签名，不久省委同意筹办，负责筹办工作的杨越、张绰、叶汝林等同志，又都希望我调来直接参加筹办工作，我也谢绝了。

1981年，以姚雪垠为会长的中国当代文学学会创办大型期刊《当代文学》，由杨越任主编，我是编委之一。当时广东人民出版社主编岑桑收到了一份长篇小说稿，即后来极其著名的戴厚英写的《人啊，人！》。岑桑看完初稿后，觉得小说从内容到写法都很开放，能否出版，不好把握，要我看看（同时也请黄秋耘看）。我看后认为：从人性、人道主义的角度去写出“文革”的灾难，以现代派的“意识流”方法写长篇小说，两者都是新的，出版必会引起震动，当时考虑到《当代文学》不宜发小说，只选这小说的后记发表，万没想到在后来的反对资产阶级自由化和清除精神污染的运动中，引起甚大麻烦。在发表《人啊，人！》后记的《当代文学》第一期和这部小说出版后，我曾见过作者戴厚英一面，身材瘦小，脸庞黑黄，不像传说中的风云女子形象。不久，又知道了她的所在地来信，认为不应出版她的作品，不要发表她的文章，因为她是“文革”中的“造反派”头头，又与诗人闻捷有染，并与闻捷自杀案有关。当时我们认为不应当像过去那样发表或出版作品要经作者所在单位同意，应当将人与文分开，将人的历史与现在表现分开。只要作品没政治问题、够质量，就可以发表或出版。所以也就不答复来信的指责。但在1983年的清除精神污染中，广东文艺界则大张旗鼓地对《人啊，人！》进行批判。当时虽未追究我的审稿和发稿责任，但也不是没有心理威胁的。

1981年夏天，一场强大台风袭击广州的一个上午，台风刚过，我所住的院子遍地被风刮倒的树木，乱七八糟，零乱不堪，正当这样的时候，美国纽约圣若望大学教授金介甫

（Kinkleyc Jeffreyc）博士和夫人康楚楚登门拜访，这是事先一点也不知讯息的。原来他们事先已打电话与中大中文系办公室联系，是由此而知我家地址而前来造访的。他访问的目的，是邀请我在1982年7月到纽约参加他主持的一个国际学术研究会，题目是“当代中国文学的现实主义”。金介甫是美国人，他的夫人是台湾人，金介甫的中国普通话说得不大好，要靠夫人协助翻译。他说是在报刊上的文章中知道我的，所以专程邀我赴会。他是同太太去桂林旅游而特地在广州停留来拜访我的。后来我才了解到：他是著名的美国研究中国作家沈从文的专家，沈从文当时曾获提名诺贝尔文学奖候选人之一，就是金介甫推荐的结果（后因沈从文病逝未果）。他访问我后不久，邀请书寄来了，来信还说除参加会议外，还请我在大学讲学一些时间，表示如我办好签证，即免费提供我赴美的往返飞机票，同时还告知我在中国内地只邀请我和作家王蒙两人赴会。接信后我喜出望外，感到无上光荣，不仅是因为有机会出国，而且是参加高层次的国际学术讨论会，有美、英、奥、德、日本和台湾、香港的学者参加，机会难得。

1980年春黄伟宗在北京香山与参加中国作家协会举办首届茅盾文学奖评选会同仁合影

但当时的学校领导却不支持，态度不明朗，老说要研究，只说可先准备论文，我猜这是拖的做法，拖延时间，实则不想让我去，我见时间紧迫，即向中国作家协会反映（因为美方的邀请函同时也发到中国作协）。后来我才知道，中国作协在经请示中宣部后，特专函在广州的黄秋耘，要他持公函找中大领导，请批准我赴会，黄秋耘见中大当时某主要领导时，这位领导知我向上面“告状”，便一口拒绝批准我去，黄秋耘见状，知已无可挽回，连中国作协的公函也不出示便悻悻走了。

由此我便不能赴会，只是寄去论文（题目是《新时期以来中国小说艺术的发展》）。开会那天，“美国之音”广播电台新闻节目中，播发了我未能赴会的消息和论文的内容提要。中大中文系的学生听到时，已是晚上10时，大家都很激动，连夜派两位同学赶到我所住的东风路宿舍报讯，使我感动不已！后来金介甫陆续给我寄来关于这个研讨会的各种报刊报道的复印件。从中我才知道，中国内地赴会者除王蒙外，尚有正在美国讲学的黄秋耘和乐黛云，香港有黄维梁、李怡、壁华，台湾有颜元叔，英国詹纳尔，美国的夏志清、李欧梵等数十人，我的论文是由美籍华人作家于梨华在会上代宣读的。《北美日报》的头条新闻报道中称我是“因有恙未能前来”。事后，金介甫寄来了这次研讨会出版的专著（其中引列了我提交的论文），书名是《毛以后的中国文学》。

1982年春，应中国作家协会的邀请，我到北京参加了为首届文学奖而评选长篇小说作品的“读书班”，地点在香山昭庙的一座别墅里。主持人是张光年、冯牧、孔罗荪等老一辈文艺家，实际主持者是谢永旺、刘锡城、阎纲、孙武臣，参加者都是当时全国各地颇有影响的中年评论家，包括：蔡葵、童庆炳、周介入、王愚、宋遂良、何镇邦、陈美兰、吴松亭、孙逊、吴功正等人。在两个月时间里，我们分工读完了当时全国各地选送的400部长篇小说（以1977年到1981年底的出版物为计）。我主要阅读反映“四化”题材的小说，如《沉重的翅膀》等。每读一部都要写出详细意见，提出可评或不评的理由，工作十分扎实、细微、认真、负责；讨论时各抒己见，畅所欲言，热烈争论，不讲情面。最早评出的获奖作品是：姚雪垠的《李自成》、魏巍的《东方》、周克芹的《许茂和他的女儿们》、莫应丰的《将军岭》、古华的《芙蓉镇》等。参加这次学习班学到许多东西，更密切联系现实，扩大视野，结交了朋友，尤其是拜访了文坛前辈葛洛和秦兆阳，受到深刻教育，留下难忘印象。

## “匆匆春又归去”

这是一件从1979年到1983年整4年时间为全过程的事情，又是对我的影响极其深远的事情，所以单节记述。

其实，在1978年撰写大量评论“伤痕文学”作品，以及在参与“歌德与缺德”问题论争的时候，我已经感到应当从创作方法和现实主义理论上去看待这种新起的文学现象，同时，也从我国文学自从提倡社会主义现实主义和“两结合”以来的历史教训和创作实际上看，不允许和不提倡创作方法和现实主义多样化的话，文学是没有出路的，不从创作方法和现实主义理论上确定这种着重批判的文学的地位和作用，是不能正确认识评价这种文学现象和解决认识分歧的；另一方面，社会主义革命和建设，也的确需要毛泽东所说的“以歌颂为主”“写光明为主”的社会主义现实主义文学，而这种社会主义现实主义的理论特征，又的确不能概括和说明历来以着重批判为主的文学，也必然排斥和否定这种文学。多年来连续发生压制批判文学而事后又要平反，压制这种文学反而更多这种文学的事件和现象，真可谓“野火烧不尽，春风吹又生”，其原因是什么呢？我想，除了由于判断或政策错误的原因之外，就在于在创作方法和现实主义理论上的片面性理论错误。由此，我下决心写文章提出这个理论问题。

我事先估计到：提出这理论问题会引起强烈反响，会招来灾祸。1979年初我进中山大学工作时，“伤痕文学”思潮更进而发展为“反思文学”思潮，批判的气氛和浓度更为强烈和发展，促使我更感到要对这种文学现象作出新的概括的必要。如果只是写不能说明现实创作实际的表面文章，算什么理论批评呢？文学评论家的勇气和责任心何在？正好这时周扬在第四次全国文代会的报告中，有“提倡创作方法多样化”的说法，这是前所未有的，使我的想法在有创作实践依据基础上，又有了理论依据，于是便动笔写《论社会主义批判现实主义》一文，长达近两万多字。

在文章中，我认为当今起码有三种创作方法：一是过去作为“基本创作方法”的社会主义现实主义；二是过去被视为“最好的创作方法”的“两结合”（即革命现实主义与革命浪漫主义相结合），实际上是以写光明为主，以歌颂为主的革命理想或革命浪漫主义，应当继续发展这两种创作方法和现实主义，但同时也应当确认还有第三种创作方法和现实主义创作的存在，并允许其发展，这即是：社会主义批判现实主义或称革命批判现实主义。这种创作方法的含义是：站在无产阶级立场上，着重通过揭露批判革命进程和人民内部存在问题去反映现实，并在真实的、具体的描写中体现社会主义思想的现实主义。它的特征是：揭露、批判、思考。即在揭露中表彰，在批判中歌颂，在思考中前进。

文章所引证的文学现象，除了当时新出现的“伤痕文学”和“反思文学”作品外，还涉及了新中国成立以来历次运动中受到批判的作品，如被认为是写小资产阶级的小说《我们夫妇之间》，写互助组的《不能走哪一条路》，反右运动时的《组织部新来的年轻人》等，以及丁玲的《三八节有感》，欧阳山的《乡下奇人》等，这一系列着重批判的作品，说明这是一种具有一贯性历史性的文学现象。

文章写好后，正好中山大学举行校庆学术讨论会，我想这正是征求意见的好机会，提交这样的场合讨论，可以改得更好，即使有错误也是学术问题，政策规定学术问题是可以“自由讨论”“百家争鸣”的，我便打印出来，提交讨论。在讨论中，有人赞成，有人反对，有人认为可修改得更好。总体说，赞成和鼓励者是多数，反对者也只是说概念不确切，无人指责是有思想问题或政治问题。当时正在中大作交换学者的美国加州大学教授林培瑞博士看后认为：社会主义批判现实主义的提法，不仅说明了“伤痕文学”现象，还说明了鲁迅等作家的作品，因为鲁迅的批判现实主义，不同于旧批判现实主义，又不能称为社会主义现实主义，现在有这提法，是可称鲁迅为革命批判现实主义的。这评价实际上是延伸了我所指的文学现象的。《中山大学学报》廖文慧同志（当时是编辑，后来任主编）很支持我的大胆探索，本拟在学报发出我的论文，因当时主编不同意而未果，后来在批判我时，她也受到批评。可惜这样一位好编辑在前年因急病去世了。我特在此记下她的支持，以示深切哀悼。

讨论会后，湖南《湘江文艺》和《广州文艺》的编辑部，分别来信向我约稿，两个刊物都打算就现实主义问题展开讨论，希望我写稿参与。于是我将论文改写为两份着重点不同的稿件：一是《论社会主义批判现实主义》，寄《湘江文艺》；一是《提倡社会主义文艺创作方法的多样化》，给《广州文艺》。两个刊物接稿后，都及时复信表示采用。正在这时，即1980年2月，中国作家协会副主席、《文艺报》主编冯牧到广州，在广东作协召开了一个小型座谈会，征求有关文艺理论批评的意见。我在这会上发言，提出了“社会主义批判现实主义”问题，向他征求意见。在这个会上，冯牧多次发言都未对我的提法表态。没想到在他临别广州时，为广东作协会员作了一个报告，在报告中，他才首次公开对我所提口号提出批评，认为这口号是片面的、错误的。他作完报告后，我即走上前去向他作说明，他只回答以后有机会再交换意见便匆匆离开了。没想到他这报告在他离开后不久发表在《作品》杂志上，当时我提这口号的文章尚未发表出来，他对我的批评却先公开了。后来在美国邀请我去参加学术会议，中大不批准我去时，某领导人透露出原因是在于冯牧批评过我所提的口号。我在北京参加首届茅盾文学评奖工作的时候，同主持人之一的冯牧坐在一起时，向他谈起这个情况，他即表示甚为诧异，随即又鼓励我：对这提法还是可以继续探讨的。并向我介绍说：最近出版的《苏联社会主义现实主义问题》和《卢卡契文集》第二卷，都有“社会主义批判现实主义”的提法，可找来参考。我即去书店买到，果真如此，说明学术上所见略同，我是从中国的创作实践出发提出的理论，与他们的提法大同小异的。

《湘江文艺》和《广州文艺》都于1980年4月发表了我的文章，都在发表时加了“编者按语”，分别说明发表我的文章，是为了“展开同志式”的争论，活跃文艺思想，使真理“愈辩愈明”，是“作为一家之言”发表，是为了“造成一种最适宜于自由讨论，平等交换意见的空气”。我在文章中也申明为了探索和抛砖引玉的意思，并特意于文后注明“写于中山大学”，含蓄地表明我这是作为一个学者而进行学术探讨之意。文章发表后，两个刊物都先后发表了种种意见的文章，赞成、反对、折中的意见均有，都是同志式的、学术性的讨论和争论，很是正常，甚有裨益。当时《光明日报》《南方日报》都报道了这场争论。接着，《新华日报》（文摘版）1980年7月号全文转载《广州文艺》所发之文，中国社科院文学所编的《文学研究动态》摘要转载了《湘江文艺》所发之文，后来出版的《中国文学研究年鉴》作了详细摘要，《中国文艺年鉴》列入文艺大事记中。另据《文学研究动态》报道，苏联报刊在关于中国现实主义和创伤方法论争的报道中，称我所提的“社会主义批判现实主义”口号是中国“新学派的代表观点之一”。

1980年夏天，在广州召开的中国当代文学学术研讨会上，我也提交了这篇论文，与会者的态度和讨论的气氛稍有差异。会长姚雪垠认为这个口号是值得认真研究的，是有道理的。著名作家康濯在个别交谈中认为可以探讨，但在大会发言时则鲜明反对。欧阳山劝说我要慎重。萧殷在会上作报告时激烈反对。但许多来自全国各地的学者，都于我发言后特地主动与我认识，纷纷表示支持我的理论探讨。这个会使我有所欣慰，也有点不祥的预感。

1981年春，开始了反资产阶级自由化，广东文艺界即将我所提这口号列为“自由化”典型表现之一，《广州文艺》和《广州日报》都发表了不点名的批判文章，有个别人根本未看过我的文章，也指责我的提法只看标题就知道是“批判社会主义”。但总算有领导人了解这并非我的本意，于是便以尚属人民内部的文艺思想问题看待，既不约我写文章答辩，又不要我作检讨，不了了之。

1983年开始清理“精神污染”，《文艺报》1983年第10期发表冯牧《对于社会主义文艺旗帜问题的一个理解》一文，又一次对我提出的口号作出公开批评，接着《湘江文艺》于1984年3月号发表长篇文章，批评我提的口号是“一个错误的创作口号”。在清理中，我省有关部门将我提的这口号又列为文艺理论领域的典型表现之一，在指定要清理的名单中，将我排列于“第三号”人物（“文革”中我被列为《羊城晚报》“黑秀才”的第三号人物，万没想到在新时期也获此“老三”排列），在全省性的宣传工作会议上公开点名，并要我的所在单位对我进行开会批判，要我作检讨。没料到在会上的发言者中，原先支持者或鼓励者竟一下变成本来就是反对者了，有些发言竟将我的理论探讨说成是追求个人名利。会开了几个小时，没听到几句真正的有水平的理论的发言，我感到前所未有的悲哀，只能在会上说：我的提法是有创作实践和理论依据的，文章是写得仓促些，可能概念不够确切，但我认为还是要继续探讨研究的。这个会后，我即甚少参加文艺界的活动了（其实是文艺界不找我，后听说是有指示），也即是将我“冷藏”起来。我何乐而不为，埋头于原先所定的学术研究课题，潜心于创作方法、艺术辩证法和欧阳山的研究中，果真做到“急流勇退”了。这样的遭遇和处境，使我感慨万千！这情景，同宋代词人辛弃疾所写的“更能消几番风雨，匆匆春又归去”的情景是多么相似呵！

2000年3月16日

# 从改行到跨行的转折

到现在为止，我已跨过古稀之年，从事笔耕即将半个世纪，出版专著15部，发表文章近千万字。说实在话，在这些专著或文章中，尽管有的颇有名气，但我却是最喜爱当今不怎么受人注目的理论专著《文艺辩证学》，最难忘萌起写这本专著意念时的苦难日子。

那是1968年12月，也即是在“史无前例”的“文化大革命”中，我同许多知识分子一样，被下放到粤北山区的英德黄陂“五七·干校”劳动。这是广东省新闻和宣传界干部“投笔从农”的地方。寒冷的冬天，寒冷的山野，寒冷的时代，寒冷的处境，冷透了我自幼热爱文艺的心，冷却了多年力求写出著作之志！当时我刚过“而立”之年，有妻子和幼小的儿女；虽然已发表过几十篇文章，有些还有点影响（由此受到批判，并被划为“黑秀才”），又在《羊城晚报》做了好些年《文艺评论》版的责任编辑，但无论从业绩或水平上说，只能说是成立了个人的小家庭，远未“立业”，更未成“家”（专家）。如果从1958年我发表处女作时算起，这时我所走的文学道路不过是短短10年！难道就在“红色”的年代因自己被打成“黑线”人物而结束吗？自己写的东西究竟错在何方？“黑”在哪里？百思不得其解，心灰意冷，前路茫茫；难道正如当时的“军管”所说，要一辈子“扎根干校”“死在干校”？

正在困惑消沉的时候，突然听闻一个消息：35岁以下的干部，可以报名当工人，而且是回广州去。这消息使我有似绝处逢生的振奋！因为只身来到这满眼黄土的黄陂，瘦弱的妻子带着刚满周岁的儿子和有病的女儿，作为丈夫却不能分担家庭的责任，十分内疚。管他做什么，回家抱孩子算了，还管什么文艺不文艺！万没想到自己要当工人也不够资格，未获批准，只得留在干校养猪！

恰在这时，一位从事哲学研究的朋友偶然到猪栏来看我，我向他倾心谈出妻离子散、不能再从事文艺事业的苦恼。这位朋友坦诚地说：来这里的“八百秀才”，哪个不是如此？并且说我要改行的想法是天真的。十分意外的是，他竟说：“依我看，你是不能改行，而是要跨行。这就是说，你们搞文艺的，要懂哲学，要用辩证法，搞艺术辩证法！”这番在困境中的话，深深地打动了我，使我重新思索已有10年的文学经历，使我重新咀嚼自幼开始所学的全部文学知识，深有茅塞顿开之感。更奇妙的是对眼前的灰暗世道也有了些少醒悟，朦胧感到“投笔从农”的日子不会太久，迟早是要干回本行的。我慢慢恢复信心，开始考虑将来要做的事，复燃了我长期冀求的做一门学问的想法。做什么学问呢？第一个涌上脑际的选择，就是搞跨行的艺术辩证法。

果然不出所料，自林彪摔死后，1971年开始陆续从干校调人回城工作，我也于1972年调粤北编《韶关文艺》，为业余作者办文艺创作学习班，我也就开始在授课中试讲艺术辩证法。1975年我被调回广东作家协会任《作品》月刊编辑，粉碎“四人帮”后编发的首篇论文就是秦牧的名篇：《以辩证思想粉碎“四人帮”的精神枷锁》。1979年初，我应邀回母校中山大学中文系任教，向“文革”后恢复高考的首届生（1977、1978级）讲授首门选修课程，就是《文艺辩证学》，从那时写讲稿开始，边讲课边修改补充，直到2000年7月定稿，才由广东教育出版社正式出版这本专著。

这段从改行到跨行的转折经历，不仅使我从灰心中找到动力，从困惑中找到方向，而且改变了做文章、做学问的单打一方式，从结合哲学、美学、文艺学为一体的文艺辩证学，到近10多年来一直以多学科交叉进行的珠江文化与海上丝路工程，都是由此而来的。所以，我一直铭记看这段重要的转折，一直感念着当年这位在困境中鼓励我、劝我跨行而又不知今在何处的朋友。

2006年4月18日

# “跨栏”三十年

《南方日报》发来约稿信，约我写自己在改革开放中的命运变化。由此促使我回顾这三十年历程，顿时即有刚结束的奥运会“跨栏”比赛镜头映现眼帘：远动员在急速跑步中，勇猛地跨过一个又一个的高栏前进，而我们国家和我们自己，在改革开放中解决一个又一个难题而前进的情景，不也好似“跨栏”比赛中跨过一个又一个高栏前进那样吗？

21世纪初，当我先后自美国和台湾讲学归来，在接受香港《中国评论》记者韦民先生采访的时候，曾引用宋代诗人杨万里两句诗：“飞入万山圈子里，一山放出一山拦”，以形容自己在学术上“自找苦吃”的苦辣酸甜。现在想来，这体会也正是“跨栏”跑步的情景：一山放出又一山，也如跨过一栏又一栏。我在这三十年中的命运变化，正就是在这样不停地“出山”和“跨栏”中形成的。

1978年，我们国家开始改革开放，我自己也随之进行了首次“跨栏”。因为这年党的三中全会吹响改革开放号角，我也于当年年底从广东作家协会的《作品》编辑岗位，应邀回到母校中山大学中文系任教。这是从近20年的（自1959年大学毕业后，我即任《羊城晚报》副刊编辑并从事文艺批评写作）“爬格子”（编辑写作均用印有格子的稿纸，故有此戏称）到“上讲坛”（做教师）的“跨栏”。在大学教书不同于当编辑和写文章，要有口才、能讲课，还要能研究、出成果。这就要有一个从陌生到熟悉的过程，可以说是一次转行性的“跨栏”。但我的本意是以这次转行，探求一条将学术研究与现实批评结合一体的文艺理论批评道路，即既不是脱离实际的纯学术、也不是只实际而欠学术的文艺批评。这是在改革开放的春风沐浴下萌生的“壮志”。由此而促使我在20世纪80年代初，根据“伤痕文学”“反思文学”等新的文艺创作实践，大胆地提出被外国称为“新学派代表之一”的“社会主义批判现实主义”理论观点，因而在文艺理论批评上，也是开始了从一般作家作品评论，进入理论概括高度的学术“跨栏”。

20世纪80年代中期，也许是改革开放进程有点曲折的原因，在反对“资产阶级自由化”和“清除精神污染”的时候，我所提出的“社会主义批判现实主义”被列入批判对象之一，我被置于不能参加文艺批评活动和不能发表文章的“冷藏”境地之中，这就迫使我投入了从“走热门”（即对现实热点的批评）到“坐冷板凳”（即无人问津的做学问）的“跨栏”。这个转折开始虽有苦恼，但不久即发现别有境界，收获甚丰。因为这场无理批判，迫使我对中外古今的创作方法理论与实践进行全面研究，埋头四年，写出了两部共达70万字的《创作方法史》和《创作方法论》，被学术界称为我国“首部创作方法系统理论专著”。这也就意味着，这次“跨栏”，同时也在文艺理论批评上，实现了从直面批评到深层研究、从浅表理论到系统理论的“双跨栏”。

90年代初，我们国家与世界同步，进入了文化时代。最早从文艺领域进入的“文化热”，迅速遍及各界各地，以至进入政府的决策层面。在这背景下，我被聘任为广东省人民政府参事，并担任省参事室文化组长，主要职责是为政府的文化策划与决策提供咨询。这个职责，促使我又要进行三层“跨栏”：因为参政议政必须调查研究，这就必须跨出书斋、深入实际；要提供文化咨询就必须研究文化，也就必须使自己的学识从文艺领域跨入文化领域；尤其是在深入实际和出谋划策中，对古今文化日有新的发现，并随之为其作出研究开发策划，对实际大有裨益，如：在南雄发现珠玑巷是中原人南迁中转地，在封开发现岭南文化发祥地，在徐闻发现中国最早的海上丝绸之路始发港，在怀集发现海陆丝绸之路对接通道等，都具有填补学术空白的意义，又产生了重大的实用效果。由此才理解到著名学者梁启超对什么是学术的解释含义：“学也者，观察事物而发明其真理者也；术也者，取所发明之真理而致诸用者也”。我想，学以致用，才是最重要的学术“跨栏”。

从这次“跨栏”开始，我既从文化学研究的需要，又从政府文化决策的需要，对珠江文化进行了多学科交叉的立体研究开发。这是因为这项工程需要文化学、地理学、历史学、考古学、人类学、民俗学、语言学、海洋学、文艺学等多学科学者的共同参与，而在省政府参事和文史馆馆员中又有不少这些多学科人才，这就构成了进行跨学科研究开发的条件。2000年，在省参事室（文史馆）党组的支持下，由我牵头组成了广东省珠江文化研究会，是省一级跨学科学术团体，以进行这项工程。由此，促使我又进行新的“跨栏”，即：从个体研究跨入团队研究、从单学科研究进入跨学科研究。例如，我们在阳江为南海Ⅰ号作出“海上敦煌”的文化定位，在云浮发现南江文化带，在江门蓬江区发现“后珠玑巷”，在肇庆论析古村文化，在韶关发现古道文化，在珠海发现海洋文化，以及开拓动漫文化、监狱文化、科技文化等，都是以多学科共组团队的方式去研究开发出来的。在著述上，从《当代中国文艺思潮论——对当代中国文学的文化观照》《文化与文学》，到综合文学、哲学、美学于一体的《文艺辩证学》等拙著的先后出版，也体现了从文学到文化、又到多学科交叉的“跨栏”脚步。

21世纪以来，广东省委先后发出建设文化大省、及以珠江流域发展泛珠三角（9+2）区域合作的号召，使我省的经济文化建设迈入新的里程，我牵头的珠江文化工程也进行了新的“跨栏”，即：从零散的发现研究，跨入系列的、系统的、体系的开发研究。如在江河文化上，进行珠江水系的西江、北江、东江文化研究；在民系文化上，进行广府、客家、福佬（潮汕）文化研究；在文化系统上，与黄河文化始祖黄帝、哲圣孔子，长江文化始祖炎帝、哲圣老子相对应，发现了珠江文化始祖舜帝、哲圣惠能的系统；在著作上，从《珠江文化论》到《珠江文化系论》，以及总主编的《珠江文化丛书》（已出版30部），构成自身学术系列；其中的《十家文谭》，以多学科视野确立珠江文化的学术体系；现正在编著中的大型学术专著《中国珠江文化史》，更标志着正在进行更大的“跨栏”。

总之，“跨栏”三十年，虽然命运多舛，疲于奔命，但却是我人生路上最有意义的三十年，而且活得实在，苦中有甜，不亦乐乎？

2008年中秋节

# 风吹雨打20年

——萧殷师与我的不解之缘

仲夏八月，是个值得怀念的月份。因为这是建国时代著名的文艺批评家、编辑家、教育家——萧殷教授97岁冥寿（1915年8月16日生），又是他逝世30周年（1983年8月31日卒）的纪念日子，也是我与他结下20年不解之缘的30年纪念日子。

1961年夏天，萧殷师从中国作家协会下放到他的故乡——广东龙川县体验生活一段时间后，正式确定留在广东作家协会任党组副书记、《作品》杂志执行副主编。他一上任即着力《作品》杂志改版，并要大力开展文艺评论。因为《作品》是月刊，出版周期长，篇幅有限，而《羊城晚报》“花地”文艺副刊每日大半版，发稿量大，省委宣传部决定其每周出版一期“文艺评论”专版，由萧殷师直接领导。我当时是这个专版的责任编辑，所以，我也随之直接受萧殷师领导了。由此开始，我既是他的学生，又是他的下级和助手，与他结下了不解之缘，直至他辞世，共达20年之久。

值得怀念的是这20年期间，正是建国时代文艺风雨最多最大的日子，而萧殷师和我的工作岗位，也正可谓处在风口浪尖之中，我耳闻目睹他在风浪中搏斗着，并带领着我和一班同代人经受着时代的风吹雨打，值得回味的事情实在不少。

## “文革”前的风风雨雨

萧殷师早在20世纪20年代就在故乡龙川中学已开始革命文艺活动，接着到广州参加“左联”活动并发表作品，30年代到延安鲁艺和晋察冀边区学习和工作，直到建国初期在北京筹办中国文联和中国作协工作，是中国文联和中国作协机关报《文艺报》三主编之一（另两位是丁玲、陈企霞），又是辅导文艺青年杂志《文艺学习》的编委，还是全国作家权威期刊《人民文学》的编辑部主任。我当时是在部队里的文艺爱好者，又是上述三个期刊的热心读者，在每期刊物上都看到萧殷的名字或读到他的文章，都很仰慕，视他为精神上的老师。现在能在他手下工作，受他直接教导和领导，怎能不倍感荣幸呢！

萧殷师抓羊城晚报《文艺评论》版的第一件事，是开展对于逢写的长篇小说《金沙洲》的讨论，由他领导的广东作协理论组成员（包括易淮、曾敏之、黄树森）具体进行，在开始时发表一些读者来信之后，接连发表三篇关于典型问题的长篇论文，不久《文艺报》连续转载，在全国影响很大，因为这场讨论实际上是从典型问题入手，针对当时极“左”文艺思潮中庸俗社会学倾向的斗争。这场讨论结束之后，他直接指导我在版面上重点发表关于全国性文艺问题和辅导业余作者的文章，如关于时代精神、典型的社会性、散文创作等热点问题，请欧阳山、关山月、黄新波发表致青年的“文艺信箱”，请秦牧开设《艺术漫想录》（后易名《艺海拾贝》），萧殷师则开设《习艺录》专栏，都是普及文艺写作知识的园地，深受欢迎。

萧殷师就是通过抓《文艺评论》版而身体力行地教我，办刊物要抓“两头”的做法，一头是抓全国性文艺思潮，一头抓青年作者和普及创作。其实，这是他从晋察冀边区到北京办报刊传统做法的继续。最著名的是，他在中国作协工作时，他发现王蒙及其处女作《青春万岁》之事，虽然幸免未被划入“丁玲、陈企霞反党集团”，但却因王蒙被划为“右派”而难逃“下放”广东之厄运。可贵的是，他并不因之“觉今是而昨非”，仍我行我素，到广东仍坚持抓“两头”的做法。他发现和支持陈国凯及其小说《部长下棋》就是一例。

事情出自1962年首届羊城晚报《花地》作品评奖。这是当年继《大众电影》杂志评“百花奖”之后，全国首例报刊文学作品评奖。报社聘请欧阳山、周钢鸣、萧殷、秦牧、陈残云等名家组成评委会，由我担任评委会秘书，负责初评等具体工作。当时初选陈国凯的短篇小说《部长下棋》为一等奖，但有争议，因有人说作者有骄傲情绪，出身不够纯，作品个别细节不妥。我将作品和有关反映提交评委会讨论。欧阳山和萧殷当即否定了这些反映意见，评委会通过了评奖决定，并委托我在公布前代表评委会与陈国凯谈话，还代萧殷师约陈国凯交谈。这是萧殷师扶持陈国凯的开始。

另一件实例，则是无可奈何的事情。1963年和1964年，毛泽东发出“千万不要忘记阶级斗争”号召，对文艺界连续作了两次“批示”，否定文艺界成绩。在毛泽东批阅过的一篇关于青年阅读状况的汇报材料中，指名欧阳山的长篇小说《三家巷》《苦斗》也是使青年受资产阶级思想腐蚀的作品之一。于是广东省委决定，立即在报刊上开展对这两部小说以讨论名义的批判。当时我是羊城晚报《文艺评论》版责任编辑，职责所在，必须进行批判的组稿工作。萧殷师当时是中南局宣传部文艺处长，仍兼任省作协领导工作，自然要承担领导这场批判的重任，并且发表了一篇题为《一服资产阶级思想的腐蚀剂》的讨论总结性长文。这件事情说明在当代中国文艺思潮的风风雨雨中，处于浪潮中的每个人物往往是身不由己的，大人物如此，小人物也如此。萧殷师与我，就是这样的悲剧。

1980年黄伟宗与萧殷、陶萍夫妇作家合影

## “文革”中的急风暴雨

1965年1月，《羊城晚报》归中南局领导。时任中南局第一书记陶铸，因怀疑癌症住从化温泉检查身体，自告奋勇在养病期间直接领导羊城晚报工作，“垂帘听政”。在这期间，他亲自组织一班秀才撰写了学习毛泽东思想的系列专论，称毛泽东思想是《马列主义的顶峰》，举世瞩目，影响很大。另一件很有影响的事情，是发表著名作家周立波写毛泽东回故乡的散文《韶山的节日》。这篇被江青诬为“大毒草”的文章，不仅使周立波和《羊城晚报》遭受灭顶之灾，也使陶铸从政治命运的“顶峰”一下掉入厄运的最低谷，从中央“第四号人物”一下变成被打倒的全国“第三号最大的走资派”，直至含冤辞世。有意思的是，这件惊天动地的大事，我居然是始作俑者，萧殷师也席卷其中。

事情得从1964年《羊城晚报》筹备改版为中南局报纸时说起。当年8月间，《羊城晚报》派出以何军副总编辑为首的工作组赴湖南、湖北，我为工作组之一员，主要任务是向各省名作家组稿，传达陶铸要求改版后中南各省区每位名作家必须交一篇好文章给《花地》副刊发表的指示。在长沙时，我向正在家中吃面条的周立波讲了这要求，他谦虚地问我：写前不久毛主席回故乡韶山之行好不好？我不假思索地回答说：好！返穗之后，我又电话催稿，不久果真寄来了，主编杨家文（周敏）、副总编辑秦牧审稿后，都认为是篇好文章，特地安排在改版首期的版面上。陶铸在审阅时，也很赞赏，还着重说文中写毛主席为父母上坟时只插松枝和鞠躬，不跪拜不烧香是“最好的移风易俗”。文章发表后，中南各省报均转载，好评如潮，我沉浸在组稿成功喜悦之中。没料到约一月后，我在办公室突接上海《文汇报》打来的电话，询问周立波文章有无送审？我当即作了肯定回答，因为前不久有一篇写毛主席活动的文章寄送中央办公厅审查，回答是以后这类文章送各中央局审批即可，陶铸是中南局第一书记，不仅亲读此文，而且赞赏有加，岂不是比审批还高档次吗？更没想到的是，隔了一段时间，据说是陶铸接到康生的信，说《韶山的节日》有错误，要中南局和报社检查。萧殷师任处长的中南局宣传部文艺处，负责向韶山纪念馆核查，回复称文章只有一个错字，严肃起见，即使如此也要认真改正重登，由萧殷师亲自执笔写了一篇约两百字检讨性的“编者按”语。孰料发表之后，问题更大。1967年8月间，北京街头出现了“打倒陶铸”的大字报，所列罪行中有：“是造谣放毒的《羊城晚报》黑后台”，“再三发表《韶山的节日》大毒草”。随即周立波被揪出在湖南全省游斗致残，《羊城晚报》被封闭停刊，不久我随晚报同人被下放英德黄陂“五七·干校”，萧殷师也随中南局机关下放连山“五七·干校”。事后才知道《韶山的节日》之所以闯下如此“大祸”，皆因文中写下了毛泽东首任妻子杨开慧的名字，犯了江青之“大忌”，故必置之死地而后快，谁也难避这急风暴雨之灾。粉碎“四人帮”后的1977年春，湖南《湘江文艺》主编为周立波案来穗考察此事，萧殷师和我都写了文章在《南方日报》发表，当年陪毛主席回韶山的罗瑞卿大将，也同时发表文章为此事平反。

1972年春天，刚正不阿的陈毅元帅病逝，毛泽东穿着睡衣赶赴追悼会送别，带出了为干部“落实政策”的新气息，部分被认为“尚可用”的五七干校人员，被安排回城工作；再就是因要为纪念毛泽东《在延安文艺座谈会上的讲话》发表30周年搞点活动，便决定办一些培训创作人员的学习班。当时我被安排到韶关地区文艺办搞文艺创作，萧殷师则从连山五七干校安排到省文艺创作室。韶关地区办的文艺创作学习班设在清远洲心，由我负责教学工作。省创作室办的学习班也设在清远太和洞，两班相距不远，我便请萧殷师过来授课。自“文革”开始后到五七干校，我已几年未见恩师，过去他一直带病工作，没料到经风雨折磨后反更康健，精神更抖擞，尤其是在讲课时，他仍一如既往地坦陈自己的观点，主张不仅写英雄人物，还应写多种人物。这说法，无疑是对“四人帮”所炮制的“三突出创作原则”当头一棒。可恨的是这正义之声，被一个“小人物”写信向“四人帮”告发，萧殷师的观点和我主持的学习班，都被作为“文艺黑线回潮”的实例而受到查究。值得一提的是，粉碎“四人帮”后，这个写信告发的“小人物”，求我带他面见萧殷师认错，萧殷师不计前嫌，鼓励他改过就好。这件事充分体现了萧殷师在急风暴雨中的高风亮节和宽广胸怀。

1975年初春，我奉调回广州，到广东省文艺创作室，这是安置老文艺家的单位，萧殷师也在其中，我被安排在《广东文艺》理论组工作，有时他也过问这个组的工作，从而咱俩又有了工作接触。他仍如过去一样对我完全信任，讲真话，说知心话，这在当时是很难得的。使我印象特深的是，当年清明节北京天安门“四五”事件时，他曾告诉我事件真相。不久在所谓“追谣言”时，咱俩始终守口如瓶，未受麻烦，从中也可见萧殷师在急风暴雨中的是非分明、立场坚定的崇高品德。

## “文革”后的风口浪尖

1976年10月6日，党中央一举粉碎“四人帮”，迎来了第二个文艺春天。1977年初，《人民日报》突出报道了广东文艺界最早“思想活跃、组织活跃、创作活跃”的新气象。广东省作家协会恢复活动，并成立了以萧殷师为首的文艺评论委员会，由我负责具体工作；《广东文艺》复名《作品》出版，由萧殷师任主编，我任理论组编辑，并是作协以萧殷师为首的三人“大批判组”成员，承担清算“四人帮”的罪行和流毒的组稿和写稿任务。记得当时由欧阳山、萧殷师直接布置或支持我执笔写的重要文章有：批判“三突出”论、批判“文艺黑线专政”论的论文，为邵荃麟“写中间人物论”平反、为《三家巷》《苦斗》和《乡下奇人》平反的论文等，都分别在《人民日报》等大报刊发表。尤其是当时在北京文艺界尚未为周扬、林默涵、张光年、夏衍等要人安排领导职务的情况下，广东竟请他们南下做报告，要我为周扬作记录，并经萧殷师和周扬本人审阅后，送《人民日报》发表。如此等等大事，在当时“四人帮”余毒尚未彻底清除的背景下，使我感到自己和萧殷师都处在时代的风口浪尖之中，既兴奋而又心有余悸。

1977年冬和1978年，“伤痕文学”、“反思文学”思潮席卷全国，广东和《作品》杂志，因连续发表陈国凯的《我应该怎么办》、王蒙的《最宝贵的》、孔捷生的《在小河那边》等伤痕作品，也成了这思潮的领潮大军之一。萧殷师是这大军的主要指挥者之一。不久，因这思潮引出全国文艺评论界关于“歌德”与“缺德”的争论，在广东又发展为对《向前看呵，文艺》的争论，更是风口浪尖中的冲刺，我亲眼目睹，萧殷师始终是走在前列的。

1978年底，我以探求一条学术与实际结合的文艺批评之路为由，说服萧殷师批准我应中山大学中文系主任吴宏聪教授邀请，回母校任教，萧殷师也同时被聘为客座教授。这样，萧殷也仍然是我的同事和导师，此后他仍然一直指挥着我工作，如筹备社科院文学研究所、筹办华南文艺大学文学系，以及对文艺思潮的研究和论争等等，尽管他对现代派和我提出的“社会主义批判现实主义”观点有异议，但他始终以关怀后辈、尊重后辈的态度，与我交谈，情真意切，诲我不倦，从而使我与他的不解之缘进入更高更深的境界。

（注：《羊城晚报》“花地”副刊2012年8月16日摘要发表本文）

2012年6月22日

# 风风雨雨二三事

——缅怀恩师吴宏聪教授

翻开日历，顿然发现我的恩师——吴宏聪教授逝世不觉近周年了！我是1957年开始有幸成为他的学生的。他当时刚就任中山大学中文系副主任，并为我们1955级学生讲授《中国革命史》课程。他上课时的翩翩风度，敏锐的眼光，广博的知识，精辟的见解，生动的讲述，给我深刻印象。毕业之后我离开学校，接触机会不多，直到20世纪70年代初以后，有较多较长的机会接触，尤其是在风雨年代发生的二三事，更使我刻骨铭心，感恩不尽，永远难忘。

1972春，“史无前例”的文化大革命尚在灾难高潮之中，兴许是因刚正不阿的陈毅元帅逝世，毛泽东突然穿着睡衣参加追悼会，并且在关于电影《创业》批示中提出“调整党的文艺政策”，使得广东省的新闻文艺界有两件与我切身相关的大事：一是决定每个地区办报纸，以消化在英德黄陂五七干校中“尚可用”的“三报”（南方日报、羊城晚报、广州日报）编辑记者。由此，我便幸运地被列入“尚可用”之列，被分配到韶关地区，原说是办《韶关报》，到任后则在文艺办管文艺创作；二是要在1972年举行全省文艺汇演，纪念毛主席《在延安文艺座谈会上的讲话》发表30周年。由此，我便作为“尚可用”的文艺人员，负责筹办培训文艺骨干学习班，除负责选拔创作骨干之外，还要负责选请各种专业教师来讲课。由于我原是羊城晚报《花地》文艺副刊编辑，与广东作家和中大中文系的老师工作往来较多，而且知道其中有些熟人已从干校回到原单位工作，于是领导便派我亲往省文艺创作室和中大中文系联系。宏聪师当时是系的负责人之一，当即应允了派老师到学习班讲课的请求。记得当时先后来讲课的老师是楼栖、黄天骥、黄渭扬、王晋民、金钦俊。学习班地点在清远洲心，与省创作室办的学习班相近，因此，省班讲课的老作家肖殷、韦丘、谭军等，也到韶关班讲课，两个班共有近两百人之多，大都是全省各地的创作骨干，是“文革”中首次大批培训文艺创作“尖子”，又是老作家返岗位的首次“亮相”，所以特别引人注目。也许正因为如此，当时著名文艺理论家萧殷在韶关班讲课中提出：“写无产阶级英雄人物是文艺的根本任务，但不是唯一任务”的观点，被人写信向“四人帮”控告为“公开反对‘三突出创作原则’而受到追查，这次办班也随即被列为“文艺黑线回潮”事例而受到查究。虽然宏聪师未到学习班讲课，但作为筹划者之一，可谓是与我同经一场时代风雨的一件事。历史证明，这件事是做得对的。

1980年黄伟宗与作家姚雪垠、康濯、杨越、吴宏聪在华南植物园留影

也许是因为这件事的关系，我与宏聪师结下了不解之缘。1978年夏，广东省委作出复刊《羊城晚报》的决定，筹办者放出所有原晚报人归队的讯息。当时我已从韶关调回广东作协工作几年，在欧阳山、萧殷的直接领导下，负责作协文艺评论委员会和大批判组日常工作，参与《作品》杂志清算“四人帮”文艺罪行和为受害作家作品平反的组稿任务，处身时代激流之中，满腔义愤工作，但也心有余悸（因为文革时在羊城晚报写“毒草”多而被划为第三号“黑秀才”），既有激流勇退的念头，又有恐“归队”后又遭“黑运”的顾忌，便萌生到大学进书斋做学问的想法。在一次偶遇场合，我不很认真地向宏聪师表达了这心愿，因为当时实际是未真正下决心的。意外的是宏聪师却非常认真地很快给我写信，热情欢迎我回母校任教，而且要我尽速去办调动手续。这封信使我兴奋，也使我犯难。兴奋的是恩师诚意可感，犯难的是估计作协不会放我走，因为前不久刚升我为副县级编辑，又直接协助欧阳山、萧殷工作。再三考虑之后，在欧阳山赴京开会的情况下，我以探求一条学术与实际结合的文艺批评之路为理由，说服了萧殷放我。在宏聪师亲自关照下，我很快办完了调动手续，到中大报到。欧阳山返穗后得知，即生气地要求我重返作协。为了打破僵局，我与夫人商议，请欧阳山和虞迅、肖殷和陶萍两对夫妇，及宏聪师一道来家里吃餐便饭，在友好的气氛中解决了留在中大问题。特别使我感动的是，宏聪师当时是冒雨骑自行车来到我家的，从中大到我当时住的东风西路宿舍，起码要一小时路程，而且他当时已是近六旬的老人了，怎能不使我感激万分呢？现在看来1978年底回母校工作，是我人生的一个重大转折点。显然，是宏聪师对我这转折点起到关键作用，所以他是我的恩师。

回到中文系后，本来是安排在鲁迅研究室工作，但宏聪师还是根据我与文艺界关系密切的关系，让我在现代文学教研室分工当代文学的教学，并且当即给我两项任务：一是代表中文系接待并协助一位美国加州大学学者考察新时期中国文学，让其旁听我正讲授的《中国当代文学》课，并安排其访问广东著名作家，这是中大中文系在新时期的首次国际性学术交流活动；二是参加1980年3月在广州举行的中国当代文学学会的会务工作，负责大会与广东作家协会的联系，安排到会著名作家姚雪垠、康濯、魏猛克与欧阳山会晤，以及邀请秦牧参加大会并作关于散文创作报告。大会选举了姚雪垠为首任会长，宏聪师等为副会长。这是新时期全国首届当代文学学者聚会，对清除“四人帮”在文艺界和学术界的流毒、拨乱反正、解放思想有重大影响和意义。这是中大中文系在新时期首次主办的全国性学术活动。我在完成以上两项任务（也即在参加这两项活动）的过程中，逐步理解到宏聪师力求以教学与现实结合、与全国和国际接轨的方针主持中文系工作的革新思想和领骚时代的雄心壮志。这种思想和壮志，不仅在当时是正确的，直至现在也仍然是很有创意而当发扬光大的。

其实，我回中大中文系任教，本想从此稳定下来做学问，不再奔波于文艺界的风口浪尖之中，急流勇退，少惹麻烦。可是，没料到事与愿违，欲退急流反更进，欲减麻烦更麻烦。其因是在于我提出“社会主义批判现实主义”理论观点，先是提交1979年11月举行的中山大学学术研讨会和1980年3月举行的中国当代文学学会年会论文，后于1980年4月号《广州文艺》和《湘江文艺》发表，同月《新华月报》文摘版和中国社科院《文艺动态》转载，从而在国内外影响颇大，《美国之音》播发了论文摘要，苏联报刊称是“中国现实主义新学派代表”。美国纽约圣若望大学还向我发出邀请信，请我于1982年7月到该校参加包括海峡两岸学者参加的“当代中国文学”国际学术研讨会，并且由我选定另一位作家或学者同行赴会。如此强烈反响是始料不及的，随即而至的激烈反对和批判之声则更使我难以理解并大失所望。我写出《论社会主义批判现实主义》这篇论文，不过是对当时涌现的“伤痕文学”“反思文学”思潮从创作方法上做出理论概括而已。在论文中，我概括这些作品的特点是：“站在无产阶级立场上，着重通过揭露批判革命进程和人民内部存在问题去反映现实，并在真实的具体的描写中体现社会主义思想的现实主义”，其主要特征是“在揭露中表彰、在批判中歌颂、在思考中前进”。时至今日，我始终认为没有什么错误的地方。但当时却有所谓“权威人士”说我是“批判社会主义”，由此被列为广东“精神污染”三个代表理论观点之一，要求在报刊上不点名批判，要求所在单位帮助作者检讨。从此开始我被迫过着“冷藏”日子，熟悉的报刊不发表我的文章，公开性的文艺或学术活动也不让我参加，自然也包括不批准我赴美开会在内。

这场泼顶而来的风雨，使我进一步感受到人情世态的冷暖炎凉，认识到自己学术赤子心的幼稚，但对自己的立论和作为并无半点悔意。惟于心有歉者，是为自己增添了宏聪师的麻烦而不安，因为他是系主任，又是调我入系的最着力者，自己所闯之“祸”，势必使他首当其冲，难避“祸”责。正因为如此，我特别感到他在一连串对我的问题处理上，是既有原则而又有胆识的。首先是在中文系召开的“帮助”会上，他作的是与有些人完全不同的“应酬”式发言；在如何回复美国圣若望大学邀请开会的问题上，他建议我提交论文，托病请假；尤其是当时在一片批判的紧张气氛中，他敢于批准我应邀到北京参加中国作家协会举办的读书班，同全国13位文艺批评家一道，为首届茅盾文学奖评选作品，历时两月之久；后来又在他亲自领衔申报国家科学研究项目：《华南现代著名作家研究》，分工我负责《欧阳山评传》的写作，使我得以在几年“冷藏”的时间里，合理合法地完成了这项科研任务；同时，也使我获得精神力量和时间，完成了共达70万字的《创作方法史》和《创作方法论》两部专著，为自己“惹祸”的创作方法理论提供学术支撑。后来，据当时赴美参加研讨会的著名作家王蒙、黄秋耘告知，在纽约的研讨会上，由美籍华人作家於梨华代我宣读了寄去的论文：《新时期以来中国小说艺术的发展》，美国、台湾、香港等多家媒体作了报道，同时还见到《1881年中国文艺年鉴》和《1981年中国文学研究年鉴》两书，均分别将我提出的“社会主义批判现实主义”理论观点列入“大事记”中。

宏聪师教诲和关切我的事情还很多，限于篇幅，现只写些相关时代风雨的事情，以表缅怀之情和恒久的思念！

宏聪师，安息吧！

2012年6月15日初稿，9月6日二稿

# 弘扬关山月和广东精神

我应邀来阳江参加“关山月文化节”，感到很荣幸、很高兴！阳江是岭南画派大师关山月的故乡，又是我作为一个珠江文化学者近20年来进行多次文化考察并取得丰硕成果的地方。所以，有不少珍贵的回忆，又有深重的厚望之情。

我是20世纪60年代初结识关山月大师的，直到他于21世纪初逝世前仍有交往，相识达50年之久，但以新时期开始时较为密切。在学习贯彻新时期广东精神“厚于德，诚于信，敏于行”的时候，我每每想到自己所见到的关老人品和艺品所体现的“关山月精神”，与广东精神是极其一致！所以，在学习贯彻广东精神时候来纪念关山月大师百年寿辰，感到很有将关山月精神与广东精神结合弘扬的必要。

1961年初，我在《羊城晚报》任“花地”文艺副刊编辑，分工联系著名作家和画家。由于每天都有大半版的“花地”版面，发稿量大，而且必须每天都要发表一幅新画作，而我又不是学画出身，不专业，于是主编杨家文（周敏）特地要求我多向当时广东美术家协会领导黄新波、关山月等大师约稿和请教，经常请他们选发画稿，评选作品，来往较多，建立了深厚情谊。“文革”十年灾难，中断了联系。有幸的是1976年我从韶关调回省文艺创作室工作，与关老同一单位，随即又一道参加粉碎“四人帮”后的恢复文艺界组织（文联、作协、美协等）活动，患难之后获新生，不仅情缘恢复，而且更深厚了，具体表现在下列使我永远铭记而又颇有意义的二三事中。

1978年春，是粉碎“四人帮”后迎来第二个“文艺春天”的开始，广东文艺界在全国率先活跃，在揭批“文革”灾难与黑线的高潮中恢复文艺界组织，关老与我同属的单位“广东省文艺创作室”，分解为作家、美术家、戏剧家、音乐家的协会，逐步调回原单位人员归队工作。一个下雨天，在友谊剧院开完一个文艺界大会后，有幸与关老共伞步行一段路，在交谈中他知道我从韶关调回不久，便主动向我了解同是下放韶关的著名画家王立同志近况，并表示应当落实政策，尽快调回，果然不久，王立同志即回穗恢复原省美协副秘书长职务。据说，关老在“文革”中自己身处困境，不仅从不危害他人，而且尽力帮助他人，粉碎“四人帮”后，他帮助落实政策的人不少，可见他一贯有“厚德”的人品和艺品。

2000年元旦黄伟宗与关山月大师在东方乐园游园会上

在这次交谈中，关老还主动问我：“你在羊城晚报工作时，经手发表我的许多画稿，你从未向我取过画，也从未扣过我的画，恐怕你至今也无一件我的画作吧？”我说：“是的。”内心实在佩服关老的记忆力和对后辈的细心关切。没料到事隔半月再见关老时，他竟然亲手将一幅新作赠我，即以王维诗句“山中一夜雨，树梢百重泉”而作的意境画，而且特地向我说明：这是“文革”后重新提笔创作的意境画，使我深受感动，倍感珍惜。一件小事即可见关老“诚信”的人品和艺品。

1980年秋，我回到母校——中山大学中文系任教，开设选修课《艺术辩证法》。这是当时全国高等院校首先开设的课程，是我从事文艺理论批评的学术积累和经验结晶，旨在传授后辈并确立自己的理论基石，既作为大学教材，又作为理论专著出版。我专程到关老家中汇报了这个意愿，请他题写书名，他当即挥笔写了几件墨宝，由我选用。后来因出版困难，推迟到2000年7月，才由广东教育出版社正式出版。出版时我易书名为《文艺辩证学》，关老不嫌麻烦，又为我重新题写书名，实在使我惭愧而深深感动！

我想这件事的意义，不仅是对我个人进行学术研究的支持，而是对整个文艺事业的理论建设的支持。因为当时我们都深切体会到，“四人帮”的极左路线，将基本的文艺规律都破坏了，亟须正本清源，重建理论基石。所以，关老支持我做这样的事。记得在请关老题写书名的时候，我还与他同时回忆了60年代初我任羊城晚报“文艺评论”版责任编辑时经常向他请教的往事，其中有请他与欧阳山、黄新波等名家开设面向青年的“文艺信箱”，尤其是请他开辟发表自己创作经验的专栏之事，他当时很表赞同，但因忙于画作而只能偶为几次。同时，我们还回忆了当时画坛太少美术评论人才的缺陷。由此，我向他提出了两项重要建议：一是要设立从事美术评论的专业人才编制，选调专人负责；二是要设立岭南画派的专门研究机构和人员编制，进行系统的理论研究和建设工作。令人高兴的是，关老采纳了这两个建议，很快在当时正筹建的广东画院中增加了专业的美术评论人才，在广州美术学院中新设了“岭南画派”研究所，这不仅体现了关老的虚心听取意见的长者作风，更体现了关老对美术事业和理论建设的远见卓识。由此亦可见关老“敏于行”的人品和艺品。

仅从以上我切身经历的几件事，即可见关老的崇高的人品和艺品，堪称其为“关山月精神”。这种精神与广东精神是一致的，是应当在学习贯彻广东精神中一并弘扬的。其实，照我看来，“厚德、诚信、敏行”实际上是广东精神的优良传统，关老的光辉一生即是这优良传统的体现，是这种精神的最好实证。可惜这个优良传统，被“文革”十年灾难中断了，近年又在经济大潮中受到“拜金热”的冲击，以至日渐式微，很有承续弘扬的必要。关老是承传这个优良传统的楷模，“关山月精神”是我们学习贯彻广东精神的典范。

2012年10月11日在阳江“关山月与阳江文化发展”研讨会上发言

# 风雨飘摇见劲松

——有关中山二院的几件回忆

中山大学第二附属医院，即孙逸仙纪念医院，前身是广州博济医院，是清朝光绪年间（1885年）成立的，今年正值建院180周年。院庆筹委会办公室电话约我写篇纪念文章，记录点有关中山二院的往事，我想是颇有意义的，便答应了。我今年80岁，中山二院正好比我大100岁；而更有意思的是，从1955年我从进中山大学读书时算起，到现在整整60年，我竟然与中山二院一直有着不解的情缘。这些情缘，来自对中山二院来说的两种身份，即病友、家属。所以也就分别以这两种身份写下在“文革”时期的几件往事回忆。

## 一、作为中山二院病友的几件回忆

说来真是奇缘：我现在走过的人生历程，竟有大半（八分之六）是与中山二院有医疗关系的，也即是作为病友而受到作为健康保护神，的中山二院保护的。20世纪50年代下半叶，中山二院是我就读的中山大学挂靠医疗单位，毕业后在羊城晚报工作、“文革”下放“五七干校”、返穗后到省作家协会，1979年回中山大学任教至今，医疗关系都在中山二院，真可谓是“龄”过花甲的老病友了，这不就是老得出奇的缘份吗？

当然，这样说并非我一直在病中或一直是病友，其实，大多数时间是健康或亚健康的，也不是有病都到中山二院，如在大学读书时的四年，下放韶关的八年，都因为只是有过小病而在学校或在异地解决，只有大病时进院才“正式”成为中山二院的病友。

这种“正式”病友的回忆，数不胜数，但最难忘的是在20世纪60年代后期的风雨飘摇岁月，我先后患肾结石和胃溃疡病，既看门诊又住院，断断续续，打打停停，持续数年之久。这期间，正是“史无前例”的“文化大革命”从前奏进入高潮的日子，我所在的《羊城晚报》是陶铸亲办的中南局报纸，为他吹捧“马克思主义顶峰”，又随着他一下变成“全国最大的保皇派”而沦为“造谣放毒”的工具，我这小小的文艺副刊编辑，也莫名其妙地被列为报社的“第三号黑秀才”，虽不够格当“走资派”而进“牛栏”被斗，但也受大字报批判而“靠边站”。报纸被红卫兵封闭了，编辑记者无所作为，一味在分派“斗私批修”中过日子。我在这背景下患病，显然是所受处境所致；在这样的处境下治病，也适得其所。所以，在这些年，我是中山二院的常客，也是最诚心的病友，因为在这里我才找到生命的依托、精神的慰藉。

每当我进入中山二院大门的时候，院内广场中心的“孙逸仙博士开始学医及革命运动策源地”纪念碑即照面屹立，刺天的碑尖，直挺的碑身，石柱盘绕的碑座，宛若一株苍劲的松树盘座于高山之巅，活似伟大革命先行者的精神载体，又似中山二院的精神象征，体现出为救国救民、爱护生命而英勇无畏精神，似乎在谆谆告诫人们：要像这块顶天立地的石碑那样生活，不管什么风吹雨打都要像高山劲松那样活在世上。

其实这点精神感悟，我更多地是在风雨飘摇的苦难岁月中，从经常进院看病而从中山二院的医生护士的工作精神上感悟到的，尤其是在紧张危急的处境下，看到这种精神和动力的。记得是一个暴风雨的晚上，我因肾结石发作巨痛到中山二院急诊，当时正是“武斗”紧张时期，街边树上吊有尸体，枪声断断续续，是一位三轮车工人冒险送我来的，没想到医院正常开诊，医生护士都在从容诊治急诊病人。正当给我打完止痛针后，一群武斗人士簇拥着一个受伤者进来，粗口叫骂不绝，仍在泄发武斗余威，横蛮地急切要放下工作即治，医护人员不为其惧，也不手忙脚乱，不动声色地以常规对伤者治疗，使我触动不已：眼前这些平常的医护人员，不正是在风雨飘摇中苍然屹立的劲松形象吗？

更使我难忘的是在这灾难岁月，大多革命老前辈和文艺名家，都被取消原有医疗待遇，到医院看病同我等平民百姓一样排队挂号，有的还加上有人监护。在这期间，我在中山二院亲眼见到正在受审查的著名老作家欧阳山、老画家黄新波、老报人许实（微音）等前辈名家，都同我一样排队看病，而开诊的医生护士，既不是像过去那样给他们优先待遇，也不歧视冷漠。由此，我从这些老名家在困境中的坦然自若，从这些医生护士在动乱中的平常心态和作风，感慨不已，促使我感到他们都像是中山二院纪念碑那样的劲松精神和形象。

## 二、作为中山二院家属的几件回忆

我夫人陈淑婉，是中山二院妇产科护理师，从1962年直到1994年退休，是32年院龄的老职工，我也算是老家属了。在这漫长岁月里，我们一家受到中山二院的关照是很多的，是始终如一、难以忘怀的。其中最使我难忘的是在“文化大革命”期间的几件回忆：

一是1967年7月，我儿子黄葵出生时，母亲产后半夜大出血，值班人员当即通知正在家中熟睡的张瑞卿医生及时赶来抢救，才挽救了生命，得以母子平安受福。

二是1968年冬，我被下放英德黄陂“五·七干校”劳动，四年后分配在韶关工作，从此一离广州八年。这期间，一直是我夫人独自挑起家庭重担。她本身体弱多病，坚持带病工作，两个小孩又年幼多病，经常要到医院服药打针，幸好这时有统筹医疗，得以——度过难关。而这，又主要是靠中山二院（尤其是妇产科同仁）的关怀而熬过来的。

三是上述两件事情，使我对中山二院感激不尽，同时也使我感悟到医院的员工，都有院内孙逸仙纪念碑那样的不畏风浪、坚持操守的劲松精神。从我夫人在大出血中顶过生命关口，在枪声不断的动乱中坚持上班，在八年岁月中独担重负而熬过难关，这不就是中山二院予她扶持关照，同时又给她精神力量才得以做到的吗？而这种精神力量，不就是中山二院内纪念碑精神的体现，同时又是在中山二院全体员工身上都具有的吗？我想，这就是中山二院的传统文化精神吧！

2015年5月25日

# 七、史记篇

# “冷藏”中的作为

2001年11月广东旅游出版社出版的拙著《浮生文旅》中的第二部分：《生涯情思》实际是我的回忆录，在《康乐风云》一节，写到1983至1984年在全国性的“清除精神污染”中，将我在1980年提出的“社会主义批判现实主义”的理论作为批判对象（当时在省的文件中点名的代表人物中排列第三，“文革”时在羊城晚报被划为“黑秀才”也是排列第三，真是“老三”的命运！）之事为止。之所以至此停笔，乃在于关系到好些真人真事，得罪不起，不说为妙；另方面是从这时开始，我即被有关领导周知有关单位，不要让我参加公开的文艺活动或发表我的文章，也即是将我“冷藏”起来。实际上，从1983年至1988年这五年时间，我都一直处在“冷藏”期中。如果是按照文化大革命时期的心态和做法，完全可以“无所作为”而应对之，奈何我不服输的性格所驱使，反而逼出了更多的作为。《浮生文旅》代跋所写的：“天生我才必有用，别人不用自己用；山重水复路何方？走得一程是一程。”正就是这时的肺腑之言和心态写照。

其实，我在1980年提出“社会主义批判现实主义”的理论，是从当时涌现的“伤痕文学”“反思文学”的创作实践提出来的，概括其特点是：在揭露中表彰、在批判中歌颂、在思考中前进；同时也是从创作方法多样化的理论提出来的，认为社会主义批判现实主义是一种社会主义的创作方法，应当让其与提倡的社会主义现实主义（实则是歌颂现实主义）和革命理想主义相并列而存在、发展。所以，这创作口号，是有创作实践和理论依据的。当时的批判，无视这些依据，我很不服！逼使我下决心继续深入研究创作方法理论。于是，我便于1983年至1986年的三年时间，研究世界各国从古至今的所有创作方法，撰写了四十余万字的《创作方法史》和三十万字的《创作方法论》，由河北花山文艺出版社先后出版。

之所以由花山文艺出版社连续出版我这两部书，是因为该社编辑（后任副社长）李屏锦同志，据欧阳山同志和黄秋耘同志的推荐，约我撰写《欧阳山评传》书稿。当时我向李屏锦同志陈述了受批判的处境和研究创作方法的决心，受到了他的理解和支持，同意我先进行这两部创作方法论着的写作，并予以优先出版。后来，两书均先后获广东省优秀社会科学成果奖。

1986年后，我才开始对欧阳山创作的全面研究，陆续写出有关论文近三十万字，结集为《欧阳山创作论》，由花城出版社于1989年9月出版，翌年获广东省文艺最高奖——鲁迅文艺奖。同时，中山大学出版社也出版了我的首部文学评论集《新时期文艺论辨》，此书也于翌年获中国新文学学会“云冈杯”文学奖。至此，对我的“冷藏”才算结束。

其实，在“冷藏”中埋头苦干的成果，不仅有以上这些专著，此外尚有：《欧阳山评传》和第二部论文集《文化与文学》，只是由于客观原因，延至九十年代初才先后由花山文艺出版社和花城出版社出版。

值得一提的是在这期间，我还不讳“冷藏”之嫌，主动提出并参与创办一些重要的文艺教育事业：一是在著名文艺理论家肖殷的支持下，提出在广东省社会科学院设立文学研究所的建议，并起草了报告和建设方案；二是在著名老作家杜埃支持下，参与创办华南文艺业余大学（后易名为华南文艺职业学院），并主持文学系的工作；三是在中山大学中文系提出创办刊授教育，受到陆一帆教授和系领导的认同和支持，在全系教工努力下，办出了“没有围墙的大学”，持续至今，成绩显著，效果良好，甚有影响。

以上记述，可以说是拙著《浮生文旅》的《天涯情思》之续编，也可说是《珠江文踪》的《文旅足印》的前奏曲。由于以下章节主要记述探索珠江文化的历程和成果，不宜横生枝节地记述我同时所作的其他方面的事，但又不应将这些事略去，所以特在这节文字中先作简单记述。

我在探索珠江文化、并担任广东省人民政府参事的十多年历程中，我一直是以担任中山大学中文系中国现当代文学的教学和研究工作为主业的。直到2004年我68岁时退休，才正式结束这主业，转为以省政府参事工作和珠江文化研究会会长工作为主。在退休前，我一直担负本科生和硕士研究生的教学工作，为博士生讲授部分课程，开设了《中国当代文学史》《当代中国文艺思潮》《文艺辩证学》《文化与文学》等课程；在1998年至2001年，先后出版个人论著：《中华新文学史》（下册）、《当代中国文艺思潮论》《当代中国文学》《文艺辩证学》，散文集《浮生文旅》以及与人合作主编《当代中国文学名篇选读》《英州夜话——知名文化人在英德“五·七干校”的日子》等文集。这些教学与科研工作及其成果，与珠江文化的研究开发工作，是相辅相成的。

2005年11月15日

# 从"岭南文派"切入

1988年初，我应《学术研究》杂志社陶原珂同志之约，撰写了《岭南文学形成的条件》一文，在该刊同年6月号发表。我在这篇文章提出：在文学史上文学流派的形成不外两条途径，一是如西方现代派那样，先有理论主张，接着在创作实践中体现其理论，而当创作没能充分发展时，便只能算是一种思想流派；二是在创作实践中自然形成，后来经概括总结才逐渐明确起来，如唐代的山水诗、边塞诗等地域型、风格型的文学流派多属此类。现当代的岭南文学也当属后者。从其代表作家的个人气质、作品中的人物形象、所写的风土人情、语言格调、审美情趣等等的共通点和类似点上看，是会发现其存在依据和发展轨迹的，从其形成条件上看更是有必然性的。其条件就是"北风海浪"的夹击。"北风"是指北方（即中原）文化，"海浪"是指海洋（即西方）文化，"夹击"是指对撞，包括交汇、包容、兼融。

我之所以提出这样的观点，是因为当时西方的现代文化学已经传入中国，在各个领域出现了"文化热"现象，文学创作中以"寻根文学"为代表，文学批评中出现了新文化批评，文学研究中出现了以地域文化学或水文化学解读或探究文学现象和艺术形象的新走向。我认为这些现象和走向是可以接受或汲取的，是有助于促进文学批评和文学研究的。另一方面，当时中共广东省委决定，要为欧阳山、秦牧、陈残云、杜埃、黄秋耘等五位在世的文学大家举办研讨会和庆祝活动，由于我在文艺界活动时间较长，与几位大家都较熟悉，因而都受委托研究他们的全部作品，分别写出文章；与此同时，也因为从事文艺批评的关系，对当时一些中青年作家（如朱崇山、程贤章、杨干华、余松岩、廖红球等）的新作也认真作了研究，写出评论文章。在这些研究和写作进程中，我自觉地运用了前述的文学流派和现代文化学的观点，有意识地从文学透视文化，以文化观照文学，先后写出了《欧阳山与民族的大众的文化及文学》《秦牧创作的民族文化意识》《论民族文化的兼融性及其典型作家杜埃》等长篇论文，随后将这一系列论文结集为《文化与文学》一书出版；与此同时，我还就这些岭南老作家和中年作家新作中所呈现出的相承相通点甚多的实际，撰文提出了《已经有个岭南文派》的主张，随即我又在岭南文派与早受公认的岭南画派、广东音乐等的同异研究、尤其是对其文化底蕴和发展的研究中，发现传统岭南文化的概念和内涵不能充分概括和表述，应以珠江文化的概念称谓较为合适，于是，我便写出了《论珠江文化及其典型代表陈残云》一文，可谓开始触摸或进入珠江文化形态。在这篇文章中，我从陈残云的创作实际、也包括其他岭南作家和岭南画派及粤剧、广东音乐等的创作实际出发，将珠江文化的特性概括为：多样、平实、清新、洒脱。现在看来，这些概括是初步的，是仅限于文艺现象概括的。

2014年9月20日黄伟宗在东莞麻涌公园晋谒珠江文派首领陈残云塑像

正在这个时候，我观看了当时名噪遐迩的电视片《河殇》。这片也引起我震动，但我的想法却与许多人不同：一方面我感到这部电视片从文化学的眼光分析中国社会落后的原因，在方法上是新颖的，但结论是错误的；另方面我感到其立论欠妥，说黄河是中华民族文化发祥地不错，但忽视了尚有长江文化、珠江文化、辽河文化等的存在和贡献，显然是片面的。这影片还说中国是黄土文化，没有海洋文化，欠缺绿色文明，从而注定落后。这说法对不对呢？究竟中国有无海洋文化？很有必要搞清楚。应该说这些看法和想法，也是我倡导珠江文化研究极为重要的精神动力。

2006年1月11日

# 初探现代珠江文化特征

1989年是中国改革开放十周年的日子，作为“先走一步”的广东，各条战线都在庆贺取得辉煌成果的同时，进行认真的总结反思。文化界和社科界专门组织了广东文化建设研讨会，约我撰写论文，由此而促使我研究新时期以来的广东文化。差不多同个时候，即1992年，我受聘为广东省人民政府参事，并任广东省人民政府参事室文教组组长，一上任就接受了总结反思改革开放十年广东文化发展变化的课题，与文化界所约题目相同。这些任务，使我在从研究岭南文派的切入而初步触及珠江文化的形态和概念的基础上，继续和开始了对珠江文化现代特征的研究，写出长篇论文《现代珠江文化特征概论》。在这篇论文中，我提出现代珠江文化特征主要有：一是敏感性与浮动性并驾，二是实效性与消遣性齐驱，三是竞争性与兼融性共存，四是大众性与优越性互进，五是发展性与保守性相克。这些概括，现在看来虽尚可深化，但基本上是符合实际的，可以说是将珠江文化的现代特征及其文化形态表述出来的。

这篇论文，除在《南粤文化论丛》一书发表外，尚编入广东省政府参事室编的《走向世界的坎坷之路——广东改革开放反思录》一书中。此书由前些年辞世的著名经济学家张元元和法学家吴宦，以及语言学家叶国泉、罗康宁、彭祖康和我等省政府参事共同编撰的，分别从经济、体制、法治、教育、文化、语言、华侨等各个方面的发展变化实际，从理论层面上进行反思，从多角度、多学科的眼光去分析总结广东改革开放十年的成果，以跨学科、全方位的方式去论述和描绘了广东在“先走一步”之初所发生的社会整体性的变化和新的风貌，包括物质文明、政治文明和精神文明的发展提高。这部书的组织和写作，是广东省政府参事室发挥其由多学科专家组成的参事队伍的优势、进行跨学科综合研究的初步尝试，也是珠江文化工程进行跨学科、全方位研究开发的起步。正因为如此，我们对现代珠江文化特征的研究，从一开始即是立体的、多层次和深层次的，因而对现代珠江文化形态的认识和把握是清晰的、科学的。



2006年2月2日

# 从寻找“广”在哪里而追根溯源

参事工作的职责主要是为政府决策提供咨询，要做好必须深入调查研究。既然命我任文教组长，并分工主要负责文化方面的参政议政工作。当时西方文化学传入已有一段时间，“世界已进入文化科技时代”的观点开始被人接受，初步认识文化观念对政治、经济、外交、军事等的决策和行动的指道性影响，以文化把握企业，行业、事业、地方的管理和精神建设，以及提高人的素质、塑造地域或企业形象等等成了“文化热”的主要内容；特别是认为水决定人的生命、生存、生活、生产和观念意识的水文化理论，获得较多认同，江河文化与海洋文化的研究应运而生。在这样的背景下，我自然而然地想到要弄清珠江文化的源流和特质，才能从深层次提出文化建设的咨询意见，以古为今用、从今溯古的途径为现实服务。

探究珠江文化源流，从哪里下手呢？中国各个省份的名字使我受到启发，粗略统计有一半以上的省名或简称，都用有水字边的字，如上海、江苏、浙江、江西、四川、青海、黑龙江、台湾等等；使我特别注意的是，有些省份的界分也是以名山大川为标志的，如：山东和山西以太行山为界，湖南和湖北界分于洞庭湖，河南与河北界在黄河，而广东、广西分界之“广”在哪里呢？我想，可能解决这问题是进入探究珠江文化源流之门的锁匙。

珠江水系由西江、北江、东江和珠江三角洲水网组成，西江发源于云南，流经贵州、广西，从广西梧州流入广东封开后，到三水汇入珠江三角洲；北江源头一在湖南、一在江西；东江源头在江西；相邻的水流是韩江，发源于福建：广东沿海江河很多，如漠阳江、榕江、鉴江、练江、枫江、南渡江等等，虽水源不属珠江，但从经济文化上说仍属珠江水域，隔海相望的海南岛，也是如此。所以，珠江水域及其经济文化的覆盖面和辐射带，包括广东、广西、云南、贵州、湖南、江西、福建、海南和香港、澳门，与最近提出的“泛珠三角经济圈”概念所指地城（9+2）大致等同（尚缺四川），显然，这些地域也即是珠江文化的产生和覆盖地带。在珠江水系中，广东处于诸水主要总汇的地位，从水域上看也处于中心地位；西江是珠江水系中长度第一、水量第一（仅次于长江）的主干流，要找珠江文化的源流理所当然要首先着眼于西江，我们要寻找的两广分界之“广”也正在西江入粤之口上。

1993年从春到秋，我偕同广东省政府参事室文教组和有关的多学科专家，先后三次到广东封开县和睦邻的广西梧州市进行考察，从史料和古迹的研究勘查中，发现两广之“广”是指“广信”，而广信之名来自公元前111年（汉元鼎六年）汉武帝平定岭南时，设立管辖整个南方九郡的交趾部，并以广信县为首府所在地而来的。广信之名又来自汉武帝所发圣旨“初开粤地，宜广布恩信”选出“广信”二字而来。东汉三国以后，以广信为界，西为交州，东为广州；宋以后，以广信为界，东为广东，西为广西。而广信之名早已消失，其原址又在何处呢？查阅过去出版的《中国历史地图集》和有关资料，多注明在今广西梧州，早年已故的中山大学教授罗香林则认为在广东封川县（封川与开建合并为今封开县），两种说法，各有道理，但我们研究后认为，应以指今梧州与封开部分地区为宜，即梧州的桂江以东和封开的贺江以西（即封川）地区，理由是：郦道元《水经注》称，古广信在桂、贺两江“入郁”（即西江）处；从现场地理形势看，今两广分界处，只是设置界牌，无山或水为界，很可能古时原是一个地方整体；封川今之渔涝河，古名广信河，也汇入贺江流向西江，也是古广信旧址之佐证。

找到古广信所在的意义，不仅在于解决一个历史之谜和一个地名之争的悬案，更重要的是极有助于弄清广东和珠江文化的源流和在古代的发展走向。我们这班多学科专家，分别从历史学、考古学、民族学、地理学、民俗学、语言学论证出：古广信即在湖南马王堆汉墓出土印章所刻“封中”地带，是西汉时岭南人口最多地区，是岭南政治、经济和文化中心，是中原文化与岭南百越文化交汇地，是多民族聚集交融之都，是广东三大语种之一粤语的发源地，特别是以封开黄岩洞出土两颗距今14万8千年原始人牙齿化石的论证中，将原来以曲江马坝出土距今12万年的岭南人文明史，推前了2万8千年，从而称封开是“岭南文化古都”，并且明确了从西汉至唐代，广东和珠江文化是从古广信从西向东的发展走向。为此作出贡献的有：司徒尚纪、黄启臣、谭元亨、容观琼、张镇洪、周义、叶国泉、罗康宁、陈其光、陈永正、叶春生、刘伟铿、陈乃良、高惠冰、何楚熊、杨式挺等专家教授。

在此之前后，我们还分别考察了北江流域的南雄，曲江、乐昌、翁源、韶关、仁化、英德、清远等县市。在英德，考古学家张镇洪教授从宝晶宫岩洞地质层发现：这里与封开黄岩洞、广西柳江，以至贵州、云南的古人类遗址，同属一个考古地带。这个发现，从地质考古角度证实了珠江水系是同属一条人类生活带和文明带的，也即是珠江文化源流，从西江发源地云南和流经的贵州、广西和广东，都是一水相连的。在南雄市的梅关珠玑巷，我们发现这是中原文化进入岭南、与岭南百越文化汇合，又转向海外的重要转折地，据历史记载，仅唐宋年间就有三批百万以上移民经此转向珠江三角洲一带定居，随后又有部分移民海外南洋、欧美各地，其他年代经此零散移民不计其数，中国的百家姓竟有140多个姓氏家族经此南下移民。这个发现，不仅使这条历来不受注目的小巷一下成了世界闻名的华裔子孙寻根旅游的热点圣地（此盛况源于我们考察珠玑巷时向当地政府提出发展寻根旅游和后裔联谊的建议，他们接受后，在霍英东先生支持下，成立了珠玑巷后裔联谊会，短短一年即筹集捐款一亿多元。这是我们研究开发珠江文化产生精神物质双效应之首例），而且查清了珠江文化与来自北方的黄河文化、长江文化，以及海外文化都有着悠久历史的源流关系，找到了珠江文化具有兼融性和开放性的典型实证。

后来我们又先后分别考察了东江流域的龙川、河源、博罗、惠州、东莞、深圳，韩江流域的梅州、潮州、汕头。在龙川考察时，我们发现两个很有意思的现象：一是在纪念秦始皇任命首任龙川县令赵佗（后为南越王）之佗城，有许多姓氏之宗祠，这些姓氏家族都是跟随赵佗南下的，驻下之后即与本地人同化了。这现象的发现，可谓解开了史家所称当年秦始皇派50多万大军征南越的下落不明之谜，同时也佐证了东江也是珠江文化承传来自北方的黄河文化、长江文化的渠道之一；另一个现象是：在龙川境内，既有来自江西的东江流过，又有来自福建的韩江经此，奇怪的是在几个两江相邻的地方，都是仅隔一山头而不交汇相通，但这些地方的经济文化、风土人情，都是没有差异、浑然一体的。这现象，从地理上证实了韩江虽不属珠江水系，但在经济文化上仍是珠江文化的组成部分；韩江北承华东沿海，南接南海东部，是珠江文化连接长江文化和海洋文化的一条重要渠道。

从这些江河的文化源流的考察中，我们还发现珠江文化在广东境内几种主要文化成份与一些江河的密切关系，往往某条江河即是某种文化成份的源流，如：客家文化与自北南来的北江、东江密切相关，广府文化与自西向东的西江和珠江三角洲水网共呼吸，韩江从福建带进福佬（潮汕）文化，高凉文化在粤西随鉴江发展，南渡江贯流雷州半岛文化……这些现象说明了水文化的理论正确，同时也说明珠江文化从源流到成份都是多元的，从而证实珠江文化与中华民族文化的结构一样，是多元一体的，是具有兼融性、包容性的。

2006年3月3日

# 对海上丝绸之路的系列发现

在考察珠江文化源流的时候，我们从史料中发现汉武帝在公元前111年平定岭南时，即派黄门驿长在交趾部首府广信启程，然后从雷州半岛的徐闻乘船起航，经北部湾的合浦到日南（今越南）。这是班固《汉书•地理志》中关于海上丝绸之路的最早记载；同时，出生于雷州半岛的著名作家洪三泰也以自己家乡有许多关于海上丝绸之路的传说和资料为据，提出了前往徐闻考察海上丝绸之路的建议。2000年6月28日，广东珠江文化研究会正式成立。在广东省政府参事室（文史馆）的支持下，我牵头组织了多学科专家组成考察团，先后三次到湛江、雷州、徐闻考察，还到过广西的北海、合浦，以及福建的泉州考察，并同时认真进行了多学科的史料和理论研究，经反复论证，确认《汉书》中所指的徐闻即今徐闻县五里乡二桥、南湾、仕尾一带港口。这个结论，2001年11月在广东湛江举行的“海上丝绸之路与中国南方港”学术研讨会上，得到了来自北京、上海、广西、海南、厦门、泉州、香港、澳门等地百余名专家的确认。

这项考察研究活动的意义，不仅在于将历史的记载与现实的存在对上号，将有名却难以确定的实地确认下来，为研究开发其文化遗产提供基础，更为重要的还在于两点：一是将中国海上丝绸之路的历史大大推前。这是因为联合国教科文组织1991年到中国考察海上丝绸之路古迹，结果确定福建泉州是中国最早始发港，其实泉州只是在南宋时才开始海上交通贸易，与始于西汉的徐闻古港的历史相差1300多年，这不就意味着我们的论证，将这段被无视的历史恢复或推前了吗；另一层意义是为珠江文化和中华民族文化具有海洋性找到了历史依据。早在19世纪，德国著名学者黑格尔在他的《历史哲学》一书中说：“中国没有享受海洋所赋予的文明”，海洋“没有影响中国的文化”。这是很有代表性的西方观点，电视片《河殇》说中国不是海洋文化的观点就是由此而来的。海上丝绸之路是典型的海洋文化，我们论证出中国已有近三千年海上丝绸之路的历史，最早的始发港在广东，这不是珠江文化具有海洋性的历史佐证吗？珠江文化是中华民族文化的重要组成部分，它具有海洋性，不也就意味着中华民族文化同样具有海洋性吗？这个论证结果，可以说是具有以充分的依据和理由，恢复中国在世界海洋大国之列和在世界海洋文化史中应有地位的意义。

从学术研究上说，我们这次考察研究活动是有好些创新的：首先，我们是采取现场考察与史料研究结合、并且是以多学科专家结合的方式进行，参与考察的有历史、考古、地理、地质、海洋、经济、民俗、语言、文学、文化等方面的专家和作家、记者，打破了传统单一性的史料和单一学科的研究方式；其次是将历史性的、学术性的课题研究与现实的地方的经济文化研究开发相结合，即是将海上丝绸之路始发港的定位研究与当今地方文化建设、旅游开发和招商引资相结合。由于我们在湛江举行“海上丝绸之路与中国南方港”学术研讨会确认徐闻是最早始发港之一，使得徐闻成为投资热点，从而在同时举行的招商会上，从原有3千万元的投资一下跃升到5亿多元，可谓进行这种结合的突出成功实例。再就是将学术研究著述与文艺创作相结合，在进行专题考察研究的同时，编撰出一套多学科的系列著作，即《珠江文化丛书》，而且每册都是具有开拓意义的有份量专著，如洪三泰、谭元亨、戴胜德等作家写的两部长篇报告文学：《开海——海上丝绸之路2000年》《千年国门——广州3000年不衰的古港》，是首部反映海上丝绸之路题材的文学作品；谭元亨的《广府海韵——珠江文化与海上丝绸之路》，是首部论述珠江文化与海上丝绸之路关系的理论著作；黄鹤等编的《中国学者论海上丝绸之路》和《外国学者谈海上丝绸之路与中国》，可谓汇前人研究成果精华之鸿篇；陈永正编注的《中国古代海上丝绸之路诗选》，是前所未有的诗选，以悠长岁月的连篇古诗佐证了中国海上丝绸之路的历史源远流长，也印证了中华民族文化和珠江文化的海洋性贯串古今。这套“海上丝绸之路专辑”的出版，体现和加强了我们论证的学术份量，使当今社会人们更好地了解这项世界性的文化遗产和传统精神，同时也更扎实、深刻、全面地论证了海洋性是珠江文化中历史特长、份量特重、优势特显的素质。

在为徐闻古港定位之后，我们这班被省政府批准为“广东省海上丝绸之路研究开发项目组”的团队，以锲而不舍的精神，从粤东到粤西、从东南海到北部湾的沿海城市进行了考察，包括广州、饶平、潮州、澄海、汕头、汕尾、惠州、深圳、珠海、台山、阳江、湛江、遂溪、雷州和广西的合浦、北海、钦州、防城港等地。在这些地方都发现年代不同的海上丝绸之路古港遗址，而且在这些古港之间，在年代上又有彼盛此衰、相互取代的现象，从而构成了每个朝代都有特别繁荣的海外交通古港、海上丝绸之路在广东历久不断之势。广州是世界上两个千年不衰的古港之一（另一个是埃及亚历山大港），徐闻港在西汉繁荣一时，不久即逐步让与雷州、湛江、阳江，粤东各港在南北朝后兴起，饶平、潮州、澄海、汕头、汕尾、惠州，分别依次于隋、唐、宋、元、明、清时繁荣。这些考察论证结果，既给这些地方在海上丝绸之路史上予以科学定位，又从整体上证实了广东的海丝古港是数量最多、历史最久、年代最齐全、所沿海岸线最长的，从而证实并体现了珠江文化的海洋性、开放性的特质是自古相传而普遍存在的。

2006年4月13日

# 珠江文化的海洋性与海洋文化

值得特别记述的是，我们在珠海市考察的时候，发现这个改革开放首批特区之一，既是中国近现代海上丝绸之路的第一港，又是中国接受西方现代海洋文化第一港，是体现珠江文化海洋性、开放性的典型圣地。从地理上说，珠江入海口有八个门（即：磨刀门、虎跳门、鸡啼门、蕉门、横门、崖门、虎门、洪奇门），其中前4个门在珠海，由此鲜明地体现了珠江与南海之间是江海一体的形势，从而也典型地体现了珠江文化具有江海一体的特征，即江河性与海洋性水乳交融；从历史上说，从葡萄牙在明代占领澳门开始，西方文化多经此传入中国，如著名的意大利传教士利玛窦就是从此进入广东开始其传教活动并传入现代西方科技文化的，可以说早在清代鸦片战争之前，珠海已是中国与西方经济文化的交汇地和转折地，中国近现代史上许多标志开创现代文明的“第一”人物都出自此地，如：中国第一位留学生和第一间培训留学生出国学校（甄贤学校）的创办人容闳，中华民国第一任总理唐绍仪，中国第一所大学——清华大学首任校长唐国安，中共早期领导人之一苏兆征，中华全国总工会第一任委员长林伟民等等，不是偶然的，显然有现代文化环境孕育的因素，这是称珠海为中国近代海洋文化第一港的重要依据，也是珠江文化具有江海一体特征、并具有特强海洋性、开放性之历史佐证。我们根据这些考察论证而提出的建议，对于珠海被列为珠三角中心城市之一具有促进作用。

可喜的是我们这些考察研究成果，在著名作家朱崇山（也是珠江文化研究会创会人之一）几乎同时陆续完成的多卷长篇小说《深港澳三部曲》的艺术形象中，不约而同地也体现出来：首部《南方的风》，以描绘改革开放初期创办深圳特区的窗口，体现了珠江文化海洋性、开放性的历史和地理优势及其所引起举世瞩目的震动；缩影香港百年沧桑的《风中灯》和澳门数百年苦难史的《十字门》，以生动的艺术形象体现了珠江文化在香港、澳门与西方海洋文化对撞交汇的历程，在充分体现珠江文化海洋性的同时，充分显现了独特的、属于珠江文化一部分的港澳文化形态。这种文化形态的体现和提出，在文艺创作和学术上是有首创性的。谭元亨的《客家魂》三部曲，以自北南来定居的客家氏族千年历史的艺术形象，将作为珠江文化的这一组成部分，从大陆性到海洋性、从传统性到开放性的历程和走向淋漓尽致地表现出来。洪三泰的《风流时代三部曲》（即《野情》《野性》《又是风花雪月》），以南方都市生活与人们观念在改革开放中的高速而巨大的发展变化，生动活泼地反映了珠江文化在"天时、地利、人和"条件下的巨大开放热能。李科烈的《山还是山》和洪三泰等的《通天之路》，分别以铁路和高速公路在现代化建设发展中的人文精神，从企业或行业文化中体现了珠江文化在与时俱进的发展。洪三泰、谭元亨的电视片文学本《祝福珠江》，以诗情洋溢、画意清新的笔墨，热烈地讴歌了日新月异的珠江经济和珠江文化。洪三泰的新作《女海盗》，是描写海上丝绸之路题材的首部长篇小说，它以雷州半岛及其海域百年沧桑为背景，以"女海盗"石白金的神奇经历和奋斗历程，有声有势地写出了雷州人的海气、海威，活现了珠江文化的海性、海魂，塑造了一系列充分体现珠江文化海洋性的典型形象。著名地理学家司徒尚纪教授以优美文彩的笔墨写的地理学专著《珠江传》也在这个时候问世，更有特别的意义，因为这是河北大学出版社主编的《大江大河传记丛书》之一，与《黄河传》《长江传》等同时出版，既清楚地将珠江在中国大江大河中的重要地位显示出来，同时又以雄辩的学术力量和文学力量论证了珠江文化存在和发展的历史地理事实，充分地论述了珠江文化与其他江河不同的特质和特性。这些著作的写作和出版，既是我们这个团队以海上丝绸之路的历史发现论证珠江文化海洋性、开放性特质的继续和发展，也是以多学科、多方式研究这一重大课题的扩展和深化。这些文艺作品在珠江文化和海上丝绸之路研究开发中的贡献和作用是不可低估的，它使我更领悟恩格斯曾说从巴尔扎克的小说"所学到的东西，也要比当时所有职业的历史学家、经济学家和统计学家那里学到的全部东西还要多"的名言。

2006年5月15日

# 以《广东新语》为引子梳理发展历程

2000年前后，我先后应邀参加赴西欧五国（德国、法国、荷兰、卢森堡、比利时）文化考察团和到美国讲学，又率领中山大学学术代表团到台湾与高雄中山大学进行学术交流。这些活动，都需要我事先准备好学术报告。作什么课题的报告呢？我考虑还是从海上丝绸之路而宣扬珠江文化为宜。便决定以《论珠江文化创新特质的源流及其发展》为题，着意探究珠江文化的形成、发展和历史地位。这个选题，也是在我们基本完成珠江文化概念、特质、源流、成份、特性研究之后，向学术的深度进展的必然要求。在进行书案研究中，我从最早的粤学学者、明末清初的大儒屈大均的代表作《广东新语》受到启发。他在此书《文语》一章中说："广东居天下之南……天下文明至斯而极，极故其发之也迟，始然于汉，炽于唐于宋，至有明乃照于四方焉……"。这段话明确指出在广东境内的珠江文化，形成或始发于汉代，兴旺于唐宋，到明代即影响四方。以此为引子去研究珠江文化发展历史的实际，可以划分为五个时期，这些时期，既在纵向上逐次步步提高发展，又在横向上在影响范围和深度上逐渐扩大加深，从而使得其在中华民族文化发展史上的地位和作用也逐步加重加大，其自身的发展也自然越来越成熟、越来越壮大。

秦始皇统一中国后，派任嚣、赵佗先后治理岭南，为中原文化与岭南土著文化的交融做了许多工作，也为岭南文化在中华民族文化中占有一席之地打下基础，但真正结出硕果的是在汉武帝于元鼎六年（公元前111年）统一岭南以后。这时在广信（今广东封开与广西梧州之间）设管辖岭南九郡的交趾部首府，使广信成为岭南政治、经济、文化中心，是中原文化南来的桥头堡，是其与岭南文化的主要交汇地。所以，作为代表广府文化的语种粤语（是中原古汉语与岭南百越语混交而成之语种）在此发源，中原和海外的文化教育最早最快在此传播，使生长在此的文化人得风气之先，捷步登上全国文化舞台，并形成为带学派型的学术领袖或家族，产生广泛影响。如：屈大均称为"粤人文之大宗"的陈钦、陈元父子，为《左氏春秋》立为官学奋斗了三代，被称为"古文经"学派；东汉时广信太守士燮和他的三个弟弟（士壹、士黄、士武）都是经学家，被称为陈氏学派之继承，在当时京师学者关于古文《尚书》的论争中名噪遐迩，他们与陈氏父子都是广信人；另一位东汉人牟子在广信撰写出中国佛教的首部理论著作《理惑论》；东汉著名道教领袖和理论家葛洪，在广东罗浮山著述影响深远的《抱朴子•内篇》。这些都是在当时和在历史上很有影响的名人名著，分别是汉代的儒、佛、道三家学术界主要代表。所以，这些人物和他们所代表的文化，堪称为汉代珠江文化的代表，他们的成就和影响标志着珠江文化的形成和成熟（即屈大均所说的“然”），体现了珠江文化从汉代起就具有重要的历史地位。此谓第一时期。

第二时期是屈大均所说“炽”（即兴旺）的唐代宋代。唐代是中国历史上的盛世，也是珠江文化发展史上的盛世。在这年代，广东经济空前繁荣，岭南政治、经济、文化中心转到广州，海上丝绸之路主要始发港已从粤西转向粤东，对外交通和贸易特别发达，岭南与中原交通要道之一的梅岭（即大庾岭）古道，在张九龄主持下修建开通，促进了南北交流。这些因素造就的社会环境，更有利于珠江文化的兴旺发达，涌现了文才辈出、泰斗层生的盛况：堪称珠江诗圣的岭南第一诗人张九龄，是广东曲江人，官至宰相，贤明有为，主修梅关古道，功在当代，造福千秋，可谓大儒，其诗清淡幽雅，代表岭南诗风，又被誉在唐诗中开创清淡诗派。明代学者胡震亨《唐音癸签》称：“唐初承袭梁隋，陈子昂独开大雅之源，张子寿（九龄）首创清淡之派”，说明张九龄在诗坛的影响是非同小可的。同在唐代的佛家禅宗六祖惠能，是广东新州（今新兴县）人，主张佛性人人皆有，创造顿悟成佛说，使佛教平民化、中国化，被视为中国佛教禅宗的真正创始人，又是禅学思想的领袖和代表，堪称珠江文化哲圣，在全国全世界都有极其广泛的影响。宋代岭南文坛泰斗也大有人在，如广东曲江人余靖，既做过高级外交官和武将，又是著名学者、诗人：特别是有不少著名文人墨客因种种原因在岭南久住或暂住，写下或留下甚多弘扬珠江文化的名篇或业绩，也作为珠江文化的一份历史财富名垂青史，如唐宋散文八大家中就有一半（韩愈、柳宗元、苏轼、苏辙）在岭南留下千古绝唱，唐代诗人刘禹锡、宋代诗人杨万里、书画家米芾、著名清官包拯和著名爱国诗人文天祥，都为珠江文化作出贡献。

第三时期是屈大均所说“照于四方”的明代，特别是郑和七次下西洋的明代中期。在这年代，广东经济很繁荣，对外交通和贸易尤其发达，海外思想文化和科学技术多从广东沿海涌进，使得广东接受了特多的海洋文化，同时与内地中原经济文化的交流更密切了，更多地介入全国性的文化潮流了，自身的文化结构和形态更成熟更明显了，对全国和世界的影响更大了（即“照于四方”）。最能体现这种盛况的，是三个代表人物：一是此时从澳门进入广东、后又先后到南京、北京的意大利传教士利玛窦，此人在广东先后在肇庆和曲江达十多年之久，穿佛教的衣服宣传天主教，既传教又传西方科学技术，做了许多将海洋文化融入珠江文化的工作，然后又使具有江海一体内涵的珠江文化北上，与长江文化、黄河文化交流，可谓是一位珠江文化的文化交流使者。二是明代著名哲学家陈白沙，又名陈献章，广东新会人，明代理学大儒，是后来形成的王阳明与代表的心学体系的开山祖，又是著名的心学诗人，在哲学和诗学上都体现珠江文化特色，在全国和海外有广泛影响。明末学者屈大均，广东番禺人，晚年出家，以和尚身份掩护进行抗清斗争，写出巨著《广东新语》，是一部广东的“百科全书”，可谓广东首部地方学专著。他在此书《自序》中说：“是书则广东之外志也”，“不出乎广东之内，而有以见乎广东之外，虽广东之外忘，而广东精微，可以范围天下而不过”。这段写书宗旨，清楚地表明此书详写广东不仅局限于广东，而是从世界看广东、以广东看世界。这种视角，说明作者写这地方著作，不是为地方而地方，是从世界大视野确立之地方学，是世界性的地方学专著。以此高度眼光而写出的首部岭南文化学专著的出现，不正是包含岭南文化在内的珠江文化成熟的一个重要标志吗？

第四时期是清末民初时期。中国末代皇朝——清朝在这年代已极其腐朽，帝国主义对中国虎视眈眈，企图瓜分中国，鸦片战争的英帝大炮在珠江口虎门，轰开了中国闭关自守的大门，使岭南人最早“冷眼向洋看世界”，在最先受到欺凌的同时，也最先吸收接受西方文化，使得在这时期涌现许多珠江文化的代表人物，大都是救国救民的领袖人物，又是具有海洋文化意识的饱学之士，既是政治家、学者，又是文人、诗人，他们共同打造的精英文化，鲜明地体现了珠江文化的海洋性、开放性、争先性，显出了珠江文化前所未有的英姿，在历史上三次卷起了珠江文化之风向北方中原地带劲吹的旋风：一是洪秀全领导的太平天国起义，二是康有为、梁启超领导的戊戌变法，三是孙中山领导的辛亥革命和北伐战争，这些旋风主要是政治革命，也是文化革命，意味着珠江文化北移，也标志着珠江文化在海洋文化的推动下，进入了前所未有的兴盛时代。

第五时期是从20世纪80年代开始的改革开放时期，由于邓小平提出对外开放、对内搞活的方针，要广东“先走一步”，在睦邻港澳的深圳、珠海办经济特区，造就了西方经济文化直接进入之通道，使广东成为海洋经济文化进入中国的桥头堡，成为得世界风气之先而又领全国之先的风水宝地，也由此造成珠江文化跨上了史无前例的繁荣时期。从迄今20多年历程来看，这时期以广东为代表的珠江文化与过去各时期最大不同处，是尚未涌现一批受到公认的权威性代表人物及其文化群体，主要是以产生出许多席卷全国、有的还吹向海外的文化旋风为特点的，如流行歌曲、武侠小说和电视、服装文化、家具文化、饮食文化等等；另一方面，是对自身的文化研究和学术建设空前重视，建树甚多，如大型学术系列专著《岭南文库》、《珠江文化丛书》等的连续出版，海上丝绸之路和珠江文化的研究开发，岭南画派、粤剧和广东音乐的新发展及研究等，使珠江文化的悠久历史和重要地位倍受瞩目，在海内外具有强烈影响。

我将这些研究结果，先后在西欧五国学者中交流和在美国讲学作报告的时候，在学者、尤其在华人中受到热烈欢迎，美国《世界日报》作了题为《海上丝路源远，珠江文化流长》的报道；在台湾高雄中山大学学术交流时，为避免麻烦，删去珠江文化发展的第五时期（即改革开放时期）部分，该校教授在评论中提出应补回的意见，该校校长和文科院长也认为如此认真研究本地域文化的学风是值得学习的。这些反响，也说明了我们对珠江文化的研究是获得肯定、受到欢迎的。

2006年6月6日

# 从始祖、哲圣的发现而初显文化系统

在逐步完成以上课题之后，我感到要揭开深化的盖子必须对珠江文化进行系统研究，弄清其结构系统、理论框架、学术和形象定位，发现和论证出其系统性和可持续发展性。于是我仍继续采用从现实所需引发历史文化研究的做法，逐步探究下列课题：

首先是珠江文化的始祖是谁？众所周知，黄河文化的始祖是黄帝，长江文化的始祖是炎帝，由此才有中华民族子民是炎黄子孙的说法。这说法又源于两帝分别是生活在这两条江河流域的华夏民族首领，两族战争后并为一族，后来才取名为中华民族。位于中国南方的珠江水域，民族众多，均各自立，故被统称与百越族，长期没有统一，也无共同首领，所以，一直未有珠江文化始祖是谁的说法。2001年春，我应邀参加广西梧州历史文化研讨会，发现这里是古苍梧之地，有关于虞舜的史料和遗迹，经认真研究包括《尚书》《山海经》《史记》在内的许多史书和现场考察之后，我撰写了《珠江文化的始祖——舜帝》一文，在《岭南文史》发表，受到广泛关注。我首先依据在开创中华民族的“三皇五帝”中，只有最后一位舜帝（即虞舜）到过珠江水域，生前多次南来“祭祀”、“巡狩”，死后又“葬于苍梧之野”；他即位才开始有“中国”之名，始开德政和乐教，将南方各族感化，将其领土统一划归中国版图，也用武力将少数不服氏族遣送北方；清政廉明，赏罚分明，初具国家行政雏形；这些作为，是起到统一岭南百族并使其归并中华民族的始祖作用的，其文化内涵和性质，也是初显珠江文化的包容性、兼融性特质的。为珠江文化始祖定位，意味着找到这块水域文化的开端，明确这一文化系统之原始元尊。

接下的问题是珠江文化的古代思想领袖（即哲圣）是谁？梁启超在《论中国学术思想变之大势》一文中有言：中国传统文化“实以南北中分天下，北派之魁厥为孔子，南派之魁厥为老子，孔子之见排于南，犹于老子之见排于北也”。以我理解，梁启超所说的“北派”即黄河文化，“南派”是指长江文化，可惜喝珠江水长大的梁启超当时尚未能注意到珠江文化的存在事实，否则他定会找出珠江文化之“魁”的。其实，梁启超已为解决这问题开了路，一方面是以这段话为黄河文化和长江文化的哲圣定了位，另方面是在其他著作中对六祖惠能评价甚高，极高评价惠能禅学对学术和诗坛的影响，称“唐宋两代皆六祖派”，“宋儒皆从佛书来”，“宋士大夫晚节皆依佛”，并说“自唐人喜以佛语入诗，至于苏（轼）王（安石）其高雅之什，大半皆禅悦语”。这些话实际上已尊惠能于哲圣地位，只是未点明而已。

令人感叹的是这点点学术距离要在梁启超百多年后，才由要人、洋人和后人逐步解开。所谓要人，是指毛泽东。据曾在毛泽东身边工作过的人回忆，毛泽东曾说：“惠能主张佛性人人皆有，创造悟性成佛说，一方面使繁琐的佛教简易化，一方面使印度传入的佛教中国化”，因此他被视为禅宗的真正创始人，亦是真正的中国佛教始祖。另据有关人员回忆，毛泽东在20世纪60年代来广东视察时，曾问当时广东领导人陶铸是否知道广东出了两位圣人是谁，陶铸只答出一位孙中山，毛泽东当即解说另一位是六祖惠能。可见毛泽东早称惠能是创立禅宗的圣人了。外国洋人和华人又将这说法推前一步，在英国伦敦大不列颠博物馆所世界十大思想家头像中，立有孔子、老子、惠能三位中国哲圣的头像，西方媒体评其为“东方三圣人”，加拿大华人会馆尊奉三位哲圣的坐像，以尊崇他们在三教（儒教、道教、禅宗）和三学（儒学、道学、禅学）的至尊地位，又可以说是沿着梁启超的思路而潜在地缩小其学术距离，以列尊的方式将他们分别是黄河文化、长江文化、珠江文化的哲圣定位显示出来，而其未能消除的一点距离，只好由我们这些后人去点明了。

2001年11月，六祖惠能的发祥地广东韶关南华寺，为庆祝建寺1500周年而举办了惠能禅学研讨会，我提交了题为《珠江文化的哲圣——惠能》的长篇论文。我从六祖《坛经》这部中国人写的第一部、也是唯一的佛典中发现，这既是一部佛教禅宗经典，又是一部自成体系的思想哲学经典，堪称为惠能所创造的禅学思想专著，可与孔子的儒学、老子的道学相并列，从而可称惠能为与孔子、老子并列的代表一种哲学思想的哲圣，同时又可以称惠能为与黄河文化哲圣孔子、长江文化哲圣老子并列的珠江文化哲圣。这不仅是因为惠能出生于广东、长期活动在广东，主要是他的思想文化特点体现了珠江文化特质，体现了珠江人在中古时代的文化意识、思维方式和行为方式，是珠江文化土壤中诞生，又影响并促进珠江文化的发展。

他主张“人人心中有佛”，“人即有南北，佛性即无南北，葛獠身与和尚不同，佛性有何差别”，“见性是功，平等是德”，体现了中古时代在南方随商品经济萌起的市民意识和平等思想；他创造修佛“顿悟”之说，撰出“菩提本无树，明镜亦非台，本来无一物，何处惹尘埃”的名偈，所体现的唯心思想，可谓后来以陈白沙为代表的南方“心学”之先声；他认为“我心自有佛，自佛是真佛，自若无佛心，何处去求佛”，反对向外求佛，反对崇拜，反对去追求“西方净土”之“彼岸”，典型表现了他自立自强、不信神、反权威的个人意识，与后来从西方传来的个人主义和自由主义异曲同工，是中古时南方商品经济兴起而初显资本主义思想的胚芽。

他主张“农禅合一”“农禅并重”，强调自食其力，不拘修行地所和方式，重在实效，使南方禅宗在唐武宗灭佛之时（会昌大难）得以幸存，后来成为佛教主流，这种思想和举措，正是重实用、实际、实效的小农经济思想向商品意识过渡的体现；惠能的南宗“顿悟”派虽与神秀代表的北宗“渐修”派有分歧，禅学也与儒学、道家不同，但惠能均无排斥之意，指出：“本来正教无有顿渐，人性自有利钝，迷人渐修，悟人顿契”；他尊奉父母，力行孝道，倡道修行中的辩证法，都与孔子、老子不悖，可见其器量和兼容气度。

这些学说和行为，都是源自并体现着珠江文化的市民性、重商性、平等性、自由性、实在性和包容性的特点或特质，并且体现得最全面、最集中而时间也最早、影响最深广，所以，称惠能为珠江文化的古代哲圣是实至名归的。

至此，由于发现舜帝是珠江文化始祖、惠能是珠江文化哲圣，使得珠江文化初显自身系统，从而使其可与以黄帝为始祖、孔子为哲圣的黄河文化，以炎帝为始祖、老子为哲圣的长江文化相并列，初显作为一种水域文化的文化系统。

2006年7月14日

# 理论的扩展深化与形象的定位系列

2003年春，广东省领导发出建设文化大省的号召，对珠江文化研究开发也进入学术定位阶段，正在这样的时候，我们这个团队组织力量编着的五部都分别具有填补空白意义的学术著作也应运而生，这就是陆续出版的：《珠江文化论》（黄伟宗著）、《珠江文化与史地研究》（司徒尚纪著）、《广东海上丝绸之路史》（黄启臣主编）、《广府寻根》（谭元亨著），以及《海上丝路文化新里程——珠江文化工程十年巡礼》（广东珠江文化研究会等编）等。

《珠江文化论》是首部关于珠江文化的系统论著，主要从文化学为珠江文化定位，全面概论了珠江文化的概念、形态、源流、发展、特质、特性、系统，并以系列的开发建议、文化散文和文化批评而多视角、多方式地扩展深化开发研究，从而对珠江文化不仅作出历史文化上的定性定位，而且对其在现实文化及其发展的作用、地位和前景也作出论析，是一部寓静态研究与动态研究于一体的文化学术论著。

《珠江文化与史地研究》，是首部从历史地理学对珠江文化学术定位的理论专著，它在观念、概念、城市、区域、学术等文化层面上，论述了珠江文化的地域特色及其依托的地理环境与变迁提供了它们在各断代的历史地理剖面，总结了它们的发展规律，是一部以地理学为主对珠江文化进行多学科、跨学科研究的学术论著。

《广东海上丝绸之路史》，是广东海上丝绸之路研究上的首部巨型专著，也是首部从数千年海上丝绸之路的历史发展事实和历史科学的论证为珠江文化学术定位的专著，它以丰富的中外历史文献资料，阐述了自西汉由徐闻、合浦港出海，魏晋南北朝时从广州港起航，历隋、唐、宋、元、明、清、以至民国时期2000年经久不衰的海上丝绸之路的形成、发展的历史进程，记述了同时广东对外贸易的国际航线、进出口商品结构、贸易地域、管理体制的发展，以及由此引起的海外移民、中外文化交流和广东经济的变迁状况，有力地论证了珠江文化特质（尤其是海洋性、重商性、开放性、包容性）形成和发展的必然与内在依据。

《广府寻根》是谭元亨为珠江文化重要组成部分的广府文化确立文化系统的理论专著，是广府文化研究中首部大型学术专著，是他前些年完成的《客家圣典》之姐妹篇，为珠江文化的成分和结构作出了奠基性的理论建设。

《海上丝路文化新里程——珠江文化工程十年巡礼》，是首部对包括研究开发海上丝绸之路文化在内的珠江文化工程进行全面总结和全方位论证的学术论著，它一方面以选编有代表性文章的方式，将历时十多年学术进程中的重大学术活动和成果缩影出来，另方面又将在《岭南文史》、香港《中国评论》、美国《世界日报》等报刊发表的有关论文或报道选编，借此将这工程取得成果的质量和社会反响展现出来，起到全方位论证的学术作用和实证效果。这五部著作的完成，是有里程碑意义的，一方面是珠江文化研究取得阶段性成果的标志，另方面还在于这标志着珠江文化学术定位的明确，从而显出了学术系统之端倪。

自从开始对珠江文化研究以来，我在进行理论和实践研究开发的同时，一直注意以塑造文化形象而作出文化定位的方式去进行，十多年来可以说是塑造了珠江文化的系列形象：一种是在各县市考察时结合对当地人文研究和观察地理风光的感受而写的散文，如《澳门之门》《香港之风》《深圳之窗》《珠海之珠》《高州三树》《河源四源》《肇庆五气》《南珠之都——湛江》《岭南燕都——怀集》等等，既是旅游抒情散文，又是为每地文化定位之作，以系列形象为珠江文化作形象定位。

另一种是从珠江水系及其水域的人文地理形态和文化特质，从总体上为其塑造形象：我依据珠江是由来自四面八方的东江、西江、北江、珠江三角洲水网等在广州交汇的走势和形态，将其称为多龙争珠的形象；又以此形态及其包容性开放性、辐射性、网络性的文化特质，将其称为蜘蛛网似的珍珠光芒向四方迸射的形象，这样的总体形象定位，是可与黄河以龙、长江以凤的形象定位并列而媲美的。

此外，我还以我国三条大江河的文化神韵，用有代表性的诗句体现出来，以李白的“黄河之水天上来，奔流到海不复回”诗句，点现黄河文化之神圣；以苏轼的“大江东去浪淘尽千古风流人物”词句，称道长江文化之气派；以“岭南第一诗人”张九龄的名句“海上生明月，天涯共此时”来显现珠江文化的宽宏、平和、共时的气度和风度。这些形象的塑造及其系列性、总体性，既是以形象定位的方式和效果推进和显示了珠江文化研究开发的深化，又是以形象定位的系列显示了珠江文化以及对其研究的体系之形成。

2006年8月14日

# 支撑泛珠三角（9+2）区域合作

2003年秋，广东省领导在提出发展粤港澳“大珠三角”区域合作之后，又提出“泛珠三角”区域合作的战略。“泛珠三角”区域与珠江文化区域基本一致（包括广东、广西、贵州、云南、湖南、江西、福建、海南、香港、澳门，唯四川不属，但可称其为辐射地带）。此发展战略的提出不是偶然的，是根据社会经济基础的和现实发展需要提出来的，又是有历史和现实文化依据的，并且必须是以这区域的文化（即珠江文化）底蕴为基础和对其研究开发作支撑的。仅从这个视角，即可看到珠江文化研究开发重要性、迫切性，又可见其潜质可持续发展性。由此，我先后向《人民日报》华南版和《南方日报》记者发表谈话，提出《珠江文化是泛珠三角经济圈的文化支撑》《泛珠三角不仅是个经济概念，也是一个文化概念》的观点。同时，我们又根据新的形势和升格为广东省珠江文化研究会的需要，制定了《珠江文化工程规划》，进行了《粤港澳文化交流的回顾和展望》（与香港《中国评论》合作）等课题的论坛，并在“泛珠三角（9+2）高峰文化论坛”上作了专题讲演。

在这个时候，我们还对海上丝绸之路和珠江文化进行新的考察，很快又有新的重大发现。首先是对阳江海底发现的一艘宋代沉船南海Ⅰ号作出文化定位。因为这是迄今我国水上考古发现中时间最早、文物数量最多、保存最完好的古代沉船，是海上丝绸之路的重要发现，具有不亚于作为陆上丝绸之路代表性的文物集中地甘肃敦煌的研究开发价值，文物数量也远比敦煌多，所以我们将其定位为代表海上丝绸之路的象征“海上敦煌”。

这定位在媒体公布后，联合国教科文组织即主动请求我们带领他们的专家前往考察，考察后也认同我们作出的文化定位，并委托我们继续从海上丝绸之路和珠江文化之底蕴和代表性上，对这古沉船文物和阳江风筝文化进行研究，以争取列入世界文化遗产。世界著名海洋学家吴京教授（美国科学院院士、台湾“中央研究院院士”、台湾前“教育部长”、成功大学校长）从网上知此信息，也主动请求我们邀请他前来考察，考察后也认同，我们所作定位，并认为“世界海洋史要由此改写”。这些影响，直接促进了国家文物部门和省领导作出为其投资15亿元建造广东省海上丝绸之路博物馆的决定，也使丝绸之路文化遗产更大地发挥促进区域和对外合作的纽带作用。

另一件是在粤桂交界的怀集、封开和贺州、梧州等县市，发现许多文物和遗址，更进一步证实了我们提出的：在海上丝绸之路与陆上丝绸之路之间，具有交接点或对接通道的观点。这是迄今学术界尚无人问津的发现，具有填补学术空白的意义，具有极其深广的研究空间和开发价值；可能将来不仅在两广、在泛珠三角区域，以至全国全世界，会发现许多这样极有历史文化价值的点或信道，从而对此进行研究开发，极有利于促进区域、省际和国际合作，极大地推进珠江文化和对其研究开发工程的持续发展。

鉴于以上海上丝绸之路与珠江文化的研究开发成果，对建设文化大省和促进泛珠三角（9+2）区域合作起到积极作用，我们于2004年举办了“海上丝路与建设文化大省”学术研讨会，雷于蓝等省领导和专家学者，均充分肯定珠江文化工程的成绩。会后由中国评论学术出版社出版论文集《海上丝路新里程——珠江文化工程十年巡礼》。2005年初，以我个人名义给中共中央政治局委员、广东省委书记张德江同志写信，以对海上丝路与珠江文化研究开发的经验，提出《以自身特性和共通性文化为纽带，促进区或和对外经济合作，促使文化与经济相互转化》的战略性建议，受到了张德江书记和蔡东士、朱小丹等省领导的重视和批示。

2006年11月10日

# 南江文化和多项文化的发现和倡议

近几年来，我们在珠江文化的研究考察过程中，层出不穷地发现过去从未受到注意的多种文化带或文化遗存，挖掘或整合出多项文化门类或文化品牌，对于促进各县市经济文化的开发与建设起到直接的有力的推动作用，为建设文化大省、促进泛珠三角（9+2）区域合作作出贡献。其中较突出的是：

2004年发现并论证出南江文化带。这是在研究有关历史资料之后，率领一批多学科专家教授前往云浮、罗定、郁南等地考察而发现并论证的。原来现在的罗定江，古名南江，不知何时改称现名。这条江发源于信宜鸡笼山，流经信宜、罗定、云安、郁南，在郁南南江口汇入西江。南江虽然从长度或水量均不能称大江，但意义重大。

首先，它的发现意味着珠江以方位而命名的四大支流达到完整，即填补了有西江、北江、东江，却缺南江的空白，完整了珠江水系及其“光芒四射”的风姿。其次，从地理上看，这条江是广东境内西江以南水域的代表，因为它是粤西南地区唯一自南向北流入西江、从而归属珠江水系的江河，而它在粤西南地区，又与其他三条主要江河密切交错着，即：与它同样发源于信宜的鉴江往茂名于湛江出海，它流经的云安相邻的新兴则是从阳江出海的漠阳江发源地，虽然都未能与这些江河交汇，但却在自然地理、经济文化息息相通，具有代表这些江河从属珠江水系及其水域的象征性意义。

从文化上说，南江及其相邻的江河流域，包括云浮、阳江、湛江、茂名四市共同构成的粤西南地区，可称之为南江文化带。如果这看法得到普遍认同，那么，则意味着岭南本土祖先百越族的文化有了具体江河文化为载体，同时也填补了粤西南地区从无总体文化称谓的空白。因为广东文化构成的各种主要成分，都是分别以某地区或某江河文化为载体的，如粤北地区北江文化是客家与广府文化的载体，粤中西地区西江文化是广府文化载体，粤东南地区东江文化是客家文化载体，粤东地区韩江文化是潮汕（福佬）文化的载体。由此，粤西南地区南江文化，也即可称之为百越文化或后百越文化的载体。因为在这文化带迄今古百越文化遗存较多，保存较好，遗风尚在。所以，南江文化带的发现和论证，是有填补学术空白和确认岭南文化祖根的重要意义。

可喜的是，自发现南江和提出南江文化带倡议之后，《南方日报》等媒体纷纷报道，在国内外产生强烈反响，粤西南四市（云浮、阳江、湛江、茂名）的领导和专家均表支持；云浮市成立了南江文化研究会，陆续出版了《南江文化丛书》，并于2006年初举办了“南江文化艺术节”，盛况空前，影响甚大。

2005年在怀集发现并论证金燕文化。这是2002年到怀集县考察时发现的。该县桥头镇燕岩，是金丝燕栖息之地。这是一种珍奇燕种，每年冬天到太平洋生活，夏天回燕岩产卵生子，是海陆候鸟，全国只有云南某地和怀集有此燕种，所以此地以产燕窝驰名，而且传统有燕子节的习俗。我认为这种文化极其珍贵，便为其题词：“岭南燕都”，随后即写出同题散文在《南方日报》《西江日报》先后发表，经网上传播，影响颇大。在怀集县领导和群众支持下，将县城中心广场命名为“燕都广场”，从而确认了怀集为“燕都”之名。2005年夏天，在怀集举办了“金燕文化研讨会”，近百名专家教授肯定了这文化定位和这种文化的价值和意义，并在燕岩举行了“广东省珠江文化研究会金燕文化研究中心”挂牌仪式，在同时举办的招商会上，签约合同达35亿之多，体现了文化促进经济的新格局。怀集还先后出版了《燕岩诗选》《泛珠三角与燕都文化》等书。

2004年春，在新兴县参加六祖文化节及六祖文化学术研讨会，以及六祖家乡集成镇改名六祖镇挂牌仪式之后，提交省政府参事建议：《走出神教误区，确立六祖惠能的文化地位，弘扬妈祖、龙母文化精华》，受到政界、宗教界、学术界的重视和好评。由于在此之前先后支持南华禅寺1500周年庆典并收回部分土地、提出惠能是珠江文化哲圣、宣扬惠能在怀集16年修炼史迹的影响，使这建议更受重视，开始了将佛教的禅宗教派与作为哲学的禅学分开的提法，使惠能的禅学与孔子的儒学、老子的道学在学术上相并列，并使六祖及其所开创的禅宗、禅学成为一种文化。也由于在此之前，由于曾为德庆悦城龙母庙题词“西江神源”，以及曾到龙母的出生地广西岑溪（原属广西藤县）考察的影响，使得本来是由人变成为祭祀神的龙母，又从祭祀神衍化为一种精神形态的文化现象。同时，又应肇庆市人文丛书编委会之约，为《包公兴端州》一书撰写引言：《包公文化论》，也由此率先将这历代受人祭拜的神，升华为一种历史文化现象。

2005年春，提出一份省政府参事建议：《应即抢救广州海云寺及海云学派文化遗产》，为恢复和保护明末清初岭南高僧天然和尚的旧址和遗产而呼吁，确认其作为一代高僧和开创一个学派（包括诗派、书派）的功绩，借此确认其也是一种优秀文化传统和文化现象。

2005年春，南方日报社在肇庆市开会，就其在2004年期间出版“广东历史文化行”

专版系列进行总结。在这系列中，曾为多个专版（韶关、六祖、封开、南江、海上丝路）以“专家说法”作出文化定位。在总结会上作了题为《打造多项文化工程，将文化大省建设推上新台阶》的发言，会后又向省政府提交了以此为题的参事建议。同年8月，省社科院在怀集举办“广东历史人文资源保护开发”学术研讨会，我也以切身经验提交了题为《在整合中挖掘，在开发中保护》的调研报告。这些建议和报告，都是对多项文化的发现和倡议的实录。

2006年1月11日

# 层层学术体系的确立

在发现南江和论证南江文化之后，我感到必须再从横面和纵面扩展对珠江文化的研究，使之在广度和深度上更进一步构成体系或系统。于是，我便利用广西请我参加在梧州举办“西江文化”学术研讨会的机会，在会上作了题为《以多元文化观研究开发西江文化》的学术报告。随后，又在省水利厅邀请为策划建设“北江大堤文化园”而考察北江文化之后，写出《北江文化刍论》一文；接着又到东莞市东江饮水工程考察后，写出《东江文化大观》，连同之前完成的《南江文化报告》，构成了对珠江文化的江河文化分析体系。这些论文均于2005年间在多家媒体或学术报刊发表，产生一定影响。

另一方面，是在前些年先后写出《珠江文化始祖——舜帝》《珠江文化哲圣——惠能》的基础上，继续研究在珠江文化发展史上具有开创意义的代表人物，陆续写出并发表长篇论文：《古代珠江文化诗圣——张九龄》《近代珠江文化“第一”先驱——容闳》《近代珠江文化诗圣——黄遵宪》《近代珠江文化文圣——梁启超》，从而使珠江文化构成了代表人物系列。

以在《广州日报》发表长篇论文《以珠江文化包括并扩大岭南文化的内涵和优势》为标志，明确提出珠江文化的概念和领域是属世界水文化系统，是属与黄河、长江等对接并列的江河文化体系，覆盖珠江水系流域及其辐射地带，即泛珠三角（9+2）区域，所以可包括岭南文化的内涵和优势，从而在学术上明确了珠江文化的概念，确立了总体理论，构成了理论体系。于是便在2002年出版的《珠江文化论》的基础上，增补新的系统内容，按体系要求，增版为《珠江文化系论》。全书包括：《总体论》《江河论》《人物论》《对接论》《建设论》《形象论》等篇章。

接着又总主编《珠江文化丛书·十家文谭》，由中国评论学术出版社2006年初出版，共达300多万字，共十册，包括：黄伟宗著《珠江文化系论》、朱崇山编《珠江文化的历史定位》、周义编《海上丝路的研究开发》、司徒尚纪著《泛珠三角与珠江文化》、黄启臣著《海上丝路与广东古港》、罗康宁著《粤语与珠江文化》、张镇洪著《岭南文化珠江来》、洪三泰著《珠江诗雨》、谭元亨著《珠江远眺》、戴胜德著《珠江流韵》，各册分别从文化学、文章学、经济学、地理学、历史学、语言学、考古学、诗学、美学、地域文化学论述珠江文化，是多学科立体交叉文化工程的结晶，在更深广的基础上，确立了珠江文化的学术体系。

2006年2月12日

# 开拓四项古文化与四个论坛

2006年上半年，连续发现并论证了四项古文化。具体是：

一、古巷文化。鉴于对南雄珠玑巷文化价值的最早发现，被珠玑巷后裔联谊会会长黎子流（原广州市市长）聘请为电视片《千年珠玑》（中央电视台拍摄）的学术顾问，并任评审组组长。11月，参加了该片在广州举行的首发式。6月间，在韶关为中央电视台拍摄《走遍中国》韶关卷珠玑巷集作讲解。借此发现并开拓古巷文化。

二、古道文化。为促使丝绸之路申请世界文化遗产提供依据，到粤北考察海陆丝路对接通道，发现南雄梅岭古道、乌径古道和乳源西京古道，都可列入并可代表古道文化，即提出在韶关打造古道文化的参事建议。接着又为中央电视台在韶关拍摄“走遍中国”栏目论证粤北古道文化，并为韶关发展马坝人和大南华规划提出建议。

三是古港文化。在洪三泰发现的基础上，广东文化组考察了湛江市霞山区海头港村，确认其是被历史埋没了打出抗法第一枪的圣地，作出了“百年和谐的抗法英雄村”的文化定位，并提交调研报告，弘扬古港传统精神。同时又为胡锦涛总书记关注的特呈岛进行调研，提出这海岛的发展建议。

四是古村文化。应肇庆市之邀，到该市考察古村文化，并在香港凤凰卫视台“文化大观园”栏目，与主持人王鲁湘对话，以论证这种文化。同时又提交参事建议：《开发古村文化，建设新型农村》。《西江日报》整版发表这建议。

2006年6月黄伟宗主持珠江文化研究会《十家文谭》首发式

同在这半年时间先后举办了四个论坛：

一是在广州市越秀区委举办《珠江文化丛书·十家文谭》首发式，著名学者张磊、管林、曾昭旋等40余人与会。认为这套书体现了珠江文化工程有六个“新”：运用新方式，连续新发现，提出新理论，开拓新领域，初现新体系，打出新品牌。

二是在东莞粤晖园举办洪三泰长篇小说《女海盗》研讨会，广州日报整版报道座谈记录，通栏标题是：“岭南文学有了海味”。我在会上的发言及提交的论文题目是《论珠江文学及其新的典型代表之一洪三泰》。

三是在广州南沙区，与中国诗学会等单位共同举办：山海相约——南沙珠江文化论坛与红三角诗歌节。珠江文化研究会《十家文谭》作者均在会上作了专题发言，反响甚大、甚好。

四是在中国评论学术出版社举办《中国评论》思想者论坛，题目是《走向世界的珠江文化》。《十家文谭》作者均为评论员，分别以所长学科及写作体会，论述了珠江文化从历史、地理、特质，到现在、将来，何以能够、又如何走向世界的中心主题。

2007年3月3日

# 对当今若干地域和领域文化的开拓与定位

2006年下半年，珠江文化研究开发工作，主要放在对当今一些地域或领域文化，进行开拓性的研究开发，首先是发现其价值和意义，并对其文化内涵进行深入挖掘，对其文化性质作出定位，对其文化特色作出理论概括，对其文化开发提出策划建议。其中主要是：

1.高要民族瑰宝文化。在肇庆市所属县市中，唯高要无旅游点并缺文化定位。8月间特前往考察，撰写散文《民族瑰宝之乡》为其作出文化定位；提交参事建议：《应特别重视石头和尚文化遗产》，受到省市领导和宗教部门的重视；从高要金利镇茅岗村的先秦水上木结构建筑遗址，提出这是疍家文化发源地的说法，《西江日报》《广州日报》《羊城晚报》和香港《大公报》先后作了报道，引起国内外关注。

2.广竹文化。广宁县是全国十大竹乡之一，是广东唯一竹乡，有悠久种竹历史和竹文化，但欠文化定位与开拓。8月前往考察，撰写散文《广竹之乡》为其作出文化定位，并提交参事建议：《打造南竹文化，擦亮南竹品牌》，甚受重视，在该县首届竹文化节上，被聘任为广宁县四位经济顾问之一。

3.龙母文化。1997年为德庆龙母庙作出文化定位的题词：“悦城龙母，西江神源”，被新刻于庙内石碑上，9月应邀前往揭幕式，并接受该县龙文化研究会荣誉会长兼顾问聘书。此前不久，新撰为该县作文化定位的散文《盘龙之乡》在《南方日报》发表。

4.监狱文化。应佛山监狱党委书记黎赵雄邀请，5月前往考察之后，提交参事建议：《开拓监狱文化，建设文化监狱》，受到各级重视。广东省政法委员会批示称此建议“极具创新性、开拓性”。《佛山日报》等多家媒体作了报道。

5.侨乡文化。10月率专家团到江门市考察侨乡文化。在蓬江区棠下镇良溪村，发现从南雄珠玑巷人南迁来此遗迹，有罗氏大宗祠，祠中有楹联：“发迹珠玑，首领冯黄陈麦陆诸姓九十七人，历险际间尝独佐；开基塱底，分居广肇惠韶各郡万千世，支济百派尽同源”，并有罗贵南下首领罗贵墓。据此为其定位“后珠玑巷”。《江门日报》《广州日报》作了报道，反响甚大。在台山市发现“侨圩”遗址多处，在开平提出碉楼文化乃海洋文化遗存新视角。作出侨乡调研报告，提交参事建议：《打造侨乡文化，使历史更辉煌》。又应约为《开平碉楼文化丛书》撰写总序：《凝现海洋文化的一串明珠》。

6.广信文化。自1996年在封开发现古广信并提出“岭南文化古都”后，该县一直利用这文化资源发展经济、文化和旅游。11月18日，该县就广信塔落成举办首届广信节，并与省政府参事室（文史馆）、珠江文化研究会联合举办“广信文化论坛”，担任论坛主持，并提交论文：《广信文化是岭南汉代的文化形态》。文中提出：从汉武帝平定岭南（公元前111年），建交趾部首府于广信开始，至东汉末年（即三国吴时分治广州、交州，即公元264年），持续375年时间，岭南地区一直是以广信为首府的管治。在这将近四个世纪的漫长岁月里，社会发展必会形成一定文化形态的，其特征是：以汉化为主道的多元融合，以汉化在本土中除旧，以融合在汉化中创新。《西江日报》、香港《大公报》作了专版报道。

7.茂名特色文化。应约为“茂名特色文化”研讨会提交论文：《南江——鉴江文化是茂名地域的母文化》，引起重视和强烈反响。12月上旬，应邀率团再赴茂名考察，有新发现，并有郑和下西洋的记载和遗迹值得追踪，提出开拓茂油文化，共识今后合作。

8.校园文化。12中旬，应广州市荔湾区政府邀请，前往考察校园文化。实地考察了西关实验小学、康有为纪念小学、詹天佑小学、真光中学、市四中和十一中学，概括出六种自找资源打造校园文化的模式，写出调研报告，提交参事建议：《挖掘自身资源，打造校园文化》。年底，到广东轻工职业技术学院考察，对该校以岭南务实文化办学的做法和经验作出调研报告，提出《高校体制应按社会人才需要作战略调整》的省政府参事建议。

在这一年里，还同时进行文化论著和文艺批评方面的工作，除主持洪三泰长篇小说《女海盗》论坛外，尚发表一些专论、评论和谈话。其中有：为林雄主编的“肇庆人文丛书”之一《东学西儒》撰写引论：《论利玛窦及其现象》，为周义论著《先声广东》写序：《献言献策，参事主事》，对朱崇山“深港澳小说系列”的评论：《民族振兴的文学碑记》，评论梁凤莲、韦名、郭福平等的新作，为黄洁峰、陈昭庆、韩春华、周作学、李俊航等的新著写序。12月16日在《广州日报》发表关于铁凝当选中国作协主席标志中国文坛“四大突破”（“权威时代”“男性时代”“传统时代”“老人时代”）的谈话，传遍海内外媒体。

香港中国评论通讯社网站，从本年3月开始单列“珠江文化”专栏，经常地及时地报道珠江文化活动，使影响日益扩大。著名日本通讯社——《朝日新闻社》广州支局记者铃木昭彦特来专访，并于2006年9月5日发表专访报道：《再走海上丝绸之路》；9月8日

《南方日报》发表记者郑照魁专版报道：《学者走出书斋“拥抱”珠江——珠江文化研究成果转化为经济动力》；以及10月9日《广州日报》发表记者卜松竹专访：《珠江文明是后工业文明代表》等大型报道，更使影响扩大。此外，在本年内分别应邀为：省委组织部和省军区、省档案馆和档案学会、省参事室文史馆、省轻工学院、华南师大历史文化学院等举办的讲座，作了六场关于《文化时代、珠江文化、岭南文化》的学术报告，听者达千人以上。12月3日，部分广州学生于贺吾71寿辰时，成立“珠江文化联谊会”志庆，并志珠江文化事业后继有人。

2007年5月15日

# 珠江文化“五个一”工程启动

2007年元旦，我给广东省政协主席写信，请他担任广东省珠江文化研究会名誉会长和电视片《中国珠江》总顾问、为《珠江文化》杂志创刊号题词：“珠江文化源远流长”，担纲启动《中国珠江文化史》工程并任总顾问。

我们随即初拟了《中国珠江文化史》工程策划书。篇目是：总序（陈绍基）；引言（周义）；概论（黄伟宗）；第一章：珠江文化的地理环境（司徒尚纪）；第二章：珠江文化在史前时代的孕育（张镇洪）；第三章：珠江文化在先秦时代的萌动（曾骐）；第四章：秦及汉魏六朝时代的珠江文化（黄淼章）；第五章：隋唐五代时代的珠江文化（罗康宁）；第六章：宋元时代的珠江文化（戴胜德）；第七章：明清时代的珠江文化（黄启臣）；第八章：近代珠江文化（司徒尚纪）；第九章：现当代珠江文化（谭元亨）；第十章：新时期珠江文化（洪三泰）；代跋：珠江文化研究历程及其意义（朱崇山）；附录：珠江文化研究大事记及著作索引（关向明、邓小群）。共约200万字，争取2008年6月完成初稿。

电视片《中国珠江》，与中国电视纪录片学术委员会合作。在立项报告中确定指导思想是：立足广东，以珠江水系主干流（西江、北江、东江、南江、珠江三角洲水网），以及相邻河流（如韩江等）和南海为脉络，全方位地展现泛珠三角（9+2）省区各有特色的世态风情，体现丰富多彩而又息息相通的珠江文化；以改革开放的现实发展为主线，纵现从办经济持区、到发展珠三角、到大珠三角合作，再到泛珠三角合作，以至成为全国“排头兵”的前进轨迹；全片以世界大文化为视角，从中国俯视珠江，以珠江映现中国，从现实追溯历史，以历史返照现实，深层次地揭示何以中央决策广东“先走一步”，以及何以珠江文化代表中国后工业文明的总主题。全片将以政论片、诗情片与纪录片、史料片结合的思路，力争创作出一部从思想到艺术都是崭新的大型电视片。全片30集，分为八篇：一、放眼看珠江，1至2集；二、西江源流长，3至7集；三、北江通南北，8至12

集；四、东江连山海，13至16集；五、南江领海潮，17至20集；六、韩江贯东南，21至23集；七、多龙汇珠江，24至29集；八、珠江的光芒，30集。争取2008年完成，为改革开放30周年献礼。

2007年3月，《珠江文化》杂志创刊号正式出版，是内部刊号，季刊。本期内容主要发表去年夏天在“山海相约”：南沙珠江文化论坛上的论文，以及去年初举办的“走向世界的珠江文化”论坛上，评述《珠江文化丛书•十家文谭》的发言。至此，标志着珠江文化研究从开创到奠定基础的“五个一”工程，都得到了启动。所谓“五个一”工程是：（一）珠江文化研究会社团活动并为现实服务的系统工程；（二）《珠江文化丛书》学术和创作的系统工程；（三）《珠江文化》杂志的理论探讨与推介工程；（四）《中国珠江文化史》工程；（五）《中国珠江》30集电视片工程。［按：遗憾的是此项基本成熟、筹措就绪的工程，因故搁浅，故改为拍摄以“五古”（古道、古村、古镇、古巷、古港）为题材的电视系列片《古风今韵》工程。］

2007年6月16日

# "海上敦煌"的争议与南海Ⅰ号出水

2007年3月，阳江南海Ⅰ号宋代沉船开始打捞，一时成为国内外媒体的关注焦点。由于2003年夏天，我在率专家组考察时为此船文物作出"海上敦煌"的文化定位，并于该市文化馆挥毫题词："海上敦煌在阳江"。（随后，同行的司徒尚纪教授作了"壮哉阳江，海上敦煌"题词）在《阳江日报》及时发表后，新闻网传播，在海内外影响很大，使在中山大学开会的联合国教科文组织专家要求我陪同前往考察，世界著名海洋学家吴京教授（美国工程院院士、《国家地理》杂志总顾问，台湾"中央研究院院士"、原"教育部长"、成功大学校长）慕名请我邀请他考察。专家们都在考察中评价很高，都认同我所作的文化定位。所以，在开始作重点报道的时候，各媒体都纷纷要求采访。先是广东电视台630节目，以"海上敦煌，盛世出水"为题，连续系列播出，广东卫视新闻和中央电视台新闻联播节目也同时摘要转播。

4月上旬，南方日报有一专版报道南海Ⅰ号，其中本有一段关于我所作"海上敦煌"定位的报道，被省文化厅景李虎副厅长审稿时删去，记者不服，提出要有学术争鸣。景副厅长同意。于是，4月18日南方日报A04版下半版，同时发表了景李虎和我两人的不同观点：景李虎以"应是水下考古新坐标"定位，我是主张"海上敦煌有助享誉国际"。这个争议使媒体报道更热，《羊城晚报》《新快报》和《共鸣》杂志等广州报刊，《新京报》《生活周刊》和中央电视台"走进科学"专

2003年9月黄伟宗为南海1号题词"海上敦煌在阳江"

栏，以及多家网站均作报道。

有鉴于此，我们又以广东文化研究组和广东省海上丝绸之路研究开发项目组名义，于6月27日至29日，再到阳江考察，向省政府提交题为：《擦亮“海上敦煌”品牌，将阳江打造成国际性的海洋文化中心》的调研报告。《阳江日报》及网站作了同步报道。

2004 年 8 月黄伟宗邀请并陪同世界著名海洋学家吴京院士考察南海 1 号

12月下旬，南海Ⅰ号出水，专程到阳江，因要出海，不能到现场，只留在市内接受媒体采访。前来采访的中外媒体有180家，其中有20余家对我专访并作报道，外省有甘肃、湖北、辽宁、北京、天津、上海、重庆、广西、江苏、福建、香港等地报刊，以及新华社、中国评论通讯社、中国新闻社、《人民日报》《光明日报》《第一财经日报》《中国知识产权报》等。唯《南方都市报》对“海上敦煌”提法有微词。

2008年2月20日

# 对独特文化的发现与开拓

2007年，珠江文化研究会的学术活动，在进行《中国珠江文化史》的研究和著述工作的同时，还应各地市的邀请，对各地独特文化资源进行发现、挖掘、概括、定位和开拓工作。其中主要有：

一、5月底，应邀到粤北乳源瑶族自治县考察文化资源，发现该县有五个“道”的独特资源，即：以“世界过山瑶之乡”为代表的“山道”，以西京古道为代表的“古道”，以大峡谷为代表的“地道”，以红豆杉林为代表的“林道”，以云门寺为代表的“佛道”。由此提出在乳源名道以“建设大南岭名道生态文化旅游区”为中心，“整合本地独特文化资源，打造山区特色文化”的建议。

二、6月上旬，率团到佛山市及其禅城区、南海区、顺德区考察文化资源，为禅城区作出文化定位：“中国陶瓷之都和南方市镇文化发祥地”，为南海区作出“南海文化都会”的文化定位，顺德区则堪称“南粤水乡文化都会”，提出佛山市应“整合名优资源，凝铸珠三角文化”的省政府参事建议。

三、8月中旬，应曾金玉同学邀请，到鹤山考察文化，为其定位为“双翼”文化之乡，稍后写出散文：《“双翼”文化之乡——鹤山》，在《江门日报》《鹤山工作》《鹤山文学报》发表，影响颇大。

四、11月下旬，应恩平县歇马村邀请，从其“举人村”升华科举文化。

五、11月末，应江积祥同学邀请，到云浮市云城区腰古镇水东村考察，为其定位为“岭南理学第一村”并题字。

六、12月2日，在番禺樟树湾见贺州市委书记李达球、市长陈利丹，并与茂德公草堂有限公司董事长陈宇会谈，达成共办首届中国科举文化论坛共识；12日，应邀到贺州富川秀水状元村和贺街镇临贺古城考察，并接受贺州市文化顾问聘书；2008年1月2日，在番禺茂德公草堂，该公司与贺州富川28人代表团商定，为状元村首期投资3千万元。与此同时，珠江文化研究会决定增设科举文化专业委员会，由陈宇任主任，并该公司挂牌，设立研究基地。

七、11月初，曾于八十年代驰名的漫画《乐叔与虾仔》作者华尘来访，表示要重振品牌雄风，以开拓动漫艺术事业，并表示愿与珠江文化研究会合作，双方同意在研究会增设动漫文化专业委员会，由华尘任主任，顾万明、陈颂伟任副主任。这既是适应世界动漫文化潮流之举，又是普及珠江文化之举。

八、11月，在广州市荔湾区西关实验小学设立培训基地，创办培训基地。属讲学与培训委员会，由陈昭庆、刘研科负责，从踢毽班招生开始，再逐步增设多种专业班，以进行珠江文化的普及工作。

九、10月、12月，《清远日报》先后发表补作文化散文《阳山，天下之文处也》和《仙龙文化之地——连州》。

2008年2月22日

# 良溪“后珠玑巷”的发现与“珠玑巷文化”概念的提出

2007年11月6日至7日，在广州迎宾馆和江门逸豪酒店举行了“良溪——后珠玑巷”学术论坛，由广东省政府参事室（文史馆）、江门市委宣传部、江门市蓬江区政府主办，珠江文化研究会承办。来自上海、北京、武汉、香港、澳门及本省学者、记者共50余人与会，其间，还专程到良溪村考察。南雄珠玑巷人南迁后裔联谊会会长、原广州市市长黎子流为论坛发来贺词，南雄珠玑巷代表与良溪“后珠玑巷”代表互赠建立兄弟合作关系纪念品。

发现并为江门蓬江区良溪村定位为“后珠玑巷”，是2006年10月在江门考察侨乡文化时的事。因为在这里发现了南宋时率领南雄珠玑巷人南迁的首领罗贵的墓，还有建于清康熙年间的罗氏宗祠，祠堂内有副长联，记述了罗贵从南雄珠玑巷迁此发祥的历史：“发迹珠玑，首领冯、黄、陈、麦、陆诸姓九十七家，历险际间尝独任；开基蓢底（即今良溪原名），分居上广、肇、惠、韶、潮各郡万千世，支流百派屋同源”。由于我早在1993年夏，即发现南雄珠玑巷是中原人南迁岭南的中转地，从南宋至元代，先后有三批百万以上的移民经此南迁珠江三角洲，后又迁至海外南洋、美洲等地。所以，许多广府人、港澳人和华人华侨，都称珠玑巷

黄伟宗在“后珠玑巷”良溪研讨会上发言

“吾家故乡”。为此，我当即提出这是中华本根文化和后裔文化的体现，即提出发展寻根旅游和后裔联谊活动，受到香港著名人士霍英东和广州市市长黎子流的支持，倡议成立南雄珠玑巷人南迁后裔联谊会，在海内外引起强烈反响。

2006年10月黄伟宗带队到江门篷江区考察，在良溪发现“后珠玑巷”

此后我又多次到该地考察，每次都对其文化内涵有新的发现；2006年春，为六集电视片《千年珠玑》担任学术顾问，又为中央电视台《走遍中国》专栏讲解珠玑巷。所以，对珠玑巷是很熟悉的。但始终对珠玑巷人南迁珠江三角洲后，如何进一步向各地及海外发展的路线及中转地问题特别关注，现在良溪找到这些历史遗存，是很有说服力的答案和证据。由此，我为良溪村作出文化定位：“后珠玑巷”。同行专家学者均表赞同。

媒体公布这发现和定位后，引起重视和反响。于是，才有举办论坛的计划。为此，我特撰写了长达8千余字的长篇论文提交论坛，既作主题报告，又作为调研报告，提交《省政府参事建议》发表，题目是《前后“珠玑巷”的发现及其文化意义——“珠玑巷”文化调研报告》。

在这报告中，我首次提出了“珠玑巷文化”概念。这是一种文化现象的概括，是有其独特内涵和意义的。从时间跨度上说，从南宋算起的珠玑巷南迁移民，迄今已有近千年历史，是中原人进入岭南的第三次移民潮（第一次是秦始皇五十万大军南下，由赵佗近百年统治而造就南越文化；第二次是汉武帝平定岭南，由以广信为岭南首府而造就广信文化，达四百年之久）；如果说，以罗贵为首的九十七姓人家从南雄迁至江门良溪立足，开发珠江三角洲等地，是这部史诗的前半部；那么这批移民的后代，从以良溪为代表的地点继续向海外移民，分别到南洋、美洲等地开发，形成了大批海外华人华侨群体，则可以说是这部史诗的下半部，其时间也大致（从康熙年间在良溪立罗贵墓和罗氏大宗祠算起）占半，约有5百年。

从族群的意义上说，无论是从南雄珠玑巷南迁的人群，或是从良溪再迁各地及海外的人群，都共属同个族群。这是一个历史悠久的、至今仍在发展的族群。这个族群，实际上是促使岭南广府文化成熟的中坚和持续发展的主干力量，即使分布甚广而传承多代，也仍有其族群的凝聚精神和共性，这就是："异姓一家、同舟共济、爱国爱家、勤劳勇敢、务实包容、开拓创新"。

从文化上说，如果说，前珠玑巷人南迁，意味中原文化的南移，而与岭南文化结合并融合；那么，后珠玑巷人再迁海外，则是将中原与岭南融合的文化，又与海外各国文化结合，既将中华文化输出，又将海外文化引入，从而在相关他国形成海外华人华侨文化，在国内又明显地形成侨乡文化。从水文化理论上说，前珠玑巷起到将黄河文化、长江文化与珠江文化对接的作用，后珠玑巷则有将中华江河文化、尤其是珠江文化与海洋文化（也是内陆文化与海洋文化）交流融合的功绩，对于珠江文化具有江海一体及海洋性特强的特性形成，起到重要作用。

所以，从学术上说，前后珠玑巷是各有特色而又密切关联的整体，是一曲交响乐的两部乐章，两者同属并构成为一种文化，即"珠玑巷文化"。

这次论坛的论文及相关报道，结集为《良溪——"后珠玑巷"》，由中国评论学术出版社出版，由广东省珠江文化研究会、江门市蓬江区委宣传部合编，黄伟宗、周惠红主编，共30余万字。

12月17日，南雄珠玑巷人南迁后商联谊会在广州举行理事扩大会并恳亲会。会长黎子流在会上所作报告中表示：支持对"后珠玑巷"的研究，具体称谓尚待进一步研究确切。

2008年6月16日

# 郁南：南江文化论坛

2008年2月24日——26日，先后在广州广东科学馆和郁南县都城举行“郁南：南江文化论坛”。这是由广东省政府参事室（文史馆）、郁南县委县政府主办，珠江文化研究会承办，南方日报、广东科技报协办的学术活动。来自北京、安徽、武汉、香港、澳门和本省的专家教授、记者约50人与会，列席的云浮市、郁南县干部近百人，隆重热烈，成果累累，效果显著，影响甚大，《南方日报》《广州日报》《广东科技报》、省电视台，云浮市及郁南县媒体，以及全国多家网站均作了报道。

在论坛上作了主题报告《南江文化的发现及其重要意义》，追述了从2004年开始到最近，珠江文化研究会同仁发现和多次考察南江文化的过程，论述了提出与弘扬南江文化的理论和现实意义，对如何打造南江文化提出了具体建议。

与会学者分别从文化学、历史学、地理学、考古学、民俗学、语言学、建筑学、规划学、旅游学等多学科、全方位地对南江文化进行了论证，肯定了南江文化的客观存在，是有其自身地域、自身历史、自身系统、自身特质的一种水域文化形态；既是郁南县和云浮市的母文化，又是粤西四市（云浮、阳江、湛江、茂名）的代表文化，是岭南文化与八桂文化的对接地域，是岭南的土著——百越文化遗存较多地域，是珠江文化不可或缺的有机组成部分。

会后，提交论坛的论文及相关报道，汇编为《郁南：南江文化论坛》一书，由中国评论学术出版社2008年5月出版，广东省珠江文化研究会和郁南县委、县政府合编，黄伟宗、金繁丰主编，共30余万字。

2008年7月17日

# 涉足动漫艺术和科技文化

2007年11月，著名漫画家华尘先生有意加盟珠江文化研究会。他是改革开放初期，在《周末》画报上连载漫画《乐叔与虾仔》著名，一时成为广州市民家喻户晓的漫画形象。几年后他移民澳大利亚，默默无闻。最近返穗，拟重振品牌，出版《乐叔、虾仔、柔妹》专刊，并成立动漫公司，制作动画片。我会正拟涉足当今世界流行的动漫艺术，于是我会决定成立由华尘任主任的动漫艺术专业委员会。正好成立不久，广东经济出版社责任编辑给新任广东省委书记的中共中央政治局委员汪洋同志写信，推荐这个品牌。汪洋到任第三天（2007年12月30日），即对这信作了批示："请林雄同志阅处。应当予以支持，使之在发展创意产业的大背景下，焕发新的活力。"省有关部门即依据这批示，开展出版和动漫创作。我会与省出版集团特于2008年3月28日在小岛宾馆举行了"贯彻汪洋同志重要批示《乐叔虾仔柔妹》发布研讨会"，有学者、记者近50人出席。《羊城晚报》和广东电视台均发表文章和报道，《珠江文化》也发表了论文专辑。这是我会关注现实题材的重要举措。

为扩大和深化这个好的势头，我依据邓小平提出的"科技是第一生产力"的名言，特到我省科技界进行调研，先后到省科协、广东工程技术职业学院、广东科技报、广东科学馆考察，与中国科普作家协会理事长、中科院院士张景中教授，广东省科普作家协会理事长、广东工程技术学院院长汤少明教授，广东科技报社社长兼总编辑吴仕高、广东科学馆馆长蔡延钊等进行了深入交谈，写出了省政府参事建议：《科技是第一生产力，也是第一文化软实力——科技文化调研报告》。广东电视台、广东科技报先后作了报道。随后，珠江文化研究会成立了科技文化专业委员会，汤少明任主任，吴仕高、蔡延钊任副主任。

2008年8月18日

# 古道文化·特质文化·海洋文化

2008年，参加了许多重要的学术活动、考察活动，在报刊上发表谈话或提交参事建议。其中主要有：

1.3月，列席省人民代表大会，在佛山代表团讨论时，与黄华华省长对话。他表示很赞同“文化搭台，经济唱戏”的做法。

2.8月8日举世瞩目的北京奥运会开幕。应《广州日报》记者电话采访，对精彩的开幕式表演大加赞赏，尤其是以展现长卷的构思很独特、别致，有民族特色，容量丰富，含义深厚。

3.4月，应广州市亚运会筹委会办公室之邀，参加亚运会纪念邮票设计咨询会，提出要从中展现珠江文化风情的建议。该会于8月公布五羊娃为吉祥物时，采用展现“南粤珠江文化风情”的说法。这意味着当局已接收我的建议。

4.5月，应上海世界博览会广东馆筹委办邀请，参加展馆主题及设计方案评审会，又于7月作为专家组成员参加展馆口号评选会。在会上提出要抓住广东文化特质是海洋性及其领潮性的建议。从修改方案看，已接受这建议。

5.5月，应《江门日报》、《西江日报》、《云浮日报》、《珠海特区报》之邀，担任四报共同举办的“西江文化之旅”总顾问，在江门研讨会上作了“中国海洋文明始于西江”的发言；7月，在珠海总结会上作了大力倡导海洋文化的发言。

6.5月，到韶关、乳源、南雄考察，向省政府提交《关于举办古道文化论坛并发表〈韶关宣言〉的倡议——古道文化调研报告》。

7.5月，先后参加广州市文联举办的两个研讨会：一是关于叶曙明创作的历史性散文《万花之城》，一是关于梁凤莲着的《乱云飞渡》，均作了发言。这两次研讨，连同上述多项活动，感到对广东文化特质认识很有重视的必要，便写出了省政府参事建议：《广东文化的特质、优势、概念和定位》。

8.7月，洪三泰抗震救灾长诗《神州魂》出版发行。在书面封底称其是："真实地记录了四川汶川大地震的历史性事件，热烈地讴歌了在抗震救灾中震撼人心的中华民族大爱大勇的英雄精神，情真意切，感人肺腑，气势恢宏，发人奋进，是这场伟大的抗震救灾斗争中的首部史诗性的民族英雄颂歌"。下旬，到鹤山市鹤城镇考察，提出该地是"客家人南迁的中转站"。

9.8月，提交省政府参事建议：《广东如何再创海洋文化新辉煌——海洋文化调研报告》。并应邀在广东省社科院学术论坛上，作题为《海洋文化如何再创新辉煌》的报告。中旬，应邀到佛山传媒集团为"珠江小姐"重走海上丝绸之路活动作报告：《珠江文化与海洋文化》。下旬，与珠海市委宣传部合作，提出举办"珠海——海洋文化之珠"国际论坛筹备方案。为东莞市石排镇"岭南学堂"作第一讲：《岭南文化与珠江文化》。

10.9月，《广东科技报》和广东科学馆创办"科学与艺术'沙龙'"应邀先后担任两场的主持人，即：中科院吴硕贤院士与画家卢小根教授的对话，中国工程院钟世镇院士与画家李喻军教授的对话，《广东科技报》报道。

11.10月，在广州参加"改革开放与广州文艺论坛"上作《社会主义批判现实主义的提出及现实意义》的发言，并先后到阳江旅游文化论坛作《海上丝路与海洋文化》报告，到东莞石排"岭南学堂"作《珠江文化与海洋文化》演讲，到广西梧州"西江经济发展论坛"作《西江文化与海洋文化》报告。

2008年10月31日

# “领潮争先”引领创意种种

2009年，是中华人民共和国成立60周年，中央决定国庆节在北京天安门举行盛大庆典，要求每个省区制造一部彩车届时参加游行。彩车的制造，要体现出本省区60年来的主要成就和地方文化特色，以列队游行经过天安门接受检阅的方式，向中央汇报并向世界展示，实际上也是各省市之间在展现建设成就、彰显文化风采上的比赛和竞争。

广东省领导将制造这辆彩车的任务，交给了广东省旅游局，局领导分工由张振林副局长负责，委托中山大学艺术中心姚友毅组织设计小组具体策划。2009年5月间，省参事室办公室电话通知，说管外贸及旅游的副省长指名要黄伟宗到省旅游局指导彩车设计工作。旅游局办公室负责人即带黄伟宗和《南方日报》一位社委前往花都芙蓉山庄，到设计小组工作现场观看设计雏形，初现了龙舟竞赛造型的构想。在这基础上，黄伟宗以珠江的地理文化形态是“多龙争珠”的理念，提出应设计4条龙舟于于桅杆两边，底座为一条大龙船，以喻珠江由西、北、东、南4江，汇合于珠三角水网之意；每舟有6人划舟，以喻60周年大庆；又以赛龙舟之船中击鼓形象，寓现多江汇聚广州之“珠”并现“珠光四射”的意境。设计小组接受了这设计，并增加以琶洲会展馆的海浪形象于船车之底部，整体构成了每年端午节南粤赛龙舟的风情画图。省局领导即决定将此设计投入制作，8月中旬完成后，要求取一个8字以内的彩车名称。省旅游局办公室打电话请黄伟宗拟定，并要在半小时内提出。当时我正在中山二院住院，答应10分钟后回复。黄伟宗即根据原有构思提出“赛龙夺锦，领潮争先”为车名，前4字是一首广东音乐曲名，又是彩车总体图像，如彩车经天安门时高奏此曲，更有声有色地展现广东风采；后4字是珠江文化、也即是广东文化特质的概括，“领潮”显示了海洋性、共时性，“争先”显示了“敢为天下先”的传统性和改革开放的时代性。省局领导当即同意上报。后来因统一规定每部车名为4个字而删去“赛龙夺锦”，定名为“领潮争先”。

《广州日报》于9月25日最早报道了广东彩车定名“领潮争先”并在北京预展的新闻，设计者姚友毅教授当晚从北京打来长途电话报告喜讯，并致感激之意。事后才知道，原来正是这一天，中共中央政治局委员、北京市委书记刘琪视察全部游行彩车，在广东彩车前询问为何挂5条船？因当时彩车前无设计者解释，随行一位北京官员以自己理解答曰：可能是比喻“亚州四小龙”（香港、台湾、韩国、新加坡）加上广东为“五条龙”之意。虽然设计者和题名者的本意并非如此，但却产生如此“意外”效应，是值得高兴的。

国庆节当天，广东彩车同各省区市彩车一道，浩浩荡荡地通过天安门广场接受检阅，受到了游行队伍的热烈注目和赞赏，在天安门城楼上检阅的党和国家领导人，尤其是曾在广东工作的李长春、张德江、张高丽、王岐山和现任广东省委书记汪洋等领导的热烈鼓掌欢迎，被认为是全部彩车中最有地方特色、最有文化内蕴的彩车。多家媒体都在国庆报道中对广东彩车报道尤为突出。游行结束后，仍留在北京展出达月余之久。十月底，省旅游局在琶洲会展中心的香格里拉大酒店举行庆功宴，特请黄伟宗与姚友毅等设计人员一道照相留念。

《广州日报》以《珠江文化最大特色》为题，并发黄伟宗半身照片，整版报道珠江文化研究会自创会以来的成果及其所体现的“领潮争先”理念和精神。更为重要的是，这种“领潮争先”的理念和精神，画龙点睛地体现了珠江文化的精神和理念，也由此而主导着黄伟宗的理论和实践，在2009年引领出文化创意种种。

最有代表性的是2009年秋天，广州日报报业集团为广州新建的电视台在网上发起征名活动，全球参与者达18万人次之多，提名获取者奖人民币10万元。黄伟宗被聘为评委之一，在获票最多的10个选名中，挑中“海心塔”之名，以广州和珠江文化的海洋性、中轴性、商业性，以及电视台塔所在江岛地名海心沙等因素，以“领潮争先”的意念，说服评委会多数通过选取“海心塔”之名，否决“广州塔”等欠缺文化内涵之选名。没料到的是，上报时被某领导否决，确定用“广州塔”之名，广州群众及媒体不予认同，通用“小蛮腰”的俗称。后来在亚运会举办前夕，黄伟宗还提交了省政府参事建议：《应当维护广州新电视全球征名活动的成果和声誉》。

2009年元宵节，黄伟宗应邀到佛山参加“岭南文化名人走通济桥”活动在电视台发表谈话，支持这地方风俗节日活动，提出“传统民俗节日转化为群众性的社会活动”是很有创意的观点。这项活动，前年前创办时只万余人参加，去年上升为17万，今年急剧升为70余万之多，可见越来越受欢迎，有生命力。

2009年3月间，黄伟宗根据国务院颁布的《珠江三角地区改革发展纲要》精神，黄伟宗提交两份省政府参事建议：《以现代文化学眼光，解读［纲要］文化内涵》、《转变发展方式，建设“广东大西关”——创议在广州京荔湾区（老西关）与云浮市郁南县（新西关）之进行错位跨越合作报告》。后者在汪洋书记批示后，广州、云浮两地高度重视，两地全部常委同在广州开会落实，黄伟宗应邀列席与会。7月间，黄伟宗应邀到云浮市为市中心组扩大会300余人作了《文化引领与西关文化》的报告，并到郁南县对县中心组扩大会200余人作了《云浮三大文化与西关文化》的报告。8月间，黄伟宗到广州市荔湾区文广新局为全体干部作了题为《建设文化强省与西关文化》的报告，并提交省政府参事建议：《将西关文化打造成建设文化经典品牌——关于广州市西关文化调研报告》。以这些活动为广州荔湾区与云浮市两地文化发展及相互跨越区域合作，起到创议性的推动作用。

2009年3月间，为倡导科技文化与校园文化活动，在广东工程职业学院举办了“科学与艺术”沙龙活动，中科院院士吴硕贤与黄伟宗就“理工类高职院校营造人文与艺术氛围的重要作用”课题进行对话。4月间，黄伟宗还应邀到广东工程技术职业学院对数百师生作了题为《文化时代与珠江文化》报告。6月间，在广东科学馆再次举行“科学与艺术”沙龙活动，由中国科协常委、中国青少年科技辅导员协会副会长、北京机械工业自动化研究所研究员、著名发明家张开逊与黄伟宗会长对话，主题是：“科技发展与人文文化发展的辩证关系”。

2009年5月间，珠江文化研究会与南岭中丝创业园、广东丝绸集团总公司合办《丝绸与人类文明》论坛，作为深圳文博会的一个分会场并是整体活动的组成部分，意味着丝绸文化与商贸文化结合，通向世界。黄伟宗作了学术报告，并为珠江文化研究会丝绸文化专业委员会挂牌。

2009年5月间，黄伟宗应邀到鹤山市主持中国首部农民史诗《中国农民之歌》（曾金玉作）座谈会并作了题为《农情·史情·诗情》的发言。

2009年6月间，黄伟宗应邀到肇庆参加“中国首届砚文化研讨会”并作了题为《揭开端砚文化新篇章》的学术报告，并为端州区干训班作200余人作了《文化引领与端州文化》的报告，同年7月提交省政府参事建议《强化文化引领，再生文化资源——关于端砚文化与端州文化的调研报告》。

2009年6月间黄伟宗等到东莞市凤岗镇考察，为其定位为“客侨文化之乡”，题词：“客家第一珠玑巷，岭南独此排屋楼”。“客侨文化”“排屋楼”两概念是首创，受到当地领导和文化人热烈赞许，随后向省政府提交《整合古今文化资源，开拓客侨文化》的调研报告。年底，在凤岗举办了首届“中国客侨文化”论坛，来自北京、上海、武汉、福建、江西和我省30余位学者与会，翌年出版了同名论文集。

2009年8月间，黄伟宗等到东莞市厚街镇调研，提交省政府参事建议：《鼓励，自觉文化转型，弘大现代商居文化——东莞市厚街镇在经济转型中并行文化转型的调研报告》。最早发现这种新的文化现象，首创了“现代商居文化”的概念。

2009年12月30日

# 庆典献“史”“存”，大潮润“业地”

2010年6月28日，是广东省珠江文化研究会成立10周年。当日上午，在广东科学馆举行庆典大会，中共广东省委常委兼统战部长出席并讲话，省政府参事室主任周義、省科协党组书记梁明等领导，中国社科院院士杨义、上海复旦大学教授葛剑雄等著名学者，省及各县市文化界人士300多人与会，同时举行《中国珠江文化史》《黄伟宗文存》首发式，暨《珠江文化星座》颁匾仪式。著名作家王蒙、冯骥才及美国、加拿大等多国学者来电祝贺，《南方日报》《羊城晚报》《广州日报》《南方都市报》《信息时报》《新快报》南方电视台等主要媒体于庆典前后分别作了长篇报道，深圳特区报还辟专页对《珠江文化星座》作了连续报道，《百度》《搜狐》《中新社》《中国评论》等多家海内外网站均发布相应信息。

在创会十年庆典中隆重推出的《中国珠江文化史》，由广东教育出版社2010年6月出版，分上下册共300万字，是广东省政协主席于2007年特批的项目，由珠江文化研究会组织10位专家撰写，编委会主任周義，主编黄伟宗、司徒尚纪，其余编委并作者是：张镇洪、曾骐、黄淼章、罗康宁、戴胜德、黄启臣、洪三泰、朱崇山、关向明、邓小群。历时3年时间，如期于庆典当日出书，及时献礼。

《黄伟宗文存》也同时作为献礼而出书，全书分上、中、下册，共380万字，是黄伟宗从1958年至2009年底共50年间发表作品的选集，由广东教育出版社2010年6月出版。这是中共广东省委兼宣传部长林雄同志特批的项目，由陶已、邱方任责任编辑。

庆典当天下午，来自北京、上海、武汉、云南、贵州、广西、海南及本省专家举行了座谈，均对“史”“存”两者表示赞赏，尤其是对“史”的评价甚高，认为是继北方学者先后完成《长江文化史》和《黄河文化史》之后，由南方学者完成的“填补中国江河文化空白”的扛鼎之作。

庆典结局后，黄伟宗将“史”、“存”两者并专信呈送中共中央政治局委员、广东省委书记汪洋同志。2010年7月8日，汪洋同志复信：“伟宗同志：你好！来信及两次惠赠大作均已收悉。非常感谢你对我省文化建设事业所作的积极贡献！文化建设是中国特色社会主义事业的重要组成部分，只有加强文化建设、实现文化的大发展大繁荣，才能为改革开放和社会主义现代化建设提供强有力的思想保证、精神动力和智力支持。当前，加强文化强省建设，是广东努力当好推动科学发展、促进社会和谐排头兵的题中之义，是广东加快转变经济发展方式、切实增强文化软实力的客观需要，也是满足人民基本文化权益、提升广东文化形象的重要举措。这项事业需要全省人民特别是文化、教育领域专家学者的积极参与，希望你对我省推进文化强省建设提出更多的意见建议。祝工作顺利，身体健康！”7月13日《南方日报》突出报道了这件事，《创会十年——广东省珠江文化研究会成立十周年庆典文集》汇编了这次庆典的重要文献。

2010年广东有两件具有掀起全国和世界文化大潮的盛事：一是7月间在广州召开的中共广东省委十届六次全会，发出了建设文化强省的号召，在全国、以至世界产生重大反响。二是11月间在广州举办了第16届亚洲运动会，其开幕式的文化形象震动世界，使广州市在一夜之间成了世界名城。这两件大事，像两股巨大的时代文化浪潮冲击全国和世界，也极其有力地证实、体现并极大地滋润了珠江文化的理念和事业，尤其是以水文化理念坚持为地方服务的方向。正如黄伟宗在《浮生文旅》跋所言：“超前创启冒风雨，事后功成薄利名；力以水文润业地，开花结果见识情。”

广东省委以举行全会专题议政文化，在共产党历史上是首例，而其做法也是步步创新的。早在会前起草大会文件时，省委政策研究室派人专程到省参事室请专家咨询，黄伟宗提出了“开拓进取，领潮争先”是广东人时代精神的建议。后来在大会文件中确定了“广东时代文化精髓是：改革开放，先行先试，开拓进取，领潮争先”的提法，在四句话中采用了两句。尤其是全会开幕前夕，汪洋书记委托林雄（省委常委兼宣传部长）和雷于蓝（主管文化副省长）分别拜访10位文化界名家征求意见，黄伟宗接受了雷于蓝副省长登门造访，提出了珠江文化包括并扩大岭南文化等建议，南方日报作了突出报道，后编入顾作义主编的《文化强省》一书中。这些建议都是从水文化的理念提出来的，也是在建设文化强省的大潮中体现并发挥积极作用的。

其实，在这一年中，黄伟宗及珠江文化研究会的学术活动，也都体现了这大潮“润业地”的作用与成果。如：提交《铸造文化板块，打造文化经典50强》的省政府参事建议，引领了评选“岭南文化十大名片”之新潮；提交《打造“南学祖地”文化板块，创造“广东新语”文化园——广州市番禺区古文化调研报告》，受到汪洋、徐少华等领导的先后批示；在肇庆端州区顾问会上提出将沉默千年的端州文化“端出来”的口号，引起强烈反响。此外，黄伟宗还以到各地举办论坛并作报告的方式推进文化强省大潮，如到云浮举办首届石文化论坛并作《中国石文化传统及其发展》的报告，到肇庆举办“两广总督府”研讨会和陈焕章学术研讨会、到广宁举办竹玉文化研讨会、到云浮参加“和谐人居”研讨会并作主题发言，以及到阳江学院作《海洋文化与海上敦煌》报告，到东莞道窖作《文化引领与水乡文化》报告，到广东技术师范学院作《文化时代与珠江文化》报告等等，都是在建设文化强省大潮中“力以水文润业地”的有效作为。

另一个大潮11月在广州举办的亚洲运动会。在筹办期间，黄伟宗参加了多次有关文化咨询会议，先是筹委会副秘书长、广州市副市长许瑞生主持的亚运会邮票与岭南文化风情画研讨会，黄提出以“南粤”称谓为宜的建议受采纳。随后在广州市外宣办与广州市邮局召开，的咨询会上，黄提出选五羊塑像、广州塔、琶洲会展中心与广州地标而作广州迎亚运纪会邮票画面的意见受采纳。当时广州歌舞剧院未峻工，故未提出，竣工后才补上，共为4枚一套邮票。这些建议也是从广州特有的水文化风情而提出的。

尤其是举世瞩目的亚运会开幕式，是省委汪洋书记提出建议，创新在体育场馆之外举行，场景是背景羊城，依靠珠江，以高科技展现珠江文化，从而使这次亚运会开幕式，既有时代精神，又有鲜明的中华民族风格、广东特色、广州风采，是水文化理念和“江海一体”，的珠江文化特质的活灵活现，与在北京举办的以黄河文化为底蕴的奥运会分显南北文化春色，并呈文化大潮之势影响全国和世界！其中也包括润泽了珠江文化的理念、事业和整个珠江流域的文化发展。

也许正因为如此，在亚运会开幕前，中共广东省委常委兼秘书长徐少华专门打电话邀请作为珠江文化的倡导者黄伟宗参加开幕式观礼（黄伟宗因病未出席）。开幕翌日的《广州日报》，在关于开幕式的长篇报道中，在4段文稿中引用了黄伟宗的谈话，详释了开幕式的内蕴珠江文化和海洋文化意义；《光明日报》在11月19日发表的《广州亚运：向世界展示中国海洋文明》专版中，大段引用了黄伟宗关于海洋文明和珠江文化在开幕式中的体现及其世界意义的论述。同时，黄伟宗还在这期间先后在广州电视台英语台、广州电台、广东电台《魅力亚运》节目中发表关于亚运文化精神的谈话，在广州市文联举办的“亚运精神”研讨会、广东省委宣传部举办的“广东文化形象工程”座谈会、广东电视台“广东文化名城行”顾问会、羊城新八景建议会作关于亚运文化的发言，尤其是在省委省政府年底举行省参事咨询会上，就亚运文化作了《文化实体化战略》的发言和建议，将亚运文化升华到战略高度。这些作为，也都是在亚运文化大潮中得“润业地”的作为和体现。

2010年12月30日

# “星座”耀银河，“百书”颂珠江

2011年的珠江文化学术活动，主要是以两个系列进行：一是以“珠江文化星座”为代表的电视片制作系列，二是以“献百部书”为标志的《珠江文化丛书》出书及调研报告系列。

早在创会之初，黄伟宗即提出珠江文化“五个一”工程，即：一个会（珠江文化研究会）、一个杂志（《珠江文化》杂志）、一个理论体系（以《珠江文化丛书》体现）、一部史（《中国珠江文化史》）、一部电视片（《领潮珠江》）。前四个“一”，可以说已经完成，唯最后一个“一”（电视片《领潮珠江》），经多年努力并多次反复，仍未能理想地完成。早在2001年，曾与广东电视台合作电视系列片《祝福珠江》，因制片与创作文本有悖，故文本由花城出版社2002年另行出版。2008年，曾与中国新闻纪录片学会广州制片中心合作，拟作为建国60周年献礼片《话说珠江》，已写出22集文字稿，并有初步资金筹措，但于上报审批时，被认同与另一单位所报项目的题材重复而退回。直至2011年，我会在南方电视台支持下，再次与中国新闻纪录片学会广州制作中心合作，写出了电视片《领潮珠江》10集文字稿，上报项目获初步同意，又因领导要求有变而告吹。如此坎坷曲折而失，深感“触电”之可怕也。

可幸中国新闻纪录片学会讲交情，改项目为合作摄制电视系列片《古风今韵》包括《生生不息》《歌舞民族》《古恒瑶绣》《西京古道》《发现古村》《雄根南雄》。黄伟宗、蔡照波任顾问、策划，李德祥导演、颜汇制片。这套小片，算是聊补第五个“一”之不足。

在2011年的电视片制作中，《珠江文化星座》的制作，可谓达到费尽苦心而达精疲力竭之境地，始得起死回生的成果。原因是自创会10年庆典而评出20个在珠江文化发展史上具有里程碑或开拓创新意义的文化板块为《珠江文化星座》后，广州兰江广告公司认为可制作为系列电视片播出，由“星座”单位付款，南方电视台播出。但由于兰江公司摄制质量不达播出要求，只得另行由南视盛典公司重制，拖延了甚多时间，始能年尾陆续播出，完成使命。这套电视片共18集，包括《中国砚都——肇庆》《竹玉之都——广宁》《燕都禅道——怀集》《发端之都——肇庆端州》《广府首府——封开》《客侨之乡——东莞凤岗》《辛亥之魂——中山》《南禅祖庭——南华寺》《三古之都——韶关》《南江百越地——郁南》《中国禅都——新兴》《中国石都——云浮》《珠江文明灯塔——南海西樵》《水乡之都——顺德》《世界之宝——开平碉楼》《海上敦煌——南海1号》《南海明珠——湛江》《现代商居文化城——东莞厚街》等。总策划：黄伟宗、蔡照波。

2011年7月7日，珠江文化研究会在中山图书馆举办向该馆献“百种珠江文化著作”仪式，黄伟宗作了《习亿年史，走万里路，写千字文，著百种书——珠江文化工程15周年巡礼》的汇报，著名学者张汉青、周義、梁明、田丰、陈中秋、张荣芳、司徒尚纪、叶春生、张镇洪、谭元亨、陈其光等与会，广州各大媒体及澳大利亚《澳洲新报》作了报道。这项活动，标志着珠江文化学者坚持走“田野考察与著书立说相结合”的学术道路取得了丰硕成果，学术团队曾往考察的县市占全省百分之八十以上，有许多新的文化发现，打造了许多文化星座，举办了不下百次的学术研讨会或论坛，提交不下千份的参事建议或调研报告，出版了百种以上珠江文化著作，作为学术研讨会成果的结集而编入《珠江文化丛书》系列者也达35种之多，作为参事建议或在媒体发表的谈话更是不少。

在2011年举办或参加的活动并出版或发表论著的有：1.在郁南参加“诚信文化”论坛及调研，发言后提交省参加建议《大力倡导诚信文化，正面化解信誉危机》，受到省领导的重视和批示。2.在羊城晚报就省委新提出“建设幸福广东”发表谈话。3.在广州日报发表“深掘历史遗产，建设广州为国际文化名城”的谈话。4.到广州南沙参加“羊城新八景”论坛，并发表“珠江之珠”的发言。5.在东莞凤岗举办第二届客侨文化论坛，出版《客家第一珠玑巷》一书。6.在省委宣传部举行的“珠三角绿道”建设座谈会上，提出“绿道文化”概念。7.在东莞桥头“节庆文化论坛”上，提出东莞可打造为“中国节庆文化之都”建议。8.到广州芳村参加“白鹅潭经济圈”论坛，并《白鹅潭志》（黄伟宗编著）首发式。9.到江门良溪参加“罗贵迁入良溪880周年庆典”并发表谈作，提出罗贵是中国的“哥伦布”，俗语“唔使问阿贵”出自罗贵，并在电视片《良溪一后珠玑巷》中发表谈话。10.到阳江海陵岛主持首届“南海号Ⅰ与海上丝绸之路论坛”，出版论文集《海上敦煌在阳江》。11.到肇庆端州参加“伍丁诞”庆典并发表谈话，提出石业祖师伍丁相当木业祖师鲁班，建议将祭师活动发展为民俗活动。12.到南海西樵参加“在中华文明视野下的西樵文化”国际研讨会，作了《西樵——南海文化定位》的发言。13.到封开主持“广府首府论坛”，宣读《封开宣言》，并出版论文集。14.在广州东方宾馆与黎子流等举行“广府人珠玑后裔联谊会”筹备会，落实徐少华有关批示。15.到中山市参加交通部举办的“珠江片中国航海日”活动，发表《增强珠江水系文化力，提高江海水运“动脉”功能》的谈话，随后到海事局与珠江航务局作《世界水文化与水运文化》的报告。16.到怀集写出调研报告《文化引领有成效，燕都禅道有奔头》，为“中国燕都”增加“中国禅道”品牌，提出“燕都禅道”定位，写下“怀志游燕都，集德走禅道”题词，提出以“悟禅道、修禅道、禅宗道、禅学道、禅境道”等五道兴建中国禅道园建议。17.到云浮参加第二届石文化节，主编出版《云浮：中国石都文粹》。18.到韶关参加国际旅游文化节，提出旅游发展要“六化”（国际化、乡土化、日常化、多元化、文化化、产业化）的方向，并在广东省旅游局举办的中高级导游班上作《岭南文化与珠江文化概说》报告。19.到广州市西关实际小学参加芳村校区开办典礼，前些年在受聘为该校顾问时所作题词被采纳印出，即：“放开眼界看未来，脚踏实地打基础”，“弘扬西关文化传统，汇教中外科学精华”，“校品科品师品生品层层上品，德优智优体优艺优比比争优”，被作为办学口号、宗旨、目标。20.到罗定参加“南江文化研讨会”，作了《南江文化集粹地——罗定》的主题发言，并到云安县为全县干部作《建设文化强国与云安文化》，后到该县横洞村考察道德文化，写出调研报告。21.到郁南参加南方报业集团等举办的“区域文化与特产开发”研讨会，作了《特产文化与区域文化》的发言，并为郁南全县干部作了《建设文化强国与郁南文化》的报告。22.根据中共十七届六中全会发出的建设文化强国号召和我省实际，提交省政府参事建议：《破五论立八系，促进广东文化大发展大繁荣》，受到省领导的高度重视和批示。

2011年6月2日，在省委大院召开的“省参事决策咨询会”上，中共中央政治局委员、广东省委书记汪洋在与参事握手时，对黄伟宗感谢他去年收到《中国珠江文化史》和《黄伟宗文存》两书的复信时，汪洋说：“是应该的”。这表明领导对去年之事印象犹新，也表明对参事和珠江文化工作及其成果的重视和鼓励。

2011年12月30日

# 描绘珠江水系“四江”文化建设新蓝图

珠江文化研究会在2012年—2014年的活动，突出而贯穿全程的是为珠江水系及其所属西江、南江、北江、东江的文化定位和建设，分别作出新的升华并对其建设描绘出新的蓝图。

## 一、在肇庆西江文化建设上

2012年2月，黄伟宗到肇庆参加广东旅游出版社出版的《人文肇庆》系列丛书首发式，作了题与《星光灿烂的文化银河》的发言。3月中旬，黄伟宗、司徒尚纪应聘为怀集县文化顾问，在颁证典礼上，黄伟宗作了《发挥对接优势，实现跨越发展》和“燕都禅道”文化定位的发言，司徒尚纪评析了该县文化发展规划纲要；随后，黄伟宗到肇庆市端州区参加一年一度顾问会议，提出了以“广府世界．世界广府”的理念建设“广府文化城”，以及以“端州‘五气’文化”的内涵和现代科技手段而建设科普文化创意园的建议。20日，在省参事室举行了“广府文化园专家咨询会”，黄伟宗重申了这建议，得到了与会专家司徒尚纪、谭元享、叶春生、张镇洪、王培楠、陈志红、梁凤莲、郑佩瑗、罗康宁等，以及肇庆市、端州区和华南智慧城领导的赞同。2012年4月，黄伟宗提交《广东参事馆员建议》：《请大力支持建设“广府文化城”》（关于肇庆市端州区筹建“广府文化创意园”的调研报告）。

## 二、在英德北江文化建设上

2012年5月7至9日，黄伟宗偕同司徒尚纪、张镇洪、郑佩瑗、李海春到英德考下察，从牛栏洞出土中石器时代稻作化石为其作出“人类稻耕文明原始地”的定位，广州日报及多家网站报道。为英德定位“五原英都”，即原始地、原生地、原态地、原汁地、原味地，应“三星（新）高照”，即新定位、新高度、新观念和发展方式。将考察结果提交调研报告：《应大力保护并弘扬英德栏洞“人类稻耕文明原始地”的遗存及其文化意义》，参事室于《广东参事馆员建议》2012年第16期发表。2013年9月27日，黄伟宗等到英德参加《英德牛栏洞遗址—稻作起源与环境综合研究》一书首发式暨学术研讨会，并作了《英德牛栏洞具有人类稻耕原始地意义》的致辞。2013年9月27日，黄伟宗等到英德参加《英德牛栏洞遗址—稻作起源与环境综合研究》一书首发式暨学术研讨会，并作了《英德牛栏洞具有人类稻耕原始地意义》的致辞。6月，黄伟宗改就《整合独特旅游资源优势，增创新的发展方式——关于英德市旅游发展的调研报告》，发《广东参事馆员建议》2012年第32期。27日，到英德奇洞温泉参加“英德旅游发展论坛”发表“英德——五原英都”演讲，受到热烈欢迎。2013年10月16日，黄伟宗写完英德市“三江五原”文化资源学术推介会主题发言稿《纵谈“三江五原”文化》。，随即到英德市连江口镇，主办“英德三江五原文化资源学术推广会”，作主题发言，并题词“英都龙口——连江口”。

## 三、在韶关北江文化建设上

2012年5月下旬，黄伟宗考察丹霞山风景区，为其作了“珠江文化三圣祖地——丹霞山”题词，为管理区干部作了建设《丹霞世界，世界丹霞》，撰写了《“申遗”成功后怎么办？——关于世界自然遗产丹霞山文化的调研报告》一文，发《广东参事馆员建议》2012年第31期。

2012年11月28日，《中国社会科学报》第398期发表黄伟宗对该报记者翟江玲的访谈《古道是人类历史文化的载体》。

2013年4月27日，黄伟宗应邀到韶关参加建设文化名城座谈会，作了发言，并接受韶关市政府颁发的“文化顾问”聘书。5月1日，黄伟宗写完《升华“源流交融”圣地，建造“韶阳文化之都”——韶关文化资源及其研究开发的调研报告》，发《广东参事馆员建议》2013年5月10日第15期，省领导徐少华22目对其作了批示。2013年10月20日，黄伟宗到韶关参加“旅游专家问策会”。

## 四、在清远北江文化建设上

2013年3月4日，黄伟宗、司徒尚纪赴清远市，与该市宣传部、文广新局商定年内举办中国首届北江文化论坛并即组织专家调研。25至29日黄伟宗率团赴清远、清新、阳山、连州、连南考察北江文化。2013年4月6日，黄伟宗提交参事建议《整合五古“通津”，建造五大“天桥”——清远北江文化调研报告》（4月17日第12期发表，省领导徐少华、梁伟发先后作了批示）。

2013年5月20、21日，在清远狮子湖举行“北江文化研究会成立暨首届中国北江文化论道大会”，黄伟宗先后作了中心发言、学术总结及新闻发布会，司徒尚纪等14位省专家和30余位清远专家在会上发言。22日，《南方日报》A8版及《清远观察》均以全版发表专家们在北江文化论道上的发言摘要，随即海内外多家媒体连续报道。2013年6月23日，黄伟宗写完了《清远文化的十大“亮点”——中国首届北江文化论道学术总结》，标志此项工作胜利结束。

## 五、在云浮南江文化建设上

2012年10月23日，珠江文化研究会与罗定市共同主办首届罗定稻耕文化研讨会，黄伟宗等均作发言，为罗定定位“南江稻耕文化的古今都会”，多家媒体作了报道。2012年12月中旬，黄伟宗为中央旅游电视台拍摄的专题片《南江文化探源》作了发现“南江文化”意义的谈话。

2013年3月18日，黄伟宗、司徒尚纪应云浮市民政局邀请，为该市兴建新城及其街道取名，提议取名“石都新城”，并以“云浮”原为壮语“竹乡”之意，结合中国画的竹石联体的文化内涵，作为主要街道取名的依据和底蕴，直的大街用各种竹命名，以表社会发展“节节高”之志；横的则用各种石取名，意味根基“坚如盘石”。8月6日，黄伟宗、司徒尚纪应邀到云浮市参加“西江新城”命名方案评审会，建议易名“云都新城”。

## 六、在惠州东江文化建设上

2013年10月21—23日，黄伟宗等到惠州市考察东江文化，提出打造文化“要么第一，要么唯一，起码之一”的理念，为惠州作出“东江明珠”的文化定位，发现惠城区合江楼码头是海上丝绸之路始发港，提出葛洪是中国道家理论确立者的观点，与该市达成共同打造这些文化瑰宝的共识，写出《擦亮“东江明珠”品牌，建造“养生文化之都”——关于惠州东江文化的调研报告》。2013年10月18日《广东参事馆员建议》51期发表，26日徐少华常委批示“请转省文化厅负责同志阅研。”。

# 发挥水文化和文化软实力之“五力”，为广东和广州文化献新策

2012年10月18日，黄伟宗、司徒尚纪应邀到从化广东水利电力职业学院参加“广东水文化研究推广中心”暨“广东水文化研究基地”挂牌仪式，并接受新华网和广东卫视教育台记者采访。

2013年2月5日，黄伟宗提交的《增创水文化研究的领域和方式，统筹规划建设具有丰富文化内涵的水利工程——关于广东水文化资源及其研究开发的调研报告》作为《广东参事馆员建议》2013年第1期印发。21日，省委常委兼常务副省长对黄伟宗提交的《广东水文化资源及其研究开发的调研报告》（省政府参事建议今年第一期）作了如下批示：“此调研报告选题新颖，调研深入，举例翔实，分析透彻。在实际工作中可以运用借鉴。转请省水利厅、发改委负责同志阅研。”

2013年5月22日，黄伟宗应邀到广州市委党校作题为《珠江文化与广州文化》的学术报告，首次对“文化软实力”概念提出其内涵“文化对应力”“文化激活力”“文化伸张力”“文化浸润力”和“文化持续力”的理论观点，500多广州处级以上干部与会，反响强烈。

2013年6月7日上午，黄伟宗应邀到广东省水利电力规划勘探设计研究院并作《世界水文化与文化软实力》报告，近500设计技术人员参加，反响较好，新华网广东频道等多家媒体作了报道。2013年12月2日，黄伟宗应省水利厅邀请到增城为其举办的首期水文化骨干培训班作“现代水文化与珠江文化”报告。

为回应中共中央政治局委员、广东省委书记胡春华同志在省参事决策咨询会上的提问，黄伟宗提交参事馆员建议：《强化文化软实力之“五力”，发扬光大广东文化的特点和精髓》，列为《广东参事馆员建议》［2013］31期，9月3日发表，全文7千余字，对广东文化建设献上新策。

在广州文化建设上也是持续如此。

2012年2月26日，黄伟宗应邀参加广州市荔湾区“三月三，荔枝湾”民俗活动，在“名人名嘴说西关”讲坛上作了“西关文化特质与发展”的发言，报称有150万人参加这项群众文化活动。

2012年8月1日上午，黄伟宗应邀参加广州市荔湾区委中心组（扩大）推进新型城市化发展务虚会，就该区文化发展策略提出建议：“世界定位、软硬并举、轮番突出、纵横整合、综合开发”，引起强烈反响。

2012年12月上旬，黄伟宗作为评委，参加庆祝广州日报成立60周年举办的“温暖广州60人”评选活动。2012年12月28日上午，黄伟宗受广州日报社邀请作为评委，参加“广州60名楼”评选活动。

2013年6月29日，广州市十三行文化促进会在广州文化公园（十三行旧址）成立，黄伟宗被选为名誉会长，谭元亨等为副会长。

# 首创南海文化研究大书系并开拓“客侨文化”“广侨文化”、海洋文化

2013年8月16日上午，由珠江文化研究会组编、黄伟宗主编的《中国南海文化研究丛书》首发式，作为2013年南国书香节活动之一在琶洲展览馆举行。这套丛书是汪洋书记重视、林雄常委批准的《中国南海海洋文化研究》项目的学术成果，从2010年至今历时三年完成，共200万字，含6分册：《中国南海海洋文化论》（谭元亨著）《中国南海海洋文化史》（司徒尚纪著）《中国南海海洋文化传》（戴胜德著）《中国南海商贸文化志》（潘义勇著）《中国南海古人类文化考》（张镇洪、邱立诚著）《中国南海民俗风情文化辨》（蒋明智著），广东经济出版社2013年7月出版。这是首创的中国南海文化研究大型书系，标志着珠江文化学者在完成300万字大型史著《中国珠江文化史》之后，持续深入向海洋文化进军。

其实，早在启开珠江文化工程的时候，已经同时向海洋文化进军了，研究海上丝绸之路和华侨、侨乡文化，即属海洋文化范畴。在2012至2014年间，在这领域也有不少新的发现和开创。2012年4月黄伟宗提交《着力打造“侨乡世界. 世界侨乡”——以新高度整合转型江门侨乡文化的调研报告》。前些年在东莞凤岗发现和开创的“客侨文化”，已影响到海外。2012年7月，《星岛日报》美洲版于6日30日、7月7日，以两个整版篇幅报道了黄伟宗在东莞凤岗提出“客侨文化之乡”和“客家第一珠玑巷，岭南独此排屋楼”的重大发现和文化定位。2014年8月15日，黄伟宗等应邀赴东莞凤岗出席东莞市社会科学院“客侨文化研究中心”、广东省珠江文化研究会“客侨文化基地”挂牌仪式并举行了研讨会。

2012年10月29至31日，黄伟宗率专家组到江门、台山考察侨乡文化，为台山作出“广侨文化之乡”的定位，以“贯通中西古商市，独占鳌头侨圩楼”的题词概括其文化特质。《南方都市报》《江门日报》《星岛日报》美洲版等媒体先后作了报道。2012年11

月31日，黄伟宗提交《保护开发“侨墟楼”遗存，开拓研究“广侨文化”——关于台山侨乡文化的调研报告》，于《广东参事馆员建议》［2012］第61期发表。2012年11月5日，珠江文化研究会在台山举办“中国首届广侨文化（台山）研讨会”，20余名专家与会黄伟宗作主题发言，海内外多家媒体作了详尽报道。

2013年10月25日，黄伟宗在广东电视台接受《广侨文化侨墟楼》电视片采访。2013年12月20日，《广侨文化论——台山：中国首届广侨文化论坛文集》由中国评论学术出版社出版。24日，黄伟宗等到台山参加“首届广侨文化艺术节”启动仪式，黄伟宗向台山文化局长黄伟华传旗。27日，《南方都市报》发表整版报道：《广侨之花》。

此外，还同时支持和进行了海洋文化的项目和创作。2012年12月6日，黄伟宗致信汪洋书记，推荐《南方日报》8月1日发表的丘树宏长篇组诗《海上丝路》为省重点项目。10日，黄伟宗应广东省旅游局根据汪洋书记关于开创海上绿色通道旅游项目指示要求，为该项目拟出了宣传口号和广告词。21日，黄伟宗到省委宣传部参加“打造广东舞台艺术精品专题座谈会”并作了发言，庹震部长主持并告知黄伟宗致汪洋书记信已批转宣传部。2012年9月7日上午，黄伟宗在中大中文堂接受德国科隆传媒艺术学院学者列雅访问，会谈关于海上丝路和南海Ⅰ号学术项目。10月10日，广东省政府参事室网站公布了中共中央政治局委员、省委书记汪洋同志对黄伟宗8日6日致信，推荐著名诗人、中山市政协主席丘树宏创作的大型音乐舞蹈史诗《海上丝路》歌词台本作了批示：“请有关同志阅酌”。10月12日，黄伟宗就莫言荣获诺贝尔文学奖在广州日报发表谈话：“莫言获奖标志着中国大陆文学界与世界文学界的同步与对接。诺贝尔文学奖的基本原则是推动人类进步、弘扬人道主义精神，而莫言作品的人性女性的主题及思想深度，符合这条原则，获奖实至名归”。

2013年5月8日，《中国文化报》发表记者屈菡撰写的《南国海风煦，敢为天下先——“美丽中国·海疆行”走进广州》一文中，报道了黄伟宗、司徒尚纪的谈话。2013年6月6日下午，黄伟宗、司徒尚纪接受广东电视台记者《广东沿海行》系列片采访。

# 促进禅宗六祖文化“实体化”“体系化”“当下化”“世界化”

## 一、“实体化”是指佛禅寺院的建设

2012年5月15日，黄伟宗到怀集县参加“六祖禅院”工程奠基仪式，与国叶公司主席叶选廉、董事长李昱更，以及怀集县委书记江森源、县长江启宁达成举办“六祖禅道”论坛共识，特在怀集高速路口树立的自己题词“怀志游燕都，集德走禅道”大广告牌前照相纪念。

2012年11月23日，黄伟宗应邀到佛山市参加“佛山仁寿寺扩建提升项目研讨会”，有10余位全国著名佛学、宗教、文化、建筑学者与会，佛山市市长刘悦伦亲自主持。29日写出《佛山本姓“佛”，禅城应有“禅”——关于佛山市佛禅文化的调研报告》，提交《广东参事馆员建议》（后于12月12日第75期发表）。2013年7月2日，黄伟宗应邀作为专家评委，第三次到佛山参加仁寿寺改造提升建筑设计国际竞赛专家评审会，评定了网上公示建筑设计方案。

2013年8月25、26日，黄伟宗、谭元亨应邀到新兴县水台镇金水台温泉度假村，为其筹建六祖文化园定位，提议以“五禅台”为名，既可与国恩寺对称，又可以禅学圣山和禅宗圣寺分彰六祖神圣，并可以“北有五台山，南有五禅台”美称而对应佛圣雌雄；“五禅”包括禅养、禅林、禅修、禅碑、禅居。确定将云浮市六祖文化研究会编列为珠会的六祖文化专业委员会。

## 二、“当下化”是指将禅学思想与当今时代精神相联系

2012年9月8日上午，黄伟宗到广州光孝寺参加“菩提树下的对话：禅与新时期广东精神”，与明生法师、宗性法师、梁桂全院长对话，《南方日报》等多家媒体报道。黄伟

宗在这次对话中，首先提出“禅就是当下”的说法，即禅的大慈大悲襟怀可以解脱当下任何困拢的心境和处境之意。

2012年11月21日晚上，黄伟宗应邀到星海音乐厅与广东省佛协主席明生法师、广州市佛协主席耀智法师、美国夏威夷大学成中英教授，作了“禅与诚信道德的对话”，有500人与会，反响强烈。

2013年4月4日，黄伟宗应邀参加云浮市禅宗六祖文化研究会，被聘为顾问，并向该会百多会员作了题为《六祖惠能的五个“双全”与感恩文化》的学术报告。7月24日，黄伟宗应邀到云浮市委党校向500多位在校师生作了题为《六祖惠能文化与当今社会管理》的报告。

2014年初，省纪委副书记毛荣楷、云浮市委书记黄强、云浮市纪委书记陈小娟在广州与黄伟宗商讨“禅廉文化”事宜。1月16日，黄伟宗应邀到云浮市参加六祖文化研讨会，并就“禅廉文化”及云浮三大文化的海上丝绸之路文化内涵作了发言。17、18日，黄伟宗先后到郁南南寨、新兴龙山就“禅廉”文化建设进行了考察并提出建议。24日，黄伟宗应邀到云浮市国税局“道德讲堂”作《承传本职本土文化精华，尽力尽责弘扬担当精神》报告。

2014年3月11日，云浮市纪委书记陈小娟率相关人员到中大向黄伟宗征求提倡“禅廉文化”意见。16日，黄伟宗应邀到云浮市检察院作《倡导崇德明法，弘扬担当精神》的报告。

2014年6月3日，云浮市纪委书记陈小娟率团到中大，与黄伟宗研讨打造“禅廉文化”。4日下午，广东省佛教协会会长、光孝寺住持明生大师派车接黄伟宗至光孝寺，商讨创立诃林书院并请黄伟宗任院长事宜。黄伟宗以年事已高为由婉辞。

## 三、“体系化”是将六祖惠能的禅学思想疏理为学术体系。

2013年4月30日，新兴国恩寺《六祖禅》杂志发表黄伟宗的《中国禅都文化丛书》引论：《六祖惠能的“五说”“五创”“五地”》。这是确立惠能禅学体系化的长篇论文。同时，《中国禅都文化丛书》（6册）由汕头大学出版社出版。

2013年10月29日，黄伟宗应邀到云浮六祖文化大讲堂作《六祖惠能文化“中国化”“平民化”“世界化”》的专题报告，进一步将六祖惠能学术思想体系化，并为云浮六祖文化研究会颁发广东珠江文化研究会六祖文化专业委员会的文件和聘书。

## （四）“世界化”即继续扩大六祖惠能在世界文化中的地位和影响

9月5日，黄伟宗应邀到东方宾馆参加纪念六祖惠能圆寂1300周年暨2013年禅宗文化节大会及学术研讨会，在会上发表《六祖惠能的伟大与贡献》演讲，处近千人与会的国际性盛会，进一步将六祖惠能学术思想“体系化”、“世界化”6日，《中国禅都文化丛书》在新兴国恩寺大典上首发。7日，黄伟宗应邀参加南华禅寺系列纪念活动。18日，黄伟宗写完《应当大力促进六祖惠能文化“中国化”“平民化”“世界化”——关于“中国禅祖，世界惠能”的调研报告》，8千余字，《广东参事馆员建议》第37期印发，广东省委常委、常务副省长徐少华10月10日对此件批示：“阅黄伟宗教授的调研报告，对我们对六祖惠能文化的外延、内涵有了全面、深入的理解，深受启发”。

2006年5月黄伟宗与南华禅寺住持传正大和尚同答中央电视台《走遍中国》记者问

2014年5月29日，黄伟宗等与联合国教科文世界记忆委员会亚太地区副主席、民间艺术国际组织IOV全球主席卡门D.帕迪拉等会谈发掘广东记忆文化元素，推荐六祖《坛经》、东莞莞香、怀集金燕三项，颇受重视。

2014年7月22日，黄伟宗与人合作，向省政府提交《关于〈六祖坛经〉申报〈世界记忆名录〉的建议》，以促进六祖文化“世界化”。

# 促成广府学的确立
# 和首届广府人恳亲大会的举行

2011年8月9日，在封开举办了“封开：广府首府论坛”，发表了《封开宣言》。会后，黄伟宗等提交参事建议：《关于组建“广府（珠玑）人海外联谊会”与“广府学会”及其开展活动的建议》。同年9月7日，省委常委徐少华对此件作出批示：“黄伟宗教授多年来致力于广府文化研究，既形成了很多学术成果，又推动了各地关注广府文化的传承，其精神令人钦佩。所提建议有针对性，建议省有关部门研处”。

2012年5月15日，黄伟宗等到东方宾馆参加黎子流主持的南雄珠玑巷后裔联谊会执行会长会议，通过改名为“广东省广府人珠玑巷后裔海外联谊会。

2012年6月下旬，黄伟宗写完《广府文化的五座里程碑及其标志的五个历史时期》，1万字，拟在广东广府学会成立大会暨学术研讨会上发言。

2012年8月8日下午，黄伟宗在中大中文堂接受凤凰卫视中文台记者关于梅关珠玑巷文化的采访。

2012年9月18日上午，黄伟宗、谭元享、郑佩瑗参加了在广州东方宾馆举行的“倡议召开世界广府人恳亲大会暨筹委会成立会议”，并作为首位倡议单位——广东省珠江文化研究会、广东省广府学会代表在“倡议书”上签名，同时接受黎子流会长颁发的纪念牌。

2012年12月14日，黄伟宗、谭元亨、郑佩瑗到中国大酒店参加黎子流主持的“首届世广会”第一次筹委会工作会议。

2012年12月25至26日，广东广府学会成立大会暨“广府寻根. 珠玑祖地”学术研讨会在南雄市举行，60余海内外学者参加。选举黄伟宗为首任会长、谭元亨为执行会长、郑佩瑗为常务副会长，陈志红、陈泽泓、钟晓毅、梁凤莲为副会长。黄伟宗提交题为《广府文化的五座里程碑及其标志的五个历史时期》的主题报告。各大媒体及网站和《澳洲新报》均作出报道。

2013年3月1日上午，广东省广府学会在中国大酒店举行首次工作会议，黎子流讲话，黄伟宗主持，确定在11月召开世界广府人恳亲大会期间，举办“祖根珠玑. 世界广府”论坛，出版《广府大典》《珠玑. 广府学刊》以及《广府寻根. 珠玑祖地》论文集。

2013年7月27日，黄伟宗、谭元亨参加首届世界广府人海外联谊恳亲大会新闻发布会，回答了关于广府人和珠玑巷的提问。

国庆假期黄伟宗提交首届世界广府人恳亲大会“广府文化论坛”的长篇论文：《论广府文化的概念、特质及其在珠江文化、中华文化、世界文化中的地位和贡献》。5日，《广府文库》首部《广府寻根，祖地珠玑——广府学会成立暨学术研讨会论文集》著作由中国评论学术出版社出版。12日，黄伟宗作为评委，提交《广府十杰人物》《广府十杰青年》选票。12日，黄伟宗、谭元亨等到广州白云国际会议中心主持“广府文化论坛及《广府大典》首发式”，黄伟宗作了题为《论广府文化的概念、特质及其在珠江文化、中华文化、世界文化中的地位和贡献》。12日，黄伟宗等参加了“首届世界广府人恳亲大会”，来自世界39个国家地区3000多“世界广府人，共园中国梦”。这是黄伟宗为首的珠江文化学者，从1993年先后发现广信首府和珠玑巷、促进珠玑巷联谊会成立、又促进扩大为广府人珠玑巷后裔海外联谊会并成立广府学会、进而筹办这次世界性大会的。19日，黄伟宗向参事室党组呈报《参事馆员发起、参与首届世界广府人恳亲大会记事》。

# 为海上丝绸之路和“一带一路”谱写新篇章

2013年11月25日凌晨，黄伟宗历时三天完成近万字论文：《持续研究开发海上丝绸之路文化，全面发挥海洋文化软实力——关于研究开发海上丝绸之路的调研报告》，发中大党委办和参事室，是省委办公厅转中办约稿。

2013年12月4日，黄伟宗《持续发掘海上丝绸之路文化，全方位发挥海洋文化软实力》一文作参事建议第57期发出，11日，徐少华常委对此件作出批示：“黄伟宗教授的研究报告符合党的十八届三中全会精神，系统归纳多年来研究成果，凝聚了他和许多研究者对海上丝绸之路发展战略的深入思考和宝贵心血，不仅对文化而且对经济、对开放，都有重要的参考价值，十分必要在以后中长远规划中吸纳借鉴。转请省发改委、文化厅进一步阅研。”16日，中共中央政治局委员、广东省委书记胡春华同志对此件又作出了批示：“请庹震同志阅。建设二十一世纪海上丝绸之路，广东要承担起自己的责任。常委会上已明确少华、玉芳同志牵头研究具体的实施意见。有关宣传工作请你负责，对广东在海上丝绸之路历史上的意义，近代以来广东闯南洋并由其形成的紧密联系，在建设海上丝绸之路中广东的地位作用等，进行研究和适当的宣传”。广东省委常委、宣传部长庹震同志17日对此件批示：“蒋斌、广宁同志：要认真贯彻落实春华书记重要批示精神，抓紧开展专题研究，策划组织专题报道。要抽调社科研究骨干，细化课题分工，尽快形成一批成果。媒体报道要体现深度，创新形式，注重效果，形成建设二十一世纪海上丝绸之路广东大有作为的良好舆论氛围。”18日，省委宣传部新闻处来电话咨询如何宣传此件。18日，副省长陈云贤批示：“转省文化厅。”省政府副秘书长江海燕批示：“黄伟宗教授自入参事室后，在参事室领导下就组织研究广东海上丝绸之路并获取一大批成果，填补了我国广东海上丝绸之路的空白。根据《中共中央关于深化改革若干重大问题的决定》，该文就组织推进海上丝绸之路建设，进一步促进广东对外开放提出建议意见。呈少华、云贤同志审阅。”19日，省府办公厅副主任赵玉珍率三位副处长到参事室对此件进一步征求意见。当日中午，黄伟宗与省海洋协会负责人商讨如何贯彻批示精神事宜；20日上午确定共同举办“海上丝绸之路经济带暨《中国南海海洋文化丛书》研讨会”。12日，珠江文化研究会与省丝绸协会在南海西樵举行了“丝绸文化与海上丝绸之路传承发展研讨会”，黄伟宗等作了主题发言。

2014年1月13日，广东海洋协会与珠江文化研究会、广东经济出版社在广州联合举办“21世纪海上丝绸之路建设暨《中国南海文化研究丛书》研讨会”，来自北京和本省专家30余人与会，黄伟宗作了主题报告。24日，省海洋局在中大小礼堂举行广东省海洋文化协会成立大会，许宁生校长任会长，黄伟宗等任常务理事。

2014年2月8日，黄伟宗应邀为省参事室（文史馆）全体机关干部作《海上丝绸之路与文化软实力》报告。10日，黄伟宗参加省参事室聘任特聘参事仪式，接受聘书，任期5年，并连任广东省海上丝绸之路研究开发项目组组长。15日，徐少华常委在广东大厦接见周義、黄伟宗，同意给参事室“建设21世纪海上丝绸之路工程”立项，并给予虚件（软件）带头任务。17日，徐少华常委正式批准立项。19日，参事广东文化组举行今年首次会议，确定“海上丝路研究书系”方案及分工，首先出版礼品书《开拓篇》，包括：《海上丝路的研究开发》（周義主编）《海上丝路与海洋文化纵横论》（黄伟宗著）《广东海上丝绸之路史》（黄启臣主编）《中国古代海上丝绸之路诗选》（陈永正选注），接下出版《星座篇》等。20日，研究书系正式确定由广东经济出版社出版。2014年2月24日，黄伟宗应邀到省政协参加海上丝绸之路专家座谈会。27日，黄伟宗应邀到省发改委参加海上丝绸之路专家座谈会。28日，黄伟宗完成《海上丝路与海洋文化纵横论》书稿交广东经济出版社。

3月1日，南方日报发表黄伟宗《建设21世纪海上丝绸之路战略刍议》一文，此文同时在《广东参事馆员建议》［2014］第2期发表。4日，黄伟宗《广东海上丝绸之路十大“星座”及星群》在《广东参事馆员建议》［2014］第5期发表。徐少华常务副省长13日批示转省发改委阅研。4月8日，广东21世纪海上丝绸之路建设工程项目《海上丝绸之路研究书系》（开拓篇）由广东经济出版社正式出版。其中黄伟宗著《海上丝绸之路与海洋文化纵横论》也同时出版。18日，黄伟宗接广州市外宣办安排，在广州越秀宾馆接受中外驻广州40多家媒体记者关于海上丝绸之路的采访。20日，黄伟宗应邀到深圳龙岗文化中心参加“谢鼎铭海上丝绸之路国画展”开幕式并发表贺词，肯定其现实、历史、国际交流、民族与地方文化、艺术创新意义。24至26日，黄伟宗率团到东莞厚街、大岭山、寮步考察制造业与莞香文化。

5月8至9日，黄伟宗等到珠海考察，为其定位“近代中国海上丝绸之路第一港”，珠海横琴港是21世纪海上丝绸之路最新模式港。13日，黄伟宗等到省文化厅调研我省海上丝绸之路文化建设。18日，黄伟宗为谢鼎铭画集写序《海上丝绸之路的无声史诗》脱稿。19日，黄伟宗在广东省戏剧研究所为文化系统戏剧作家讲课：《海洋文化与海上丝绸之路》，21日，黄伟宗应邀到广东航海学院参加航海日活动，并评审交通厅广东江河经济文化发展史项目。22日，黄伟宗应广东省社科院邀请参加广东海上丝绸之路研究院成立大会，并受聘为学术委员。同时广东省发改委正式发文任黄伟宗为广东21世纪海上丝绸之路建设专家智库成员。

6月5日，黄伟宗等应邀至广东省海洋协会评审广东省海洋文化发展规划。11日，黄伟宗提交建设21世纪海上丝绸之路调研报告《全方位增强理论、优势、模式、方式、实力建设》完稿，8千余字。25日，上午黄伟宗应邀到省交通厅与厅处干部座谈海陆丝绸之路文化。下午与邦鑫公司、惠州市交通局交流海丝文化。28日与东莞刘丹商讨莞香文化申报世界记忆文化事宜。30日，黄伟宗写就《海上丝绸之路研究书系》（星座篇）前言：《广东海上丝绸之路十大文化星座的发现和实证过程》，同时一并发《海陆古道》《十三行》《侨乡“三楼”》三书稿至广东经济出版社，接商务印书馆发来刚出版的《大汉徐闻两千年》一书，内有黄伟宗题字“海上丝绸之路第一港——徐闻”及2000年6月写的调研报告和当时记者现场采访照片。

7月1日《云浮日报》发表黄伟宗关于“禅廉文化与海上丝绸之路”的谈话。2日，黄伟宗应邀到广东开放大学讲课《海洋文化与海上丝绸之路》。3日，黄伟宗应邀到省政协参加“建设21世纪海上丝绸之路”座谈会并作了发言。6日，发《星座篇》三书稿《徐闻古港》、《古锦今丝》《沧海航灯》发经济出版社。8日，黄伟宗应省交通厅请求提交“海陆丝绸之路对接通道”项目策划方案。14日，黄伟宗应邀到省交通厅向300多干部作《海上丝路与江河文化》报告。27日，经济出版社提出将《星座篇》呈报国家出版基金项目，同日发《香茶陶珠》书稿给广东经济出版社。

8月5日黄伟宗发《星座篇》《广交会》书稿给广东经济出版社。6日，黄伟宗与花城出版社社长詹秀敏商定中国首部《海上丝绸之路画集》（谢鼎铭著）出版及在南国书香节首发事宜。10日，羊城晚报发表黄伟宗文《海上丝路的无声之诗》。17日，珠江文化研究会等在广州二沙岛华侨博物馆举办了谢鼎铭《海上丝绸之路》画集首发式和画展开幕式。

2014年8月，黄伟宗在2014年广东参事决策咨询会上作了发言《全方位强化理论、优势、模式、方式、实力建议——关于广东建设21世纪海上丝绸之路的调研报告》。

# 为东莞作出"龙口文化"新定位、策划开创"水乡玩乐园世界"

2014年9月3日，黄伟宗应邀到东莞市委中心组作《丝绸之路与东莞文化》报告，为丝绸之路作出新定位：既是最有中国传统文化内蕴的一种世界文化，又是最具有中国文化特质的世界和平发展战略；从中国传统对立统一纽带理论、现代水文化和海洋文化理论、文化软实力理论对"一路一带"进行深层次解读；提出要全方位从理论、优势、模式、方式、实力等方面进行21世纪海上丝绸之路建设的主张；提出全面研究开发东江文化、广侨文化、客侨文化、莞香文化、制造业文化等东莞"五大文化"的建议。20、21日，应东莞市委副书记姚康邀请，黄伟宗与省作协党组书记吴伟鹏到麻涌镇考察水乡文化，提出建设东莞水乡玩世界乐园构想，并提出倡导"珠江文派"主张，为麻涌题对联："水乡世界由此玩起，珠江文派于斯发祥"。横批："河汉麻涌"。为水乡世界乐园写广告词："玩水乡，玩世界，东莞水乡玩世界。"为其特色定位："原生态水乡玩乐园，，高科技文化玩世界"。建设方针是："整合网联，穿越时室"。第一步是以"整合网联"方针建识"原生态水乡玩乐园"，即：将现有11个水乡镇的原生态水乡文化资源整合为一个"乐园"，又各自以自身的基础优势，按整体规划分工建设为一个独有特色的"乐园"；并在这基础上，以水道、绿道、陆道连成一个整体，以游艇、花艇或现观光车为交通工具，将其网联起来，自成一统的玩乐园。第二步或者同时以"穿越时空"方针，进行"高科技文化玩世界"建设，即在每个水乡镇按统筹规划各自建一所高科技的形象科学"玩世界"，以穿越时空的立休水文化形象，使游客望即思进，进则着迷，身心入境，遨游于古今中外的著名山水圣境之中，乐而忘返，兴味无穷。

2014年10月14日，黄伟宗应邀到东莞市对宣传文化界作题为《当今世界文化与东莞文化的来龙去脉》的专题报告。

2014年10月20日

# 发现三个“第一港”，作一系列报告论坛

从2014年夏天到2015年夏天，整整一年时间都在忙于“一带一路”的活动中，无成效的活动颇多，有成效的活动不少。占时间和精力最大的，是为省的部分厅和部分市区中心组作“从三个理论看一带一路”的报告，并且大都在作报告的市区作文化考察，对其作出文化定位，提出开发建议，有的还有新发现，此外还举办或参加了一些论坛。

较突出的是发现是三个“第一港”，即：一是2014年8月，在梅县松口镇发现联合国教科文组织竖立的“印度洋之路移民广场”纪念碑，从而为其定位客家人出印度洋之路“第一港”；二是2015年3月，在广州市荔湾区发现“西来初地”及相连禅学文化遗存，为其定位海上禅学之路“第一港”。以上两项发现写成的调研报告，均受到省委常委、常务副省长徐少华同志的重视和批示。三是2015年5月，在台山市广海湾发现广府华人华侨“第一港”，媒体报道后，引起强烈反响。

2014年夏天，先后在省文化厅、地税局的报告中，以广东十大文化星座的确定和介绍，提出文化打造要做“三个一”（第一、唯一、之一）的雄心和战略；2014年8月，在梅州市的报告中，提出要以客侨文化和印度洋之路挂上两洋战略和“一带一路”；2014年12月18日，在广西梧州参加“纪念牟子诞辰千年暨梧州作为岭南古代佛城研讨会”，发表《论牟子精神并创议两广共建“珠江一西江佛禅民俗文化带”》的主旨发言，当日下午在梧州学院作《丝绸之路与梧州文化》专题报告。2014年12月22日，在东莞莞香文化论坛作主旨发言：《莞香的文化意义及其开发前景》。

2015年4月，在交通部珠江航运管理局报告中，提出珠江舱航运要对接一带一路；2015年3月，在广州市荔湾区的报告中，提出要将西来初地、十三行历史文化重新为21世纪海上丝绸之路服务；2015年6月，在江门市的报告中，提出华人华侨之路就是海上丝绸之路，是华人主动开拓世界之路，要打“侨乡世界，世界侨乡”和“广侨文化”牌；2015年6月，在广西贺州市的报告中，为该市定位“千年文化古邑，海陆丝丝路通衢”；同

月，在广西贺州市八步区报告中，为该区定位“千年桂东重镇，海陆丝路商埠”。

2014年冬，应《中国水利报》邀请，在全园“江河文化的传承与创新”研讨会发表的主旨演讲：《人类文明之道——从珠江文化与泛珠三角谈江河文化的传承与创新》，提出当今正是人类从数千年江河“摇篮文明”时代，迈向“航空母舰”海洋时代；2014年12月底，在广西梧州牟子文化论坛上，提出《关于两广共建“佛禅民俗文化带”的建议》；2015年春，在广西贺州的“一带一路”论坛中，提出潇贺古道是“海陆丝绸之路最早对接通道”；2015年夏，在广西贺州贺街论坛中，提出贺街古城是“观古寻根之都”。

2014年底，与广州市地税局合作，完成了2015年中国印花税票《岭南钩沉》九幅票面系列的设计项目。

2015年6月23日

# 八、后记篇

# 希望重视和开展创作方法的研究

——《创作方法史》后记

编写这部《创作方法史》，主要是为从事文艺工作和爱好文艺的人们，介绍关于文学艺术创作方法的发展情形和各种创作方法的特征，同时，也试图在创作方法的研究上作一些新的尝试，或者是为开展创作方法的研究做一些铺垫工作。这就是说，既着眼于介绍性、普及性，又注意于探讨性、研究性；所着重介绍的问题，也即是试图探讨的课题。这些课题，主要是：

一、自古至今的创作方法，是否有其本身的发展脉络？现在许多人都知道，自古至今有种种名称的创作方法，诸如浪漫主义、现实主义、古典主义、自然主义、批判现实主义、现代主义、社会主义现实主义，以及我国现在提倡的革命现实主义和革命浪漫主义，等等。这些创作方法在历史上先后出现；有的出现了之后在一段时间消失，但在不同的时候又再次或反复出现；有的自出现之后，一直不停地流传着；有的似乎很短命，像流星一样，一闪就消逝了。在这些先后出现的创作方法之间，后者往往是出于对前者的反拨（即作为一种对立面反对而有所发展之意）出现的。好像与前者是根本对立的。这种时隐时现和前后反拨或彼此对立的状况，是什么原因呢？除了社会发展原因之外，在这些创作方法之间是否有着一种本身的发展关系呢？这就是说，是否存在着创作方法本身的发展脉络，或者说存在着创作方法本身的发展历史呢？这个问题是有现实意义的。它关系到文学艺术的发展是否有其本身的规律问题，也就关系到文艺有没有独特的本身的规律问题。如果认识到或承认文艺本身有其独特规律，也就理当承认和认识到创作方法有其本身的发展规律和自己的历史，因为创作方法是创造艺术形象所运用的方法。如果认识到和充分肯定这一点，那么就会引起对创作方法的运用、创造和研究的重视，就会比较注意研究历来所出现的创作方法的得失利弊，从而采取广收众长的态度，谋求以新的创作方法创造出高水平、高质量的作品来。这些发展情形，在现有的各种文学史、艺术史、美学史或有关的文章、资料汇编中，是时有谈到的，但是比较分散。这里面，有着因命题范围所限的原因，也有似乎不很注意（或不承认）创作方法有其本身发展脉络和历史（或规律）的原因。所以，我试图将自古至今创作方法的发展情形，梳理出一个线索来，一方面是使读者免去东奔西忙地找介绍材料的麻烦；另一方面也是尝试一下，是否可以将此作为一个领域或命题去进行探讨、研究，以有利于当今文艺创作和理论批评的发展。

二、创作方法的实际意义是什吗？所谓“实际意义”，有两层意思：一是指创作方法这个名称和概念本身，包含着什么实际的含义，也就是说什么是创作方法？二是指创作方法在创作实践中有着什么样的作用？学习和研究创作方法对于我们进行文艺创作有怎样的意义？这两层意思（也即是这两个方面的问题）之所以成为问题，主要是在于现在的创作方法概念比较混乱、含糊，当今有关创作方法的理论也比较抽象和脱离实际。有的同志发表文章，说创作方法这个概念是“不科学、不实际”的；还有的同志认为种种被称为创作方法的“主义”（诸如现实主义、浪漫主义等等），是文艺理论家概括出来的，作家们在进行创作的时候，只是根据自己的习惯和经验去写作，是不会想到用什么创作方法去写作的。此外，好些书籍中关于现实主义、浪漫主义之类创作方法概念的解释，常常使人摸不着边际；好些关于提倡某种创作方法和认为某种主义“最好”的文章，也常常说某种“主义”是创作方向、创作道路、创作路线等等，有些分析某个作品或某个作家是某种“主义者”，或是某种创作方法的产物，但滔滔万字也未讲出究竟所言的创作方法的特征是什吗？这种状况，怎能不使人怀疑创作方法的存在及其作用呢？本书试图以每种创作方法的代表作家和理论家，在运用和创作某种创作方法方面的体会和论述，以代表作家的代表作品的创作实际和艺术形象的特征，并且特别着重在创造艺术形象所采用的途径、方法、手段上的特点，而去将每种创作方法的特征加以说明，从实际出发去介绍创作方法的存在、特征及其作用。当我们这样做的时候，我们也就更进一步地证实和清楚地看到：创作方法不仅是早已存在着、发展着，而且对于每一个作家和每一个作品的创作都有决定性的指导作用；同时我们也就更清楚地认识到，创作方法不是别的，也不是漫无边际、捉摸不定的东西，而是实实在在的、每个作家都在运用的。这就是说，任何文艺作品，都是以一定的创作方法创作出来的。因此，对创作方法的学习和研究，对于从事文艺工作（尤其是从事文艺创作）不仅是十分重要的，而且是非掌握不可的。我们从历来创作方法的理论与实践认识到这一点，也力求以历史的实践，去说明创作方法本身所具有的实际意义和掌握它的实际意义，以求对读者的实践有所帮助；同时也是以此尝试一下，是否可以为创作方法的概念和理论搞得更科学、更实际一些，为改变创作方法理论长期存在的混乱和脱离实际的状况，作出一点努力。

三、如何区别和正确对待各种创作方法？这问题是较多读者关心和感兴趣的，也是当前文艺创作和理论批评上比较突出的问题。我们试图向读者介绍，并在理论和实践上探讨两个区别：一是各种创作方法之间的区别，二是创作方法与文艺思潮、倾向的区别。长期以来创作方法的概念和理论混乱，与未能注意和搞清楚这两个区别密切相关。历来各种创作方法之间，的确有着在某个方面有明显不同，而在另一方面有相通之处的情形；在同样运用某种创作方法的作家中，又往往是各有特点的；同时，有的作家也难以明确说清楚所用的究竟是什么方法。这正是创作方法在实践上千姿百态的反映。这种千姿百态，是不能用简单的理论说明的。正确弄清过去的千姿百态，才能促进今后出现更新更高的千姿百态。创作方法问题之所以比较尖锐复杂，主要是由于它与文艺思潮、倾向密切关联，两者是既密切相关而又有着区别的两个概念。历史上每一种创作方法，大都是某种文艺思潮、倾向的产物，是在一定文艺和社会思想（包括哲学、美学）的基础上产生的。当它作为体现某种文艺或社会思想和以这种思想去把握现实、创造艺术形象的方式而形成之后，它也就成为有相对独立性的方法了，就具有在艺术形象创造法则的发展上的前进或倒退的意义了。例如，浪漫主义是作为一种文艺和社会思潮而产生出来的。但它自形成一种创作方法后，也就是有相对的独立性，可以为其他文艺和社会思想的人所借鉴和运用。这种情形，说明创作方法与文艺思潮、倾向是有密切关联而又有区别的。由于过去未能注意或不承认这个事实，未能将这两个概念分别来看，造成了种种不能正确对待创作方法问题的现象。这些现象，主要是两种：一是忽视与一定创作方法相联系的文艺或社会思想的反动性、落后性、局限性，对其采取一概肯定或一概照搬的态度；另一种是只看到其思想上的反动性、落后性，而采取一概否定和排斥的做法。当前在对待西方现代主义的问题上，就有这两种现象。因此，从历史和实际的事实出发，向读者介绍和进行研究各种创作方法之间，创作方法与文艺思潮、倾向之间的联系和区别，对于正确对待创作方法问题是有现实意义的。出于这样的目的，本书对每种创作方法的介绍和探讨，注意其产生的社会条件，其思想和美学基础，其代表的文艺思潮和代表的理论，并且比较注重以其代表性的创作实例去介绍和探讨其在创造艺术形象上的特征，力求以马克思主义的观点进行分析，力求对解决现实问题有所帮助，力求为我国的创作方法的理论与实践的发展有所补益。

四、对于我国提倡的革命现实主义和革命浪漫主义，本书采取按年代介绍的方法，将从“五四”到1979年第四届全国文代会的六十年来，每个年代的有关代表理论和代表实践作出介绍，比较详细地摘录了有关的理论观点，并结合对一些代表作家或作品的分析，去加以说明，以求使读者比较清楚地看到每个年代的情形，看到这方面的理论和实践不断发展变化的脉络，以及在每个年代中发展变化之所在。本书较着重摘录有关的理论观点，这是因为我国的文艺发展情况，一般人较了解，不必作太多介绍；而这些理论观点是较有意义和影响的，但其确切的说法，似乎较少人去认真注意，又比较分散难找，同时也尚未有人将这方面的材料加以系统整理，尚未将这方面的理论与实践的发展情形理出一条脉络，对于革命现实主义和革命浪漫主义以及这两者的“两结合”，作为创作方法意义上的特征，也不很明确而又说法不一。要进行及完成这样的工作和改变这种状况，不是轻而易举的事。所以，本书这样做，只能说是为此作些铺垫工作，对于读者、创作者、研究者也许会有好处的。此外，作为一部《创作方法史》，理当将我国古代文学中创作方法的发展情形进行介绍和研究。这方面的材料是极其丰富的，这个命题也是很有意义的。也正因为如此，这是不能在短期内所能完成的事，个人的能力也有限的，只好留待日后或他人来完成了。相信本书出版之后，如果能够达到希望引起重视和开展创作方法研究之初衷，这个命题的进行和完成，是指日可待的。

本书的编写和出版，得到了花山文艺出版社、特别是李屏锦同志的支持、指导和帮助，得到一些文艺界前辈和我的一些朋友、学生的支持和帮助。没有他们的支持帮助，是不能进行和完成这项工作的。如果这本书对读者和文艺工作有所补益，首先应该感谢他们。这是集体劳动的产物。同时，本书又是参考和根据大量有关资料编写而成，借用和吸收了它们的研究成果；因引用材料较多，难以一一列出致意。在此，特向这些材料的作者、编者、出版者和资料工作者，致以深切的歉意和谢意。蒙著名作家姚雪垠教授为本书题签，谨致谢忱。这件工作，完全是一种尝试，是引玉之砖，肯定是有许多不当之处的，衷心期望得到读者的批评指正。

1984年4月于广州中山大学

# 创作方法是一个科学的、实际的命题

——《创作方法论》后记

近几年来，有的朋友看到我先后发表了些关于创作方法问题的文章，从中推测我是有计划地进行创作方法问题的研究，好心地问：你这是为什么呢？我一时找不到合适的话回答。正在踌躇之际，1983年10月号的《文艺报》，发表了贺敬之同志的文章《当前文艺思想的几个问题》，其中谈到，“在创作方法问题上，过去的解释比较狭窄，有不少不够全面和不够清楚的地方，也有认真研究的必要”。这几句话，将我多年想不清楚的问题讲清楚了，也将我为了什么和根据什么去研究创作方法问题说明白了。

如果说，我另外出版的《创作方法史》，是试图从世界和我国创作方法发展的情形，来探讨和解释那些“过去的解释比较狭窄”“不够全面和不够清楚”的问题，那么，这本《创作方法论》则是在这个基础上，或者说以此为据，去探讨和解释这些问题。这也许可以用得上“观今宜鉴古，无古不成今”这句话吧。现实是历史的继续或重复（重复即列宁所说的螺旋式。这是说与过去相似又不完全相同，意味着所有的发展）。另一方面，现实中产生的种种问题，常常是由于缺乏历史发展的知识，或者是对历史的发展了解片面。所以，我试图从历史的发展来看现实问题，同时也是从现实问题去看历史，以今看史，以史论今，史今结合。因而，希望读者将我这两本东西作为一本来读，将两者互作印证，互相补充。将两个半边明月加起来，恐怕是可以成为一轮明月的。

作为这本“论”的主体，是开头十个专题的文字。这十个专题，既是创作方法理论的基本问题，又是我所感到的过去和现在对创作方法解释得比较狭窄和不够全面的、不够清楚的问题，也是产生这些问题的症结。世界上每种事物都是因其有独特性，才能成其为一种事物的；人们赋予每种事物的称谓和概念，也自然有其特定的内涵；世界上每种事物总是与其他许多事物有着密切关系；每种事物的独特性，又总是在它与其他事物的对立统一关系中显示出来的。我对创作方法的探讨，也基于这样的观点，将它作为一种具有独特性的事物去认识和探讨，着力于找出其独特性；从它与其他事物的对立统一关系中找其独特性，以求对这个事物和它的概念作出比较科学的、实际的解释；力求以历史和现实的事实为依据，着眼于既可说明历史现象，又可以解决现实的实际问题。这样做，也许有助于创作方法这个被搞成道貌岸然、人们望而生畏的概念，恢复其本有的亲切和实在的面目；也许有助于使这个被一些人怀疑和否定其存在的事物及其概念，复苏其本有的生命。

本书中《鲁迅的创作方法理论与实践》《对当今创作方法实践的探讨》中的篇章，是我近几年来所写的关于创作方法问题的论文。这些论文，都是针对写作时所面对的实际问题写的。所以在每篇文末都注明写作时间。可以说，这些论文是我这几年探讨创作方法问题的一个个脚印，也可以说是几年来管窥我国创作方法发展情形的一个个小窗口。这些论文，是整本《创作方法论》的有机组成部分。因为这些篇章，既是前面十个专题的观点，在理论上和实践上的主要依据，又是对这些专题的观点的实际运用，或者是对某些观点的发挥，还提出一些新的观点。我是试图比较全面、比较实际地说明我国的创作方法问题，特别是从当今创作实践中的问题出发，而有计划地撰写这些论文的。从现实的实践出发研究问题，扫除现实发展的障碍，说明和支持新的实践，推动现实的发展，是毛泽东同志强调的理论联系实际的传统学风，是邓小平同志在新时期以来多次强调，并在党的十二届二中全会上郑重向理论界提出要特别注意的问题。我是力求以此为指导思想研究创作方法问题和撰写这些论文的。关于鲁迅的创作方法理论与实践的学习和探讨，是抱着从现实的问题去向这位中国新文学的鼻祖和榜样请教答案。几篇对当今创作方法实践进行探讨的篇章，则是出于为了说明现实，推动现实发展的目的。新的实践，新的发展，对于任何人都是陌生的，对陌生事物的认识和说明，能够百分之百的准确，当然是好事情，也应该力求这样去做和达到这个要求。但是，主观与客观是有距离的，主观认识难免会有所偏误，只有事后诸葛亮或者什么也不去想、不去做的人才能不出什么偏误。出于力求正确认识客观和推动现实发展目的去做的人，也是会本着这样的目的而改正自己的偏误的。我力求以此自勉，也本着这样的态度去对待今后在对现实的探讨上还可能会出现的种种偏误。我觉得这样的态度才是科学的、实际的。

在本书的写作中，尤其是在探讨当今创作方法实践的几篇论文中，我比较注意以具体的作家和作品为例，或者是从一个时期的一批作品出发，去探讨说明一些创作方法的特征和新的发展；对这些特征和发展的分析，又比较着重于从创造艺术形象的方式、方法和技巧运用上的分析。这样做，是试图将创作方法理论，从理论家的文章中解放出来。从具体的创作实践，特别是在形象创造和艺术技巧运用的实际出发，去探讨和说明创作方法的理论，希求有助于创作方法恢复它作为创作方法的真正含义，将它在作家们的创作实践中所起到的作用（包括积极的和消极的作用）揭示出来。这样做，想来对于所论及的作家和其他作家的创作实践，可能会有些许帮助；一般读者和初学写作者，也可能会从中得到阅读文艺作品和学习写作的一些启迪。科学的东西，总是有实际意义的；能说明实践、付之实践，对实践能起真正作用的理论，才是科学的。

总之，我写这本东西，是为了说明创作方法是一个科学的、实际的命题；并以此作为引玉之砖。祈望人们也能够以同样的态度对待和进行创作方法的探讨和研究，同心同德，群策群力，将我国科学的、实际的创作方法理论真正确立和不断发展。

谨向为本书的编写和出版费了许多心血的李屏锦同志，致以深切的谢意。著名画家王立、杨之光分别为本书设计封面和题署书名，学术前辈杨樾同志为本书赐序，谨致谢忱。

1984年6月11日于广州流花湖畔

附记：花山文艺出版社本定于1986年同时出版拙著《创作方法史》和《创作方法论》，前者已如期出版，后者由于经济原因推延至今问世，谨向为本书的出版作出实际和精神支持的朋友们，尤其是刘祝庆、邓良、黄永东和刘哲等同志，致以深切的谢忱。

1988年11月9日再记

# 说“辨”及言文艺批评观

——《新时期文艺论辨》自序

到现在为止，我算是写出了几部书。实在地说，在这些书中，我写的时间最长、用的工夫最多、自己也比较满意的，是这部《新时期文艺论辨》。这是从1977年到最近的论文选集，是从这10年时间发表的约80万字的文章中精选出来的，以小说评论文章居多。

这样说，当然不意味着我写其他书用的时间和工夫不多。其实，这部论文集子与我的其他论著的写作，是密切关联、互为因果的。这些年来，我始终坚持一条原则：既要从不断变化的社会现实和文艺实际出发，经常写些有助于现实和文艺发展的评论文章，又要进行定向的系统的理论问题研究；理论的研究要为现实服务，在进行经常性的文艺评论中并行探讨现实需要回答的理论问题，或对新的文艺现象进行概括。这就是说，力求理论与实际相结合，经常性的评论与系统的理论研究相结合。我写的《艺术辩证法》，是鉴于极左文艺理论长期否定文艺规律而进行的系统理论研究；同时以研究的成果去分析新的创作实际，又反过来推动理论的系统探讨。《创作方法史》和《创作方法论》两部专著，是我在对新时期文艺实践的分析研究中写出来的，并以研究所得去分析评论了好些新的创作；《欧阳山创作论》和《欧阳山评传》两部专著的写作，既是对有影响的作家的专题研究，又是对艺术辩证法、创作方法等理论的具体运用。

前些时候，好些青年评论家纷纷发表了谈自己文学批评观的文章。我很羡慕他们生得逢时。出生在一个可以提倡个人批评观的年代。我已年过半百，不沾“青”边又靠不上“老”，是“中不溜儿的芸芸众生”。虽然搞文艺理论批评算是近三十年，顶多算“半个评论家”。因为我的水平低，而且从来都是搞业余创作，过去在当编辑之余写点应景文字，近十年是为教学和研究需要而写点东西。年轻的时候，我曾经极其羡慕别林斯基、杜勃罗留波夫，因为他们不到“而立”之年就确立了自己的理论批评观和理论体系，而自己在那种年纪时对此是不敢也不能想的，只能随“风”而动，按“框”填文。我并不认为当一个人尚未成熟之时就自称有文学观是好事，因为思想是随经历和学识的增长而发展的。但我赞成文艺批评自主意识，这才有独特的发现。但这又不是纯主观的，必须是从客观实际出发，符合客观实际的。因为文艺批评毕竟是科学，不是随心所欲的文艺欣赏。聊为可慰的是我在“不惑”之年后终于认识到这个道理。这是从自己的历史教训中总结出来的，正好赶上当今这个可以有个人批评观的年代，这部论文集正留下了我探求的足迹。如果有人问我的批评观如何，我的回答就是这论文集的题目所示的“辨”字。新时期以来我始终是在做这个字的文章。大致上说，我是从下列几个方面做“辨”的文章的：

一是对文艺思想和文艺理论的探究。一方面是分辨极左思想和理论与正确思想和理论，以肃清“左”的余毒，正本清源；另一方面是从新的文艺问题和新的创作实践中，概括出新的思想和理论，以促进文艺思想和理论的活跃和发展。总的来说，开始阶段偏重做前一方面的工作，近年精力多用在后一方面。本书第二部分中关于人物形象和关于悲剧等问题的几篇文章，是前一阶段实践的产物；关于创作方法、关于外国学者的评论、关于新闻与文学交叉点等的问题的探讨，则是后一阶段探求的迹印。

二是对于文艺总体走向的把握。我主要是通过小说的发展进行这种把握，因为我觉得小说在我国文艺的发展中起着牵头和主干的作用，所以我写小说评论居多。本论文集也以小说评论为主体。《新时期以来中国小说艺术的发展》一文，是我下“辨”的工夫最多的。“辨”的出发点有二：一是新时期小说与过去（主要是新中国成立以后）小说创作的比较；二是对新时期小说创作实践的新特点进行理论概括，看它对原来的小说理论和文艺理论有哪些新的突破；着重从艺术上去“辨”，也可以说是试图改变历来文艺批评模式的一种努力。

三是对作家或作品的评论。这些文章大都是短小的，表面上看用的工夫不多，其实“辨”的层次更为丰富。对作品得失的论述，力求以“由此及彼”的做法，去“辨”透一个或多重相关的现实文艺问题。这样做，不仅是为了使文艺批评与“高级广告”区别开来，更主要的是使批评对作者和读者有益处，有助于创作与理论、批评与理论的互长与结合。这也是文艺批评多样化所作的一点尝试。

第三部分的文章是老作家作品读后记或老作家访问记。这些老作家都是我尊敬的师辈。选入集子的几篇文章发表时也较有影响。有的牵涉重大事件，如周立波的《韶山的节日》，被“四人帮”一伙作为重要“罪证”，宣判《羊城晚报》和陶铸同志“死刑”并对老作家施行迫害；秦兆阳是江青宣判为“黑八论”之一的“现实主义广阔道路论”的提出者，粉碎“四人帮”后他的状况是人们关心的；关于萧殷、秦牧、黄秋耘作品的文章，是鉴于这些作品影响较大，涉及的文艺创作问题也给读者以启迪。这些文字，同样是从文艺史实和文艺理论上做“辨”的工作。《我走过的文学道路》是谈自己“辨”的文艺观的形成过程，对于关心本书写作的读者，兴许会有些少用处，也有为使读者更切中地教正于我而提供根据之意，所以一并收录。

总之，本书的篇什记录了我力求为促进现实文艺发展而作的“辨”的工作。作家程贤章、评论家黄树森和我的患难之交刘祝庆、邓良、黄永东同志，以及本书的责任编辑王家声同志，还有我的妻子和儿女，为本书的写作和出版作出了大力的实际支持；中山大学出版社不嫌本书学术味欠浓，特予出版；这一切想来都是出于鼓励文艺理论批评为现实的文艺创作实践和发展努力之意，对此我衷心感激并力求今后把工作做得更多更好。

1987年11月10日于广州流花湖畔

# 四十年不解之缘

——《欧阳山创作论》后记

对于欧阳山和他的创作研究，开始我是出于一种喜新好奇的热情，后来则是出于“不平则鸣”的呼喊；前者可说是自发行动，后者则是“逼”出来的所为。这个过程，造成了我与欧阳老之间，似乎结下了一种不解之缘，迄今竟达40年之久。

远在1948年冬天，我还是个13岁的刚上初中一年级的学生，跟随哥姐们爱上了文学，读的多是“五四”以后的新小说，鲁迅、茅盾、巴金等作家是我们家中的热门话题。一天晚上，当时已参加党的地下工作的哥哥拉我到房间，将两三本用旧报纸包着封面的书，神秘地从书包里拿出来，要我偷偷看，不能告诉任何人。我紧张地打开书的扉页，才看清楚是解放区出版的“人民文艺丛书”，其中有一本是欧阳山的长篇小说《高干大》。刚看开头，我便被书中的故事吸引住了。高生亮这位新型的朴实农民和小说中所写的新生活，是我在过去所读的小说中从未见过的，洋溢着清新的气息，令人神往，使我在旧社会的黑暗中看到了即将到来的光明究竟是什么样儿，也模糊感到这种新文艺不同于“五四”时期的新文艺。我这些朦胧的对革命和新文学的认识，是从欧阳山等作家的创作开始的。

50年代我在中山大学中文系读书，从《中国现代文学史》的课程中，懂得了欧阳山在我国新文学发展上的地位，并且知道这位作家就在广州工作，便有意识地找他过去和新写的作品来看。他20年代用罗西笔名写的《玫瑰残了》、《爱之奔流》，40年代的《战果》，以及那时刚问世的《前途似锦》，与当时正在热烈讨论的系列小说《慧眼》，都读了。这些作品，使我对这位仰慕已久而未曾谋面的作家有一种独特的印象，也同时产生如果将来从事文学研究工作的话，要好好地研究一下这位作家的想法。1959年9月，我被分配到《羊城晚报•花地》文艺副刊工作。在这时候，欧阳山的《三家巷》，分别在《花地》和《作品》上连载，并在10月初出了单行本。我和同时被分配到《作品》编辑部的黄树森同学，很快看了这部小说，都有为这小说写评论的热情，于是我们用几天时间赶出了文章，记得还是约定在西堤的邮局大厅见面讨论定稿，在《羊城晚报》发表（即现在收入这本书的《动人心魄的史诗》、《泥香喷喷的鲜花》两文）。这是最早评论这小说的文章，也是我们在大学毕业后发表的第一篇文章。在我来说，写这评论有着对欧阳山作品向往的原因，万没想到因此而使我对欧阳山的创作结下了不解之缘。

1961年《苦斗》问世时，我患了肾结石，尚在病中。一天，当时在《作品》理论组工作的黄培亮同志来找我，说应该为这广东创作的新收获写点评论。当时我在《羊城晚报》也分管理论批评工作，感到义不容辞，于是便与培亮同志合作写了评论（即现在收入本书的《〈苦斗〉的艺术特色》）。这篇评论又使我与欧阳山创作的不解之缘增进了一步。

1961年秋，《羊城晚报》文艺评论版从广东作协转由我们副刊部主编，分工我任责任编辑。主编杨家文同志要求革新版面，办个面向文艺爱好者的“文艺信箱”专栏，请老作家传授创作经验。我们首先想到请欧阳山同志为这栏目写开栏之作。我当时还是个小青年，从未见过大作家，要我去组稿实在胆怯，硬着头皮去了。我手颤颤地敲了房门，门开所见的这位著名作家，原来是位慈祥的长者。我不知怎么地很快就消除了局促，熟络起来。也许是我的腼腆所现出的幼稚打动了欧阳山同志吧，他很爽脆地答应了约稿（这就是1961年发表的《懂事•知人•善于假设》）。我初次领受了组稿成功的欢欣。因为那时我听说，欧阳老由于集中精力进行《一代风流》创作，辞去了一切行政工作，也谢绝了一切约稿。

1962年中秋节前后，报社有几件事情需要召开报社的顾问会。这顾问会由欧阳山、周钢鸣、萧殷、陈残云、秦牧等著名作家组成。这个会常是由中南局宣传部长王匡、报社总编辑杨奇主持的。当时这顾问会成员也是《花地》首届文学创作的评奖委员会的委员。经过我们初选，需要评奖委员会开会决定下来。此外，当时全国正在讨论散文创作。杨家文同志认为这些顾问又都是散文家，何不一会几题，也谈谈散文，多请几位散文家与会，于是增请了杨石、林遐、紫风等同志。我是作为工作人员参加会议的。会议在流花湖公园新开的渔林饭店举行。当欧阳山知道广州市园林局认为“渔林”之名不理想，公开征集新名的时候，便提议到会作家各草拟一个名字，不记名写出交我，由我一个个宣读，大家讲评。最后评出“数红阁”之名为好。原来这是欧阳山提出的。他解释说，这名字有几方面的用意，一是与毛泽东的词“数风流人物，还看今朝”之意暗合，二是与流花湖公园的红花朵朵之美景较切，三是可与越秀公园的“听雨轩”饭店之名对应。后来广州市副市长林西采纳了这个名字，并请周钢鸣同志题了匾。这个会评出了首届《花地》文学奖的获奖作品，包括陈国凯、杨干华、程贤章、谭日超等青年作家的作品。值得一提的是在当时陈国凯受到某种非议的情况下，评奖委员会果断地决定给他的短篇小说《部长下棋》评为一等奖。这是全国首次文学作品评奖，后来《文艺报》作了报道，在全国影响甚大。这些工作完成之后，是谈散文创作，每个作家都作了发言，经过整理，《文艺评论》发表了《海阔天空说散文》专版。

欧阳山在会上发言的题目是《应当有浪漫主义精神》。他这发言是从有的同志对《三家巷》写区桃是“美人儿”和写周炳是美男子的意见而发的。他认为历来都是将工农群众写得破破烂烂、肮肮脏脏，似乎成了定规，要改变这种审美偏见，应当而可以将工农兵写得很美，这也是一种浪漫主义精神。在会上他还提出必须提倡题材多样化。他说他刚给《人民文学》杂志寄去短篇小说《天下奇人》（发表时改名为《乡下奇人》），又将刚写出的《骄傲的姑娘》当面交给巴金。这样做是看看《人民文学》《上海文学》敢不敢发表，就是要试试是否可以题材多样化。这段发言始终未公布出来。后来这两篇小说，还有《在软席卧车里》《金牛和笑女》连续发表了。我写了一篇评论这些短篇小说的评论（即收入本书的《题材•讽刺•风趣》）。这样，我与欧阳山的不解之缘又深入了一步。

1964年和1965年，“左”倾思潮步步升级。本来文艺界对《三家巷》、《苦斗》和欧阳山几个短篇小说的评价，从问世之初就有分歧，这时更是将分歧加大砝码，上纲上线。在这样的政治背景下，《羊城晚报》转载了《文学评论》上发表的一篇否定《三家巷》《苦斗》的文章，并以“学术讨论”之名，开展了批判。有关部门当时还专门印出包括欧阳山几个短篇小说和我的评论文章在内的“毒草”资料，供组织批判之用。这样，我上述几篇评论欧阳山作品的文章自然也属“清毒”之列。由于我毕竟是小人物，批与不批无伤大雅，故不点名。我是《文艺评论》版的责任编辑，又没有什么理由将我撤换（当然有我的领导保护的原因），便将我作为“百家争鸣”的“对立面”的角色，“戴罪”去参加批判组稿工作。这场“大批判”实际是“文化大革命”的前奏曲，“史无前例”的浩劫一来，“顺理成章”地将欧阳山打成广东文艺界头号“反党反社会主义分子”、“走资派”。我也因为写了几篇文章，被大字报点名。毕竟我没有什么名气，又挂不上半点“官”边，不够格进“牛栏”，便封我个“黑秀才”的称号了事。

我身不由己地被绑在欧阳山的“贼船”上，实在是“抬举”了我。自己是个无足轻重的小人物，写出的几篇东西也没什么分量（虽然在发表时有好些读者和前辈赞赏，不过是出于鼓励后辈青年之心意），更说不上对欧阳山有什么研究。但这样的“火烧”却反而逼出我的“硬气”。在五七干校养猪的时候，反复对有关欧阳山的往事进行思索。记得他过去是住在他夫人虞迅同志所在的单位宿舍里，小小的两房一厅。他当时还是挂着几个部长级的衔头，住这样的宿舍算什么“走资派”？1963年他住到德泥路（今东风西路），与我所住的报社宿舍是对屋。我常在午饭的时候，从窗口看到他出来，手提饭盒到街上买饭。看着他那孤单的身影，时时使我沉思良久，所得甚多：他有官不做，有福不享，而是埋头创作，过着这种“寂寞梧桐深院锁清秋”的生活，是为了“复辟资本主义”？我开始领悟到在欧阳山作品中未看到的那种为文艺事业的献身精神，也更深地认识到社会上和文艺界的不合理现象，产生了“不平则鸣”的愤懑之情，狠心“将错就错”，打算有朝一日就干脆研究欧阳山。1972年夏天，当我在韶关回广州探亲的时候，特地到欧阳山的住处去探望。他当时被置于一个大约只有8平方面积的小房子里。时值傍晚，正是全市烧烟熏蚊子的时候。他当时还未被“解放”，不知是烟熏的缘故还是内心的酸楚，我的眼角湿了，但他却拿着把葵扇，谈笑自若。在这样的处境，受这么多的冤屈，仍能如此，使我不自觉地获得了一种力量。

1975年春，我从韶关调回广州，在《广东文艺》编辑部工作。编辑部属广东省文艺创作室。创作室是容纳一批已经“解放”而又不能分配工作的著名作家的单位，被人们戏称为“收容所”。欧阳山也被安置于此。我只是每周学习时才见到他。谁心里都明白，见面是不能谈遭难之事的。所以每次见面只是点点头，寒暄两句而已。粉碎“四人帮”后，1977年冬，文艺组织恢复活动，欧阳老仍任广东省文联和作家协会主席。《广东文艺》改为原来的刊名《作品》，我也随之到了这刊物编辑部理论组，并分管广东作协理论批评委员会的工作。有一天，主编萧殷同志和黄宁婴同志（这两位尊敬的师辈今已作古，我以无限的深情怀念他们），嘱我整理欧阳老的讲话，我才第一次到他新搬的屋子去。这次见面，他才第一次对我说：“这些年我一直挂念着我受批判株连你。”这句话使我深受感动！“文革”中我是在报社，与作协是不同单位，欧阳老被斗的情况我不大清楚，我受罪的情形他又怎会知道呢？他所受的是大难，我受的不过是一点冲击；而且当时我与他交往不多，不过写几篇评他的作品的文章而已；他在受难中对我这微不足道的“泛泛之交”仍有念于心，可见他为人想的甚多，为自己是思之甚少的。这次敞开心扉的谈话，促使我接着写了为《乡下奇人》和《三家巷》、《苦斗》的平反文章（见本书收录），并作出了把在干校时下的研究欧阳山的决心付诸行动的计划。

我是带着这个计划和其他研究设想，于1979年到中山大学中文系工作的。主要是我感到写作与编辑工作在时间上有很大矛盾，认为在大学边研究边讲课可将这矛盾解决。经过多次陈述，欧阳老和萧殷同志才同意我的要求，再三叮嘱我搞研究切勿脱离现实实际。到中大后，我的老师吴宏聪教授即支持我原来的计划和设想，并将我的欧阳山研究计划列入他主持的“六五”社会科学规划重点项目之中，由我负责《欧阳山评传》的写作。为此，从那时到现在，我与欧阳老的接触比过去更多了，受到的教诲难以列举。值得一谈的是1985年的《一代风流》讨论会。由于我在1980年提出了一个理论观点引起争议（顺便在这里说一下，我这观点提出前和提出后，欧阳老都是不赞成的），随后又受到种种非难，使我一连几年处在“冰箱”中“冷藏”的处境。省文联和省作协这时却突然通知我参加这个讨论会，实是意外。到会后我才知道是由于欧阳老的提名。也就是因为参加了这个会，使我重新振作起来，动笔写了这本《欧阳山创作论》的主要篇章，即本书的《论〈一代风流〉的来龙去脉》。长篇论文《论欧阳山的创作道路》，则是我中山大学讲课用的教材。

在《欧阳山创作论》出版的时候，写下这些我与欧阳老从仰慕到交往的不解之缘，是为了使读者了解本书的若干背景，同时也有提供一些有关欧阳老和广东文艺界的史料之意。如果将本书作为一项研究成果，是分量甚轻、于心有愧的。尊敬的杜埃同志不嫌拙著浅薄，在百忙中拨冗赐序，勖勉后学之情溢于言表；花城出版社在隆重出版《欧阳山文集》的同时出版拙著，想来都是由于欧阳老这位在我国数十年新文学发展史上作出重大贡献的作家，是值得我们后辈认真学习研究之意，我不过是贡献一点学习心得而已。本书的出版得到我的朋友邓良、刘祝庆、黄永东等同志的大力支持，在此深表谢忱。

1988年9月16日于广州流花湖畔

# 十年寒窗吾自问

——《欧阳山评传》后记

在拙著《欧阳山创作论》后记的开头，我曾写道：“对于欧阳山和他的创作的研究，开始是出于喜新好奇的热情，后来则是出于‘不平则鸣’的呼喊”。这是从1959年开始，到20世纪70年代末，我所写的一系列有关欧阳山创作的评论，以及由此引起的数十年的坎坷曲折的过程而言的。也许正因为如此，在十年前，也即是1979年，使我意外地领受了撰写《欧阳山评传》的任务，而这任务又拖延至现在才完成，这是怎么回事呢？

1979年初，我刚从中国作家协会广东分会调至中山大学中文系工作。一天，我突然收到花山文艺出版社李屏锦同志的来信，说他正在主编一套《中国现代作家评传丛书》，约我撰写其中选题之一《欧阳山评传》。我即向当时中山大学中文系主任吴宏聪教授作了汇报，他很支持，便将这选题列入他主持的广东省社会科学“六五”规划的重点项目之一《华南重要作家研究》之中。从此这选题便作为我的科研任务而必须完成的了。

谁知领受任务后，遇到了一个又一个的实际困难，使我迟迟不能动笔，只能断断续续地做些准备工作。首先碰到的问题是，作为欧阳山最主要的代表作《一代风流》尚未完成，当时刚开始重写第三卷，写他的评传是必须待这大型作品完成之后。为了抓紧时间，当时我还是打算先写新中国成立前部分。没想到进行起来碰到的困难更大：欧阳山过去的作品数量很大，发表的报刊又多又广，他过去的作品集子也是种类多，旧社会出版书籍都是印数少，要找到十分困难，找齐更难；“文革”也造成了各地图书馆和资料室的破坏，本来过去我在中山大学图书馆借读过的书刊也见不到了；更惨的是欧阳老本来保存有他过去的作品，也在被抄家时弄得片纸无存。没有资料是不能进行研究的，我陷入了窘境。幸好这时省委给欧阳老配备了助手；欧阳老又趁他准备续写《一代风流》的空隙，派他的助手吴绍醒、谭方明两同志到各地图书馆、资料室查找他过去的作品，为编《文集》做准备工作。这两位同志花了很大力气仍未找齐，接任的助手欧阳燕星、胡子明两同志再继续找，还有北京、上海等朋友的帮助，我自己也到北京、上海等地找到了一两个绝版本，经多方协助和长达数年的努力，才算基本找齐（20世纪30年代初欧阳山倡导“粤语文学”的代表作品《跛老鼠》等，至今仍未找到）。资料基本汇集以后，面临的实际困难是：数量大，欧阳山过去的作品实在多得惊人，在一千万字以上；他数十年文艺活动历程的有关资料更多，仅“文革”前后对他批判的文章也约有二百万字；要读完这多得像座小山的资料是很不易的，更何况旧报刊和书籍纸质差，印刷质量低，年长时久更看不清楚，复印的效果又差（有的版本还不许复印），无可奈何，只得硬着头皮，死读下去！

研究欧阳山虽是我的科研任务，但实际上不容许我只做这件事情，我还担负着中国当代文学的教学和科研任务（这是我的本职工作），而使我更费精力的是文艺界促使我投身简直没有间歇的文艺批评活动、文艺理论批评的写作与研究工作，实在是读不完的新作品和报刊、开不完的会、写不完的文章、研究不完的课题，即使每天二十小时工作也对付不了！自愧无力无才，而微微八十多斤之躯，又有多大能量呢！我还是死顶着尽力做了。十年寒窗生活，总算讲了几门课，写了些文章，出了几本书，虽不能说质量高，但自问是不偷懒好闲的。说这些是为什么呢？是坦率地讲出为何拖延十年之久才写出这《评传》的另一方面的原因。

1985年下半年，《一代风流》末卷出版。为参加欧阳老这主要代表作的学术讨论会提交学术论文，又为在大学讲课的需要，实际上也是为写这《评传》作理论准备，我用了从1985年到1987年初的部分时间和精力，写出了《欧阳山创作论》中的主要篇章，并完成这本专著。从1987年7月才正式开始写这部《评传》。本来以为由此可以顺利地进行的了，谁知受的干扰更多。好些干扰可以不管或以自己的努力克服，唯有文艺理论和研究著作出版困难实在使我心烦！不得不怀疑“爬格子”的价值和意义，造成每每动笔都陷入愁境之中，对于王国维所说的做学问“三境界”另有一番体会：真是“独上高楼望断天涯路”，“衣带渐宽终不悔”实则是无可奈何，“蓦然回首，那人却在灯火阑珊处”的兴奋往往一瞬即逝。这两年时间里，我大都是在这种心境下坚持写完这本《评传》的。

尽管这样，我还是本着做学问的良心和责任感，以实事求是的精神进行研究和写作，不敢马虎，力求立论确切，论证翔实，以“传”引“评”，以“评”带“传”；尽力从七十年中国新文学史的框架上去述评欧阳山六十五年文学道路，透过对欧阳山的创作管窥各个时期的整体文艺态势；从整体创作上看欧阳山的艺术经验，又以他的经验探讨数十年来反复出现、迄今仍在的带普遍性或尖锐性的文艺创作与理论批评问题。由于材料丰富，估计读者和今后有志研究者查找不易，故采取引述材料较多的做法，亦有力求论据充实和客观公正之意，所以篇幅较大，这也许可说是本书特点之一。还有就是记述了一些从未见诸报刊的材料。这得衷心感谢我曾奔波各地走访过的、曾与欧阳山在各个时期分别共事过的文艺前辈们：曾与欧阳山在20世纪30年代和20世纪40年代共同生活与战斗的著名作家草明，著名作家刘白羽、胡采、杜鹏程、王汶石、康濯、曾克、陈白尘、秦兆阳、黎辛、易巩等等；欧阳老的夫人虞迅同志和欧阳老的助手们，也给我许多实际的支持和帮助；欧阳老给我的指教、支持、帮助更是多得说不胜说，简而言之，没有他的教诲和支持，我就写不出这本书。

值得特别说说本书的责任编辑李屏锦同志。十年前他向我约稿的时候，我们并不相识，他是早从报刊上看过我评论欧阳山作品的文章知道我，并在征求欧阳老和黄秋耘同志意见后才向我约稿的。那时候，我正进行着《创作方法史》和《创作方法论》两部专著的写作，一时不能写这《评传》。他知道后即支持我先完成这两部专著，并尽力帮助出版。我是到石家庄看这两部专著清样的时候才拜识他的。可见从《评传》的约稿到两书的出版，我们都无任何“私交”，全是秉公办事。这在做什么事都要“关系”的年头，恐怕是不多的吧？我的两本专著是亏本的学术性东西，这本《评传》也是如此。花山文艺出版社这种宁亏本而支持学术著作出版的做法和精神，在当今出版界虽不乏其例，但也是甚少而值得称道的吧？本书的出版还得到陈国凯同志和中国作家协会广东分会的鼎力支持，也并此鸣谢。

在这《后记》里拉杂写下这些过程和感受，只是说明写出此书和出版此书之不易，抒发一下十年寒窗生活之心境。相信许多作家、评论家、研究家和大学教师，都有类似经历和感受，以己身而代人言，想来是可以的吧？我始终感到这本书是文艺前辈和许多朋友的精神结晶，我不过是用笔将这结晶化为文字而已。遗憾的是我水平低，心有余而力不足，错误或不当之处在所难免，祈望得到读者和专家们的教正。

1989年7月30日于广东清远飞霞洞

# 依然故我

——《文化与文学》跋

近几年来，我多以文化观照文学，或以文学观照文化，所以，这册以近年论作为主体的评论文章选集，取名为《文化与文学》。

其中相当一部分论文，是为参加一些国际性、全国性、全省性的学术研讨会或讲学的需要，而写的发言或报告。这也许会给人们造成印象：这不是些脱离实际的“高雅”文章吗？其实非也。笔者虽在高等学府任教，但对现实和实际，始终不敢一时有忘，仍如过去所言：两个“坚持”，即坚持文艺理论批评为现实服务，坚持文艺理论批评与实践结合。这类学术报告如此，其他较多的应约而写的论文和序跋，更是如此。所以，在做学问的原则和态度上，是依然故我的。

这集子还编入了过去发表的两个命题之作：一是多卷长篇小说“后不如前”现象问题，一是社会主义批判现实主义问题。前者于1987年提出后，曾被一些学者引申运用，也引起争议，1992年又再次引起争论。后者是1980年应“争鸣”提出的，曾被外国报刊称为“新学派代表”观点之一，带来了甚多甚久的麻烦。鉴于被某家《中国当代文学史》和《文艺年鉴》写入过于简略，为正历史全貌，特将两篇文章全文及有关争议资料编入。这些争议文章，也是我两个“坚持”之作。因为文艺理论批评要坚持为现实服务和与实践结合，就必须对带普遍性的问题和新的文艺创作现象，作出理论概括，并以新的观点或概念，去论析这些问题或现象，不能以“一本通书看到老”的理论模式去框套千变万化的现实文艺现象，更不应为某种所需而睁眼不见生机勃勃的创作实践。这种做学问的精神，也是依然故我的。

迄今我已写了几部理论专著，都是亏本的学术著作，难有机会再版。看来今后也难以再编论文集。本书编入我为前几部拙著所写的自序和后记，以及我回忆故乡的散文和为《世界华人文化名人传略》而写传记，是旨在给购不到前几部拙著的读者一点弥补，也可使这评论集起到“缩影”我的作用。读者诸君赐读这组篇什之后，可能会看出这些既是论文，又是散文，是带有浓厚感情的理论文学，又是有理论内核的抒情文章，原来理论批评工作者同样有一个丰富的感情世界；同时也会了解到历史曲折坎坷、饱尝苦辣酸甜的作者，无论为人或为文，是依然故我的。

从开始发表作品的1958年迄今，我已度过文学生涯的35个春秋，真可谓尝尽人情冷暖、世态炎凉！唯可慰者，以诚待人，得以深交甚多良师益友。本书开篇所列欧阳山、陈残云、秦牧、杜埃等大师分别赐我的信或题词，代表了老一代文艺家对后辈的深切教诲和殷切期望；程贤章是与我同代成长的著名作家，他所写的序《池中倒影的一抹云彩》，突出体现了同代朋友们对我的诚心扶持和鼓励，也体现了作家对评论家的监督和期望情怀；为此书编辑出版作出大力支持的青年作家廖红球、青年诗评家朱子庆，代表了许多青年朋友对我的关切。这些良师益友之所以如此关切和扶持我，想来也是以诚相待并共识两个“坚持”的缘故。因此，更使我明白，今后做人做学问，仍应依然故我！

1994年1月15日于广州天河

# 系统·整体·特点·发展

——《当代中国文学》前言

编写这部《当代中国文学》的构想，是注重：系统、整体、特点、发展，希望使用者和阅读者也以此注重这部文学史。这个构想，是贯串整部文学史中的，也即是：以此透视和把握整个当代中国文学，将其数十年历程作为一个客体，作为一个学术研究对象进行研析；又以此对其各个方面、各个领域进行同样的透视和把握，对其文艺思潮如此，对小说、诗歌、散文、戏剧和影视等领域如此，对每个代表作家和作品也如此。

所以在全书的编写中，都特别重视概述，每篇、每章、每节都有概述。这些概述与一般文学史不同之处，是不仅介绍一般情况，而是重在写出系统、整体、特点、发展。

在“文艺思潮”篇中，既有“总体发展态势”的分析，又有数十年“论争主要焦点”的概括；在“诗歌”篇中，既有“‘文革’前诗歌发展轨迹”的分析，又有“新时期诗歌发展轨迹”的分析；在“散文”篇中，既有“总体发展态势”的分析，又有“各种文体发展状貌”的分析。

在代表作家的论述中，或者注重论述其在整体文学发展中的地位，或者着重论述其在文学思潮中所起的作用，或者注重作家某个代表作品所体现其创作特点的分析，或者注重作家前后期创作发展特点的分析。如：对杜鹏程，着重论述《保卫延安》的特点及其在革命历史题材创作中的地位；对王蒙，着重论述他在文艺思潮中的“领潮和主干”作用；对王安忆，则着重对她前后期创作发展的特点进行分析。

在作家的分类论述中，既注重以作家某方面的共性而共节论述，又注重论述作家独有的个性；既注重同类作家在某方面创作特点的相似之处及其在某方面共同作出贡献而又造成某种偏向或局限的分析，又注重每个作家在某方面所作出的独特探索和贡献。如：将周立波、柳青、李準、马烽同作为农村题材作家同节论述，又指出其各自特点和贡献；将陆文夫、邓友梅、冯骥才作为地方文化小说探索而共节论述，又分别细述他们各自创作的

“小巷文学”、“京味小说”和“津味小说”的艺术独特性。

在代表作品的论述中，或者以某个代表作品的分析写出作家的贡献和创作特点，或者以某个代表作品的分析写出某种流派或文体的特征和贡献，并且特别注重以作家的创作言论印证或剖析作家的创作实践和作品特色。如：通过《随想录》写出巴金在新时期的主要贡献和创作特点，以《双桅船》为代表分析舒婷和“朦胧诗”派的创作特征；以《文化苦旅》为代表分析由余秋雨的带动而兴起的文化散文。

这些构想和做法都是探索性的，期望得到同行专家和读者的指正。

# 把握文学潮流 丰富文学细胞

——《当代中国文学名篇选读》前言

我和朱慧玲同志选编这本《当代中国文学名篇选读》，目的是作为大专院校文科教材《当代中国文学》的配套读物。因为我编著的《当代中国文学》教材没有附录必读的作品，而这些作品是半个世纪以来先后陆续发表或出版的，时间久而分散，很难找齐阅读，缺读则会影响学习效果。所以，将历年有影响的名作汇编成册，是为讲授者和学习者提供方便，提高教学质量。

但我们的目的不仅在此，更重要的在于从提高全民族文化素质的考虑和需要。因为当今世界进入了科技和文化时代，亟须提高人们的全面的综合的素质，其中不可缺少的就是文学。文学素质的提高和增强，对于无论从事什么行业工作的人来说，都是需要的，也都是应该有程度不同的素养和兴趣的（简直可以说，任何人的成长过程中都受过文学的熏陶，因而也必有一定的文学素养和兴趣）。文学的素养和兴趣，不仅不会影响各人的本职工作，而是更有利于工作，因为提高了素质，必会提高业务水平和工作效率。

文学素质的提高，主要在于熟悉文学现象，阅读文学作品，尤其是中外古今的经典作品和著名篇章。因为文学素质的高低，在于对文学现象和文学形象的熟悉程度和潜移默化的深度，而对于文学现象和形象的熟悉和潜移默化，直接来自阅读文学作品。简直可以说，多读一部文学作品，就是增多一个文学细胞；文学细胞越多，文学素质也就越高。中外古今文学的经典名篇，是文化和文学的典范或瑰宝，对其读得越多、越精，文学素质的提高也就更快更好。

我们选编这本名篇选读，正是出于这种认识和考虑。为什么这里不称“经典”或“佳作”，而称为“名篇”呢？因为这些都是在当代中国文学半个世纪（从1949年到现在）发展过程中的各个历史时期很有影响的作品，它们分别代表着某种文学现象，或者是某种文学形象的代表。这是因为它们都是这个时期文学潮流的产物，而且都是具有“开创”或“领潮”作用的作品，通过阅读这些作品，即能够由点及面地认识其所代表的思潮；系统阅读这些作品，也即能基本把握当代中国文学此起彼伏的文学潮流，把握文学发展的脉络，更深更广地认识其所代表的文学现象和文学形象，从而能更好地阅读和理解作品。所以，选编这部书的目的，主要是帮助读者把握当代中国的文学潮流，丰富自身文学细胞，提高文学素养。

因篇幅所限，所选长篇小说和戏剧作品由朱慧玲同志拟定简介，其余作品均原文照录，谨向这些作品的作者致谢。

2000年中秋节于中山大学

# 双方化情写天涯 一心耕耘度浮生

——《浮生文旅》跋

（一）

既是从文之旅，又是以文照旅。

双文化情写天涯，一心耕耘度浮生。

（二）

天生我材必有用，别人不用自己用。

山重水复路何方？走得一程是一程。

（三）

超前创启冒风雨，事后功成薄利名。

力以水文润业地，开花结果见识情。

（四）

生不逢时又逢时，路未走对又走对。

自感知足又不足，问心无愧又有愧。

注：“双文”，既指文学、文化，又指论文、散文。

2000年11月15日

# 要有文化的视野、品格、气度和境界

——《珠江文化论》代序

在当今文化时代，经营文史事业，要有文化的视野、品格、气度和境界。

文化者，指大文化，乃源于一定客体世界（时代、国家、民族、地域）之共性意识、思维方式和行为方式也。以此去掌握客体世界（领域、学科、现象、人物、作品），即可见：天地间皆有文化，文化中自有天地。

有文化的视野，在文史领域中，会将“死”材料化成活材料，会不断有新发现；这些发现，既是文史研究的深化和发展，又是文化的积累和开拓；既在文化之中，又超出文史之外。

有文化的品格，会有独到的文品和品文之格，所对相同的对象或史料，会写出不同的文章，做出不同的学问，编出不同的稿件，做出不同的事业；日积月累，持之以恒，会形成独家的文品和风格；从而在整个文史领域中，形成真正的百家。

“文以气为主”[①]。写文、办刊、办事，同样如此。以文化为气，自有风骨；以文化为度，自有力度和深广度；有文化气度，自有文化气魄，文化风度。

“词以境界为最上，有境界则自成高格”[②]，写文章、做学问、办事情，也是同理。有文化境界，会有更高追求，使文史研究升华，逐步提高档次。无追求即无创造，无创造即无境界。

谨以浅薄之言，与《岭南文史》编者、作者、读者共勉之、共磋之、共行之。

注释：

①曹丕《典论•论文》。　②王国维《人间词话》。

（本文是为《岭南文史》2001年第4期写的“卷首语”，移作本卷代序）

# 我研究珠江文化的苦与甘

——《珠江文化论》代跋

近年来，海外和国内一些报刊陆续发表了不少关于我研究珠江文化的报道。熟悉我的同辈或后辈看到这些信息，纷纷向我询问：你已是六十大几、超过退休年龄的人，属于无论是职务或职称都不能再予提升之辈，还如此卖力地去研究本来不属于你的本行，并且担负学术带头人和跨学科组织者的重任。这不是自找苦吃吗？还有知交甚久的朋友直截了当地说我：你那屡犯不改的“自找苦吃”的老毛病又犯了，甚至更重了！老兄，好自为之啊……

说实在话，对于这些关切的盛情我是衷心感激的，同时也启示我对自己数十年来在人生和学术道路上“自找苦吃”的历程进行思索和回味，竟然发现：当每次“自找苦吃”之时，确是苦不堪言；但当苦过之后，则是其乐无穷！一次比一次地体会到“苦尽甘来”这句众所周知的平常话，是千真万确的真理！同时也似乎形象生动地看到这“自找苦吃”的学术历程，正好像宋代诗人杨万里所写的两句诗那样：“飞入万山圈子里，一山放出一山拦”；也正是我在拙著《浮生文旅》跋中所写的：“山重水复路何方？走得一程是一程”的境界。

## “自找苦吃”的往事

为什么老朋友说“自找苦吃”是我屡犯不改的老毛病呢？主要是指我从20世纪50年代末进入文坛以后，闯过多次大“祸”，小“祸”不计其数。闯“祸”的原因都是由于我力求自己多做些事，求新、求实、求真，乐于打抱不平。为此而“明知山有虎，偏向虎山行”。例如：1959年我刚大学毕业，到羊城晚报社任文艺副刊编辑。本来做编辑不一定要写文章，当时也明知文艺上不允许有带人情人性和揭露阴暗面的作品。当我先后读到欧阳山新问世的具有浓厚广州味、人情味的长篇小说《三家巷》《苦斗》以及《乡下奇人》等揭露阴暗面的短篇小说的时候，就情不自禁地写出评论文章，支持这些作品，以致在“文化大革命”批判欧阳山时，我也被列为“黑秀才”之一，同时受到批判，深受其苦；“文革”后欧阳山及其作品获得了平反，受到高度评价，我重新写文章，并连续写出了《欧阳山创作论》和《欧阳山评传》两部专著，受到好评并获奖，从苦而转为甜。后来我又从欧阳山《一代风流》所体现的创作现象，提出了多卷长篇小说往往“后不如前”问题，支持者众，我也引以为甜。

1979年初，我应邀回到母校——广州中山大学中文系任教，职责是教书，当时并没有写文章的硬任务；我却在教书之余，密切结合现实文艺发展潮流，持续不断地写出针砭时弊的文艺批评文章，对现实文艺发展起到推动作用。虽然辛苦，但见到对现实起实际作用，心也是甜的。其中难忘的是1980年春，我根据“伤痕文学”“反思文学”等思潮的创作特点，从创作方法上概括其特征是“社会主义批判现实主义”，并且主张将这种文学及其创作方法，与其他现实主义、浪漫主义、现代主义等都并行发展，提倡创作方法多样化。文章发表后，在国内外引起强烈反响，虽有异议，却也好评如潮，被海外报刊称为“新学派”代表理论之一，但没多久却又被列为“资产阶级自由化”和“精神污染”的代表观点之一而受批判，至今仍不了了之。但从80年代至今的文学创作实际上看，绝大部分作品，特别是一些深受群众欢迎、引起强烈社会反响的作品，莫不属于社会主义批判现实和创作方法多样化的范畴，事实上创作实践证实了我的理论预见。值得写上一笔的是：由于我当时对受批判不服，埋头几年，写出了《创作方法史》《创作方法论》两部共达70万字的理论专著。这项研究过程及其成果，使我从对文学现象的一般批评进入了更深更高的理论层次，写出了这两部被称为“填补空白”的专著；随后我又从文学进入美学与哲学领域，写出了被称为“前沿性、交叉性”的“自成体系”之作《文艺辩证学》。

## 从珠江文化批评切入

20世纪80年代初期，现代文化学随着先锋派传入中国，以“寻根文学”为领先而掀起了“文化热”，从文学而蔓延到社会生活与学术界各个领域。作为一位文艺理论批评家和中国现当代文学研究者，不能不研究这种学问和现象。在研究中我发现，西方学者通行的水文化观念和理论，是中国早已有的：他们所强调的海洋文化先进论，不无道理，但以此而自我标榜和贬低中国，将先进与落后、开放与保守视若地理水文条件所天定，则是偏颇的；将民族传统文化与地域本土文化的观念和理论对文学的影响，视若带根本性的出发点和归宿，将文化作为文艺批评的参照系之一，也是别开生面的。我部分地吸取了这些理论，并开始用于对广东作家的作品研究和文艺批评。在80年代中后期，我撰写了《岭南文学形成的条件》《论珠江文化的典型代表陈残云》《秦牧创作的民族文化意识特征》《欧阳山和民族的大众的现实文学》《论民族文化的兼容性及其典型作家杜埃》等论文；并且从文化学角度，发现和倡导新的文学现象，如“特区文学”“打工文学”“特区军旅文学”等等。随后又进入对整个当代中国文学发展的批评，写出《对当代中国文学的文化观照》等长篇论文。这些命题的研究和写作，是我从传统的社会学批评跨越出来，进入现代文化批评的结果和标志；也即是从珠江文化批评开始，从文学领域进入珠江文化研究领域的起步。

真可谓“一山放出一山拦”，当我从一般文学批评的窠穴中“放”出来，进入文化批评的时候，马上发现自己文化学素养和多学科知识的短缺，尤其是对哺育自己成长的民族传统与岭南本土文化的历史知识和世态风情知之甚少，于是便下工夫去认真学习和吸取，于是又进入了一个“自找苦吃”的阶段。

## 珠江文化概念和理论的明朗化

虽然我在20世纪80年代初已有较明确的文化意识，有了着力于对广东和中国当代文学的文化批评的自觉性，但在地域文化观念上，我只是将岭南文化与珠江文化的概念混同、混用的；而且，也是未曾打算或预想到要对珠江文化进行全面深入研究的。对此萌发研究“野心”的契机，是在1988年看了电视片《河殇》之后。当时这部电视片轰动一时，主要原因是这部政论片首先以西方现代文化学的理论和观念，评析中国长期封闭落后的原因，将黑格尔在《历史哲学》中所讲述的水文化和海洋文化的思想，如：“山性使人塞，水性使人灵”；中国“并没有分享海洋所赋予的文明”，海洋“不影响他们的文化”等观点，将中国视为山土文化之国，是注定封闭保守的；并且说，作为中国文化“摇篮”的黄河，其实是将中国大地冲刷成一派贫瘠的黄土地，所以中国是注定贫穷落后的。这些说法，当时对我刺激很大，可谓有轰动效应：一方面是从文化学的角度透视中国社会封闭落后的原因使我新奇；另一方面却又使我纳闷，难道中国没有海洋文化吗？黄河是中国文化的发祥地，难道中国只有黄河文化，其他江河文化就没有任何作用和地位吗？由此，我开始意识到认真地研究中华民族文化，尤其是对珠江文化研究的重要性和迫切性。

正好在这个时候，广东学术界兴起了岭南文化研究热，几个学术会议均邀请我撰写学术论文，我应约对岭南文化的现代特征进行全面研究，又由此进入对其传统特征及其源流追踪探寻，写出了两万余字的长篇论文《现代岭南文化特征》。接着又先后写出了《珠江文化特质及其源流略论》《珠江文化的形成、发展及其总体形象》和《论珠江文化创新特质及其源流与发展》等论文，后来作为《珠江文化论》专辑，收录于《当代中国文艺思潮论》一书，作为其中的三项主要内容之一问世。

也正因为进行了这样的全面研究，我逐渐感到将“岭南文化”与“珠江文化”两个概念等同或混用，是不科学的，应当将两者明确界定和区别。我从水文化的理论上考虑，应当以“珠江文化”取代、扩大和包括现行的“岭南文化”的概念为好。首先是因为“岭南文化”的概念，虽然是地域概念，但以山（五岭）为界，有“岭南文化”的说法，却无“岭北文化”之称谓，无对应则概念不明；严格地说，五岭之南只是包括两广中部的地区，广东的东部和广西的西南部，应不属这地域，实际范围不大，而且在概念使用上越来越小，逐步变成了广东的代名词，将广西也排除在外了，这是不公平的。另一方面，从珠江文化概念的内涵上说，它是指整个珠江流域及其辐射地域，除作为珠江主干流的西江、北江、东江流经的广东、广西、香港、澳门的大部分地区之外，还包括相邻的韩江流域的潮汕地区、南渡江流域的雷州半岛、北部湾，以及隔海相望的海南岛；还可以而且应当包括西江、北江、东江、韩江等的发源地云南、贵州、湖南、江西、福建的部分地区；如此偌大之地域，是为珠江水系所覆盖和沟通，当然只能用“珠江文化”的概念表述。而且在历史和地理上，正因为“同饮一江水”的缘故，这个广大地域自古以来是息息相通的。真可谓“人杰地灵”，互通灵性。孔子说：“近山则诚，近水则灵”，珠江文化的主要特质，就在于“灵”。同时，以珠江文化称谓，可与黄河文化、长江文化等概念对接和并列，符合中国自古以来都是“茫茫九派流中国”的多元一体的江河文化实际，也因此而可以与世界通行的水文化相通。当然，区别岭南文化与珠江文化概念，不等于取消岭南文化概念，在某些场合下仍是可以混用这两个概念或使用岭南文化概念的。这些考虑，促使我更感到将珠江文化作为一个领域进行研究的必要；同时，意识到这也是研究中华民族文化和世界文化的一块得天独厚的基地和“风水宝地”。

## 考察历史源流　提出发展建议

1992年，我被聘任为广东省人民政府参事。这是一个带荣誉性、咨询性的职务，主要职责是为政府的工作提供咨询。参事室由各种学科的代表人物组成，多是各大学或研究机构的名专家、名教授。分工我负责文化方面的考察研究工作，这与我决心研究珠江文化的打算不谋而合，简直可以说及时提供了适当的条件和机会。因为我感到进行珠江文化研究，不能停留于书本，不能局限于书斋，要实实在在地到实地考察，要找出其文化源流和现实动态所在，要找出历史的特质，找出能够付诸实施的发展方案和建议。

也正在这一年，我应邀赴香港、澳门讲学，并先后在武汉和海口参加国际学术会议。随后又作为专家考察团成员到西欧五国——荷兰、比利时、卢森堡、法国、德国进行了文化考察。在这些学术交流活动中，我倍感提高文化意识、进行文化研究是一个世界性课题，切身感到现在世界的确已进入文化时代。在这些场合我还听到一些外国学者称：如果到中国文化旅游的话，一千年前的文化，到西安；五百年的文化，看北京；一百年鸦片战争后的资本主义文化，看上海；二十年改革开放文化，看广东。这个概括，是有道理的。其中说二十年改革开放看广东也是肯定广东先进之词。但这说法的另一方面，不就意味着在外国人眼中广东只有二十年文化吗？当时从国内到国外，都先后出现了香港、深圳、广州，以至广东都是“文化沙漠”的说法，我感到这些说法是不公平的，是出于误解和不了解而产生的偏见。其原因主要还是在于我们对自己本地文化研究和宣传不力。于是我在对珠江文化的研究中，特别注重对古文化的发现和对其研究开发的工作。

1993年，我首次以省政府参事的身份，偕同几位专家到粤北考察北江文化之源。在南雄县的珠玑巷，发现这是一条自唐代以来中原文化与岭南文化交会的古巷：中国古代的百家姓氏，有150多个姓氏的人，是从中原越过江西与广东交界大庾岭的梅关，在珠玑巷小住，随后南迁珠江三角洲，再移民至南洋各地、以至美洲各国的；在唐宋之间就有三次一百万以上群体移民，零散南移者难计其数。住在海外的许多华侨都称自己是珠玑巷后裔。我们以此发现珠江文化的这个源头，不仅与中原文化、而且与海外文化密切关联，于是向当地提出了以珠玑巷后裔的联谊和寻根方式，将海外华侨与珠江三角洲各地的关系联结沟通。这建议立即得到全国政协副主席霍英东、雷洁琼，广州市原领导人欧初、黎子流等的支持，成立了联谊会，港澳台同胞和华侨纷纷前来寻根问祖，捐款投资，达一亿元之多，使其成了新的旅游热点和经济增长点。

1996年，我带领多学科专家到两广交界地考察西江文化源流，发现广东、广西之“广”，原来就在广东封开和广西梧州的连接处，即桂江与贺江同西江之汇合点。这片地方，古称广信，是汉武帝于公元前111年统一岭南时成立管辖岭南九郡的交趾部首府所在地，是以汉武帝圣旨“初开粤地，宜广布恩信”中取出“广信”两字而得名。后来以广信为界，广信之东为广东，广信之西为广西。在这个地方，我们还发现有出土不久的距今十四万八千年的原始人类牙齿化石（比原认为是岭南人祖先的马坝人头骨化石提早二万八千年），而且是岭南地区主要语言之一粤语的发源地。由此，我们提出了将封开定位为“岭南文化古都”而进行研究开发的建议。后来又提出两广共同开发“古广信文化”的建议，受到了当地政府的重视，在国内外又引起强烈反响，最近已有个体资本家投巨资开发。

2000年春夏，我们在“古广信”文化研究中，发现了汉武帝在统一岭南后，即派黄门驿长出海赴越南、印度的史料在班固的《汉书•地理志》中看到汉武帝所派的船经“徐闻、合浦”出海，这即是“海上丝绸之路”最早始发港的记载。于是我们组织了由历史学家、地理学家、考古学家、海洋学家、文化学家等组成的多学科学术考察团前往雷州半岛的徐闻县考察，果真在该县海安的讨网村找到三墩古港遗址。这个发现，意味着将联合国教科文组织于1991年承认的福建泉州港的“海上丝绸之路”史推前了一千三百多年，匡正了历来教科书或多种读物所称的泉州是中国“海上丝绸之路”最早始发港的偏误。为此，我向广东省政府提交了《应当重视“海上丝绸之路”的开发》的参事建议，受到省领导高度重视，批示成立海上丝绸之路研究开发项目组，统筹进行系列的研究开发工作。《人民日报》、新华社等宣传媒体，向海外公布了这一发现，引起广泛注意。2000年底我赴台湾参加海峡两岸中山大学学术研讨会，接着在2001年4月至5月又应邀到美国讲学，我都着力宣传珠江文化和“海上丝绸之路”文化，受到台胞、华侨和文化学术界的热烈欢迎，纷纷表示支持这项文化遗产的研究和开发。美国《世界日报》等多家报刊作了专题报道。2001年秋，香港《中国评论》月刊郭伟峰社长、王平副总编辑亲到广州，与我们共同组织了专家学者就珠江文化与“海上丝绸之路”课题举办了“思想者论坛”，并决定在每期“文化大观”专栏中系列宣传珠江文化，此举受到台港和海外的欢迎和重视。2001年11月下旬，在湛江举行了全国性的学术研讨会，专家们再次证实和认同了我们的发现，并充分肯定“海上丝绸之路”的历史和文化，对于证实珠江文化的海洋性、证实中国本是世界海洋大国之一、从而应当改写将中国排除在世界海洋大国之外的世界文化史的重要意义，我也由此而初步实现了纠正黑格尔所代表的西方学者偏见、《河殇》为代表的中国部分文化人在思想和文化学上偏误的夙愿。对徐闻县的经济发展更有直接意义，该地由于这个项目的轰动效应，争取到五亿元的外商投资。

此外，在将近十年的参事考察过程中，我还对许多县市提出过研究开发本地历史与地域文化的具体建议，受到当地政府的重视和采纳，对珠江文化的研究和开发，从理论到实践，从规划到措施，都起到积极的、实际的作用，具有良好的效果。

## 塑造文化定位形象 组建立体文化工程

在为各地方提出研究开发其本地文化建议的过程中，我逐步发现这些建议的思想和措施，虽受各地领导或部门所欢迎，也可以进行实际的操作。但是其文化内涵恐怕不是都受到理解的，特别是尚未受到人民群众的理解和认同。于是，我又“自找苦吃”，找出了一条新的途径，也就是在对各地进行考察的过程中，将每个地方的人文历史与自然地理的特点结合起来，对其构成的文化特质进行科学的定位，并且将这个定位的文化内涵化为艺术形象，用文化观照的散文的方式表现出来，连续在报刊发表。如：《深圳之“窗”》《珠海之“珠”》《清远飞霞》《仁化丹霞》《高州三树》《河源四“源”》《肇庆五“气”》等，都受到读者好评，被各地领导视为文化规划和开发的依据和蓝本，被文化学术界视若有文化理论内核的散文，被文艺爱好者视若一种新的散文文体。这种发表研究心得和写作的方式，也使我放开了多年从事理论研究和学术论文的思维方式与表述方式的束缚，得心应手地将研究成果与心灵感受画龙点睛地形象地凝现出来，可谓给每个地方塑造出文化品位的艺术形象。由此，实现了将理论与形象结合的夙愿，尝到了进行这种结合的甘苦，以及写地域性散文的效果和乐趣。

尽管我自己有近半个世纪的学术经历，尽管我以自己熟悉的文艺批评、理论研究、策划规划、散文写作等方式，对珠江文化进行多层面的研究与弘扬，但个人能力毕竟是有限的；所以我从进入这一研究领域开始，即注意发动和依靠各种学科的专家和社会各种力量，包括各级政府、部门、单位的各种人员，以他们各所能及的方式参与研究开发工作。除了省政府参事室和文史研究馆的多学科专家之外，我还按每项考察的需要，临时请中山大学、华南师范大学、华南理工大学等大专院校的专家和作家参与工作；随后，又在有关部门的支持下，成立了首个跨学科的广东省珠江文化研究会，我被推举为会长，这样又使我增添了组织者的工作职务。将各种学科专家的知识和积极性发挥出来，团结起来，组建多学科交叉的立体文化工程，是一条跨学科研究的新途径。尽管前路还会继续不断出现“一山放出一山拦”的困境，我还是始终坚持“走得一程是一程”地走下去的。

（原载香港《中国评论》2002年7月号）

附记：以上这篇文章，是应香港《中国评论》编辑部之约而写的“心语”。因其较清楚地表述了本书的写作意向和过程，故以其为《珠江文化论》一书的代跋。

2003年春节于广州康乐园居室

# 系统·整合·升华·转化

——《珠江文化系论》自序

本书取名为《珠江文化系论》，乃在于为珠江文化做“系”的文章，即从“系”字的多层含义上去为珠江文化立“系”之论。

系者，首义是系统，即着意于理出珠江文化系统，并有为其确立系统之意。珠江文化是一个客观存在的文化形态，是一个有待研究开发的具有广阔天地的文化领域和学术领域，它本身具有尚待认识和研究的系统；而对其认识和研究也应有系统，包括理论系统、结构系统、形成和发展系统、特质和特性表现及形成系统、形象与风格系统等等。本书的“总体论”是从珠江文化的概念、形成和发展的历史、特质和特性主要表现等方面探讨珠江文化的形态性，并建立自身的理论系统；“江河论”是以珠江水系的主干流为单位研究珠江文化结构并为其建立结构系统；“人物论”是以对珠江文化的形成和发展起到关键性作用的圣贤人物的贡献研究，理出珠江文化的思想与学术的发展系统；“对接论”是以海陆丝绸之路对接理论，探讨珠江文化海洋性与江海一体特质的形成系统；“建设论”是以古为今用、文（化）为经（济）用的原则提出珠江文化的研究开发系统；“形象论”则是以塑造艺术形象的方式，为珠江文化的特质与风格作出文化定位，并以艺术形象系列为其建立文化系统。

系者，还有将相关的事物或学科串连整合之意。我们珠江文化研究会同仁，从一开始即宣称：对珠江文化的研究开发，是一项多学科交叉的立体文化工程。十多年来，我们一直是由相关的多种学科（包括文化学、文艺学、民俗学、美学、语言学、经济学、历史学、考古学、地理学、地质学、生态学、海洋学、建筑学、规划学等等）的专家、学者、教授共同进行工作的，在个体上进行某一项工程是这样，在整体上进行系列工程也是这样。例如，在发现和论证封开是岭南文化发祥地时，我们联合了多学科专家进行论证，将这些论证进行整合，从而得出科学的结论。此外，对徐闻是西汉海上丝绸之路始发港的发现和论证，对南雄梅关、怀集、贺州等是海陆丝绸之路对接点的发现和论证，莫不如此。现在出版的《珠江文化丛书•十家文谭》系列，每册都是由一个学科的专家编著的：《珠江文化的历史定位》由文学家朱崇山主编；《海上丝路与泛珠三角》由经济学家周義主编；《泛珠三角与珠江文化》由地理学家司徒尚纪著；《泛珠三角的海上丝路古港》由历史学家黄启臣著；《粤语与珠江文化》由语言学家罗康宁著；《岭南文化珠江来》由考古学家张镇洪著；《珠江诗雨》由诗人洪三泰著；《珠江远眺》由美学家谭元亨著；《珠江流韵》由作家戴胜德著，其系列本身即体现了多学科交叉整合的系统性；以现代文化学为主导的拙著《珠江文化系论》属于这系列，也同样在其整体上体现这种整合的系统性。

整合是手段，不是目的。目的之一，是在于对某地或某项文化的历史和现实作出升华性的文化定位，以高屋建瓴的宏观气魄和切合实际、深入实践的行动进行研究开发。这样，就要求不仅是在主体力量上进行多学科的交叉整合，而且同时要对客体对象（某地或某项文化）诸因素进行交叉整合，从整合中升华，以升华而整合。其整合或升华的凝聚点或焦点，或者是其主干文化或文化特质之所在，或者是某种象征性或特征性的事物作为文化载体，将其整体文化之特质或风格凝聚起来并凝现出来。这种做法，既体现于本书的论述性和建议性的文字中，尤其是在“形象论”的散文中。例如，以陆上丝绸之路文物集萃地——敦煌为参照系，为阳江“南海Ⅰ号”沉船文化遗产作出“海上敦煌”之定位；将唐代大文豪韩愈当年称“阳山，天下之穷处也”之说法，改一字为“阳山，天下之文处也”，为阳山重作文化定位；《澳门之“门”》寓现其在近代所起到的沟通中西方文化作用；《香港之“风”》以三到香港之经历表现其回归后的潜在变化；在《深圳之“鹏”》中，以其别称及相关大鹏寓言的来历，为改革开放首个特区作历史定位；在《珠海之“珠”》中，以中国近代海洋文化第一港为这新办特区追古溯今；《清远飞霞》《仁化丹霞》《乐昌乐音》《南雄雄根》《韶关文流》，分别以本地风景名胜为象征体为其塑造文化形象；《高州三树》《河源四“源”》《肇庆五“气”》，分别以本地物质特产、特色文化或文化特质为载体现其文化风格；以《岭南英都》、《岭南“龙”都》《古美之都》《南珠之都》《岭南燕都》等称谓或载体，分别为英德、梧州、封开、湛江、怀集作出文化定位。这些都是以整合而升华之作，每篇都是整合升华其客体文化诸因素的产物，同时，这种做法及其成果也自成系列或系统。

对某地或某项文化进行整合升华的目的，还在于转化，即促使文化与经济的相互转化。其实，整合升华某地或某项文化，是为了更清晰、确切、深刻地把握其文化特质，同时也是为了找出其与其他地方或他种文化的相异和共通之处，既以此加深对其文化特质的把握，又可以此而与其他地方或他种文化找到交流与合作的渠道与平台，以便扬长避短、优势互补、相成双赢，从而达到文化与经济相互转化的目的。我们提出和研究开发珠江文化，研究开发海上与陆上丝绸之路文化遗产，正就是本此目的而进行的系统文化工程。本书的每一篇文章都可说是本此目的而撰写的，其中不少已起到明显效果。值得一提的是，在本书《建设论》中《充分发挥珠江文化优势，建设文化大省》一文，是省领导刚发出建设文化大省号召时提交的省政府参事建议，受到中共中央政治局委员、广东省委书记张德江同志的重视和批示。2003年夏，张德江同志提出泛珠三角（9+2）区域合作构想，我即先后向《人民日报》《南方日报》记者发表题为《泛珠三角经济圈需珠江文化支撑》《泛珠三角：不仅是经济概念，也是一个文化概念》的谈话。这两次谈话，又被张德江书记重视、黄华华省长写序的《聚焦泛珠三角》（广东教育出版社2004年6月出版）《泛珠三角区域合作研究》（广东人民出版社2004年5月出版）两书编入。2005年5月11日，张德江书记还亲自阅批了我的信件：《以自身文化特性和共通性文化为纽带，促进区域和对外经济合作，促使文化与经济的相互转化》，蔡东士、朱小丹等省委领导和省委宣传部也对此作了批示，可见这个新思维是受到领导重视的，其社会效果详见本书中《在整合中挖掘，在开发中保护》一文，以及作为本书“代跋”的《对珠江文化的探索历程》中。这种旨在转化的理论与实践，是理论密切联系实践的体现和产物，其本身也是自成体系或系统的。

2005年国庆节假期写于广州康乐园

# 新的发现与弘扬

——《良溪：后珠玑巷》前言

2006年10月，广东省人民政府参事室（文史馆）广东文化研究组和珠江文化研究会的专家教授，到江门的蓬江区考察侨乡文化，发现在该区良溪村有座清康熙年间所建的罗氏宗祠堂，是该村罗姓村民为纪念南宋时从粤北南雄珠玑巷人南迁的首领罗贵而建的。祠中有副长对联，记述了罗贵南迁至此发祥的历史：“发迹珠玑，首领冯、黄、陈、麦、陆诸姓九十七家，历险际间尝独任；开基塱底，分居广、肇、惠、韶、朝各群万千百世，支流北派尽同源”。这副长对联，与史料记载南宋时罗贵率领从中原进入粤北南雄珠玑巷多姓民众南下开发的历史相契合，清楚地列举出这批民众到良溪（古名塱底）村后，又进一步扩展至广州、肇庆、惠州、韶州、潮州等地开发的走向和历史。而且，在该村至今仍存罗贵之墓，墓碑记是清乾隆年间重修。由此，专家们认为：这是南宋时期以罗贵为代表的中原人南迁南雄珠玑巷后，又进而迁移珠江三角洲乃至海外的中转站或中转地。所以，可称之为“后珠玑巷”。

这个发现和文化定位，是很有新意和深意的。因为自秦汉以来，有多次中原人南迁岭南的移民潮，发生在宋元时期的珠玑巷移民潮，是其中规模最大、持续时间最长、铺盖面最广最远的一次，仅宋元之交的百年间即有三批百万以上移民南下，从唐宋至明清的千年岁月，自北南下移民源源不绝，从珠玑巷迁至岭南各地，其中不少后裔又于明清后迁往海外南洋、欧美各国定居，成为海外华人华侨。显然，在这长达千年、延及世界的大移民潮中，理当是有时间和空间上的转折点的；而对这转折点的找寻和定位，也理当是以这移民潮首领人物或群体的移民路线及其行踪实证为依据的。从现有资料上看，虽然南下移民姓氏甚多而分布很广，但有遗存材料者甚少，唯罗贵及其所领三十六家（姓）南迁族系资料较多较全；而罗贵又是这移民潮的首领人物。所以，专家们以罗氏宗祠和罗贵坟墓所在地的实证为依据，对良溪村作出“后珠玑巷”的定位，是有理有据的新发现。

以珠玑巷为标志的移民潮，是中国古代移民和姓氏变迁的一部悲壮史诗，是体现民族传统精神的一种社会现象和文化现象，是中华移民文化和姓氏文化的典型体现，可谓之珠玑巷文化。其主要精神是：“异姓一家，同舟共济，勤劳勇敢，务实包容，开拓进取。”（见电视片《千年珠玑》主题词，并见南雄珠玑巷人南迁后裔联谊会会长黎子流的贺词）以良溪为标志、并以罗贵等三十六姓后裔为代表的“后珠玑巷”人，在珠江三角洲和向海外的开拓，则是这种精神的进一步传承和发展，具有更大的“海纳百川，开拓进取”的内涵和境界。所以，“良溪——后珠玑巷”概念的提出和探讨，是对珠玑巷文化的进一步发掘，是对珠玑巷精神的更大更新的弘扬。

正是本着这些目的，广东省人民政府参事室（文史馆）、广东省珠江文化研究会、江门市委宣传部和江门市蓬江区委宣传部，于2007年10月在广州和江门联合举办了“良溪——后珠玑巷”学术论坛，来自北京、上海、武汉、香港、澳门，以及本省的学者、记者，共五十余人莅会。会上专家们各抒己见，畅所欲言，深入探讨，求同存异，学术气氛浓烈。本书是提交论坛的论文、发言及中外媒体相关报道的汇编。

本次论坛结束不久，在良溪村新发现明代著名学者陈献章（白沙）为《罗氏族谱》所写的序言。这一发现，为良溪村的定位提供了更有力的实证，特编入本书。著名历史地理学家曾昭璇教授，是早期研究珠玑巷文化的学者，他领衔著述的《珠玑巷人迁移路线研究》一书中，有《珠玑巷宋代居民罗贵南迁事件》专章，为罗贵到良溪开拓及其后裔到海外的发展，作出了翔实论证；曾祥委、曾汉祥两教授在前些年主编的《南雄珠玑巷移民的历史与文化》一书中，有《珠玑巷移民后裔的海外拓殖》专章，也为后珠玑巷移民的海外开拓提供了充分的论论；广东省人民政府参事室（文史馆）、广东文化研究组和珠江文化研究会的江门侨乡调研报告：《打造侨乡文化，使历史更辉煌》，以及谭元亨教授提交的省政府参事建议，分别提供了发现“良溪——后珠玑巷”的缘起和今后努力目标，都是与本次论坛密切相关的重要文献，所以一并编入本书。

谨向为举办本次论坛和编辑出版本书作出贡献的所有参与者、支持者、赞助者，致以衷心的谢意和敬意！

2007年12月22日

# 南江文化的喉舌与龙头

——《郁南：南江文化论坛》前言

2008年2月24日至25日，由广东省人民政府参事室（文史馆）和广东省郁南县委、县政府主办，广东省珠江文化研究会承办，南方日报社和广东科技报社协办的“郁南：南江文化论坛”，先后在广州的广东省科学馆、郁南县都城镇隆重举行。来自北京、安徽、武汉、香港、澳门和本省的专家、学者、教授、记者近五十人与会，云浮市和郁南县有关部门和乡镇领导近百人列席了论坛。在论坛期间，与会专家学者还考察了郁南的南江文化和乡镇文化，印象深刻。与会者提交论坛的论文和在会上发言的报告三十余篇。本书主要是这次论坛和发言的汇集。为使读者更清楚研究、弘扬南江文化的来龙去脉，特将有关南江文化的历史和现代资料，以及国内外媒体对论坛的相关报道，也一并汇编于本书。

这次论坛，是2004年在粤西地区发现和提出南江文化带以来，首次在学术层面上对其进行论证。与会专家各以自身的学术所长和学术造诣，分别从文化学、历史学、地理学、考古学、语言学、人类学、民族学、民俗学、建筑学、旅游学、规划学等多学科、全方位地对南江文化进行了认真翔实的研讨，充分肯定和证实南江文化带是粤西的客观存在，是有其特定产生的人文和地理条件、发展的历程和历史、独特的形态与特质、丰富的内涵和风采的，在粤西和岭南的历史发展中是具有举足轻重影响的；它是岭南本土文化——百越文化遗存较多的文化板块，是贯通和交汇中原文化、八桂文化、岭南文化和海洋文化的文化长廊；它是以四龙竞珠和珠光四射为特色的珠江文化中不可或缺的组成部分，是“茫茫九派流中国”的中华多元一体文化中的有机一“元”。尤其在改革开放中，它更具有并发挥出新的活力，在建设文化大省和泛珠三角（9+2）区域合作中发挥着积极作用。所以，发现、研究、弘扬、开发南江文化，具有重要的理论意义和现实意义。

这次论坛，还对郁南县如何发挥南江文化的传统和优势，促进本地经济、旅游和文化的发展进行了探讨，交流经验，出谋献策，取得了良好效果。这次论坛，是在一年一度“南江文化艺术节”活动期间举行的，是将铸造文化品牌，作为强化文化软实力和综合竞争力的重大举措，必将有深远影响。

从地理上说，郁南是南江流域中水程最长的地带，郁南境内的著名南江口镇，是南江汇流西江的出口处。如果说，南江也与珠江的其他三大支流（西江、北江、东江）一样，是条大龙的话，那么，郁南及其南江口，不正好似这条大龙的喉舌与龙头那样，亿万年来吮吸着珠江和与其一体的海洋文化乳汁，同时又牵动着整条龙身吗？所以，《南方日报》在对这次论坛的专版报道中，引用“南江文化”概念首创者黄伟宗教授在《南江文化纵横》序言中的两句话：“郁南是南江文化的心脏和腹地，是南江文化的喉舌与龙头”作为提示，是确切的。这也是这次论坛取得的一项共识成果，故此录之。

2008 年 2 月在广东科学馆举办首届南江文化论坛

2008年3月3日

# 海洋文明的实证 海上丝路的辉煌

——《海上丝绸之路的辉煌》前言

从19世纪到20世纪，在一些西方国家的学者看来，具有海洋文明或海洋文化的国家，才是具有工业文明的现代先进国家，而位于世界东方、倚在世界第一大洋——太平洋东岸、具有漫长海岸线的中国，则只是内陆文化、农耕文明的国度，是注定落后的，不能进入海洋大国之列。持这种观点的人不少，最有代表性的权威学者，是19世纪著名德国哲学家黑格尔。他在《历史哲学》一书中说：中国“并没有分享到海洋所赋予的文明”，海洋“没有影响于他们的文化”。令人费解的是，直到20世纪后期已开始改革开放的中国，有些年轻人还认同并大力推广这种观点。也许，随着改革开放取得的成就日益增大，中国在世界的声望日益提高，持这种观点的人会有所减少或改变，但还不能说是所剩无几或完全改变的。

事实胜于雄辩。如果说，明朝时郑和下西洋这件当时震惊世界的海洋文明大事，发生的时间还不够早的话，那么，20世纪80年代在广东阳江海域发现的“南海Ⅰ号”沉船，其确切年代是南宋，比郑和下西洋还早二百年，距今八百余年，应该是够早的海洋文明实证了吧？

何以说“南海Ⅰ号”是中国海洋文明的实证呢？从现在对这沉船的科学考察，起码有几点是足以证实其海洋文明产物的：一是已确定其为远航海船，说明当时中国的航海技术水平的先进；二是船上载有大量瓷器商品，证实是运货商船，说明当时中国的海外贸易与文化已是世界性的；三是这些瓷器货物因其特有的实用性与艺术性而受海外欢迎，成畅销货或收藏品，体现了当时中国产品和商品在世界各地的影响力，这也就是海洋文化实力；四是这船的构造和技术，当时能漂洋过海，而沉船后又能近千年不散不腐，体现了当时航海造船技术已是世界前列；五是80年代后期，对这沉船从水下发现、勘探、取证，到将其装厢、起吊、运进室内，以至让其“安家”的“水晶宫”设计、建造与保存环境，都运用和创造了许多现代科学技术，都是当今世界最先进的海洋技术与文化，等等。所以，完全可以说，“南海Ⅰ号”是中国从南宋至今八百余年都具有世界最先进海洋文明的有力实证，同时，也是对那些至今仍持有“中国非海洋大国”偏见者的实例开导。

“南海Ⅰ号”沉船，是考古界尤其是水下考古界的巨大收获。它是迄今水下考古发现中的三个“最”（即最大的沉船实体、年代最早、文物数量最多，约5万到8万件）的历史文物，无论是其文物的规模和价值，或是对其进行考古的技术和水平，在考古尤其是在水下考古史上，都是一个新的坐标。但更深层次地说，其文化价值更具有世界性的文化遗产意义。因为它是海上的通商沉船，是古代海外交通史的遗物。古代海外交通之路，也就是外国人最早起名的“丝绸之路”的海上交通线，即当今世界通称的“海上丝绸之路”。丝绸之路是中国与外国通商、移民、交往、友谊之路，其遗存是世界性的文化遗产。所以，这条沉船及其所藏遗物，也就是海上丝绸之路文化遗产。

众所周知，丝绸之路的陆上交通线，即通称的陆上丝绸之路（又称西域丝绸之路）起点是长安（今西安），其文化标志是甘肃省内的敦煌，因该处是丝绸之路文物的集萃地，量多（5万余件）值高，是标志性的圣地。故敦煌之称，既是地名，也有文化积淀深厚而辉煌之意。在海上丝绸之路来说，虽然开始研究的时间较迟，起步晚，但现在学者已弄清楚其发端时间同样在汉武帝年代，从《汉书•地理志》查到最早的历史记载的西汉始发港是在雷州半岛的徐闻，而其最有标志性的文物集萃地也尚是空白。“南海Ⅰ号”出现，立即以其三个“最”的优势和海上丝路的性质而受到举世瞩目。以黄伟宗教授为首的广东省珠江文化研究会和广东省海上丝路研究开发项目组，在发现徐闻是中国海上丝绸之路最早始发港之后，紧接着又为“南海Ⅰ号”作出“海上敦煌”的文化定位，并且挥笔作了“海上敦煌在阳江”题词，确切地表述了这船文物以其量最多、价值最高而在海上丝绸之路文化遗产中的标志地位，并以此而与作为陆上丝绸之路文化遗产标志的甘肃敦煌相辉映，形象地体现了其所代表的海上丝绸之路文化遗产的辉煌，同时也高度地概括了这船文物所体现的自南宋以降八百余年海上丝绸之路的辉煌历史。

“南海Ⅰ号”满载一船珍贵的宋代文物，同时也载着八百余年的中华海洋文明史和海上丝绸之路史。饶有意味的是：“南海Ⅰ号”从1987年被发现，到2007年底被打捞出水“进宫”，正好二十年。这也是一段历史，也是一段丰富的辉煌的历史。就考古界来说，对“南海Ⅰ号”的发现、勘探、打捞、出水、进宫、保存，都是水下考古的新课题，可以说是开启中国水下考古的历史；又由于运用了许多现代科技手段去进行，所以又可以说由此开始了现代科技参与考古的历史。以广东海上丝绸之路史的研究上说，“南海Ⅰ号”是在广东省珠江文化研究会在2000年发现徐闻是中国海上丝绸之路始发港，从而受省政府批准正式启动海上丝绸之路研究开发项目初期开始勘探的，同时又是在这项目进程中，将其作为广东以至世界海上丝绸之路文化遗产的一个重要组成部分而作出“海上敦煌”定位的，并且与此同时或稍后，在沿海各地陆续发现了历代海上丝路古港，尤其是在南雄梅关等地发现了填补学术空白的海上与陆上丝绸之路对接通道。显然这些古港与通道，都与“南海Ⅰ号”有密切关系，都是广东海上丝绸之路文化遗产链条上的珍珠。作为“海上敦煌”的“南海Ⅰ号”，当之无愧是其中最大最有代表性的珍珠了。所以，也可以说“南海Ⅰ号”的研究开发，也体现了广东开启研究海上丝绸之路的历史，并且是广东乃至中国和世界当今海上丝绸之路文化研究的最大亮点。由此也可见在阳江市美丽的海陵岛港湾，特建一座“广东海上丝绸之路博物馆”为其“安家”，真可谓“量身订做”的。

自2007年夏天到年底，即“南海Ⅰ号”从准备打捞到正式出水“进宫”的时候，随着由考古、打捞、科技、航海等专家和工人组成的庞大队伍开进现场，开始打捞大会战的同时，国内外二百多家媒体记者也云集阳江，对“南海Ⅰ号”进行聚焦报道，启开了考古史上为数不多的新闻大会战，发稿量和信息传播面均突破考古新闻的历史纪录；作家们也纷纷以敏捷的报告文学和散文创作的精品参战，摄影、绘画、影视、小说等艺术门类的里手也争先登场，又将这考古盛事演化为文坛大合唱。这些大会战和大合唱，真可谓合奏着一曲壮丽的交响乐，欢送“南海Ⅰ号”进入它的现代新居“水晶宫”，同时也结束了它丰富多彩而又神秘迷离的历史，进入了科学解剖和启发人们穿越历史的新阶段。

我们编印这本书，是通过“南海Ⅰ号”从发现到“进宫”的二十年间（尤其是2007年），从《阳江日报》和各种媒体发表的大量有关文件、新闻报道、报告文学中，精选出有代表性、阶段性意义的篇章，体现出“南海Ⅰ号”所内蕴的文化内涵，它的文物和文化价值，它所负有的海洋文化史和海上丝绸之路史以及在广东研究海上丝绸之路史上的重要意义。可以说，这是一部历史纪录，又是一部文献汇编；是一部新闻性的学术史料，又是一部介绍性的普及读物。

谨向为“南海Ⅰ号”作出贡献的各界领导、学者、记者、工人们致敬！向编入本书文章的作者和编者致以衷心的感谢！

2008年4月20日

# 做事人走做事路，步步留痕步步新

——《珠江文踪》跋

2008年，对我来说，是一个很值得纪念的年份：如果从1958年4月我在《中山大学学生科学研究》创刊号上，发表处女作《试论李清照的词》一文算起，迄今可谓文学生涯50年了；1978年底，我从广东省作家协会调入中山大学中文系，从事中国现当代文学和文艺理论批评的科研教学，到现在也已30个春秋；1988年，我在《学术研究》4月号发表《岭南文学的形成条件》一文，由此标志着我开始研究珠江文化，至今也正好走过20年路程；1992年8月开始，我被聘任为广东省人民政府参事，每届任期5年，连任3届，在省政府参事室一直做参事文化组组长，也已15年有余。虽然在2003年3月，正当我68岁高龄之时，办了退休手续，离开了中大教学岗位，转眼间过了5年，由于尚担任着广东省政府参事和广东省珠江文化研究会会长职务，所以直到现在我仍然是“退而不休”的。

如此50年、30年、20年、15年、5年等具有里程意义的纪念日子接撞到来，自然有百感交集、千念汇心的深切感慨，自然会回顾反省自己的人生和文学道路。2001年，我在《浮生文旅》代跋中有两句诗：“双文化情写天涯，一心耕耘度浮生”，是我当时的人生感言。现在事隔7年，感慨也仍然如此。为什么呢？我想是自己做人、做学问的宗旨，始终未变的缘故。如果问我：天增岁月人增寿，这么些年增了寿，你增添了什么感受？那么，我则可添上两句：“做事人走做事路，步步留痕步步新”。因为我扪心自问：自从我走上文学道路以来，除了“文革”十年被迫搁笔之外，我一直是未停止过写作的，几乎可以说，每年、甚至有些年份是每个月，都写有或发表作品。所以，我对自己才有这两句话的感慨。本意是：做不偷懒的做事人，走平常人的做事路；每步一个脚印，每步力求创新。正因为如此，半个世纪的笔耕，迄今已发表约万篇文章，出版了15部著作，共达近千万字作品。有学生问我：“老师著作等身，量多面广，不知从何捉摸？”一语促我自省学术历程，蓦然发现：漫漫50年、泛泛千万篇，所做的事、所立之言，不过“五论”而已。明言之，乃是：

一、以《欧阳山创作论》为代表的对当代华南、以至全国作家、作品的研究评论。具体包括这部论著和《欧阳山评传》《新时期文艺论辨》等论著，以及“文革”前发表的未收入论文集的文章。这个“论”的著作，体现了我从事文艺理论批评起步时的思路和视野，这就是：立足华南，面向全国、以至世界；从文艺创作实际和现实实际出发，概括文艺现象和探究理论问题；以剖析作家、作品的个案，透视普遍现象与艺术规律。

二、以《创作方法论》为代表的创作方法理论。具体包括这部论著及其姐妹篇《创作方法史》，以及在新时期之初连续发表、但未收入论文集的批判“三突出”、关于“写中间人物”“理想人物”“主要人物”“反面人物”的论文，还有20世纪80年代初在国内外引起强烈反响的论文：《提倡社会主义创作方法的多样化》和《论社会主义批判现实主义》。这个“论”的著作，体现了我从对极“左”文艺思想路线的批评，到对文艺创作新潮流、新观象的概括和支持，从对文艺现象的批评，到对其进行理论升华和深层探讨的前进脚步。迈开这点脚步，是相当艰难的、是冒风险的，但却是执着的、乐观的。

三、以《当代中国文艺思潮论》为代表的当代中国文学论。具体包括这部论著和《当代中国文学》《文化与文学》等专著，以及与人合作的《当代中国文学名篇选读》《中华新文学史》（下册）等著作。这个“论”的著作，体现了我对当代中国文学的批评和研究，步上了整体把握和系统化的台阶，并在这学术领域中，创出了从文艺思潮切入的学术特色，同时又以对文化观照的视野，使对当代中国文学研究别开生面，迈开文化化的步伐。

四、以《文艺辩证学》为代表的文学、美学、哲学、文化的综合辩证论。具体包括这部专著和一些带总结性的文章，如《连环地、辩证地进行科研与教学》《我写九部书的历程》《从改行到跨行的转折》等文章。其实，我的其他著作也无不体现这个“论”的思想，因为这是我在“文革”中被迫搁笔的“冷思”中所得的“顿悟”，而又是在新时期重返文坛后，在学术上一直把握着的学术支点。2000年，才将这些经过多年逐步研究和教学实践的学术积累系统化，完成并出版了这个“论”的体系性专著。这意味着我的学术道路，有了三个跨越，即：从为现实需要的批评到对总结艺术规律、建立基本理论的跨越；从单纯的文学研究与批评，到涉及美学、哲学、文化学等的学科跨越；从专题理论和领域理论建设，到宏观体系理论建设的跨越。

五、以《珠江文化论》为代表的现代水文化学理论。具体包括这部专著和《珠江文化系论》与《浮生文旅》中的珠江文化散文，以及我主编的《海上丝路文化新里程——珠江文化工程十年巡礼》和迄今已出版近30册的《珠江文化丛书》。这个“论”的著作及其相应的学术活动（学术考察、研讨会、论证会、论坛等），标志着我的学术视野与学术道路有了多视角、全方位的转化，即：从独步文学领域到跨越文化领域的转化，从纯书斋学术到理论结合实践的转化，从单学科研究到多学科交叉研究的转化，从纯学术性的研究到为现实需要（包括政府决策、地方规划需要）服务的转化，从重著述、重文案到重发现、重实用的转化等等。这些转化，既是政府参事工作职能之所需，是时代对学术之所需，也是作为一个普通学者的学术良知所驱使，因为我始终以极受尊敬的近代珠江文化文圣——梁启超大师的一句名言，作为我的学术信条："学也者，观察事物而发明其真理也者；术也者，取其所发明的真理而致诸用者也"。所以，我的这些学术成果与学术活动，虽然为某些自封"真正学者"和"大师"的人所不齿，但却受到广泛好评、效果实在。因此，我也就称心如意、乐在其中了。其实，73岁老人，还能奢求些什么呢？

现在编印这部文集，仍然是实践这些转化的产物，是坚持走探索珠江文化之路的新产物。本书"里程篇"的文字，是2001年出版的《浮生文旅》中"生涯情思"回忆录的续记，主要是探索珠江文化历程的记载；其他"建言篇""立境篇""文评篇"的篇什，则是自2006年《珠江文化系论》出版后新写文章的汇集。这些记载和文章，可以说是近些年我在探索珠江文化道路上走过的脚印，所以取名《珠江文踪》。

衷心感激两位同道者：周义先生和洪三泰先生为本书赐序。

2008年4月8日

以资纪念，亦有增强历程的实体感和清晰度之意，谨向这些照片中的人物与拍摄者，表示深切的怀念和衷心的感谢。

是为序。

2009年9月19日于广州康乐园寓居

# 路漫漫其修远兮，吾将上下而求索

——《海上丝路与海洋文化纵横论》后记

为响应中央建设21世纪海上丝绸之路的号召，按广东省海上丝绸之路研究开发项目组的部署，在广东省21世纪海上丝绸之路建设工程项目的“海上丝路研究书系”中，安排出版拙著《海上丝路文化与海洋文化纵横论》。在汇总我从20世纪90年代初至今有关研究开发海上丝路与海洋文化的近百篇什之后，情不自禁地萌生出“路漫漫其修远兮，吾将上下而求索”之感慨和感悟。

感慨者，无论是“往事越千年”的海上丝绸之路，或者是20余年来我对海上丝路研究开发之路，都是“迷雾漫漫曲又长，一直通向遥远的远方”；感悟者，意识到屈原“吾将上下而求索”之“上”和“下”及其“求索”之内涵和途径，具有无限深广的空间和前景，起码对于我的学术道路而言是如此。我之所以为这本小书取名为“纵横论”，就是因为汇编这些学术成果之后，我才明确自己是一直在有意无意中，将屈原所称之“上”用之为“纵”，以其“下”用之为“横”，以至按不同对象的研究需要，而赋予多种多样的内涵并拓展其空间的；同时，又是以其“上下而求索”，作为以对接穿越的方法和途径去研究对象的来龙去脉(历史源流和当今发展)，从而不断有新的发现和创造的。诸如：

在本书第一篇的篇章中，我将建设21世纪海上丝绸之路作为“纵”，将海洋文化大省建设作为“横”，并将两者联系起来，对接穿越研究，结果就产生了连锁反应的系列效果。如对中央最近提出的建设21世纪海上丝绸之路的要求，我将其与古代海上丝绸之路和海洋文化对接穿越研究，结果产生了发现广东海上丝路十大“星座”和以文化软实力之“五力”为战略的创造；将珠江文化与海洋文化对接穿越研究，既找出了珠江文化“江海一体”的特质，又找出了中国海洋观和海洋文化的特色；在建设海洋文化大省的研究中，我都是以对接穿越其上下纵横的方法和途径，发现水文化和现代文化理念、科技也是第一文化软实力和科技文化概念，并提出以自身特性和共通性文化为纽带和文化实体化等战略的；其实，20余年来，我一直是将珠江文化与海上丝绸之路文化联系起来研究，都是以对接穿越两者古今上下纵横而取得所有成果的。

本书第二篇的篇章也是如此。对西汉徐闻港的发现和实证，开始于20世纪90年代初从广府文化进入珠江文化的考察，当时从《汉书•地理志》中知道，汉武帝平南越后，派黄门驿长从广信(今封开、梧州)至徐闻、合浦出海，但尚无史家前往实证其即海上丝绸之路始发港。据此，我们从考察海上丝路与海洋文化的视角前往实地论证，作出了“海上丝绸之路第一港”的确认。这就是珠江文化和海上丝路为“纵”，以徐闻港(包括其历史地理和海洋条件与文化遗存)为“横”，并将两者对接穿越而取得的成果。对于潮汕港、珠海港，以及广州港之西关、南沙港等的考察发现与研究开发建议，也都是以其古为“上”、以其当今为“下”对接穿越研究而取得的成果。

第三篇是“海上敦煌”在阳江“南海Ⅰ号”专题。这艘宋代沉船，是当今世界海上出水文物中之“五最”，即：历史最长、体积最大、文物数量最多、保存最好、价值最高。这是从考古文物界而言之。我们据此而从海上丝绸之路而言，又从与陆上丝绸之路文物最多(5万件)的甘肃敦煌比较而言，南海Ⅰ号有6万～8万件之多，从而为其作出“海上敦煌”的文化定位。显然，这也是以纵横对接对比之原理而作出的判断。以此为中心，我们先后提出建设海上丝绸之路博物馆、申请世界文化遗产、建设世界海洋文化中心、“永不落幕”的世界海上丝路博览会，以及创建“海洋文化世界”等研究开发方案或建议，也都是以各种内涵或层次、空间上的纵横对接穿越之思路而提出的。

其实，上与下、纵与横的内涵与空间，尚可赋予先与后、头与尾的内涵与空间，本书第四篇的篇章就是如此。“先”有海上丝绸之路，“后”有华人华侨之路(包括留学生之路)。对这“先”“后”两者之间相互对接穿越关系的研究开发，自然意味着华人华侨是从海上丝绸之路移民海外，又从海上丝绸之路将海洋文化传入家乡，从而产生海外华人华侨文化和内地的侨乡文化。值得注意的是，海上丝路与广东三大民系(广府、客家、潮汕)文化、与宗教(佛教、基督教、伊斯兰教)的关系也是如此，可以说，海上丝绸之路也即民系移民和海归之路、宗教传教(包括儒家、道家传出海外)之路。正因为这样的对接穿越，从而产生了种种杂交融合的文化现象，如我们从“侨墟楼”发现广府文化与华人华侨文化融合的“广侨文化”，从“排屋楼”发现客家文化与华人华侨文化融合的“客侨文化”，从“红头船”“侨批”发现“潮侨文化”等等；也是以广府文化的源流与发展赋予“头”与“尾”的内涵与空间而发现的，我们先后在封开和珠玑巷发现广府文化的源头和地之后，又在江门良溪发现了广府人移民海外的中转地——“后珠玑巷”，在东莞凤岗了客家人移民海外的“客家第一珠玑巷”也是以同样的原理发现的；我们在曲江南华广州光孝寺、广州清真寺、广州石室，以及肇庆利玛窦遗址，发现了佛教、基督教、伊斯兰教等凭借海上丝绸之路而传教之路，其中尤其值得赞许的是佛教禅宗六祖惠能，将海外传入的佛教“中国化”“平民化”，又通过海上丝路使其思想“世界化”，可谓将这种对接穿越的文化源流与发展现象推上世界巅峰。

第五篇的篇章，是围绕海陆丝绸之路对接通道及相关地域的文化定位与开发之作。从研究对象的相关方面的相互关系上说，是在并列式的对接穿越中，又有上与下、纵与横对接穿越关系。首先是对海上与陆上丝绸之路对接通道的发现，是我们将并列的两者对接穿越起来而发现的；而这种通道的发现，又是从水道与陆道联结构成的古道发现的；而对这些通道的发现与确定，对与其相关地域的确定及其文化定位与开发，则又是从对接穿越其古今源流与发展而确定的。例如，我们在云浮、罗定、郁南考察中发现南江文化，在封开、韶关、南雄发现海陆丝绸之路的对接通道，在贺州、怀集发现海上丝绸之路通向内陆，以及从佛山、肇庆、英德、清远、惠州等市及其所辖地域的江河特质特产文化中，为其作出文化定位与开发策划，莫不是运用这种对接穿越原理所获得的发现和作出的文化定位与开发方略的。

第六篇所列的倡导海洋文化的珠江文化先驱，都是以对接穿越珠江文化与海洋文化的研究，而逐步获得的发现和作出的文化定位：珠江文化哲圣六祖惠能，开创了中国禅学和珠江文化思想体系，又将海外佛教“中国化”“平民化”后又传向海外“世界化”；珠江文化诗圣张九龄，以开凿梅关古道而开创海陆丝绸之路对接通道，又以名诗“海上生明月，天涯共此时”凝现了珠江文化风格，并最早诗现了珠江的海洋文化；明代意大利传教士利玛窦，是“西学东渐”第一人，被尊为“东土西儒”；清代首位留美博士容闳，是海外留学生之路开拓者，无愧“中国留学生之父”；长期任外交官的近代珠江文化诗圣黄遵宪，既以外交生涯沟通中西文化，又以开创现代白话诗而弘扬珠江文化的海洋风格；近代珠江文化文圣梁启超，既以维新变法和倡导新民说等政治行动推行海洋文化，又以史学界革命、舆论界革命、文学界革命等的倡导，将珠江文化推向时代高峰，神采奕奕地彰显了“领潮争先”的特质和风范。

总之，本书近百篇什，大都是我作为省政府参事提交的建议或调研报告，衷心感谢广东省政府参事室周義主任赐序；本书所选之文，多是近年所作，少数是往年旧作，既是体现远近对接穿越，也是“厚今薄古”；乍看全书篇目，似有杂乱涣散之嫌，其实是篇杂而理不乱、形散而神不散、多层面而有中心；“理”就是上下纵横对接穿越之梳理，“神”就是现代水文化和海洋文化之理念，“中心”就是为时而作、为世所用之心。毋须讳言，这些应时应世所需而作的“急就章”，粗浅错漏之疵虽遗憾而难免，祈望行家赐正见谅；书中有些篇章的观点曾经或者以后还会引起争议或非难，还有些出谋划策的建议可能过时或操作性不足。但总体而言，能够为珠江文化、海上丝绸之路和海洋文化事业建设，为我省和各地区或各领域的社会建设与文化建设，作出些少有益的好事、实事，起点领潮争先、添砖加瓦作用，我就心安理得了。

早在21世纪初出版的拙著《浮生文旅》代跋：《双文化情写天涯，一心耕耘度浮生》中有一节小诗，预期性地体现了我探索珠江文化、海上丝绸之路和海洋文化，以至在十余年后的现在编出这部《海上丝路与海洋文化纵横论》的心情："超前创启冒风雨，事后功成薄利名；力以水文润业地，开花结果见识情"。其实，这种心情和境界，是从最着力倡导海洋文化的国学大师梁启超《自勉》诗中学来的，恭录于后，与同道者共勉：

献身甘作万矢的，著论求为百世师。
誓起民权移旧俗，更研哲理牖新知。
十年以后当思我，举国犹狂欲语谁？
世界无穷愿无尽，海天寥廓立多时。

（注：《海上丝路与海洋文化纵横论》2014年4月由广东经济出版社出版）

2014年2月26日于广州康乐园寓居

# 浮生有限写八“记”，学海无涯伐九“舟”

——八十自述并跋《珠江文珠》

不知道从什么时候开始，中山大学每年举办一次祝寿会，为当年寿届70、80、90、100岁的教职员工贺寿。10年前我参加过一次，是贺70之寿：最近第二次参加，是贺80大寿了，实在不敢相信，真是“光阴似箭，岁不我留”呵！既然如此，人生在世，总该留点东西纪念吧？思前想后，只能编本文章选集作点表示。因为自己书生一世，别无所长，只是做点学问，写写文章，从1958年发表文章开始，到现在60余年，粗略计算有近千万字，20多部编著，量多质浅，只好选些有代表性的文章结集一册，作个纪念。这就是编选这部散文集的缘起。

在编选过程中，触卷生情，回味省悟，感慨良多，汇而言之：浮生有限写八“记”，学海无涯伐九“舟”是也。

“八记”者，所选散文为八篇所“记”。“既是从文之旅，又是以文照旅；双文化情写天涯，一心耕耘度浮生。”是我的写作信条。双文者，既是文章、文化之文，又是散文、论文之文；而双文所写，既是记下化情的天涯，又是记下耕耘的浮生。所以，所写的文章皆是“记”。《境记篇》是记下对某处某地文化意境的探索，或者说以意境记下其文化特质和内蕴：《考记篇》是亲到各处各地的考察报告，或者是调研某个课题的参事建议；《游记篇》是写到国内外旅游或讲学时的实地记录；《笔记篇》是读书读稿写下的浮想联想；《札记篇》是同故人的交往书信或往事追怀；《史记篇》是对学术历程或有所发现的记录；《传记篇》是人生道路或其个转折的记载；《后记篇》是对所著所编之作的感受和推介之文。以上对各个篇什选文的解释，不是为这些相关文体界分定义，而是为我所选散文分类，也在于以此自嘲：一心耕耘八十年，发表文章千万言，可留不过仅八篇！真可谓：浮生有限，文章亦有限！

“舟”者，出自千古名言：“书山有路勤为径，学海无涯苦作舟”的“舟”。这也是我做学问的信条。以“勤”为“径”，才能上“书山”，以“苦”作“舟”，才能渡“学海”。然而，学海无涯，学无止境。做学问，只能说是乘上小舟在学海中撑伐遨游；每做一个学问（包括开拓一个领域、进行一个项目、课题、专著等），就是乘上一个小“舟”；做成这个学问，就是到达一个小小的彼岸。每个人做学问，都有一定的目标和路程；每种学问，也都有一定的目标和规程；由此，一个人在一生或在某个阶段达了一定的目标，或者完成了某种学问的其个规程或目标，也应说是所伐的“学海”之“舟”，达到了远航中途的一个驿站，也即是一个小小的“涯”。所以，具体而言，每种学问或每个人的“学海”，是有个个小“涯”的，是可以撑伐片片小“舟”，渡到一个个小小的驿站或小“涯”的。

在走过人生大半“书山”之际，回顾数十年“学海”生涯，虽然大部分岁月是走着“勤路”、伐着“苦舟”度日，但所伐之“舟”既小又少，所达驿站或小“涯”，更是小而少。虽有多部囊括近百书目的系列编著，但可称之为“舟”者，也不过仅有九片而已：1.以《创作方法论》为代表的文艺理论研究之舟，2.以《欧阳山创作论》为代表的作家研究和文艺批评之舟，3.以《当代中国文艺思潮论》为代表的文艺思潮和当代文学研究之舟，4.以《文艺辩证学》为代表的艺术哲学研究之舟，5.以《浮生文旅》为代表的文化散文创作之舟，6.以《中国禅都文化丛书》为代表的六祖惠能及中国禅学文化研究之舟，7.以《珠江文化丛书》、《中国珠江文化史》为代表的珠江文化和中国江河文化研究之舟，8.以《海上丝绸之路研究书系》为代表的“一带一路”研究之舟，9.以《中国南海文化研究丛书》为代表的世界海洋文化研究之舟。这九片小“舟”，虽已渡到面世之小“涯”，但仍当持续撑伐航行，永无止境也！然，同“学海无涯”一样，学术无限，而人的精力与生命毕竟有限。但愿我开伐的这九片小“舟”，能有后人接力撑伐，并将其伐渡到更大更高的驿站和境界。

广东旅游出版社，是我数十年学术道路上最大支持者之一，我的“八记”和“九舟”中的著作，好些是该社出版的；现在又出版我这部带有结业“盘点”意味的纪念品，更使我倍感荣幸！最后，谨对广东旅游出版社盛情厚意，尤其是刘志松、江丽芝、官顺等同志付出的努力，表示衷心感谢。

2015年8月1日建军节写于广州康乐园

① 1995 年黄伟宗在欧阳山作品研讨会上发言
② 1991 年黄伟宗在秦牧作品研讨会上发言
③ 1991 年黄伟宗在陈残云作品研讨会上发言
④ 1997 年春复刊后的《作品》编辑部同仁在从化温泉
⑤ 2003 年黄伟宗陪同新闻界前辈杨奇、丁希凌、许实（微音）重返英德黄陂五·七干校旧址
⑥ 1999 年黄伟宗访黄秋耘在其家中合影
⑦ 2001 年黄伟宗在美国三藩市会华人作家黄运基
⑧ 1993 年黄伟宗到香港讲学与饶宗颐、王安忆等学者作家合影
⑨ 2000 年黄伟宗任中山大学代表团团长到台湾中山大学学术交流并主持研讨会

黄伟宗